동영상 강의 교재 / CBT 온라인 모의고사 무료 응시권 제공

2026

네트워크 관리사 1·2급 필기 + 실기

과목별 적중예상문제 + 최신 기출문제 수록

허준, 선세리 지음

BM (주)도서출판 성안당

■ 도서 A/S 안내

성안당에서 발행하는 모든 도서는 저자와 출판사, 그리고 독자가 함께 만들어 나갑니다.

좋은 책을 펴내기 위해 많은 노력을 기울이고 있습니다. 혹시라도 내용상의 오류나 오탈자 등이 발견되면 "좋은 책은 나라의 보배"로서 우리 모두가 함께 만들어 간다는 마음으로 연락주시기 바랍니다. 수정 보완하여 더 나은 책이 되도록 최선을 다하겠습니다.

성안당은 늘 독자 여러분들의 소중한 의견을 기다리고 있습니다. 좋은 의견을 보내주시는 분께는 성안당 쇼핑몰의 포인트(3,000포인트)를 적립해 드립니다.

잘못 만들어진 책이나 부록 등이 파손된 경우에는 교환해 드립니다.

저자 문의 e-mail : heojun@du.ac.kr(허준), sun@odoc.co.kr(선세리)
본서 기획자 e-mail : coh@cyber.co.kr(최옥현)
홈페이지 : http://www.cyber.co.kr   전화 : 031) 950-6300

머리말

네트워크관리사는 네트워크 서버를 구축하여 NOS 운영 체제, 보안 설정, 시스템 최적화 등 네트워크 구축 및 이를 효과적으로 관리할 수 있는 인터넷 관련 기술력에 대한 자격 시험입니다. 또한, 네트워크관리사는 한국정보통신자격협회에서 주관하는 시험으로 2급의 경우 국가 자격으로 승격하여 현재는 국가 공인으로 자격 시험을 치르고 있습니다.

네트워크관리사 시험은 1급과 2급으로 구분되는데, 1급은 네트워크 보안 기술, Design, Traffic 분산 기술 등 네트워크 전문 기술자로서 필요한 IT 기술 및 네트워크 실무 능력을 검정하고, 2급은 일반적인 운용 지식과 구축 기술, NOS 운영, Packet 분석, Monitoring, 인터넷 기술, Protocol 등 기초 이론과 실무 능력을 평가합니다.

이에 본 교재는 네트워크관리사의 출제 기준을 상세히 분석하고, 시대적 흐름을 고려하여 시험에 반드시 출제될 수 있는 내용만으로 다음과 같이 구성하였습니다.

1. 효율적인 내용 구성

각 과목별 내용을 출제 비중에 맞춰 비교적 쉽게 이해할 수 있도록 정리하였으며, 중요 챕터와 내용에 '상/중/하', '꼭 암기하세요', 색상 표시로 한 번 더 강조하여 중요 내용에 집중할 수 있도록 하였습니다.

2. 유료 및 무료 동영상 강의

본 도서의 전체 내용(과목별 적중예상문제 제외)을 상세히 강의하여 학습의 효율성을 높였으며, 과목별 적중예상문제를 무료 동영상 강의로 제공하여 각 과목의 내용을 점검할 수 있도록 하였습니다.

3. 과목별 적중예상문제 및 최신 기출문제

각 과목의 내용을 학습한 후 내용을 확인하는 적중예상문제와 최신 기출문제를 수록하여 실력을 점검할 수 있도록 하였습니다.

4. 실기시험 대비

실기시험에 대비할 수 있도록 시험 방법과 출제 내용을 자세하게 설명하였으며, 유료 동영상 강의로 이해도를 더 높였습니다.

끝으로 본 교재가 네트워크관리사 시험을 준비하는 수험생 여러분께 최고의 시험 준비 교재가 될 것임을 확신하며, 진심으로 여러분의 합격을 기원합니다.

저자 일동

시험안내

개요

네트워크관리사란 서버를 구축하여 보안 설정, 시스템 최적화 등 네트워크 구축 및 이를 효과적으로 관리할 수 있는 인터넷 관련 기술력에 대한 자격이다.

검정 기준

자격 명칭	급수	검정 기준
네트워크관리사	1급	네트워크 관리에 관한 전문 지식을 토대로 네트워크 보안 기술, Design, Traffic 분산 기술 등 네트워크 전문 기술자로서 필요한 IT 기술 및 네트워크 실무, 관리 능력을 검정
	2급 (국가공인)	네트워크 관련 업무 수행을 위한 일반적인 운용 지식과 구축 기술, NOS 운영, Packet 분석, Monitoring, 인터넷 기술, Protocol 등 기초 이론과 실무 능력을 검정

검정 요강

검정	급수	요강 내용

필기	1급	• 당협회 시행 해당 종목 2급 자격 소지자
		• 전기, 전자, 통신, 정보처리 직무 분야 국가 기술 자격 취득자 중 아래 해당자
		  가. 기술사, 기사, 산업기사 자격증 소지자
		  나. 기능사 자격 취득한 후 동일직무 분야에서 2년 이상 실무에 종사한 자
		• IT 관련 사업장에서 5년 이상 종사한자
		※ 상기 1항 이상 해당자

	2급	제한 없음
실기	1급/2급	해당 등급 필기 합격자로서 합격일로부터 2년 이내의 응시자

검정 문항수 및 제한 시간

자격 명칭	문항수 및 제한 시간
필기	• 검정 문제의 문항수는 각 과목별로 5~18문항씩 출제 • 1급은 60분, 2급은 50분의 제한 시간
실기	1 SET(1~20문항)가 출제되며, 제한 시간 내에 지시된 사항을 수행

| 네트워크관리사 검정 |

합격 기준

급수	검정	합격 검정 기준	
		만점	합격 점수
1급	필기	100점	60점 이상
	실기	100점	60점 이상
2급	필기	100점	60점 이상
	실기	100점	60점 이상

검정료

급수	과목	검정료	입금 방법
1급	필기	43,000원	무통장 입금, 신용 카드, 온라인 이체
	실기	100,000원	
2급	필기	43,000원	무통장 입금, 신용 카드, 온라인 이체
	실기	78,000원	

기타 안내

- 검정 원서 접수 방법 : 인터넷 접수 & 방문 접수 → 원서 접수 기간 동안 가능
- 검정 장소 : 검정일 1주일 전 홈 페이지에 공고
- 합격자 발표 : 검정 일정 참조

Q&A

Q : 네트워크관리사의 학점 인정은 어떻게 되나요?

A :

급수	인정 학점	표준교육과정 해당 전공	
		전문학사	학사
2급	14	정보통신, 컴퓨터네트워크, 임베디드시스템, 인터넷정보	정보통신공학, 컴퓨터공학, 멀티미디어학

Q : 최초 자격증 발급 및 발송은 언제 하나요?

A : 자격증 최초 발급 신청의 경우 합격자 발표일 2주 후부터 순차적으로 발송됩니다. 재발급의 경우 매주 금요일에 발송됩니다.

시험안내

Q : 원서 접수를 취소하고 싶은데 응시료 환불이 가능합니까?

A : 아래와 같이 환불 신청 기간에 따라 환불 처리됩니다.
- 원서접수기간 내~원서접수 마감 후 7일까지 100% 환불
- 원서접수 마감 후 8일부터~시험일 3일 전까지 50% 환불

Q : 필기 시험 합격 후 실기 시험은 언제까지 응시할 수 있습니까?

A : 필기 시험 합격자로서 필기 합격일로부터 실기 접수 마감일을 기준으로 2년 이내에 응시 가능하며, 실기 시험 응시료는 응시할 때마다 납부해야 합니다.

Q : 네트워크관리사의 응시 자격은 어떻게 되나요?

A : 당 협회 시행 해당 종목 2급 자격 소지자로 전기, 전자, 통신, 정보 처리 직무 분야 국가 기술 자격 취득자 중 다음 해당자(기술사, 기사, 산업 기사 자격증 소지자, 기능사 자격 취득한 후 동일직무 분야에서 2년 이상 실무에 종사한 자)와 IT 관련 사업장에서 5년 이상 종사한 자입니다.

Q : 원서 접수 시 지원한 검정 지역에서 수검을 치르지 못할 수도 있나요?

A : 원서 접수 시 지원한 수검 지역에 해당 종목 접수 인원이 10명 미만인 경우에는 접수 인원 과소를 사유로 검정 지역이 변경될 수 있습니다. 검정 지역 변경 사유가 발생할 경우 협회는 접수 종료일로부터 7일 이내에 이러한 사실을 홈 페이지에 공지하고, 검정 지역 변경 대상자에게 이메일로 알려주어야 합니다. 이러한 경우 검정 지역 변경 대상자의 희망에 따라 수검 지역을 변경해주거나 원서비를 전액 환불하여 드립니다.

Q : 문제와 관련하여 이의신청을 할 수 있나요?

A : 필기는 합격자 발표 다음 일로부터 3일간, 실기는 합격자 발표 다음 일로부터 5일간 이의신청을 할 수 있으며, 한국정보통신자격협회 홈페이지(www.icqa.or.kr) [고객지원]-[이의신청] 메뉴에서 가능합니다.

Q : 자격의 유효기간이란 어떤 내용이며, 유효기간 연장을 하려면 어떻게 해야 하나요?

A :
- 국가공인 자격 취득자는 자격 유효기간 만료 전 3개월에서 만료일 이내에 보수교육을 받고 자격을 갱신하여야 합니다.
- 보수교육을 수료하면 자격 유효기간이 최초 취득일 기준, 5년 단위로 연장됩니다.
- 보수교육 기간 내 교육을 수료하지 않을 경우 자격이 정지되며, 추후 교육 수료 이후 갱신이 가능합니다.
- 자세한 사항은 한국정보통신자격협회 홈페이지(www.icqa.or.kr) [자격증관리]-[보수교육]에서 확인 가능합니다.

네트워크관리사 검정

검정 과목

급수	검정	검정 과목	시험 과목	문항수	제한 시간	유형
1급	필기	네트워크 일반	네트워크 개요, 데이터 통신 관련 기술, 통신망 기술, 표준과 네트워크, 네트워크 설계/구축, 고속 LAN 기술 및 광대역 통신, 각종 통신 기술, 기타	60	60분	택일형
		TCP/IP	TCP/IP, IP Address, Subnet Mask, IP Routing, Packet 분석, 기본 프로토콜, 응용 프로토콜, 기타			
		NOS	File/Print, IIS, DNS, FTP, Active Directory, 사용자 관리 및 권한, 시템 운영관리, Linux Server 설치, Linux 명령어, 기타			
		네트워크 운용 기기	NIC, SCSI, RAID, Router, Switch Hub, Bridge, Gateway, 전송 매체, 최신 통신 기기, 기타			
		정보 보호 개론	보안의 기본 개념, Windows Server 보안, Linux Server 보안, Network 보안, 암호화, 서비스별 보안 기술, 정보 보호 제도, 기타			
	실기	• LAN 전송 매체 • TCP/IP • 네트워크 운영 기기 • 네트워크 설계/구축 • NOS		1 SET (1~20)	100분	작업/서술/선택형
2급	필기	네트워크 일반	네트워크 개요, 데이터 통신 관련 기술, 통신망 기술, 표준과 네트워크, 네트워크 설계/구축, 고속 LAN 기술 및 광대역 통신, 각종 통신 기술, 기타	50	50분	택일형
		TCP/IP	TCP/IP, IP Address, Subnet Mask, IP Routing, Packet 분석, 기본 프로토콜, 응용 프로토콜, 기타			
		NOS	File/Print, IIS, DNS, FTP, Active Directory, 사용자 관리 및 권한, 시스템 운영 관리, Linux Server 설치, Linux 명령어, 기타			
		네트워크 운용 기기	NIC, SCSI, RAID, Router, Switch Hub, Bridge, Gateway, 전송 매체, 최신 통신 기기, 기타			
	실기	• LAN 전송 매체 • TCP/IP • 네트워크 운영 기기 • 네트워크 설계/구축 • NOS		1 SET (1~20)	80분	작업/서술/선택형

목차

1과목 네트워크 일반

Chapter 01 네트워크 개요
1.1 정보통신과 네트워크 ··· 14
1.2 네트워크 토폴로지 ·· 16
1.3 네트워크의 다양한 분류 ··· 18

Chapter 02 프로토콜
2.1 프로토콜의 개념과 주요 기능 ······································ 25
2.2 프로토콜의 전송 방식 ·· 29
2.3 프로토콜의 특성 ··· 29
2.4 근거리 통신(LAN) 프로토콜 ······································· 31

Chapter 03 정보통신 이론
3.1 정보 및 정보의 전송 방식 ··· 34
3.2 변조 : 아날로그와 디지털 신호의 변환 ························· 37
3.3 통신 관련 기술 ··· 42

Chapter 04 고속 LAN 및 광대역 기술
4.1 고속 이더넷(Fast Ethernet) ·· 46
4.2 기가비트 이더넷(Gigabit Ethernet) ······························ 46
4.3 토큰링(Token Ring) ·· 47
4.4 FDDI ·· 47
4.5 X.25와 프레임 릴레이 ··· 48
4.6 HDLC(High-Level Data Link Control) ······················· 48
4.7 셀 릴레이 ATM(Asynchronous Transfer Mode) ············ 48
■ 1과목 · 적중예상문제 ··· 49

2과목 TCP/IP

Chapter 01 OSI 7 계층
1.1 OSI 7계층의 개요 ··· 56
1.2 OSI 7계층의 장점 ··· 57
1.3 OSI 7계층의 계층별 특징 ··· 57

Chapter 02 TCP/IP 계층
2.1 TCP/IP의 정의와 구조 ··· 63
2.2 TCP/IP 4계층 ·· 65

Chapter 03 TCP/IP 계층의 기본 프로토콜
- 3.1 네트워크 접근 계층의 주요 개념 ·· 70
- 3.2 인터넷 계층의 프로토콜 ·· 72
- 3.3 전송 계층의 프로토콜 ·· 91

Chapter 04 TCP/IP 계층의 응용 프로토콜
- 4.1 응용 프로토콜 ·· 99
- ■ 2과목 · **적중예상문제** ·· 107

3과목 NOS (Network Operating System)

Chapter 01 Windows Server 2022
- 1.1 Windows Server 개요 ·· 116
- 1.2 에디션별 분류 ·· 117
- 1.3 설치 옵션 ·· 117
- 1.4 주요 기능 요약 ·· 118
- 1.5 Active Directory(AD) ·· 119
- 1.6 Hyper-V ·· 120
- 1.7 IIS(Internet Information Services) ····································· 121
- 1.8 Windows PowerShell ·· 122
- 1.9 파일 시스템(NTFS, ReFS) ··· 122
- 1.10 역할 기반 설치 및 관리 ·· 123
- 1.11 Windows Admin Center(WAC) ·· 124
- 1.12 네트워크 서비스 실습 예제 ·· 125
- 1.13 도메인 구성 실습 예제 ·· 125
- 1.14 가상화 환경 구축 실습 예제 ··· 126

Chapter 02 LINUX
- 2.1 LINUX 개요 ·· 127
- 2.2 LINUX 파일 시스템 ·· 130
- 2.3 LINUX 계정 및 권한 ··· 137
- 2.4 LINUX 명령어 ··· 143
- 2.5 vi 편집기 ·· 151
- 2.6 LINUX 활용 ·· 154
- ■ 3과목 · **적중예상문제** ·· 157

목차

4과목 네트워크 운용기기

Chapter 01 네트워크 서버 운영
- 1.1 NIC ·· 166
- 1.2 VLAN ·· 168
- 1.3 RAID ·· 170

Chapter 02 네트워크 회선 운영
- 2.1 리피터 ·· 172
- 2.2 허브 ·· 173
- 2.3 브리지 ·· 174
- 2.4 스위치 ·· 175
- 2.5 라우터 ·· 176
- 2.6 게이트웨이 ·· 177
- ■ 4과목 · 적중예상문제 ·· 178

5과목 정보 보호 개론

Chapter 01 정보 보호 개요
- 1.1 정보 보안의 개요와 목표 ·· 182
- 1.2 정보 보안 공격 유형과 보호 방안 ·· 184
- 1.3 암호화 ·· 186
- 1.4 네트워크 보안 ·· 192

Chapter 02 정보 보안 위험 요소
- 2.1 스니핑(Sniffing) ·· 196
- 2.2 스푸핑(Spoofing) ·· 196
- 2.3 신플러드 공격(SYN Flooding) ·· 197
- 2.4 트로이목마 ·· 197
- 2.5 피싱과 파밍 ·· 198
- 2.6 DoS와 DDoS ·· 199
- 2.7 랜섬웨어 ·· 200

2.8 무작위 공격(Brute Attack) ·················· 201
2.9 침해 후 대응 ·················· 201

Chapter 03 정보 보호 시스템
3.1 침입 탐지 시스템(IDS; Intrusion Detection System) ········· 202
3.2 침입 차단 시스템(Firewall) ·················· 202
3.3 침입 방지 시스템(IPS) ·················· 204
■ 5과목・적중예상문제 ·················· 205

실기 | 네트워크관리사 실기

1급/2급 실기 검정 요강 ·················· 210
1급/2급 실기 검정의 차이점 ·················· 211
1급/2급 실기 검정 절차 ·················· 214
1급/2급 실기 문제 풀이 ·················· 225

기출문제 | 최신 기출문제

| 실기 | 2급 2024년 시행

| 필기 | 1급 2022년 10월 30일 시행   2급 2021년 5월 30일 시행
       1급 2023년 4월 9일 시행   2급 2022년 8월 21일 시행
       1급 2024년 4월 21일 시행   2급 2023년 8월 20일 시행
       1급 2025년 4월 20일 시행   2급 2024년 5월 19일 시행
                                          2급 2025년 5월 25일 시행

※ 1급(2017년 4월 9일, 2018년 10월 28일, 2019년 10월 27일, 2020년 5월 24일, 2021년 4월 11일 시행)과 2급(2017년 2월 5일/4월 23일, 2018년 4월 22일/10월 21일, 2019년 5월 19일/11월 10일, 2020년 5월 17일/8월 25일 시행) 추가 기출문제와 해설은 성안당 도서몰(https://www.cyber.co.kr/book/) [자료실]에서 제공합니다.

네 / 트 / 워 / 크 / 관 / 리 / 사

네트워크 일반

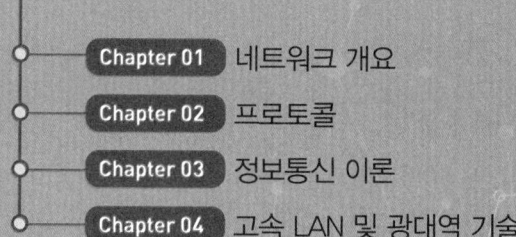

- Chapter 01　네트워크 개요
- Chapter 02　프로토콜
- Chapter 03　정보통신 이론
- Chapter 04　고속 LAN 및 광대역 기술

CHAPTER 1

네트워크의 정의와 개요를 이해하는 챕터이다. 앞으로의 내용들을 이해하는 데 필요한 기본 개념들을 숙지하도록 하자. 네트워크 토폴로지, 네트워크의 다양한 분류 파트는 시험에 자주 나오므로 암기해야 한다.

1-1 정보통신과 네트워크

1) 정보통신

① 정의

- 데이터(DATA): 분석이나 참조를 목적으로 수집한 단순한 자료로, 숫자, 문자, 기호 등으로 표현한다.
- 정보(Information): 특정한 목적을 달성하기 위하여 가공하고 의미를 부여한 데이터이다.
- 정보통신의 정의: 다수의 통신 수단을 활용하여 정보를 필요로 하는 대상과 주고받는 행위이다.

② 정보통신의 목표

- 정확: 통신 도중 신호의 세기가 약해지거나 외부의 영향을 받아 변형되거나 손실되지 않아야 한다.
- 효율: 통신에 사용된 장비나 비용 대비 얻는 정보의 가치가 커야 한다.
- 보안: 통신을 통해 주고받는 정보가 타인에게 유출되지 않아야 한다.

③ 정보통신의 주요 요소

- 송신자(Sender): 정보를 생산하여 보내는 사람이나 장치, 컴퓨터, 노드
- 수신자(Receiver): 정보를 받아서 처리하는 사람이나 장치, 컴퓨터, 노드
- 전송매체(Medium): 송신자가 수신자에게 정보를 보낼 때 사용하는 물리적 경로 및 수단
- 프로토콜(Protocol): 다수의 송신자와 수신자 사이에서 정보통신을 원활하게 하기 위한 상호 간의 규칙 혹은 약속

> **이해를 돕는 설명**
>
> 정보통신 관련 자료를 접하다 보면 정보통신의 주체인 송신자와 수신자를 다양한 용어로 표현하는 것이 헷갈릴 때가 있다. **송신자와 수신자는 사람**으로 이해할 수도 있고, 사람이 사용하는 **장치(Device)나 컴퓨터로도** 이해할 수 있으며, 컴퓨터 공학적인 개념을 활용하면 데이터가 거쳐 가는 **노드(Node)**로 표현할 수도 있다. 즉 개인용 컴퓨터, 휴대전화, 프린터와 같은 **모든 장치**를 의미할 수 있으며, **IP 주소를** 보유한 모든 것이 정보통신을 주고받는 송신자와 수신자가 될 수 있다.

2) 네트워크

① 네트워크의 정의
- 어원: Net(그물, 망)+Work(일하다), 그물의 형태로 얽혀 임의의 일을 하는 행위이다.
- 정보통신에서 말하는 네트워크의 정의: 정보의 송신자와 수신자가 통신 기술을 이용하여 서로 소통하는 그물망처럼 연결된 통신망으로, 근거리나 원거리 통신을 제공하여 수신자와 송신자 사이에 데이터 등을 전송한다.

② 인터넷과 인트라넷의 차이
- 인터넷(Inter(~사이의)+Net(그물, 망)): 망과 망 사이의 통신(예 WWW(World Wide Web))

  > 참조 인트라넷: Intra(~내부의)+Net(그물, 망): 하나의 망 안에서의 통신. 외부망과 차단되어 군대, 회사 등 특정 단체의 직원만 접근할 수 있는 통신 형태(예 Military Network)

③ 네트워크의 출현
전기, 전자 기술의 발전과 함께 컴퓨터가 발전하고, 컴퓨터 간의 통신을 위하여 네트워크가 발전되었으며, 이를 통해 정보 형태가 다양하게 되었다.

④ 네트워크의 발전 과정
음성 회선(전화, 중, 저속 데이터) → 공중전화 교환망(PSTN; Public Switched Telephone Network): 전 세계적으로 연결된 음성 전화망으로, 지금은 대부분 디지털 방식으로 전환됨 → 디지털 전용회선: 네트워크망의 일부를 독립적으로 사용 → 데이터 전용 교환망 → 종합정보통신망 → 광대역 종합 통신망

⑤ 네트워크의 장점
- 데이터 통신 수단: 서로 멀리 떨어져 있더라도 데이터를 교환할 수 있다.
- 자원의 공동 소유화: 데이터를 공유할 수 있고, 커다란 파일을 여러 대의 컴퓨터에 분산 보관할 수 있어 한 컴퓨터에 부담되는 가중을 완화할 수 있다.

- 업무 환경의 효율화: 네트워크를 통해 통신이 가능한 어느 장소에서도 근무할 수 있으므로 근무 환경이 유연해진다.
- 위험의 분산: 동일한 기능을 수행하는 여러 대의 컴퓨터가 동일 네트워크에 연결되어 있을 경우, 하나의 컴퓨터가 고장 나더라도 다른 컴퓨터로 기능을 대신 수행할 수 있어 위험이 분산된다.

1-2 네트워크 토폴로지

1) 네트워크 토폴로지의 형태와 특징

- 네트워크는 그 목적과 형태에 따라 여러 가지 모양으로 설계, 구축되는데, **형태에 따른 다양한 설계 방법을 토폴로지(Topology)라고 한다.**
- 각 토폴로지별 특징과 장단점을 이해하면, 목적에 맞게 네트워크를 설계하고 구축할 수 있다.

① **망형(Mesh Topology)** ★ 꼭 암기하세요.

- **모든 디바이스들이 점대점으로 연결되었다.**
- **하나의 통신 회선이 고장 나더라도 전체 네트워크에는 영향을 미치지 않는다.**
- 모든 디바이스들을 연결해야 하므로 작업공간이 많이 필요하며, 설치 비용도 많이 든다.
- **메시형**이라고도 한다.

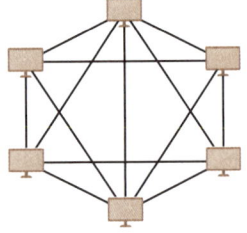

② **성형(Star Topology)**

- **각각의 디바이스가 중앙의 시스템(허브)에 점 대 점(Point to Point) 방식으로 연결되어 있다.**
- 중앙 제어 노드가 통신 상의 모든 제어를 관리하므로 **중앙 제어 노드 작동 불능 시 전체 네트워크가 정지한다.**
- 망형 토폴로지에 비해 설치 비용이 적게 들고 효율적인 토폴로지이지만, 중앙 시스템이 고장 나면 전체에 영향을 미친다는 점에서 견고성이 떨어진다.
- **스타형**이라고도 부른다.

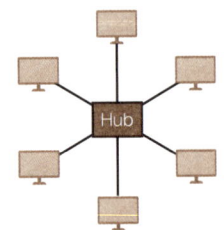

③ 트리형(Tree Topology)

- **나무가 가지를 뻗어 나가듯** 하나의 디바이스에서 여러 개의 디바이스를 향해 네트워크가 **방사형으로 펼쳐지는 형태**이다.
- 허브만 있다면 많은 네트워크를 한 번에 쉽게 연결할 수 있다는 장점이 있으나, 특정 디바이스가 고장 나면 해당 계층 이하의 디바이스는 작동되지 않는다.

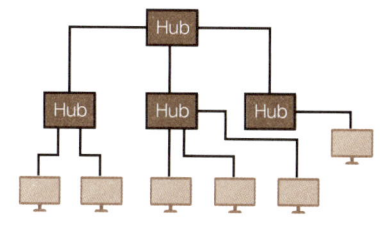

④ 버스형(Bus Topology)

- 네트워크상의 모든 디바이스들이 하나의 케이블에 연결되어 있다.
- 구조가 간단하고 설치 비용이 적게 들며, 디바이스의 추가와 삭제가 용이하다.
- **회선의 양 끝에 터미네이터(Terminator)가** 시그널의 반사를 방지하기 위해 사용된다.
- 단, 하나의 통신 회선 안에 너무 많은 디바이스가 연결되면 통신 성능이 저하될 수 있으며, 통신 회선이 고장 나면 전체 네트워크에 영향을 미친다.

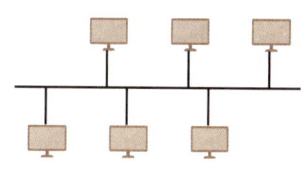

⑤ 링형(Ring Topology)

- 버스 토폴로지와 유사하지만, **양 끝단이 서로 연결되어 있어 링 형태를 이룬다.**
- **캠퍼스 등 특정 공간 내에서 네트워크를 구축**할 때 주로 사용한다.
- 장단점은 버스형과 유사하다.

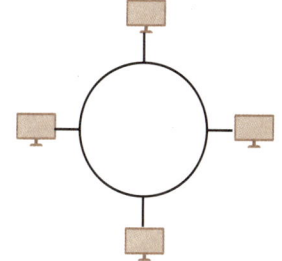

⑥ 하이브리드형(Hybrid Topology)

두 가지 이상의 토폴로지가 혼합되어 있는 네트워크 형태로, 각 토폴로지의 단점을 보완하여 필요에 맞게 구성한 것이다.

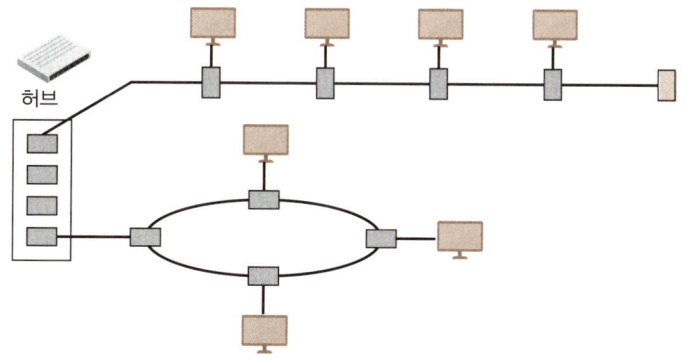

1-3 네트워크의 다양한 분류

1) 데이터 전송 방식에 따른 분류

데이터 전송 방식에 따라 네트워크를 회선 교환망과 패킷 교환망으로 분류할 수 있다. 각각의 특징과 장단점에 대하여 알아본다.

① 회선 교환망(아날로그 통신)

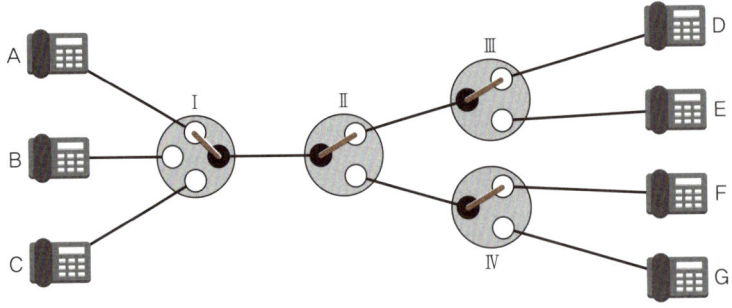

> **이해를 돕는 설명**
>
> 다음의 그림은 초창기의 전화 교환수이다.
> 호출자 Caller가 전화를 걸고, 수신자 Callee의 정보를 전화 교환수에게 전달하면, 전화 교환수가 기존의 전선을 뽑아 수신자의 주소에 꽂으면 호출자와 수신자 간의 통화가 시작된다.
> 이처럼 아날로그적인 방법으로 **호출자와 수신자를 배타적이고 물리적으로 연결하는 데이터 전송 방식이 회선 교환망 방식이다.**

㉠ 회선 교환망의 특징
- **회선을 독립적으로 쓸 수 있다.**
- 독립적 회선을 구축해야 하므로 설치 비용이 많이 든다.
- 한 회선이 처리할 수 있는 데이터의 양(Bandwidth)이 적고, 전송 효율이 떨어진다.
- **보안에 강하다**(군부대에서 보안용으로 사용).
- 데이터를 실시간으로 처리하거나, 대량의 데이터를 전송할 때 적합하다.
- 한 회선을 지속적으로 점유하므로 네트워크 효율이 떨어진다.

② 패킷 교환망(디지털 통신)

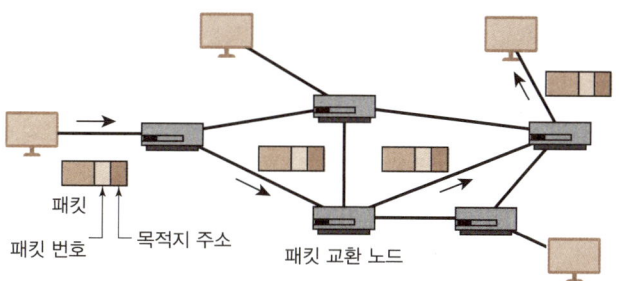

- 모든 컴퓨터가 선으로 이루어져 있고, **선은 뽑거나 교환하지 않은 채로 데이터만 이동하는 통신 형태이다.**
- 데이터를 작은 패킷 단위로 나누어서 목적지까지 전달한다.
- 패킷 교환망의 선로 위에는 출발지와 목적지가 다른 패킷 여러 개가 동시에 있고, 패킷 안에는 패킷이 도착해야 하는 목적지의 주소 정보가 들어있다.
- Switch는 어떤 경로로 패킷을 보내는 것이 더 빠른지 판단하여 **효율적인 경로로 안내한다.**
- 회선 교환망의 단점을 극복한 통신 방법이다.

㉠ 패킷 교환망의 특징
- 설치 비용이 적게 든다.
- **한 회선이 처리할 수 있는 데이터의 양이 많고, 전송 효율이 좋다.**
- 하나의 전송로를 여러 패킷이 공유하여 사용할 수 있다.

2) 통신 방식에 따른 분류

유니캐스트(Unicast)	브로드캐스트(Broadcast)	멀티캐스트(Multicast)
얇은 펜으로 단 하나의 점만 찍듯, 서버가 클라이언트와 **1:1로 통신**하는 방식	페인트를 쏟아 구역 전체가 채워지듯이, 로컬 LAN(라우터로 구획된 공간) 내에 있는 모든 디바이스에 데이터를 보내는 것. **1:모두로 통신**하는 방식	도장을 찍어 원하는 부분만 색이 채워지듯이, 특정 그룹에만 한 번에 전송하는 것. **1:특정 다수로 통신**하는 방식

> **이해를 돕는 설명**
>
> * 서버(Server): 데이터, 서비스 등을 제공해주는 컴퓨터
> * 클라이언트(Client): 서버가 제공한 데이터, 서비스 등을 받는 단말기

3) 규모와 범위에 따른 분류

근거리 통신망 (LAN; Local Area Network or Campus Network)	대도시 통신망 (MAN; Metropolitan Area Network)	원거리 통신망 (WAN; Wide Area Network)
Bus(버스형) Ring(링형) Star(성형) Tree(트리형) Mesh(망형)	LAN들을 라우터로 연결한 MAN 구성도	세계 지도 상 연결망
집, 학교, 사무실 등 10km이내의 거리 안의 단말기들이 빠른 속도로 통신할 수 있도록 구성된 통신망. 목적에 맞는 토폴로지로 구성한다. 최대 대학 캠퍼스 크기 정도라는 점에서 캠퍼스 네트워크(Campus Network)라고도 부른다.	**도시 규모**의 거리 안에 있는 단말기들을 연결한 통신망으로, 통상 여러 개의 LAN들이 연결되어 있는 형태이다.	**국가나 대륙**과 같은 매우 넓은 지역을 연결하는 통신망으로, 여러 개의 MAN들이 연결되어 있는 형태이다.

> **이해를 돕는 설명**
>
> * 이더넷(Ethernet): 근거리 통신망(LAN) 유선 네트워크 표준

4) 전송 매체에 따른 분류

① 유선 전송 매체

㉠ 이중 나선 케이블(Twisted Pair, 꼬임선)

- 구성: 플라스틱 절연체로 감싼 가느다란 동선 2개가 꼬여 있는(twisted) 형태로 되어 있으며, 아날로그 전송과 디지털 전송 모두에 사용된다. 외부 신호의 간섭을 막기 위한 방법에 따라 세 가지로 분류된다.
- 장점: 저렴하며, 대중적이다.
- 단점: 고속 전송에 부적합하며, 외부 신호의 간섭에 상대적으로 민감하다.

- 종류: UTP/FTP/STP
  - UTP(Unshielded Twisted Pair, 보호되지 않은 꼬임선): 케이블을 나선형으로 꼬아 놓고, 별도의 포일 피복 없이 플라스틱 절연체로 감싼 것으로, 외부 신호의 간섭을 막기 위한 특별한 기능은 없지만, **저렴하기 때문에 가장 대중적으로 사용된다.**

    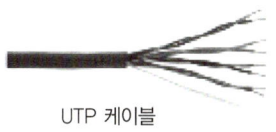
    UTP 케이블

  - FTP(Foiled Twisted Pair, 포일 피복 처리된 꼬임선): 외부 신호의 간섭을 막기 위해 전체 케이블에 피복을 씌운 후 플라스틱 절연체로 감싼다.

    FTP 케이블

  - STP(Shielded Twisted Pair, 강하게 피복 처리된 꼬임선): 외부 신호의 간섭을 막기 위하여 각각의 꼬임선에도 피복을 씌운 후 플라스틱 절연체로 감싼다.

    STP 케이블

카테고리	최대 전송 속도	최대 주파수	최대 거리	설명
CAT 3	10Mbps	16MHz	100m	예전 전화선, 10BASE-T 이더넷용. 현재는 거의 사용되지 않는다.
CAT 5	100Mbps	100MHz	100m	100BASE-TX 이더넷용. 현재는 CAT 5e로 대체
CAT 5e	1Gbps	100MHz	100m	잡음 개선 및 신호 간섭 최소화. 기가비트 이더넷(1000BASE-T)에 일반적으로 사용
CAT 6	1Gbps(최대 10Gbps 지원)	250MHz	100m(10Gbps는 55m 이하)	더 나은 차폐 및 속도 제공. 주로 기업 환경에서 사용
CAT 6a	10Gbps	500MHz	100m	향상된 차폐 및 외부 간섭 억제. 대규모 데이터센터 등에 적합
CAT 7	10Gbps	600MHz	100m	개별 페어마다 차폐된 STP 케이블. 고급 환경에서 사용. 비표준(ANSI/TIA가 아닌 ISO/IEC)
CAT 8	25~40Gbps	2,000MHz	30m	고성능 서버 및 데이터센터 환경. 차폐 필수, 매우 고주파 대역 지원

ⓒ 동축 케이블(Coaxial Cable)
- 구성: 중앙에 위치한 와이어와 와이어를 둘러싸는 차폐용 그물망, 총 두 개의 전도체로 구성되어 있다. 중앙 와이어와 주변 그물망 사이는 절연체로 분리되어 있고 모니터 연결 단자인 DVI 방식과 유사하다.
- 장점: 설치가 용이하며, 이중 나선 케이블형보다 **큰 대역폭을 지원하여 한 번에 더 많은 데이터를 빠르게 전송할 수 있다.**
- 단점: 대체로 이중 나선 케이블형보다 비싸다.

구분	10 Base 2	10 Base 5
전송 속도	10Mbps	10Mbps
전송 길이	200미터	500미터
특징	• 케이블의 지름이 5mm인 세심 동축 케이블을 사용한다. • 10 Base 5에 비해 케이블이 유연하여 구부러진 곳에도 설치하기 쉽다.	• 케이블의 지름이 12mm인 동축 케이블을 사용한다. • 10 Base 2에 비해 더 많은 데이터를 안정적으로 전송할 수 있다.

케이블 종류 읽는 법		
10	BASE	5 *
회선의 최대 전송 속도 (단위: Mbps)		회선의 최대 길이 (단위: * 100m)
= 최대 전송 속도가 10Mbps이며, 회선의 최대 길이가 500m인 케이블		

* T로 끝나는 경우는 Twisted Pair, 즉 꼬임선으로 구성된 케이블을 의미한다.

> **이해를 돕는 설명**
>
> * 이더넷 구축을 위하여 일반적으로 동축 케이블 혹은 UTP 케이블을 사용하고, 버스형 토폴로지로 구성한다.

ⓒ 광섬유 케이블(Optical Fiber Cable) ★ 꼭 암기하세요.
- 구성: 머리카락보다 가느다란 **유리섬유**의 한쪽 끝(송신 측)에서 **주파수 신호를 빛의 펄스로 변환**하여 수신 측에 전달하면 수신기가 빛의 펄스를 다시 주파수 신호로 변환한다. 코어(Core), 클래딩(Cladding), 코팅(Coating)으로 되어 있다.

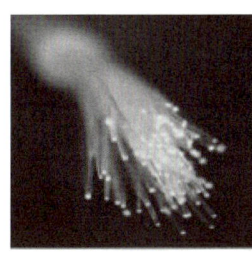 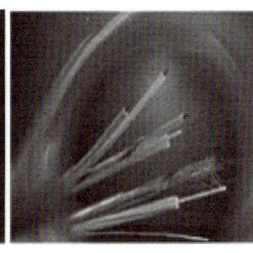 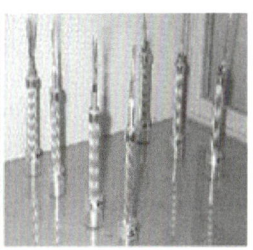

- 장점
  - **전송하는 빛의 각도를 무한대로 조절하여 한 번에 많은 데이터를 전송할 수 있으며 외부 신호의 간섭을 적게 받는다.**
  - 주파수가 마이크로파보다 수만 배 높은 광파를 사용하므로 **매우 많은 정보량(넓은 대역폭)을 장거리 전송할 수 있으며, 전송 손실이 매우 적다.**
  - 비전도체(유리)이므로 습기에 영향을 받지 않고 타 전자파나 고압선 전류 유도에 대한 방해를 전혀 받지 않아 송전선에 광섬유 케이블을 함께 실어 전송할 수 있다.
- 단점
  - **단방향**으로만 데이터를 보낼 수 있다. **구축 비용이 비싸며**, 설치 방법이 복잡하고 끊어지기 쉽기 때문에 외부에 노출되기보다는 **매립하여 설치**해야 한다.

② 무선 전송 매체
- 공기 중으로 전파되는 **전자파를 매개로 하여 데이터를 전송하는 방식**이다.
- 전자파의 파장 종류 및 주파수 대역에 따라 특징이 달라지므로, 목적에 따른 주파수 범위를 선택하여 사용한다.

㉠ 무선 전자파의 종류

파장의 종류	줄임말	주파수 대역	주요 활용처
초장파(Very Low Frequency)	VLF	9~30kHz	잠수함
장파(Low Frequency)	LF	30~300kHz	선박
중파(Medium Frequency)	MF	300KHz~3MHz	AM라디오, 선박
단파(High Frequency)	HF	3~30MHz	단파 방송

파장의 종류	줄임말	주파수 대역	주요 활용처
초단파 (Very High Frequency)	VHF	30~300MHz	FM 라디오, 아날로그 VHF TV, 무선통신
극초단파 (Ultra High Frequency)	UHF	300MHz~3GHz	아날로그 UHF TV, 이동통신 (지상 마이크로파), GPS수신기
센티미터파 (Super High Frequency)	SHF	3~30GHz	레이더, 위성통신 (위성 마이크로파)
밀리미터파 (Extremely High Frequency)	EHF	30~300GHZ	미사일, 우주통신 등

수신기(안테나)를 통해 방송을 송출하던 아날로그TV 시절에는, VHF(2~13) 채널로 신호가 도달하지 않는 지역에 UHF(14~83) 채널을 통해 방송 신호를 보내 TV를 볼 수 있게 하였다.

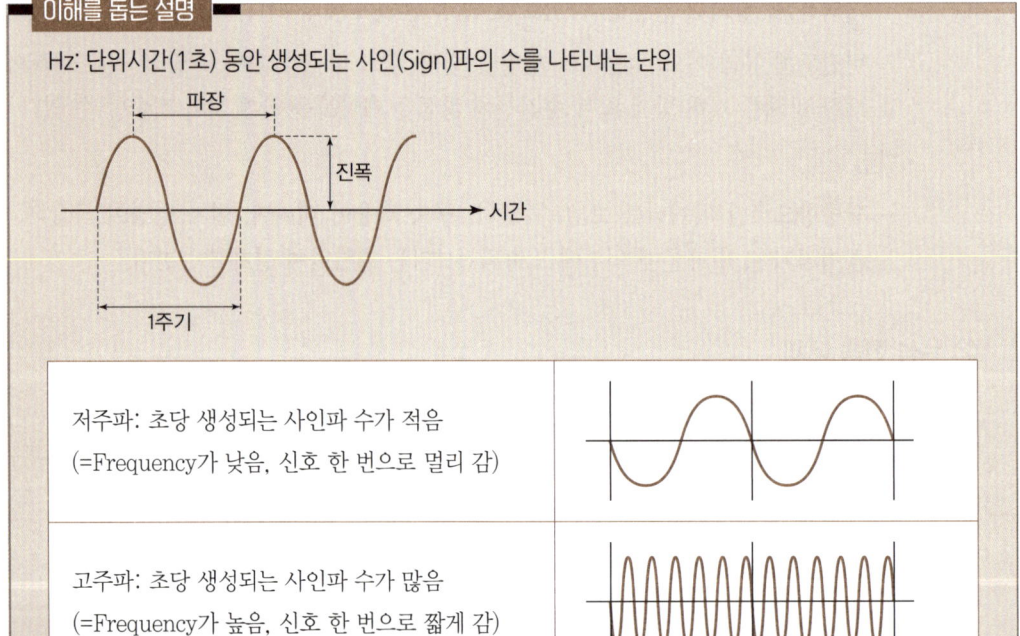

같은 양의 기름으로 크고 무거운 차는 짧은 거리를 이동할 수 있고, 작고 가벼운 차는 긴 거리를 이동할 수 있다. 이와 같이 한 번에 보낼 수 있는 정보의 양과 통달거리(Distance Range)는 반비례하기 때문에, 한 번에 보낼 수 있는 정보의 크기, 즉 대역폭(Bandwidth)이 커지면 통달거리는 짧아진다. 넓은 대역폭을 이용해서 많은 정보를 멀리 보내기 위해서는 기지국을 많이 세워야 한다.

CHAPTER 2 프로토콜

프로토콜은 이후 과목에서 지속적으로 등장하는 개념이므로, 개념에 대한 정확한 이해와 주요 기능에 대한 이해가 선행되어야 한다.

2-1 프로토콜의 개념과 주요 기능

1) 프로토콜의 정의

- 다수의 송신자와 수신자 사이에서 **정보통신을 원활하게 하기 위한 상호 간의 규칙 혹은 약속**이다.
- 어떠한 정보를 전송할 것인지, 정보를 전송하기 위해 어떠한 일을 할 것인지, 정보를 어떻게 전송할 것인지 등을 결정하고 이를 준수하기로 약속한다.

> **이해를 돕는 설명**
>
> 서로 다른 나라에서 온 생김새도 다른 두 사람이 동일한 언어를 쓴다면 소통할 수 있는 것처럼, 두 개의 디바이스(송신자와 수신자) 또한 동일한 프로토콜을 사용하면 서로 다른 종류나 제조사여도 소통할 수 있다. 예를 들어, 동일한 표준 메일 프로토콜을 사용한다면 애플사의 아이폰에서 안드로이드 디바이스로 메일을 보낼 수 있다.

- 주요 인터넷 프로토콜
    - OSI(Open Systems Interconnection): 표준 프로토콜 모델
    - TCP/IP(Transmission Control Protocol / Internet Protocol): 인터넷 프로토콜

2) 프로토콜의 3요소

① 구문(Syntax): 데이터의 구조나 형식(아날로그인지, 디지털인지), 신호의 크기(전압의 세기, 표현의 방법), 부호화(아스키코드-ASCII코드인지, 유니코드-Unicode인지)에 대한 표현을 정의한다.

이해를 돕는 설명

아스키코드 ASCII code(American Standard Code for Information Interchange): 1960년대 미국 ANSI(American National Standards Institute)에서 표준화한 정보교환용 부호 체계이다. 총 7비트로 이루어져 있으며 0x00부터 0x7F까지 2의 7제곱에 해당하는 128개 부호를 표현할 수 있다.

세계 여러 나라와 통신하기 위해서는 다양한 나라, 그 언어에서 사용하는 다양한 문자들을 표현해야 하지만, 7비트로 이루어져 128개의 부호만을 표현할 수 있는 아스키코드로는 미국 내에서의 통신만 가능했다. 아스키코드의 이러한 한계를 극복할 수 있도록 만들어진 체계가 유니코드이다.

Dec	Hex	Oct	HTML	Chr
10진법 표기	16진법 표기	8진법 표기	HTML 코드	나타내려는 문자
⋮ 전략				
48	30	060	&#048;	0
49	31	061	&#049;	1
50	32	062	&#050;	2
51	33	063	&#051;	3
52	34	064	&#052;	4
53	35	065	&#053;	5
54	36	066	&#054;	6
55	37	067	&#055;	7
56	38	070	&#056;	8
57	39	071	&#057;	9
58	3A	072	&#058;	:
59	3B	073	&#059;	;
60	3C	074	&#060;	<
61	3D	075	&#061;	=
62	3E	076	&#062;	>
63	3F	077	&#063;	?
64	40	100	&#064;	@
65	41	101	&#065;	A
66	42	102	&#066;	B
67	43	103	&#067;	C
68	44	104	&#068;	D
69	45	105	&#069;	E
70	46	106	&#070;	F
⋮ 후략				

▲ 아스키코드

유니코드(Unicode): 사용 중인 언어, OS, 프로그램과 관계없이 모든 문자마다 고유한 코드 값을 제공하는 코드이다. 1980년대 후반 출판된 이 코드는 언어와 상관없이 모든 문자를 16비트로 표현하며 최대 2의 16제곱에 해당하는 65,536자까지 표현할 수 있다.

참고로 한글 자모는 U+1100부터 총 256개 코드가 할당되어 있으며, 한글 '가'에 해당하는 유니코드는 U+AC00이다.

유니코드를 해석하기 위한 인코딩 방식으로는 UTF-7, UTF-8, UTF-16, UTF-32 인코딩 등이 있으며, 이 중 UTF-8, UTF-16이 일반적으로 사용된다.

② 의미(Semantics): 해당 신호에 대한 해석 및 전송제어(동기화, 전송 정지, 전송 재개, 전송 완료, 재전송 등의 신호), 오류관리(데이터 무결성 검사, 패리티 비트 검사, CRC 등)를 위한 제어 정보를 규정한다.

③ 타이밍(Timing): 송신자와 수신자 사이의 신호 지속 시간, 신호 순서 등을 조정하여 데이터 유실을 방지한다.

3) 프로토콜의 기능

① 주소 지정(Addressing)
- **네트워크의 노드(컴퓨터, 장치)마다 서로 식별할 수 있는 고유의 번호를 부여한다.**
- 하나의 디바이스가 다른 디바이스에 데이터를 전송하는 경우, 상대방의 주소와 이름을 알아야 한다.
- 적어도 송신자의 주소(IP)와 이름(MAC), 수신자의 주소(IP)와 이름(MAC), 총 4개의 정보가 있어야 통신이 가능하다.

② 단편화(Fragmentation)와 재조립(Reassembly)
- **대용량의 데이터를 교환하는 프로토콜의 경우, 같은 크기의 데이터 블록(패킷)으로 분할(단편화, Fragmentation)하여 전송하고, 전송된 데이터를 원래의 모양대로 하나로 붙이는(재조립, Reassembly) 작업이다.**
- 라우터/스위치 간 이동 시 필요하다.
- 회선별로 대역 폭이 다르므로 데이터를 더 분할하는 경우도 발생한다.

③ 순서 지정(Sequencing)
- 데이터가 단위(패킷)별로 분할하여 전송될 때, **각 패킷에 시퀀스 번호를 부여하여 순서대로 도착할 수 있도록 제어**한다.
- 연결지향형(Connection Oriented)에서만 사용한다.

④ 데이터 흐름 제어(Data Flow Control) ★ 꼭 암기하세요.
- **수신자 측에서 데이터 전송량이나 전송 속도 등을 조절한다.**
- 디바이스 간의 데이터 처리 능력이 다르므로 천천히 보내라, 다시 보내라, 전송을 중지해라 등을 명령한다.
- 슬라이딩 윈도우(Sliding Window) 등은 대표적인 흐름 제어 기법이다.

⑤ 연결 제어(Connection Control)

- 연결 지향형 데이터 전송의 경우 **연결 설정, 데이터 전송, 연결 해제**의 3단계로 구성된다.
- 하나의 세션이 만들어진 다음 지속적인 데이터 교환이 발생하므로 순서가 발생하고, 이를 제어해야 원활한 통신이 이루어진다.

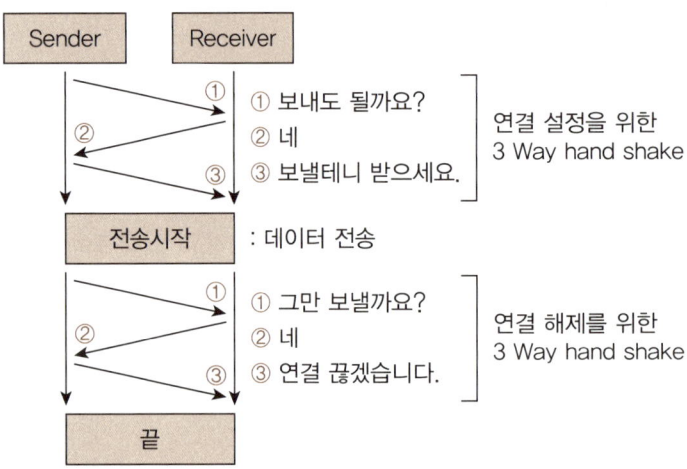

▲ 3-Way Hand Shake

⑥ 캡슐화(Encapsulation)

- **네트워크의 각 계층별로 사용할 정보를 관리하기 편하도록 구분**해 두는 것이다.
- 송신자와 수신자의 주소, 오류 검출 코드, 프로토콜 제어 정보가 포함되어 있는 PCI(보내려는 원 데이터)에 단계별로 헤더(제어정보)를 덧붙여 캡슐처럼 감싸는 것을 의미한다.

⑦ 오류 제어(Error Control)

- **오류 발생을 검출하여 재전송을 요구하거나, 직접 오류를 복구한다.**
- 재전송 요구(Discard & Recall): 기존에 받은 오류 데이터를 버리고 재전송을 요청한다.
- 오류 복구(Fix & Use): 기존에 받은 오류 데이터를 복구하여 사용한다.
- 패리티 비트 오류검출방식, 순환중복검사 등을 통해 오류를 검출한다.

⑧ 동기화(Synchronization)

- 송신자와 수신자 사이 **데이터를 전송할 때, 타이밍이나 윈도우 크기 등을 합의**하는 것이다.

⑨ 멀티플렉싱(Multiflexing)

한 번에 여러 정보를 통신할 수 있도록 가상의 회선을 설정하는 것이다.

⑩ 전송 서비스
- 우선순위(우선순위가 높은 데이터가 먼저 도착하도록 설정), 서비스 등급(데이터에 따라 서비스 등급을 부여), 보안의 정도(액세스 제한 등 보안시스템 설정) 등에 차등을 둔다.

2-2 프로토콜의 전송 방식

① 비트(bit) 방식
- 특별한 의미를 갖는 플래그 비트(Flag bit)를 데이터의 앞 혹은 뒤에 덧붙여 전송한다.
- 비트 전송 방식을 사용하는 대표적 프로토콜: HDLC, SDLC, LAPB

② 바이트(byte) 방식
- 데이터의 헤더(Header)에 전송 데이터의 문자 개수, 메시지 수신 상태 등 각종 제어 정보를 덧붙여 전송한다.
- 바이트 전송 방식을 사용하는 대표적 프로토콜: DDCM

③ 문자 방식
- 전송 제어 문자(SOH, ETX, ETB, STX, DLE, ENQ) 등을 사용하여 데이터의 시작과 끝을 나타낸다.
- 문자 전송 방식을 사용하는 대표적 프로토콜: BSC

2-3 프로토콜의 특성

① 직접과 간접
- 직접적 프로토콜: 두 개의 통신 시스템이 점 대 점 형태로 직접 연결되어 통신하는 형태이다.
- 간접적 프로토콜: 여러 개의 통신 시스템이 하나의 커다란 시스템을 통해 간접적으로 연결된 형태이다.

② 단일체와 구조
- 단일체적 프로토콜: 통신과 관련한 모든 기능을 하나의 프로토콜이 전부 수행하는 형태이다.
- 구조적 프로토콜: 여러 개의 계층으로 나누어진 프로토콜이 하위 계층에서 상위 계층 방향으로 서비스를 제공하는 형태이다.

③ 대칭과 비대칭
- 대칭적 프로토콜: 서로 통신을 주고받는 대등한 형태로 이루어지는 프로토콜이다.
- 비대칭적 프로토콜: 서버-클라이언트 등 비대칭적인 관계에서 이루어지는 프로토콜이다.

④ 표준과 비표준
- 표준 프로토콜: 어느 시스템에서나 작동하는 일반적인 프로토콜이다.
- 비표준 프로토콜: 정해진 환경이나 시스템상에서만 사용 가능한 프로토콜이다.

> **이해를 돕는 설명**
>
> **프로토콜 표준화의 필요성**
>
> 표준 프로토콜과 비표준 프로토콜의 차이에서 알 수 있듯, 표준화된 프로토콜(표준 프로토콜)은 같은 프로토콜을 사용하는 디바이스를 통해서는 누가 만든 프로토콜이라도 서로 통신이 가능하다.
>
> 이를 위해 아래와 같은 국내외 주요 표준화기구에서는 표준 프로토콜을 정의하고 배포하여 원활한 통신환경을 만들고자 노력하고 있다.
> - 국제표준화기구(ISO; International Organization for Standardization)
> - 국제전기통신연합(ITU; International Telecommunication Union)
> - 미국표준협회(ANSI; American National Standards Institute)
> - 한국정보통신기술협회(TTA; Telecommunications Technology Association)
> - 한국전자통신연구원(ETRI; Electronics and Telecommunication Research Institute)

2-4 근거리 통신(LAN) 프로토콜

1) 알로하 프로토콜 ALOHA(Additive Links Online Hawaii Area)

- 미국 하와이 대학에서 하와이의 여러 섬과 통신하기 위하여 개발한 무선통신 근거리 통신망으로, 세계 최초로 경쟁법(Contention Method)을 도입한 다원 접속 프로토콜이다. **향후 이더넷(유선 LAN)의 시초**가 된다.
- 송신 측(중앙 제어국)을 중심으로 하는 성형 토폴로지이다.

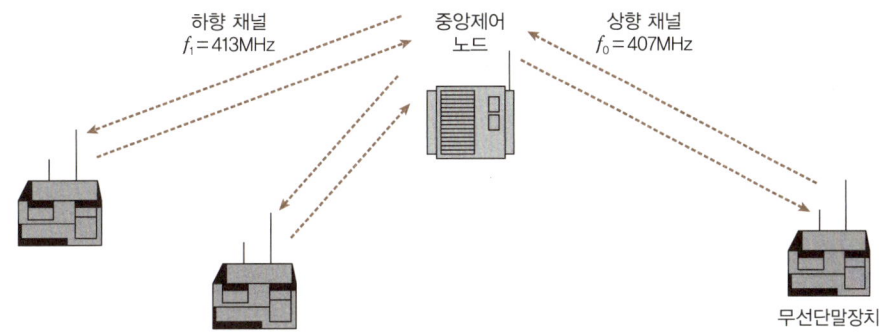

- 송신 측은 아무런 제약 없이 데이터를 전송할 수 있고, 수신 측으로부터 확인 응답(ACK)을 수신하기 위해 기다린다. 송신 측과 수신 측 간의 최대 왕복 시간(RTT; Round Trip Time) 동안 확인응답 ACK가 수신되지 않으면 재전송하고, 전송 실패가 반복되면 전송을 포기한다.

2) 슬롯 알로하 프로토콜 Slotted ALOHA

- 전송 데이터를 슬롯화하고, 중앙 제어국에서 클럭 신호를 보내면 각 슬롯의 시작점에서만 패킷을 전송할 수 있도록 개선한 프로토콜이다.
- **충돌 확률이 줄어들어 순수 알로하 프로토콜에 비해 전송 효율이 2배 높다.**

3) CSMA/CD(Carrier Sense Multiple Access with Collision Detection) ★ 꼭 암기하세요.

- **슬롯 알로하 프로토콜 방식이 발전된 형태이다.**
- 작은 단위의 패킷을 테스트용으로 전송해 보고, LAN 선을 사용하는 다른 전송이 있다면 충돌을 방지하기 위해 앞의 전송이 끝날 때까지 전송하지 않고, LAN 선이 비어있을 때 재전송함으로써, **여러 대의 단말이 LAN 선에 충돌 없이 접촉**할 수 있게 하는 프로토콜이다.

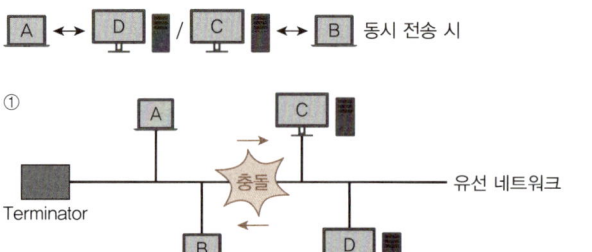

: 작은 단위의 패킷을 전송하고, 돌아오지 않으면 충돌을 감지(Collision Detection)

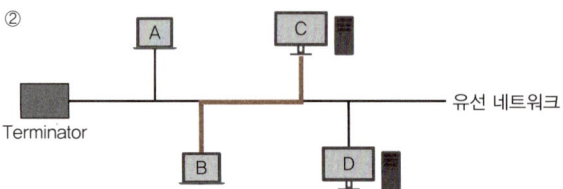

: 랜덤한 시간 동안 대기 후 다음 전송을 위한 패킷 전송, 성공 시 데이터 전송 시작

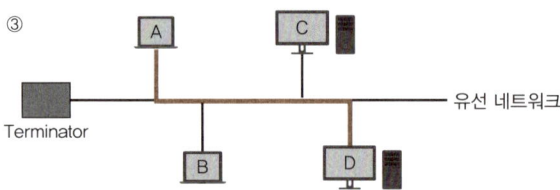

: 순서대로 데이터 전송시작

4) IEEE의 LAN 표준 ★꼭 암기하세요.

IEEE 802.x는 LAN의 국제 표준안 모델 규격이다. 아래 내용 중 굵은 글씨체로 표기된 프로토콜들은 시험에 자주 나오므로 외우도록 하자.

- IEEE 802.1: 상위 계층 인터페이스(HILI, Higher Layer Interface) 및 MAC 브리지
- **IEEE 802.2: 논리 링크 제어(LLC, Logical Link Control)**
- **IEEE 802.3: CSMA/CD(Carrier Sense Multiple Access/Collision Detect), Ethernet**
- IEEE 802.4: 토큰 버스(Token Bus)
- IEEE 802.5: 토큰 링(Token Ring)
- IEEE 802.6: MAN(Metropolitan Area Network)
- IEEE 802.7: 광대역(Broadband) LAN
- IEEE 802.8: 광섬유(Optical Fiber) LAN
- IEEE 802.9: 종합 음성 데이터(IVD, Integrated Voice & Data)
- IEEE 802.10: 네트워크 보안(Network Security)
- **IEEE 802.11 a/b/g/n/ac/ax/ax-2021/be: 무선 네트워크(Wireless LAN & Wi-Fi)**

표준명	상용 명칭	주파수 대역	최대 속도 (이론치)	채널 대역폭	주요 기술	제정 연도
802.11b	Wi-Fi 1 (비공식)	2.4GHz	11Mbps	22MHz	DSSS	1999
802.11a	Wi-Fi 2 (비공식)	5GHz	54Mbps	20MHz	OFDM	1999
802.11g	Wi-Fi 3 (비공식)	2.4GHz	54Mbps	20MHz	OFDM	2003
802.11n	Wi-Fi 4	2.4/5GHz	최대 600Mbps (4×4 MIMO)	20/40MHz	MIMO, Frame Aggregation	2009
802.11ac	Wi-Fi 5	5GHz	최대 6.9Gbps (8×8 MU-MIMO)	20/40/80/160MHz	MU-MIMO, Beamforming	2013
802.11ax	Wi-Fi 6	2.4/5GHz	최대 9.6Gbps	20/40/80/160 MHz	OFDM, UL/DL MU-MIMO, TWT	2019
802.11ax -2021	Wi-Fi 6E	6GHz 추가	최대 9.6Gbps	160MHz	저지연, 6GHz 대역 확장	2021
802.11be	Wi-Fi 7	2.4/5/6GHz	최대 46Gbps	320MHz, MLO	Multi-Link Operation, 4096-QAM	예정 (2024~2025)

그 외 802.11af(TV 유휴 채널용), 802.11ah(900MHz 대역), 802.11ai(대역 무관 빠른 접속 가능, 지하철에서 사용)

- IEEE 802.12: 100 VG-Any LAN
- IEEE 802.13: 사용 안 함
- IEEE 802.14 : 케이블 모뎀(Cable modem)
- IEEE 802.15: Wireless PAN(Personal Area Network)
- **IEEE 802.15.1: 블루투스(Bluetooth)**
- **IEEE 802.15.4: 직비(ZigBee)**
- **IEEE 802.16: 광대역 무선 접속(WiMAX)**
- **IEEE 802.16e: 광대역 무선 접속(모바일)**
- IEEE 802.16.1: Local Multipoint Distribution Service
- IEEE 802.17: Resilient packet ring
- IEEE 802.18: Radio Regulatory TAG
- IEEE 802.19: Coexistence TAG
- IEEE 802.20: Mobile Broadband Wireless Access
- IEEE 802.21: Media Independent Handoff
- IEEE 802.22: Wireless Regional Area Network
- IEEE 802.23: Broadband ISDN

이해를 돕는 설명

주변에 무선 랜 송신기가 있다면 제품 정보 면을 잘 살펴보자. IEEE 802.11이라고 쓰여있을 것이다. 이는 무선 네트워크 국제 표준을 따르도록 만든 기기임을 의미한다. 최신 제품이라면 IEEE 802.11ac(ax/be)를 지원할 것이다.

CHAPTER 3 정보통신 이론

정보와 통신에 관련한 주요 이론들을 배우는 챕터이다. 추후 다른 개념들을 새롭게 배울 때 기초가 되는 기본 개념들일 뿐만 아니라, 기출문제에도 자주 등장하므로 반드시 숙지하도록 한다.

3-1 정보 및 정보의 전송 방식

1) 정보 이론

① 채널 용량

- 어떠한 전송 매체의 최대 정보 전송 능력을 의미한다.
- 채널 용량 계산법

신호 대 잡음 비율	섀넌(Shannon)의 채널 용량 계산 식	나이키스트(Nyquist) 이론
신호 대 잡음비(db)=10log(S/N)	C=Wlog2(1+S/N)	C=2Wlog2B
S: 신호(Signal), N: 잡음(Noise)	C: 채널 용량(bps), W: 대역폭(Hz), S/N: 신호 대 잡음비	C: 채널 용량, W: 대역폭(Hz), B: 전압레벨 혹은 다른 신호 성분의 수

② 신호(Signal)

- 아날로그 신호: 연속적으로 변하는 전자기적 신호

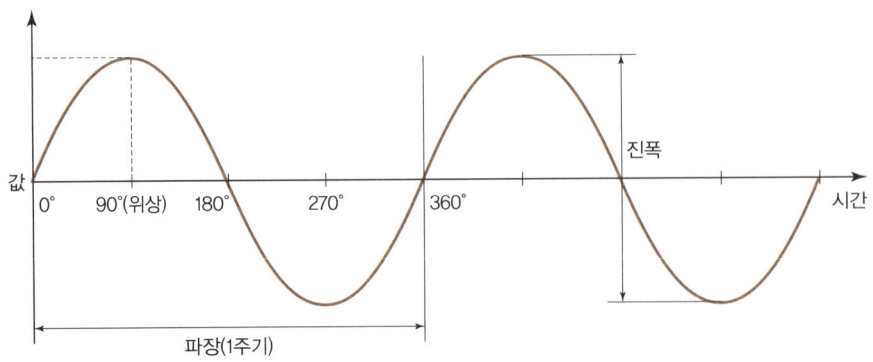

- 디지털 신호: 0과 1로 표현되는 데이터 신호

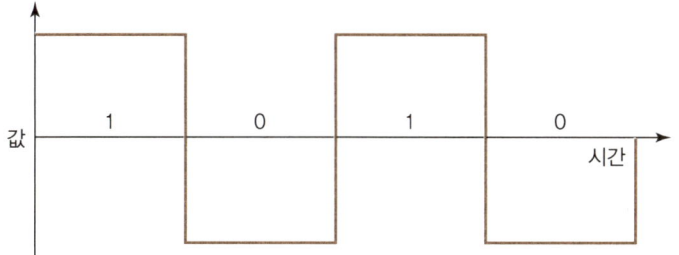

2) 정보의 전송 방식

① 신호의 종류에 따른 분류

- **아날로그 전송**: 연속적으로 변하는 아날로그 신호를 사용한 데이터 전송 방법으로 **잡음 발생 가능성이 높다.**
- **디지털 전송**: 0과 1로 표현되는 **디지털 펄스 신호**를 사용한 데이터 전송 방법으로 아날로그 전송에 비해 **잡음에 강하고 에러가 적다.**

② 데이터의 전송 방향에 따른 분류

- **단방향 통신**(Simplex Communication): 데이터를 보내는 디바이스와 받는 디바이스가 정해져 있어, 한쪽 방향으로만 정보가 전달되는 통신 방법이다. 예 TV, 라디오

    디바이스 ----▶ 디바이스

- **반이중 통신**(Half-Duplex Communication): 디바이스 간 양방향 통신이 가능하지만, 서로 동시에 통신하는 것은 불가능한 통신 방법으로 반만 이중인 통신이다. 예 무전기

    디바이스 ◀---- 디바이스

- **전이중 통신**(Full-Duplex Communication): 디바이스 간 양방향 통신이 가능하고, 서로 동시에 통신하는 것도 가능한 통신 방법으로 완전하게 이중인 통신이다. 예 전화

    디바이스 ◀----▶ 디바이스

③ 데이터의 전송 단위에 따른 분류

- **직렬 전송**: 여러 개의 데이터들이 하나의 전송 회선을 통하여 차례대로 전송되는 형태로, 동기식 전송 방식으로 전송 에러가 적고, 하나의 회선만을 이용하므로 통신 회선 비용이 저렴하여 장거리 전송에 적합하지만, 전송 속도가 느리다.

    디바이스 ---- 1 0 0 1 1 ---- 디바이스

- **병렬 전송**: 여러 개의 데이터들이 여러 개의 전송 회선을 통하여 동시에 전송되는 형태로, 데이터를 빠르게 전송할 수 있으나, 각 회선 간의 순서로 인해 에러 발생 가능성이 높다. 통신 회선 비용이 직렬 전송에 비해 비싸다.

```
디바이스 ---- 1 ---- 디바이스
         ---- 0 ----
         ---- 0 ----
         ---- 1 ----
         ---- 1 ----
```

④ 데이터의 동기화 여부에 따른 분류

- **비동기식 전송**(Asynchronous Transmission): 스타트 비트(Start Bit)와 스톱비트(Stop Bit)를 사용해서 한 문자 단위로 데이터를 전송하는 방식이다. 각 문자 사이에는 유휴시간이 존재하기 때문에 전송 효율이 낮아 전송 속도가 느리다.

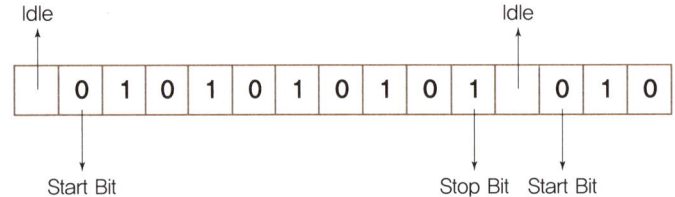

- **동기식 전송**(Synchronous Transmission): 한 문자를 일정한 크기의 데이터 블록(프레임)으로 나누어 빠르게 전송하는 방식으로, 전송 효율이 높아 많은 양의 데이터를 빠르게 전송할 수 있다. 문자 동기 방식과 비트 동기 방식으로 나눈다.

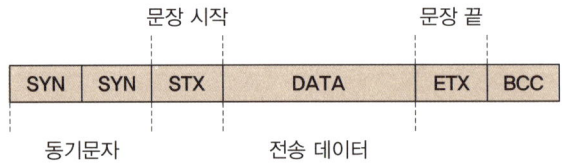

- 문자 동기 방식 동기식 전송의 예: 문자를 통해 데이터 전송이 시작됨을 알린다.

> **이해를 돕는 설명**
>
> 통신 속도/처리량 관련 주요 개념
> 1) bps(Bit Per Second): 1초당 전송할 수 있는 비트(bit)의 수를 나타낸다.
> 2) 보오(Baud): 1초당 발생한 이벤트의 수를 나타내는 신호속도의 단위
>   bps와 Baud의 상관관계: bps=Baud X 단위 신호당 Bit의 수

3-2 변조 - 아날로그와 디지털 신호의 변환

1) 아날로그 → 아날로그: AM, FM, PM

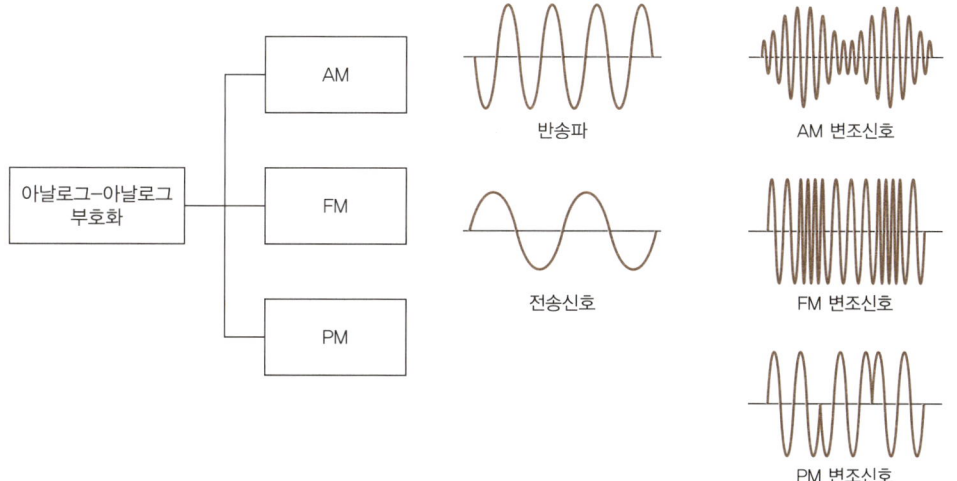

① **AM: 신호의 높낮이**로 정보의 차이를 표현한다.
② **FM: 진폭의 밀도**로 정보의 차이를 표현한다.
③ **PM: 신호의 모양**으로 정보의 차이를 표현한다.

2) 아날로그 → 디지털: PCM, DPCM, CM, ADM, ADPCM

① PCM(Purse Code Modulation) ★ 꼭 암기하세요.
- 송신 측에서 보내는 아날로그 신호를 전송이 용이한 펄스로 변환하고, 이를 다시 수신 측에서 디지털 신호로 변환한 뒤, 원래의 아날로그 신호와 유사하게 변환하는 변조 방법이다.

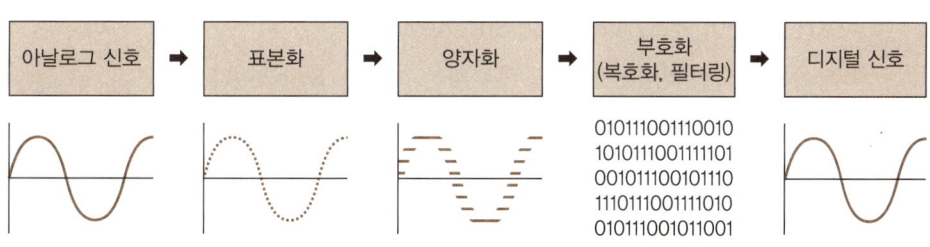

(i) **표본화(Sampling)**: 아날로그 파형을 일정한 시간 폭으로 나누어 비연속적인 직사각형으로 분할하는 단계이다. **해당 시간 폭 동안의 여러 값을 하나의 대표(표본, 샘플)적인 값으로 바꿔주는 단계이다.**

(ii) **양자화(Quantumization): 표본화된 값들을 계산하기 쉬운 일정한 값으로 균일하게 만드는 단계**이다. 소수점을 반올림하여 정수로 바꾸어주는 단계라고 생각하면 이해에 도움된다.

(iii) **부호화(Encoding): 양자화된 값을 2진수로 변환**한다(아날로그 값을 디지털 값으로 변환).

(iv) **복호화(Decoding): 디지털 값을 다시 펄스 신호로 변환**한다.

(v) **필터링(Filtering)**: 각 펄스 신호 값 사이를 부드럽게 이어 **본래의 아날로그 파형과 유사하게 바꿔주는 단계**이다.

> **이해를 돕는 설명**
>
> 양자화 잡음: 양자화 단계에서 발생. 5.4를 5로, 5.7을 6으로, 소수점을 정수로 바꾸는 단계에서 발생하는 갭만큼 발생하는 원본과의 차이로 인해 발생한다.

3) 디지털 정보를 아날로그로 변조: ASK, FSK, PSK, APSK(QAM)

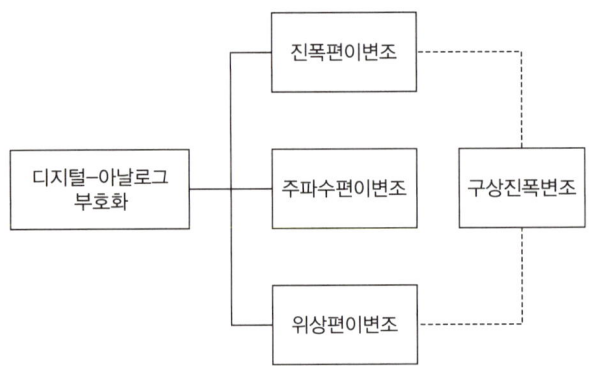

① **ASK(진폭 편이 변조, Amplitude Shift Keying)**
- 위 아래 진폭의 차이로 0과 1을 구분하는 신호 변조 방법이다.

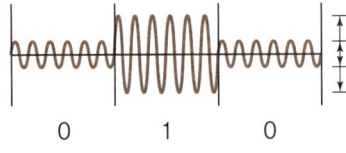

높이가 다름 = 진폭 차이

낮은 진폭을 0, 높은 진폭을 1로 정한 진폭 편이 변조의 사례

② FSK(주파수 편이 변조, Frequency Shift Keying)
- 좌우 진폭의 밀도 차이로 0과 1을 구분하는 신호 변조 방법이다.

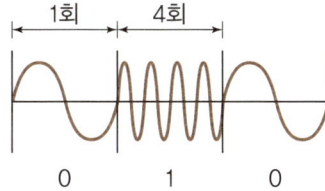

횟수가 다름 = 주파수 차이

낮은 주파수를 0, 높은 주파수를 1로 정한 주파수 편이 변조의 사례

③ PSK(위상편이변조, Phase Shift Keying)

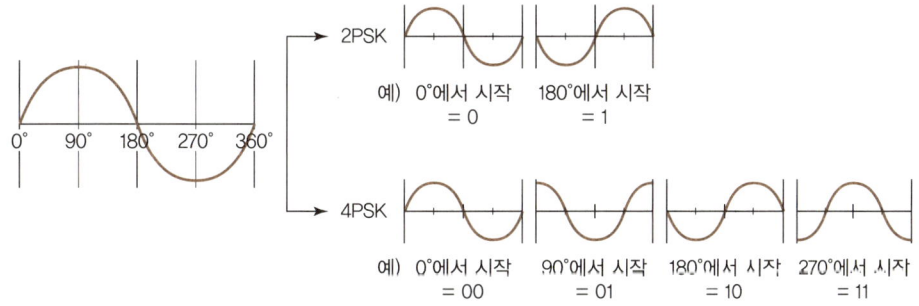

- **360도를 한 주기로 하는 하나의 그래프를 쪼개어 나타내는 여러 가지 모양(위상)에 2진법의 숫자를 대입하여 변조하는 신호 변조 방법이다.**
- 예를 들어 그림의 2위상 변조의 경우, 하나의 그래프를 2개로 쪼개어 각각의 모양을 2진법의 0과 1, 총 2개의 데이터를 대입한 것이다.
- 4위상 변조의 경우, 하나의 그래프를 4개로 쪼개어 각각의 모양에 2진법의 00, 01, 10, 11 총 4개의 데이터를 대입한 것이다.
- 위상을 늘리면 짧은 시간에 여러 개의 정보를 나타낼 수 있으나, 너무 많이 늘리면 각 위상 간의 정확한 판별이 어려워 신호가 지연될 수 있다.

④ QAM(직교 진폭 변조, Quadrature Amplitude Modulation)
- 구형을 기준으로 변조한다는 점에서 구상 진폭 변조라고 부르기도 한다.
- 진폭변조와 위상변조 방법을 조합했다는 점에서 진폭위상편이변조라고 부르기도 한다.

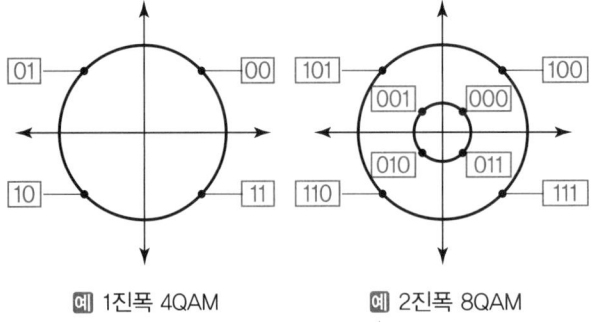

例 1진폭 4QAM   例 2진폭 8QAM

4) 디지털 정보를 디지털로 바꿀 때: NRZ, RZ, 양극성 바이폴라, 맨체스터 등

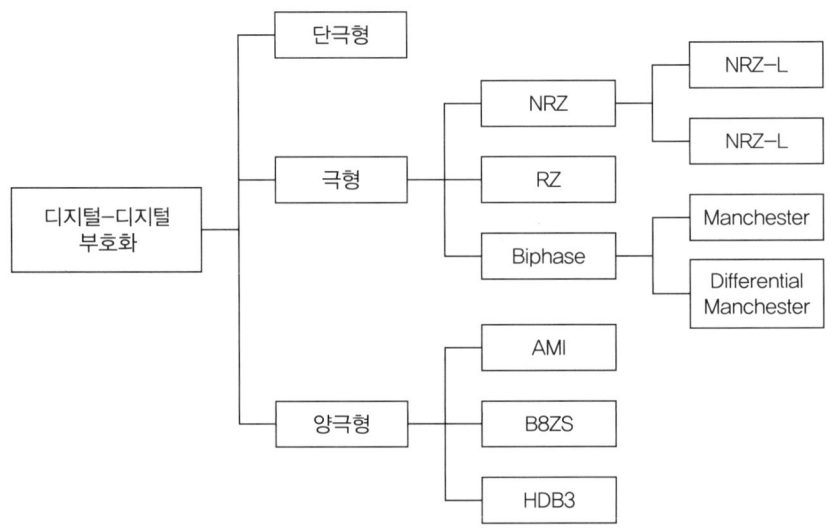

① **단극형(Unipolar)**
- 양극(+)이나 음극(−) 중 하나(Uni)의 극(Polar)만을 사용하여 극성이 발생하면 1, 발생하지 않으면 0을 대입한다.
- 구현 방법이 단순하며 구현 비용이 저렴하다.

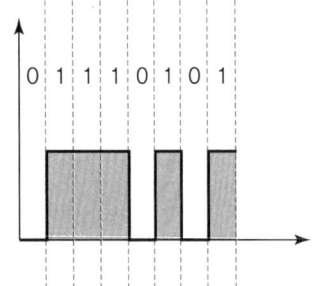

> **이해를 돕는 설명**
>
> 저항으로 인해 전압이 줄어들거나 다른 선의 간섭으로 인해 0과 1이 분명하지 않게 보이는 경우가 발생할 수도 있다. 이때는 **물리 계층에서 리피터를 추가하여 전압 세기를 강하게 함으로써 신호를 정확하게 인지할 수 있다.**

② 극형(Polar)

- 양극(+)과 음극(−) 두 개의 레벨을 사용한다.

NRZ-L (Non-Return to Zero Level)	NRZ-I (Non-Return to Zero Invert)	RZ (Return to Zero)	Biphase	Differential Manchester
+전압을 0, −전압을 1에 대응한 사례	+전압을 0, −전압을 1에 대응하다 전이(Invert)가 일어난 사례	동기화를 위해 각 비트마다 0(Zero)으로 돌린 후 각 비트마다 신호의 전이가 발생	하나의 보(baud) 내에서 동시에 두 개의 전압(high to low, low to high)을 이용하여 전환	Bipahse(=Manchester Coding)와 유사하나, 0일 경우 이전 패턴을 유지하고, 1일 경우 패턴을 반대로 바꾼다.
인코딩이나 디코딩을 요구하지 않으며 저속 통신에 널리 사용된다.		전기를 절약할 수 있다.	=Manchester Coding	

③ 양극형(Bipolar)

- 양극(+), 0, 음극(−) 3개의 전압을 사용하며, 0은 0, +와 −는 1이다.
- Bipolar AMI(Bipolar Alternate Mark Inversion)

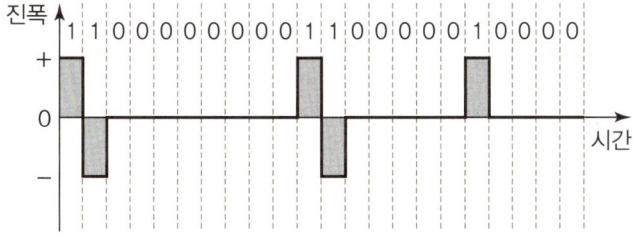

- 0이 연속적으로 등장하면 동기화 문제가 발생하며, 이를 해결하기 위해 B8ZS(동기식 보완 방법)와 HDB3(비동기식 보완 방법)을 사용한다.

3-3 통신 관련 기술

1) 흐름 제어(Flow Control)

파이프에 물을 흘려보내는 모습을 상상해보자. 많은 양의 물을 빠르게 흘려보내면 물이 넘쳐 손실이 발생할 수도 있고, 잘못하다간 파이프가 고장날 수도 있다. 반대로 파이프의 용량 대비 물을 너무 적게 흘려보낸다면 애써 준비한 파이프를 100% 활용하지 못하게 되어 예상보다 물을 흘려보내는 데 시간이 많이 소요될 것이다.

이처럼 **통신을 주고받는 두 개의 컴퓨터 간에 데이터 처리 속도가 달라서 발생하는 문제들을 해결**하기 위한 방법이 바로 **흐름 제어**이다.

① 스톱 앤 웨이트(Stop-and-Wait) 방법
- 패킷을 보낸 후에는 일단 전송을 멈추고(Stop) 상대방이 받았다고 확인 메시지(ACK)를 줄 때까지 잠시 기다리는(Wait) 방식이다.

> **이해를 돕는 설명**
> - Ack(애크): Acknowledgement, - 패킷, 데이터 등을 받았음을 확인하는 신호
> - Nak, Nack(나크): Negative - Acknowledgement - 전송 실패, 간섭 등의 이유로 받기로 예정되어 있던 패킷, 데이터 등을 받지 못했음을 알리는 신호

② 슬라이딩 윈도우(Sliding Window) 방법 ★ 꼭 암기하세요.

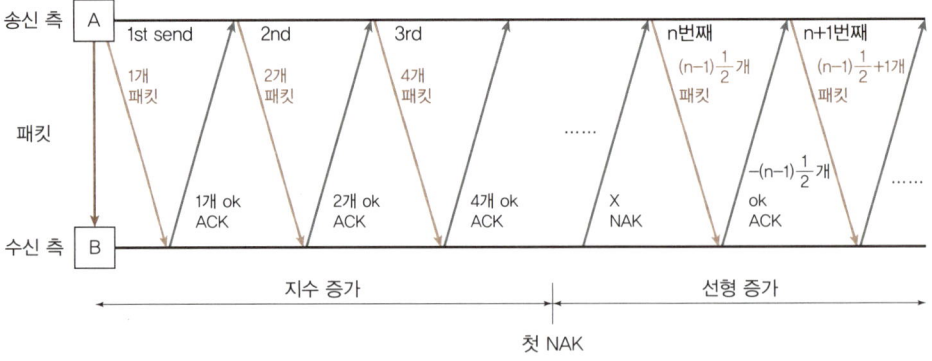

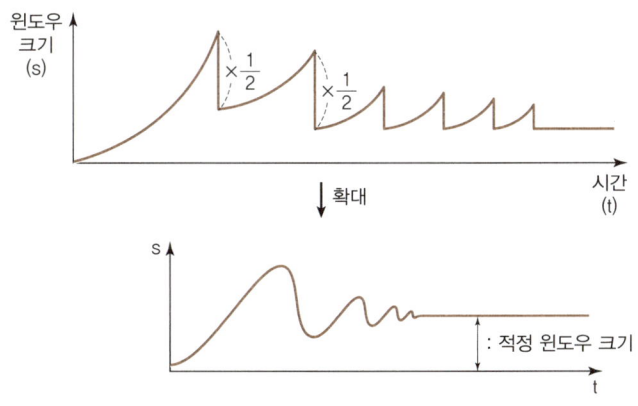

- 수신 측에서 설정한 윈도우 크기 만큼은 확인 메시지(ACK)가 없어도 끊김없이 데이터를 전달할 수 있다.
- 단, 수신 측에서 전송 실패, 간섭 등의 이유로 받기로 예정되어 있던 데이터를 다 받지 못한 경우 나크(NAK) 메시지를 보내면 송신 측에서는 보내는 메시지의 크기를 줄인다(데이터가 전송되는 윈도우의 크기를 줄임).
- 슬라이더 버튼으로 듣는 사람의 요구에 맞게 볼륨의 크기를 조절하듯, 동적으로 윈도우의 크기를 조절하여 송신 측과 수신 측의 데이터 처리 속도 차이를 조절하는 방법이다.

2) 오류 제어(Error Control)

통신 시에는 다양한 이유로 전송 오류가 발생한다. 전송 오류의 종류와 오류의 검출 방법, 검출된 오류를 수정하는 방법을 알아본다.

- 전송 오류의 종류 ★ 꼭 암기하세요.
  - **감쇠(Attenuation)**: 데이터가 회선을 통하여 전송되는 도중에 신호가 약해져 신호를 정확히 판단할 수 없는 경우
  - **지연 왜곡(Delay Distortion)**: 데이터 전송이 늦어지는 경우
  - **잡음(Noise)**: 모니터, 전자레인지 등 주변 전자기기의 영향으로 불필요한 신호가 추가되거나 기존 신호가 왜곡되는 경우
  - **혼선(Crosstalk)**: 전기 신호적 결합에 의해 한 회선의 데이터가 다른 회선에 영향을 주는 경우

① 패리티 비트 검사(Parity Bit Check) ★ 꼭 암기하세요.

- 전송 데이터마다 **패리티 비트**를 추가하여 **비트 개수의 홀/짝 여부로 오류를 확인**하는 검사
- 패리티 비트: 오류 확인용 비트

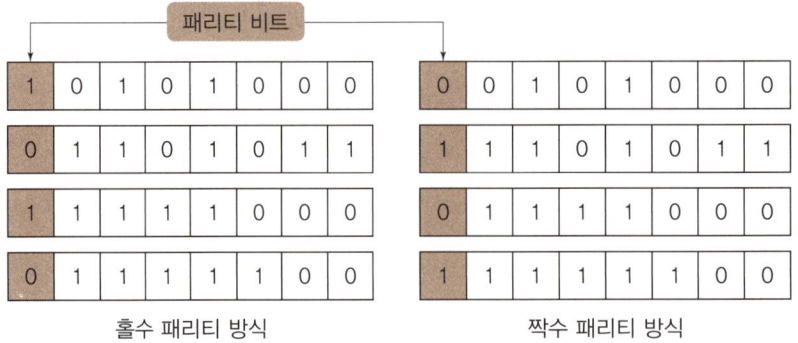

홀수 패리티 방식 　　　　짝수 패리티 방식

- 총 8개의 비트 중 뒤의 7개 자리를 보고 1의 개수가 몇 개인지 확인한 후 전체 1의 개수를 홀수 혹은 짝수로 맞추기 위해 첫 번째 자리에 1 혹은 0을 넣는다.
- 예를 들어, 홀수 패리티 방식으로 전체 8자리의 1의 개수가 홀수 개가 되도록 패리티 비트를 넣었을 경우, 받는 쪽에서 홀수임을 확인하면 에러가 없는 것이다. 마찬가지로, 짝수 패리티 방식으로 패리티 비트를 넣었는데, 받는 쪽에서 홀수임을 확인하면 에러가 발생한 것이다.
- 한계: 8개의 비트에서 오류가 두 번 발생하면 에러가 발생해도 판별할 수 없다.

② **블록 합 검사(Block Sum Check)** ★ 꼭 암기하세요.
- **패리티 비트 검사의 단점을 극복**하기 위하여 **수평과 수직 2차원적으로 블록(Block)을 합쳐서(Sum) 검사**하는 방법이다.
- 수평 행 단위 패리티에 수직 열 단위의 오류를 검사할 수 있는 패리티를 추가하여 이중으로 오류를 검출한다. 추가된 열 패리티 문자를 블록 검사 문자(BCC; Block Check Character)라고 칭한다.

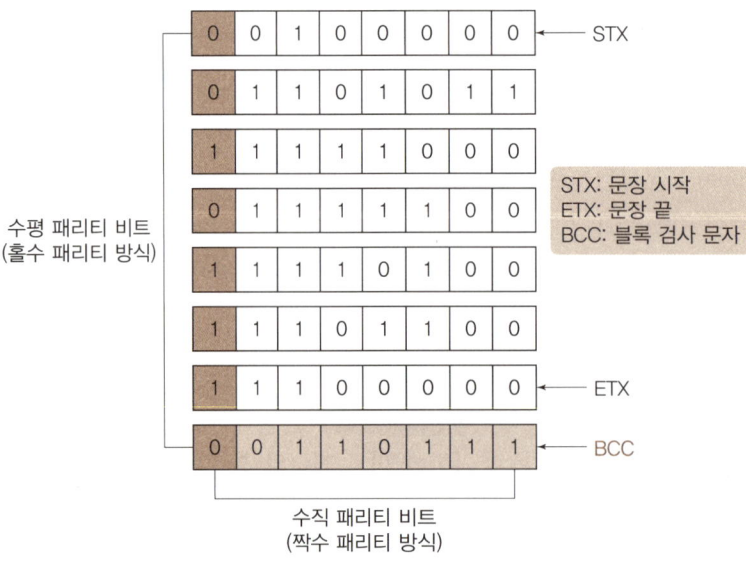

STX: 문장 시작
ETX: 문장 끝
BCC: 블록 검사 문자

• 한계: 수직과 수평으로 연속된 정사각형 모양의 4개의 에러가 발생하면 판별할 수 없다.

③ 순환 중복 검사(CRC; Cyclic Redundancy Check)
• 정확한 에러 검출을 위하여 **다항식을 사용**하는 방법이다.
• 오류가 발생하면 오류가 발생한 주변을 포함하는 집단 오류를 검출하는 데 용이하다.

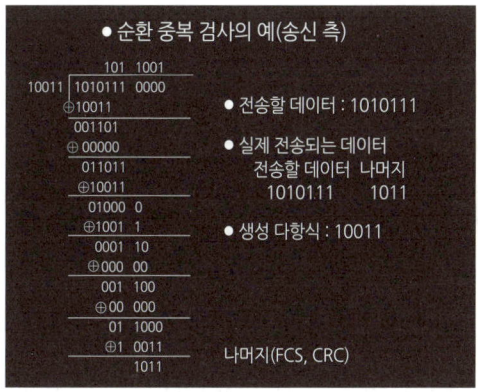
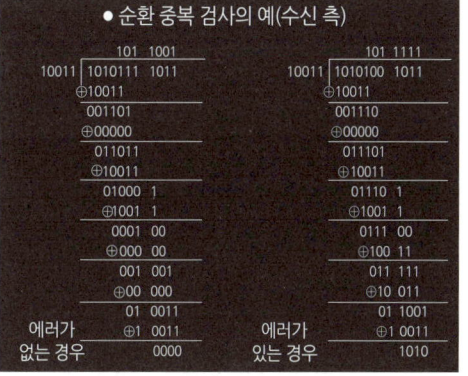

• 순환중복검사 방법

(i) 생성다항식을 송신 측과 수신 측이 공유한다.

(ii) 보낼 데이터에 0을 일정 개수에 더해 준다. 이때, 0의 개수는 (생성 다항식의 자리수 – 1) 개이다.

(iii) 뒷자리에 0이 일정 개수가 더해진 전체 데이터를 생성 다항식으로 나눈다.

(iv) 발생한 나머지를 확인한다.

(v) 원래 전송할 데이터에 나머지를 더한다.

(vi) 수신 측은 '받은 데이터+나머지'를 생성 다항식으로 나눈다.

(vii) 만약 나머지가 없다면 에러가 없는 것이다. 만약 나머지가 발생한다면 에러가 발생한 것이다.

3) 오류 제어의 종류 ★꼭 암기하세요.

기본형	Stop-and-Wait ARQ	수신자가 신호를 보내올 때까지 기다린다.
연속적	Go-back-N ARQ	에러가 발생한 블록 이후의 모든 블록을 재전송한다.
선택적	Selective ARQ	수신 측에 오류가 발견된 프레임에 대해서 재전송 요청이 있을 경우, 에러가 발생한 블록 중 에러가 발생한 해당 프레임만 다시 전송한다.
적응적	Adaptive ARQ	에러가 발생하면 전송하는 프레임의 크기를 조정하여 보낸다.

CHAPTER 4
고속 LAN 및 광대역 기술

고속 LAN의 발달 과정과 다양한 광대역 기술을 이해한다.

4-1 고속 이더넷(Fast Ethernet)

- 인터넷이 활성화되면서 더 많은 양의 데이터를 처리할 수 있는 네트워크의 필요성이 대두되었다.
- 고속 이더넷은 기존 유선 LAN(이더넷) 통신을 위해 사용한 UTP 케이블을 그대로 사용할 수 있으며, 기존 10Mbps였던 속도를 **100Mbps**로 향상시킨 것이다.
- 고속 이더넷의 이름은 **100Base-T**로 정의되었으며, 이는 UTP 케이블을 이용하는 오리지널 이더넷의 이름인 10Base-T에서 전송 속도만 100으로 바뀐 것이다. 즉 기존의 10Base-T 이더넷과 포맷과 프로토콜이 동일하다. 동일하게 CSMA/CD 프로토콜을 이용한다.
- 통신망의 형태는 대개 성형으로 구축된다.

4-2 기가비트 이더넷(Gigabit Ethernet)

- LAN에서 사용하는 대역폭을 **1Gbps**까지 확장시킨 네트워크이다.
- 기가비트 이더넷의 이름은 **1000Base-X**로 정의되었으며, 이는 고속 이더넷의 이름인 100Base-T에서 전송 속도가 1000으로 바뀐 것이다. 기존의 이더넷 프로토콜과 동일하며, 이더넷과 고속 이더넷의 관리 시스템 및 CSMA/CD 프로토콜과 모두 호환된다.
- 통신망의 형태는 대개 성형으로 구축된다.

구분	이더넷(Ethernet)	고속 이더넷 (Fast Ethernet)	기가비트 이더넷 (Gigabit Ethernet)
다른 이름	10Base-T	100Base-T	1000Base-X
속도	10Mbps	100Mbps	1Gbps

4-3 토큰링(Token Ring) ★꼭 암기하세요.

- 토큰패싱 접속법을 이용한 네트워크로 IBM사가 개발했다.
- 각 노드들에 순차적으로 정보 전송을 위한 권한(토큰)을 부여하여, 토큰을 보유하고 있는 동안만 하나의 노드가 독점적으로 데이터를 전송할 수 있는 형태이다.
- **링(Ring) 형태의 네트워크 토폴로지**를 사용하며, 충돌이 발생하지 않는다.
- 디퍼랜셜 맨체스터(Differnetial Manchester) 방식은 토큰링에서 사용되는 방식으로, 시작 위치에 트랜지션이 있으면 Low(0), 없으면 High(0)이다.

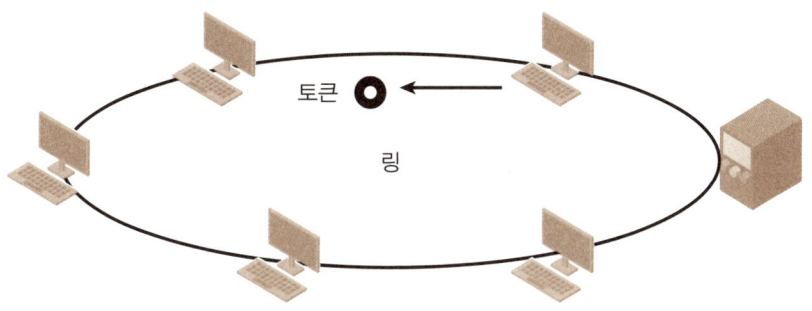

4-4 FDDI

- 미국 ANSI에서 표준화한 프로토콜로, 토큰 패싱 접속법을 이용한다.

PA	SD	FC	DA	SA	INFORMATION	FCS	ED	FS

(FCS coverage: FC ~ FCS)

- Preamble(PA): 프레임 내에서 Clock 동기를 맞춘다.
- Start Delimiter(SD): 프레임의 시작을 알린다.
- Frame Control(FC): 프레임 종류를 나타내는 필드, 비동기 데이터 프레임, 동기 데이터 프레임, LLC 프레임, MAC 프레임 등
- Destination Address(DA): 목적지 주소, Broadcast 혹은 Multicast
- Source Address(SA): 송신 측 주소
- Information(I): 사용자의 정보 필드. 최대 크기 4500Byte
- Frame Check Sequence(FCS): CRC 에러 체크 필드
- End Delimiter(ED): 프레임의 끝을 알린다.
- Frame Status(FS): 수신 측의 프레임 수신 여부를 표시

4-5 X.25와 프레임 릴레이

- 과거식 네트워크인 X.25의 패킷 전송 기술을 고속 데이터 통신용으로 개선한 프로토콜이다.
- 패킷 대신 프레임이라는 가변 길이 단위에 데이터를 넣고, 재전송과 같은 오류 정정 기능은 단말 지점에 맡기는 방식이다.

4-6 HDLC(High-Level Data Link Control)

- 전이중 통신과 반이중 통신 양쪽에서 사용할 수 있는 비트 지향성 프로토콜이다.
- 점 대 점 링크와 멀티포인트 링크를 위하여 ISO에서 개발한 표준 프로토콜이다.
- 동기식 전송 방식
- 오류 제어 방식: Go-back-N ARQ, Seletive ARQ
- 흐름제어 방식 : 슬라이딩 윈도우

4-7 셀 릴레이 ATM(Asynchronous Transfer Mode)

- 셀이라고 부르는 고정 길이 패킷을 이용하여 순서대로 자료를 전송하는 방식이다. 프레임 릴레이처럼 오류 제어와 흐름 제어는 양 끝 단말에 맡긴다.
- 가상회선을 사용하는 비동기 통신 기술로, 첫 번째 패킷이 전송될 때 송신자와 수신자 간의 최적 전송 경로가 확정된다. 두 번째 패킷부터는 경로 탐색 과정을 생략하고 음성, 영상과 같은 멀티미디어와 데이터를 안정적으로 빠르게 전송할 수 있다.
- 회선 교환 네트워크와 패킷 교환 네트워크의 장점을 결합한 것이다.

1과목 적중예상문제

01 다음 중 계층형 구조로 이루어진 토폴로지로, 특정 디바이스가 고장 나면 해당 계층 이하의 디바이스는 작동되지 않는 형태는?

① 버스형 ② 트리형
③ 성형   ④ 망형

● 해설
계층형 구조로 이루어진 토폴로지는 트리형이다.

02 PCM 방식에서 아날로그 신호의 디지털 신호 생성 과정으로 올바른 것은?

① 아날로그 신호 – 표본화 – 부호화 – 양자화 – 디지털 신호
② 아날로그 신호 – 표본화 – 양자화 – 부호화 – 디지털 신호
③ 아날로그 신호 – 양자화 – 표본화 – 부호화 – 디지털 신호
④ 아날로그 신호 – 양자화 – 부호화 – 표본화 – 디지털 신호

● 해설
PCM 방식에서 아날로그 신호의 디지털 신호 생성 과정은 '표본화 – 양자화 – 부호화'이다.

03 아래 통신망에 대한 설명 중 빈칸에 들어갈 단어로 올바른 것은?

(A) 도시 규모의 거리 안에 있는 단말기들을 연결한 통신망으로, 통상 여러 개의 (B)들이 연결되어 있는 형태이다.

(B) 집, 학교, 사무실 등 10km 이내의 거리 안의 단말기들이 빠른 속도로 통신할 수 있도록 구성된 통신망으로, 목적에 맞는 토폴로지로 구성한다. 최대 대학 캠퍼스 크기 정도라는 점에서 캠퍼스 네트워크(Campus Network)라고도 부른다.

(C) 국가나 내륙과 같은 매우 넓은 지역을 연결하는 통신망으로, 여러 개의 (A)들이 연결되어 있는 형태이다.

① A-MAN, B-LAN, C-WAN
② A-MAN, B-WAN, C-LAN
③ A-LAN, B-WAN, C-MAN
④ A-WAN, B-MAN, C-LAN

● 해설
- WAN(Wide Area Network) : 국가, 대륙 단위 네트워크
- MAN(Metropolitan Area Network) : 대도시 단위 네트워크
- LAN(Local Area Network) : 사무실, 학교 등 소규모 네트워크

정답 01. ② 02. ② 03. ①

04 ARQ 중 채널의 상태에 따라 전송하는 프레임의 크기를 조절하여 보내는 방식은?

① Go-Back-N ARQ
② Stop-and-Wait ARQ
③ Selective ARQ
④ Adaptive ARQ

> 해설

채널의 상태에 따라 그때그때 적응해서(Adaptive) 보내는 방식은 Adaptive ARQ 방식이다.

05 Optical Fiber에 대한 설명으로 틀린 것은?

① 유리섬유를 사용했다.
② 빛의 각도를 조절하여 데이터를 전송한다.
③ 양방향 통신이 가능하다.
④ 노출되기보다는 매립하여 설치해야 한다.

> 해설

광섬유 케이블은 단방향으로만 데이터를 보낼 수 있다는 단점이 있다.

06 프로토콜의 주요 기능 중에서 대용량의 데이터를 같은 크기의 데이터 블록으로 분할하는 작업은 무엇인가?

① Fragmentation
② Reassembly
③ Sequencing
④ Connection Control

> 해설

Fragmentation(단편화)는 대용량의 데이터를 여러 개의 작은 패킷으로 분할하는 작업이다. 이를 다시 재조립하는 것이 Reassembly(재조립)이다.

07 프로토콜의 3요소가 아닌 것은?

① 타이밍(Timing)
② 데이터(Data)
③ 구문(Syntax)
④ 의미(Semantics)

> 해설

데이터는 프로토콜의 3요소에 속하지 않는다.

08 IEEE 802.15.1 표준안을 포함하고 있는 것은?

① Token Bus   ② Ethernet
③ Wi-Fi   ④ Bluetooth

> 해설

블루투스(Bluetooth)는 IEE 802.15.1 표준안에 포함되어 있다.

09 다음 설명에 해당하는 것은?

- 수신 측에서 설정한 윈도우 크기만큼은 확인 메시지(ACK)가 없어도 끊김 없이 데이터를 전달할 수 있다.
- 단, 수신 측에서 전송 실패, 간섭 등의 이유로 받기로 예정되어 있던 데이터를 다 받지 못한 경우 나크(NAK) 메시지를 보내면 송신 측에서는 보내는 메시지의 크기를 줄임(데이터가 전송되는 윈도우의 크기를 줄임)
- 슬라이더 버튼으로 듣는 사람의 요구에 맞게 볼륨의 크기를 조절하듯, 동적으로 윈도우의 크기를 조절하여 송신 측과 수신 측의 데이터 처리 속도 차이를 조절하는 방법

정답 04. ④ 05. ③ 06. ① 07. ② 08. ④ 09. ①

① Flow Control
② Error Control
③ Parity Bit Check
④ Block Sum Check

> ● 해설
> 흐름 제어 방법 중 하나인 슬라이딩 윈도우(Sliding Window)에 관한 설명이다.

10 다음 중 디지털 신호를 아날로그 신호로 바꾸는 변조 방법이 아닌 것은?

① PCM　　② ASK
③ FSK　　④ PSK

> ● 해설
> PCM(Pulse Code Modulation)은 아날로그 신호를 디지털 신호로 바꾸는 변조 방법이다.

11 다음 중 (　) 안에 들어갈 말로 알맞은 것은?

> 네트워크를 담당하는 서 팀장은 회사 네트워크 환경 개선을 위하여 사설망을 설치하고자 하였으나 구축비용이 많이 들어 고민하던 중이었다. 이에, 신입 박 사원이 (　)를 제안했다. (　)는 가상의 터널을 만들어 암호화된 데이터를 전송할 수 있는 네트워크로, 고비용의 사설망을 대체하는 효과를 갖는다.

① NAT　　② VLAN
③ VPN　　④ WAN

> ● 해설
> 가상 사설망(VPN; Virtual Private Network)에 관한 설명이다.

12 다음 중 (A) 안에 들어갈 말로 알맞은 것은?

> (A)은 OSI 7 계층 중 하나의 계층으로, 상위 계층의 이미지, 음성, 텍스트, 영상 등을 컴퓨터가 이해할 수 있는 언어로 변환하고, 암호화, 복호화, 압축, 인증 등의 기능을 수행한다.

① 데이터링크 계층　② 전송 계층
③ 표현 계층　　　④ 응용 계층

> ● 해설
> 표현 계층(Presentation Layer)에 관한 설명이다.

13 네트워크 토폴로지 중 중앙의 허브로부터 모든 기기가 점대점(Point to Pont) 방식으로 연결된 구성 형태는?

① 링(Ring)형　　② 스타(Star)형
③ 트리(Tree)형　④ 망(Mesh)형

> ● 해설
> 스타형 토폴로지는 중앙에 위치한 허브와 각각의 노드들이 점대점으로 연결되어 있는 형태이다. 각각의 노드들은 허브를 통해서만 간접적으로 연결할 수 있다.

14 다음 중 IPv6의 특징으로 옳은 것은?

> A. 주소의 길이가 64비트이다.
> B. 5개의 클래스로 구분된다.
> C. IPv4에 비하여 헤더가 복잡하다.
> D. IPv4에 비하여 인증 및 보안 기능이 강화되었다.
> E. 패킷 전송 시 애니캐스트를 사용한다.

① A, D　　② A, C, E
③ B, C, D　④ D, E

정답　10. ①　11. ③　12. ③　13. ②　14. ④

● 해설

IPv6의 주소 길이는 128비트이며, 5개의 클래스로 구분된 IPv4와는 달리 클래스 구분이 없다. IPv4에 비하여 헤더가 단순하며, 인증 및 보안 기능이 강화되었다. 브로드캐스트를 사용하는 IPv4와는 달리 애니캐스트를 사용한다.

15 다음 중 빈칸에 들어갈 말로 알맞은 것은?

> 전기 신호는 구리선을 통하여 전송되는데, 이때 먼거리를 이동하면서 신호의 크기가 약해지는 현상을 (A)(이)라고 한다. (A)를 보완하고자 (B)를 사용해 약해진 신호를 다시 반복하여 증폭시킨다.

① (A)감쇠(Attenuation) − (B)게이트웨이(Gateway)
② (A)간섭(Interference) − (B)리피터(Repeater)
③ (A)감쇠(Attenuation) − (B)리피터(Repeater)
④ (A)간섭(Interference) − (B)게이트웨이(Gateway)

● 해설

데이터 전송 시 전송 거리에 따라 신호가 줄어드는 현상을 감쇠(Attenuation)라 하며, 이를 해결하기 위해 신호의 크기를 반복하여 증폭해주는 리피터(Repeater)가 사용된다.

16 다음 중 IEEE 802 프로토콜의 연결로 올바른 것은?

> A. IEEE 802.11 − 무선 LAN(Wi-Fi)
> B. IEEE 802.15.1 − 블루투스(Bluetooth)
> C. IEEE 802.15.4 − 광대역 무선 접속
> D. IEEE 802.16 − Token Ring

① A, B
② B, C
③ A, C, D
④ B, D

● 해설

C. IEEE 802.15.4 − 직비(ZigBee)
D. IEEE 802.16 − 광대역 무선 접속(WiMAX)

17 다음 중 빈칸에 들어갈 말로 알맞은 것은?

> • 최대 속도가 20Gbps에 달하는 이동 통신 기술이다.
> • 초저지연성과 초연결성이 특징이다.
> • 정식 명칭은 'IMT-2020'이다.
> • CDMA, WCDMA, LTE 이후에 등장한 것이다.

① 4G
② 5G
③ AI
④ Fast Ethernet

● 해설

5G에 대한 설명이다.

18 TCP/IP 프로토콜 계층 구조에서 전송 계층별 데이터 단위의 연결로 올바른 것은?

> A. 물리 계층 − 프레임
> B. 데이터링크 계층 − 비트스트림
> C. 네트워크 계층 − 패킷
> D. 전송 계층 − 세그먼트

① A, B
② A, C
③ C, D
④ A, B, C, D

● 해설

전송 계층별 데이터 단위
• 물리 계층 : 비트스트림 • 데이터링크 계층 : 프레임
• 네트워크 계층 : 패킷 • 전송 계층 : 세그먼트

정답 15. ③ 16. ① 17. ② 18. ③

19 CSMA/CD에 기반한 네트워킹 기술은?

① Token Ring ② FDDI
③ Token Bus ④ 유선 LAN

● 해설

유선 랜(Ethernet)은 CSMA/CD, 무선 랜은 CSMA/CA

20 다음 중 (A)에 들어갈 말로 알맞은 것은?

> (A)는 문자 단위로 오류를 검사하며, 구성하는 1의 개수가 홀수인지 짝수인지에 따라 오류 여부를 파악하고, 만약 오류 비트가 짝수 개 발생하면 오류 사실을 검출하지 못하는 오류검사 방식이다.

① 해밍 코드 ② 블록합 검사
③ 순환중복 검사 ④ 패리티 검사

● 해설

패리티 검사는 전송 데이터마다 비트 개수의 홀/짝 여부로 오류를 확인하는 판별법이다.

정답 19. ④ 20. ④

2 과목

네/트/워/크/관/리/사
TCP/IP

- **Chapter 01** OSI 7 계층
- **Chapter 02** TCP/IP 계층
- **Chapter 03** TCP/IP 계층의 기본 프로토콜
- **Chapter 04** 응용 프로토콜

CHAPTER 1

OSI 7계층

OSI 7계층의 구조를 이해하고 각 계층의 역할과 주요 기능, 해당 장비, 데이터 전송 단위 등을 이해한다. OSI 7계층은 네트워크 통신 전체를 이해하는 데 있어 가장 중심이 되는 파트이므로 단순 암기보다는 이해가 우선시 될 수 있도록 여러 번 읽고 숙지하도록 한다.

1-1 OSI 7계층의 개요

① OSI(Open System Interconnection): 개방형 시스템 간의 상호접속

② OSI 7계층의 제정: ISO(International Standard Organization, 국제표준협회)에서 제정한 개방형 시스템(Open System) 간의 상호 정보 전송을 위한 표준으로 개방형 시스템에서 서로 다른 네트워크에 속한 디바이스들이 송수신자, 전송매체, 목적, 방법과 상관없이 언제나 같은 형태로 데이터를 교환할 수 있도록 정한 국제적 표준이다.

③ 제정 목적: 정보가 전달되는 기본 틀(Framework)을 지정하여 **서로 다른 네트워크 사이에도 데이터 통신이 가능**하게 하였다.

		OSI 7 Layer	데이터 단위	사용 디바이스	
==인캡슐레이션== ENCAPSULATION ==	7 Layer	응용(Application) 계층		소프트웨어[NOS] Gateway	==디캡슐레이션== DECAPSULATION ==
	6 Layer	표현(Presentation) 계층			
	5 Layer	세션(Session) 계층			
	4 Layer	전송(Transport) 계층	Record or Segment		
	3 Layer	네트워크(Network) 계층	Packet or Datagram	Router, Layer 3 Switch	
	2 Layer	데이터링크(Data Link) 계층	Frame	Bridge, Switch	
	1 Layer	물리(Physical) 계층	Bit	Repeater, HUB	

- 일반 사용자와 가까운 순으로 7. **애플리케이션 계층**(Application Layer)→6. **표현 계층**(Presentation Layer)→5. **세션 계층**(Session Layer)→4. **전송 계층**(Transport Layer)→3. **네트워크 계층**(Network Layer)→2. **데이터링크 계층**(Data Link Layer)→1. **물리 계층**(Physical Layer)**으로** 이루어져 있다.
- 1번 물리 계층부터 4번 전송 계층까지는 데이터 전송을 다루며, 운영체제 내부에서 사용된다.
- 5번 세션 계층부터 7번 애플리케이션 계층은 사용자 프로그램과 관련된 일을 수행한다.

1-2 OSI 7계층의 장점

① 네트워크 통신을 위한 프로토콜이 계층별로 나누어져 있으므로, 각 계층의 독립성이 보장된다.
② 각 계층이 독립적으로 나누어져 있기 때문에 오류 처리가 용이하다.
③ 표준화되고 모듈화된 프레임워크에 맞추어 작업하면 되므로 네트워크 구축을 쉽고 효율적으로 할 수 있다.

1-3 OSI 7계층의 계층별 특징 ★꼭 암기하세요.

1) 물리 계층(Physical Layer)

① **물리적 통신 장비를 경유하여 데이터를 전송**하는 계층이다.
② 전송 단위는 0과 1로 이루어진 **비트스트림**(Bit Stream) 혹은 데이터 비트(Data Bit)이다.
③ 주요 장비는 통신 케이블(Cable)과 허브(Hub), 리피터(Repeater) 등이다.
- 전송 거리가 먼 경우에는 **리피터**를 통해 **신호를 증폭**시킨다. ★꼭 암기하세요.

2) 데이터링크 계층(Data Link Layer)

① **정보가 전달될 수 있도록 송수신을 확인**하는 계층이다.
② 네트워크 계층에서 붙인 IP 헤더를 통해 MAC Address를 구해 송수신자의 주소를 확인한다.
③ **오류 검출**과 **흐름 제어**를 통해 정보가 안전하게 전송되게 한다.
④ 전송 단위는 **프레임**(Frame)이다.

⑤ 주요 장비는 **브리지**와 **스위치** 등이다.

- MAC 주소(Media Access Control Address, 매체 접근 컨트롤 주소): 모든 네트워크 장비의 고유번호. NIC(Network Interface Controller)에 부여되는 고유한 식별 부호로, 네트워크 세그먼트 통신상의 네트워크 주소로 활용한다. 이더넷, 와이파이, 블루투스 등 IEEE 802 표준을 따르는 대부분의 통신기술상에서 보편적으로 활용된다. 여기서 말하는 매체(Media)란 개별적인 통신 장비를 말한다. 즉 MAC 주소는 우리 주변에서 물리적으로 확인할 수 있는 통신 하드웨어를 만드는 제조사가 부여한다. 따라서 MAC 주소 안에는 제조사의 정보(OUI; Organizationally Unique Identifier)가 포함되어 있다.

3) 네트워크 계층(Network Layer)

① 송신자와 수신자 호스트 간의 **경로를 설정하여 목적지까지 정보를 전달**하는 계층이다.
② 논리적 주소(예 www.abcd.com)를 **물리적 주소**(예 1.123.6.10)**로 변환**한다.
③ 데이터링크 계층에서는 MAC Address를 활용하지만, 네트워크 계층에서는 네트워크 주소(IP 주소)까지 참조하여 최적의 경로를 설정한다
④ 주요 사용 프로토콜은 **IP, ICMP, IGMP, RARP, ARP** 등이다.

- IP: Internet Protocol 인터넷 프로토콜
- ICMP(Internet Control Message Protocol): 인터넷 컨트롤 메시지 프로토콜이다.
- IGMP(Internet Group Message Protocol): 인터넷 그룹 메시지 프로토콜이다.
- ARP(Address Resolution Protocol): 주소를 해명하는(알아내는) 프로토콜이다.
- RARP(Reverse Address Resolution Protocol): 역으로 주소를 알아내는 프로토콜이다.

⑤ 전송 단위는 **패킷(Packet)**이다.
⑥ 주요 장비는 **라우터**이다.

4) 전송 계층(Transport Layer)

① 송신자와 수신자 프로세스 간의 **논리적 연결(Logical Connection)을 담당**하는 계층이다.
② 세션 계층에서 사용 가능한 데이터에 **오류가 없는지 검출**한다.
③ 주요 사용 프로토콜은 TCP, UDP, SCTP 등이다.

- TCP(Transmission Control Protocol): 전송 컨트롤 프로토콜이다.
- UDP(User Datagram Protocol): 사용자 데이터그램 프로토콜이다.
  * Datagram: 패킷의 일종으로, 송수신자 사이 경로 지정을 위한 정보를 포함하고 있다.
- SCTP(Stream Control Transmission Protocol): 흐름 컨트롤 전송 프로토콜이다.

④ 전송 단위는 **세그먼트(Segment)**이다.
⑤ 주요 장비는 **게이트웨이(Gateway)**이다.

5) 세션 계층(Session Layer)

① 송신자와 수신자 간의 통신을 위한 **동기화 신호를 교환하여 연결 세션을 구축, 유지, 설정, 종료**한다.
- 동기(同期, 같은 시기, 같은 기점): 메시지가 제대로 처리되는지를 효율적으로 파악하기 위하여 통신하는 양측이 서로 합의하에 공통된 시작점을 정하는 것으로, 오류가 발생하는 경우 각 동기점들을 기준으로 처리가 완료되었는지 아닌지를 파악하여 문제가 발생한 지점부터 복구하면 되므로 효율적이다. 동기점을 이용하여 전송 오류를 복구하는 과정은 재동기라고 한다.

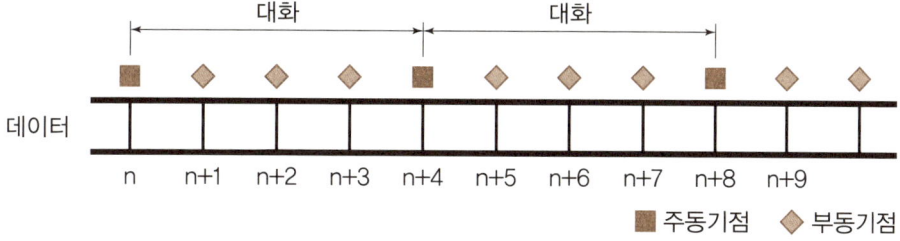

② 토큰을 통해 독립적이고 배타적인 통신을 할 수 있다.
- 토큰(Token, 승차권): 과거에는 버스를 탈 때 화폐 대신 토큰을 지불하기도 했다. 이와 유사하게 어떠한 일을 수행하는 가상의 버스에 탑승하는 권한을 토큰이라고 한다. 통신 토큰의 종류는 데이터 토큰, 해제 토큰, 동기 토큰 등이 있으며, 데이터 토큰은 데이터 전송 권한, 해제 토큰은 송신자와 수신자 간의 연결을 해제할 수 있는 권한, 동기 토큰은 동기 시점을 정하고 처리할 수 있는 권한이다.

③ 세션의 연결은 단방향 통신, 반이중 통신, 전이중 통신 등으로 나눌 수 있으며, 세션 계층에서 어떤 방식으로 통신할지 결정한다.

6) 표현 계층(Presentation Layer)

① 애플리케이션에서 보내온 메시지가 네트워크를 통해 전달될 수 있도록 **전송 가능한 형태로 변환해 준다(코드화).**
② 사전에 약속된 코드로 변환한다(GIF, ASCII 등).
③ 데이터를 번역한다는 점에서 문맥 계층(Syntax Layer, 신택스 레이어)이라고 부르기도 한다.

④ 메시지를 압축하여 전송 메시지의 크기를 줄인다.
⑤ 암호화를 통해 스니핑(Sniffing)을 예방한다.

7) 애플리케이션 계층(Application Layer)
① **사용자들이 사용하는 응용프로그램 차원**에서 송수신 데이터를 사용할 수 있는 통로를 제공해 준다. 이를 통해 사용자들은 하부 네트워크에 대해 이해하지 못해도 데이터를 주고받을 수 있다.
② 정보의 단위: 메시지(Message)
③ 인터넷 통신을 위한 **HTTP**, 파일 전송을 위한 **FTP**, 메일 발송을 위한 **SMTP** 등의 프로토콜을 사용한다.

■ OSI 7계층별 주요 역할과 관련 개념

OSI 7계층	주요 역할	관련 개념
7. 애플리케이션 계층 (Application Layer)	• 일반 사용자들이 컴퓨터를 보면서 데이터를 사용할 수 있게 한다. • 사용자와 가장 가까운 계층이다.	인터넷 익스플로러(HTTP), 이메일 전송 및 수신(SMTP, POP3), 파일 전송(FTP), 보안 (SSH) 등
6. 표현 계층 (Presentation Layer)	• 애플리케이션 계층과 세션 계층이 서로 다른 형태의 문자를 처리할 수 있도록 데이터를 번역한다.	ASCII, Unicode, 코드화, 암호화, 복호화, 압축, 인증
5. 세션 계층 (Session Layer)	• 통신 방식을 결정하고 동기화 신호를 통해 연결 세션을 관리한다.	로그인-로그아웃, 액세스, 동기화, 세션, 토큰, 단방향 통신, 반이중 통신, 전이중 통신
4. 전송 계층 (Transport Layer)	• 네트워크 간의 논리적 연결을 맺고 안정적인 데이터 전송로를 제공한다. • 데이터를 여러 개의 세그먼트(Segment)로 분할하여 전송한다. • 데이터 전송 시의 오류를 발견하고 복구한다.	TCP, UDP, 논리 연결, 오류 검출, 세그먼트, 게이트웨이
3. 네트워크 계층 (Network Layer)	• 정보를 목적지까지 최적 경로로 전달하는 계층이다.	경로 설정, IP, IPv4, IPv6, ICMP, IGMP, 라우팅, 패킷

OSI 7계층	주요 역할	관련 개념
2. 데이터링크 계층 (Data Link Layer)	• 정보가 전달될 수 있도록 송·수신을 확인하는 계층이다. • 브리지와 스위치 장비가 MAC Address를 통해 송·수신자의 주소를 확인하고, 오류 검출과 흐름 제어를 통해 정보가 안전하게 전송되게 한다. • 전송 단위는 프레임(Frame)이다.	주소 확인, MAC 주소, ARP, RARP, 흐름 제어, 오류 검출, 프레임, 브리지, 스위치, 랜카드
1. 물리 계층 (Physical Layer)	• 물리적(전기적, 기계적) 통신 케이블과 허브를 통해 데이터를 전송하는 계층이다. • 전송 단위는 0과 1로 이루어진 데이터비트(Data Bit)이고, 비트스트림(Bit Stream)을 전송한다.	비트, 0과 1, 케이블, 허브, 리피터

이해를 돕는 설명

[코알라와 캥거루의 OSI 7계층 통신]

- 코알라와 캥거루는 서로 다른 섬에 살고 있고, 서로 다른 언어를 사용합니다. 둘이 연락하기 위해서는 중간에서 누군가가 양쪽의 말을 전달해 주어야 합니다.
- 쿠알라는 코알라어로 쓰여진 편지를 캥거루에게 보내기 위해 편시선날 서비스(7. 애플리케이션 계층)를 신청했습니다.
- 번역소(6. 표현 계층)에서는 코알라어를 모르는 동물들도 코알라의 편지 내용을 전달할 수 있도록 범용적인 동물어로 편지 내용을 변환했습니다.
- 우체국(5. 세션 계층)에서는 편지의 매수가 너무 많아 한 번에 한 장의 편지만을 전달하기로 결정하고, 편지를 전달할 시간을 정해 우체부들을 보냈습니다. 등기우편이기 때문에 코알라의 편지를 받아서 캥거루에게 전달해줄 캥거루 측의 동물들에게도 받을 준비를 해두라고 일러두었습니다
- (4. 전송 계층)에서는 양쪽의 동물들이 서로 만나서 편지의 내용을 전달해줍니다. 내용이 잘 전달되었는지 그때 그때 확인하고, 만약 전달이 안 되었다면 다시 전달합니다.
- (3. 네트워크 계층)에서는 양쪽 동물들이 만나는 순서와 경로를 정해주고, 이때 캥거루의 주소도 함께 확인합니다.
- (2. 데이터링크 계층)에서는 캥거루의 정확한 이름을 확인합니다.
- (1. 물리 계층)은 일종의 검문소로, 편지가 코알라 네트워크에서 캥거루 네트워크로 넘어가는 첫 관문입니다. 여기서는 편지가 전달되는 방식이나 방법을 나타냅니다. 더 잘게 쪼개진 편지의 내용을 소리로 전달했는지, 수화로 전달했는지, 글로 전달했는지를 알 수 있습니다.

▣ OSI 7계층별 주요 네트워크 장비

OSI 7계층	장비
7. 애플리케이션 계층(Application Layer)	PC
6. 표현 계층(Presentation Layer)	PC
5. 세션 계층(Session Layer)	PC
4. 전송 계층(Transport Layer)	게이트웨이
3. 네트워크 계층(Network Layer)	라우터
2. 데이터링크 계층(Data Link Layer)	브리지, 스위치
1. 물리 계층(Physical Layer)	케이블, 허브, 리피터

※ 캡슐화: 계층 간에 데이터가 이동할 때 계층에 대한 정보를 헤더에 추가하는데, 이를 캡슐화라고 한다.

※ Interconnection: 미국 규제법에서는 '상호 트래픽(데이터) 교환을 위한 두 개 이상의 네트워크 연결(the linking of two or more networks for the mutual exchange of traffic.)'이라고 정의하고 있다.(47 C.F.R. 51.5)

CHAPTER 2
TCP/IP 계층

TCP/IP의 각 계층별 특징과 역할은 OSI 7계층과 연관 지어 학습하면 이해에 도움이 된다. 각 계층별 역할과 주요 개념에 대하여 학습한다면 이어지는 TCP/IP의 기본 및 응용 프로토콜에 대하여 좀 더 쉽게 이해할 수 있다.

2-1 TCP/IP의 정의와 구조

1) TCP/IP의 정의와 유래

① Transmission Control Protocol/Internet Protocol의 약어로, **전송 컨트롤 프로토콜/인터넷 프로토콜**을 의미한다.

② 1969년 미국 국방성 연구기관인 달파(DARPA; Defense Advanced Research Projects Agency)가 주도하여 만든 세계 최초의 정보 공유 네트워크인 아파넷(ARPANET; Advanced Research Projects Agency Network) 프로젝트에서 사용한 NCP(Network Control Program)라는 프로토콜이 진화하여 지금의 TCP/IP가 되었다.

③ 과거에는 회로 스위칭이 주로 사용되었지만, 아파넷과 TCP/IP 이후로 패킷스위칭이 일반화되었다.

> * ARPANET: 인터넷의 시초로 언급되며, 1969년 개발 당시에는 미국 각지의 대학 기관 및 연구소의 연구 자원들을 공유할 목적으로 UCLA, UC Santa Barbara, Stanford Research Institute, The University of Utah 4개 대학 기관을 네트워크로 연결하였다. 데이터 속도, 제조 업체 등 서로 다른 특징을 가진 컴퓨터 간의 통신이 가능하도록 패킷교환 방식과 표준 프로토콜 개발에 힘입어 오늘날 인터넷의 근간이 만들어졌다.

2) TCP/IP의 구조와 특징

TCP/IP 4계층	상세
애플리케이션 계층 (Application Layer)	일반 사용자들이 직접 접하는 프로그램이 존재하는 계층
전송 계층(Transport Layer)	TCP 혹은 UDP 프로토콜을 이용하여 메시지를 전송하는 계층
인터넷 계층(Internet Layer)	ARP 프로토콜 등을 통하여 IP 주소를 확인하고 경로를 설정하는 라우팅(Routing)을 수행하고, ICMP 프로토콜을 통해 네트워크의 에러를 검출하는 계층
네트워크 접근 계층 (Network Access)	물리적인 케이블 혹은 무선 통신을 통해 데이터를 전기적 신호로 변환해서 메시지를 전송하는 계층

① OSI 7계층에서와 마찬가지로 송신자의 사용자가 이용하는 상위 계층에서 하위 계층에 이르기까지 데이터를 전달하고, 수신자는 다시 하위 계층에서 상위 계층까지의 단계를 통해 데이터를 전달받는다.

즉 송신자가 보내는 데이터는 **애플리케이션 계층**(사용자 이용 프로그램)→**전송 계층**(TCP/UDP)→**인터넷 계층**(IP)→**네트워크 접근 계층**(물리적 네트워크 인터페이스) 순으로 전송되며, 수신자가 받는 데이터는 이와는 반대로 **네트워크 접근 계층**(물리적 네트워크 인터페이스)→**인터넷 계층**(IP)→**전송 계층**(TCP/UDP)→**애플리케이션 계층**(사용자 이용 프로그램) 순으로 수신된다.

② 보안과 신뢰성 유지에 적합한 연결형 프로토콜로, 현재 인터넷에서 가장 일반적으로 쓰인다.

③ 여러 개의 프로토콜을 하나의 집합으로 구성하여 전송, 에러 검출, 경로 설정 등 패킷 관리가 용이하다.

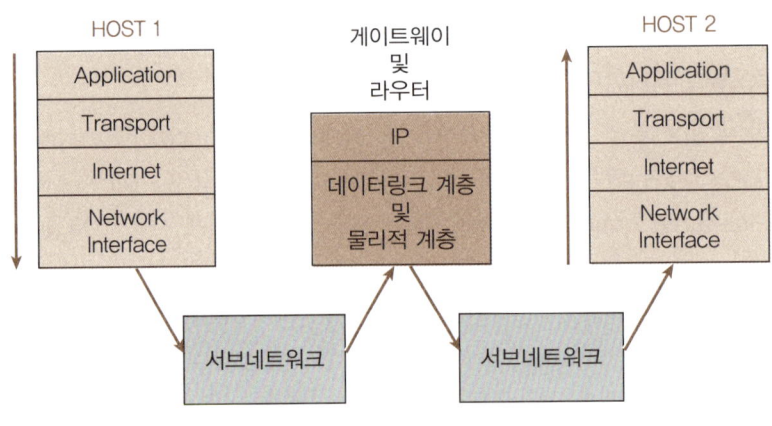

▲ TCP/IP의 구조

3) TCP/IP의 구조와 OSI 7계층의 비교 ★ 꼭 암기하세요.

TCP/IP 4계층	수행 역할	OSI 7계층
애플리케이션 계층 (Application Layer)	일반 사용자들이 사용하는 프로그램 내의 데이터 교환에 필요한 서비스를 수행한다.	7. 애플리케이션 계층
		6. 응용 계층
		5. 세션 계층
전송 계층 (Transport Layer)	송수신자를 논리적으로 연결하고 전송할 데이터의 흐름과 순서를 제어한다.	4. 전송 계층
인터넷 계층 (Internet Layer)	수신자의 주소를 파악하고 전달 경로를 탐색하여 데이터를 전송한다.	3. 네트워크 계층
네트워크 접근 계층 (Network Access)	작게 나누어진 데이터를 통신장비를 통해 물리적으로 전달한다.	2. 데이터링크 계층
		1. 물리계층

2-2 TCP/IP 4계층

1) 네트워크 접근 계층(Network Access)

① **랜카드(LAN Card) 상의 MAC 주소를 이용하여 통신기기 사이의 연결과 데이터 전송을 담당한다.**

② 프레임(데이터)을 전기적인 비트 단위로 전송한다.

〈네트워크 접근 계층의 프레임(Frame) 구조〉

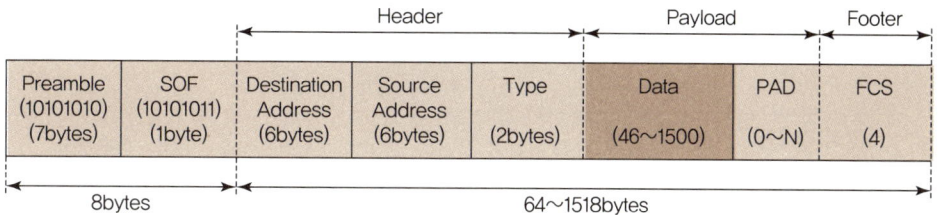

- Preamble: 동기화 정보 포함
- SOF(Starting Frame Delimiter, 프레임 개시 구분문자): 프레임의 시작을 알려주는 구분문자
- Destination Address(목적지 주소): 데이터가 최종적으로 도달하는 목적지(수신자)의 MAC 주소
- Source Address(원천 주소): 데이터를 보내는 송신자의 MAC 주소
- Type(타입): 상위 계층(인터넷 계층)에서 사용하는 프로토콜의 종류
- Data: 전달하고자 하는 데이터를 포함하는 구간
- PAD: 프레임의 길이를 동일하게 맞추기 위한 구간으로, 64Byte 단위로 끊어지지 않을 경우 부족한 부분을 0으로 채움
- FCS(Frame Check Sequence, 프레임 체크 시퀀스): 프레임 상의 오류를 검사

2) 인터넷 계층(Internet Layer)

① **송신자와 수신자의 IP 주소를 이용하여 네트워크의 경로를 설정(라우팅)하고 주소를 확인하여 데이터를 원하는 목적지에 정확히 전송한다.**

② 데이터 전송을 위한 IP, ICMP, TCP/IP, IP 주소와 MAC 주소 간의 변환을 위한 ARP, RARP, 그리고 멀티캐스팅을 위한 IGMP, 라우팅을 위한 BGP, OSPF, RIP 등의 프로토콜들이 존재한다.

• 인터넷 계층의 프로토콜 및 주요 개념

주요 프로토콜 개념	정의 및 역할
IP(Internet Protocol)	송신자와 수신자의 주소를 갖고 있으며, 패킷을 관리
라우팅(Routing)	데이터를 송신자로부터 수신자에게 보내기 위한 최적의 경로를 결정 ① 경로 설정 범위에 따른 분류 　• IGP(Internal Gateway routing Protocol): 동일 도메인 내에서 경로를 결정 　• EGP(Exterior Gateway routing Protocol): 도메인 간의 경로를 결정 ② 경로 설정 방법에 따른 분류 　• 정적 라우팅(Static Routing) 　• 동적 라우팅(Dynamic Routing)
정적 라우팅 (Static Routing)	관리자가 설정한 경로를 고정적으로 사용하는 프로토콜
동적 라우팅 (Dynamic Routing)	네트워크 상황 변화에 따라 인접 라우터끼리 경로 정보를 교환하여 최적의 경로를 실시간으로 결정하는 프로토콜
Distance Vector Routing	통과하는 라우터 수가 적어 거리가 짧은 쪽으로 경로를 설정하는 프로토콜(RIP, IGRP, EIGRP, BGP)
Link State Routing	라우터와 라우터를 연결하는 Link의 상태에 따라 효율적이고 빠르게 도착하는 쪽(비용이 적게 드는 쪽)으로 경로를 설정하는 프로토콜(OSPF)
NAT(Network Address Translation)	내부망(Intranet)에서 사용하는 사설 IP를 라우팅이 가능한 공인 IP로 변환하는 것
ICMP(Internet Control Message Protocol)	통신상의 오류를 발견하고 처리하는 프로토콜
IGMP(Internet Group Management Protocol)	멀티캐스트 전송에서 데이터를 전송받는 그룹의 사용자를 관리하는 프로토콜
ARP(Address Resolution Protocol)	IP 주소를 MAC 주소로 변환하는 프로토콜
RARP(Reverse Address Resolution Protocol)	MAC 주소를 IP 주소로 변환하는 프로토콜

3) 전송 계층(Transport Layer)

① 송신자와 수신자 간의 **논리 세션을 연결하고 데이터의 분절, 에러 정정 등 전송을 보조한다.**

② 신뢰성 있는 데이터 전송을 위해 TCP, UDP 프로토콜을 제공하며, **TCP 프로토콜은 연결지향 방식을, UDP 프로토콜은 비연결성 방식을 사용한다.**
③ 세그먼트(Segment): TCP 혹은 UDP 헤더를 메시지에 붙이면 세그먼트가 된다.

- TCP 헤더의 구성(전체 32bit) ★ 꼭 암기하세요.

헤더 구성	정의 및 역할	
Source port address	송신자의 포트 넘버	포트 넘버: TCP/IP 소켓 프로그래밍. 정보가 나가는 통로의 고유 숫자
Dest Port address	수신자의 포트 넘버	
Sequence number	메시지의 순서(전체 메시지 중 몇 번째 메시지인지)	
Acknowledgement number	송신자로부터 받은 ACK 신호를 되돌려주면서 다음 번에 받을 패킷 넘버를 알려준다.	
Head length	TCP 헤더의 크기	
Reserved	예약 필드	
URG	급한 메시지인지 여부	
ACK	ACK가 유효한지 여부	
PUSH	메시지를 PUSH해야 하는지 여부	
Retransmit	다시 보내기	
Synchronization	동기화	
Finish data	데이터 종료	
Window Size(Receive Window)	수신자의 윈도우 크기	
Checksum	에러 확인	
Urgent Data Pointer	급한 메시지의 위치 안내	

- UDP 헤더의 구성 ★ 꼭 암기하세요.

헤더 구성	정의 및 역할	
Source port address	송신자의 포트 넘버	포트넘버: TCP/IP 소켓 프로그래밍. 정보가 나가는 통로의 고유 숫자
Dest Port address	수신자의 포트 넘버	
Length	헤더를 포함한 UDP 데이터그램의 전체 크기	
Checksum	에러 확인	

④ TCP와 UDP의 비교 ★꼭 암기하세요.

	TCP	UDP
특징	• **양방향 전송**을 하며, **대용량의 데이터나 중요한 데이터 전송**에 이용된다. • **흐름 제어**를 위해 슬라이딩 윈도우 방식을 사용한다. • 데이터 전송 전 **수신 측의 인증**이 필요하다. • 수신 후 **에러**가 검출되는 경우 송신자에게 **재전송을 요구**한다.	• **단방향 전송**만 가능하며, **단순한 메시지 전달**에 주로 사용된다. • 전달 경로가 복잡할 경우 데이터가 유실되기도 한다. • 브로드캐스트를 이용하여 대량의 데이터를 한 번에 전송한다. • 화상회의와 같은 **실시간 영상 송출**에 사용된다. • **에러가 발생해도 재전송하지 않는다.**
중요성	**신뢰도, 정확성**	**속도, 간편함**
세션 연결	세션 연결 후 데이터 전송이 시작된다.	세션 연결이 되지 않아도 빠르게 메시지를 전송한다.
헤더 복잡성	복잡하다.	간단하다.
전송 단위	바이트 스트림(Byte Stream)	데이터그램(Datagram)
관련 응용 계층 프로토콜	HTTP, FTP, SMTP, Telnet	TFTP, SNMP, DNS, NFS

4) 애플리케이션 계층(Application Layer)

① **일반 사용자들이 사용하는 프로그램이 있는 계층**으로, 대부분 **응용프로그램**에 해당한다.
② 응용프로그램 내부에서 TCP/IP의 프로토콜과 부가 프로토콜을 활용한다.

▣ 애플리케이션 계층의 관련 서비스

서비스	정의 및 역할
FTP(File Transfer Protocol)	파일의 업로드 및 다운로드
DNS(Domain Name Server)	도메인 이름과 IP 주소의 매칭 세트를 저장
HTTP(Hyper Text Transfer Protocol)	인터넷 통신
SMTP(Simple Mail Transfer Protocol)	전자우편(이메일) 전송
SNMP (Simple Network Management Protocol)	네트워크 트래픽 모니터링
Telnet	원격 서버 접속

■ TCP/IP 4계층의 주요 역할과 관련 개념 ★ 꼭 암기하세요.

TCP/IP 4계층	수행 역할	관련 개념
애플리케이션 계층 (Application Layer)	일반 사용자들이 사용하는 프로그램 내의 데이터 교환에 필요한 서비스를 수행한다.	SMTP, FTP, HTTP, POP3, DNS, Telnet, SNTP
전송 계층(Transport Layer)	송수신자를 논리적으로 연결하고 전송할 데이터의 흐름과 순서를 제어한다.	TCP, UDP, 세그먼트
인터넷 계층(Internet Layer)	수신자의 주소를 파악하고 전달 경로를 탐색하여 데이터를 전송한다.	IP, IPv4, IPv6, ICMP, IGMP, ARP, RARP, BGP, OSPF, RIP, 라우팅, 라우터, 데이터그램, 논리주소 지정, TTL, 단편화와 재조합, 서브넷 마스크, 서브넷팅
네트워크 접근 계층 (Network Access)	작게 나누어진 데이터를 통신 장비를 통해 물리적으로 전달한다.	MAC 주소, 프레임

CHAPTER 3
TCP/IP 계층의 기본 프로토콜

앞서 학습한 TCP/IP의 4계층에서 사용하는 기본 프로토콜에 대하여 배운다. 각 계층의 주요 역할과 해당 계층에서 사용하는 프로토콜들의 주요 역할을 연관 지어 이해하는 것이 중요하다. 애플리케이션에서 사용되는 프로토콜들은 응용 프로토콜에 해당하므로 Chapter 4에서 다루도록 한다. 여러 프로토콜의 헤더를 면밀히 살펴보면, 각 프로토콜의 기능에 대해서 더 잘 이해할 수 있다. 무조건적인 암기에 앞서, 헤더를 살펴보며 헤더의 이름을 통해 프로토콜의 기능을 유추하는 것도 좋은 학습방법이다.

3-1 네트워크 접근 계층의 주요 개념

1) MAC 주소

① Media Access Control Address, 매체 접근 컨트롤 주소이다.
② **모든 네트워크 장비(Media)의 고유번호이다.**
③ 닉카드(NIC; Network Interface Controller), Card(랜카드(LAN card)), 이더넷 카드(Ethernet Card))에 부여되는 고유한 식별부호이다.
④ 네트워크 세그먼트 통신상의 **네트워크 주소**로 활용된다.
⑤ 이더넷, 와이파이, 블루투스 등 IEEE 802 표준을 따르는 대부분의 통신에서 보편적으로 활용된다.
⑥ 통신 하드웨어 기기를 만드는 제조사가 제조 시에 부여하는 번호이므로 MAC 주소 안에는 제조사의 정보(OUI; Organizationally Unique Identifier)가 포함되어 있다.
⑦ **16진법**을 사용하는 2자리 문자를 하나의 세트로 하는 6세트, **총 12자리**로 구성된다.

⑧ 통신장비별 MAC 주소 확인 방법 및 예시

아이폰	안드로이드폰
설정→일반 정보→Wi-Fi 주소	설정 휴대전화 정보→상태→Wi-Fi MAC 주소
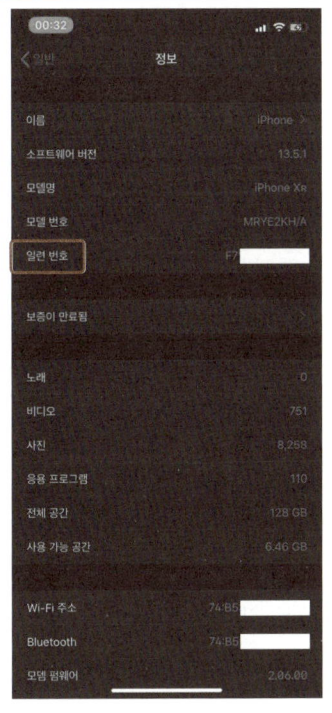 ▲ iPhone 상의 MAC 주소 확인 방법	 ▲ Android 스마트폰 상의 MAC 주소 확인 방법

PC/노트북(윈도우 OS 기준)

(명령 프롬프트) cmd 실행→ipconfig /all 입력 물리적 주소

▲ 윈도우 OS 상의 MAC 주소 확인 방법

3-2 인터넷 계층의 프로토콜

1) 데이터그램

① 기존 패킷에 IP 헤더를 붙인 것으로, **인터넷 계층의 정보 전송 단위**이다.

② 헤더와 데이터 부분으로 구성된다.

③ 라우팅과 전달에 필요한 정보를 포함한다.

2) IP

(1) IP 프로토콜의 개요와 개념

① TCP/IP 망의 네트워크 계층(IP 계층)의 주소화, 데이터그램 포맷, 패킷 핸들링 등을 정의하고 전송 경로의 논리적 설정(라우팅) 등의 기능을 제공하는 인터넷 규약이다.

② IP 주소: IP 프로토콜을 사용하는 컴퓨터 네트워크에 연결된 **각 장치들에게 배정된 숫자로 된 식별부호**이다.

③ 인터넷 프로토콜은 현재 IPv4와 IPv6가 사용 중이다. 개인이 사용하는 디지털 단말기의 수가 늘어남에 따라 IPv4의 주소 수가 부족해졌는데, 이러한 IP 주소의 부족 문제를 해결하기 위하여 주소 비트 수를 128비트로 늘린 것이 IPv6이다.

(2) IPv4와 IPv6

① IPV4

- **IP의 첫 번째 버전**이 IPv4이다. 1983년 아파넷(APARNET) 개설 당시 사용되었고 **32비트의 주소 공간을 사용**하며, 총 2의 32제곱인 42억 개 이상의 서로 다른 주소를 나타낼 수 있다.
- Class A, Class B, Class C, Class D로 **주소 할당 체계를 구분한다.**
- 자동 설정 기능, 보안 기능, QoS(Quality of Service) 품질 지원 기능이 없다.

② IPv6

- 현재의 IPv4가 나타낼 수 있는 주소 수로는 늘어나는 디바이스를 모두 식별할 수 없어서 **새롭게 만든 주소 체계의 인터넷 프로토콜**이다. **128비트의 주소 공간을 사용**하며, 총 2의 128제곱인 사실상 무한대에 가까운 서로 다른 주소를 나타낼 수 있다.
- IPv4의 단점으로 제기되었던 보안, 품질 등의 문제가 개선되었다.

> **알아 두면 쓸모 있는 네트워크 이야기**
>
> **IoT(Internet of Things, 사물인터넷)**
> 1999년 미국 매사추세츠공대(MIT; Massachusetts Institute of Technology)의 케빈 애쉬턴(Kevin Ashton)교수가 처음으로 제안한 개념이다.
> 20세기의 컴퓨터는 자체적으로 감지하는 기능(sensing) 없이 인간이 키보드나 스캐너, 마이크, 카메라 등을 통해 입력한 정보를 처리하는 기계였지만, 21세기의 컴퓨터는 자체적으로 감지하는 기능을 통해 스스로 생각하고 스스로 정보를 처리할 수 있다.
> 우리 생활 주변에서 가장 가깝게 찾을 수 있는 사례는 바로 GPS이다. GPS는 Global Positioning System의 약자로, 전 세계적으로 통용되는 위성 기반의 위치 확인 시스템이다. 이를 통해 디바이스가 스스로 자신의 위치를 오차 범위 내에서 정확하게 감지할 수 있게 되었다. 동시에 차량, 스마트폰, 스마트워치 등 대부분의 모바일 디바이스에 GPS 기능이 탑재되며, 각 GPS 시스템 간의 거리나 이동 경로 등을 확인할 수 있게 됨에 따라 내비게이션, 빠른 경로 찾기, 자율주행 등이 가능해졌다.
> **IPv6**를 통해 사실상 **무한대에 가까운 네트워크 주소 할당이 가능해지며**, 전 세계 모든 사람들, 사람들이 소지한 모든 모바일 디바이스들, 모든 사물들, 모든 장소들에 IP 주소를 부여하여 네트워크 통신이 가능하게 하는 IoT(Internet of Things, 사물인터넷)의 환경을 조성했다고 할 수 있다.
> 참고로 IPv6 주소 체계를 통해 표시할 수 있는 주소의 정확한 개수는 340,282,366,920,938,463,463,374, 607,431,768,211,456(삼백사십간 이천팔백이십삼구 육천육백구십이양 구백삼십팔자 사천육백삼십사해 육천삼백삼십칠경 사천육백칠조 사천삼백삼십칠억 육천팔백이십일만 천사백오십육)개이다.

(3) IP 헤더

① IP 헤더의 정의

IP패킷의 앞부분에 위치하며 주소, 패킷관리 등의 정보를 포함하고 있는 부분이다.

② IPv4 헤더

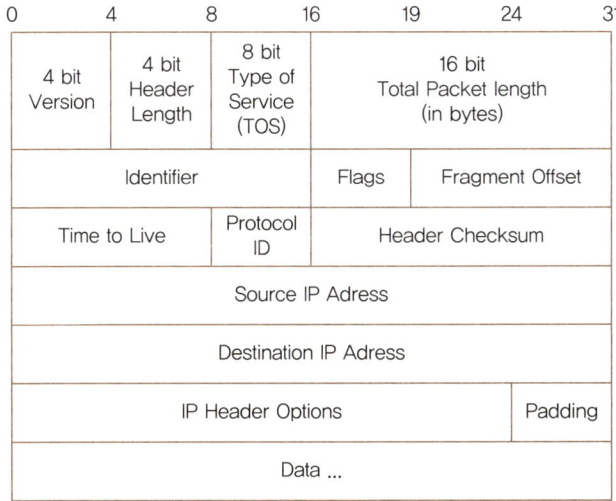

▲ IPv4의 헤더 구조

■ IPv4의 헤더 필드 설명 ★ 꼭 암기하세요.

구분	크기(bits)	설명
Version	4	IPv4임을 나타냄
Header Length (HLEN)	4	헤더의 길이 32비트(4바이트) 워드 단위로 헤더 길이를 표시 최소 5(4×5=20바이트)부터 15(4×15=60바이트, 옵션 포함된 경우)까지의 값
Type of Service(ToS) Flag	8	사용되고 있는 서비스의 종류를 나타낸다.
Total Packet Length	16	IP 헤더 및 데이터를 포함한 IP 패킷 전체의 길이를 바이트 단위로 길이를 표시. 최대값은 $65,535=(2^{16}-1)$
Fragment Identifier	16	각 조각이 동일한 데이터그램에 속하면 같은 일련번호를 공유한다.
Fragmentation Flag	3	분열의 특성을 나타내는 플래그
Fragmentation Offset	13	조각나기 전 원래의 데이터그램의 8바이트 단위의 위치
TTL, Time To Live	8	IP 패킷의 수명, 패킷 소실 전까지 남아 있는 홉(Hop) 수
Protocol Identifier	8	어떤 상위 프로토콜이 데이터 내에 포함되었는지 안내 예 ICMP=1, IGMP=2, TCP=6, EGP=8, UDP=17, OSPF=89 등
Header Checksum	16	헤더에 대한 오류 검출
Source IP Address	32	송신처 IP 주소
Destination IP Address	32	목적지 IP 주소
IP 헤더 옵션	(가변적)	선택 옵션
Padding	(가변적)	선택 옵션

③ IPv6 헤더

- **IPv4 헤더에 비해 간결**하고, 확장성이 강해졌다.
- 기본 헤더 뒤에 선택적으로 확장 헤더가 붙을 수 있다.

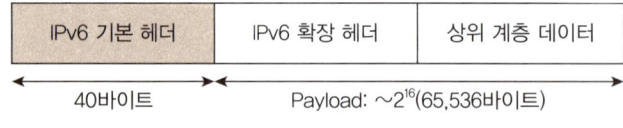

▲ IPv6의 확장 헤더

- 라우터에서는 기본 헤더만 처리하고, 확장 헤더는 유형에 따라 처리 방법이 상이하므로 라우터의 부담이 줄어들어 효율적이다.

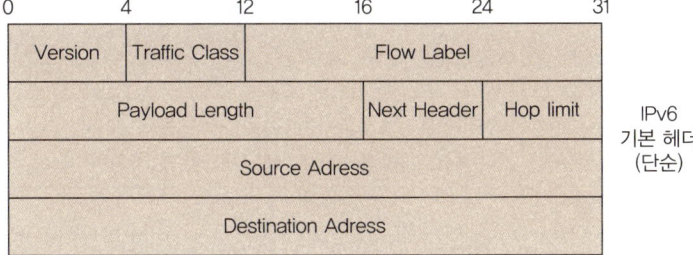

▲ IPv6의 헤더 구조

■ IPv6의 헤더 필드 설명 ★ 꼭 암기하세요.

구분	크기(bits)	설명
Version	4	IPv4이면 4, IPv6이면 6
Traffic Class 또는 Priority	8	IPv4에서의 ToS(Type of Service) 필드와 달리, 요구되는 서비스의 품질(QoS; Quality of Service)을 나타낸다.
Flow Label	20	IP를 연결지향적 프로토콜로 사용할 수 있게 한다. 우선순위 등을 고려한 트래픽 Flow 라벨링
Payload length	16	IP 헤더 및 데이터를 포함한 IP 패킷 전체(확장 헤더 + 상위 계층 데이터)의 길이를 바이트 단위로 길이를 표시. 최대값은 $65,535=(2^{16}-1)$
Next Header	8	기본 헤더 다음에 오는 확장 헤더의 종류를 안내. IPv4에서의 Protocol Identifier와 같은 기능을 수행 예 0: Hop-by-Hop 옵션 헤더 58: ICMPv6
Hop Limit	8	IPv4에서의 TTL(Time To Live) 필드와 유사. IP 패킷의 수명을 나타낸다.
Source IP Address	128	송신처 IP 주소
Destination IP Address	128	목적지 IP 주소

■ IPv4와 IPv6의 비교 ★ 꼭 암기하세요.

특징	IPv4	IPv6
주소 공간 크기	**32비트**	**128비트**
주소의 표시 방법	8비트씩 4부분, 10진수로 표시 각 부분은 점(.)으로 구분 예 192.10.5.127	16비트씩 8부분, 16진수로 표시 각 부분은 콜론(:)으로 구분 예 2000:0129:abcd:0000:abcd:ffff:1234:ffff

특징	IPv4	IPv6
주소 개수	약 43억 개	약 43억×43억×43억×43억 개
주소 할당 체계	CLASS A, CLASS B, CLASS C, CLASS D	유니캐스트(Unicast), 애니캐스트(Anycast), 멀티캐스트(Multicast)
	IPv4는 유니캐스트, 멀티캐스트, **브로드캐스트**를 지원하고, IPv6는 유니캐스트, 멀티캐스트, **애니캐스트**를 지원한다.	
QoS 지원 기능	없다.	있다.
보안 기능	없음(별도 설치 필요)	확장 기능에서 기본 제공
P&P(플러그 앤 플레이)	지원 수단 없다.	지원 수단 있다.
모바일 IP 지원	가능(복잡)	가능(간단)
웹 캐스팅	가능(복잡)	가능(간단)

- IPv4에 있었지만, IPv6에서 삭제된 헤더 필드
  - Header Length(4비트): IPv4에서는 헤더 크기가 가변적이나 IPv6에서는 헤더 크기 고정
  - Identification(16비트), Flags(3비트), Fragment Offset(13비트): IPv4 단편화에만 필요
  - Header Checksum(16비트): 데이터링크 신뢰성이 높아지며 삭제
  - Option: IPv6 Payload에 포함

- IPv6에서 역할 변경되며 이름이 바뀐 헤더 필드
  - Type of Service → Traffic Class(8비트)
  - Total Length → Payload Length(16비트)
  - Time to Live → Hop Limit(8비트)
  - Protocol Identifier(type) → Next Header(8비트)

- IPv6에서 신규로 추가된 헤더 필드
  - IPv6 Flow Label(20비트): IP를 연결지향적 프로토콜로 사용할 수 있게 한다.
  - Next Header(8비트): 기본 헤더 다음에 위치하는 확장 헤더의 종류를 표시하고 IPv4의 프로토콜 번호와 같은 역할을 한다.
    예 0: Hop-by-Hop Options Header for IPv6, 58: ICMPv6 등

(4) IP 주소 클래스

- 네트워크의 크기에 따라 Class A부터 Class E까지 구분되어 있다.
- IP 주소를 32자리 2진수로 표현했을 때 **맨 앞자리 4개 비트를 이용하여 클래스를 구분**하며, 각 클래스는 앞에서부터 특정 자리까지의 값을 **네트워크 주소**라 하고, 나머지를 **호스트 주소**라 한다.

- 전체 32자리 2진수 주소 중에서 Class A는 1~8번째 자리, Class B는 1~16번째 자리, Class C는 1~24번째 자리, Class D와 E는 1~4번째 자리까지가 네트워크 주소이다.

① CLASS-A

- 전체 32자리 2진수로 표현된 IP 주소의 **시작 비트는 항상 0**이다.
- 최대 16,777,216개의 호스트를 수용할 수 있어 **Class 중 크기가 가장 크다**(국가나 글로벌 기업이 사용하는 대형 네트워크).
- **1개의 네트워크 부분 옥텟과 3개의 호스트 부분 옥텟**으로 구분되며, 예를 들어 IP 주소가 10.125.245.1인 경우 네트워크 ID는 10, 호스트 ID는 125.245.1이다.
  - 옥텟: 점으로 구분되는 숫자 단위. 1.255.0.128이라는 IP 주소의 경우 1, 255, 0, 128이라는 4개의 옥텟으로 구분된다.
- 네트워크 ID는 1~126 사이이며, 호스트 ID는 0.0.0~255.255.255 사이이다.
- CLASS-A에 해당하는 IP 주소 범위를 십진 정수로 표현하면 0.0.0.0~127.255.255.255까지이며, 실제 사용 가능한 주소 범위는 1.0.0.0~126.255.255.255까지이다.
  - 2진법으로 표현하면 00000000.00000000.00000000.00000000~01111111.11111111.11111111.11111111까지이다.
  - 127로 시작하는 IP 주소는 루프백(Loopback)주소로 예약된 주소이기 때문에 일반 호스트에 사용할 수 없다.

② CLASS-B

- 전체 32자리 2진수로 표현된 IP 주소의 **시작 비트는 항상 10**이다.
- 최대 65,534개의 호스트를 수용할 수 있어 **Class 중 크기가 두 번째로 크다**(대기업 등에서 사용하는 중대형 네트워크).
- **2개의 네트워크 부분 옥텟과 2개의 호스트 부분 옥텟**으로 구분되며, 예를 들어 IP 주소가 145.12.34.56인 경우 네트워크 ID는 145.12, 호스트 ID는 34.56이다.
- 네트워크 ID는 128.0~191.255이고, 호스트 ID는 0.1~255.254가 된다.
- 호스트 ID가 255.255일 때는 메시지가 네트워크 전체로 브로드캐스트 된다.
- CLASS-B에 해당하는 IP 주소 범위를 십진 정수로 표현하면 128.0.0.0~191.255.255.255까지이다.
  - 2진법으로 표현하면 10000000.00000000.00000000.00000000~10111111.11111111.11111111.11111111까지이다.

③ CLASS-C
- 전체 32자리 2진수로 표현된 IP 주소의 **시작 비트는 항상 110**이다.
- 최대 254개의 호스트를 수용할 수 있으므로 **일반적으로 사용되는 Class 중 크기가 가장 작다.**
- 현재 **로컬 영역 네트워크(LAN) 환경에서 할당되는 주소의 대부분이 Class C**이다.
- **3개의 네트워크 부분 옥텟과 1개의 호스트 부분 옥텟**으로 구분되며, 예를 들어 IP 주소가 192.125.98.4인 경우 네트워크 ID는 192.125.94이고 호스트 ID는 4이다.
- 호스트 ID가 255일 때에는 메시지가 네트워크 전체로 브로드캐스트 된다.
- CLASS-C에 해당하는 IP 주소 범위를 십진 정수로 표현하면 192.0.0.0~223.255.255.255까지이다.
    - 2진법으로 표현하면 11000000.00000000.00000000.00000000~11011111.11111111.11111111.11111111까지이다.

④ CLASS-D
- IP 주소의 **시작 비트는 항상 1110**이며, **멀티캐스트**를 위하여 특수하게 만들어진 주소이다.
- 멀티캐스트의 가장 대표적인 사례는 인터넷 방송으로 해당 주소를 부여받은 다수의 사용자들에게 동시에 데이터를 전송할 수 있다.
- CLASS-D에 해당하는 IP 주소 범위를 십진 정수로 표현하면 224.0.0.0~239.255.255.255까지이다.
    - 2진법으로 표현하면 1110000.00000000.00000000.00000000~11101111.11111111.11111111.11111111까지이다.

⑤ CLASS-E
- IP 주소의 **시작 비트는 항상 1111**이며, **연구 및 실험용**으로 예약된 주소 범위이다.
- 일반 PC에서는 아직 사용할 수 없다.
- CLASS-E에 해당하는 IP 주소 범위를 십진 정수로 표현하면 240.0.0.0 ~255.255.255.255까지이다.
    - 2진법으로 표현하면 11110000.00000000.00000000.00000000~11111111.11111111.11111111.11111111까지이다.

(5) IP 주소의 체계

① 공인 IP(Public IP)
- 인터넷상에서 서로 다른 PC끼리 통신하기 위한 IP이다.
- CLASS A, B, C 등으로 구분되어 있다.
  - CLASS A: 1.0.0.0~126.255.255.255
  - CLASS B: 128.0.0.0~191.255.255.255
  - CLASS C: 192.0.0.0~223.255.255.255

② 사설 IP(Private IP)
- **내부망 구축 전용 IP이다.**
- 대표적인 사례는 **공유기를 활용하여 망을 구성**하는 것이다.
  - CLASS A: 10.0.0.0~10.255.255.255
  - CLASS B: 172.16.0.0~172.31.255.255
  - CLASS C: 192.168.0.0~192.168.255.255

③ NAT(Network Address Translation) ★ 꼭 암기하세요.
- **네트워크 주소를 변환**시키는 기술이다.
- **하나의 공인 IP를 여러 사람이 공유해서 쓸 수 있게 한다.**
- 외부에서 사설 망으로 침입하는 것을 예방한다.
- 3) 라우팅 파트에서 상세하게 다룬다.
- NAT의 종류
  - SNAT: 내부 사설 IP에서 외부 공인 IP로 변환한다.
  - DNAT: 외부 공인 IP에서 내부 사설 IP로 변환한다.

(6) 서브넷 마스크와 서브넷팅 ★ 꼭 암기하세요.

① 서브넷 마스크의 개념
- IP 주소의 네트워크 ID와 호스트 ID를 변경하여 **네트워크 주소를 보다 효율적으로 사용하기 위한 기술**이다.
- 로컬 네트워크 내부 호스트의 IP 대역과 외부 네트워크 대역을 구분할 수 있게 된다.
- 하위 그룹(sub) 네트워크(net)로, 같은 그룹 안에 속하도록 같은 주소로 덮어 씌우는 (masking) 과정이라 서브넷 마스크라고 한다. 서브넷 마스킹을 통해 분리된 네트워크 그룹을 서브넷이라고 한다.

② **서브넷 마스크의 구성 및 표현**
- IP 주소와 동일하게 32자리의 2진수로 이루어져 있다.
- 클래스별 기본 서브넷 마스크는 네트워크 ID 주소의 길이까지 1로 채워 씌워진다. 예를 들어 전체 32자리 중 8자리가 네트워크 ID 주소인 CLASS A의 경우, 기본 서브넷 마스크는 11111111.00000000.00000000.00000000으로 씌워진다. 이는 통상 간편하게 10진법으로 표기된다.
- 예 클래스별 기본 서브넷 마스크
    - CLASS A의 기본 서브넷 마스크: 255.0.0.0
    - CLASS B의 기본 서브넷 마스크: 255.255.0.0
    - CLASS C의 기본 서브넷 마스크: 255.255.255.0
- 1의 개수가 맨 앞자리부터 순차적으로 증가하며, 0 뒤에 1이 나타나는 경우는 없다.
- 예 올바른 서브넷 마스크(1의 개수가 맨 앞자리부터 순차적 증가, 0뒤에 1이 나타나지 않음)
    - 11111000.00000000.00000000.00000000
    - 11111111.11111111.11111111.11100000
- 예 올바르지 않은 서브넷 마스크(0 뒤에 1이 등장)
    - 10111111.11111111.00000000.00000000
    - 00000000.00000000.00000000.00000001
- 서브넷 마스크가 적용된 IP 주소는 IP 주소 / 서브넷 마스크의 형태로 표현한다.
- 이때, / 뒤의 서브넷 마스크는 10진법으로 표현된 4자리 옥텟으로 표현할 수도, 32자리 2진수 중 1의 개수로 표현할 수도 있다.
- 예 IP 주소 / 서브넷 마스크: 10진법으로 표현된 4자리 옥텟의 형태
    - 192.168.0.2 / 255.255.255.0
- 예 IP 주소 / 서브넷 마스크: 32자리 2진수 중 1의 개수의 형태
    - 192.168.0.2 / 24

③ **서브넷팅의 개념**
- **하나의 로컬 네트워크가 형성되기 위해서는 IP 주소의 네트워크 ID는 동일해야 하고, 호스트 ID는 노드(디바이스, PC)별로 다르다.**
- 가장 작은 규모의 CLASS-C IP 주소라 하더라도 하나의 네트워크 주소 안에 가질 수 있는 호스트 ID가 255개인데, 255개 이하의 호스트를 가진 그룹이라면 필연적으로 **IP를 낭비**하게 된다.

- 이처럼 **비효율적인 IP 할당**을 개선하기 위하여는 **하나의 네트워크를 원래의 크기보다 더 작게 규모를 세분화하여 관리**해야 한다.
- 이를 위해 서브넷 마스크를 이용하여 **하나의 네트워크 클래스를 필요한 크기만큼 여러 개의 세그먼트로 나누어 활용하는 기술이 서브넷팅**이다.

④ 서브넷팅의 특징
- **IP 주소**를 필요한 크기만큼 나누어 **효율적으로 사용**할 수 있다.
- **트래픽을 제어 및 관리**할 수 있고 불필요한 데이터 충돌을 예방할 수 있다.
- 서브넷 내부의 **보안성**을 높일 수 있다.
- 불필요한 브로드캐스팅 메시지를 제한함으로써 성능을 향상시킬 수 있다.
- 하나의 클래스를 여러 개의 서브넷으로 분할하기 위해서는 분할을 원하는 서브넷의 갯수만큼 라우터가 필요하다.

⑤ 서브넷팅 계산 방법
- 호스트 ID를 네트워크 ID로 한 비트씩 가져올 때마다 네트워크의 크기는 두 배로 증가하고, 같은 네트워크를 사용하는 호스트의 수는 반씩 줄어들게 된다.
- 서브넷 ID가 모두 0(All-0s)이거나 모두 1(All-1s)인 서브넷은 특수한 주소이므로 사용할 수 있는 주소 수에 포함시키지 않는다.
- 하나의 클래스에서 가장 첫 번째 IP를 네트워크 주소(Network Address), 가장 마지막 IP를 브로드캐스트 주소(Broadcast Address)로 사용하기 때문에 사용할 수 없다.
- IP 주소의 제일 첫 자리를 통해 CLASS의 종류(크기)를 도출하고, 몇 개의 서브넷으로 나눌 것인지 혹은 몇 명의 호스트가 하나의 서브넷을 사용할 것인지 조건을 통해 네트워크의 범위를 산출해낼 수 있다.
- 예 211.158.29.0 / 255.255.255.224의 서브넷
- CLASS의 종류: C클래스 - 전체 호스트 개수: 256개
- CLASS C의 기본 서브넷 마스크: 255.255.255.0
- 맨 뒷자리 224(1110 0000)=128(2^7)+64(2^6)+32(2^5)
- 총 네트워크의 수: 8개
- 각 네트워크당 호스트의 수: 256/8=32개
- 네트워크의 범위 [211.158.29.0~211.158.29.31], [211.158.29.32~211.158.29.63], [211.158.29.64 ~211.158.29.95], [211.158.29.96~211.158.29.128], [211.158.29.159], [211.158.29.160~211.158.29.191], [211.158.29.192~211158.29.223], [211.158.29.224 ~211.158.29.255]

- 각 네트워크당 실제 사용 가능한 호스트 ID의 수: 30개(전체 32개의 ID 중 네트워크 주소와 브로드캐스트 주소를 제외한 나머지)
- 서브넷팅과 관련한 문제는 다양한 유형으로 반드시 출제된다. IP 주소와 서브넷 마스크에 대한 이해를 바탕에 두고 예제 풀이를 통해 익숙해지다 보면 쉽게 풀어낼 수 있다.

3) 라우팅 프로토콜

(1) 라우팅의 개요

① 라우팅의 개념
- **데이터 패킷을 출발지에서 목적지까지 전달하기 위해 라우터끼리 패킷을 교환**하는 과정이다.
- **효율적인 전송로**를 선택하여 전송을 수행한다.
- 목적지에 대한 라우팅 정보(Routing Table)를 인접한 라우터들과 주기적으로 교환함으로써 목적지까지 패킷을 전달할 수 있게 하는 규약이다.

② IP 라우팅의 개념
- **IP 헤더의 정보를 읽어 목적지의 IP 주소를 알아낸 뒤, 목적지까지의 최적 경로를 제공하는 것이다.**

(2) 라우팅 경로의 실시간 변동 가능성에 따른 라우팅 프로토콜의 분류

① 정적 라우팅(Static Routing)
- **관리자가 설정한 경로를 고정적으로 사용**하는 프로토콜이다.
- 데이터의 출발지에서 목적지까지의 **경로가 고정**되어 있다.
- 한 번 설정한 라우팅 테이블 정보를 관리자가 직접 변경하기 전까지는 변경되지 않는다.
- 라우터에 부하가 적게 걸려 메모리 관리에 유리하며, 우선순위가 높다.
- 경로에 장애가 발생하거나 예상치 못한 에러가 발생할 경우 대처가 어렵고 관리자가 직접 경로를 재설정해야 한다.
- **네트워크 구조가 간단하고 환경 변화가 적은 네트워크에 적합하다.**
- 종이 지도를 보고 길을 찾아가는 것에 비유할 수 있다.
- 주 사용 라우팅 프로토콜
  - Floating Static Routing

② 동적 라우팅(Dynamic Routing)
- **네트워크 상황 변화에 따라 인접 라우터끼리 경로 정보를 교환하여 최적의 경로를 실시간으로 결정**하는 프로토콜이다.
- 데이터의 출발지에서 목적지까지의 경로가 **네트워크 환경 변화에 능동적으로 대처**하여 실시간으로 변화한다.
- 라우터 간의 프로토콜을 바탕으로 라우팅 알고리즘을 통해 경로 설정이 자동으로 이루어진다.
- 다수의 네트워크가 연결되어 수시로 통신환경이 변화하는 **최근의 대부분의 네트워크에 적합**하다.
- GPS와 도로교통환경 변화를 반영하는 내비게이션을 보고 길을 찾아가는 것에 비유할 수 있다.
- 주 사용 라우팅 프로토콜
  - Distance Vector Routing, Linked State Routing

(3) 라우팅 범위에 따른 라우팅 프로토콜의 분류

① IGP(Internal Gateway Routing Protocol, 내부 게이트웨이 라우팅 프로토콜)
- 하나의 동일 그룹(하나의 도메인) 내에서 라우팅 정보를 교환하여 경로를 결정한다.

② EGP(Exterior Gateway Routing Protocol, 외부 게이트웨이 라우팅 프로토콜)
- 여러 그룹 사이의 라우팅 정보를 교환하여 경로를 결정한다.
- 게이트웨이로 구획된 도메인 밖(Exterior) 정보를 활용한 라우팅 프로토콜

(4) 라우팅 프로토콜의 개념과 방식

① 거리벡터 방식(Distance Vector Routing)
- **통과하는 라우터 수가 적어 거리가 짧은 쪽으로 경로를 설정**하는 프로토콜이다.
- 모든 라우터까지의 거리(Distance) 정보를 모든 라우터에 주기적으로 갱신한다.
- 밸먼-포드(Bellman-Ford) 알고리즘을 바탕으로 최단 경로를 도출한다.
- 주요 프로토콜: RIP, IGRP, EIGRP, BGP

② 링크상태 방식(Link State Routing)
- 라우터와 라우터를 연결하는 Link의 상태에 따라 효율적이고 빠르게 도착하는(비용이 적게 드는) 쪽으로 경로를 설정하는 프로토콜이다.

- 인접한 라우터까지의 네트워크의 **대역폭, 지연 정보 등을 종합적으로 고려한 링크 비용(Link Cost)** 정보를 사용하되, 비용에 변화가 발생할 경우에만 정보를 갱신한다.
- 다익스트라(Dijkstra) 알고리즘을 바탕으로 최소비용 경로를 도출한다.
- 주요 프로토콜: OSPF

③ 그 외 거리 벡터 방식과 링크 상태 방식의 차이점

항목	거리벡터 방식 (Distance Vector Routing)	링크상태 방식 (Link State Routing)
홉(Hop) 수	제한 있음	제한 없음
네트워크 규모	소규모	대규모
업데이트 빈도	주기적(많음)	변화가 생길 때만(적음)
루프(Loop) 문제	발생 가능성 있다. 스플릿 호라이즌, 루트 포이즌 및 루프 방지 기술 사용	발생 가능성 없다.

(5) RIP(Routing Information Protocol) ★ 꼭 암기하세요.

① 개요

- **거리벡터 방식 라우팅 프로토콜의 하나로, 라우터의 대수(=홉(Hop) 수)에 따라 최단 경로를 결정하는 동적 라우팅 프로토콜이다.**
  - 홉(Hop) 수는 하나의 라우터를 통과할 때마다 1씩 늘어난다.
- 초기 개발된 라우팅 프로토콜로, **계산할 수 있는 최대 홉 카운트 수가 15**이기 때문에 홉(Hop) 수가 16을 넘으면 패킷을 소멸시키고 새로운 패킷을 기다린다.
- 30초 주기로 라우팅 테이블 정보를 업데이트 하는데, 모든 라우터에 브로드캐스팅 하기 때문에 과부하를 초래하여 **중·대규모 네트워크에는 적합하지 않다.**
- 30초 주기로 정보를 갱신하기 때문에 문제가 발생할 경우 최대 30초 동안 문제 발생 여부를 모를 수 있다.
- RIP의 단점을 극복하기 위해 라우터 업데이트 패킷 주기를 늘리고, 최대 카운트 가능한 홉수를 255까지 늘린 IGRP(Interior Gateway Routing Protocol), IGRP의 단점을 보완하기 위해 링크상태 방식의 일부 장점을 채택하고, 최대 카운트 가능한 홉수는 254까지인 EIGRP(Enhanced-IGRP) 등이 있다.

(6) OSPF(Open Shortest Path First Protocol) ★ 꼭 암기하세요.

① 개요

- **링크상태 방식 라우팅 프로토콜의 하나로, 네트워크의 상태와 지연 발생 여부, 홉 카운트 등을 종합적으로 검토하여 경로를 결정하는 동적 라우팅 프로토콜이다.**

- RIP나 IGRP 시리즈의 단점을 보완하여 오늘날 대중적으로 사용되는 프로토콜로, 홉수는 링크 비용(Link Cost) 중 경로 비용(Path Cost)을 결정하는 요소 중 한 가지로 사용하여 그 비중을 낮춘다.
- 일정 주기로 라우터 정보를 업데이트 하지 않고 네트워크에 변화가 발생할 때 해당 부분만 업데이트 하며, 업데이트 내용 또한 상대적으로 짧고 간단한 링크 상태 정보 형태로 교환하기 때문에 **데이터 부하가 적어 대규모 네트워크에도 적합하다.**
- 문제가 발생할 경우 실시간으로 대응할 수 있다. 단, 라우팅 알고리즘이 복잡하여 대규모 네트워크에서 사용할 경우엔 고성능 라우터를 사용해야 한다.

② **동작 원리 및 구조**
- 라우터들 간의 역할을 정의하고, 라우터들을 트리 형태의 계층구조로 형성하여 각자 정해진 역할을 수행하게 한다.
    - 중심이 되는 백본(Backbone, 중추) 망과 백본 망으로부터 파생된 영역(Area) 망으로 구성된다.
    - 백본 망의 모든 라우터는 백본 라우터와 부르며, 바운더리(Boundary, 경계) 라우터, 그리고 백본 내부 라우터(Internal Routers)가 있다.
    - 영역 망에는 영역 망 내부 라우터가 있다.
    - 영역 경계 라우터(ABR; Area Border Router)는 백본 망과 영역 망을 연결해 준다.
    - 자율시스템 경계 라우터(ASBR; Autonomous System Boundary Router)는 외부의 자율 시스템과 정보를 교환한다.

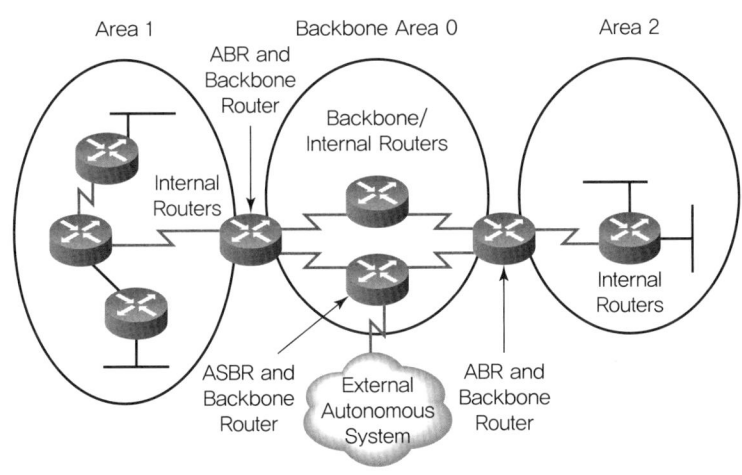

※ BGP(Border Gateway Protocol): 서로 다른 자율 시스템(Autonomous System) 간에 라우팅 정보를 교환하는 외부 라우팅 프로토콜

(7) NAT(Network Address Translation) ★ 꼭 암기하세요.

① 개요
- **내부 망(Intranet)에서 사용하는 사설 IP를 라우팅이 가능한 공인 IP로 변환**하는 것이다.
- 하나의 공인 IP를 여러 사람이 공유해서 쓸 수 있게 함으로써 공인 IP의 부족을 해결한다.
- 외부에서 사설 망으로 침입하는 것을 예방하여 보안성을 높인다.
- 인터넷 서비스 제공자(ISP; Internet Service Provider)가 바뀌어도 내부 IP는 유지할 수 있어 환경변화에 따른 혼란을 경감시킬 수 있다.

② 방식에 따른 구분
- 정적(Static) NAT: 특정 외부 공인 IP와 특정 사설 IP가 1:1 매핑되도록 관리자가 수동으로 지정한다.
- 동적(Dynamic) NAT: 내부의 사설 IP를 라우터 혹은 NAT 소프트웨어 알고리즘을 통해 공인 주소로 랜덤 매핑한다.
- PAT(Port Address Translation 혹은 Network-APT): IP 주소뿐만 아니라 포트 번호도 사용하여 공인 IP 하나에 여러 개의 사설 IP를 매핑한다.

③ 방향에 따른 구분
- SNAT: 내부 사설 IP에서 외부 공인 IP로 변환한다.
- DNAT: 외부 공인 IP에서 내부 사설 IP로 변환한다.

4) ICMP(Internet Control Message Protocol, 인터넷 컨트롤 메시지 프로토콜) ★ 꼭 암기하세요.

① 개요
- **네트워크의 상태 오류를 확인**하는 프로토콜이다.
- TCP/IP를 이용하여 라우터 단에서 두 호스트 간의 통신을 관리하며 오류를 제어한다.
- 두 호스트 간의 통신에 있어 발생하는 오류를 서로에게 알려주거나, 양단 간의 통신이 가능한지 유무를 확인한다.
- 보내는 곳과 받는 곳의 네트워크 상황을 진단하고 데이터그램을 전송하기에 최적 경로를 보내는 곳 호스트에게 통보한다.
- 라우터의 데이터 처리 속도에 비해 너무 빠른 데이터그램이 도착하거나 라우터에 혼잡이 발생할 경우, 이를 다른 시스템에 통보하여 새로운 통신 경로를 설정한다.

- ping 명령어와 traceroute 명령어가 ICMP에 해당한다.
- '데이터그램=패킷'으로 네트워크 계층에서 전송하는 데이터의 단위이다.

② ICMP의 헤더

Type(타입)	code(코드)	Checksum(체크섬)
Optional Data(추가 정보): Identifier(식별자), Sequence number(순서) 등		
메시지 내용		

- 첫 줄의 4바이트(타입, 코드, 체크섬) 구조는 모든 ICMP 메시지에서 동일하게 구성되나, 추가 정보를 포함한 그 이후의 메시지는 가변적이다.
- Type: 본 메시지가 ICMP 메시지 유형임을 표시한다.
- Code: ICMP 메시지 유형 중에서도 보다 상세한 유형 정보를 안내한다.
- Checksum: ICMP 전체 데이터그램 메시지에 대한 체크섬이다.

③ ICMP 메시지의 종류 ★ 꼭 암기하세요.

Type	Message
3	Destination unreachable
4	Source quench
5	Redirection
8 또는 0	Echo request or reply
11	Time exceeded
12	Parameter problem
13 또는 14	Timestamp request and reply

- **Destination Unreachable**
  - 송신자로부터 수신자까지 데이터를 보낼 때 라우터를 거쳐 전달되야 하는데, 이 과정에서 오류가 생겨 라우터가 데이터그램을 목적지에 보내지 못할 경우 보내는 메시지이다.

- **Source Quench**
  - 패킷 전송 시 속도를 조절하지 못해 회선에 혼잡이 발생함으로 인해 패킷이 손상되거나 정보가 유실되는 경우가 발생한다. 이를 방지하기 위해 패킷을 너무 빨리 보내는 송신자를 제지하기 위해 보내는 메시지이다.

- **Redirection**
  - 패킷 전송 시 더 나은 경로가 있을 경우 게이트웨이 단에서 라우팅 경로 수정을 요청하는 메시지이다.
  - Smurf 공격 등에서 회피 방안으로 사용한다.
- **Echo Request or Reply**
  - ICMP Echo Request: ICMP Echo Reply 패킷이라고도 하며, 두 메시지가 한 쌍으로 동작한다.
  - Ping 명령어를 통해 한 쪽이 Echo Request를 보내면 받은 쪽에서 Echo Reply로 회답하여 호스트의 존재를 확인한다.
  - Echo Reply 회답이 돌아오지 않을 경우 Request Timeout 에러가 발생한다.
- **Time Exceeded**
  - 목적지 호스트를 사용할 수 없거나 패킷이 존재할 수 있는 시간(TTL; Time to Live)을 초과하여 삭제되었을 때 보내는 메시지이다.
- **Parameter Problem**
  - IP 헤더 필드에 잘못된 정보가 있거나 에러가 발생한 경우 오류가 발생했음을 알리는 메시지이다.
- **Timestamp Request and Reply**
  - ICMP Echo Request: ICMP Echo Reply 쌍 패킷과 유사하되, 시간에 대한 정보가 추가된 메시지이다.

④ TTL(Time to Live)

- **데이터를 언제까지 살게 할 것인지 미리 정해두는 설정 값이다.**
- 라우터를 한 개씩 통과할 때마다 1씩 줄어들며, 시간의 경과에 따라서도 조금씩 감소한다.
- TTL 값이 0이 되면 게이트웨이가 중간에서 자동적으로 패킷을 폐기한다.
- 패킷이 설정된 시간 내에 도착하지 않을 경우 Time Exceeded 메시지를 보내 오류를 보고한다.
- TTL을 설정함으로써 ICMP 패킷이 무한으로 인터넷상에 돌아다니는 낭비를 막을 수 있다.

5) IGMP(Internet Group Management Protocol, 인터넷 그룹 관리 프로토콜) ★ 꼭 암기하세요.

① 개요

- 특정 그룹에게만 메시지를 전송하는 **멀티캐스트** 전송에서, **데이터를 전송받는 그룹의 사용자를 관리하는 프로토콜**이다.
- 어떤 그룹에 어떤 IP 주소가 포함되어있는지 정보를 라우터에 통보한다.
- 1:N 방식으로 특정 멀티캐스트 그룹에 메시지를 전송하며, 메시지 수신 여부를 알려준다.
- TTL이 제공된다.
- 멀티캐스트의 IP 주소는 IP Class D를 사용하며, 2진수로 표현된 32비트 IP 주소의 첫 4비트는 1110으로 시작한다.

② 데이터 전송 방식과 멀티캐스트

- 멀티캐스트는 통신 방식에 따른 분류에서 등장했던 개념이다.
- 유니캐스트(Unicast)가 1:1 전송 방식, 브로드캐스트(Broadcast)가 1:All 전송 방식인 것과 달리 **멀티캐스트(Multicast)는 1:N 방식으로 특정한 사용자들에게만 데이터를 전송한다.**
- 특정한 사용자들에게만 데이터를 전송하기 위하여 이들을 그룹에 등록시키고 관리해야 하는데, 이때 그룹에 등록된 사용자를 관리하는 프로토콜이 IGMP이다.

③ IGMP의 헤더(v2)

Type(타입)	Max Response Time (최대응답시간)	Checksum(체크섬)
Group Address(그룹 주소)		
메시지 내용		

- Type: IGMP의 메시지 타입을 나타낸다.
- Max Response Time: TTL과 유사한 개념으로, 멤버십 쿼리(Membership Query)에 대한 필요 응답 시간이다.
- Checksum: IGMP 전체 데이터그램 메시지에 대한 체크섬이다.
- Group Address: 멀티캐스팅을 위한 IP 주소로, IP CLASS-D에 해당한다.
- IGMP V1 헤더는 Version, Type, (unused), Checksum으로 구성된다.

6) ARP(Address Resolution Protocol, 주소 명확화 프로토콜) ★ 꼭 암기하세요.

① 개요

- **주소 변환 프로토콜**(IP Address → MAC Address)
- 네트워크 **IP 주소를 이용하여** 데이터링크 계층의 물리적인 주소인 **MAC 주소를 알아내는 프로토콜**이다.
- ARP Cache Table: IP 주소와 MAC 주소 간의 매칭 정보를 저장하고 있는 매핑 테이블이다.

② 주소 변환 및 확인 방법

- IP 프로토콜이 패킷 전송을 위해 ARP Cache Table을 조회하여 MAC 주소를 회신받지 못하면, ARP 프로토콜이 ARP Request를 전체 네트워크에 브로드캐스트로 보낸다.
- 해당 IP를 갖고 있는 인접한 컴퓨터가 ARP Request Packet을 수신하고, 자신의 MAC 주소를 보낸다(ARP Reply Packet).
- 이를 반복하면 인접 컴퓨터의 IP 주소와 MAC 주소가 ARP Cache Table 형태로 저장되고 다시 IP 프로토콜이 동작한다.
- 사용하는 O/S의 관리자 모드에서 arp(Linux) 혹은 arp -a(윈도우)를 실행하면 IP 주소와 하드웨어 주소를 확인할 수 있다.

```
인터페이스: 192.168.31.206 --- 0x3
  인터넷 주소            물리적 주소           유형
  192.168.31.1          f0-b4-29-5c-b0-99    동적
  192.168.31.255        ff-ff-ff-ff-ff-ff    정적
  224.0.0.22            01-00-5e-00-00-16    정적
  224.0.0.251           01-00-5e-00-00-fb    정적
  224.0.0.252           01-00-5e-00-00-fc    정적
  239.192.152.143       01-00-5e-40-98-8f    정적
  239.255.255.250       01-00-5e-7f-ff-fa    정적
  255.255.255.255       ff-ff-ff-ff-ff-ff    정적

C:\Users\admisiter>
```

③ ARP Spoofing(ARP 스푸핑)

- ARP를 악용한 네트워크 공격의 하나로, 데이터를 보내는 송신자가 수신자의 MAC 주소를 알아내기 위해 ARP Request Packet을 보내면, 당초 목적하는 수신자가 아닌 다른 사용자가 여기에 대신 응답하여 MAC 주소를 보낸 뒤 통신상 전송되는 데이터를 가로채는 것이다.
- 시스템에게는 본인이 목적 사용자인 척을 하고, 사용자에게는 본인이 목적 시스템인 척을 한다.

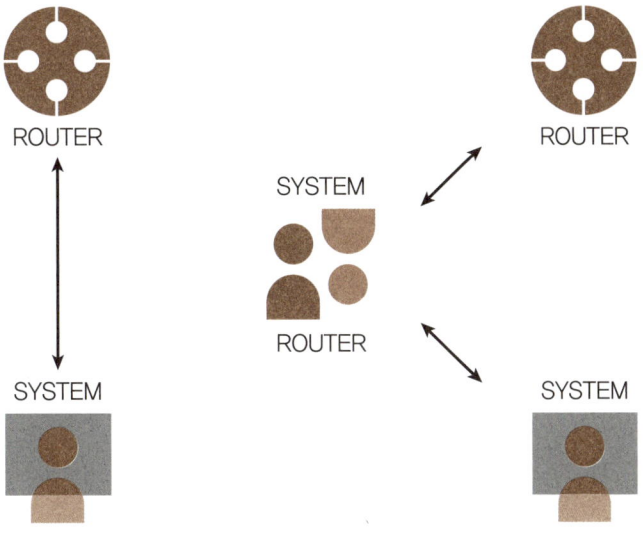

7) RARP(Reverse Address Resolution Protocol, 역 주소 명확화 프로토콜) ★꼭 암기하세요.

① 개요

- ARP와는 반대 방향으로 동작하는 주소 변환 프로토콜이다(MAC Address → IP Address).
- 물리적 주소인 **MAC 주소를 이용하여** 네트워크 계층의 **IP 주소를 알아내는 프로토콜**이다.

3-3 전송 계층의 프로토콜 ★꼭 암기하세요.

1) 전송 계층

- TCP 혹은 UDP 프로토콜을 이용해 송신자와 수신자를 논리적으로 연결하고 전송할 데이터의 흐름과 순서를 제어한다.
- 데이터의 분절, 에러 정정 등 전송을 보조한다.
- 신뢰성 있는 데이터 전송을 위해 TCP, UDP 프로토콜을 제공하며, TCP 프로토콜은 연결지향 방식을, UDP 프로토콜은 비연결성 방식을 사용한다.
- 세그먼트(Segment): 전송 계층에서의 데이터 전송 단위는 세그먼트로, 메시지에 TCP 혹은 UDP 헤더가 붙으면 세그먼트라고 부른다.

- TCP와 UDP의 대표적 차이 비교 ★ 꼭 암기하세요.

구분	TCP	UDP
주안점	신뢰성	실시간성, 속도
특징	1bit라도 놓치면 안되고, 100을 요청하면 100을 전부 다 받아야 한다.	데이터 로스가 발생하더라도 수신자에게 빠르게 데이터를 전송한다.
대표적인 서비스	**이메일, 프로그램 다운로드** - 데이터가 누락되면 첨부 파일 등이 깨지거나, 프로그램 실행이 안되므로, 신뢰성이 중요한 TCP를 통해 전송한다.	**인터넷 방송, 실시간 동영상** - 영상이 끊기는 등 데이터 누실이 발생해도 전체 흐름 파악에는 문제가 없으므로, 실시간성이 중요한 UDP를 통해 전송한다.
대표적인 서비스와 포트	FTP(20, 21), TELNET(23), HTTP(80), SMTP(25), POP2(109), POP3(110), IMAP(143) 등	SNMP(161, 162), DNS(53), TFTP(69), NETBIOS(137, 139) 등
세그먼트 전송 방법	송신자가 메시지를 전송하면 수신자는 ACK를 보냄으로써 수신했음을 알린다. ACK가 돌아오지 않거나, 같은 번호의 ACK가 반복된다면 이전 메시지를 수령하지 못한 것으로 간주하고, 못 받은 것으로 판단되는 메시지부터 다시 보낸다.	송신자는 메시지를 전송하고, 수신자의 수신 여부와는 상관없이 지속적으로 메시지를 보낸다. 1, 2, 3번 메시지를 보내다가 4번 메시지가 유실되어도 상관하지 않고, 뒤이어 5번 메시지를 보내는 식이다.

2) TCP(Transmission Control Protocol) ★ 꼭 암기하세요.

① 개요와 특징

- 네트워크 계층의 프로토콜로, 강력한 에러 제어 기능을 바탕으로 신뢰성 있는 데이터 전송, 흐름 제어 등의 기능을 수행한다.
- **연결지향형 프로토콜**로, 먼저 송수신자 간의 연결이 확인되면 메시지 송수신을 시작한다.
  - 송수신 가능 여부를 파악하는 것은 TCP/IP 프로토콜 내부의 ICMP 프로토콜이다.
- 주요 기능
  - **신뢰성 있는 데이터 송수신**, 순서 제어, 전이중통신(Full Duplex), 흐름 제어, 혼잡 제어 등

② 상태전이

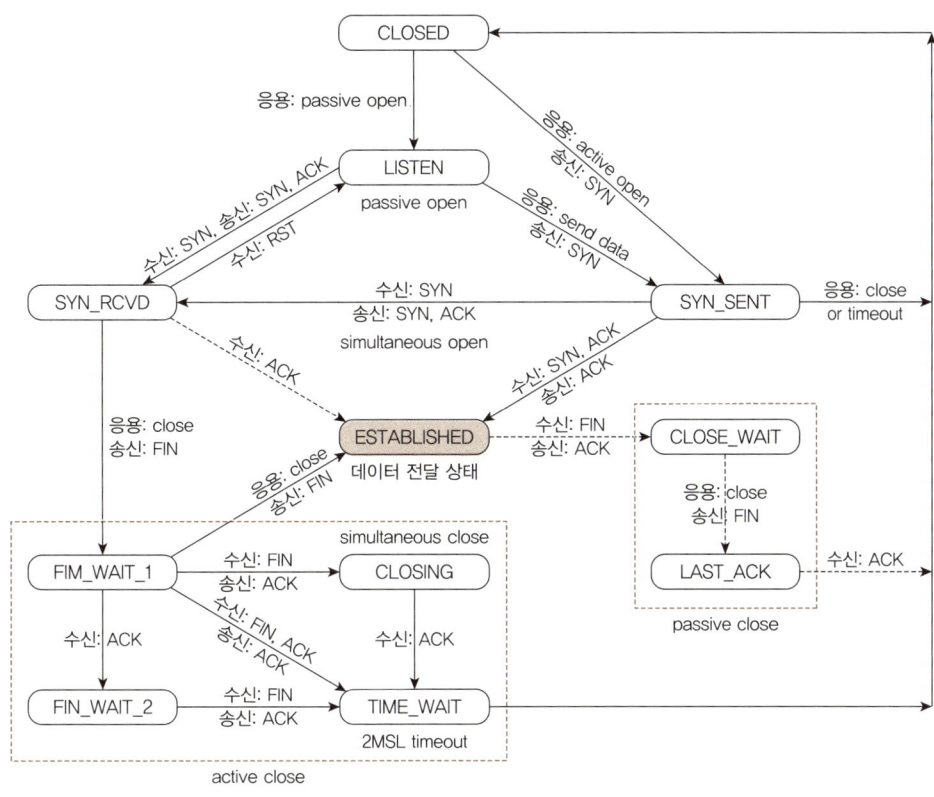

- TCP에서 가장 중요한 요소로, TCP의 연결 성립(Established) 단계부터 연결 요청, 종료까지의 상태 변화이다.
- 상태전이 과정의 신호 상세이다.

상태 구분	의미
LISTEN	서버가 포트를 개방하고 클라이언트의 연결 요청을 기다리는 상태(소식이 오는지 듣고 있음)
SYN-SENT	클라이언트가 포트를 열고 SYN(세그먼트)을 전송한 상태
SYN-RCVD	서버가 SYN(세그먼트)을 수신하였음을 확인하는 ACK를 보낸 상태
ESTABLISHED	서버와 클라이언트 간의 가상회선 연결이 완료되어 데이터 송수신이 가능해진 상태
FIN-WAIT-1	데이터 전송이 완료된 후 클라이언트가 가상회선 연결 종료를 신청하였으나 서버로부터 ACK를 받지 못한 상태
WAIT-CLOSE	클라이언트가 신청한 연결 종료 요청에 대하여 서버가 ACK를 보냈으나, 클라이언트가 종결 메시지(FIN)를 수신하지 못한 상태
FIN-WAIT-2	서버로부터 연결 종결 메시지(FIN)를 수신하여 최종 ACK를 기다리는 상태
LAST-ACK	FIN-WAIT-1단계에서 ACK가 수신되지 않은 상태(오류)

상태 구분	의미
CLOSING	회선 연결이 정상적으로 종료된 상태
TIME-WAIT	회선 연결이 정상적으로 종료되었다고 하더라도, 전송 속도가 느린 세그먼트를 기다리기 위해 일정 시간 동안 포트를 열어 둔 상태
UNKNOWN	상태 확인이 안 되는 상태

③ 흐름 제어

- 슬라이딩 윈도우
  - **클라이언트가 수신받을 수 있는 용량만큼만 서버가 데이터를 전송하는 방법이다.**
  - 신뢰성을 중시하는 TCP 프로토콜의 느린 전송 속도를 보완하여 클라이언트가 ACK를 보내지 않더라도 서버-클라이언트 간 미리 정해진 프레임 수(Window Size, 데이터가 나가는 윈도우의 크기)만큼을 연속적으로 전송한다.
  - 데이터가 전송되고 ACK가 수신될 때마다 전송이 확인된 패킷 이후의 패킷으로 윈도우의 범위를 이동(Sliding, 슬라이딩)하여 뒤이어 전송하기 때문에 '슬라이딩 윈도우'라 한다.

1. 송신 측에서는 1~5까지의 프레임 전송 가능

송신 측 윈도우

2. 데이터 1,2를 전송 후 데이터 3,4,5는 전송하지 않은 상태

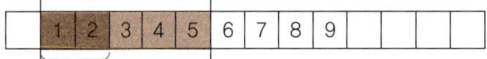

전송된 데이터

3. 데이터 1,2의 ACK 프레임 수신 후 ACK된 프레임만큼 윈도우 이동

전송된 데이터

④ 혼잡제어

- TCP Slow Start
  - **서버가 데이터를 보낼 때, 처음에는 최소 단위(1)로 보내다 점차 지수의 크기로 (2배씩) 증가된 단위로 늘려가며 데이터를 보내는 방식이다.**
  - 점차 단위를 올리다 클라이언트로부터 이전과 동일한 ACK가 오면 데이터 전송에 실패했음을 파악하고 송신 속도를 다시 최소 단위(1)로 낮춘다.
  - 이전 데이터 전송에 실패했던 임계 값에 이르게 되면 Congestion Avoidance를 시작하고, 전송 단위를 1/2로 낮추고 다시 올리는 것을 반복하여 최적 단위를 도출한다.

- **Congestion Avoidance**
  - 데이터 전송 단위가 지수적으로 증가하다 데이터 패킷 로스가 일어나는 임계 값에 도달하게 되면 전송이 증가되는 비율을 낮추어 선형적으로 증가하게 한다.

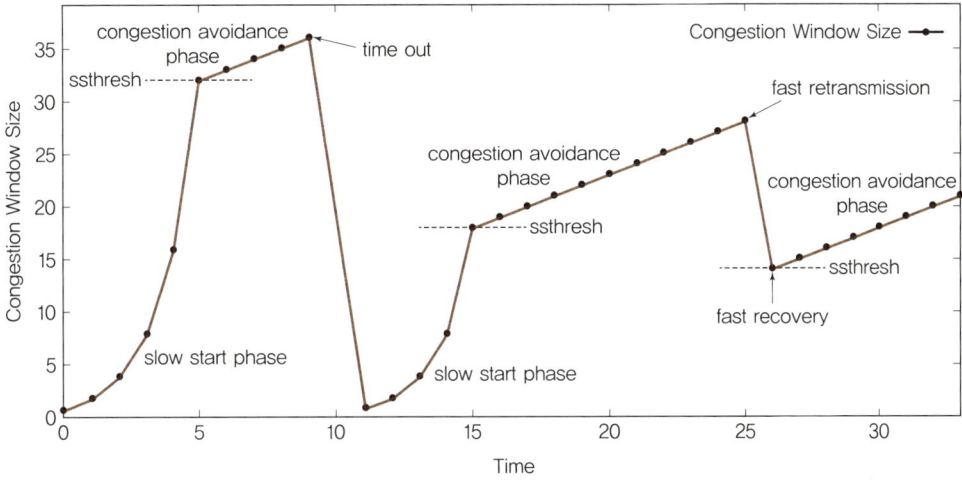

⑤ 헤더의 구조와 특징 ★ 꼭 암기하세요.

헤더 구성	정의 및 역할	
Source Port address	송신자의 포트 넘버	포트 넘버: TCP/IP 소켓 프로그래밍. 정보가 나가는 통로의 고유 숫자
Dest Port Address	수신자의 포트 넘버	
Sequence Number	메시지의 순서(전체 메시지 중 몇 번째 메시지인지)	
Acknowledgement Number	송신자로부터 받은 ACK 신호를 되돌려주면서 다음 번에 받을 패킷 넘버를 알려준다.	
Head Length	TCP 헤더의 크기	
Reserved	예약 필드	
URG	급한 메시지인지 여부	
ACK	ACK가 유효한지 여부	
PUSH	메시지를 PUSH해야 하는지 여부	
Retransmit	다시 보내기	
Synchronization	동기화	
Finish data	데이터 종료	
Window Size (Receive Window)	수신자의 윈도우 크기	
Checksum	에러 확인	
Urgent Data Pointer	급한 메시지의 위치 안내	

⑥ 주로 사용하는 포트의 개념과 특징 ★꼭 암기하세요.
- **FTP**: 20번, 21번: 파일 전송 및 제어
- **TELNET**: 23번: 터미널 에뮬레이션
- **SMTP**: 25번: 메일 메시지 전송 프로토콜
- **HTTP**: 80번: 웹 전송
- **NTP**: 123번: 네트워크 타임 프로토콜
- **BGP**: 179번: BGP 라우팅 프로토콜

3) UDP(User Datagram Protocol) ★꼭 암기하세요.

① 개요와 특징
- 네트워크 계층의 프로토콜로 **비연결성, 비신뢰성을 바탕으로 빠른 속도로 데이터를 전송**한다.
- 재전송 기능이 없어 송수신과정에서 패킷의 손실이 발생할 수 있다.
- 정보 누출 가능성이 있으나 프로토콜의 부하가 적어 데이터를 분산하여 전송할 때 많이 사용한다.
- 클라이언트의 수신 여부(ACK)를 확인하지 않으며, 체크섬만 계산한다.

② 헤더의 구조와 특징 ★꼭 암기하세요.

헤더 구성	정의 및 역할	
Source Port Address	송신자의 포트 넘버	포트 넘버: TCP/IP 소켓 프로그래밍. 정보가 나가는 통로의 고유 숫자
Dest Port Address	수신자의 포트 넘버	
Length	헤더를 포함한 UDP 데이터그램의 전체 크기	
Checksum	에러 확인	

③ 주로 사용하는 포트의 개념과 특징 ★꼭 암기하세요.
- **DNS**: 53번: 도메인 네임 응답
- **TFTP**: 69번: 중요도 낮은 파일 전송 프로토콜(Trivial File Transfer Protocol)
- **WINS**: 137번: NetBIOS Name Service
- **SNMP**: 161번: Simple Network Management Protocol(TCP 프로토콜의 25번 포트 SMTP와 헷갈리기 쉬우므로 주의하도록 하자)

> **이해를 돕는 설명**

TCP/UDP 통합 잘 알려진 포트(Well-known ports) 전체

- TCP/UDP 양 프로토콜에서 모두 동작하는 포트도 많음
- 보통 TCP 프로토콜에서 사용되는 포트가 아닌 것은? 이라는 식으로 자주 출제되며, 특히 TCP 프로토콜의 SMTP와 UDP 프로토콜의 SNMP가 헷갈리기 쉬워 선택지에 자주 함께 등장한다.
- 포트 넘버와 설명의 매칭 문제도 자주 나오므로, 위의 주요 사용 포트의 개념과 특징은 반드시 숙지하도록 한다(TCP/UDP 모두).

포트	TCP	UDP	설명
0		UDP	예약됨; 사용하지 않음
1	TCP		TCPMUX(TCP 포트 서비스 멀티플렉서)
7	TCP	UDP	**ECHO** 프로토콜
9	TCP	UDP	**DISCARD** 프로토콜
13	TCP	UDP	**DAYTIME** 프로토콜
17	TCP		**QOTD**(Quote of the DAY) 프로토콜
19	TCP	UDP	**CHARGEN**(Character Generator) 프로토콜 - 원격 오류 수정
20	TCP		**FTP**(파일 전송 프로토콜) - 데이터 포트
21	TCP		**FTP** - 제어 포트
22	TCP		**SSH**(Secure Shell) - ssh, scp, sftp 같은 프로토콜 및 포트 포워딩
23	TCP		**텔넷** 프로토콜 - 암호화되지 않은 텍스트 통신
24	TCP		개인메일 시스템
25	TCP		**SMTP**(Simple Mail Transfer Protocol) - 이메일 전송에 사용
37	TCP	UDP	**TIME** 프로토콜
49		UDP	**TACACS** 프로토콜
53	TCP	UDP	**DNS**(Domain Name System)
67		UDP	**BOOTP**(부트스트랩 프로토콜) 서버, DHCP로도 사용
68		UDP	**BOOTP**(부트스트랩 프로토콜) 클라이언트, DHCP로도 사용
69		UDP	**TFTP**
70	TCP		고퍼 프로토콜
79	TCP		**Finger** 프로토콜
80	TCP	UDP	**HTTP**(HyperText Transfer Protocol) - 웹페이지 전송
88	TCP		**케베로스**(kerberos) - 인증 에이전트
109	TCP		**POP2**(Post Office Protocol version 2) - 전자우편 가져오기에 사용
110	TCP		**POP3**(Post Office Protocol version 3) - 전자우편 가져오기에 사용
111	TCP	UDP	**RPC**(Remote Procedure Call)
113	TCP		**ident** - 예전 서버 인증 시스템, 현재는 IRC 서버에서 사용자 인증에 사용
119	TCP		**NNTP**(Network News Transfer Protocol) - 뉴스 그룹 메시지 가져오기에 사용

포트	TCP	UDP	설명
123		UDP	NTP(Network Time Protocol) - 시간 동기화
139	TCP		넷바이오스
143	TCP		IMAP4(인터넷 메시지 접근 프로토콜 4) - 이메일 가져오기에 사용
161		UDP	**SNMP**(Simple Network Management Protocol) -Agent 포트
162		UDP	**SNMP** - Manager 포트
179	TCP		BGP(Border Gateway Protocol)
194	TCP		IRC(Internet Relay Chat)
389	TCP		LDAP(Lightweight Directory Access Protocol)
443	TCP		**HTTPS** - SSL 위의 HTTP(암호화 전송)
445	TCP	UDP	Microsoft-DS(액티브 디렉터리, 윈도우 공유 등
445			Microsoft-DS SMB 파일 공유
465	TCP		SSL 위의 SMTP - Cisco 프로토콜과 충돌
514		UDP	syslog 프로토콜 - 시스템 로그 작성
515	TCP		LPD 프로토콜 - 라인 프린터 데몬 서비스
540	TCP		UUCP(Unix-to-Unix Copy Protocol)
542	TCP	UDP	상용
587	TCP		Email message submission (**SMTP**) (RFC 2476)
591	TCP		파일메이커 6.0 Web Sharing (HTTP Alternate, see port 80)
636	TCP		SSL 위의 LDAP(암호화된 전송)
666	TCP		id 소프트웨어의 둠 멀티플레이어 게임
873	TCP		rsync 파일 동기화 프로토콜
981	TCP		SofaWare Technologies Checkpoint Firewall-1 소프트웨어 내장 방화벽의 원격 HTTPS 관리
990	TCP		SSL 위의 FTP(암호화 전송)
992	TCP		SSL 위의 Telnet(암호화 전송)
993	TCP		SSL 위의 IMAP4(암호화 전송)
995	TCP		SSL 위의 POP3(암호화 전송)

CHAPTER 4

TCP/IP 계층의 응용 프로토콜

TCP/IP의 4계층 중 애플리케이션 계층에서 사용되는 응용 프로토콜들에 대하여 학습한다. 각 응용 프로토콜의 주요 기능에 대한 문제는 매년 빠짐없이 나오는 문제이므로 프로토콜의 이름과 역할만은 반드시 숙지하도록 한다.

4-1 응용 프로토콜

1) Telnet과 SSH ★ 꼭 암기하세요.

① **Telnet(Tele-Network, 텔넷)**

- **사용자가 원격 장치와 통신할 수 있도록 하는 원격 프로토콜**로, Telecommunication Network(원격통신 네트워크), Terminal Network(터미널 네트워크), 혹은 Teletype Network(텔레타입 네트워크)의 약어이다.
- TCP/IP 프로토콜의 응용 프로토콜로 23번 포트를 사용한다.
- 멀리 떨어진 터미널의 메인 프레임 컴퓨터를 관리하기 위한 원격 제어 목적으로 개발한다.
- 텍스트 기반 컴퓨터 프로토콜이므로 GUI(Graphic User Interface, 그래픽 사용자 인터페이스)는 지원하지 않는다.
- Telnet의 주요 기능은 다음과 같다.
    - 원격 시스템 제어를 위한 가상 네트워크 터미널을 결정한다.
    - 클라이언트와 서버가 데이터를 송수신 할 수 있는 메커니즘을 포함한다.
    - 임의의 프로그램이 클라이언트가 되거나, 클라이언트나 서버 어느 한쪽이 데이터 송수신 옵션을 변경할 수 있다(예 Telnet의 기본 포트인 23번이 아닌 다른 포트 넘버를 사용하도록 변경할 수 있음).
- 보안이 취약하여 스니핑 등 공격에 무방비하므로 Telnet 대신 SSH 사용이 일반화되었다.

② **SSH(Secure Shell)**

- **보안되지 않은 네트워크를 통해 서버나 클라이언트 측 컴퓨터와 안전하게 데이터를 송수신 할 수 있게 하는 네트워크 프로토콜이다.**

- TCP/IP 프로토콜의 응용 프로토콜로 22번 포트를 사용한다.
- 강력한 암호화 및 인증 시스템으로 통신 보안성을 높인다.
- Putty 프로그램을 통해 SSH로 연결한다.
- Telnet과 달리 강력한 암호화 알고리즘에 따라 암호화하는데, 이때 클라이언트와 서버가 서로 동의한 대칭 암호화 알고리즘에 의해 암호화 키를 생성한다.
- SSH 프로토콜의 일반적인 사용 사례
  - 사용자 및 자동화된 프로세스에 대한 보안 연결 제공
  - 대화형 및 자동화된 파일 전송
  - 원격 명령 실행
  - 네트워크 인프라 및 기타 주요 시스템 구성 요소를 관리

③ Telnet과 SSH의 차이점

- 두 프로토콜 모두 원격 제어 목적으로 사용하는 프로토콜이나 Telnet은 과거에 사용하던 방식인 반면 **SSH는 Telnet을 대체하며 보안 면에서 향상되었다.**
- 텔넷은 암호를 포함한 모든 데이터를 일반 텍스트 형식으로 전송하므로 네트워크의 모든 사용자가 스니핑 등의 공격으로 쉽게 네트워크에 접근하여 데이터를 가로챌 수 있다.
- SSH는 모든 전송 계층에서 송수신되는 데이터를 암호화하여 보안 침해의 가능성을 줄이고 도청, 중간자 공격 및 의도치 않은 데이터의 침입 공격에 대응할 수 있다.

2) FTP(File Transfer Protocol) ★ 꼭 암기하세요.

① 개요

- 네트워크상 서버와 클라이언트 간의 **파일(File) 전송(Transfer)을 위한 프로토콜(Protocol)이다.**
- TCP/IP 프로토콜의 응용 프로토콜로 20번, 21번 포트를 사용한다.
- FTP서버에 접속하기 위한 연결 제어 포트 넘버는 21번이며, 데이터 송수신을 위한 포트 넘버는 20번이나, 전송 모드에 따라 Active Mode(액티브 모드)일 때에는 20번 포트를 그대로 사용하고, Passive Mode(패시브 모드)일 때는 서버가 지정한 포트를 통해 데이터를 주고받는다.
- 제어 포트와 데이터 포트는 각각 독립적으로 작동한다.
- 클라이언트가 제어 포트를 통해 서버에게 파일 전송을 요청하면 서버는 데이터 포트를 통해 클라이언트에게 데이터를 전송한다.

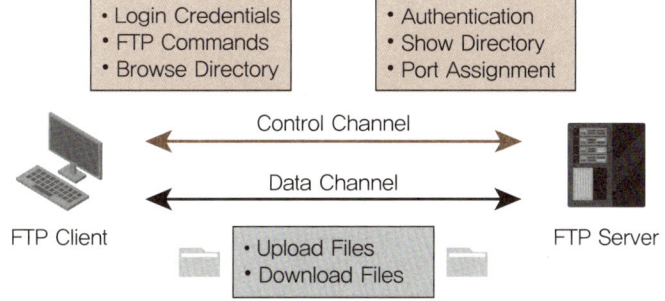

FTP 포트의 종류와 역할

• 제어 포트(21번)
  – 클라이언트 측 역할: 로그인 정보 저장, FTP 명령, 브라우징 디렉터리 저장
  – 서버 측 역할: 보안 및 인증, 디렉터리 제공, 포트 지정
• 데이터 포트(제어 포트에 의해 지정)
  – 클라이언트 및 서버 양측에서의 역할: 데이터 업로드 및 다운로드

- FTP의 종류

구분	특징
FTP	• TCP 프로토콜 상에서 20번 및 21번 포트를 사용 • 로그인 정보(ID, Password)를 통해 인증을 거쳐 데이터를 송수신
TFTP	• UDP 프로토콜 상에서 69번 포트를 사용 • 로그인 및 인증 과정 없이 빠르게 데이터를 송수신
SFTP	• TCP 프로토콜 상에서 보안이 강화된 프로토콜인 SSH 프로토콜 및 22번 포트를 사용 • 암호화된 데이터를 전송

② Active Mode와 Passive Mode

구분	Active Mode (액티브 모드, 능동적 모드)	Passive Mode (패시브 모드, 수동적 모드)
정의	클라이언트가 **능동적**으로 "이쪽 포트로 데이터를 받을게"라고 **데이터 송수신 포트를 지정**하는 모드	클라이언트가 수동적으로 **서버가 포트 넘버와 데이터를 보내주길 기다리는 모드**
접속 방법	① 클라이언트는 임의의 포트 N 상의 서버와의 연결에서 들어오는 데이터를 받을 수 있도록 FTP 21번 포트로 요청을 보냄 ② 클라이언트는 서버 접속과 동시에 데이터를 수신할 임의의 포트 넘버 N2를 서버에 알려줌 ③ 이후 서버는 FTP 데이터 포트인 20번 포트를 통해 클라이언트가 알려준 데이터 수신용 포트인 N2번 포트로 데이터를 전송	① 클라이언트는 제어 포트인 21번 포트로 요청을 보냄 ② 서버 쪽에서는 클라이언트의 요청에 응답함과 동시에 서버 쪽에서 데이터를 보낼 임의의 포트 넘버 M을 클라이언트에 알려줌 ③ 클라이언트는 데이터 전송에 사용할 또 다른 포트인 M2번 포트를 사용하여 서버가 알려준 M번 포트에 접속, 데이터 수신

- 일반적인 FTP 클라이언트 프로그램은 Active Mode로 동작하나, 웹 브라우저상의 FTP는 보안 문제로 인해 Passive Mode가 기본으로 설정되어 있다.
- 클라이언트가 방화벽 뒤에 있어 TCP 연결을 수신 및 수락할 수 없는 상황에서는 Passive Mode를 사용한다.

3) HTTP(Hyper-Text Transfer Protocol) ★ 꼭 암기하세요.

① 개요
- **인터넷-WWW(World Wide Web) 상에서 웹 서버와 사용자(클라이언트, 컴퓨터) 간의 정보 교환과 통신을 위한 프로토콜이다.**
- TCP/IP 프로토콜의 응용 프로토콜로 80번 포트를 사용한다.
- 개방형 구조로 메시지의 송수신 내역이 공개되어 있으며, TCP 프로토콜을 통해 데이터의 신뢰성은 있으나 외부로부터의 원하지 않는 링크를 통제하기는 어렵다.
- 프로토콜의 특성상 로그인과 세션 개념을 생성할 수 없으며, 이를 보완하기 위해 쿠키(Cookie)를 개발하여 방문자의 방문 이력이나 이전 연결 정보를 확인할 수 있다.

② HTTP 연결 방법
- 클라이언트가 웹 브라우저에서 URL을 입력하여 서버에 연결한다.
- 웹 브라우저는 클라이언트의 요청에 따라 Request를 생성하고, 생성한 Request를 내보낸다.
- 서버는 웹 브라우저의 Request를 분석한 후 Response를 보내면 클라이언트는 접속을 끊는다.

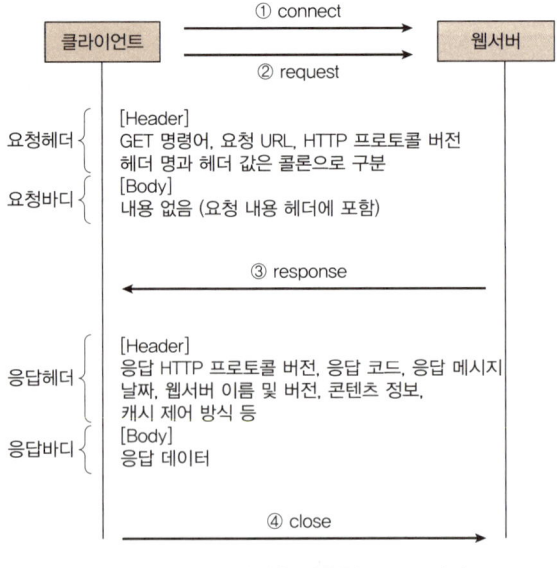

▲ GET 방식을 이용한 HTTP 연결

4) DNS(Domain Name Server) ★ 꼭 암기하세요.

① 개요

- 인터넷상에서 **문자로 구성된 도메인 이름이나 컴퓨터의 이름을 IP 주소로 변경하는 시스템**이다.
- 예를 들어 www.abc.com이라는 도메인 이름의 IP 주소를 알려주는 서비스로, 사람이 이해하고 기억하기 쉬운 주소는 문자로 구성된 도메인 이름인 반면, 네트워크가 다루기 쉬운 주소는 숫자로 구성된 IP 주소이기 때문에, 이 두 종류의 주소를 원활하게 변환하고 활용성을 높이기 위해 고안되었다.
- 최종 사용자가 도메인 이름을 입력하면, 해당 사용자를 어떤 서버로 연결하여 이동시킬 것인지를 제어하는데, 이 요청을 Query(쿼리)라고 부른다.
- **nslookup**이라는 명령어를 통해 간단하게 확인해볼 수 있다.

Nslookup을 통한 DNS 확인

```
Microsoft Windows [Version 10.0.18362.1016]
(c) 2019 Microsoft Corporation. All rights reserved.

C:\Users\Serish>nslookup
기본 서버:  XiaoQiang
Address:  192.168.31.1

> naver.com
서버:    XiaoQiang
Address:  192.168.31.1

권한 없는 응답:
이름:    naver.com
Addresses:  210.89.160.88
          125.209.222.141
          210.89.164.90
          125.209.222.142

> google.com
서버:    XiaoQiang
Address:  192.168.31.1

권한 없는 응답:
이름:    google.com
Addresses:  2404:6800:4004:812::200e
          216.58.220.142
```

- nslookup을 통해 본인이 www.google.com과 www.naver.com의 도메인 주소를 입력한 뒤 IP 주소를 응답받는 모습
- nslookup 명령어 안으로 들어가서 naver.com과 google.com이라는 도메인 주소를 입력하면 도메인 주소와 매칭되는 IP 주소값을 확인할 수 있다.
- Addresses 뒤로 나오는 주소가 IP 주소다.
- www.google.com의 경우는 IPv6 주소와 IPv4 주소가 함께 기재되어 있다.
- www.naver.com의 경우는 총 4개의 IPv4 주소가 확인되는데, 이를 통해 네이버는 총 4개의 IP를 통해 웹 서비스를 분산 운영하고 있다는 점을 알 수 있다.

② 도메인 주소의 구조
- 인터넷 도메인 주소는 점으로 구분하며, 오른쪽으로 갈수록 도메인의 레벨이 올라간다.
- 모든 도메인의 근본이 되는 Root Level Domain, 국가나 기관의 종류를 나타내는 Top Level Domain, 사용자가 지정한 도메인의 이름에 해당하는 Second Level Domain으로 구성된다.

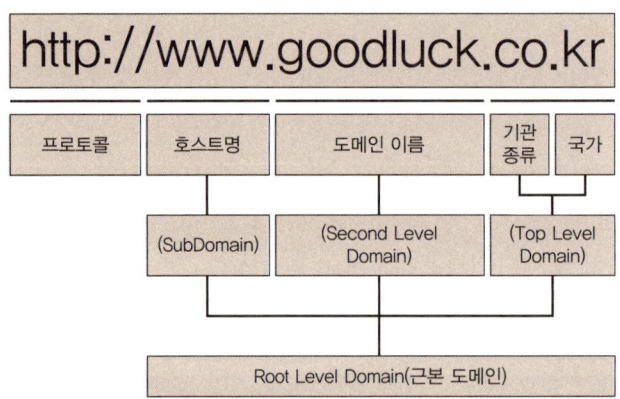

5) SMTP, POP 및 IMAP ★ 꼭 암기하세요.

① SMTP(Simple Mail Transfer Protocol)
- **인터넷 전자우편 표준 프로토콜이다.**
- TCP/IP 프로토콜의 응용 프로토콜로 25번 포트를 사용한다.
- **메일을 보낼 때 사용하는 프로토콜**로, 메일 박스에 메시지를 저장했다가 수신자의 이메일 주소에 가장 근접한 서버까지의 경로를 찾아 연속적으로 메일을 전달한다.
- 계정명과 도메인명이 @로 연결(username@goodmail.com)

② POP3(Post Office Protocol 3)
- **인터넷 전자우편 표준 프로토콜이다.**
- TCP/IP 프로토콜의 응용 프로토콜로 110번 포트를 사용한다.
- SMTP가 메일을 보내는 프로토콜이라면, **POP3는 저장된 메일을 내려받는 프로토콜**이다.
- 구현이 쉽고 많은 클라이언트에서 사용할 수 있는 반면, 서버로부터 자신의 컴퓨터로 메일을 가져와 읽은 이후 메일 서버에서 해당 메일을 삭제하기 때문에 서버에서는 더 이상 메일 확인이 불가능하다.

③ IMAP/IMAP3
- **인터넷 전자우편 표준 프로토콜**이다.
- TCP/IP 프로토콜의 응용 프로토콜로 143번 포트를 사용한다.
- POP3과 마찬가지로 **메일을 내려받는 프로토콜**이다.
- POP3과는 달리 서버로부터 메일을 내려받아도 서버에 메일이 그대로 남아있지만, 그만큼 서버 트래픽이 많이 사용된다.
- 보낸 편지함/받은 편지함 등 메일을 분류하여 관리할 수도 있어 일반 사용자 입장에서는 사용성 및 관리가 편리하다.

6) SNMP(Simple Network Management Protocol) ★ 꼭 암기하세요.

① 개요
- 주로 **대형 네트워크에서 운영되는 네트워크의 장치 및 동작을 감시하기 위해 장애, 통계, 상태 정보 등을 수집 분석하는 프로토콜**이다.
- UDP 프로토콜의 응용 프로토콜로 161번 포트를 사용한다.

② SNMP의 동작
- 감시하는 관리자 컴퓨터에 깔리는 관리 시스템을 SNMP Manager, 감시당하는 개별 컴퓨터상에 깔리는 감시 요소를 SNMP Agent라 칭한다.
- 모든 네트워크 장비는 공장에서 만들어질 때부터 SNMP Agent가 설치된 채로 출고된다.
- 관리자의 PC에 NMS를 설치하면 SNMP 프로토콜을 이용하여 네트워크 내의 장비들을 효과적으로 관리할 수 있다.
  - NMS(Network Management System): SNMP 프로토콜을 이용하여 네트워크 정보를 수집하는 시스템이다.
- SNMP 통신을 위해서는 Manager와 Agent 모두의 IP 주소가 필요하다.

SIMPLE NETWORK MANAGEMENT PROTOCOL

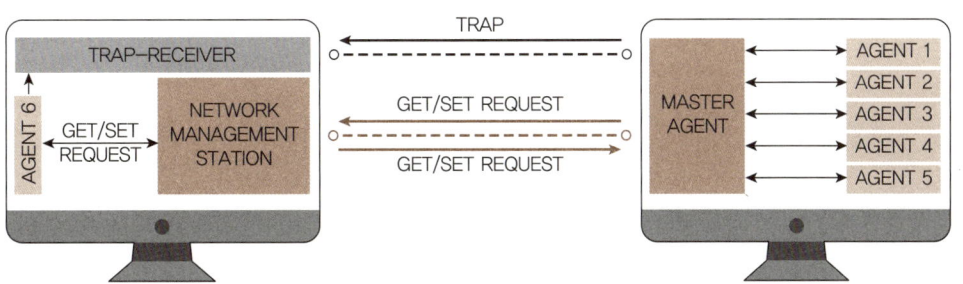

7) DHCP(Dynamic Host Configuration Protocol) ★꼭 암기하세요.

① 개요

- **동적으로 IP 주소를 관리하거나 할당하는 프로토콜이다.**
- UDP 프로토콜의 응용 프로토콜로 67번 포트를 사용한다.
- RARP(Reverse Address Resolution Protocol)을 대체하여 특정 네트워크 내부의 클라이언트 주소(IP 주소, 서브넷 마스크, 게이트웨이 주소) 등을 미리 고정하지 않고, 네트워크에 처음 접속할 때 동적으로 할당한다.
- 주로 기업 내의 IP 주소를 관리하기 위해 사용한다.

② DHCP의 동작

순서	동작의 주체	동작 내용
1	클라이언트	클라이언트가 DHCP Discove 메시지를 모든 네트워크에 브로드캐스팅하여 서버를 검색한다.
2	DHCP 서버	서버는 자신의 IP 주소를 알려주고 클라이언트에게 임의의 IP 주소를 제공할 수 있다는 메시지를 모든 클라이언트에게 브로드캐스팅한다.
3	클라이언트	클라이언트는 IP 주소를 요청한다는 메시지를 브로드캐스팅한다. 이때 서브넷에 있는 서버 PC에게 요청이 전달된다.
4	DHCP 서버	서버는 클라이언트에게 임시 IP 주소를 할당한다. 이때 임대 기간을 명시해둔다. 클라이언트에게 할당된 IP 주소는 클라이언트에게 유니캐스트될 수도, 네트워크 전체에 브로드캐스트될 수도 있다.

2과목 적중예상문제

01 다음 설명에 해당하는 것은?

> ① 정보가 전달될 수 있도록 송/수신을 확인하는 계층이다.
> ② 네트워크 계층에서 붙인 IP 헤더를 통해 MAC Address를 구해 송/수신자의 주소를 확인한다.
> ③ 오류 검출과 흐름 제어를 통해 정보가 안전하게 전송되게 한다.
> ④ 전송 단위는 프레임(Frame)이다.
> ⑤ 주요 장비는 브리지와 스위치 등이다.

① Physical Layer
② Data Link Layer
③ Transfer Layer
④ Presentation Layer

● 해설
OSI 7 계층 중 두 번째 계층인 데이터링크 계층에 관한 설명이다.

02 다음 설명에 해당하는 것은?

> • 모든 네트워크 장비의 고유번호
> • NIC(Network Interface Controller)에 부여되는 고유한 식별부호로, 네트워크 세그먼트 통신상의 네트워크 주소로 활용한다.
> • 이더넷, 와이파이, 블루투스 등 IEEE 802 표준을 따르는 대부분의 통신기술상에서 보편적으로 활용된다.

① IP Address ② MAC Address
③ DNS Cache ④ Open Key

● 해설
MAC 주소에 대한 설명이다.

03 다음 중 전송 계층에 대한 설명이 아닌 것은?

① 송신자와 수신자 프로세스 간의 논리적 연결(Logical Connection)을 담당하는 계층이다.
② 세션 계층에서 사용 가능한 데이터에 오류가 없는지 검출한다.
③ 주요 사용 프로토콜은 TCP, UDP, SCTP 등이다.
④ 토큰을 통해 독립적이고 배타적인 통신을 할 수 있다.

● 해설
④는 세션 계층에 대한 설명이다.

04 다음 중 OSI 7 계층과 관련 개념이 틀리게 연결된 것은?

① 데이터링크 계층 - 데이터 단위 - 프레임
② 물리 계층 - 주요 장비 - 리피터
③ 전송 계층 - 주요 프로토콜 - IP
④ 애플리케이션 계층 - 주요 프로토콜 - SMTP

정답 01. ② 02. ② 03. ④ 04. ③

> **해설**

IP는 네트워크 계층의 프로토콜이다.

05 다음 중 TCP/IP 4 계층 중 애플리케이션 계층에 해당하는 OSI 7 계층이 아닌 계층은?

① 세션 계층
② 애플리케이션 계층
③ 표현 계층
④ 전송 계층

> **해설**

OSI 7 계층의 전송 계층은 TCP/IP 전송 계층에 해당한다.

06 통과하는 라우터의 수가 적어 거리가 짧은 순으로 경로를 설정하는 라우팅 프로토콜이 아닌 것은?

① RIP   ② IGRP
③ OSPF ④ EIGRP

> **해설**

OSPF는 라우터 간의 Link의 상태에 따라 비용이 적게 드는 쪽으로 경로를 설정하는 Link State 기반의 라우팅 프로토콜이다.

07 UDP 헤더에 대한 설명으로 옳은 것은?

① Source Port Address – 수신자의 포트 넘버
② Destination Port Address – 송신자의 포트 넘버
③ Length – 데이터의 길이
④ Checksum – 에러 확인

> **해설**

①과 ②는 헤더와 설명이 서로 뒤바뀌었다. ③ Length는 데이터와 헤더의 길이를 합한 데이터그램의 총 길이이다.

08 IGMP에 대한 설명 중 올바른 것은?

① 그룹에게 멀티캐스팅으로 데이터를 전송할 때 사용된다.
② TCP/IP 프로토콜의 IP에서 접속없이 데이터의 전송을 수행하는 기능을 규정한다.
③ 네트워크의 구성원에 패킷을 보내기 위한 하드웨어 주소를 정한다.
④ IP에서의 오류(Error) 제어를 위하여 사용되며, 시작지 호스트의 라우팅 실패를 보고한다.

> **해설**

IGMP(Internet Group Management Protocol)는 멀티캐스트를 관리하여 그룹에게 메시지를 보내기 위한 목적으로 개발된 프로토콜이다.

09 TCP의 프로토콜 이름과 일반 사용(Well-Known) 포트 연결로 옳은 것은?

① SMTP : 23
② HTTP : 443
③ POP3 : 110
④ FTP-Data : 119

> **해설**

시험에 자주 나오는 웰노운(Well-known) 포트
FTP-Data(20), FTP(21), SSH(22), Telnet(23), SMTP(25), DNS(53), HTTP(80), POP3(110), NNTP(119), SNMP(161), HTTPS(443)

정답 05. ④ 06. ③ 07. ④ 08. ① 09. ③

10 IPv4에서 IPv6로 바뀌며 개선된 기대효과가 아닌 것은?

① IPv4에 비해 더 많은 호스트를 사용할 수 있다.
② 옵션을 이용하여 효율적이고 다양한 서비스가 가능하며 보안 기능이 추가되었다.
③ 라우터의 부담을 줄이고 네트워크 부하를 분산시킬 수 있다.
④ 브로드캐스트 기능이 강화되었다.

● 해설
IPv6는 유니캐스트, 애니캐스트, 멀티캐스트로 나뉘며, IPv4에 있던 브로드캐스트는 없다.

11 IP Address 중 Class가 다른 주소는?

① 191.235.47.30   ② 128.128.105.5
③ 169.146.58.6   ④ 195.204.26.35

● 해설
- CLASS A : 0.0.0.0~127.255.255.255
- CLASS B : 128.0.0.0~191.255.255.255
- CLASS C : 192.0.0.0~223.255.255.255
- CLASS D : 224.0.0.0~239.255.255.25
- CLASS E : 240.0.0.0~255.255.255.255

상기 선택지 중 ④번만 CLASS C이며, 나머지는 전부 CLASS B이다.

12 C Class 네트워크에서 7개의 서브넷이 필요하다고 할 때 가장 적당한 서브넷 마스크는?

① 255.255.255.0
② 255.255.255.192
③ 255.255.255.224
④ 255.255.255.240

● 해설
- ①은 마지막 자리가 0이므로 총 네트워크의 개수는 1개, 각 네트워크당 호스트의 수는 256개인 서브네팅을 하지 않은 하나의 C클래스 네트워크이며, 조건을 만족하지 않는다.
- ②는 마지막 자리 192(11000000) = $128(2^7)$ + $64(2^6)$이므로 총 네트워크의 개수는 4개, 각 네트워크당 호스트의 수는 64개로 조건을 만족하지 않는다.
- ③은 마지막 자리 224(11100000) = $128(2^7)$ + $64(2^6)$ + $32(2^5)$이므로 총 네트워크의 개수는 8개, 각 네트워크당 호스트의 수는 32개로 조건을 만족한다.
- ④는 (라)의 마지막 자리 240(11110000) = $128(2^7)$ + $4(2^6)$ + $32(2^5)$ + $16(2^4)$이므로 총 네트워크의 개수는 16개, 각 네트워크당 호스트의 수는 16개로 조건을 초과한다.

13 TCP에 대한 설명으로 옳은 것은?

① 비접속형 서비스를 제공하는 프로토콜이다.
② 사용자 데이터를 데이터그램에 담아서 전송한다.
③ 헤더의 크기는 8byte이다.
④ 신뢰성을 우선시한다.

● 해설
TCP는 신뢰성을 우선시하는 전송 프로토콜이다.

14 IP 패킷은 네트워크 유형에 따라 전송량에 있어 차이가 나기 때문에 적당한 크기로 분할하게 된다. 이때 기준이 되는 것은?

① TOS(Type of Service)
② MTU(Maximum Transmission Unit)
③ TTL(Time-To-Live)
④ Priority

정답 10. ④ 11. ④ 12. ③ 13. ④ 14. ②

> **해설**
>
> 패킷의 MTU(Maximum Transmission Unit)는 말 그대로 통과 가능한 유닛의 최대 크기를 의미한다. Priority는 IPv6에서 혼잡 상황 시 우선순위에 따라 데이터그램을 버려야 할 경우 참조하는 필드이다.

15 RARP에 대한 설명 중 올바른 것은?

① TCP/IP 프로토콜에서 데이터의 전송 서비스를 규정한다.
② TCP/IP 프로토콜의 IP에서 접속 없이 데이터의 전송을 수행하는 기능을 규정한다.
③ 하드웨어 주소를 IP Address로 변환하기 위해서 사용한다.
④ IP에서의 오류(Error) 제어를 위하여 사용되며, 시작지 호스트의 라우팅 실패를 보고한다.

> **해설**
>
> ARP가 IP 주소를 하드웨어 주소(MAC 주소)로 변환하는 프로토콜인 반면, RAPR은 반대로 MAC 주소를 IP 주소로 변환하는 프로토콜이다.

16 DNS에서 사용될 때 TTL(Time to Live)의 설명으로 올바른 것은?

① 패킷이 DNS 서버 존으로부터 나오기 전에 현재 남은 시간이다.
② 패킷이 DNS 서버 네임서버 레코드로부터 나오기 전에 현재 남은 시간이다.
③ 데이터가 DNS 서버 존으로부터 나오기 전에 현재 남은 시간이다.
④ 데이터가 DNS 서버 캐시로부터 나오기 전에 현재 남은 시간이다.

> **해설**
>
> DNS에서의 TTL은 데이터가 DNS 서버 캐시로부터 나오기 전에 현재 남은 시간을 의미한다.

17 응용 계층 수준에서 보안 기능을 제공하는 프로토콜은?

① SSH
② TLS
③ IPSec
④ CA

> **해설**
>
> SSH(Secure Shell) : 응용 계층에 속하는 보안 프로토콜이다. 네트워크상의 다른 디바이스에 접속하거나 원격 명령을 실행할 때 압축 및 암호화 인증 기능을 수행한다.

18 IPv6 헤더 형식에서 네트워크 내에서 데이터그램의 생존 기간과 관련되는 필드는?

① Hop Limit
② Priority
③ Next Header
④ Version

> **해설**
>
> Ipv6의 Hop Limit는 IPv4의 TTL(Time To Live)과 동일한 기능을 가지는 필드로, 데이터그램의 생존 기간을 나타낸다.

19 TCP/IP 계층 중 다른 계층에서 동작하는 프로토콜은?

① IP
② ICMP
③ UDP
④ IGMP

> **해설**
>
> UDP는 전송 계층의 프로토콜이다. IP, ICMP, IGMP는 모두 네트워크 계층에서 작동하는 프로토콜이다.

정답 15. ③ 16. ④ 17. ① 18. ① 19. ③

20 IGMP에 대한 설명 중 올바른 것은?

① 시작지 호스트에서 여러 목적지 호스트로 데이터를 전송할 때 사용된다.
② TCP/IP 프로토콜의 IP에서 접속 없이 데이터의 전송을 수행하는 기능을 규정한다.
③ 네트워크의 구성원에 패킷을 보내기 위한 하드웨어 주소를 정한다.
④ IP에서의 오류(Error) 제어를 위하여 사용되며, 시작지 호스트의 라우팅 실패를 보고한다.

● 해설

①은 IGMP에 대한 설명이다.

21 서브넷 마스크(Subnet Mask)에 대한 설명 중 올바른 것은?

① IP Address에서 Network Address와 Host Address를 구분하는 기능을 수행한다.
② 하나의 Network를 여러 개의 Network로 나눌 수 없다.
③ IP Address는 효율적으로 관리하나 트래픽 관리 및 제어가 어렵다.
④ 불필요한 브로드캐스트 메시지를 제한할 수 없다.

● 해설

서브넷 마스크는 IP Address에서 네트워크 Address와 호스트 Address를 구분하는 기능을 수행한다. 하나의 Address를 여러 개의 네트워크 Address로 분리하는 작업이며, Address를 효율적으로 관리하므로 자연스럽게 트래픽 관리 및 제어도 간편해진다. 커다란 Address 그룹이 여러 개의 소그룹으로 나누어지므로, 불필요한 Broadcasting Message도 제한할 수 있다.

22 IPv6는 IPng(IP next generation), 차세대 인터넷 프로토콜이라고 불리고 있다. IPv6 주소 필드 bit 수는?

① 32bit   ② 64bit
③ 128bit   ④ 256bit

● 해설

IPv6의 주소 필드 비트 수는 128bit이다.

23 다음 설명에 해당하는 것은?

> 라우터 자신을 네트워크의 중심점으로 간주하여 최단 경로의 트리를 구성하는 방식으로, 사용자에 의한 경로의 지정, 가장 경제적인 경로의 지정, 복수 경로 선정 등의 기능을 제공하는 라우팅 프로토콜

① OSPF(Open Shortest Path First)
② IGRP(Interior Gateway Routing Protocol)
③ RIP(Routing Information Protocol)
④ BGP(Border Gateway Protocol)

● 해설

OSPF는 링크스테이트(Link State) 방식 라우팅 프로토콜로써, 라우터 자신을 네트워크의 중심에 두고 최단 경로를 도출해 내는 프로토콜이다.

24 IPv6 중 그룹 내에 가장 가까운 인터페이스를 가진 호스트 사이의 통신이 가능한 형태는?

① Unicast Type
② Anycast Type
③ Multicast Type
④ Broadcast Type

정답 20. ① 21. ① 22. ③ 23. ① 24. ②

● 해설

Anycast는 송신 측이 전송한 데이터를 임의로 선정한 하나의 노드가 수신하는 방법인데, 일반적으로 서로 가장 가깝게 위치한 호스트 간의 통신이라고 할 수 있다.

25 TCP/IP 프로토콜의 하나로 호스트끼리 Mail을 전송하는 데 관여하는 프로토콜은?

① SNMP   ② SMTP
③ UDP   ④ TFTP

● 해설

SMTP는 응용 계층에서 동작하는 프로토콜로, 호스트들 간의 e-mail 전송에 관여하는 프로토콜이다.

26 SSH 프로토콜은 외부의 어떤 공격을 막기 위해 개발되었는가?

① Sniffing
② DoS
③ Buffer Overflow
④ Trojan Horse

● 해설

SSH 프로토콜은 스니핑 공격을 막기 위해 개발되었다.

27 UDP의 특징으로 옳지 않은 것은?

① 비연결형 서비스이다.
② ACK를 사용하지 않는다.
③ 체크섬 필드가 필요 없다.
④ 경량의 오버헤드를 갖는다.

● 해설

UDP는 신뢰성보다는 속도를 중시하는 프로토콜로 ACK를 사용하지 않고 경량의 오버헤드를 갖는 비연결형 서비스이지만, 체크섬 필드가 없는 것은 아니다.

28 ICMP 프로토콜의 기능으로 옳지 않은 것은?

① 여러 목적지로 동시에 보내는 멀티캐스팅 기능이 있다.
② 두 호스트 간의 연결의 신뢰성을 테스트하기 위한 반향과 회답 메시지를 지원한다.
③ 'ping' 명령어는 ICMP를 사용한다.
④ 원래의 데이터그램이 TTL을 초과하여 버려지게 되면 시간 초과 에러 메시지를 보낸다.

● 해설

①은 IGMP에 관한 설명이다.

29 ICMP에 대한 설명 중 올바른 것은?

① IP에서의 오류(Error) 제어를 위하여 사용되며, 시작지 호스트의 라우팅 실패를 보고한다.
② TCP/IP 프로토콜에서 데이터의 전송 서비스를 규정한다.
③ TCP/IP 프로토콜의 IP에서 접속 없이 데이터의 전송을 수행하는 기능을 규정한다.
④ 네트워크의 구성원에 패킷을 보내기 위한 하드웨어 주소를 정한다.

● 해설

①은 ICMP에 관한 설명이다.

정답 25. ② 26. ① 27. ③ 28. ① 29. ①

30 IGMP(Internet Group Management Protocol)의 특징으로 옳지 않은 것은?

① TTL(Time to Live)이 제공된다.
② 데이터의 유니캐스팅에 적합한 프로토콜이다.
③ 최초의 리포트를 잃어버리면 갱신하지 않고 그대로 진행한다.
④ 비대칭 프로토콜이다.

● 해설
데이터의 멀티캐스팅에 적합한 프로토콜이다.

31 IP 헤더 필드 중 단편화 금지(Don't Fragment)를 포함하고 있는 필드는?

① TTL
② Source IP Address
③ Identification
④ Flags

● 해설
단편화 금지를 포함하는 필드는 Flags이다.

32 RIP(Routing Information Protocol)의 특징에 대한 설명으로 올바른 것은?

① 서브넷 주소를 인식하여 정보를 처리할 수 있다.
② 링크 상태 알고리즘을 사용하므로, 링크 상태에 대한 변화가 빠르다.
③ 메트릭으로 유일하게 Hop Count만을 고려한다.
④ 대규모 네트워크에서 주로 사용되며, 기본 라우팅 업데이트 주기는 1초이다.

● 해설
RIP는 거리를 기반으로 경로를 설정하는 방식(HOP(Router, Switch 등의 수가 적은 것))이고, OSPF는 시간을 기반으로 경로를 설정하는 방식(최소시간, Link 상태가 좋은 것)이다.

33 TCP/IP 에서 Broadcast의 의미는?

① 메시지가 한 호스트에서 다른 한 호스트로 전송하는 것
② 메시지가 한 호스트에서 망 상의 특정 그룹 호스트들로 전송하는 것
③ 메시지가 한 호스트에서 망 상의 모든 호스트들로 전송하는 것
④ 메시지가 한 호스트에서 가장 가까이 있는 특정 그룹 호스트들로 전송하는 것

● 해설
TCP/IP에서 브로드캐스팅의 의미는 하나의 호스트에서 다른 모든 호스트로 메시지를 전송하는 것을 의미한다.

34 서브넷 마스크에 대한 설명으로 올바른 것은?

① IP Address에서 네트워크 Address와 호스트 Address를 구분하는 기능을 수행한다.
② 여러 개의 네트워크 Address를 하나의 Address로 통합한다.
③ Address는 효율적으로 관리하나 트래픽 관리 및 제어가 어렵다.
④ 불필요한 Broadcasting Message는 제한할 수 없다.

● 해설
- 하나의 네트워크 Address를 여러 개의 Address로 분리한다.
- 트래픽 관리 및 제어가 용이해지며, 불필요한 Broadcasting Message를 제한할 수 있다.

정답 30. ② 31. ④ 32. ③ 33. ③ 34. ①

네 / 트 / 워 / 크 / 관 / 리 / 사

NOS
(Network Operating System)

Chapter 01　Windows Server 2022

Chapter 02　Linux

CHAPTER 1 Windows Server 2022

> Windows Server 2022는 Microsoft가 제공하는 최신 서버 운영체제로, 보안 강화, 하이브리드 클라우드 통합, 가상화 성능 개선, 중앙 집중형 관리 기능 등을 갖춘 기업용 인프라 플랫폼이다. TLS 1.3, SMB over QUIC, Secured-core 서버와 같은 고급 보안 기능과 Azure Arc, Windows Admin Center 같은 클라우드 및 웹 기반 관리 기능을 통해, 물리적 환경과 클라우드 환경 모두에서 안정적이고 효율적인 서버 운영을 지원한다.

1-1 Windows Server 개요

Windows Server는 Microsoft가 개발한 서버 운영체제로, 다양한 네트워크 서비스를 제공하며 기업 환경의 핵심 시스템으로 활용된다. 주요 역할로는 Active Directory, DHCP, DNS, Hyper-V, 파일 서비스, 웹 서비스(IIS) 등이 있다.

Windows Server는 물리적 서버뿐만 아니라 가상화, 클라우드 환경에서도 운용이 가능하며, 설치 시 **Server Core** 또는 **GUI 기반(Desktop Experience)** 환경을 선택할 수 있다.

① Windows Server 2022는 Windows Server 2016의 후속 버전으로, **보안 강화, 하이브리드 클라우드 통합, 응용 플랫폼 안정성 향상**에 중점을 두고 있다.

② 주요 신기능에는 다음과 같은 핵심 요소가 있다. ★꼭 암기하세요.

기능	Windows Server 2016	Windows Server 2022
보안	기본 보안 기능 제공	TLS 1.3 기본 적용, SMB over QUIC, Secured-core 서버
클라우드 통합	기본 클라우드 기능	Azure Arc 연동, Windows Admin Center 통합 관리
응용 플랫폼	기본 Hyper-V 기능	AMD 기반 Nested Virtualization, Shielded VM 강화, VM Live Migration 성능 향상
기타 기능	기본 서버 기능	Secured-core 서버, Azure Automanage, PowerShell 7.x 설치 가능, ReFS 파일 시스템 강화

- **TLS 1.3 기본 적용**: TLS 1.3은 HTTPS 통신의 최신 암호화 프로토콜로, 핸드셰이크 절차를 간소화하여 보안을 강화하고 성능을 향상시킨다. Windows Server 2022에서는 이를 기본으로 활성화하여 더 안전한 서버 통신 환경을 제공한다.

- SMB over QUIC: 기존 SMB 프로토콜은 VPN 환경이 필요했으나, QUIC(UDP 기반 전송)를 통해 암호화된 파일 공유가 가능해졌으며, VPN 없이도 안전하게 접근할 수 있다. 원격 근무나 외부 접속 환경에서 유리하다.
- Secured-core 서버: 펌웨어 공격 방지 및 하드웨어 기반 보안을 강화한 기능이다. TPM 2.0, Secure Boot, Virtualization-Based Security(VBS), Credential Guard 등이 기본 활성화되어 서버의 보안 수준을 크게 높인다.
- Azure Arc 연동: 온프레미스의 Windows Server를 Azure Portal에서 관리할 수 있도록 하는 기능이다. 클라우드와의 하이브리드 운영이 가능하며, 리소스 정책 및 모니터링이 Azure 환경과 통합된다.
- Windows Admin Center 통합 관리: 기존 Server Manager를 대체하는 브라우저 기반의 서버 관리 도구로, GUI가 없는 Server Core 환경에서도 시각적인 관리가 가능하다. 역할 설치, 이벤트 확인, 업데이트 관리, PowerShell 연동 등 다양한 기능을 제공한다.

1-2 에디션별 분류

Windows Server는 아래와 같이 에디션별로 기능이 구분된다.

에디션	주요 특징
Standard	기본적인 서버 기능 제공. 2개의 가상 운영 체제(OSE) 실행 지원
Datacenter	무제한 가상화, Software Defined Networking, Storage Replica 등 고급 기능 제공
Essentials	중소기업용(25명 사용자, 50대 장치 지원). GUI 포함. **2022에서는 도메인 컨트롤러 권장되지 않으며 기능이 축소됐다.**

에디션 체계는 2016과 동일하나, Essentials의 활용 방식이 달라졌으며 도메인 환경 구축 시 주의가 필요하다.

1-3 설치 옵션

Windows Server는 다음 두 가지 설치 옵션을 제공한다.
- Server Core: 기본값. GUI가 없고, PowerShell 및 원격 관리 도구로 운영한다.
- Server with Desktop Experience: 전통적인 GUI 환경을 제공한다.

Nano Server는 2022에서 독립 설치가 불가하며, Azure Stack HCI의 컨테이너 기반 운영체제로만 사용된다.

1-4 주요 기능 요약

Windows Server 2022 주요 기능 개요도

① 보안(Security)
    i) TLS 1.3 기본 적용
    ii) Secured-core 서버
       - TPM 2.0
       - VBS, Credential Guard
    iii) SMB over QUIC

② 클라우드 연동(Cloud Integration)
    i) Azure Arc 연동
    ii) Azure Automanage
    iii) Azure Site Recovery

③ 관리(Management)
    i) Windows Admin Center
       - 웹 기반 서버 관리
       - Server Core 지원
       - 역할/기능 설치 및 모니터링

④ 가상화(Virtualization)
    i) Hyper-V 개선
       - Nested Virtualization
       - Shielded VM 강화
       - Live Migration 최적화

① 공통적으로 제공되는 서버 역할
- Active Directory, DHCP, DNS
- Hyper-V 가상화
- 파일 및 인쇄 서비스
- 웹 서버(IIS)
- Windows PowerShell, Server Manager

② 2022에서 추가/강화된 기능
- 보안 기능
  - Secured-core 서버: 하드웨어 기반 보안 통합(TPM 2.0, VBS, Credential Guard)
  - TLS 1.3 기본 적용: 암호화 통신 표준 강화
  - SMB over QUIC: VPN 없이 암호화된 파일 공유 가능
- 클라우드 및 관리 기능
  - Azure Arc 연동: 하이브리드 클라우드 통합
  - Azure Automanage: 자동 패치, 백업
  - Windows Admin Center: 웹 기반 중앙 관리 도구
- Hyper-V 개선
  - AMD 기반 Nested Virtualization 지원
  - Shielded VM 및 Live Migration 성능 향상

1-5 Active Directory(AD)

Active Directory는 사용자, 컴퓨터, 자원 관리를 위한 도메인 기반 디렉터리 서비스이다.

Active Directory는 Windows Server의 핵심 서비스 중 하나로, **도메인 기반 네트워크 환경을 구성하고 사용자 및 자원을 중앙에서 관리**한다.

① 공통 사항
- 도메인, OU(조직 단위), GPO(그룹 정책) 등을 활용한 중앙 집중식 관리
- LDAP, Kerberos, DNS 연동 구조 유지

② Windows Server 2022에서의 개선점
- LDAPS (LDAP over SSL/TLS) 보안 접속 기본 권장
- Windows Admin Center를 통한 GUI 기반 AD 관리 기능 향상
- 하이브리드 AD 구성 지원 강화(Azure AD 연동)
- 도메인 컨트롤러의 보안 정책 기본 강화

1-6 Hyper-V

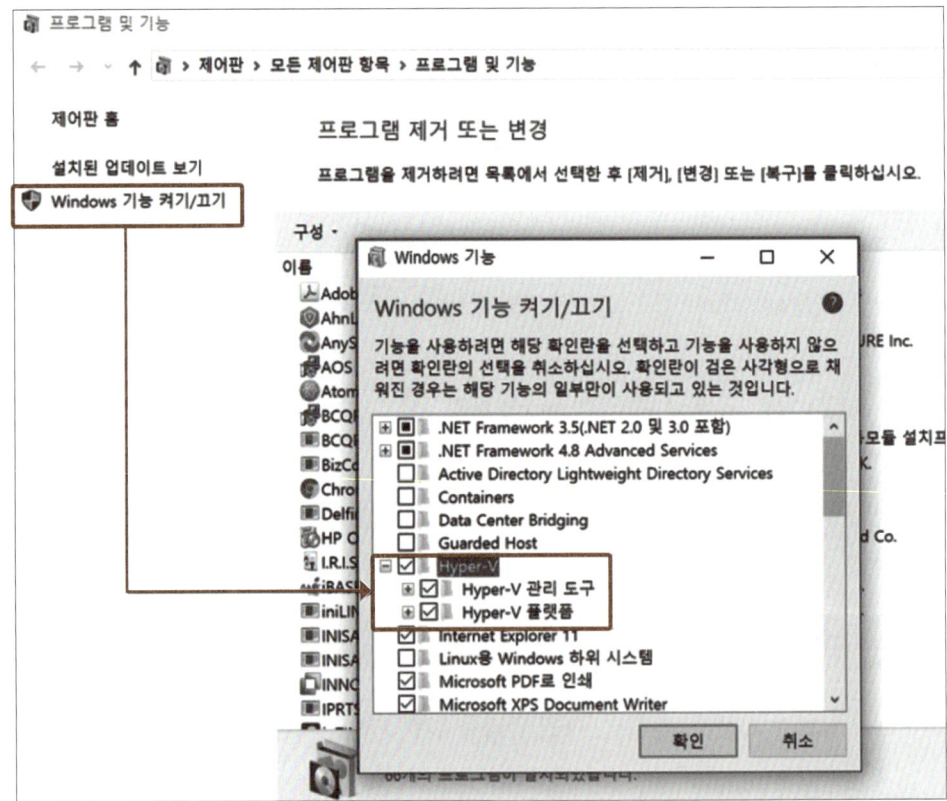

Hyper-V는 Windows Server에 내장된 가상화 플랫폼으로, 가상 머신(VM)을 생성하고 운영할 수 있다.

① 공통 사항
- 가상 스위치, 가상 디스크, 체크포인트, Live Migration 등 지원
- VM 간 자원 분리 및 호환성 있는 운영체제 구동 가능

② Windows Server 2022에서의 주요 향상 사항
- **AMD CPU 기반 Nested Virtualization 지원**
- **보호된 VM(Shielded VM) 기능 강화**
- **VM Live Migration 시 성능 및 안정성 향상**
- **SMB over QUIC 기반 가상 머신 스토리지 접근 개선**
- **vTPM, VBS(가상화 기반 보안)** 지원 확대

1-7 IIS(Internet Information Services)

IIS는 Windows Server에서 웹 서비스를 제공하는 플랫폼으로, HTTP/HTTPS를 통한 웹 페이지 호스팅, 애플리케이션 실행을 지원한다.

IIS 버전	대응 운영체제	주요 기능 요약
IIS 6.0	Windows Server 2003	작업자 프로세스 격리, 향상된 보안, 응용 프로그램 풀 도입
IIS 7.0	Windows Server 2008	**모듈식 아키텍처 도입**, 구성 설정의 XML화
IIS 7.5	Windows Server 2008 R2	FTP 7.5, WebDAV 지원, 요청 필터링 개선
IIS 8.0	Windows Server 2012	**SNI(서버 이름 표시)**, CPU 제한, 동적 IP 제한 도입
IIS 8.5	Windows Server 2012 R2	이벤트 추적 로그(ETW), 자동 인증 로그, 로그 개선
IIS 10.0	Windows Server 2016	**HTTP/2 지원**, PowerShell 5 관리 지원
IIS 10.0	Windows Server 2019	향상된 HTTP/2 기능, HSTS(강제 HTTPS)
IIS 10.0(v20348)	Windows Server 2022	**HTTP/3, TLS 1.3, QUIC 지원**, 최신 보안 기능 강화

참고

- IIS 10.0은 동일 버전명이지만 운영체제에 따라 빌드와 기능이 다르다.
- 최신 버전인 IIS 10.0(20348)은 Windows Server 2022 전용 빌드

① 공통 사항
- IIS 10.0은 기본 제공
- 웹사이트, 가상 디렉터리, 응용 프로그램 풀 등의 구성 지원

② Windows Server 2022 개선 사항
- IIS 10.0 버전 20348 이상 탑재
- TLS 1.3, HTTP/3, QUIC 프로토콜 지원으로 보안 및 속도 향상
- 보다 정교한 인증 및 SSL 설정 기능 제공

1-8 Windows PowerShell

PowerShell은 Windows Server의 명령줄 기반 관리 도구로, 자동화 및 원격 관리에 필수적이다.

① 공통 사항
- PowerShell 5.1 기본 탑재
- 서버 역할 설치, 사용자 관리, 서비스 제어 등에 활용

② Windows Server 2022 개선 사항
- PowerShell 7.x (Core) 설치 가능(크로스 플랫폼)
- CLI 기반 자동화 및 JSON/YAML 처리 기능 향상
- Azure 및 클라우드 서비스 통합 명령 지원 확대

1-9 파일 시스템(NTFS, ReFS)

Windows Server는 NTFS와 ReFS 두 가지 파일 시스템을 지원한다.

① 공통 사항
- NTFS는 기본 파일 시스템으로, ACL, 압축, 암호화, 디스크 할당 단위 관리 등 지원

② Windows Server 2022 개선 사항
- ReFS(Resilient File System)는 대용량 데이터 무결성, 자동 복구 기능 강화
- Storage Spaces Direct와 결합해 고가용성 스토리지 구성 가능
- 데이터 손상 방지 및 중복 제거 기능 개선

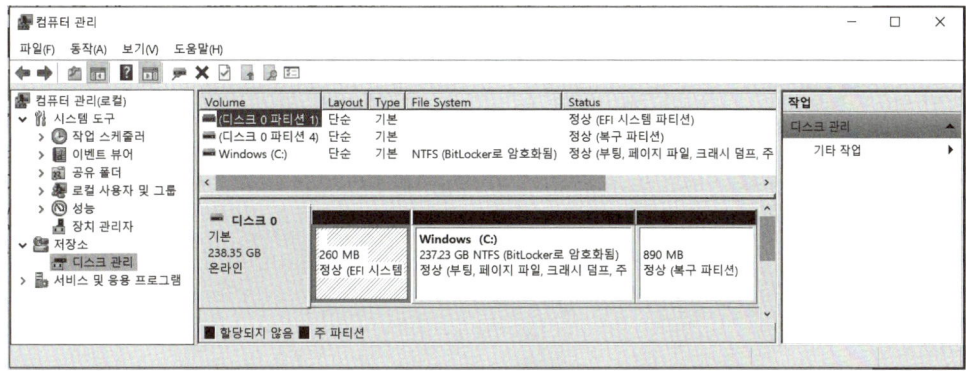

1-10 역할 기반 설치 및 관리

Windows Server는 역할(Roles) 및 기능(Features)을 기준으로 설치 및 구성이 이루어진다.

① 공통 사항
- Server Manager 또는 PowerShell을 통해 역할/기능 추가 가능
- Active Directory, DHCP, DNS, IIS, Hyper-V 등 설치 후 바로 구성 가능

② 개선 사항
- Windows Admin Center를 통해 웹 기반 시각화된 역할 설치 및 관리 가능
- 원격지 서버도 GUI 없이 브라우저로 구성 가능

1-11 Windows Admin Center(WAC)

Windows Admin Center는 Windows Server 2022의 핵심 관리 도구로, 기존 Server Manager를 대체하거나 보완하는 역할을 한다.

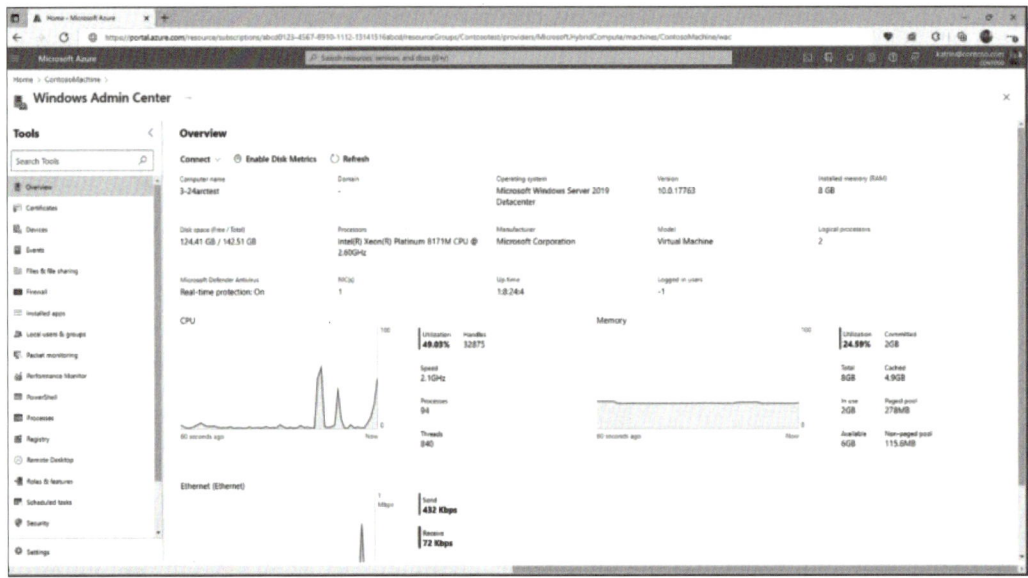

① 주요 특징

- **웹 기반 인터페이스**로 설치된 서버를 중앙에서 통합 관리 가능
- **Server Core에서도 완전한 GUI 관리 가능**
- 역할/기능 추가, 이벤트 뷰어, PowerShell, 원격 데스크톱 등 통합 운영
- **Azure 연동, 하이브리드 관리, 보안 업데이트 제어** 등 최신 기능 제공

이상은 Windows Server 2016에서 2022로의 주요 변경 사항과 유지되는 항목들을 통합하여 정리한 내용이다. 이후 장에서는 다음과 같은 실제 운영 예제를 다룬다.

1-12 네트워크 서비스 실습 예제

① 예제 1: DHCP 서버 구축 및 클라이언트 자동 IP 할당

i) 역할 추가 마법사 실행 → DHCP Server 설치

ii) DHCP 범위(Scope) 설정: IP 주소 범위, 서브넷 마스크, 게이트웨이 입력

iii) DHCP 서버 인증 및 시작

iv) 클라이언트 PC에서 자동 IP 할당 확인(ipconfig /renew 명령)

② 예제: DNS 서버 설정

i) DNS 역할 추가 후, 정방향 조회 영역 생성

i) A 레코드 및 CNAME 레코드 추가

ii) 클라이언트에서 nslookup으로 이름 해석 테스트

1-13 도메인 구성 실습 예제

① 예제 1: 도메인 컨트롤러(DC) 설치

i) AD DS 역할 추가 후 새 포리스트(Forest) 생성

ii) 도메인 이름 지정(예 corp.local)

iii) DNS 역할 자동 설치 포함 확인

iv) 설치 완료 후 자동 재부팅 → 도메인 컨트롤러 완성

② 예제 2: 클라이언트 PC 도메인 가입

i) 클라이언트 PC에서 **컴퓨터 속성 → 도메인 변경**

ii) 도메인 이름 입력 및 관리자 계정 인증

iii) 재부팅 후 도메인 로그인 확인

1-14 가상화 환경 구축 실습 예제

Hyper-V 실습 흐름도

① Hyper-V 역할 설치

② Hyper-V Manager 실행

③ 새 가상 머신 만들기
  i) 이름 및 저장 경로 지정
  ii) 메모리 크기 설정
  iii) 네트워크 연결 선택(가상 스위치)
  iv) 가상 하드 디스크 생성
  v) 설치할 운영체제 ISO 파일 지정

④ 가상 머신 생성 완료

⑤ 가상 머신 시작 → 운영체제 설치 진행

⑥ 설치 완료 후 가상 머신 환경 구성
  ❶ 가상 스위치 구성
    • 외부(External) → 물리 네트워크 연결
    • 내부(Internal) → 호스트와 VM 간 통신
    • 프라이빗(Private) → VM 간 통신 전용

  ❷ 예제1: Hyper-V 기반 가상 머신 생성
    i) Hyper-V 역할 설치 후 Hyper-V Manager 실행
    ii) 새 가상 머신 생성 마법사 실행
       - VM 이름, 메모리, 가상 디스크, OS ISO 파일 지정
    iii) 가상 머신 부팅 및 운영체제 설치

  ❸ 예제 2: 가상 스위치 설정
    i) Hyper-V Manager에서 Virtual Switch Manager 실행
    ii) 외부/내부/프라이빗 중 하나 선택하여 가상 스위치 생성
    iii) 가상 머신에 네트워크 연결 지정

CHAPTER 2

LINUX

리눅스는 직관적인 인터페이스와 키보드 중심의 입력 체계로 빠른 입력 및 수정이 가능하여 개발자 및 네트워크 관리자들에게는 익숙한 운영체제이다. 윈도우와는 다른 시스템 구조 및 파일 체계에 유의하며 주요 명령어 위주로 학습하도록 한다.

2-1 LINUX 개요

1) 개요

① iOS, 윈도우와 같은 **운영체제(OS; Operation System)의 한 종류**로, 자유롭게 만들고 배포할 수 있는 **오픈소스 운영체제**이다.

② 대형 컴퓨터에서 사용하는 **유닉스(UNIX)**를 기반으로 개인 컴퓨터 환경에서 사용하기 용이하도록 수정하여 개발하였다.

③ 리눅스 기반의 운영체제로는 슬랙웨어, 페도라, 레드햇, 우분투, 데비안 등이 있으며, 국내에서는 페도라, 레드햇, 우분투 등이 널리 활용되고 있다.

2) 일반적 특징

① **다중 사용자(Multi-User) 및 다중 작업(Multi-Tasking)**
- 리눅스는 네트워크를 통해 하나의 시스템상에 **여러 명의 사용자가 동시에 접속하여 컴퓨터 시스템을 사용할 수 있으며**, 이러한 사용자들을 계층별로 구분하기 위하여 사용자별 권한과 자원을 관리한다.
- 하나의 운영체제 내에서 CPU를 계획적으로 사용하여 여러 개의 프로세스를 동시에 작동시킬 수 있다.

② **다중 처리 시스템(Multi-Processor)**
- 여러 개의 CPU를 동시에 구동하여 작업을 병렬적으로 진행하므로 시스템을 효율적으로 사용할 수 있으며, 동급 타 OS 대비 우수한 성능을 체감할 수 있다.

③ **다양한 파일 시스템 지원**
- FAT, FAT32, NTFS, ISO9660, HPFS 등 다양한 파일 시스템을 지원한다.

④ 확장성과 유연성
- 대형 컴퓨터용 운영체제인 유닉스의 모든 특징을 가질뿐만 아니라, 유닉스의 표준인 포직스(POSIX)를 지원하기 때문에 커널, 드라이버, 라이브러리, 애플리케이션, 개발 도구 등의 코드에 쉽게 접근할 수 있다.

⑤ 우수한 네트워킹 기능
- TCP/IP, IPX/SPC, Bluetooth, Appletalk 등 다양한 네트워킹 프로토콜을 지원한다.
- IP 주소, 게이트웨이, 서브넷 등을 설정하기만 하면 바로 네트워크를 사용할 수 있어 타 운영체제에 비해 네트워킹 설정이 간단하다.

⑥ 다양한 응용프로그램
- 운영체제의 핵심 기능으로 프로세서, 메모리 관리, 프로세스 관리 등을 담당하는 커널뿐만 아니라 편집기, 개발 도구, 서버-클라이언트 프로그램, 보안 도구 등 다양한 응용프로그램을 포함하고 있다.

⑦ 서비스 지원 부족
- 리눅스 상의 대부분의 프로그램들은 개인 개발자들이 개발하여 배포하는 비상업용(non-commercial) 애플리케이션으로, 문제가 발생할 경우 신속한 대응을 기대하기 힘들다.

⑧ 사용자의 숙련도 요구
- 윈도우나 iOS 등 대중들에게 익히 알려진 운영체제에 비하여 사용법이 일반화 되어 있지 않았으며, 명령어 입력 기반의 인터페이스는 GUI보다는 더 큰 숙련도를 요구한다.

3) 기술적 특징
① 계층형 파일 시스템
- 계층형 파일 시스템으로 되어 있는 리눅스는 **루트(root)를 기반으로 하여 디렉터리를 쉽게 생성하고 관리할 수 있다.**

② 장치의 장치 파일화
- 장치(Device)란 하드디스크, 모니터, 프린터, 키보드 등 컴퓨터 시스템에 연결된 다양한 하드웨어를 의미하는데, 리눅스는 장치를 파일처럼 다루고 관리한다.

③ 가상 메모리(Virtual Memory)
- 메모리를 효율적으로 활용하기 위하여 하드디스크의 일부를 필요에 따라 메모리처럼 사용하는 것이다
- SWAP 영역 : 메모리처럼 사용하는 하드디스크의 영역이다.

④ 가상 콘솔(Virtual Console)
- 하나의 모니터에 기본적으로 6개의 가상 콘솔을 제공하여 서로 다른 작업을 수행할 수 있다. Ctrl + Alt + F1 ~ Ctrl + Alt + F6 까지이다.

⑤ 동적 라이브러리(Dynamic Shared Library) 지원
- 프로그램에서 자주 사용되는 루틴들을 하나로 모아둔 것을 라이브러리(Library)라 하는데, 프로그램에서 필요한 루틴들을 링크시켜 두면 모든 자원을 실행 파일 내부에 넣어두지 않고 프로그램을 실행할 때마다 가져와 사용하므로 메모리를 효율적으로 사용할 수 있다.

4) 구조 ★ 꼭 암기하세요.

리눅스 구조상 **하드웨어와 소프트웨어 사이에서 커널(Kernel)이 제어 역할을 하며, 소프트웨어 실행을 위하여 커널과 소프트웨어 사이에 셸이 존재한다.**

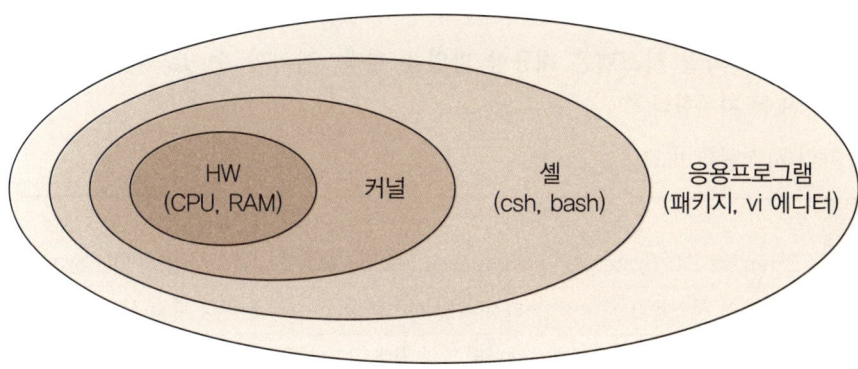

① 커널(Kernel)
- 리눅스 상에서 커널은 리눅스 그 자체이며, **운영체제**의 역할을 담당한다.
- 프로세서의 사용을 관리한다.
- 메모리의 사용을 관리한다.
- 실행 중인 작업을 관리한다.

- 주변 장치와 입력, 출력을 관리한다.
- MS DOS의 msdos.sys, io.sys와 역할이 유사하다.
- uname -a 명령어를 사용하여 현재 사용 중인 커널의 버전을 알 수 있다.

② **셸(Shell)** ★ 꼭 암기하세요.
- **유닉스 운영체제용 명령어 해석기 프로그램이다.**
- 소프트웨어 실행을 위하여 커널과 소프트웨어 사이에 셸이 존재하는데, 셸은 GUI 환경에서 사용자의 명령을 입력 받아서 바로 실행시키는 통역사(인터프리터, interpreter) 역할을 한다. 가장 기본적인 셸은 bash이다.
- 사용자의 명령어를 실행한다.
- Csh, Korn Shell 등 다양한 셸이 존재한다.

2-2 LINUX 파일 시스템

1) 파일 시스템 디렉터리

① **리눅스 파일 시스템**
- 리눅스 파일 시스템은 ext2, ext3, ext4 등이 있으며, 현재 대부분의 리눅스에서 지원하는 **ext4 파일 시스템은 대용량 파일을 저장, 관리할 수 있으며, 무결성 오류 검사인 fsck를 지원한다.**
- 주요 파일 시스템의 비교

구분	Ext 2 (Extended File System 2) 확장 파일 시스템 2	Ext 3 (Extended File System 3) 확장 파일 시스템 3	Ext 4 (Extended File System 4) 확장 파일 시스템 4
특징	• 단일 파일 최대 크기 2GB • 파일명 크기 최대 256Byte • 최대 지원 파일 시스템 크기 4TB • 디렉터리당 저장 가능 최대 파일 수 약 25,500개	• 단일 파일 최대 크기 4GB • 파일명 크기 최대 256Byte • 최대 지원 파일 시스템 크기 16TB • 디렉터리당 저장 가능 최대 파일 수 약 65,500개 • 저널링 파일 시스템 지원	• 단일 파일 최대 크기 16TB, 1Exabyte 블록 지원 • Ext 2, Ext 3과 호환 • 향상된 파일 무결성 오류 fsck 지원 • 파일 관리 성능 개선 • 하위 디렉터리 수 확대 • 저널링 파일 시스템 지원의 단편화 개선

※ 저널링 파일 시스템(Journaling File System) : 시스템에 장애가 발생할 경우, 기록된 변경사항을 추적하여 복구하는 기능으로 EXT 3, EXT 4, JFS, XFS, ReiserFS 등에서 지원한다.

- 그외 리눅스에서 지원하는 파일 시스템
  - FAT
  - NFS(Network File System) : 원격 호스트의 파일을 네트워크를 통해 공유받아 로컬에서 사용할 수 있는 네트워크 파일 시스템이다.
  - XFS(Extents File System) : SGI(실리콘그래픽스사)에서 개발한 저널링 파일 시스템이다.
  - JFS(Journaling File System) : IBM사에서 개발한 저널링 파일 시스템이다.
  - ReiserFS : 독일의 한스레이저가 개발한 저널링 파일 시스템으로 표준 커널에 포함된 것으로는 최초의 저널링 파일 시스템이다.

② 리눅스 파일 시스템 디렉터리 구조

- /(루트 디렉터리)로부터 전체적으로 역 트리(tree) 구조를 하고 뻗어 나가는 리눅스 파일 시스템은 명령어의 종류나 사용 권한 등에 따라 각각의 디렉터리들로 분류된다.

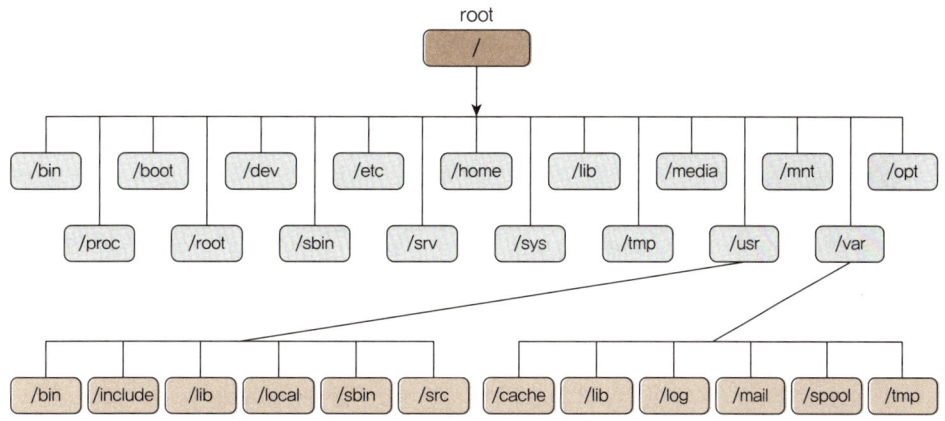

- 리눅스의 디렉터리(Directory)는 윈도우 운영체제의 폴더와 유사한 기능을 가지고 있다.
- 우분트, 레드햇, 페도라 등 대부분의 리눅스 배포판들은 '리눅스 파일 시스템 표준(FSSTND, LINUX FILE System Standard)을 준수하므로 대체적으로 유사한 구조를 가지고 있다.
- 리눅스의 설치와 함께 기본적으로 생성되어 용도가 정해져 있는 디렉터리들이 존재한다.

디렉터리	설명
/	• 루트 디렉터리
/bin	• 시스템 기본 명령어, 파일 처리 명령어, 텍스트 처리 명령어, 네트워크 처리 명령어 등 각종 명령어들이 실행 파일 형태로 저장되어 있는 디렉터리 • /bin 내의 명령어들은 어떠한 경로에 있던지 연동되어 실행된다.
/boot	• 시스템 부팅 시 부팅 가능한 커널 이미지 파일을 저장하고 있는 디렉터리
/dev	• 장치의 마운트 지점을 제공한다. • 시스템에 연결되어 있는 마우스, 키보드, 모니터, 그래픽카드, CD-ROM, 하드디스크 등의 주변 장치를 파일로 처리하여 저장하며, 각종 시스템 디바이스 드라이버 정보를 포함하고 있다.
/etc	• 거의 모든 시스템 설정 파일이 들어 있는 디렉터리 • 그룹 정의 파일인 group, 프린터 목록 파일 printcap, 자동으로 마운트되는 파일 시스템을 등록해 두는 파일 시스템 테이블 fstab, 각종 네트워크 관련 파일과 기본적인 시스템 환경 결정 파일들이 존재한다. [주요 경로] • /etc/passwd : 생성된 계정 정보를 저장하는 디렉터리 • /etc/shadow : 사용자 정보 중 패스워드를 저장하는 디렉터리 • /etc/fstab : 하드디스크 및 USB, CD-ROM 등의 마운트(시스템 부팅 시 자동으로 마운트) 항목과 옵션이 정의되어 있는 디렉터리 • /etc/names.conf : 리눅스에서 DNS 서버의 설정과 관련된 디렉터리 • /etc/httpd/ : RPM으로 설치된 아파치(APACHE) 설정 파일들이 저장되는 디렉터리 • /etc/initd/network restart : 재부팅 없이 네트워크만을 재시작하는 명령어
/home	• 사용자 계정 생성 후 계정명과 동일한 이름의 디렉터리가 /home 디렉터리 아래에 생성된다. • 이는 사용자마다 기본적으로 제공되는 개인화된 디렉터리로, 새로 등록한 사용자는 다른 경로로의 이용이 제한되며, 시스템 관리자가 제한을 해제하기 전까지는 이 디렉터리 안에서만 시스템을 사용할 수 있다.
/lib	• 시스템과 응용프로그램에서 사용하는 대부분의 라이브러리가 들어 있는 디렉터리 • 커널에 필요한 커널 모듈 파일 및 프로그램에 필요한 중요 라이브러리 파일들이 존재하는 디렉터리이므로 임의로 조작하지 않는 것이 좋다.
/lost+found	• 파일 시스템 복구를 위한 fsck 또는 e2fsck 등의 링크 디렉터리 • 루트 디렉터리뿐만 아니라 하위 파일 시스템마다 존재할 수 있다.
/misc	• 시스템 구조와는 독립적인 자료들이 저장되는 디렉터리
/mnt	• 마운트를 위한 디렉터리

/proc	• 실행 중인 프로세스의 상태 정보, 하드웨어 정보, 시스템 정보를 확인할 수 있는 가상 디렉터리 [주요 경로] • /cpuinfo : 시스템의 CPU 정보 확인 • /iterrupts : 사용 중인 인터럽트 목록과 발생 번호 확인 • /ioports : 사용 중인 I/O 주소 목록을 확인 • /pci : PCI BIOS 정보 확인 • /stat : 시스템 통계 확인
/root	• root 사용자만 사용이 가능하며, 일반 사용자들의 출입이 엄격하게 금지되어 있는 디렉터리
/sbin	• 파일 시스템 처리 명령, 네트워크 인터페이스 설정 명령, 시스템 초기화 명령, 커널 모듈의 관리 명령 등 시스템의 전반적인 관리 명령어들이 있는 디렉터리로, root 계정 사용자만 접근할 수 있다.
/tmp	• 시스템 공용 디렉터리로, 임시로 파일을 생성, 저장하는 디렉터리 • 사용자들의 프로그램에서 임시로 불러 들여야 하는 입·출력 파일들을 저장하는 곳이다.
/var	• 시스템을 운용하면서 생성되는 각종 임시파일을 저장하는 디렉터리로, 로그와 큐, 메일이 저장된다. • 커널 메시지를 기록하는 파일, 그리고 각종 스풀링이 필요한 파일들이 포함된다. - 스풀링(spooling) : 프린터 인쇄 시 프린터와 CPU 간 속도 치이를 극복하고자 생긴 기능으로, CPU에서 일정 저장 공간에 인쇄할 목록을 쌓아두고 프린터는 해당 목록의 인쇄를 순서대로 진행하는 것을 말한다. [주요 경로] • /var/log/ : 시스템 로그 파일 저장 • /var/ftp/ : FTP 서비스를 위한 홈 디렉터리 • /var/named/ : DNS에서 사용하는 zone 파일 저장 • /var/spool/mail/ : 각 계정 사용자들의 메일 파일 저장 • /var/spool/lpd/ : 프린트를 하기 위한 임시 스풀링 디렉터리
/usr	• 시스템을 사용하거나 응용프로그램을 사용하기 위한 파일들이 저장되어 있는 디렉터리 • 시스템 동작을 위해 필요한 모든 명령과 라이브러리 및 매뉴얼 페이지를 저장해야 하므로 설치 시 큰 용량을 할당해 주어야 한다.
/src	• 프로그램 소스가 저장되는 디렉터리
/share	• 공유정보가 저장되는 디렉터리
/sbin	• /bin에 저장되지 않은 타 명령어와 네트워크 명령어가 저장되는 디렉터리
/man	• 매뉴얼 페이지 디렉터리
/local	• 각 계정별 응용프로그램들이 저장되는 디렉터리

/lib	• 루트 디렉터리의 /lib에 들어가지 않은 라이브러리 디렉터리
/info	• 온라인 설명서 디렉터리
/include	• C 프로그램에 필요한 헤드 파일이 저장되는 디렉터리
/games	• 게임이 들어 있는 디렉터리
/etc	• 각 계정별 시스템 설정 파일이 저장되는 디렉터리
/doc	• 문서 파일이 들어 있는 디렉터리
/bin	• 일반 사용자들이 사용할 수 있는 명령어 파일이 저장되는 디렉터리
/X11R6	• X 윈도우 시스템의 루트 디렉터리
/X11	• 링크 디렉터리

2) 파일 시스템 관리

① fdisk ★ 꼭 암기하세요.

- 파일 시스템 생성을 위해 하드디스크에 파티션을 추가하여 하드디스크를 분할할 때 사용하는 명령어이다.
- 윈도우에서 C드라이브를 운영체제/프로그램 드라이브로, D드라이브 파티션을 추가하여 파일 드라이브로 활용하는 것과 같은 원리이다.
- 설치된 하드디스크의 타입과 정보를 확인하고 편집할 수 있다.
- fdisk 옵션

옵션	설명
-a	부팅 가능한 플래그로 변경
-b	디스크의 크기 지정
-c	도스 호환 가능한 플래그로 변경
-d	파티션 제거
-l	현재 파일 시스템에 설치된 하드디스크의 타입과 개수 확인
-m	메뉴 출력
-n	새로운 파티션 생성
-p	현재 파티션 설정 현황 확인
-q	저장하지 않고 종료
-s 장치명	입력 장치의 크기 출력
-t	파티션의 시스템 ID 수정

② mkfs
- **생성된 파티션에 하드디스크를 생성**하는 명령어이다.
- mkfs [옵션] [장치 이름]으로 명령어를 실행한다.
- mkfs 옵션

옵션	설명
-c	Bad 블록 검사 및 Bad 블록 리스트 초기화
-l	파일에서 초기 Bad 블록 리스팅
-t	파일 시스템의 형식 지정
-v	현재 진행 상태 출력

③ fsck
- **파일 시스템상의 오류를 체크**하는 명령어이다.
- 리눅스 부팅 시 자동으로 파일 시스템을 점검하고 손상된 내용을 자동으로 복구하지만, 필요에 따라서 직접 무결성을 검사할 수 있다.
- fsck[옵션] [장치 이름]으로 명령어를 실행한다.
- 파일 시스템 복구를 위한 fsck의 링크 디렉터리는 /lost +found이다.
- fsck 옵션

옵션	설명
-a	명령에 대한 확인 질문 없이 무조건 수행(권장하지 않음)
-f	파일 시스템에 이상이 없더라도 강제적으로 체크
-v	현재 진행 상태 상세 출력
-n	모든 질문에 대한 응답을 no로 취급, 복구 진행하지 않음
-y	모든 질문에 대한 응답을 yes로 취급, 자동 실행
-r	파일 시스템 복구 전 복구 여부 묻기
-t	검사를 수행할 파일 시스템 설정 파일 시스템 앞에 no를 붙이는 경우, 지정한 파일 시스템 외에 나머지를 모두 점검
--v	버전 정보 출력
-A	/etc/fstab/에 나와 있는 파일 시스템을 모두 검사
-N	검사는 수행하지 않고 어떤 작업을 할지 계획만 출력
-P	다른 파일 시스템과 루트 파일 시스템을 병렬적으로 점검
-R	루트 파일 시스템을 제외하고 점검
-T	검사할 때 제목을 보여주지 않고 점검

④ mount ★ 꼭 암기하세요.

- **물리적인 하드디스크나 디렉터리, 파티션 등을 논리적으로 시스템에 연결**하여 사용하는 것
- USB를 PC에 꽂으면 바로 드라이버가 생성되는 PnP(Plug and Play, 디바이스를 꽂기만 하면 설정부터 실행까지 자동으로 진행되는 것) 기능이 리눅스에서는 작동하지 않기 때문에 관리자가 직접 장치나 디스크 등을 특정 위치에 붙이는 작업을 해야 하는데, 이것이 마운트(mount) 작업이다.

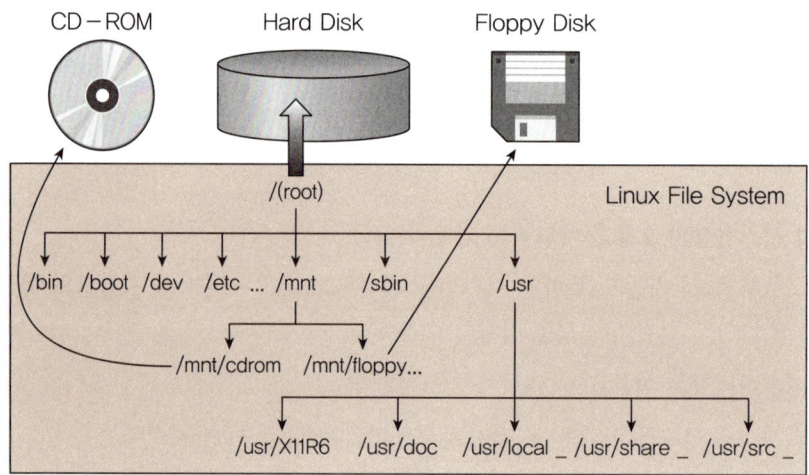

▲ 리눅스의 마운트 개념

- mount [옵션][장치 이름] [디렉터리명]으로 명령어를 실행한다.

3) 명령 프롬프트

① 명령 프롬프트 구조

- 리눅스 부팅 후 로그인 계정과 패스워드를 입력해야 한다.
- 터미널을 통한 명령어 입력 시 프롬프트의 구조는 아래와 같다.

일반 사용자	Root 사용자
sunsr@ubuntu/$ 현재 사용자 계정 : sunsr 시스템의 호스트 이름 : @ubuntu 디렉터리 : / 입력 대기 프롬프트 : $	root@ubuntu/# 현재 사용자 계정 : root 시스템의 호스트 이름 : @ubuntu 디렉터리 : / 입력 대기 프롬프트 : #

2-3 LINUX 계정 및 권한

1) 계정 관리

① useradd(adduser)
- 리눅스에서 **사용자 계정을 생성**하는 명령어이다.
- useradd [옵션][사용자 이름]으로 명령어를 실행한다.
- useradd 옵션

옵션	설명
-u	UID 지정
-g	GID 지정
-G	기본 그룹 이외 2차 그룹의 GID 지정
-d	사용자 홈 디렉터리 지정
-e	계정 만기일 지정(YYYY-MM-DD 형식)
-f	계정 유효일 지정(남은 일수만큼을 숫자로 지정)
-s	계정 사용자 로그인 시 사용할 셸 지정
-c	사용자 계정 코멘트 추가
-M	사용자의 홈 디렉터리를 생성하지 않음

② passwd
- **계정 생성 후 패스워드를 설정**해야 해당 계정을 사용할 수 있다.
- useradd [사용자 이름]으로 명령어를 실행한다.
- /etc/passwd 파일의 필드 구조(각각의 필드는 콜론(:)으로 구분된다.)

필드 순서	1	2	3	4	5	6	7
구분	Login Name	Password	User ID	User Group ID	Comments	Home Directory	Shell
역할	사용자 이름	패스워드값	UID	GID	사용자 계정 코멘트	홈 디렉터리	셸
예시	user01	x	500	500	developer	/home/user01	/bin/bash

- Login Name(사용자 이름) : 사용자의 이름을 나타내며, 사용자를 검색할 때 사용된다. 다른 사용자와 이름이 중복되어선 안 된다.

- Password(패스워드 값) : 패스워드가 암호화되어 /etc/shadow 파일에 저장되어 있음을 의미한다.
- User ID(UID) : 사용자의 ID를 의미한다. 관리자는 0번이며, 일반 사용자는 500번부터 시작한다.
- User Group ID(GID) : 사용자가 소속되어 있는 그룹의 ID를 의미한다. 관리자 그룹은 0번이며, 일반 사용자 그룹은 500번부터 시작한다.
- Comments(사용자 계정 코멘트) : 사용자 계정에 대한 주석(코멘트)을 기록하는 필드로, 시스템 설정에는 영향을 미치지 않는다.
- Home Directory(홈 디렉터리) : 사용자의 홈 디렉터리를 의미한다. 관리자의 홈 디렉터리는 /root이며, 일반 사용자의 홈 디렉터리는 /home 디렉터리 하위에 생성된다. 사용자가 로그인하면 가장 처음으로 보여지는 위치이다.
- Shell(로그인 셸) : 사용자가 로그인할 때 사용할 셸 파일의 위치를 의미하며, /etc/shell 파일에 정의되어 있다. 기본 설정은 /bin/bash이다.

③ shadow
- 계정 생성 후 패스워드를 설정해야 해당 계정을 사용할 수 있는데, **설정된 계정별 패스워드가 저장**되는 파일이다.
- /etc/shadow 파일의 필드 구조(각각의 필드는 콜론(:)으로 구분된다.)

필드 순서	1	2	3	4	5	6	7	8	9
구분	Login Name	Encrypted	Last Changed	Minimum	Maximum	Warn	Inactive	Expire	Reserved
역할	사용자 이름	암호화된 실제 패스워드	마지막 암호 변경일	암호변경 최소 주기	암호변경 최대 주기	암호변경 경고 일수	로그인 차단 일수	로그인 사용 금지 일수	예약된 필드
예시	user01	abcd1234!@#$	18621	3	100	10	1		

- Login Name(사용자 이름) : 사용자의 이름을 나타내며, 사용자를 검색할 때 사용된다. 다른 사용자와 이름이 중복되어선 안되며, /etc/passwd 및 /etc/group 파일 내의 사용자 이름과 동일해야 한다.
- Encrypted(암호화된 실제 패스워드) : 사용자의 실제 패스워드를 암호화하여 보여주는 곳이다.

- Last Changed(마지막 암호 변경일) : 마지막으로 암호를 변경한 날짜를 1970년 1월 1일부터 경과한 일수만큼 계산하여 표기한다. 마지막 암호 변경일이 2020년 12월 25일인 경우, 2020년 12월 25일은 1970년 1월 1일로부터 18621일 경과된 날이므로 해당 값이 표기된다.
- Minimum(암호 변경 최소 주기) : 마지막 암호 변경일을 기준으로 최소 주기가 지나야만 패스워드를 변경할 수 있다.
- Maximum(암호 변경 최대 주기) : 마지막 암호 변경일을 기준으로 최대 주기가 지나기 전에 패스워드를 변경해야 한다.
- Warn(암호 변경 경고 일수) : 암호 변경 최대 주기에 임박한 경우, 며칠 동안 경고를 보낼 것인지를 지정한다. 암호 변경 최대 주기가 100이고, 암호 변경 경고일 수가 10일 경우, 91일부터 10일 동안 암호 변경 경고 메시지를 보여준다.
- Inactive(로그인 차단 일수): 사용자의 로그인을 차단하는 일 수이다.
- Expire(로그인 사용 금지 일수) : 사용자의 로그인 사용을 금지하는 일 수이며, YYYY-MM-DD 형식으로 표기한다.
- Reserved(예약된 필드) : 시스템 예약 필드로, 공백으로 남겨둔다.

2) 권한 관리

① chmod ★ 꼭 암기하세요.

- 리눅스에서 **파일이나 디렉터리의 시스템 권한을 부여**하는 명령어이다.
- chmod [옵션][권한값][파일명]으로 명령어를 실행한다.
- [권한값]은 알파벳이나 숫자로 표현할 수 있다.
- 해당 파일이나 디렉터리의 소유주 또는 root 계정주만이 권한을 변경할 수 있다.
- chmod 권한부여 구조

파일 종류	오너(Owner)			그룹(Group)			Other		
d	r	w	x	r	w	x	r	w	x
디렉터리	4	2	1	4	2	1	4	2	1
영문자나 기호로 표기	최대 7~최소 1			최대 7~최소 1			최대 7~최소 1		

- 파일의 종류

문자	의미
-	일반 파일
b	블록 장치
c	문자열 정치
d	디렉터리
l	링크
p(=)	named pipe/FIFO
s	소켓

- 권한 부여 대상자의 종류

문자	의미
u	유저(User), 파일을 생성한 사용자
g	그룹(Group), 그룹 사용자
o	Other, 그 외 다른 사용자
a	All , 모든 사용자

- 권한의 종류

의미	문자	숫자
읽기 권한(read)	r	4
쓰기 권한(write)	w	2
실행 권한(execute)	x	1

- 권한을 설정하는 두 가지 방법 ★꼭 암기하세요.

1. Symbolic mode

(1) 표기 방법
- +(추가)와 -(삭제)
- u(오너), g(그룹), o(다른 사용자), a(모든 사용자)
- r=읽기 권한, w=쓰기 권한, x=실행 권한
- - = 값 없음(=권한 없음)
- 9자리의 문자로 표기되는 경우, 앞에서부터 3자리씩 끊어 읽고, 차례대로 유저 권한(읽기→쓰기→실행), 그룹 권한(읽기→쓰기→실행), 다른 사용자 권한(읽기→쓰기→실행) 순으로 풀이한다.

(2) 예시

- 예 chmod u+w, g+w, o-x [파일명]
  - [파일명]에 대한 유저의 쓰기 권한을 추가, 그룹의 쓰기 권한을 추가, 다른 사용자의 실행 권한을 삭제
- 예 chmod ugo+rwx [파일명]
  - [파일명]에 대한 유저, 그룹, 다른 사용자의 읽기, 쓰기, 실행 권한을 추가
- 예 chmod rwxr-x—x [파일명] :
  - [파일명]에 대한 유저의 권한은 읽기, 쓰기, 실행 모두, 그룹의 권한은 읽기와 실행만, 다른 사용자의 권한은 실행만 설정

2. Octal mode

(1) 표기 방법

- 4=r=읽기 권한, 2=w=쓰기 권한, 1=x=실행 권한
- 총 3자리로 표기된 앞에서부터 1, 2, 4의 숫자 합으로 분해하고, 분해된 숫자를 차례대로 유저 권한(읽기 → 쓰기 → 실행), 그룹 권한(읽기 → 쓰기 → 실행), 다른 사용자 권한(읽기 → 쓰기 → 실행) 순으로 풀이한다.

(2) 예시

- 예 chmod 751 [파일명]
  - [파일명] 사용자별 권한값을 751로 지정
    - 첫 자리의 숫자 7은 유저의 권한을 나타낸다. 7(=4+2+1)이므로 순서대로 읽기, 쓰기, 실행이 모두 가능하다는 의미이다.
    - 두 번째 자리의 숫자 5는 그룹의 권한을 나타낸다. 5(=4+1)이므로 순서대로 읽기, 실행이 가능하다는 의미이다.
    - 세 번째 자리의 숫자 1은 그 외(게스트)의 권한을 나타낸다. 1이므로 실행만 가능하다는 의미이다.

- 설정된 권한 보는 법

- 예 drwxr-x—x 2 root root 1024 2020-10-15 14:20 file.txt
  - drwxr-x—x : 접근 권한 속성
    - d=디렉터리 파일
    - rwx=유저 권한 : 읽기, 쓰기, 실행
    - r-x=그룹 권한 : 읽기, 실행
    - —x=다른 사용자 권한 : 실행

> - 2 : 링크 수
> - root : 소유자(UID)
> - root : 그룹(GID)
> - 1025 : 파일의 크기
> - 2020-10-15 14:20 : 마지막 접근 시간
> - file.txt : 파일명

② umask

- **파일 생성 시마다 매번 권한을 부여할 필요 없도록 디폴트 권한을 지정한 값이다.**
- 666에서 umask 값을 뺀 결과값으로 권한을 해석한다. 이때 r=4, w=2, x=0이다.
- 예를 들어 umask 값이 042라면 666에서 해당 값 042를 뺀 값 624(666-042)의 경우, 유저의 권한값 6=4+2+0이므로 읽기, 쓰기, 실행 권한을 모두 갖는다는 의미이며, 그룹의 권한값 2=2+0이므로 쓰기, 실행 권한을 갖는다는 의미이며, 다른 사용자의 권한값 4=4+0이므로 읽기, 실행 권한을 갖는다는 의미이다.

③ chown ★ 꼭 암기하세요.

- **파일의 소유권을 변경**하는 명령어이다.
- chown [옵션] [소유자:소유 그룹] [파일명]으로 명령어를 실행한다.
- chown 옵션

옵션	설명
-c	권한 변경 파일 내용 표시
-f	권한 변경되지 않은 파일에 대한 오류 메시지를 출력하지 않음
-v	작업 상태를 상세하게 출력
-R	하위 디렉터리의 모든 파일 권한을 변경
--help	도움말 출력
--version	버전 정보 출력

④ chgrp ★ 꼭 암기하세요.

- **파일의 소유 그룹을 변경**하는 명령어이다.
- chgrp [옵션] [그룹 파일명]으로 명령어를 실행한다.
- chgrp 옵션

옵션	설명
-c	권한 변경 파일 내용 표시
-h	심볼릭 링크의 그룹 변경
-f	권한이 변경되지 않은 파일에 대한 오류 메시지를 출력하지 않음
-v	작업 상태를 상세하게 출력
-R	하위 디렉터리의 모든 파일 권한을 변경

⑤ chage
- **계정의 패스워드 및 로그인 정보를 관리**하는 명령어이다.
- chage [옵션] [계정명]으로 명령어를 실행한다.
- chage 옵션

옵션	설명
-m	패스워드의 최대 유효 일수, 뒤에 일수를 나타내는 숫자가 온다.
-e	만료일, 뒤에 YYYY/MM/DD 형식으로 날짜가 온다.
-w	사용자가 패스워드를 변경할 때까지 경고할 일수, 뒤에 일수를 나타내는 숫자가 온다.
예시	chage -m 3 -e 2021/03/21 sungandang → 3일 뒤에 sungandang 계정의 패스워드를 바꿔야 하며, 2021년 3월 21일 이후로는 로그인 불가

2-4 LINUX 명령어

1) 시스템 관리 명령어

① mkdir ★ 꼭 암기하세요.
- **새로운 디렉터리를 생성**하는 명령어이다.
- mkdir [옵션] [디렉터리명]으로 명령어를 실행한다.
- mkdir 옵션

옵션	설명
-m	디렉터리 권한 설정(기본값 755)
-p	상위 경로도 함께 생성
-v	생성된 디렉터리에 대한 정보 출력

--help	mkdir 명령어 도움말 출력
--version	mkdir 명령어 버전 정보 출력

② **rmdir** ★ 꼭 암기하세요.

- **디렉터리를 삭제**하는 명령어이다.
- rmdir [옵션] [디렉터리명]으로 명령어를 실행한다.
- mkdir 옵션

옵션	설명
-p	상위 경로도 함께 삭제
--help	rmdir 명령어 도움말 출력
--version	rmdir 명령어 버전 정보 출력

③ **cp** ★ 꼭 암기하세요.

- **파일 또는 디렉터리를 복사**하는 명령어이다.
- cp [옵션] [원본 파일] [복사 파일]로 명령어를 실행한다.
- cp 옵션

옵션	설명
-f	동일한 이름의 파일로 복사하는 경우 덮어쓰기해서 복사
-r	하위 디렉터리를 포함하여 복사

④ **rm** ★ 꼭 암기하세요.

- **파일 또는 디렉터리를 삭제**하는 명령어이다.
- 리눅스 시스템에서는 삭제 후 복구되지 않으므로 rm 명령어를 사용할 때는 신중해야 한다.
- rm [옵션] [파일명]으로 명령어를 실행한다.
- rm 옵션

옵션	설명
-r	디렉터리 삭제 – rmdir 명령과는 달리 파일이 포함된 디렉터리도 삭제한다.
-rf	경고 및 확인 없이 강제(force)로 디렉터리 삭제
-ri	디렉터리 내의 내용을 하나하나 확인하면서 삭제

⑤ mv

- **파일 또는 디렉터리의 위치를 이동하거나 파일의 이름을 변경**하는 명령어이다.
- mv [옵션] [원본 파일] [대상 파일] 명령어로 파일의 이름을 변경한다.
- mv [옵션] [원본 파일] [디렉터리명] 새로운 디렉터리로 파일을 이동한다.
- mv 옵션

옵션	설명
-f	경고 및 확인 없이 강제(force)로 명령 실행
-i	이동 및 변경 내용을 하나하나 확인하면서 명령 실행
-b	백업 파일을 생성하고 명령 실행
-n	동일한 파일이 존재할 경우 덮어쓰지 않고 명령 실행

⑥ cd

- **경로를 이동할 때 (디렉터리 변경) 사용하는 명령어**이다.
- cd 옵션

옵션	설명
cd [파일경로]	해당 디렉터리로 이동
cd ..	현재에서 한 단계 상위 디렉터리로 이동
cd /	가장 상위(root) 디렉터리로 이동
cd -	이전 디렉터리로 이동
cd ~	현재 로그인된 사용자의 홈 디렉터리로 이동
cd ~ [사용자 이름]	입력한 사용자의 홈 디렉터리로 이동

⑦ ls

- **해당 디렉터리나 파일의 구성 정보를 보여주는 명령어**이다.
- ls 옵션

옵션	설명
-a	숨겨진 파일을 포함하여 모든 항목을 표시
-l	각 파일의 상세한 정보를 포함하여 표시(파일 권한, 링크 수, 소유자, 소유 그룹, 파일 크기, 최종 수정시간 등)
-d	-l과 함께 사용하여 디렉터리 정보만 표시
-R	하위 디렉터리의 내용도 표시
-t	최종 수정시간을 기준으로 표시
-s	파일 크기를 기준으로 표시
-r	다른 옵션과 함께 사용하여 역순으로 표시

⑧ free
- **시스템 메모리를 체크**하는 명령어이다.
- 메모리의 전체 용량, 잔여 메모리 용량, 사용 중인 메모리 용량, 스왑(SWAP) 메모리 용량, 커널에서 사용하는 공유 메모리 및 버퍼의 용량, 캐시 메모리 용량 등을 알 수 있다.
- free 옵션

옵션	설명
-b	바이트(byte) 단위로 표시
-k	킬로바이트(Kbyte) 단위로 표시
-m	메가바이트(Megabyte) 단위로 표시
-t	마지막에 전체(total) 용량을 표시
-o	버퍼 및 캐시 정보를 표시하지 않음
-s	지정한 초마다 표시
-v	명령어 버전 정보 확인

⑨ find
- **특정 파일을 찾는 명령어**이다.
- find [경로] [옵션] [검색 조건]으로 실행한다.
- find 옵션

옵션	설명
-P	심볼릭 링크 정보를 사용하여 검색
-L	심볼릭 링크에 연결된 파일 정보를 사용하여 검색
-H	심볼릭 링크를 사용하지 않음(CLA는 예외)
-D	디버그 메시지 출력

- find 검색 조건

옵션	설명
-name	파일명으로 검색
-perm	특정 권한을 기준으로 검색
-nouser	소유자가 없는 파일 검색
-nogroup	소유 그룹이 없는 파일 검색

-type	특정 타입만을 검색 - b - blok 블록 - c - char - d - dir 디렉터리 - l - slink - f - regular
mount	마운트된 파일 시스템만을 검색

⑩ man ★ 꼭 암기하세요.

- 명령어의 사용법을 확인할 수 있는 명령어이다.
- man [명령어]로 실행한다.

2) 텍스트 명령어

① cat

- **파일의 내용을 텍스트로 확인**할 수 있는 명령어이다.
- 확인한 내용을 다른 파일과 결합하거나, 별도의 파일로 저장하고 프린트할 때도 사용한다.
- ">"은 입력, "<"은 출력을 의미한다.
- cat [옵션] [파일명]의 형태로 실행한다.
- cat 옵션

옵션	설명
-b	화면 왼쪽에 줄번호를 표시, 비어있는 줄 제외
-e	각 줄의 끝에 $를 추가하면서 제어문자를 ^로 출력
-n	화면 왼쪽에 줄번호를 표시, 비어있는 줄 포함
-s	연속적으로 비어있는 줄을 한줄로 출력
-v	tab 버튼과 줄바꿈 문자를 제외한 나머지 제어 문자를 ^로 출력
-E	각 줄의 끝에 $를 추가
-T	tab 문자를 출력
-A	-vET 옵션을 함께 사용한 효과
--help	도움말 출력
--version	버전 정보 출력

② grep
- **특정 파일 내에서 문자열을 검색**하는 명령어이다.
- 결과값으로 해당 문자열이 들어 있는 행을 화면에 출력한다.
- grep [검색 문자열] [파일명], grep [옵션] [검색 문자열] [파일명]의 형태로 실행한다.
- grep 옵션

옵션	설명
-c	검색 문자열이 속한 줄 수를 출력
-H	검색 문자열이 속한 파일명을 함께 출력
-i	검색 문자열의 대소문자를 무시하고 검색
-n	검색 문자열이 속한 행 번호와 함께 출력
-r	현재 경로에서 하위 경로까지 포함하여 검색
-w	검색 문자열이 하나의 단어인 경우에만 검색

- grep 정규표현식 메타문자

메타문자	의미	사용 예	사용 예 설명
^	행의 시작	grep ^star file	file에서 star로 시작하는 모든 행을 출력
$	행의 끝	grep star$ file	file에서 star로 끝나는 모든 행을 출력
.	하나의 문자	grep ..ar file	file에서 두 글자가 오고 ar로 끝나는 문자열을 포함하는 행을 출력
*	임의의 문자열	grep *tar file	file에서 앞부분 문자의 개수나 종류와 관계없이 tar로 끝나는 행을 출력
[ ]	[ ] 사이에 속한 하나의 문자와 대응	grep [abcde]tar file	file에서 atar, btar, ctar, dtar, etar을 포함하는 행을 출력
[^]	[ ] 사이에 속하지 않은 하나의 문자와 대응	grep [xyz]tar file	file에서 xtar ytar ztar을 제외한 나머지 ~tar을 포함하는 행을 출력
₩⟨	단어의 시작	grep ₩⟨star file	file에서 star로 시작하는 단어를 포함하는 행을 출력
₩⟩	단어의 끝	grep star⟩₩ file	file에서 star로 끝나는 단어를 포함하는 행을 출력

③ wc

- word count. **단어 수나 줄 수를 세어주는 명령어**이다.
- wc [옵션] [파일] 형태로 실행한다.
- 결과값은 행수 - 단어 수 - 문자수 순으로 출력한다.
- wc 옵션

옵션	설명
-l	줄 수만 출력
-w	단어 수만 출력
-c	문자 수만 출력
-L	가장 긴 라인의 길이를 출력

3) 네트워크 명령어

① ifconfig ★ 꼭 암기하세요.

- **네트워크 인터페이스의 설정을 확인**할 수 있는 명령어이다.
- 윈도우의 ipconfig와 동일한 기능을 수행한다(철자 차이에 주의해야 한다).
- 시스템에 장착된 이더넷카드 설정 확인, 변경, 각종 옵션 값 변경 등 네트워크 설정이 가능하다.
- ifconfig 옵션

옵션	설명
up/down	인터페이스 활성화/비활성화
netmask 주소	넷마스크 주소 설정
broadcast 주소	브로드캐스트 주소 설정

② ping ★ 꼭 암기하세요.

- **입력된 사이트와의 통신 상태를 점검**할 수 있는 명령어이다.
- ping 옵션

옵션	설명
-c	패킷을 보낼 횟수 지정
-i	패킷을 보낼 시간 간격 지정(디폴트 : 1초)
-s	전송 패킷의 크기 지정(디폴트 : 8byte, 최대 65,515byte)

③ netstat ★꼭 암기하세요.

- **연결된 모든 네트워크 시스템 정보를 확인**하는 명령어이다.
- 활성화된 포트와 진행 중인 서비스 프로세스를 출력한다.
- netstat 옵션

옵션	설명
-a	연결되어 있거나 대기 중인 모든 포트 번호를 확인
-r	라우팅 테이블 및 연결되어 있는 포트 번호 확인
-n	도메인 주소를 IP 주소로 출력
-t	tcp 프로토콜 출력
-u	udp 프로토콜 출력
-p	해당 프로토콜을 사용 중인 프로그램과 PID 출력

- netstat 상태(출력 결과)

옵션	설명
LISTEN	연결이 가능하여 접속을 기다리는 상태
SYS-SENT	연결을 요청한 상태
SYS-RECEIVED	연결 요청을 받은 후 대기 중인 상태
ESTABLISHED	연결이 성립되어 통신 중인 상태
CLOSING	메시지가 유실된 상태
CLOSED	연결이 완전히 종료된 상태

④ arp ★꼭 암기하세요.

- **IP 주소를 MAC 주소로 변환**하는 명령어이다.
- arp 옵션

옵션	설명
-a	지정한 호스트의 MAC 주소 출력 지정하지 않으면 모든 호스트 정보 출력
-s	호스트의 MAC 주소 추가
-d	지정한 호스트를 목록에서 삭제
-v	ARP 상태를 출력

⑤ traceroute ★꼭 암기하세요.

- **목적지까지의 경로 정보**를 알 수 있는 명령어이다.

- 목적지를 찾아갈 때 방문하는 게이트웨이명, IP 주소, 도달 시간 등의 정보를 확인할 수 있다.
- traceroute [옵션] [호스트 도메인명 혹은 IP 주소] [패킷 크기]와 같이 사용한다.
- traceroute 옵션

옵션	설명
-m	경로상 거치는 최대 홉(hop) 수를 지정
-n	주소 찾기 비활성화
-p	시작 포트 넘버 지정
-q	패킷 수 지정
-g	지정된 게이트웨이를 통한 경로 지정
-w	대기 시간 설정
-4	IPv4 사용
-6	IPv6 사용
-I	ICMP 요청 사용
-T	TCP 요청 사용
-D	CDDP 요청 사용

⑥ nslookup ★꼭 암기하세요.

- **도메인명을 입력하면 IP 주소를 출력**하는 명령어이다.
- nslookup [옵션] [도메인명] 형태로 실행한다.
- nslookup 옵션

옵션	설명
-query=mx	MX(mail record) 확인
-q-cname	CNAME 필드 조회
-q=txt	text 필드 조회
-type-ns	네임서버 레코드로 DNS목록 확인

2-5 vi 편집기 ★꼭 암기하세요.

1) vi 편집기

① 유닉스 시스템에서 주로 사용하는 텍스트 편집기이다.

② visual editor라고도 부른다.

2) vi 편집기 명령어

① vi 시작 명령어

입력	설명
vi [파일명]	[파일명] 열기, 존재하지 않는 파일명이라면 [파일명] 파일을 생성하고 vi 편집기 실행하기
vi [-행번호][파일명]	[파일명]을 열고 [행번호]로 커서 이동하기
vi-/"문자열" [파일명]	[파일명]의 "문자열"이 처음 발생하는 곳부터 열기
view [파일명]	[파일명]을 읽기 전용 모드로 열기

② 입력모드 전환 명령어

입력	설명
i	커서 위치에서 입력 시작
I	커서 왼쪽, 행의 가장 처음에 입력 시작
a	커서 한 칸 오른쪽부터 입력 시작
A	커서 오른쪽, 행의 가장 마지막에 입력 시작
o	커서 바로 아래쪽에 새로운 행을 만들어 입력 시작
O	커서 위쪽 위쪽에 새로운 행을 만들어 입력 시작

③ 커서 이동 명령어

입력	설명
h	왼쪽으로 이동
j	아래쪽으로 이동
k	위쪽으로 이동
l	오른쪽으로 이동
w	한 단어 오른쪽으로 이동, 커서 위치 단어의 오른쪽 맨 끝
e	한 단어 오른쪽으로 이동, 커서 위치 단어의 왼쪽 맨 앞
b	한 단어 왼쪽으로 이동, 커서 위치 단어의 왼쪽 맨 앞
Enter	한 행 아래로 이동
Back space	한 문자 왼쪽으로 이동
Space bar	한 문자 오른쪽으로 이동
^	현재 행의 맨 왼쪽으로 이동
$	현재 행의 맨 오른쪽으로 이동

입력	설명
H	현재 화면의 맨 위로 이동
M	현재 화면의 중앙으로 이동
L	현재 화면의 맨 아래로 이동
숫자G	숫자로 지정한 행으로 이동
Ctrl + i	한 페이지 위로 이동
Ctrl + b	한 페이지 아래로 이동
Ctrl + d	반 페이지 위로 이동
Ctrl + u	반 페이지 아래로 이동
Ctrl + e	한 행씩 위로 이동
Ctrl + y	한 행씩 아래로 이동

④ 텍스트 변경 명령어

입력	설명
cw	단어 변경
cc	행 변경
r-Enter	행 분리
J	현재 커서가 속한 행과 아래 행 결합
xp	커서 위치의 문자와 오른쪽 문자 위치 바꿈
~	대문자-소문자 변경
u	명령 취소
U	행 변경 내용 취소
.	명령 반복

⑤ 텍스트 삭제 명령어

입력	설명
x	커서가 위치한 문자 삭제
nx	커서 위치로부터 n개의 문자 삭제
dw	커서가 위치한 한 단어 삭제
dd	커서가 위치한 행 삭제
ndd	커서가 위치한 행으로부터 n개의 행 삭제
db	커서 위치로부터 역방향으로 한 단어 삭제
D	커서 오른쪽 행 삭제

⑥ 보관 및 종료 명령어 ★꼭 암기하세요.

입력	설명
:w	**수정사항 저장**
:w[파일명]	수정사항을 적용하여 파일명으로 저장
:wq	**수정사항 저장 후 vi 종료(=zz)**
zz	수정사항 보관 후 vi 종료
:q!	**수정사항을 저장하지 않고 종료**
q	수정한 파일을 저장하지 않고 vi 종료
e!	수정 내용을 무시하고 다시 편집상태 실행

2-6 LINUX 활용

1) 프로세스

① 프로세스(ps) ★꼭 암기하세요.

- **프로세스의 상태를 확인하고, 프로세스가 유효한지 여부를 확인할 수 있다.**
- **프로세스의 번호(PID)를 확인할 수 있다.**
- ps -ef 명령어를 통해 CPU의 사용현황과 사용 중인 프로세스를 확인할 수 있다.
- ps 명령어

입력	설명
-A	모든 프로세스를 출력
-a	터미널에 종속되지 않은 모든 프로세스를 출력
-e	커널 프로세스를 제외한 모든 프로세스를 출력
-f	full format으로 출력(UID, PID, PPID 등을 포함하여 표시)
-l	long format으로 출력(정보를 길게 보여주며, 우선순위와 관련된 PRI, NI 값을 포함하여 표시)
-p	특정 PID를 지정하여 출력
-r	현재 실행 중인 프로세서를 출력

- ps 출력 필드

입력	설명
UID, USER	프로세스 소유자명
PID	프로세스 번호
PPID	부모 프로세스 번호
%CPU	CPU 사용 비율
%MEM	메모리 사용 비율
VSZ	가상 메모리 사용량
RSS	실제 메모리 사용량
TTY	연결된 터미널
S, STAT	프로세스 상태 코드
TIME	전체 CPU 사용 시간
COMMAND	프로세스 실행 명령행
STIME	프로세스의 시작일/시작시간
C, CP	단기간 CPU 사용 비율
F	프로세스 플래그
PRI	실제 실행 시의 우선순위
NI	NICE 우선순위 번호

② 데몬(DEAMON) ★ 꼭 암기하세요.

- **사용자가 직접 제어하지 않아도 백그라운드로 실행되며, 고유한 기능에 해당하는 이벤트가 발생하면 동작한다.**
- **서비스를 제공한 뒤 대기상태로 돌아간다.**
- 시스템 서비스를 지원하는 프로세스이다.
- 서버의 역할을 수행하거나 그 기능을 도와준다.
- ps afx 명령어를 통해 데몬프로그램의 활동을 확인할 수 있다.

2) RPM(Redhat Package Manager)

① RPM 패키지

- 레드햇에서 제작, 배포한 **패키지 관리 프로그램이다.**
- 특정 시스템에 최적화된 컴파일 소스 묶음을 다른 시스템에서도 활용할 수 있게 한다.
- 파일 확장자는 .rpm이며, 바이너리 패키지 혹은 RPM 패키지라고 부른다.

- RPM 옵션

입력	설명
-i	패키지 설치
-e	패키지 삭제
-q	패키지 정보 확인
-qi	설치된 패키지의 상세 정보 확인
-qa	시스템에 설치된 전체 패키지 정보 확인
-force	강제 설치
-nodeps	의존성을 무시하고 설치

3) SAMBA ★꼭 암기하세요.

① SAMBA

- **리눅스와 다른 운영체제 간의 자원 공유를 위한 프로토콜로, 일종의 공유 클라우드이다.**
- 윈도우 시스템과 디렉터리 및 파일의 공유, 프린터, USB 등을 공유할 수 있다.
- TCP/UDP의 137, 139 포트를 이용한다.

② SAMBA 동작

입력	설명
smb start	samba 시작
smb stop	samba 종료
smbd	세션 연결, 자료 전송 및 프린터 접속
nmbd	사용 가능한 자원의 목록 확인
smb.conf	samba 환경파일 설정

3과목 적중예상문제

01 아래 내용은 네트워크 담당자인 Peter 사원이 어떤 명령어를 사용한 결과이다. Peter 사원이 사용한 명령어는 무엇인가?

```
1 210.110.249.1 (210.110.249.1) 0.296 ms
  0.226 ms 0.211 ms
2 203.230.105.254 (203.230.105.254)
  1.064 ms 0.695 ms 0.742 ms
3 203.251.22.9 (203.251.22.9) 1.459 ms
  1.079 ms 1.181 ms
4 dj-r1-ge0.kornet.net
  (210.123.243.210) 1.037 ms 0.980 ms
  1.281 ms
5 211.196.155.149 (211.196.155.149) 4.076
  ms 4.081 ms 3.772 ms
```

① ping ② nslookup
③ traceroute ④ route

● 해설
- 지문에서는 각기 다른 IP 주소와 시간 정보가 반복적으로 보여지고 있는데, 이는 특정 주소까지 도달하기 위한 경로와 소요 시간을 알 수 있는 traceroute 명령어의 결과이다.
- Linux에서 IP 패킷이 목적지에 도착하기 위해 방문하는 게이트웨이의 순서 정보를 제공하는 명령어는 raceroute이다. 같은 역할을 하는 Windows Server 명령어는 tracert이다.

02 DHCP 클라이언트가 서버로 현재 할당받은 IP 주소를 반환할 때 사용하는 명령어는?

① ipconfig /renew
② ipconfig /release
③ netstat /renew
④ netstat /release

● 해설
② ipconfig는 IP congifuration의 약어로 현재 로컬 디바이스의 네트워크 정보를 확인할 수 있는 명령어이다.
- ipconfig – 현재 설정된 네트워크 정보(IP, Gateway, Subnet Mask)를 확인
- ipconfig/all – 모든(all) 네트워크 정보 확인 (MAC 주소를 포함)
- ipconfig/release – DHCP 서버로 현재 할당받은 IP 주소를 반환(release)
- ipconfig/renew : IP 주소를 새롭게 갱신(renew) 받음
- ipconfig/flushdns : IP 주소와 매칭된 도메인 캐시 정보(DNS)를 흘려보냄(flush)=없앰
- ipconfig/setclassid : 클래스 ID(classid)를 설정(set)하여 DHCP를 테스트

03 신입사원 Lisa는 Linux에서 프로세스의 상태를 확인하려고 한다. 이때 사용하는 명령어는 무엇인가?

① ps ② w
③ at ④ cron

● 해설
ps는 프로세스가 유효한지 여부를 확인할 수 있는 명령어이다.

정답 01. ③ 02. ② 03. ①

04 신입사원 Tony가 'ls'라는 명령어의 사용법을 알아보기 위해 입력해야 하는 명령어로 올바른 것은?

① cat ls　　　② man ls
③ ls man　　　④ ls cat

> 해설

man은 manual(매뉴얼)을 뜻하는 명령어로, man [명령어 이름]을 통해 해당 명령어의 사용법 및 적용 가능한 옵션을 확인할 수 있다.

05 Windows Server 2022의 보안 기능인 Secured-core 서버에 대한 설명으로 올바른 것은?

① 모든 Windows Server 에디션에서 기본 적용된다.
② Hyper-V 기능이 제거된 서버에서만 사용 가능하다.
③ TPM 2.0, VBS, Credential Guard 등을 포함한다.
④ GUI 설치 버전에서 사용할 수 없다.

> 해설

Secured-core 서버는 TPM 2.0, VBS(가상화 기반 보안), Credential Guard, Secure Boot 등을 포함하는 하드웨어 기반 보안 기능이다.

06 Linux에서 네트워크 인터페이스 카드 설정 및 정보를 확인할 수 있는 명령어는?

① ifconfig
② network
③ cardconfig
④ mount

> 해설

- ifconfig는 시스템에 장착된 인터페이스 카드의 정보를 확인할 수 있는 명령어이다.
- ipconfig는 windows에서 사용되는 명령어이고, ifconfig는 유닉스 계열의 시스템에서 사용되는 명령어이다.

07 Windows Server 2022에서 Power Shell 7.x(Core)의 특징으로 옳지 않은 것은?

① 리눅스와 맥OS에서도 사용할 수 있다.
② JSON, YAML 파일의 처리를 지원한다.
③ GUI 환경에서만 실행할 수 있다.
④ 자동화 및 클라우드 환경에 적합하다.

> 해설

PowerShell Core는 크로스 플랫폼 CLI 도구로, 콘솔 환경에서 작동하며 GUI 환경이 없어도 사용 가능하다.

08 Windows Admin Center(WAC)의 주요 특징으로 적절하지 않은 것은?

① 웹 브라우저 기반의 서버 관리 도구이다.
② Server Core 환경에서 GUI 없이 사용할 수 있다.
③ Azure 포털에서만 실행 가능하다.
④ 역할 추가, PowerShell 실행 등이 가능하다.

> 해설

WAC는 로컬 또는 네트워크를 통해 접속 가능한 웹 기반 도구이며, Azure 포털 전용은 아니다.

정답 04. ②　05. ③　06. ①　07. ③　08. ③

09 네트워크 담당자 Kim 사원은 초기화 명령어인 init를 이용하여 재부팅을 실행하고자 한다. 이때 사용해야 하는 옵션은 무엇인가?

① init 0
② init 1
③ init 5
④ init 6

● 해설

init 실행 레벨 옵션
- 0 : 시스템 종료 모드
- 1 : 단일 사용자 모드
- 2 : 다중 사용자 텍스트(NFS 지원 없음)
- 3 : 다중 사용자 텍스트(CUI 모드)
- 4 : 사용 안 함
- 5 : 다중 사용자 그래픽 모드(GUI 모드)
- 6 : 시스템 재부팅 모드

10 네트워크 담당자 Alex 사원은 Linux파일의 접근 권한을 변경하려고 한다. 이때 사용하는 명령어는 무엇인가?

① umount
② greb
③ ifconfig
④ chmod

● 해설

- umount : 마운트된 파일, 디렉터리, 장치 등을 해제
- greb : GNU 프로젝트의 부트 로더
- ifconfig : 네트워크 환경설정 현황을 확인

11 시스템 담당자 Brian 사원은 Linux 시스템 상에서 하드디스크 및 USB, CD-ROM 등을 마운트(Mount)하려고 한다. 시스템 부팅 시 이와 같은 파일 시스템을 자동으로 마운트하기 위한 설정 파일로 올바른 것은?

① /etc/fstab
② /etc/services
③ /etc/filesystem
④ /etc/mount

● 해설

/etc/fstab은 시스템 부팅과 함께 자동으로 마운트되어야 하는 항목들을 정의해 둔 설정 파일이다. 이 항목에는 USB, CD-ROM도 포함된다.

12 보안 전문가 Jennifer는 최근 일어난 스니핑 사례에 대응하기 위해 네트워크를 재정비하던 중 네트워크 설정 모드가 (A)로 되어 있는 것을 확인했다. 네트워크 어댑터가 자신에게 오기로 예정된 패킷뿐만 아니라 네트워크를 통과하는 모든 패킷을 받아들이도록 설정되었음을 의미하는 A는 무엇인가?

① Promiscuous 모드
② Quick 모드
③ Standard 모드
④ Thorough 모드

● 해설

Promiscuous라는 영단어 자체는 '이것저것 되는 대로 잡다한'이라는 뜻을 가지고 있으며, '상대를 가리지 않고 사람을 만나는'이라는 뜻으로 더 빈번하게 사용된다. 이처럼 네트워크 어댑터가 자신에게 오는 패킷뿐만 아니라 네트워크를 통과하는 모든 패킷을 가리지 않고 받아들이는 모드가 Promiscuous(프로미스쿠스) 모드이다. 프로미스쿠스 모드는 시스템에 부하를 일으키므로 기본적으로는 비활성화되어 있다. 이를 활성화하게 되면 다른 목적지의 패킷까지 받아 스니핑의 목적으로 악용할 수도 있다.

13 Linux를 배우던 학생 Jake는 본인이 사용한 디스크 용량이 궁금해졌다. 사용한 디스크 용량에 대한 정보를 확인하기 위해 Jake가 사용해야 하는 Linux 명령어는?

① du
② pwd
③ cat
④ vi

정답 09. ④ 10. ④ 11. ① 12. ① 13. ①

● 해설

du : 디스크의 전체 용량 정보를 확인하는 명령어. 참고로 df는 디스크의 남아있는 용량 정보를 확인하는 명령어이다.

14 보안 전문가 Jennifer는 최근 Linux 시스템에 좀비 프로세스가 많이 생겨 시스템을 재부팅하려고 한다. 3분 후에 시스템을 재부팅시키는 명령어는?

① shutdown -r now +3
② shutdown now -3
③ shutdown -r +3
④ shutdown +3

● 해설

shutdown은 시스템 종료 명령어이다.
r : 종료 후 재부팅, +숫자 : 숫자 분 후 명령 실행
따라서 3 뒤에 시스템을 재부팅시키는 명령어는 shutdown -r +3이다.

15 Linux를 배우던 학생 Jake는 work 디렉터리 안에서 homework라는 파일을 찾고자 한다. 이때 사용하는 명령어는?

① check work homework
② lookup work homework
③ find work homework
④ file work homework

● 해설

find는 특정한 파일을 찾고자 할 때 사용하는 명령어이다. find [디렉터리] [파일명]의 형태로 명령한다.

16 Linux 시스템에서 '-rwxr-x--x'와 같은 퍼미션을 나타내는 숫자는?

① 751
② 741
③ 754
④ 764

● 해설

알파벳 rwx는 각각 read(읽기), write(쓰기), execution(실행)을 나타내며, 각 숫자의 합으로 읽기, 쓰기, 실행에 대한 권한을 나타낸다.
r=4 / w=2 / x=1이며, 따라서
7=4+2+1=r+w+x=읽기, 쓰기, 실행 권한 모두 보유
6=4+2=r+w=읽기, 쓰기 권한 보유
5=4+1=r+x=읽기, 실행 권한 보유
4=4=r=읽기 권한 보유
3=r+x=쓰기, 실행 권한 보유
2=2=w=쓰기 권한 보유
1=1=x=실행 권한 보유
위와 같다.
이는 숫자로도 나타낼 수 있으며, rwx 각 세 자리의 알파벳으로도 나타낼 수 있는데
예를 들어, 7=rwx, 6=rw-, 3=-wx 등으로 표현할 수 있다.
리눅스 시스템상에서 파일의 사용자는 소유주, 그룹, 기타 사용자로 구분 되는데, 한 파일에 대한 사용자별 권한도 이러한 숫자의 조합 혹은 알파벳의 조합으로 나타낼 수 있다.
지문의 '-rwxr-x--x'는 앞자리부터 세 자리씩 끊어 살펴보면 rwx r-x --x이며, 이를 숫자로 변환하면
소유주 권한=r+w+x=4+2+1=7
그룹 권한=r+x=4+1 =5
기타 사용자 권한=x=1 이므로
751로도 나타낼 수 있다.

정답 14. ③ 15. ③ 16. ①

17 신입사원 Han은 새로 설치한 Linux컴퓨터에 프린터를 공유하려고 한다. 이를 위해 Han이 설치해야 하는 서버 및 클라이언트 프로그램은?

① 삼바(SAMBA)
② 아파치(Apache)
③ 샌드메일(Sendmail)
④ 바인드(BIND)

● 해설
SAMBA(삼바) : 리눅스와 다른 이기종 간의 파일 시스템이나 프린터를 공유하기 위해 설치하는 서버 및 클라이언트 프로그램

18 Windows Server 2022의 IIS 10.0(버전 20348 이상)에 대한 설명으로 적절한 것은?

① HTTP/2는 지원하지만 TLS 1.3은 지원하지 않는다.
② FTP 서버만 지원하고 웹 서버는 비활성화되었다.
③ QUIC 및 HTTP/3을 지원하여 속도와 보안이 강화되었다.
④ PowerShell에서 설정할 수 없다.

● 해설
IIS 10.0(20348)은 HTTP/3과 QUIC, TLS 1.3을 지원하여 최신 웹 보안 및 성능 기준을 충족한다.

19 Linux에서 기본적으로 생성되는 디렉터리로 옳지 않은 것은?

① /etc
② /root
③ /grep
④ /home

● 해설
/grep은 리눅스 설치 시 기본적으로 생성되는 디렉터리에 해당하지 않는다.

20 아래의 내용에서 설명하는 프로토콜은?

- 조직이나, 개체, 그리고 인터넷이나 기업 내의 인트라넷 등 네트워크상에 있는 파일이나 장치들과 같은 자원 등의 위치를 찾을 수 있게 해주는 소프트웨어 프로토콜이다.
- Active Directory의 데이터베이스를 액세스하는 데 사용된다.

① SNMP
② DHCP
③ LDAP
④ Kerberos 버전5

● 해설
LDAP(Lightweight Directory Access Protocol, 가벼운 디렉터리 접근 프로토콜)는 네트워크상에 있는 자원의 위치와 디렉터리 서비스를 조회하고 관리할 수 있게 해주는 소프트웨어 프로토콜이다. 액티브 디렉터리 상의 데이터에 접근하는 데 사용한다.

21 Linux 시스템에서 삼바 서버(Samba Server)의 환경 설정 파일은?

① samba.conf
② smbusers
③ lmhosts
④ smb.conf

● 해설
리눅스에서 삼바 서버의 환경 설정을 할 수 있는 파일은 smb.conf이다.

정답 17. ① 18. ③ 19. ③ 20. ③ 21. ④

22 Linux의 퍼미션(Permission)에 대한 설명 중 옳지 않은 것은?

① 모든 사용자에게 모든 권한을 부여하려면 권한을 '666'으로 변경한다.
② 파일의 접근 모드를 변경하기 위한 명령은 'chmod'이다.
③ 파일의 그룹 소유권을 변경하기 위한 명령은 'chgrp'이다.
④ 파일의 소유권을 변경하기 위한 명령은 'chown'이다.

● 해설

모든 사용자에게 모든 권한을 부여하려면 chmod 777 파일명으로 변경해야 한다.

23 다음 중 Windows Server 2022에서 Azure Arc의 역할로 올바른 것은?

① Hyper-V 가상 머신 스냅샷 기능을 제공한다.
② Active Directory OU를 자동 생성한다.
③ 온프레미스 서버를 Azure에서 중앙 관리할 수 있게 한다.
④ DNS 트래픽을 차단하는 방화벽 구성 도구이다.

● 해설

Azure Arc는 온프레미스 또는 타 클라우드의 Windows Server를 Azure에서 관리 가능하게 해주는 하이브리드 솔루션이다.

24 DNS에서 지원하는 레코드 형식 중 역방향 조회에 사용되는 레코드는?

① A   ② AAAA
③ PTR   ④ SOA

● 해설

DNS 데이터베이스 레코드의 유형
• DNS A : 도메인 이름으로 호스트의 IP 주소를 확인
• DNS AAAA : 도메인 이름으로 호스트의 IPv6 주소를 확인
• DNS PTR(Pointer) : A레코드의 반대 기능으로 IP 주소를 통해 도메인 이름을 확인(=DNS REVERSE)
• DNS SOA : 해당 영역에서 가장 큰 권한(Authority)을 받은 호스트 확인

25 tar로 묶인 'mt.tar'를 풀어내는 명령은?

① tar -tvf mt.tar
② tar -cvf mt.tar
③ tar -cvvf mt.tar
④ tar -xvf mt.tar

● 해설

-xvf는 압축을 풀어내는 명령어이다.

26 Linux에서 외부에서 마운트 요청이 오면 응답해 주는 역할을 하는 데몬(Daemon)은?

① rpc.mountd   ② rpc.nfsd
③ rpc.lockd   ④ rpc.statd

● 해설

외부 마운트 요청에 응답하는 데몬은 rpc.mountd이다.

27 Linux 시스템의 vi 에디터에 대한 설명으로 옳지 않은 것은?

① 입력 모드로 전환은 'i'를 눌러서 한다.
② 편집모드로 전환하기 위해서는 'esc' 키를 누르고 ':'(콜론)을 입력하면 된다.
③ 기능키 'A'는 입력 모드로 전환되어 현재 라인의 끝에 입력된다.
④ 기능키 'a'는 입력 모드로 전환되어 현재 라인의 위 라인에 입력된다.

● 해설
vi 편집기에서 기능키 'a'를 입력하면 현재 커서 바로 다음 위치에 텍스트가 입력된다.

28 삼바(SAMBA)의 기능에 대한 설명으로 옳지 않은 것은?

① 삼바(SAMBA) 설치는 RPM으로 설치할 수 있다.
② MS Windows 계열 운영체제가 설치된 컴퓨터에 연결된 프린터를 공유하여 사용할 수 있다.
③ MS Windows 계열 운영체제가 설치된 컴퓨터에 있는 파일을 공유할 수 있다.
④ 네트워크를 통해 Linux의 NTFS 파일 시스템을 연결할 목적으로 개발되었다.

● 해설
삼바(SAMBA)는 리눅스와 이기종 간의 파일 시스템이나 프린터 공유 목적으로 사용하며, RPM으로 설치할 수 있다.

29 Linux 시스템에서 사용자가 내린 명령어를 Kernel에 전달해 주는 역할을 하는 것은?

① System Program
② Loader
③ Shell
④ Directory

● 해설
셸(Shell)은 리눅스에서 사용자의 명령어를 Kernel이 이해할 수 있는 말로 해석하여 전달하는 인터프리터(Interpreter) 역할을 한다.

30 다음 중 Windows Server 2022에서 DHCP 서버 설정 절차로 옳은 순서를 고른 것은?

① DHCP 역할 설치 → 범위 설정 → 서버 인증 → 클라이언트 확인
② 클라이언트 설정 → 서버 인증 → DHCP 역할 설치 → 범위 설정
③ DHCP 범위 설정 → 역할 설치 → 클라이언트 연결
④ DHCP 역할 설치 → 클라이언트 연결 → 서버 인증

● 해설
DHCP 역할을 먼저 설치하고, IP 범위를 설정한 다음 서버 인증을 거쳐 클라이언트에 적용하는 것이 표준 절차이다.

정답 27. ④ 28. ④ 29. ③ 30. ①

31 Linux 시스템에서 디렉터리를 생성하는 명령어는?

① mkdir   ② rmdir
③ grep   ④ find

● 해설

mkdir은 새로운 디렉터리를 생성하는 명령어이다.

32 Windows Server 2022에서 SMB over QUIC 기능의 주요 특징으로 올바른 것은?

① FTP를 대체하는 고속 전송 프로토콜이다.
② VPN 없이도 안전하게 파일 공유가 가능하다.
③ SMB 포트(445)를 차단하기 위한 방화벽 기능이다.
④ 하드디스크 백업만을 위한 전용 프로토콜이다.

● 해설

SMB over QUIC는 TLS 1.3 기반의 보안 통신을 활용하여 VPN 없이도 안전하게 파일 공유를 가능하게 하는 기능으로, 원격 근무 환경에서 유용하다. 기존 TCP 기반 SMB와 달리 UDP 기반 QUIC 프로토콜을 사용한다.

33 DNS에서 지원하는 레코드 형식 중 도메인 이름으로 호스트의 IP 주소를 확인하기 위해 사용되는 레코드는?

① A   ② AAAA
③ PTR   ④ SOA

● 해설

DNS 데이터베이스 레코드의 유형
- DNS A : 도메인 이름으로 호스트의 IP 주소를 확인
- DNS AAAA : 도메인 이름으로 호스트의 IPv6 주소를 확인
- DNS PTR(Pointer) : A레코드의 반대 기능으로 IP 주소를 통해 도메인 이름을 확인(=DNS REVERSE)
- DNS SOA : 해당 영역에서 가장 큰 권한(Authority)을 받은 호스트 확인

정답 31. ① 32. ② 33. ①

4과목 네트워크 운용기기

Chapter 01 네트워크 서버 운영

Chapter 02 네트워크 회선 운영

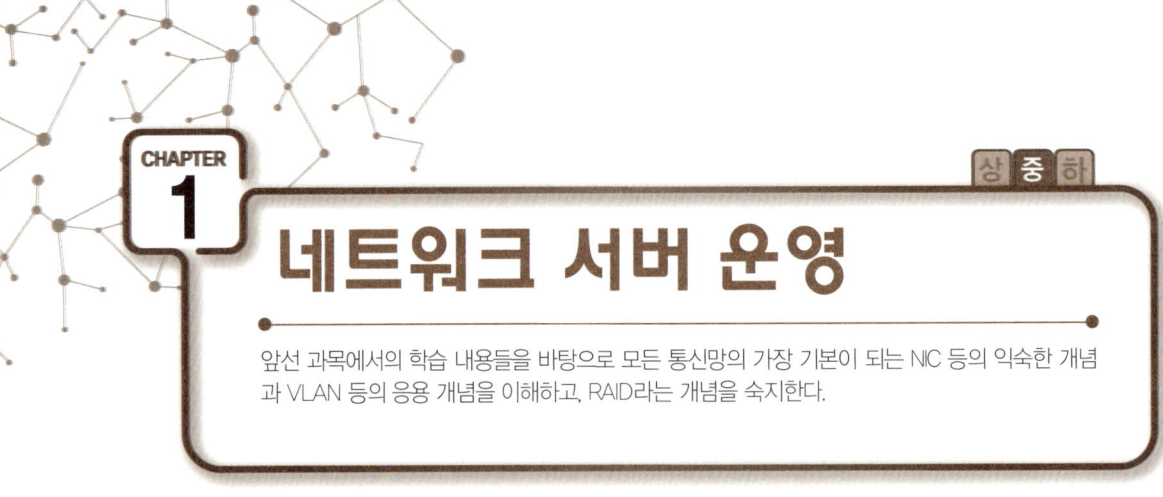

CHAPTER 1 네트워크 서버 운영

앞선 과목에서의 학습 내용들을 바탕으로 모든 통신망의 가장 기본이 되는 NIC 등의 익숙한 개념과 VLAN 등의 응용 개념을 이해하고, RAID라는 개념을 숙지한다.

1-1 NIC

① 개요

- NIC(Network Interface Controller)의 약어로, **OSI 7 계층 가장 하위 레벨인 물리 계층에 있는 하드웨어**이다.
- 흔히 랜카드(LAN Card) 혹은 이더넷 카드(Ethernet Card)라고도 한다.
- 컴퓨터 메인보드에 장착되어 컴퓨터와 랜케이블(LAN Cable(UTP)) 사이를 연결한다.
    - NIC 카드의 회로보드 부분이 컴퓨터의 메인보드에 연결되고, 회로보드 끝에 위치한 케이블 단자에 케이블을 연결함으로써 컴퓨터와 네트워크 통신이 가능해진다.

▲ NIC 카드

- OSI 7계층에서 **물리 계층과 데이터링크 사이의 통신**을 가능하게 한다.
- NIC 카드 안에는 모든 장비의 물리적인 네트워크 주소인 MAC 주소가 할당되어 있어, 모든 장비들이 이더넷, 블루투스, 와이파이 등 IEEE 802 표준을 따르는 대부분의 통신 시스템에서 통용될 수 있게 한다.

② NIC 카드의 종류

구분	설명
이더넷(Ethernet), 고속 이더넷(Fast Ethernet), 기가비트 이더넷(Gigabit Ethernet)	• IEEE 802.3 표준을 지원 • 속도(이더넷 10Mbps/고속이더넷 100Mbps/기가비트 이더넷 1Gbps) • 고속 이더넷은 이더넷도 지원하여 호환성을 유지 • 기가비트 이더넷은 광케이블을 통해 데이터를 전송하여 고속으로 대량의 데이터를 송수신 가능
토큰링(Token Ring)	• 메인프레임 장비에서 통상 4~16Mbps 속도를 지원 • 다른 카드와 혼용하여 사용할 수 없으며, 상대적으로 고가
ATM LAN	• 고속의 ATM 네트워크에 연결하기 위하여 사용
ArtNet	• 토큰버스형 네트워크로 조작이 간단하고 구축비용이 저렴

③ NIC 카드 확인 방법

- 컴퓨터 장치관리자→네트워크 어댑터→NIC 카드(제조사마다 제품명은 상이함)를 더블 클릭하면, PCI Slot을 통해 컴퓨터 메인보드와 연결되어 있음을 확인할 수 있다.

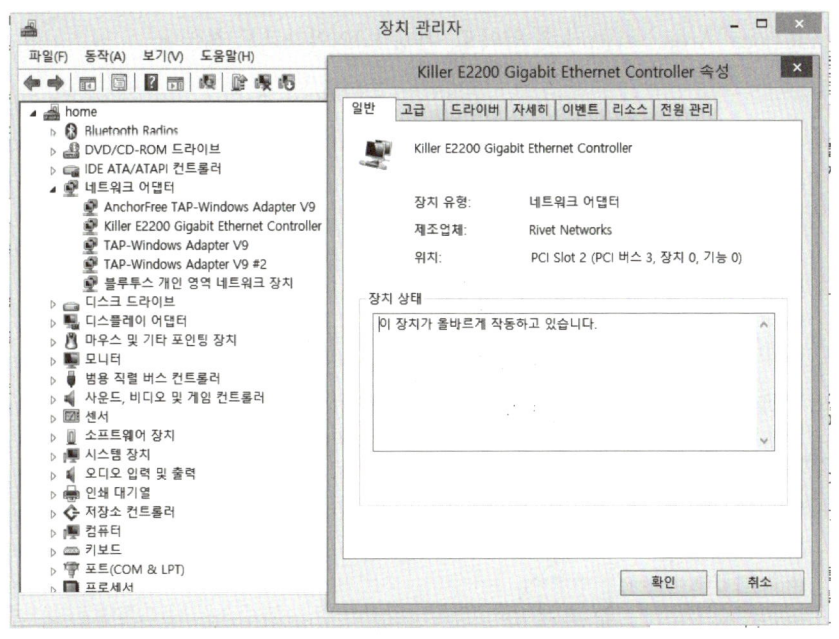

▲ Windows 10 O/S 상에서의 NIC 카드 확인

④ NIC 카드와 컴퓨터 간의 인터페이스 방식에 따른 구분

- NIC 카드의 컴퓨터 메인보드 간의 연결 방식은 크게 ISA 방식과 PCI 방식으로 나눈다.
- 최근에는 대부분 PCI 방식을 이용한다.

구분	설명
ISA 방식	• Industry Standard Architecture Bus 방식 • IBM 컴퓨터의 PC/XT(8bit)와 PC/AT(16bit)를 지원하기 위해 개발 • DOS 등 구형 운영체제를 지원하며, 고속 통신을 지원하기는 어렵다. • 개발 당시에는 ISA가 산업 표준이었으나, 펜티엄 이상급의 컴퓨터에서는 찾아보기 힘들다.
PCI 방식	• Peripheral Component Interconnect Bus 방식 • 컴퓨터의 메인보드와 주변기기(Peripheral Components) 간의 연결(Interconnect)을 지원 • 32bit 및 64bit로 ISA 방식에 비해 고속 통신을 지원 • 펜티엄급 이상 PC는 대부분 PCI 방식으로 NIC 카드와 컴퓨터를 연결

1-2 VLAN ★꼭 암기하세요.

① 개요

- **Virtual Local Area Network의 약어로, 가상 LAN이라고도 칭한다.**
- 물리적으로는 각 컴퓨터당 하나씩만 존재하는 LAN 카드를 가상으로 분할하여 마치 여러 개의 LAN이 있는 것처럼 각기 활용하고, 서로 다른 도메인 상에서의 브로드캐스팅을 가능하게 함으로써, 불필요한 통신으로 인한 네트워크 성능 저하를 방지하는 기술이다.
  - 브로드캐스팅: 같은 LAN 내의 모든 디바이스에 데이터를 보내는 것이다.
  - 멀티캐스팅: 특정 다수에게 데이터를 보내는 것이다.
  - 유니캐스팅: 단 하나의 클라이언트에게 데이터를 보내는 것이다.

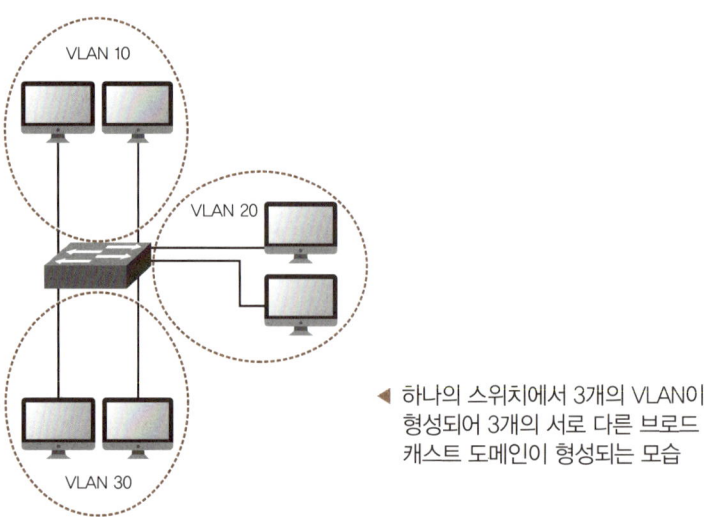

◀ 하나의 스위치에서 3개의 VLAN이 형성되어 3개의 서로 다른 브로드캐스트 도메인이 형성되는 모습

- 물리적 LAN과는 달리 네트워크 접속 포트 및 프로토콜 종류, MAC 주소를 사용해서 VLAN을 구성하며, 일반적으로 스위치나 라우터 장비 레벨에서 가상화를 수행한다.
- LAN의 특성과 유사하며, 물리적인 장치 없이 소프트웨어를 통해 연결과 구성 컨트롤이 가능하다.
- IEEE 802.1Q 프로토콜을 이용하여 구성하는 것이 가장 일반적이다.

② VLAN의 장점과 특징

장점 및 특징	설명
성능 향상	불필요한 브로드캐스트를 줄여 네트워크를 효율적으로 사용할 수 있고, 성능을 향상시킨다.
관리 용이	여러 개의 VLAN을 각기 다르게 설정하여 유연하면서도 단순하게 관리할 수 있다.
보안성 향상	같은 VLAN 망 안에 속한 데이터 흐름 처리 장비(DTE; Data Terminal Equipment)를 통해서만 데이터가 처리되므로, 보안성을 향상시킬 수 있다.

③ VLAN의 종류

종류	설명
정적(Static) VLAN	• 포트별로 VLAN을 배정하고, 포트별로 VLAN을 관리 및 모니터링 • 가장 일반적인 방식
동적(Dynamic) VLAN	• VMPS(VLAN Membership Policy Server)를 이용하여 접속장비의 MAC 주소를 확인하여 VLAN을 구성하는 방식으로, 대형 스위치에서 사용

④ VLAN의 구성

구성 방식	설명
Port 기반	• 포트를 VLAN에 배정하여 같은 VLAN에서 포트에 연결된 호스트 간의 통신만 가능 • 스위치 포트를 각 VLAN에 할당 • 가장 일반적인 방식
MAC 주소 기반	• 같은 VLAN에 등록된 MAC 주소를 가진 호스트 간의 통신만 가능 • 통신을 원하는 호스트의 MAC 주소를 모두 입력하는 것이 번거로워 자주 사용되지 않는다.
네트워크 주소 기반	• 같은 VLAN에 등록된 같은 네트워크 주소를 가진 호스트 간의 통신만 가능 • 다른 네트워크와 통신하기 위해서는 라우터를 이용
프로토콜 기반	• 같은 VLAN에 등록된 같은 프로토콜을 가진 호스트 간의 통신만 가능 • TCP/IP, IPX/SPX, NETVIEW 등 활용 프로토콜을 통해 구분

⑤ VLAN Trunking
- VLAN이 설정된 여러 개의 스위치가 서로 연결되어 통신하기 위해서는 각각의 VLAN을 모두 케이블로 연결해야 하는데, 매번 연결하는 것은 비효율적이다.
- 이를 효율적으로 관리하기 위해 각 VLAN에서 온 데이터 프레임들을 한 묶음으로 모아 데이터의 송/수신을 담당하고, 각 프레임이 어느 VLAN 소속인지를 판단하여 해당하는 VLAN으로 보내주는 것이 VLAN Trunking이다.

> **알아 두면 쓸모 있는 네트워크 관련 영어 이야기**
>
> 영어의 뜻을 이해하면 네트워크 용어를 더 수월하게 이해할 수 있는 경우들이 많다. 네트워크 용어는 대부분 영어에서 유래하기 때문이다.
> Trunk는 나무의 몸통을 뜻한다. 여러 장의 나뭇잎들(Leaves)이 하나의 가지(Branch)로부터 뻗어 나오고, 여러 개의 가지들은 하나의 몸통(Trunk)에서 뻗어 나오는데, 이러한 모습과 유사한 네트워크 토폴로지로, 트리형 토폴로지가 있다(Leaves<Branches<Trunk).
> 여러 개의 VLAN(가지)에서 뻗어 나온 프레임(나뭇잎)들의 소속만 알면, 하나의 통로(Trunk=몸통)를 통해서 보내도 해당하는 VLAN으로 보내줄 수 있기 때문에 모든 VLAN들끼리 연결하는 것에 비해 효율적이다.

1-3 RAID ★꼭 암기하세요.

① 개요
- Redundant Array of Independent Disks(독립적인 디스크들의 중복 배열)의 약어로, **여러 개의 하드디스크를 중복 배열하여 하나의 디스크처럼 보이게 함**으로써 하나의 고용량, 고성능 디스크를 대체하는 기술이다.
- 보통 하드웨어 장치를 직접 중복 배열함으로써 구현하지만, 소프트웨어적으로도 구현할 수 있으며, 모두 논리적으로는 하나의 디스크로 간주한다.
- 데이터를 자동으로 복제하여 중복 저장하므로 많은 용량이 필요하지만, 백업 하드디스크가 있기 때문에 디스크가 고장 나거나 데이터가 유실되더라도 즉시 복구 가능하다.
- 스트라이핑 기술을 통해 각 드라이브를 다양한 크기로 구획하여 공간 활용을 효율적으로 할 수 있다.

② RAID의 LEVEL 종류와 특징

LEVEL 구분	설명
RAID 0(Striping, Concatenate)	• 2개 이상의 작은 디스크들을 모아서 하나의 큰 디스크로 만드는 것이다. • 데이터의 저장 및 읽는 속도가 2배 이상 빨라져 입출력 성능이 향상된다. • 데이트를 나누어 저장하되, 중복하여 저장하지는 않으므로 장애 발생 시 복구할 수 없다.
RAID 1(Mirroring)	• 서로 다른 두 개의 디스크에 동일한 내용을 중복 저장하여 관리하는 기술이다. • 두 배의 데이터 용량이 필요하지만, 데이터 복구에 적합하므로 높은 신뢰도가 필요할 경우 사용한다. • 전체 디스크 용량의 반만 사용할 수 있어 구성 비용이 비싸다.
RAID 2(Hamming Code ECC)	• 데이터를 포함하는 디스크와는 구분되는 별도의 디스크에 데이터 복구를 위한 디스크 오류 복구 코드(ECC; Error Correction Code) 중 하나인 해밍코드를 저장해두는 것이다. • 데이터의 일부가 유실되거나 장애가 발생하는 경우 별도의 디스크에 저장된 ECC 값을 통해 유실 데이터를 다시 생성해낼 수 있다.
RAID 3(Parity ECC)	• 데이터를 포함하는 디스크와는 구분되는 별도의 디스크에 패리티 정보를 저장해두는 것이다. • 내장된 ECC 값으로 에러를 감지하여 데이터를 복구할 수 있다.
RAID 4(Parity ECC + 블록 단위 입출력)	• 데이터를 포함하는 디스크와는 구분되는 별도의 디스크에 패리티 정보를 저장하되, 데이터는 블록 단위로 데이터 디스크에 분산하여 저장하는 것이다. • RAID 3과 동일하나 패리티를 블록 단위로 관리한다는 차이점이 존재한다.
RAID 5(Parity ECC + Parity 분산 저장)	• 데이터를 포함하는 디스크 내부에 패리티 정보를 저장해두는 것이다. • 패리티를 분산하여 안정성이 높고 데이터의 병렬처리가 가능해 데이터 처리 효율도 좋은 편이다. • 실무에서 가장 널리 이용된다.
RAID 6(Parity ECC + Parity 분산 다중화)	• 데이터를 포함하는 디스크 내부에 패리티 정보를 다중화시켜서 저장해 두는 것이다. • 패리티를 다중화시켜 분산하여 안정성이 극대화된다. • 하나의 디스크에 대해 두 개의 패리티가 독립적으로 연산하므로 RAID 5에 비해 데이터 처리 효율은 낮지만, 복잡한 장애 상황에서도 정상적으로 동작하므로 대용량 시스템에서 사용된다.
RAID 10	• RAID 0과 RAID 1을 혼합하여 데이터를 백업한 후 이를 나누어 저장하는 것이다(미러링 후 스트라이핑). • 최소 4개인, 짝수 개의 디스크로 구성된다.
RAID 1+0	• RAID 0과 RAID 1을 혼합하여 먼저 데이터를 나눈 후 이를 백업하는 것이다(스트라이핑 후 미러링).

네트워크 회선 운영

네트워크 회선 운영 챕터는 TCP/IP 및 OSI 7 계층에 나오는 장비들의 역할을 숙지하였다면 어렵지 않게 풀어낼 수 있는 문제들로 이루어져 있다. 익숙한 용어들인 만큼 기본적인 개념과 특징에 대하여 숙지하도록 한다.

2-1 리피터 ★ 꼭 암기하세요.

① 개요

- Repeater. **물리 계층에서 감쇠한 전기신호를 증폭하는 장치**이다.
- 네트워크를 통해서 신호를 전송할 때 전송회선이 긴 경우, 신호가 약해지는 에너지 감쇠 현상이 발생하게 된다.
- 이를 보정하기 위하여 신호를 다시 반복(Repeat)하여 감쇠한 신호를 보정하는 장치이다.
  - 입력한 신호의 에너지를 증가시켜 더 큰 에너지로 출력하는 장치인 증폭기(Amplifier)와 헷갈리지 않도록 한다.

리피터와 증폭기의 차이		
구분	리피터(Repeater)	증폭기(Amplifier)
역할	신호를 원래대로 보정	신호를 원래보다 더 크게 증폭
비유	물 높이가 일정하도록 물이 마를 때쯤 다시 물을 채운다.	물의 양을 늘리거나, 물이 더 세게 흐를 수 있게 만든다.
사례	HDMI 리피터: HDMI를 통해 전송되는 신호가 도중에 손실되지 않도록 원래의 신호를 반복적으로 보낸다.	와이파이 증폭기: 약한 와이파이 신호를 더 크게 증폭시킨다.

② 리피터의 특징

- OSI 7계층 중 가장 하위 계층인 물리 계층에 해당한다.
- 한 쪽 포트에서 들어오는 전기신호를 다른 쪽 포트로 전송할 때 신호를 증폭하거나 재생한다.
- 전송 거리에 따라 감쇠되는 신호를 증폭시켜 장거리 전송을 가능하게 한다.

- 케이블 연결 배선을 자유롭게 할 수 있고, 전송 거리를 늘릴 수 있지만 무제한으로 연장할 수는 없다.
- 상위 계층의 프로토콜을 통해 본래 의도한 신호가 전송될 수 있게 한다.
- 리피터 기능이 내장된 허브도 있으므로, 이때는 따로 리피터를 사용하지 않아도 된다.

2-2 허브

① 개요

- **LAN 상에서 연결된 여러 시스템을 포트별로 분리하여 사용할 수 있게 하는 물리 계층의 장치이다.**
  - 많은 비행기가 모였다가 다시 나가는 메인 플랫폼이라는 의미에서 인천 국제공항을 동북아 물류의 허브라고 부르기도 하는 것처럼, Hub는 어떠한 신호가 한 번에 모이기도, 다시 분산되어 나가기도 하는 중심을 의미한다.

② 허브의 특징

- 각 포트별로 연결된 케이블이 허브로 모였다가 다시 허브로부터 여러 개의 포트로 분배되어 송신된다.
- 허브 장치의 특성에 따라 데이터 링크 계층이나 네트워크 계층에서도 동작한다.
- 기본적으로 리피터 기능을 장착하고 있어 디지털 신호를 증폭한다.
- 네트워크 상태를 모니터링할 수 있다.
- LAN 선을 보다 간편하게 관리할 수 있다.
- 허브 장치에 장애가 발생하면 해당 허브에 연결된 네트워크 전체에 장애가 발생한다. 하지만 허브 장치에 연결된 하나의 노드에 장애가 발생하면 다른 노드에는 영향을 미치지 않는다.
- 포트 트렁크(Port Trunk): VLAN Trunking의 사례와 같이 여러 개의 포트를 하나로 묶어 각 포트의 속도를 하나로 합쳐 네트워크 속도를 향상시키는 기법이다.

③ 허브의 종류

종류	설명
더미 허브 (Dummy Hub)	• 단순히 시스템과 네트워크의 연결만 수행하는 장치 • OSI 7계층에서 가장 하위 계층인 물리 계층에 해당하며, 리피터로 구성 • 하나의 대역폭(10Mbps)을 연결된 모든 노드들이 공유하므로 노드 숫자가 많아지면 성능과 속도가 줄어든다.
지능형 허브 (Intelligent Hub)	• SNMP 프로토콜을 추가하여 네트워크 관리 기능을 포함한다. • 포트에 연결된 노드의 네트워크 상태를 감시하며, 노드가 고장나면 해당 노드의 통신을 중지한다.
스위칭 허브 (Switching Hub)	• 프로세서, 메모리, 운영 소프트웨어로 구성되어 스위칭 기능을 추가한다. • 리피터 회로 내장 • 여러 개의 포트에서 데이터 패킷을 받고, 프로세서는 데이터 패킷의 수신지 주소를 읽어 특정 포트로만 패킷을 전송한다. • 각각의 노드에 전체 대역폭(10Mbps)를 보장하고, 대역폭을 할당할 수 있어 전송 성능을 보장할 수 있다.

2-3 브리지

① 개요

- **LAN과 LAN을 연결하는 인터페이스** 장치로, **송수신 데이터의 흐름 제어와 에러 제어**를 수행하는 데이터링크 계층의 장비이다.
- 두 개의 LAN을 연결시킨다는 점에서 리피터와 유사하나, 리피터는 전체 신호를 증폭하는 것만 가능한 반면, 브리지는 통신량을 관리하고 제어할 수 있다.

② 브리지의 특징

- 데이터링크 계층에 해당하는 장비로, **MAC 주소로 관리한다.**
- 네트워크에 많은 노드를 연결하여 네트워크의 영역을 확장할 수 있으며, 데이터 흐름 제어와 에러 제어를 통해 데이터 병목현상을 해결한다.
- 입력신호를 출력신호로 전환하여 전송하는 포워딩(Forwarding) 기능을 수행하되, 무조건적으로 전송하지 않고, 자체 필터링을 거치므로 다른 패킷 전송 장비들에 비해 독립적이다.
- 서로 다른 물리적 네트워크를 연결할 수 있다(예 이더넷과 토큰링 네트워크).

③ 브리지의 종류

종류	설명
기본 브리지 (Simple Bridge)	단순 패킷 포워딩 기능만을 수행
학습형 브리지 (Learning Bridge)	패킷의 내용에 따라 패킷 포워딩 테이블을 변경
라우팅 브리지 (Source Routing Bridge)	여러 개의 브리지가 연결되어 있는 경우, 패킷을 전송하기 위한 최선의 경로를 선택
지능형 브리지 (Intelligent Bridge)	위의 모든 기능에 더하여 목적지를 분석하여 패킷을 필터링함으로써 보안 기능을 강화

2-4 스위치

① 개요

- 허브(Hub)와 유사하나 허브에 비해 기능과 성능이 확장된 장치로, 스위칭 허브(Switching Hub)라고 칭하기도 한다.
- 단순히 데이터를 수신하는 허브와는 달리, **수신된 데이터를 어떻게 전송할지를 파악하여 충돌이 발생하지 않도록 제어한다.**

② 스위치의 특징

- 목적지의 포트와 1:1연결하여 전송하므로 네트워크를 효율적으로 활용할 수 있다.
- 전이중(Full-Duplex) 통신 방식으로 노드의 수가 증가하거나 노드 간의 통신이 증가해도 전체 데이터 성능 부하를 발생시키지 않는다.
- 패킷 감청이 어렵고 보안성이 높다.

③ 스위칭 방식에 따른 분류

스위칭 방식	특징
Store and Forward	• 스위치의 모든 프레임을 수신하고 메모리에 저장한 후 에러 확인 및 정정을 마친 뒤 목적지의 MAC 주소를 보고 목적지 포트로 전달한다. • 도중에 패킷 내용이 손실되어도 스위치에 모든 프레임이 도착한 이후 전달이 이루어지므로 정확하게 전달할 수 있다. • 상대적으로 우수한 성능의 스위치에서 가능한 방식이다. • 전송 속도 및 지연 시간이 길다.

스위칭 방식	특징
Cut Through	• 목적지의 MAC 주소만 확인되면 프레임이 수신되는 대로 에러 체크 과정 없이 빠르게 전달한다. • 낮은 사양의 스위치에서도 가능한 방식이며, 패킷이 도착하는 즉시 바로 목적지 포트로 전달하므로 전달 시간이 짧다. • 동시에 여러 개의 프레임이 도착하여 한 번에 여러 개의 프레임을 전달해야 할 때 일부 패킷이 소실되기도 하여 신뢰성을 보장할 수 없다.
Fragment Free	• Store and Forward 방식과 Cut Through 방식을 혼합한 개념으로, 현재 가장 많이 사용되는 개선된 방식이다. • 스위치가 프레임 전송 전의 64Byte까지의 데이터를 저장, 검사하여 헤더의 에러를 체크한 뒤 전송한다. • 전송 속도를 높이면서도 프레임 간의 충돌을 방지한다.

2-5 라우터

① 개요

- **서로 다른 두 개의 네트워크를 연결하는 Internetworking(인터네트워킹) 장비로, 두 네트워크 간의 연결 경로를 선택하여 데이터를 전송한다.**
- LAN과 LAN을 연결하고, TCP/IP나 IPX/SPX 등의 프로토콜을 지원하며, 주로 TCP/IP 프로토콜을 기반으로 설정한다.

② 라우터의 특징

- 네트워크 계층에서 동작하는 장비이다.
- 데이터 패킷을 출발지에서 목적지까지 전달하기 위하여 가장 효율적인 전송로를 선택하여 전송을 수행한다.
- 라우팅 정보를 주기적으로 갱신하여 최신의 라우팅 테이블(Routing Table)을 유지하고, 해당 정보를 주변 라우터들과 교환하며 목적지까지의 최적 경로를 도출해낼 수 있다.
- 라우터의 주된 목적인 라우팅에 관해서는 과목 2 TCP/IP에서 상세하게 다루었으므로 참조한다.

2-6 게이트웨이

① 개요
- 서로 다른 두 개의 네트워크를 상호 연결하는 장치이다.
- **필요시 프로토콜을 변환하여 두 네트워크 간의 프로토콜이 달라도 통신할 수 있도록 중개한다.**

② 게이트웨이의 특징
- 통신 시의 속도 및 트래픽 제어, 네트워크 주소 변환, 프로토콜 변환 등 단순한 데이터 전송을 넘어 통신환경을 컨트롤한다.
- 서로 다른 네트워크 전송 방식을 가진 네트워크가 데이터를 송수신할 수 있게 한다.
- 방화벽(Firewall)이나 프록시 서버(Proxy Server)와 같은 보안 필터링 기능을 제공한다.
- 목적지의 디바이스에 맞게 패킷 크기나 형식을 자동으로 조정하여 통신을 가능하게 한다.

③ 게이트웨이의 기능

기능	설명
메시지 포맷 변환 기능	• 서로 다른 데이터들의 형식을 변환하여 데이터 포맷을 일치시킨다. 예) EBCDIC → ASCII
프로토콜 변환 기능	• 서로 다른 프로토콜을 변환하여 통신이 가능하게 한다. 예) TCP/IP ⟷ ATM • 패킷 내에서 제어 정보를 변환하여 에러 제어, 데이터 흐름 제어 등에 활용한다.
주소 변환 기능	• 서로 다른 네트워크나 주소의 구조를 변환한다. 예) IPv4 → IPv6
패킷 크기 조절 기능	• 목적지의 디바이스가 수용하는 데이터 용량에 맞게 패킷의 사이즈나 형식을 자동으로 조정한다.
방화벽	• 필터링 등 방화벽 역할을 한다.
프록시 서버	• 실제 정보를 제공하는 서버를 대신하여 다른 네트워크로 접근한다.

4과목 적중예상문제

01 네트워크 설비 전문가인 Kim은 여러 대의 PC를 서로 연결하여 네트워크를 분배하는 장비를 새롭게 구매하려고 한다. Kim이 구매할 네트워크 장비는?

① Hub
② PC
③ NIC
④ UTP

> **해설**
> 허브는 각 장치와 연결되어 네트워크를 분배하는 장비이다.

02 다음 (A) 안에 들어가는 용어 중 옳은 것은?

> 네트워크 설비 전문가인 Kim은 전원 어댑터가 모자라 UTP 케이블을 통해서 데이터와 전원을 동시에 보낼 수 있는 (A)로 교체하려고 한다. 표준 전압은 직류 48V이며, 현재 주로 쓰이는 용도로는 AP나 CCTV용 카메라 설치를 위해서 많이 사용되고 있다.

① L2 Switch
② IP 공유기
③ UPS
④ POE Switch

> **해설**
> POE 스위치는 Power Over Ethernet Switch의 준말이며, 말그대로 이더넷 케이블을 통해서 파워(전원)도 제공할 수 있는 것을 의미한다. 일반 스위치들에 비해서 가격은 비싸지만 별도의 전원선을 연결하지 않아도 된다는 장점이 있다.

03 보안 전문가인 Jennifer는 내부 네트워크의 사설 IP 및 보안 강화를 위해 네트워크를 분리하는 방법으로, 내부에는 사설 IP 대역을 사용하고 외부 네트워크에는 공인 IP를 사용하도록 하는 IP address 변환 방식을 도입하기로 했다. 이 방식의 이름은 무엇인가?

① IPv6 방식
② DHCP 방식
③ Mac address 방식
④ NAT 방식

> **해설**
> NAT(Network Address Translation)는 내부망(Intranet)에서 사용하는 사설 IP 주소를 라우팅이 가능한 공인 IP 주소로 변환하는 방식이다.

04 TCP/IP 4 계층 모델 중 인터넷 계층에서 동작하는 장비는?

① Repeater
② Router
③ Hub
④ Optic Fiber

> **해설**
> Router는 OSI 7 계층 중 네트워크 계층, TCP/IP 4 계층 중 인터넷 계층에서 동작하는 장비이다.

정답 01. ① 02. ④ 03. ④ 04. ②

05 신입사원 Han은 RAID 방식 중 미러링(Mirroring)이라고도 불리는 방식을 통해 최고의 성능과 고장대비 능력을 발휘하도록 디스크 배열을 개선하고자 한다. Han이 선택할 RAID 방식은?

① RAID 0
② RAID 1
③ RAID 3
④ RAID 5

● 해설
RAID 1은 미러링 방식을 사용한 RAID이다.

06 스위치에서 발생하는 루핑(Looping)에 대한 설명으로 옳지 않은 것은?

① 동일한 목적지에 대해 두 개 이상의 경로가 있을 때 발생한다.
② 브로드캐스트 패킷에 의해 발생한다.
③ 필터링 기능 때문에 발생한다.
④ 스패닝 트리 프로토콜을 이용해서 루핑을 방지해줄 수 있다.

● 해설
루핑(Looping)이란 동일 세그먼트 내에 스위치나 브리지가 두 대 이상일 때 발생하며, 특정 호스트가 데이터를 전송할 때 스위치들 간의 신호가 중첩되어 과도해지는(Flooding) 상황을 의미하는데, 필터링 때문에 발생하는 것은 아니다.

07 네트워크 관리자가 라우터에 접속하여 현재의 커넥션 수를 확인하고자 한다. 올바른 명령은?

① # sh -tcp conn
② # sh -tcp state
③ # sh -tcp netstat
④ # sh - tcp ipconfig

● 해설
커넥션(connection)의 수를 확인하기 위한 명령어 옵션은 conn이다.

08 네트워크 보안 전문가인 Park 사원이 네트워크 침입 시도의 흔적을 찾거나 네트워크 장비의 사용을 감시하는 용도로 사용할 보안 장비는?

① 침입탐지/방지시스템(IDS/IPS)
② 방화벽(Firewall)
③ 네트워크관리시스템(NMS)
④ 가상사설망시스템(VPN)

● 해설
- IDS(Intrusion Detection System, 침입탐지시스템) : 컴퓨터 또는 네트워크로의 침입 시도를 찾아내고, 네트워크 장비의 사용을 감시하는 시스템이다.
- IPS(Intrusion Prevention System, 침입방지시스템) : 컴퓨터 또는 네트워크로의 침입을 사전에 방지하고, 유해 트래픽을 미리 차단하는 보안 시스템이다.

09 환경 변화에 실시간 조정을 하며 문제 해결과 트래픽 최적화를 자동으로 수행하는 라우팅 방식은?

① 정적(Static) 라우팅 프로토콜
② 동적(Dynamic) 라우팅 프로토콜
③ 최적화 라우팅 프로토콜
④ 실시간 라우팅 프로토콜

● 해설
동적 라우팅 프로토콜에 대한 설명이다.

정답 05. ② 06. ③ 07. ① 08. ① 09. ②

10 두 개 이상의 동일한 LAN 사이를 연결하여 네트워크 범위를 확장하고, 스테이션 간의 거리를 확장해 주는 네트워크 장비 중 단순히 전기적인 신호만을 증폭시키는 역할을 하는 장비는?

① Repeater ② Bridge
③ Router   ④ Gateway

● 해설

LAN 사이에서 트래픽상의 신호를 재생하고, 스테이션 간의 유효거리를 확장하는 것은 리피터(Repeater)의 기능이다.

11 다음 중 버스형 네트워크의 특징으로 옳은 것은?

① 모든 노드가 서로 연결되어 있어 데이터 전송을 빠르게 할 수 있다.
② 모든 노드가 중앙 허브로 연결되어 있다.
③ 네트워크의 양 끝에 터미네이터(Terminator)가 있어 시그널의 반사를 방지한다.
④ 데이터 전송을 위해 토큰(Token)을 사용한다.

● 해설

버스형 네트워크는 버스 노선 위에 여러 개의 정류장이 위치하듯, 여러 대의 장비가 하나의 버스 회선을 공유한다. 회선의 양 끝에는 터미네이터(Terminator)를 두어 시그널의 반사를 방지한다.

12 다음 네트워크 연결장치에 대한 설명 중 틀린 것은?

① Router - 두 개 이상의 네트워크 세그먼트를 연결하고, 패킷을 적절한 목적지까지 보낸다.
② Hub - 스타 토폴로지를 가진 네트워크에서 노드들을 연결하기 위해 사용한다.
③ Repeater - 단순히 신호의 세기를 증폭시킴으로써 케이블 최대 길이의 한계를 넘어서 네트워크 길이를 연장시킨다.
④ Dummy Hub - 각 패킷의 MAC Address를 모니터링하여 모든 세그먼트로 보내질 필요가 없는 패킷을 필터링한다.

● 해설

④번은 스위치에 대한 설명이다.

정답 10. ① 11. ③ 12. ④

5과목 정보 보호 개론

네 / 트 / 워 / 크 / 관 / 리 / 사

- Chapter 01 정보 보호 개요
- Chapter 02 정보 보안 위험 요소
- Chapter 03 정보 보호 시스템

CHAPTER 1 정보 보호 개요

정보 보호의 목표와 주요 암호화 기법 및 네트워크상에서 활용하는 주요 보안 프로토콜에 대해 다룬다. 정보 보안의 3대 목표와 대칭키/비대칭키 암호화의 개념 및 SSL, 케베로스, SSH, 아파치 등은 시험에 빈번하게 출제된다.

1-1 정보 보안의 개요와 목표

1) 정보 보안이란

① 네트워크 통신 과정에서 예견되지 않은 외부의 침입을 방지하는 것 혹은 외부의 침입으로부터 컴퓨터 내부의 정보가 훼손, 변형 및 유출되는 것을 방지하기 위한 방법과 그 방법을 사용한 행위이다.

② 송신, 수신, 사용, 저장 등 정보를 다루는 모든 처리 과정에 있어서 안전성을 확보하는 방법과 그 방법을 사용한 행위이다.

2) 정보 보안의 목표 ★꼭 암기하세요.

- 정보 보안의 3대 목표는 CIA(Confidentiality, Integrity, Availability)이며, 흔히 **기밀성, 무결성, 가용성**이라 번역하여 이해한다.
- 상기 3대 목표 이외에도 인증성, 접근 제어, 부인 방지 등이 주요 목표로 대두된다.

① **기밀성(Confidentiality): 정보를 함부로 공개하지 않는 것**

- **접근 제어를 통해 허용된 조건(시간, 사용자, 조직)에서만 정보를 노출하여 보안이 필요한 시스템에 아무나 접근할 수 없도록 보호하는 것이다.**
- 만일 중요 자료가 노출되었을 경우, 대칭키와 공개키를 이용한 암호화를 통해 정보가 함부로 외부에 노출되지 않게 보호한다.
- 자료의 중요도별로 보안 등급을 설정하여 중요한 자료의 경우 제한된 사용자들만이 접근할 수 있도록 한다.
- 네트워크 트래픽 패딩(Network Traffic Padding): 트래픽 분석 시도를 어렵게 만들기 위해 데이터 스트림 사이사이에 비트를 채워 넣어 기밀성을 유지한다.

- 기밀성을 위협하는 공격으로는 스누핑, 인터셉팅, 트래픽 분석 등이 있다.
  - 스누핑(Snooping): 정보를 불법적으로 염탐하여 획득하는 것이다.
  - 인터셉팅(Intercepting): 정보를 불법적으로 중간에서 가로채어 획득하는 것이다.
  - 트래픽 분석(Traffic Analysis): 네트워크 트래픽을 분석하여 필요한 정보를 추측하여 획득하는 것이다.

② **무결성 (Integrity): 정보를 흠이 없고 완전한 상태로 보존하는 것**
- **정보를 저장하거나 주고받을 때 의도하지 않은 변화가 발생하지 않고 초기의 상태를 유지하도록 보호하는 것이다.**
- 접근을 제어하여 허가받지 않은 사람 혹은 방법에 의하여 정보에 훼손 및 변형이 일어나지 않도록 보호한다.
- 의도하지 않은 훼손 및 변형이 일어난 정보의 경우 무결성을 지키지 못한 것이므로 정보로서의 가치를 잃게 된다.
- 데이터의 무결성과 인증을 위한 보안 도구로 해시 함수가 있는데, 정보의 해시값을 보관하다가 무결성 검증이 필요할 때 다시 해시값을 계산하고 두 값을 비교하여 무결성을 증명한다.
- 전자상거래의 경우 공인인증서 등을 통해 무결성을 지킬 수 있다.
- 무결성을 위협하는 공격으로는 변경, 위조, 재연, 부인, 사칭, 시간성 변경 등이 있다.
  - 변조(Modification): 정보에 접근하여 공격자에게 유리한 정보로 변경하는 것이다.
  - 위조(Fabrication): 공격자가 수신인 혹은 송신인으로 위장하여 정보를 대신 받는 것이다.
  - 재연(Replaying): 보관하고 있던 메시지를 허가받지 않은 통신에 사용하여 접근하는 것이다.
  - 부인(Repudiation): 데이터를 송신 혹은 수신하지 않았다고 거짓말을 하는 것이다.
  - 사칭(Masquerading): 허가된 사용자 인척 신분을 속여 필요 정보를 받는 것이다.
  - 시간성 변경: 전송 데이터를 고의로 지연시키거나 순서를 뒤바꾸는 것이다.

③ **가용성(Availability): 정보를 사용 가능한 형태로 준비하는 것**
- **허가받은 사용자가 서비스를 요청할 때 방해 없이 지속적으로 서비스를 제공할 수 있도록 하는 것이다.**
- RAID와 같이 디스크를 다중 혹은 중복으로 구성하여 하나의 디스크에 장애가 발생할 경우 신속하게 다른 디스크로부터 데이터를 불러와 사용자가 필요한 정보를 끊김없이 제공하여 가용성을 확보한다.

- 가용성을 위협하는 공격으로는 DoS, DDoS 등으로 대표되는 차단(Interruption) 유형이 대표적이다.
  - 차단(Interruption): 정보통신의 원활한 흐름을 차단하는 것이다.
  - DoS(Denial of Service): 서비스를 거부한다는 의미로, 네트워크에 불필요한 트래픽을 무작위로 발생시켜 정상적인 서비스 제공을 방해하여 속도를 저하시키거나 서비스에 접근할 수 없도록 차단시키는 것이다.
  - DDoS(Distributed Denial of Service): DoS의 발전된 형태로, 공격자를 분산(Distribute)시켜 공격의 근원을 알 수 없게 하는 것이다. 좀비 PC를 이용하는 등의 방법으로 다수의 Host가 한 대의 Server 등을 공격하여 컴퓨터 및 네트워크가 정상적인 서비스를 하지 못하게 만드는 공격이다.

④ 인증성(Authentication): 기밀성의 연장선에 있는 것으로, 사용자의 신원을 확인하여 진짜 사용자인지 위조된 사용자인지 확인하는 것이다.

⑤ 접근 제어(Access Control): 기밀성과 무결성의 연장선에 있는 것으로, 데이터에 접근할 수 있는 경로를 최소화하여 외부 침입으로부터 보호하는 것이다.

⑥ 부인 방지(Non-Repudiation): 무결성의 연장선에 있는 것으로, 데이터 통신 후 송신자는 데이터를 송신했는지, 수신자는 데이터를 수신했는지 증명하여 상대편 서명자의 동의하에 인증할 수 있게 함으로써 정보 수신자나 송신자가 정보 내용에 대하여 부인하는 것을 방지하는 것이다.

1-2 정보 보안 공격 유형과 보호 방안

1) 정보 보안 공격의 유형

① 변조(Modification)
- **시스템에 허가 없이 접근하여 원래의 데이터를 다른 내용으로 바꾸는 등 데이터를 조작하는 행위이다.**
- 악성코드를 실행하거나 데이터를 다른 내용으로 바꾸어 정보의 무결성을 위협한다.

② 위조(Fabrication)
- 시스템에 허가 없이 접근하여 위조물을 삽입하는 행위로써, 주로 송신자의 IP를 변경하여 수신자가 위조된 송신자 IP를 잘못 받게 하는 것이 일반적이다.
- 잘못된 정보를 정확한 정보인 것처럼 속임으로써 정보의 무결성을 위협한다.

③ **가로채기(Interception)**
- 송신자가 송신한 데이터가 수신자에게 도달하기 전에 제3자가 시스템에 허가 없이 접근하는 행위로써 주로 웹 프록시에 접근하여 사용자의 로그인 정보를 불순한 목적으로 가로채는 것이 일반적이다.
- **중요 정보를 도청, 열람하거나 복사**함으로써 정보의 기밀성을 위협한다.

④ **차단(Interruption)**
- **시스템에 허가 없이 접근하여 정상적인 서비스를 방해**하여 수신자에게 정보가 도달하는 것을 방해하는 행위로, DoS, DDoS 공격 등이 일반적이다.
- 정보의 원활한 흐름을 차단함으로써 정보의 가용성을 위협한다.

2) 수동/능동에 따른 공격의 유형

구분	Passive Attack 수동적 공격(소극적 공격)	Active Attack 능동적 공격(적극적 공격)
특징	데이터나 시스템에 큰 영향을 미치지 않고 필요한 정보만을 취하는 공격 유형	수동적 공격에 비해 훨씬 복잡하고 시스템에 큰 영향을 미치는 공격 유형
사례	• 도청(Sniffing) • 트래픽 분석 • 스캐닝	• 변조(Modification) • 위조(Fabrication) • 차단(Interruption) • 위장/사칭(Masquerade) • 재생 공격(Replay Attack) • 서비스 거부(DoS; Denial of Service) • 분산서비스 공격(DDoS; Distributed DoS)

3) 기타 공격

① 사회적 공격: 기술적 경로가 아닌 친분 등의 사회적 수단으로 비밀 정보를 획득하는 것이다.
② 패스워드 공격: 사용자의 패스워드를 허락 없이 획득하여 기밀 정보를 알아내는 것이다.
- 사회적 공격과 패스워드 공격은 모두 사용자 본인이 보안 의식을 강화하고 개인 정보 보안에 노력하여 방지해야 한다.
- 개인 정보 보안을 위하여 인터넷 서비스 이용 시 패스워드는 아래와 같은 원칙하에 생성하여야 한다.
  - 영문자(대/소문자), 숫자, 특수문자를 혼합한다.

- 패스워드의 길이를 증가시키기 위해 알파벳 문자 앞뒤가 아닌 중간에 특수문자나 숫자를 삽입한다.
- 특정 위치의 문자를 대문자로 변경하거나 모음만 대문자로 변경한다.
- ID와 중복되지 않도록 설정한다.
- 전화번호나 차량번호, 이름의 이니셜 등 개인의 신상 정보와 관련된 번호, 문자를 사용하지 않는다.

1-3 암호화

1) 암호화 개요

① 네트워크 통신의 발달로 일반 개인도 중요한 정보들을 송수신하게 됨에 따라 이전에는 군용이나 사업체 간의 기밀사항 전송용으로만 쓰이던 암호가 일상적인 네트워크 환경에서도 널리 사용되게 되었다. 암호의 보급화로 인해 인터넷을 통한 전자상거래가 활성화되기도 했다.

② 암호는 개인의 신상 정보를 보호 및 보장하고, 보호해야 하는 정보의 보안성을 높임으로써 개인이 인터넷상에서 다양한 활동을 할 때 정보 누출의 염려를 감소시킬 수 있다.

③ 암호는 과거로부터 전쟁 중의 비밀 문서, 황제나 군주의 칙서 등 기밀 정보를 전달해야 하는 경우에 사용해왔다. 현재 알려진 가장 오래된 암호는 기원전 400년경 고대 그리스 군사들이 사용한 스키테일 암호이다. 문자 대입 암호로 가장 유명한 방법은 로마의 황제였던 줄리어스 시저(Julius Caesar)가 사용한 시저암호이다.

> **알아 두면 흥미있는 네트워크 이야기**
>
> **고대의 암호**
> 고대의 암호는 근현대의 복잡한 암호화 시스템 대신 간단한 비밀키나 문자 대입을 통해 이루어졌다. 이러한 암호화 툴들이 발전하여 현대의 강력한 암호화 시스템의 기반을 만들었다.
>
> • 스키테일 암호
> 고대 그리스의 군사들이 기밀정보를 주고받기 위해 사용한 암호화 방법이다. 정보 송신자는 특정한 지름의 막대 위에 종이를 감고 종이가 감긴 가로 방향으로 문자를 차례대로 쓴 뒤 막대를 풀어내면 문자들이 규칙성 없이 재배열되어 정보의 가치가 없어지게 되는데, 만약 수신자가 송신자가 사용한 막대와 동일한 지름의 막대를 가지고 있다면, 해당 막대기 위에 종이를 감아 송신자가 의도한 내용을 알아낼 수 있다.

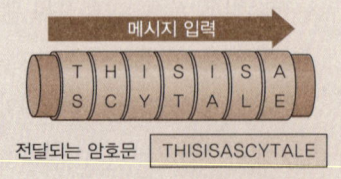

• 시저 암호

줄리어스 시저는 "브루투스, 너마저…"라는 말을 남기고 암살당한 로마의 황제로 유명하다. 시저는 가족들과 편지를 주고받을 때 알파벳을 정해진 개수만큼 앞/뒤로 이동시켜 글을 작성하고, 몇 자씩 이동했는지를 비밀키로 공유하여 연락을 할 수 있었다. 예를 들어 송신자가 ABC라는 말을 전달하려고 할 때, 모든 문자를 3자씩 뒤로 이동시켜 DEF라는 암호화된 글을 작성하여 전달하고, 수신자는 3자씩 뒤로 이동되었다는 비밀키를 활용하여 DEF를 다시 3자씩 앞으로 당겨 원래 의도한 ABC를 알아내는 방식이다.

시저는 가족들로부터 "EH FDUHIXO IRU DVVDVVLQD-WRU"라고 쓰인 비밀 메시지를 받았다. 3글자씩 뒤로 이동되어 작성된 이 메시지의 원문은 "BE CAREFUL FOR ASSAS-SINATOR", 즉 "암살자를 조심하라"는 뜻이었다. 이 메시지를 받은 날 시저는 브루투스에게 암살당했다.

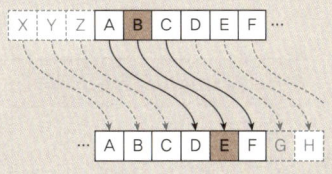

2) 대칭키 암호화 ★ 꼭 암기하세요.

① 대칭키 암호화 개요

- 대칭키 암호화 기법은 **암호화와 복호화에 사용하는 암호화 알고리즘 키가 동일**한 기법으로, 송신자와 수신자가 사전에 암호화 키를 교환한 후 송신자는 암호화 알고리즘을 키를 사용해 데이터를 암호화하고, 수신자는 복호화 알고리즘 키를 사용해 데이터를 복호화한다.
- 웹사이트에서 ID나 패스워드 등을 분실한 경우 이메일이나 핸드폰으로 인증키를 부여받아 계정을 복원하는 경우도 제한된 시간동안 유효한 대칭키 암호화 사례라 할 수 있다.
- 기밀성을 제공할 수 있으나 무결성, 부인방지, 인증 등은 완벽히 보장할 수 없으며, 암호화 키를 안전하게 교환하는 것이 주요 과제이다.
- 암호화하는 시간이 적게 소요되어 빠르게 암호화 및 복호화 할 수 있다는 것이 가장 큰 장점이다.

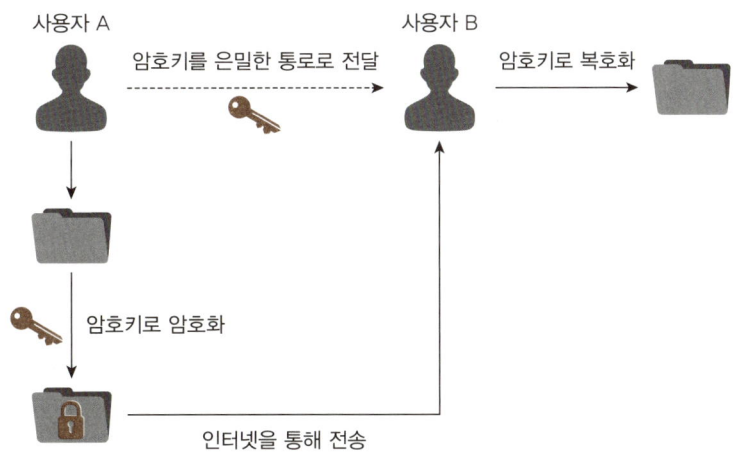

② 대칭키 암호화 알고리즘의 종류

구분 및 개념	장점	대표 알고리즘(개발사)
블록(Block) 암호 알고리즘 여러 개의 비트(Bit)를 묶은 블록 단위로 암호화	대용량의 평문을 암호화하는 데 적합하다.	DES(Data Encryption Standard) (IBM)
		3-DES(IBM)
		AES(NIST, Deamem&Rijmen)
		SEED(KISA, 한국정보보호진흥원)
		ARIA(NSRI, 국가보안기술연구소)
스트림(Stream) 암호 알고리즘 하나의 비트 혹은 바이트 단위로 실시간 암호화	빠르게 암호화, 복호화할 수 있다.	MASK(CodeSoft, 코드소프트)
		OTP(One Time Password)(Bell)

③ 주요 대칭키 암호화 알고리즘

- DES(Data Encryption Standard)
  - 1977년 미국의 국립표준기술연구소에서 만들었으며, 미 국방성에서 자료 암호화의 표준으로 채택된 방식이다.
  - IBM사가 개발한 알고리즘으로, 표준 암호화 알고리즘으로 채택된 이래 약 20년간 미국 국가 표준 및 국제 표준으로 널리 활용되었다.
  - 알고리즘은 비교적 간단하며 연산은 XOR과 비트의 순서를 바꿈으로써 이루어진다.
  - 속도는 빠르지만 암호화를 위한 키의 생성, 전달, 보관하는 문제 등을 체크해야 하며, 만약에 키를 분실할 경우 타격이 크다.
  - 56Bit로 정해진 크기의 대칭키를 사용한다.

- AES(Advanced Encryption Standard)
  - NIST에 의해 DES에 이어 미국 표준 암호화 알고리즘으로 채택되었다.
  - DES보다 빠르고 안전하게 암호화, 복호화를 할 수 있으며, 대칭키의 크기에 제한을 두지 않음으로써 DES의 단점을 극복하였다.

- SEED
  - 한국의 KISA(한국정보보호진흥원)와 ETRI(한국전자통신연구원)에서 공동 개발하여 2005년 TTA(한국정보통신기술협회)와 ISO/IEC(International Organization for Standardization/International Electrotechnical Commission)에서 국제 블록암호 알고리즘 IETF 표준으로 제정하였다.
  - 128Bit로 고정된 키 블록 단위로 암호화/복호화를 수행한다.

3) 비대칭키(공개키) 암호화 ★ 꼭 암기하세요.

① 비대칭키(공개키) 암호화 개요

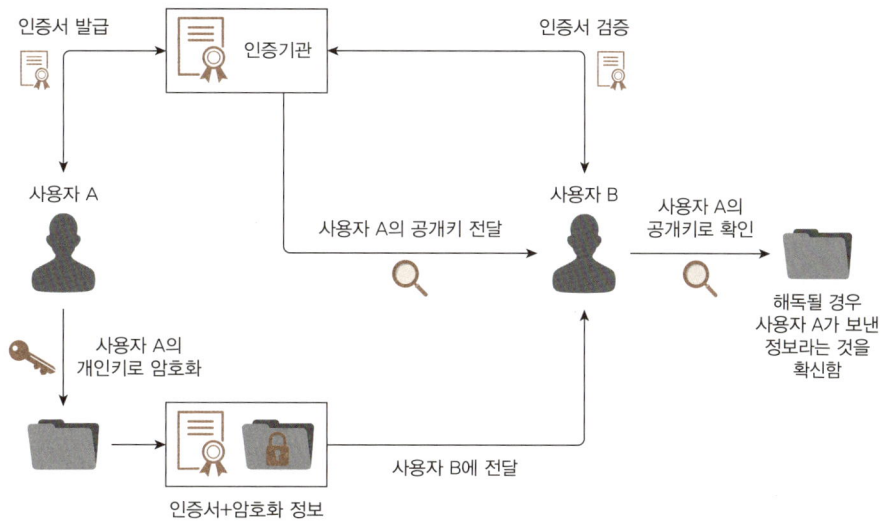

- **송신자와 수신자가 암호화/복호화에 사용하는 암호키가 서로 비대칭(상이)**한 것으로, 송신자는 부여받은 공개키로 메시지를 암호화하여 전송하고, 수신자는 개인이 보유하고 있는 개인키로 복호화한다.
- 대칭키 암호화 방식의 문제였던 공통의 대칭키가 누설될 위험성을 줄인 것으로, 대칭키 방식에 비해 구조가 복잡하며 암/복호화에 시간이 많이 걸린다.
- 수학적으로 서로 밀접한 관계를 이루며 쌍을 이루는 두 개의 키 중 하나의 키만 비밀로 보호하고 (비밀키, 개인키) 다른 하나의 키(공개키)는 공중에 공개해도 암호화에는 문제가 없다. 이렇듯 하나의 키는 공개되어야 암호화/복호화가 성립되므로 공개키 암호화라고 불리기도 한다.
- 기밀성, 부인방지, 인증 등을 보장할 수 있으나 무결성은 완벽히 보장할 수 없으며, 중간자 공격에 주의해야 한다

② 주요 비대칭키(공개키) 암호화 알고리즘이다.

- **Diffie Hellman**
  - 최초의 공개키 알고리즘으로 이산대수 문제를 활용하여 개인키와 공개키 간의 상관관계를 만들었다.
  - 키 분배에 최적화되어 있으며, 필요시에만 생성하므로 저장공간을 차지하지 않는다.
  - 인증이 불가하며 위조에 취약하다.

- RSA(Rivest-Shamir-Adleman)
  - 초기에 개발되어 현재 가장 대중적으로 활용되고 있는 주요 비대칭키 암호화 알고리즘이다.
  - 1978년 로널드 리베스트(Ronald Rivest)와 아디 샤미르(Adi Shamir), 레오나르도 애들먼(Leonard Adleman)에 의해 만들어졌으며, 이들 이름의 이니셜을 따서 RSA라고 부른다.
  - 전자서명이 가능한 최초의 알고리즘이다.
  - 소인수 분해를 활용하여 개인키와 공개키 간의 상관관계를 만들었으며, 여러 개의 라이브러리를 생성할 수 있다.
  - 컴퓨터의 처리 용량 및 속도가 증가함에 따라 키의 길이도 함께 증가하여 저장공간을 차지한다.

- DSA(Digital Signature Algorithm)
  - 전자서명 전용 알고리즘 표준으로 이산대수 문제를 활용하여 개인키와 공개키 간의 상관관계를 만들었다.
  - 구조가 간단하나 암호화 및 키 교환이 불가하여 전자서명에 한정되어 활용할 수 있다.

- ECC(Elliptic-Curve Cryptography)
  - 유한한 필드상의 타원곡선 대수 구조를 기반으로 개인키와 공개키 간의 상관관계를 만들었다.
  - 키의 길이가 짧고 암호 강도가 높아 스마트폰에서 널리 활용된다.
  - 20Kbyte의 키 테이블이 필요하다.

4) 해시 함수(Hash Function)

① 해시 함수 개요

- **다양한 길이의 임의의 비트열 입력을 고정된 짧은 길이로 변환하여 출력하는 함수이다** (고정된 길이: 128Bit, 256Bit 등).
- 키가 없고 복호화가 불가능한 암호화 알고리즘이다.
- 일방향 암호 기술이다.
- $y=h(x)$로 표현하며, y=해시함수를 통해 생성된 고정 길이의 출력 메시지, h=해시값(Hash Code), x=원본 입력메시지이다.

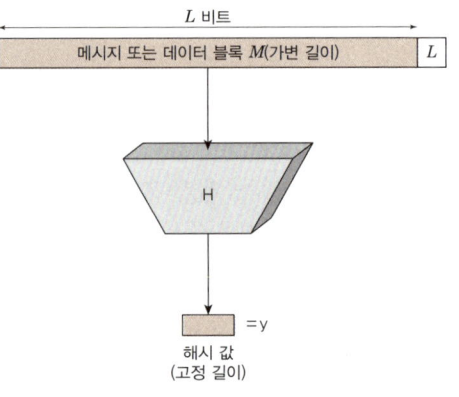

② 해시 함수의 특징
- 입력 길이의 가변성: 어떠한 크기의 메시지(데이터)에도 적용할 수 있다.
- 출력 길이의 고정(압축): 임의의 비트열 입력 평문을 고정된 길이의 출력 값으로 변환한다.
- 일방향(One Way Function, 선 이미지 회피성): 메시지에서 해시값(Hash Code)을 구하기는 쉬우나, 반대 방향으로 해시값을 통해 원본 메시지를 도출하는 것은 거의 불가능하다.
- 충돌 저항성(Collision Free, 강한 충돌 회피성): 서로 다른 메시지가 같은 해시값이 되지 않도록 한다. 즉 $h(x_1)=h(x_2)$를 만족시키는 서로 다른 x_1과 x_2를 찾는 것은 불가능하다.
- 선 이미지 회피성(일방향성): 어떠한 해시코드 h에 대해서도, $H(x)=h$인 x를 찾는 것은 불가능하다.
- 2차 선 이미지 회피성: 어떠한 메시지 x에 대해서도, $h(y)=h(x)$이고, $y \neq x$인 y와 x를 찾는 것은 불가능하다.

③ 해시 함수의 활용
- 메시지 인증(Message Authentication)
- 전자 서명(Digital Signature)
- 일방향 패스워드 파일 생성
- 의사난수함수(Pseudorandom Function) 생성

5) 암호화 프로토콜 ★ 꼭 암기하세요.

① SSH(Secure Shell)
- **LINUX, UNIX에서 가장 일반적으로 사용되는 암호화 방안 중의 하나로 응용 계층(Application Layer)에서 실행하는 보안 프로토콜이다.**
- 인증을 통하여 원격 로그온이 가능하도록 지원한다.
- FTP나 TELNET을 이용할 때 암호화하여 데이터를 전송할 수 있다.

② 전자서명(Digital Signature)
- 자료나 메시지의 전송자의 신원과 서명을 확인하고, **서명자가 추후에 부인할 수 없도록 해당 데이터에 대하여 서명했음을 증명한다.**
- 신원을 확인하기 위하여 공개키 암호 방식 중 하나인 RSA 알고리즘을 사용한다.
- 데이터를 받는 사람이 데이터를 위조하거나 변조할 수 없으며, 동일한 데이터를 다시 사용할 수 없다.

③ 케베로스(Keberos) ★ 꼭 암기하세요.
- **개방된 네트워크상에서 티켓(Ticket)을 기반으로 동작하는 컴퓨터 네트워크 인증 암호화 프로토콜이다.**
- DES 암호화 알고리즘을 사용하는 제3자 인증 프로토콜로, 도청이나 재전송 공격에 대응하기 위해 분산 환경에서 클라이언트와 서버 간에 상호 인증 기능을 제공한다.
- 클라이언트는 인증 과정에서 암호화된 티켓을 요청할 수 있으며, 해당 티켓을 통해 서버에 특정 서비스를 요구할 수 있다.
- 타임스탬프(Time Stamp)를 통해 클라이언트와 서버 간의 시간을 동기화하여야 하며, 재생 공격 방지를 위해 유효 기간을 설정해야 한다.
- 미국 MIT의 Athena 프로젝트에서 개발되었다.

1-4 네트워크 보안

1) 이메일 보안

① PEM(Privacy Enhanced Mail)
- 기존 전자우편 시스템에서 사용하는 SMTP 프로토콜의 보안성을 중앙 집중화된 키 인증 방식을 통해 강화했다.
- 무결성, 기밀성, 인증, 세션 키 분배 기능을 가진다.
- X.509 기반의 공개키 방식 프로토콜이다.
- 보안의 수준이 높지만, 구현이 어려워 높은 수준의 보안을 필요로 하는 금융권이나 군사 목적으로 주로 사용된다.

② PGP(Pretty Good Privacy)
- 응용 계층의 암호화 프로토콜이다.
- 1991년 필립 짐머만이 개발하였으며 현재 이메일 보안의 글로벌 표준이다.
- **일반 개인의 이메일 보안을 위한 프로그램**으로, 암호 프로그램을 대중에 확산시킨 계기가 되었다.
- 공개키 방식으로 전자우편을 허가된 수신자만 받아볼 수 있도록 암호화하고, 받은 전자우편의 암호를 해석한다.
- 대칭키 암호화 알고리즘(세션키, IDEA)을 통해 전송하는 메시지를 암호화한다.
- 세션키 암호화를 위해 비대칭키(공개키) 암호화 알고리즘인 RSA의 공개키를 활용하며, 디지털 서명을 위해 RSA의 개인키를 사용한다.

③ S/MIME(Secure Multi-Purpose Internet Mail Extension)
- 현재 가장 널리 사용되는 이메일 보안 프로토콜이다.
- 아스키 문자만 전송할 수 있는 SMTP 상에서 영상, 음악 등의 바이너리 파일을 아스키 문자로 변환하는 규칙인 MIME(Multi-Purpose Internet Mail Extension)의 보안을 강화한 것이다.
- 공개키 방식으로 이메일 내용에 대한 암호화 및 전자서명 등의 보안 서비스를 통해 이메일의 보안 수준을 높이고 있다.

2) 전자상거래 보안 ★ 꼭 암기하세요.

① SET(Secure Electronic Transaction)
- 인터넷상 전자상거래의 촉진을 위해 비자(VISA), 마스터카드(MASTERCARD) 등 글로벌 신용카드 회사와 마이크로소프트(Microsoft), 넷스케이프(Netscape) 등이 후원하여 공동으로 개발한 프로토콜이다.

② SSL(Secure Sockets Layer)
- **HTTP에서 가장 많이 사용되는 웹 보안 기술**로, 네트워크 내에서 클라이언트와 서버 사이 메시지 전송의 안전을 관리하기 위해 넷스케이프(Netscape)에서 개발한 표준 프로토콜이다.
- RSA 암호화 기법을 이용하여 암호화된 정보를 새로운 암호화 소켓으로 전송하는 방식이다.
- 서버와 클라이언트 양쪽에 각각 인증서가 필요하다.
- HTTP뿐만 아니라 FTP 등 TCP/IP 프로토콜 상의 여타 애플리케이션에도 적용 가능하다.
- 현재는 TLS(Transport Layer Security)로 표준화되었으며, SSL/TLS, TSL/SSL이라는 명칭을 호환하여 사용한다.
- 기밀성(Confidentiality), 무결성(Integrity), 인증(Authentication)의 세 가지 보안 서비스를 보장한다.
- 서버와 클라이언트 간의 보안 정도 및 외부 공격 예방 가능 정도, 보장 기간 등에 따라 서비스의 종류를 다양화한 SSL 인증서 판매가 이루어지고 있으며, 판매자가 제공하는 인증서의 키 값을 활용해 웹 페이지에 붙여 넣는 것으로도 간편하게 SSL 보안 서버를 구축할 수 있다.

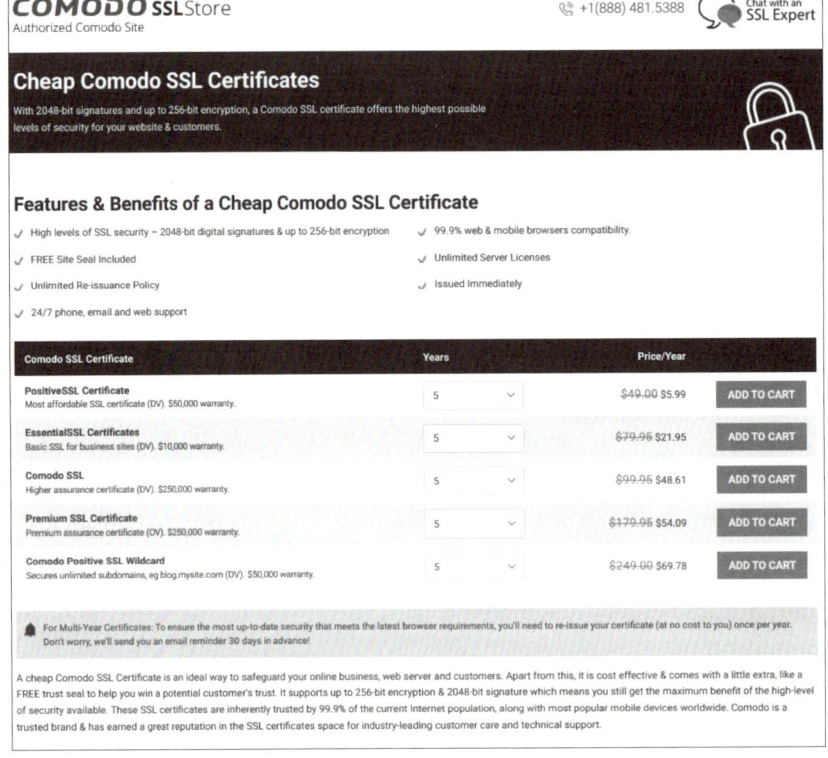

▲ 사용자의 보안 조건에 맞는 SSL 인증서를 구매하여 활용할 수 있다.

3) 웹 서버 보안

① **아파치(Apache)** ★ 꼭 암기하세요.
- 팀 버너스리의 NCSA HTTPd를 기반으로 1995년 개발된 **아파치 소프트웨어 재단의 웹 서버 프로그램**이다.
- 전 세계 웹 서버 운영체제 중 가장 큰 비중을 차지하고 있다.
- 다른 로컬 운영체제들과의 호환이 좋으며 다양한 보안 기능을 제공한다.
- 오픈소스 라이선스에 따라 무료로 사용할 수 있다.

② **아파치 웹 서버 보안 관리**
- 주요 디렉터리 및 파일 접근 권한 설정
  - Root에 의해 실행할 수 있는 모든 명령어들은 다른 레벨의 사용자가 수정할 수 없다.
- 불필요한 파일 삭제
  - /var/www/manual: 시스템 정보 누출 가능성이 있는 매뉴얼 파일 삭제
  - /var/www/cgi_bin: 공격에 이용될 수 있는 기본 설치 파일 cgi_bin 삭제

- FollowSymLinks 제거
  - 심블릭 링크를 통해 파일 시스템에 액세스하여 root 권한을 가져갈 위험이 상주한다.
- Directory Indexes
  - 실행의 우선순위를 설정한다.
- Server Tokens
  - 웹 서버 접속 시 가능한 적은 정보만을 공개하도록 설정한다.
- ServerSignature Off 설정
  - ServerSignature on이 on으로 설정되어 있는 경우 아파치 웹 서버의 버전과 서버 이름이 노출될 가능성이 있다.
- 접근 제어

③ 윈도우 서버 보안

- 보안 템플릿
  - 여러 개의 보안 설정들을 하나의 템플릿으로 만들어 사용한다.
  - 부분적 활용, 편집, 관리할 수 있으며, 다른 관리자에게도 배포할 수 있다.
  - 계정 정책, 시스템 서비스, 로컬 정책, 레지스트리, 이벤트 로그 보안 등을 설정할 수 있다.
  - 로컬, 도메인 구분 없이 사용할 수 있으나 NTFS 파일 시스템에서만 사용할 수 있다.
  - 윈도우 서버 설치 파티션 내부의 'winnt/inf' 폴더 안에 텍스트 파일로 존재한다.

CHAPTER 2 정보 보안 위험 요소

정보 보안을 위협하는 주요 공격 방법에 대하여 학습한다. 자주 접해서 익숙하지만 정확한 의미를 모르는 개념들이 많이 등장하므로, 공격 유형을 이해하며 학습하도록 한다.

2-1 스니핑(Sniffing)

① 개요
- 네트워크 트래픽 **도청장치인 스니퍼(Sniffer)를 이용하여 네트워크상 수신자와 송신자 사이의 데이터 패킷을 몰래 훔쳐보는 행위**이다.
- 코를 훌쩍이거나 냄새를 맡는 행위를 나타내는 영단어 sniff에서 유래되었다.

② 세션 하이재킹(Session Hijacking)
- 스니핑의 일종으로 로그인된 상태에서 세션을 몰래 가로채는 것이다.

③ 사이드재킹(Side Jacking)
- 스니핑의 일종으로 공격 대상의 네트워크 세션을 몰래 복사하여 주요 정보를 훔쳐봄으로써 사용자의 로그정보를 획득하는 것이다.

2-2 스푸핑(Spoofing)

① 개요
- **허가받은 타인의 신분으로 위장하거나, 허가받은 네트워크 주소로 위장하여 사용자들을 속인뒤 정보를 가져가는 행위**이다.
- '패러디하다', '도용하다'라는 의미를 가진 영단어 spoof에서 유래되었다.

② MITM(Main In The Middle)
- 스푸핑의 일종으로, 네트워크상 통신 주체들 사이에 허락 없이 끼어서 데이터를 갈취하는 것이다.
  - DNS 스푸핑, ARP 스푸핑 등

2-3 신플러드 공격(SYN Flooding)

① 개요
- TCP통신의 필수 요소인 3-way-handshaking 프로세스상에서 송신자와 수신자 사이의 메시지가 오고 가는데, 이때 특정 IP에서 홍수(Flood)처럼 **지나친 양의 SYN 메시지를 보내 시스템을 마비시키는 DOS형 공격**이다.
- 과도한 패킷 전송을 통해 예상 이상의 시스템 부하를 발생시켜 서버의 기능을 저하시키는 것이 공격의 주목적이다.

2-4 트로이목마 ★ 꼭 암기하세요.

① 개요
- **정상 기능의 프로그램으로 가장하여 프로그램 내에 숨어있는 악성코드로 의도하지 않은 기능을 수행하는 프로그램 또는 실행코드이다.**
- 공격자의 의도에 따라 시스템 충돌이나 파일 삭제, 기밀 정보 절도, 악성 코드 전파, 사용자의 행동 추적, 개인 정보 갈취 목적 등 다양한 공격이 가능하다.
- 악성코드에 감염된 컴퓨터를 암호화폐 마이닝을 위한 도구로 활용하거나, 다른 컴퓨터를 공격하기 위한 (예 DDoS 공격) 좀비 PC로 활용하기도 한다.
- 사용자 PC의 웹캠에 접근하여 녹화한 불법 촬영물을 허가 없이 판매하거나 사용자를 협박하기 위한 도구로 활용하는 경우도 있다.
- 이처럼 이미 설치된 경우에는 사용자의 네트워크나 PC에 대해 제한 없는 접근이 가능하므로 사전 예방이 중요하다.

2-5 피싱과 파밍

① **피싱(Phishing)**
- **신뢰할 수 있는 개인 또는 단체가 보낸 메시지인 것처럼 전자우편 또는 메신저 주소를 위장함으로써, 신용카드 정보 및 비밀번호 등 가치가 있는 정보를 부정하게 얻어내는 방법이다.**
- 기업 인수 지분, 상속분 등 거대한 돈을 대신 맡아 달라는 해외발 이메일이 대부분이었으나 최근에는 집회 참가 여부 조사, 쇼핑몰 사이트 위장 등 그 사례가 다양해지고 있으며, 보이스 피싱을 통해 금품을 갈취하는 행위들도 빈번하게 발생하고 있어 주의가 요구된다.

▶ 코로나 바이러스에 대응하는 지자체 담당자로 위장한 피싱 이메일

② **스미싱(SMS Phishing)**
- **문자 메시지 피싱(SMS-phishing)을 의미하는 것으로, 말 그대로 문자 메시지를 이용한 피싱의 한 종류이다.**
- 신뢰할 수 있는 개인 또는 단체가 보낸 문자인 것처럼 위장함으로써 통장 비밀번호 등 주요 금융 정보를 요구하거나 금액 이체를 유도한다.

▲ 스미싱 사례

③ 파밍(Pharming)
- **DNS(Domain Name Server)를 공격하여 클라이언트가 원래 의도한 사이트가 아닌 위조된 사이트로 이동하도록 유도하는 공격이다.**
- 위조된 사이트에 접속하면 금융정보 등 민감한 개인정보를 빼낸다.
- 한국인터넷진흥원에서는 파밍사이트로 인한 피해를 방지하기 위해서 클라이언트가 국내 정상 사이트가 아닌 해외 가짜 사이트로 접속을 시도할 경우 파밍 사이트 차단 안내 메시지를 띄워 미리 경고해주고 있다.

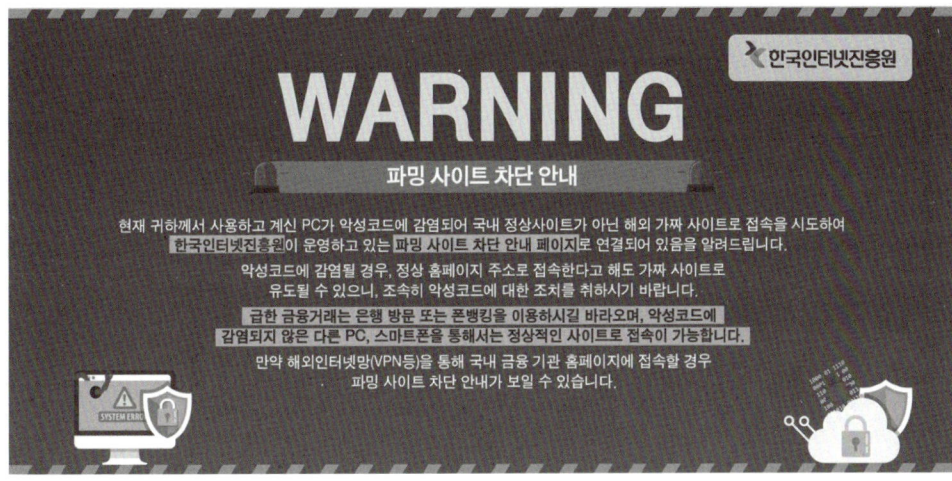

▲ 한국인터넷진흥원이 차단 경고

2-6 DoS와 DDoS ★ 꼭 암기하세요.

① DoS(Denial of Service)
- 서비스를 거부한다는 의미로, **네트워크에 불필요한 트래픽을 무작위로 발생**시켜 정상적인 서비스 제공을 방해하여 속도를 저하시키거나 서비스에 접근할 수 없도록 차단시키는 것이다.

② DDoS(Distributed Denial of Service)
- **DoS의 발전된 형태로 공격자를 분산(Distribute)시켜 공격의 근원을 알 수 없게 하는 것**으로, 좀비 PC를 이용하는 등의 방법으로 다수의 Host가 한 대의 Server 등을 공격하여 컴퓨터 및 네트워크가 정상적인 서비스를 하지 못하게 만드는 공격이다.

2-7 랜섬웨어

① 개요

- **몸값(ransom)을 요구하는 소프트웨어(ware)라는 뜻으로, 암호화 기법을 통해 공격 대상자의 파일을 암호화하여 인질로 삼고 파일 복원을 위한 금품을 요구하는 공격 방법이다.**
- 암호화 키가 없으면 복구할 수 없기 때문에 백신으로는 치료할 수 없다.
- 과거에는 인질범의 형태로 일방적인 금품을 요구했다면, 최근에는 컴퓨터의 파일을 암호화한 범인이 정체를 감추고 암호화를 푸는 솔루션을 판매하는 해결사로 위장하는 등 수법이 다양해졌다.

② 감염 경로

- 인증되지 않거나 보안되지 않는 사이트나 P2P 파일 공유 사이트 이용
- 랜섬웨어에 취약한 브라우저를 사용하는 경우
- 랜섬웨어에 취약한 플러그인을 사용하는 경우
- 인증되지 않은 사용자가 보낸 이메일의 첨부 파일을 열어본 경우

③ 주요 랜섬웨어 악성코드

종류	설명
록키(Locky)	• Javascript 파일이 들어있는 압축 파일을 이메일 등에 첨부하여 압축 파일 실행 시 사용자의 파일들이 감염되는 악성코드이다. • 코드에 감염된 파일들은 .locky로 확장자가 바뀐다.
크립트 XXX(CryptXXX)	• 암호화폐(Cryptocurrency)로 지불을 요구하는 악성코드로 .dll 형태로 배포된다. • 코드에 감염된 파일들은 .crypt 등으로 확장자가 바뀐다.
케르베르(CERBER)	• 윈도우의 볼륨 섀도우(Volume Shadow)를 삭제하여 윈도우를 복구 불가능 상태로 감염시킨다. • 코드에 감염된 파일들은 .cerver로 확장자가 바뀐다.

2-8 무작위 공격(Brute Attack)

① 개요
- Brute(무자비한, 무차별적인, 막무가내의)+Attack(공격)의 합성어로, 말 그대로 **패스워드를 알아낼 때까지 모든 조합의 문자를 대입하는 공격 방법**이다.

② 특징
- 가장 간단하면서도 강력한 공격이다.
- 이를 예방하기 위해서는 패스워드의 오류 입력 횟수에 제한을 두어야 한다.
- 주로 좀비 PC를 이용해 공격한다.
  - 보트넷(Botnet): 스팸메일이나 악성코드 등을 해커 마음대로 전파하기 위해 좀비 PC들로 구성된 네트워크이다.

2-9 침해 후 대응

① 정보 보안 침해사고 발생 시의 대응 순서와 절차
- 사전 대응 → 사고 탐지 → 대응(단기 대응, 백업 및 증거 확보, 시스템 복구) → 제거 및 복구 → 후속조치 및 보고
- CERT(Computer Emergency Response Team)
  - **컴퓨터 보안 관련 사고의 예방 및 대응을 위한 기관 내 조직이다.**

② 디지털 포렌식
- 디지털 데이터의 조사와 수사를 통해 컴퓨터 혹은 네트워크상의 정보가 법적 효력을 갖게 하는 논리적, 과학적 방법을 연구하는 학문이다.
- 디지털 포렌식의 주요 작업 범위
  - 활성 데이터 수집(Live Data Collection)
  - 시스템 로그 분석
  - 저장 장치 분석

CHAPTER 3 정보 보호 시스템

정보 보안 위험 요소들의 공격을 탐지하고, 차단하고, 사전에 방지하는 시스템에 대하여 학습한다. 각 시스템별 주요 역할을 중심으로 학습하도록 한다.

3-1 침입 탐지 시스템(IDS; Intrusion Detection System) ★꼭 암기하세요.

① **개요**
- **네트워크의 사용 패턴을 실시간으로 모니터링하며 네트워크 공격을 탐지하는 시스템이다.**
- 보편적인 시스템 사용 패턴을 학습하고, 침입자의 패턴이나 평소와는 다른 패턴이 감지되면 다른 보안 장비(방화벽 등)와 연계하여 대응한다.

② **오용 탐지와 비정상 탐지**
- 오용 탐지: 사용자의 사용 패턴과 침입자의 침입 패턴을 학습하여 침입자의 패턴으로 접근하는 경우 침입자로 식별하는 것이다.
- 비정상 탐지: 정상적인 패턴을 학습하고 정상과 다른 패턴이 감지되면 침입자의 패턴으로 식별하는 것이다.

3-2 침입 차단 시스템(Firewall) ★꼭 암기하세요.

① **개요**
- 가장 기본적인 **네트워크 보안 장비**로, 원래 의미는 화재가 더 이상 번지는 것을 막기 위해 세워둔 차단 벽이다.
- 시스템에 접근 가능한 사용자, 포트, IP 등을 사전에 정의해두고, 이 기준에 부합하지 않는 경우(혹은 블랙리스트 IP에 해당하는 경우)는 **접근 통제(Access Control)를 통해 내부 시스템으로의 진입을 차단한다.**

- 윈도우 방화벽(Windows Defender)을 통해 침입에 대한 차단을 설정할 수 있다.

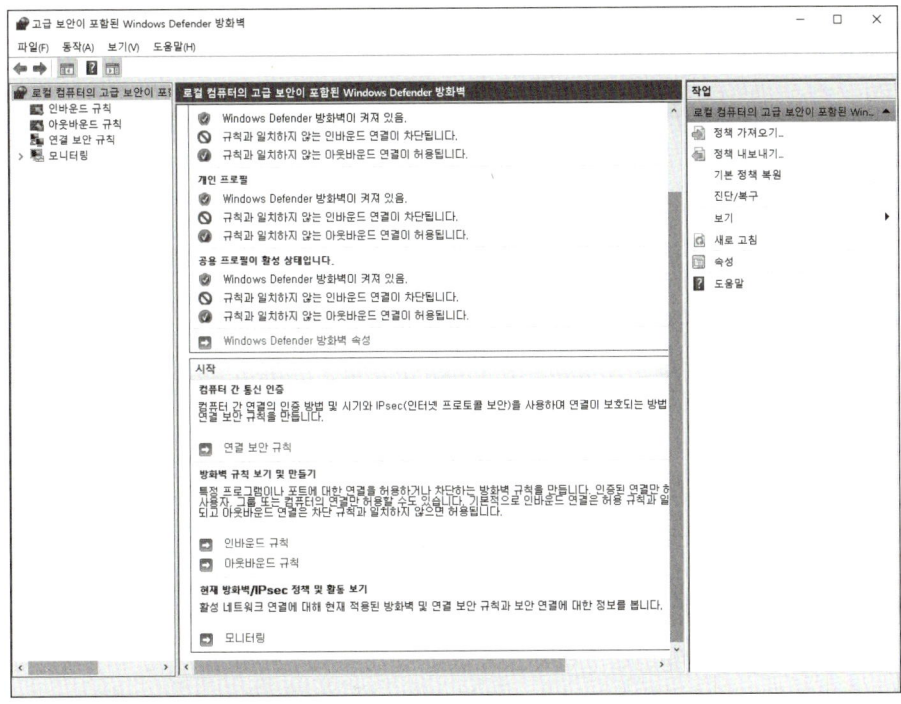

▲ 제어판에서 설정 가능한 윈도우 방화벽 고급 보안 속성

② **구현 방식에 따른 분류**

구현 방식	설명
패킷 필터링 방화벽	• OSI 7계층 중 Network 계층과 Transport 계층에서 작동한다. • 특정 IP, 프로토콜, 포트를 차단하거나 허용할 수 있다.
애플리케이션 게이트웨이	• OSI 7계층 중 Application 계층에서 작동한다. • 내부 – 외부 네트워크 사이의 게이트웨이 역할을 한다. • 패킷 필터링에 비해 보안성이 우수하다. • 프록시를 통해서만 연결이 가능하므로 프록시 방화벽으로도 불린다.
회선 게이트웨이	• OSI 7계층 중 Application~Session 계층 사이에서 작동한다. • 회선 프록시를 인식할 수 있는 프로그램이 설치된 클라이언트만 회선을 설치할 수 있다. • 우회접근 시 방어할 수 없다.
상태 기반 패킷 검사	• OSI 전 계층에서 패킷의 헤더 내용을 해석하여 침입을 차단하는 가장 강력한 방화벽이다. • 방화벽 표준으로 자리매김했다.
혼합형	서비스 종류에 따라 여러 구현 방식의 방화벽을 복합적으로 구성한 것이다.

3-3 침입 방지 시스템(IPS) ★꼭 암기하세요.

① 개요
- 수동적인 탐지 기능이나 차단 기능을 넘어서는 더 **능동적인 방어 장치**이다.
- DoS와 같은 출처를 알 수 없는 공격으로 인해 네트워크 시스템을 사용할 수 없게 되며, 시스템에 의해 작동하는 방화벽이나 IDS만으로는 완벽한 방어가 불가능해졌다. 이에 문제의 소지가 있는, 유해할 가능성이 있는 트래픽을 능동적으로 차단하는 IPS의 필요성이 커졌다.

② IPS의 필터
- Signature 이상 감지 필터
  - 특징적인 패턴이나 키워드를 매칭하여 웜이나 바이러스를 구분한다.
- Dos 및 트래픽 이상 감지 필터
  - 해킹 시도나 DoS 공격 패턴을 감지하고 해당 세션을 차단한다.
- 트래픽 모니터링 및 QoS 필터
  - 비표준 포트를 사용하는 트래픽을 이상 트래픽으로 구분한다.
  - 트래픽 제어를 통해 적정 QoS를 제공한다.
- 프로토콜 무결성 확인 필터
  - 서비스별 표준 동작 패턴을 정의하고, 비정상적 패턴을 차단한다.
  - 알려지지 않은 서비스 포트를 사용하는 웜, 트로이목마, 해킹 공격을 방어한다.
- 비정상 클라이언트 격리
- 바이러스에 감염된 시스템을 발견하면 해당 시스템은 격리조치되어 트래픽 발생이 불가능하다.

적중예상문제

01 보안전문가 Jennifer는 사내에서 여러 직원이 랜섬웨어(Ransomware)에 감염되었다는 소식을 들었다. 다음 중에서 Jennifer가 파악한 랜섬웨어에 감염되는 경로가 아닌 것은?

① 인증되지 않은 파일 공유 사이트 이용
② Active X 컨트롤 미실시
③ 플래시 플레이어의 업데이트 실시
④ 모르는 E-mail 주소에서 온 첨부파일을 열어본 경우

해설
플래시 플레이어의 업데이트 실시는 랜섬웨어의 예방책이다.

02 신입사원 Han은 보안 전문가 Jennifer에게 Password 설정 방법을 물어보고 있다. 다음 중 Jennifer가 한 조언으로 적절하지 않은 것은?

① 영문자(대·소문자), 숫자, 특수문자 등을 혼합한다.
② 대문자와 소문자, 숫자 등을 불규칙적으로 배열한다.
③ 생일, 차량번호 등 개인 신상과 관련한 정보는 사용하지 않는다.
④ 잊어버릴 것을 대비하여 포스트잇 등에 써서 모니터에 붙여둔다.

해설
포스트잇은 암호를 기재해 두기에 적합한 수단이라고 볼 수 없으며, 모니터에 붙여두면 다른 사람들에게 쉽게 노출될 수 있다.

03 Linux를 배우는 학생 Jake가 Linux에서 사용자 계정 생성 시 비밀번호도 함께 생성했다. 이와 관련한 정보가 암호화되어 저장되는 곳은?

① /usr/local
② /etc/password
③ /etc/shadow
④ /usr/password

해설
/etc/shadow에는 사용자가 생성한 계정들의 비밀번호를 암호화하여 보관하고 있다.

04 다음 암호 방식 중 스트림 암호화를 사용하지 않는 것은?

① A5/1
② AES
③ RC4
④ SEAL

해설
AES는 블록 암호화 방식이다.

정답 01. ③ 02. ④ 03. ③ 04. ②

05 다음 설명에 부합하는 암호화 프로토콜은 무엇인가?

- 분산 환경에서 클라이언트와 서버 간의 상호 인증을 제공
- 제3자 인증 방식 DES 기반
- 티켓(Ticket)을 이용

① Kerberos   ② SSL
③ DDos   ④ Sniffing

● 해설
케베로스(Kerberos)에 대한 설명이다.

06 SET(Secure Electronic Transaction)에 대한 설명 중 옳지 않은 것은?

① 초기에 마스터카드, 비자카드, 마이크로소프트, 넷스케이프 등에 의해 후원되었다.
② 인터넷상에서의 금융 거래 안전을 보장하기 위한 시스템이다.
③ 메시지의 암호화, 전자증명서, 디지털서명 등의 기능이 있다.
④ 지불정보는 비밀키를 이용하여 암호화한다.

● 해설
지불정보는 공개키를 이용하여 암호화한다.

07 정보보호 서비스 개념에 대한 아래의 설명에 해당 하는 것은?

메시지 전송 중 인가되지 않은 자, 혹은 인가되지 않은 방법으로 정보가 변조되지 않아야 하는 성질

① 무결성
② 부인봉쇄
③ 접근제어
④ 인증

● 해설
무결성에 대한 설명이다.

08 네트워크 보안을 위하여 설치되는 방화벽(Firewall)에서 보안 및 모니터링을 위하여 제공하는 주요 기능으로 옳지 않은 것은?

① 내부에서 행해지는 해킹 행위 방지
② 사용자 인증
③ 유용한 통계 정보를 제공할 수 있는 로깅 기능
④ 바이러스에 감염된 프로그램의 전송 방지 기능

● 해설
방화벽은 외부의 위험 요소가 내부로 침입하지 않도록 막아주는 역할을 하며, 내부에서 행해지는 위험 행위는 방지할 수 없다.

09 암호 방식 중 블록 암호화 방법에 해당하는 것은?

① A5/1   ② SEAL
③ RC4   ④ AES

● 해설
나머지 암호 방식들은 모두 스트림암호화를 사용한다.

정답 05.① 06.④ 07.① 08.① 09.④

10 다음 중 스니핑(Sniffing) 해킹 방법의 특징으로 옳은 것은?

① 이더넷 디바이스 모드를 프로미스쿠스(Promiscous) 모드로 전환하여 해당 호스트를 거치는 모든 패킷을 모니터링한다.
② IP Address를 접근권한을 가진 IP Address로 위장하여 시스템에 침투한다.
③ 분산 환경에서 클라이언트와 서버 간의 상호 인증을 제공한다.
④ 공격자를 분산시켜 공격의 근원을 알 수 없게 한 뒤 네트워크에 불필요한 트래픽을 무작위로 발생시켜 서비스를 거부하도록 만드는 공격이다.

● 해설

②는 스푸핑(Spoofing) 공격에 관한 설명이다. ③은 케베로스(Kerberos)에 대한 설명이다. ④는 DDos 공격에 관한 설명이다.

11 Linux에서 패스워드의 유효기간을 설정할 때 사용할 수 있는 방법이 아닌 것은?

① 'etc/login.defs'의 설정을 사용자 계정 생성 시 지정한다.
② chown 명령을 활용하여 지정한다.
③ 'etc/default/useradd' 파일의 설정을 계정 생성 시 지정한다.
④ change 명령을 활용하여 지정한다.

● 해설

chown은 폴더 및 파일의 소유자를 변경할 때 사용하는 명령어이다.

정답 10. ① 11. ②

실기

네/트/워/크/관/리/사

네트워크관리사 실기

1 1급/2급 실기 검정 요강

1-1 응시 자격

1급	1급 필기 시험 합격자로서 합격일로부터 2년 이내의 응시자
2급	2급 필기 시험 합격자로서 합격일로부터 2년 이내의 응시자

1-2 검정 과목 / 문항 수 / 제한 시간

	1Set(1~20문항)가 출제되며 제한시간 내에 지시된 사항을 수행해야 한다.			
1급	과목	LAN 전송 매체 네트워크 설계 / 구축 TCP / IP NOS 네트워크 운용기기	1 Set (1~20)	100분	작업 / 서술 / 선택형
	1Set(1~18문항)가 출제되며 제한시간 내에 지시된 사항을 수행해야 한다.			
2급	과목	LAN 전송 매체 네트워크 설계 / 구축 TCP / IP NOS 네트워크 운용기기	1 Set (1~18)	80분	작업 / 서술 / 선택형

1-3 합격 기준

등급	만점	합격 점수
1급	100점	60점 이상
2급	100점	60점 이상

2. 1급/2급 실기 검정의 차이점

2-1 검정 절차

1) 1급 검정 절차

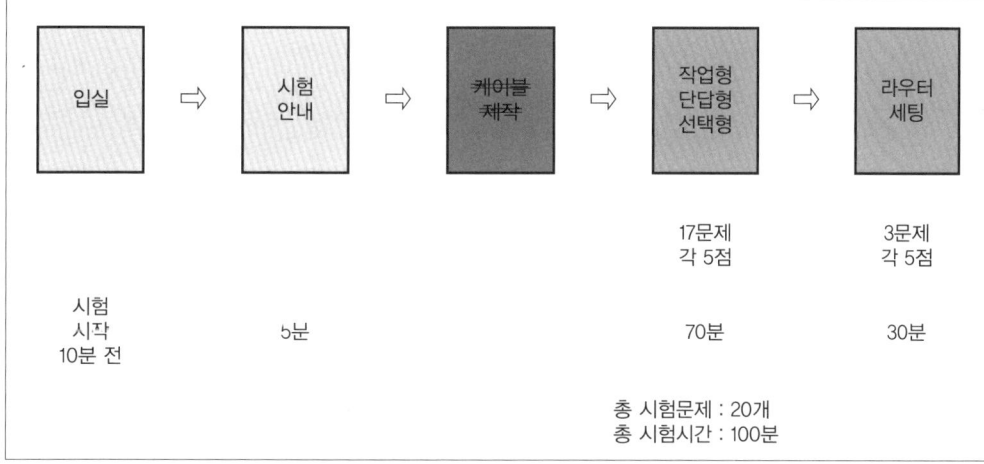

▲ 1급 실기 검정 절차

2) 2급 검정 절차

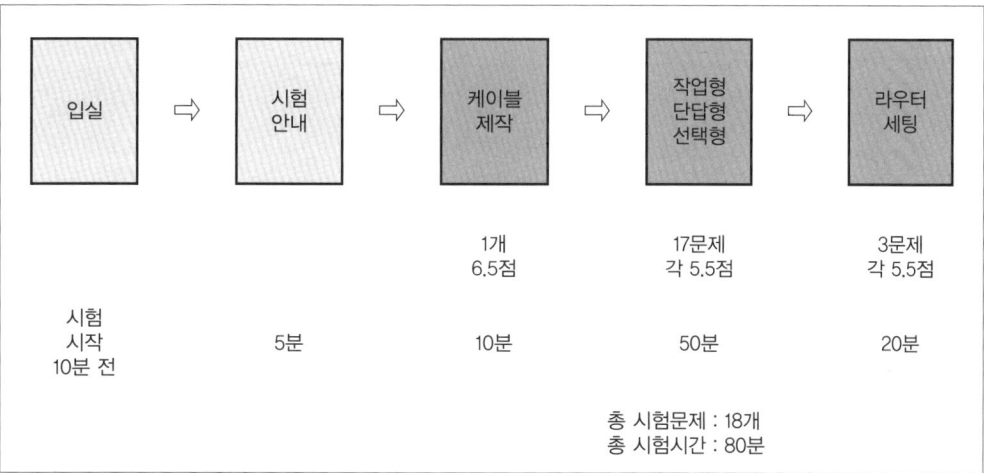

▲ 2급 실기 검정 절차

3) 1급 실기와 2급 실기의 차이점

■ 1급/2급 실기 차이점

시험 종류	1급			2급		
	-	작업형 단답형 선택형	라우터 세팅	케이블 제작	작업형 단답형 선택형	라우터 세팅
시험 문제수	0	17문제	3문제	1문제	14문제	3문제
문제당 배점	-	5점	5점	6.5점	5.5점	5.5점
시험 시간	-	70분	30분	10분	50분	20분
종합	- 케이블 제작 없음 - 작업형/단답형/선택형 문제 총 17문제 - 라우터 세팅 문제의 경우 3문제로 2급 과 동일하지만 난이도가 높음					

4) 1급/2급 실기(케이블 제작, 작업형/단답형/선택형 문제) 프로그램

가) 작업형/단답형/선택형 프로그램 다운로드

[협회 홈페이지(www.icqa.or.kr) 접속]→[고객지원]→[자료실]→[네트워크관리사]→[네트워크관리사] ICQA 모의고사 예제 프로그램(64비트용 또는 32비트용)→[첨부파일] 'icqaExzmpleSetup64(32).msi' 다운로드

나) 케이블 제작, 작업형/단답형/선택형 프로그램 설치 및 실행

① 협회 홈페이지에서 다운로드한 'icqaExzmpleSetup64(32).msi' 프로그램 설치

② 'icqaExzmpleSetup64(32).msi' 프로그램 설치 후 컴퓨터 바탕화면에서 'ICQA 예제' 바로가기 아이콘을 더블 클릭하여 ICQA 모의고사 예제 프로그램 실행

다) ICQA 실기 모의고사 예제 문제 풀기 시작

▲ ICQA 모의고사 예제 프로그램 실행 화면

3 1급/2급 실기 검정 절차

1) 시험 프로그램 로그인

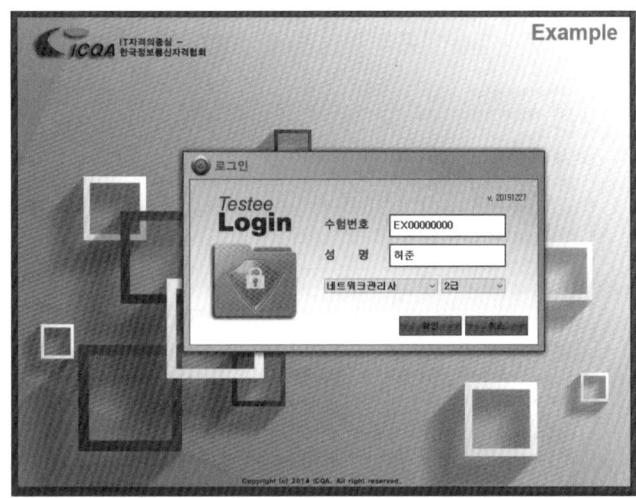

▲ 실기시험 로그인 화면

2) 시험 시작

시험을 시작하기 위해 감독관이 지정해 주는 시험 시작 번호를 입력한다.

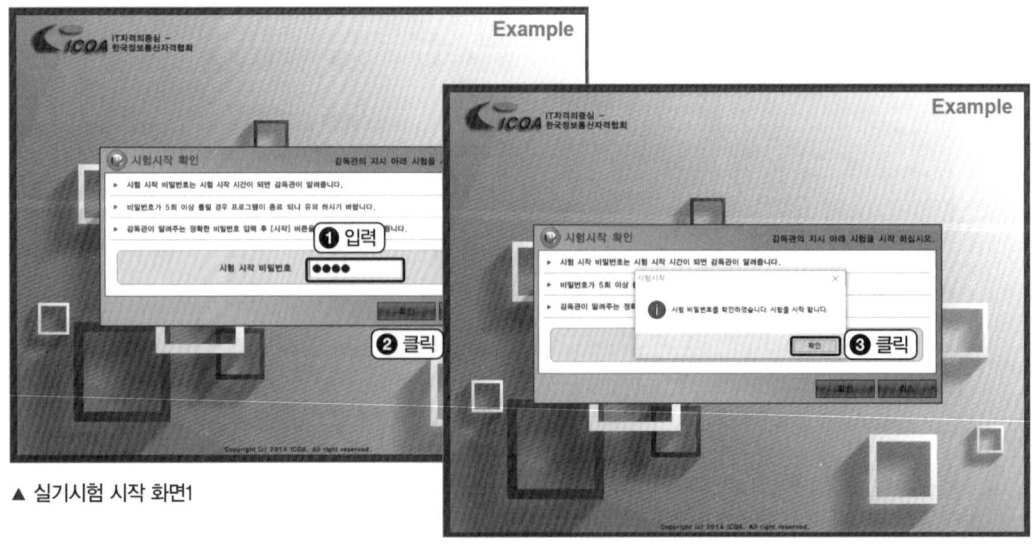

▲ 실기시험 시작 화면1

▲ 실기시험 시작 화면2

3) 문제 시작

네트워크관리사 실기는 시험 시작 번호 입력 후 케이블 제작 문제가 제일 먼저 표시된다.

4) 케이블 제작 문제(2급 시험 수검자에만 해당, 1급은 케이블 제작 없음)

① 감독관의 지시에 따라 지급된 케이블을 문제에서 요구하는 작업을 수행한다.

② 케이블 문제는 단일 문제로 케이블 문제를 닫기 전에는 다음 문제로 이동할 수 없다.

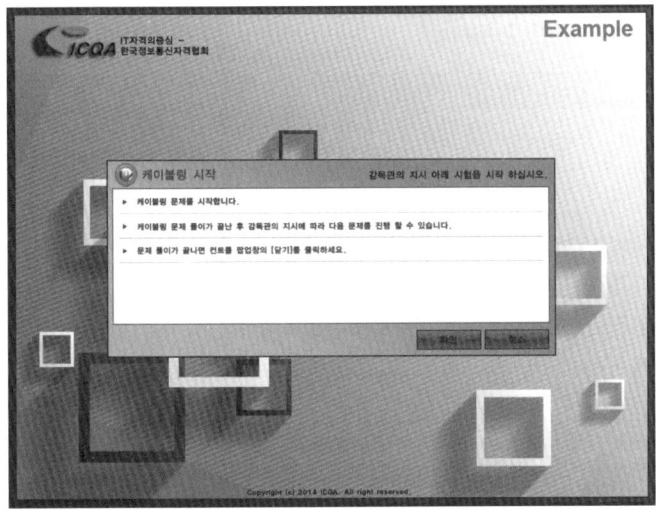

▲ 케이블 제작 시작 화면

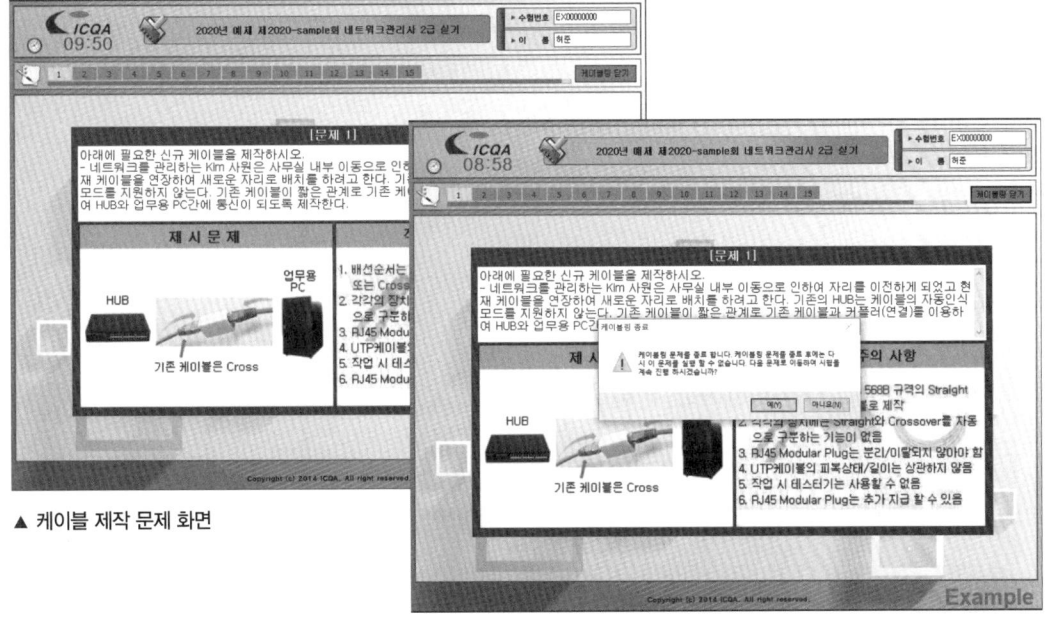

▲ 케이블 제작 문제 화면

▲ 케이블 제작 종료 화면

③ [케이블 닫기] 버튼을 눌러서 현재 문제를 종료하고 작업형/단답형/선택형 문제로 이동한다.

5) 작업형/단답형/선택형 문제(문제 풀이 화면의 구성)

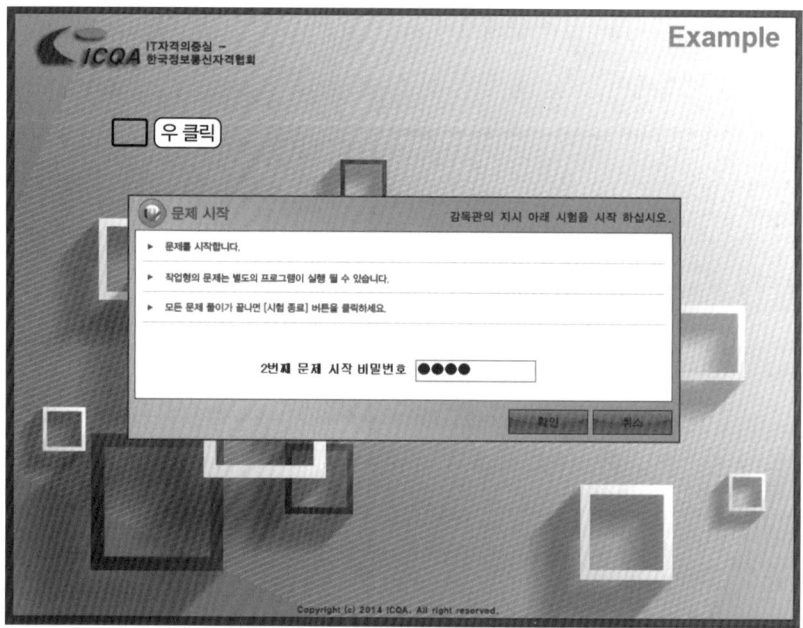

▲ 작업형/단답형/선택형 시작 화면

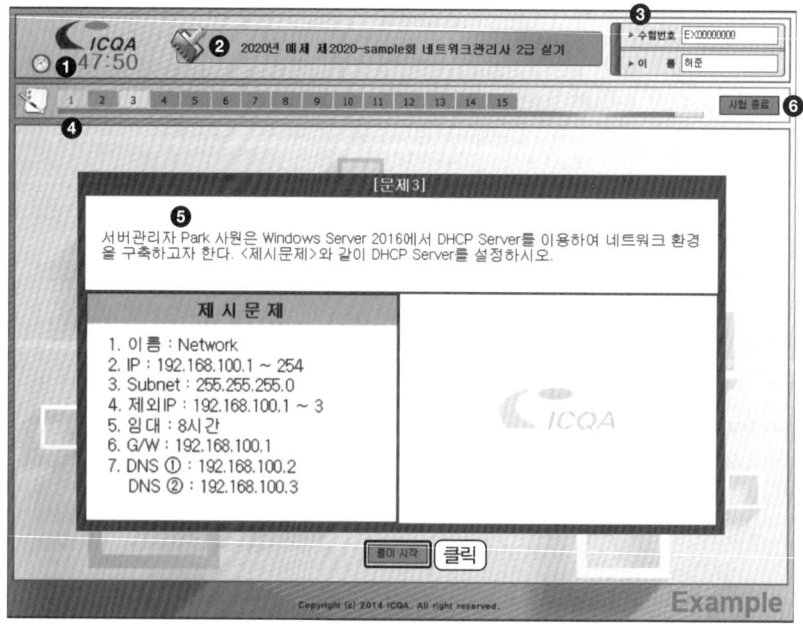

▲ 작업형/단답형/선택형 문제 화면

❶ 시간 타이머 : 화면 상단 왼쪽에 ICQA 로고 아래 시간 타이머가 있으며, 총 시험시간은 1급-100분, 2급-80분에서 1초 단위로 감소한다(앞으로 남은 시험시간을 알 수 있다).

❷ 응시 종목 정보 : 화면 상단 중앙에 현재 수검자가 응시하고 있는 시험 정보가 표시된다.

❸ 수검자 정보 : 화면 상단 오른쪽에 수검자의 수험번호와 이름이 표시된다.

❹ 문제 진행 정보 : 화면 상단 영역 바로 밑에 시험 문제 진행 정보가 표시된다. 수검자는 [문제 번호] 버튼을 눌러 해당 문제로 이동하여 문제를 열어 풀기/열람 등을 할 수 있다.

- 회색 문항 : 이동할 수 없는 문항(2급의 경우로 케이블 제작 문항)
- 녹색 문항 : 문제를 열어 풀기를 마친 후 저장을 완료한 문항으로 문제를 다시 풀거나 열람이 가능
- 하늘색 문항 : 현재 문제 풀이를 하고 있는 문항
- 주황색 문항 : 답안이 저장되지 않은 문항

❺ 문제 정보 : 화면 중앙 영역으로 시험 문제가 표시된다.

❻ 시험 종료 : [시험 종료] 버튼을 누르면 모든 문제 풀이가 완료되어 답안 전송 단계로 이동한다. [시험 종료] 버튼을 누른 후에는 다시 문제 풀이 화면으로 돌아올 수 없다.

6) 문제 유형별 진행

① 작업형 문제 : 보기 화면에서 [풀이 시작] 버튼을 누른다.

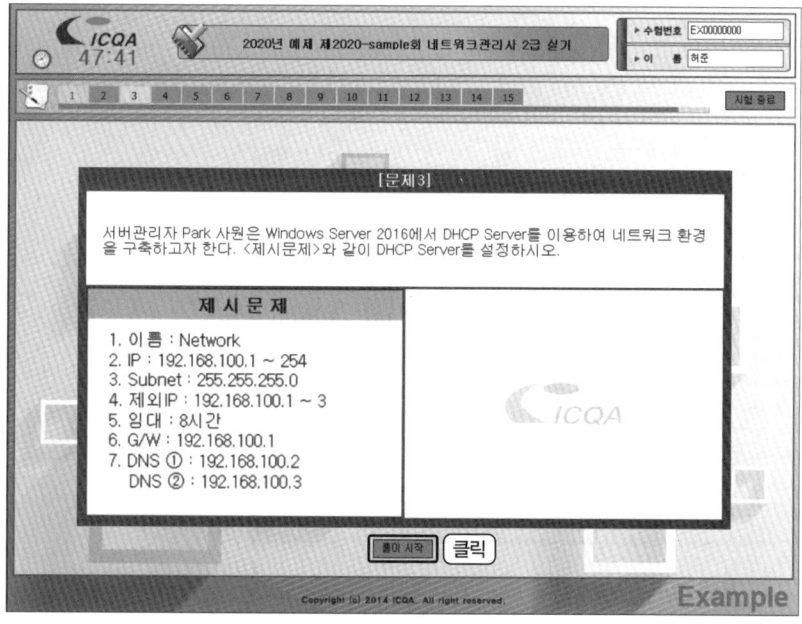

▲ 작업형 문제 화면

- 화면 상단에 수검자 정보 및 시험 정보, 현재 문제 정보, 제한 시간 정보 등이 표시된다.
- 문제 보기 창을 닫아도 [문제 보기] 버튼을 눌러 문제 내용을 상시 확인할 수 있다.
- 현재 문제를 닫으려면 작업 수행 창의 [닫기 버튼] 버튼 또는 에뮬레이터 종류에 따라 [확인] 버튼을 눌러서 문제 보기 창을 닫을 수 있다.

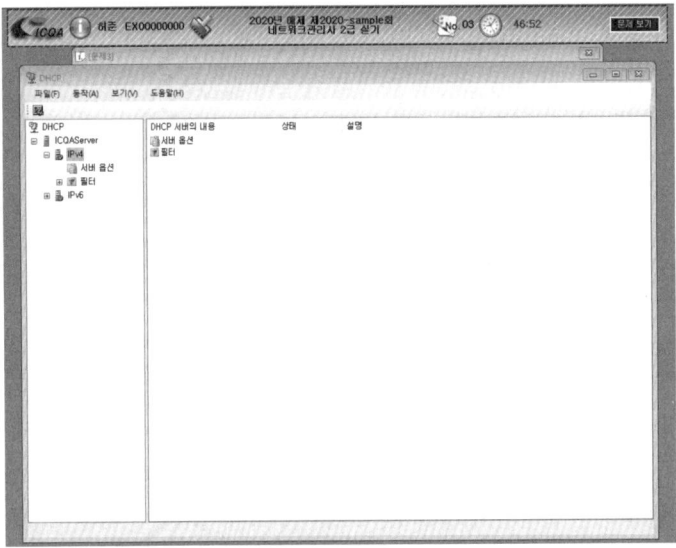

▲ 작업형 문제 화면

② 다지선다형 문제 : 문제 번호 버튼을 누르면 문제 내용 영역에 나타난다.
- 정답 보기의 선택은 화면 하단의 보기 선택 영역에서 선택하며, 다른 문제로 이동 시 자동으로 저장된다.

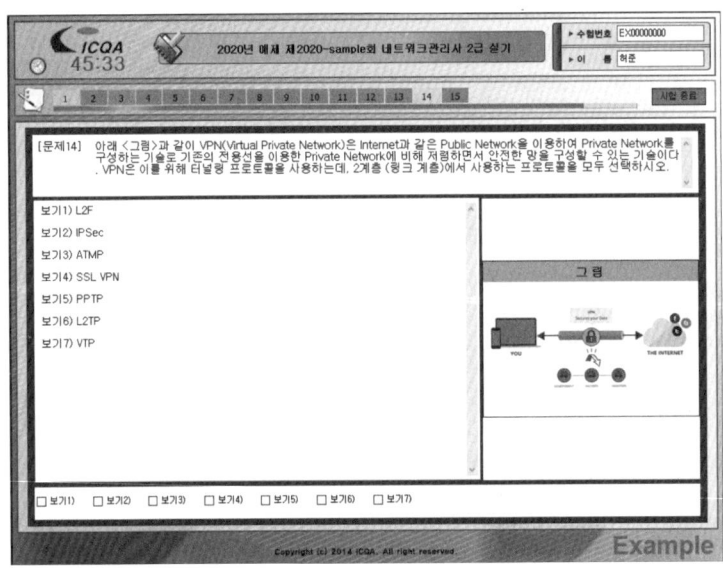

▲ 다지선다형 문제 화면

③ 단답형 문제 : 문제 번호 버튼을 누르면 문제 내용 영역이 나타난다.

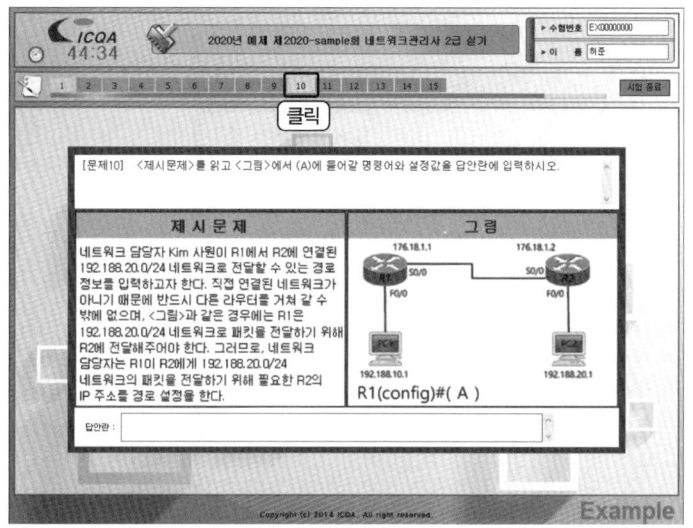

▲ 단답형 문제 화면

- 정답 입력은 화면 하단의 텍스트 입력창에 입력하며, 다른 문제로 이동 시 자동으로 저장된다.

④ 드래그 앤 드롭 문제 : 문제 내용 보기 화면에서 [풀이 시작] 버튼을 누른다.

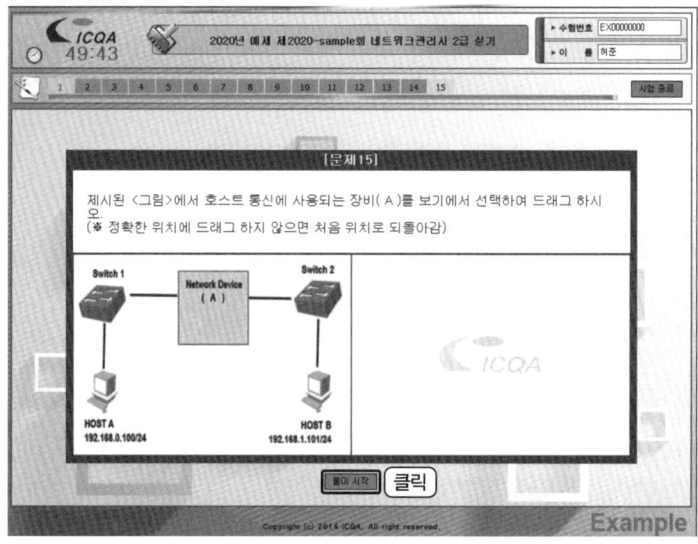

▲ 드래그 앤 드롭 문제 화면

- 화면 상단에 수검자 정보 및 시험 정보, 현재 문제 정보, 제한 시간 정보 등이 표시된다.
- [문제 보기] 버튼은 현재 문제 내용을 표시한다.
- 화면 오른쪽에 나열된 보기를 드래그하여 화면 왼쪽에 표시된 이미지의 영역에 끌어다 놓는다(드롭).

- [문제 닫기] 버튼을 눌러 현재 문제를 닫는다.

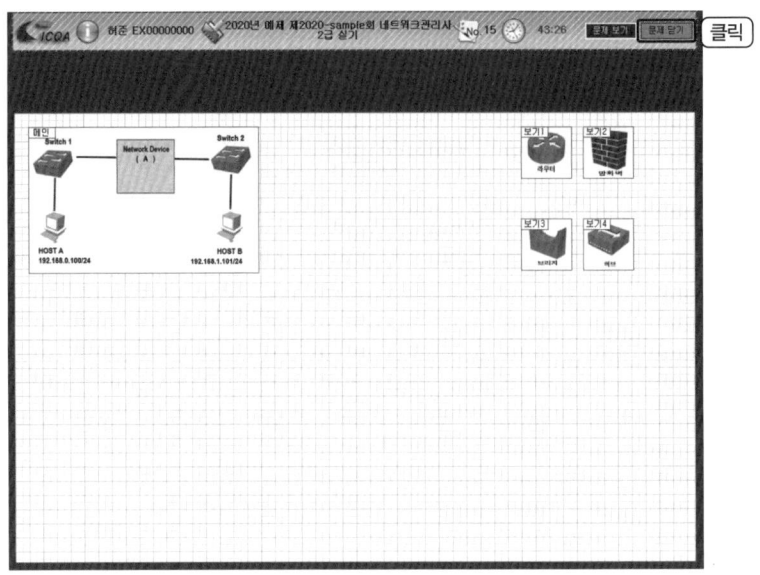

▲ 드래그 앤 드롭 풀이 화면

7) 시험 종료, 답안 전송 및 프로그램 종료

① 시험 종료 : 화면 상단 오른쪽의 [시험 종료] 버튼을 눌러 시험을 종료한다.

② 답안 전송 : 답안 전송은 수검자의 정답 정보를 서버로 보내는 과정이며, 이 과정을 수행하지 않을 경우 채점이 불가능하여 불이익을 받을 수 있다.

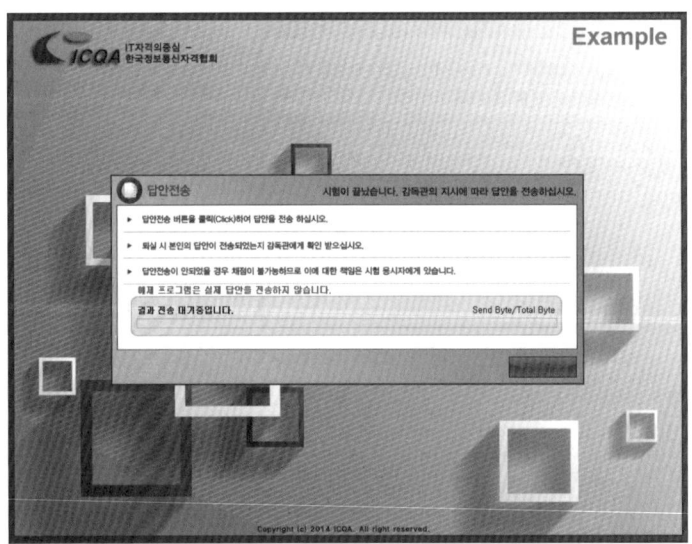

▲ 답안 전송 화면

- 반드시 [답안 전송] 버튼을 눌러 답안을 전송한다.

③ 프로그램 종료 : 답안 전송을 완료한 수검자는 감독관의 퇴실 지시가 있을 경우 [프로그램 종료] 버튼을 누르고 퇴실한다. 이때, 감독관의 퇴실 지시가 있을 때까지는 퇴실하지 말고 현 좌석에서 대기해야 한다.

▲ 프로그램 종료 화면

3-1 라우터 세팅 문제

1) 라우터 세팅 프로그램 다운로드

[협회 홈페이지(www.icqa.or.kr) 접속]→[고객지원]→[자료실]→[네트워크관리사]→[네트워크관리사] Router Emulator 프로그램 – 수험생 실습용→[첨부파일] 'router.zip' 다운로드

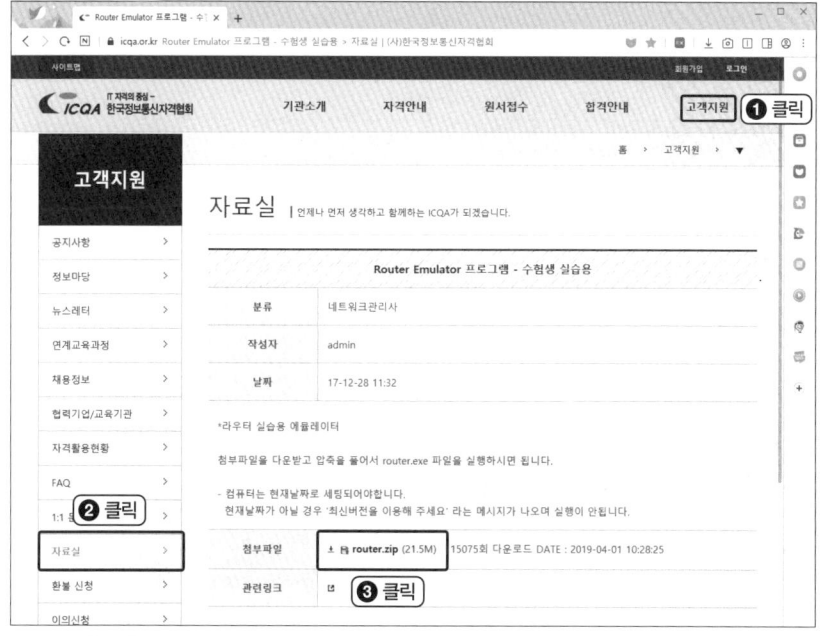

▲ ICQA 협회 홈페이지

2) 라우터 세팅 프로그램 설치 및 실행

① 협회 홈페이지에서 다운로드한 'router.zip' 파일을 풀기

② 압축이 해제된 [router] 폴더에서 'router' 아이콘 실행

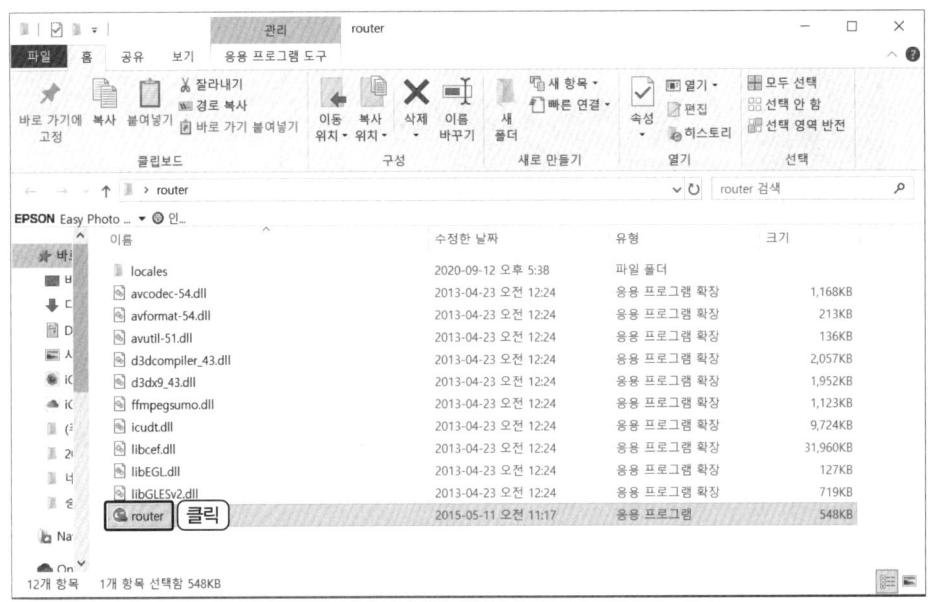

▲ 라우터 세팅 프로그램 실행

3) 라우터 세팅 예제 문제 풀이 시작

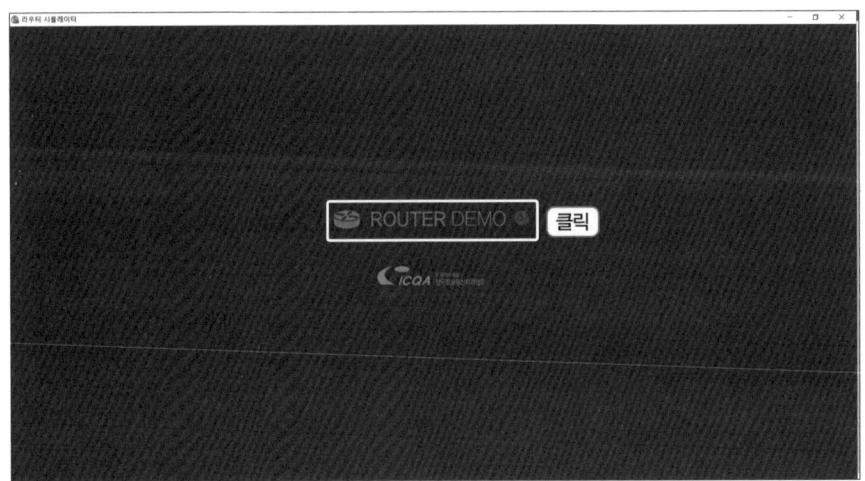

▲ 라우터 세팅 프로그램 시작 화면

- 라우터 세팅 프로그램에서 중앙에 있는 [ROUTER DEMO] 버튼을 클릭하여 모의시험을 시작한다.

4) 라우터 세팅 예제 문제 풀이 유의 사항

① 총 3문항이 출제되며 제한시간 내에 지시된 사항 수행
   - 제한시간은 총 20분(제한시간 엄수)

② 감독관 지시에 따라 라우터 시험 실시
   - 현재 '작업 창'을 닫거나 '새로 고침'을 해서는 안됨
   - 해당 시험이 맞는지 확인하고, 우측에 본인의 수험번호, 이름이 일치하는지 확인
   - 시험 중 수시로 우측에 있는 '남은시간'을 확인해야 함
   - 상단에 있는 [문제1], [문제2], [문제3] 버튼을 이용해 해당 문제로 이동
   - 우측에 'ROUTER1', 'ROUTER2' … 중에서 문제에서 제시한 해당 라우터 클릭

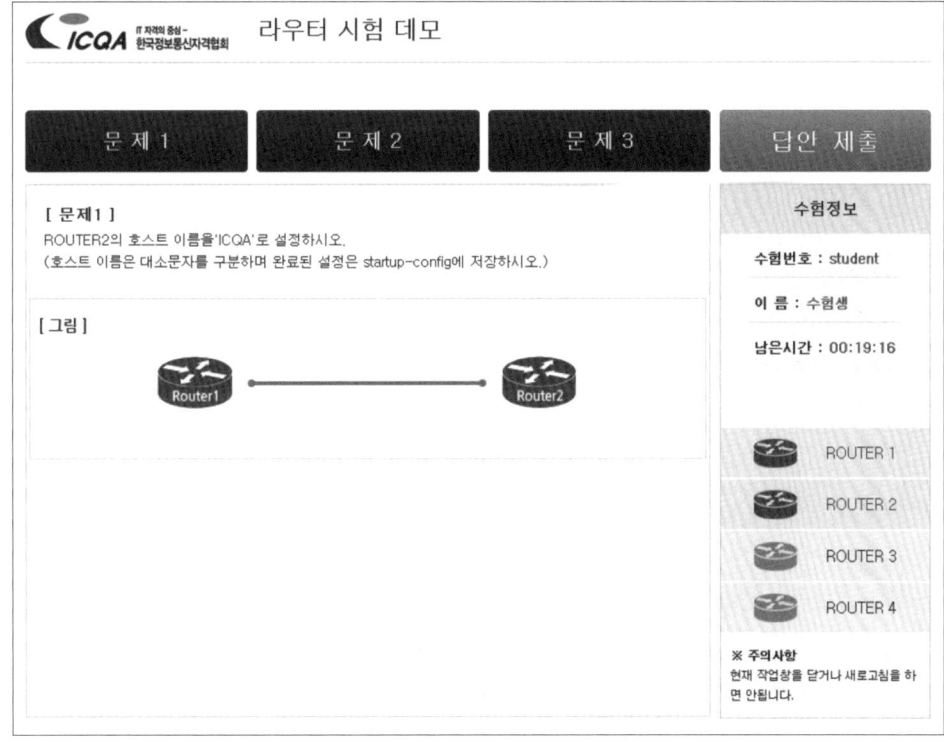

▲ 라우터 세팅 프로그램 화면

- 해당 라우터 시뮬레이션 창이 활성화되면서 텍스트 입력을 받기 위한 프롬프트가 깜박거림

- 라우터 시뮬레이션 창에서 문제에 제시된 내용에 대해 풀이를 진행하고, 답안 저장은 명령어 '#copy running-config startup-config' 또는 '#copy r s'를 사용하여 작업 사항 저장(이외 명령어는 사용금지)- 상단에 있는 '문제1', '문제2', '문제3' 문제를 모두 풀었으면 [답안 제출] 버튼을 클릭(답안 제출은 한 번 전송되면 되돌릴 수 없으니 신중해야 함)

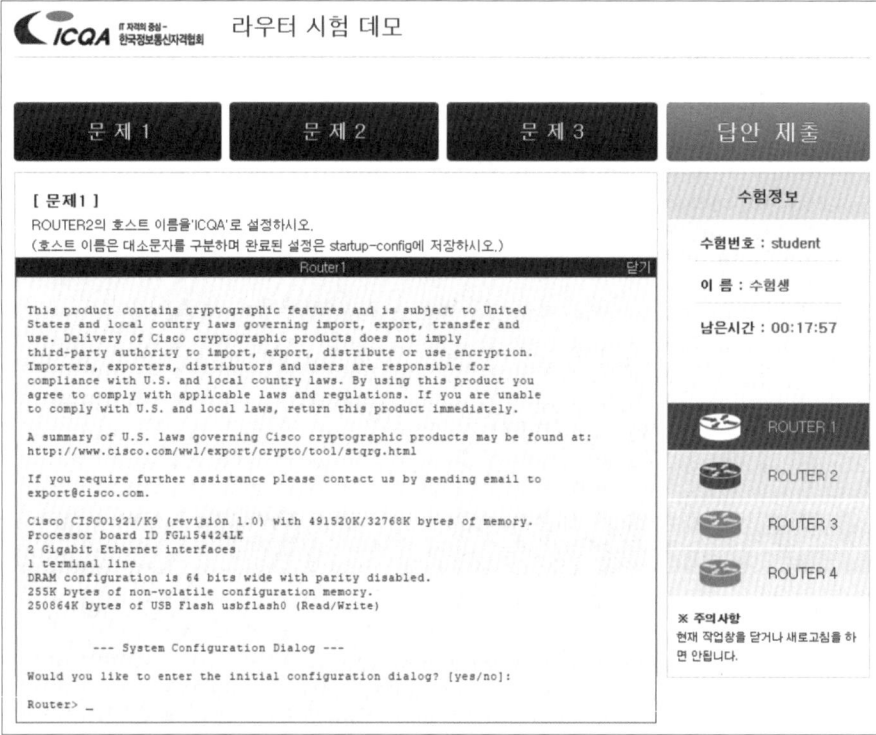

▲ 라우터 시뮬레이션 창 화면

▲ 라우터 세팅 프로그램 종료 화면

4. 1급/2급 실기 문제 풀이

4-1 케이블 제작(2급 실기만 해당)

1) 시험 유의 사항

① 네트워크관리사 2급 실기 과목 중 케이블 제작은 제시된 네트워크 환경에 적합한 다이렉트(Direct) 또는 크로스(Cross) UTP(Unshielded Twist Pair) 케이블 중 1개의 케이블을 제작하는 능력을 측정한다.

② 문제에 제시된 요구사항이 크로스 케이블인지 다이렉트 케이블인지를 정확하게 판단하여 제작한다.

③ 케이블 제작 제한시간은 10분으로 제한시간 안에 케이블 제작을 마친다.

④ 채점 기준
- 제작시간(10분 경과 후 불합격 처리)
- 배선 배열 순서의 정확성(1번~8번)
- RJ-45 커넥터와 배선의 결속 상태(일정한 힘으로 잡아 당겨서 분리되면 불합격 처리)

2) 케이블 제작 시 필요한 용품들

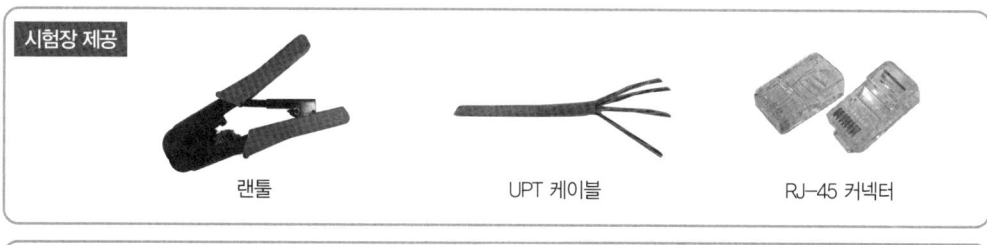

▲ 케이블 제작에 필요한 용품들

3) 케이블 종류

가) 다이렉트 케이블(Direct Cable)

① 서로 다른 장비를 연결할 때 사용(예 컴퓨터-스위치, 스위치-라우터 등)

② 양끝단 RJ-45 커넥터에 연결하는 케이블의 순서가 동일(EIA/TIA 568B : 주황띠-주황-녹색띠-파랑-파랑띠-녹색-갈색띠-갈색)

③ 케이블 규격은 EIA/TIA 568B

▲ 다이렉트 케이블 배선도

나) 크로스 케이블(Cross Cable)

① 서로 동일한 장비를 연결할 때 사용(예 컴퓨터-컴퓨터, 라우터-라우터 등)

② 양끝단 RJ-45 커넥터에 연결하는 케이블의 순서가 다름

- EIA/TIA 568B : 주황띠-주황-녹색띠-파랑-파랑띠-녹색-갈색띠-갈색
- EIA/TIA 568A : 녹색띠-녹색-주황띠-파랑-파랑띠-주황-갈색띠-갈색

③ 케이블 규격은 EIA/TIA 568B

▲ 크로스 케이블 배선도

※ 참고 : RJ-45 커넥터 핀과 EIA/TIA 568-A, B 케이블 규격

■ EIA/TIA 568-A, B 케이블 규격

PIN 번호	1	2	3	4	5	6	7	8
568-B	주황띠	주황	녹색띠	파랑	파랑띠	녹색	갈색띠	갈색
568-A	녹색띠	녹색	주황띠	파랑	파랑띠	주황	갈색띠	갈색

4) 네트워크 관리사 2급 실기 기출문제 풀이(2024년 Example)

4-1 LAN 케이블 제작, 작업/단답/다지선다/드래드앤드랍(14문제)

[시험 시작화면]

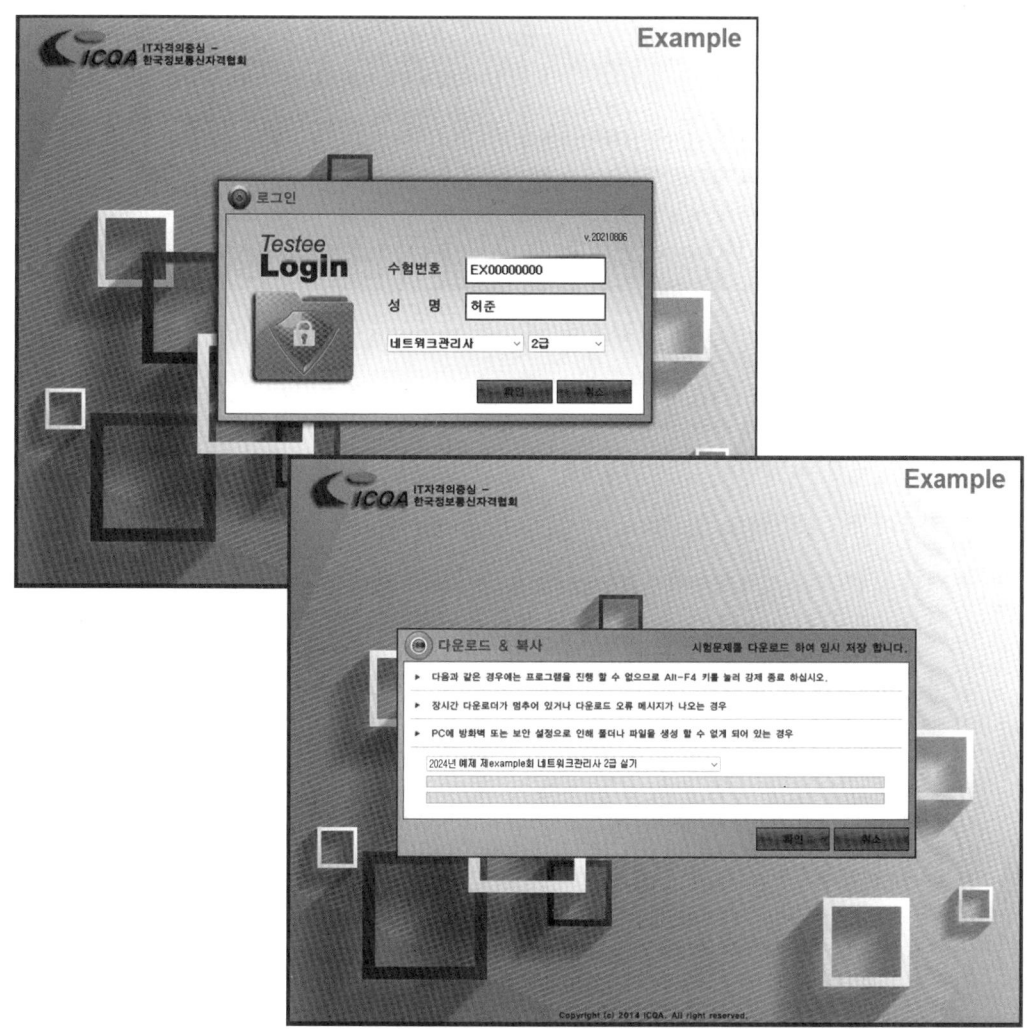

문제1

LAN 케이블 제작

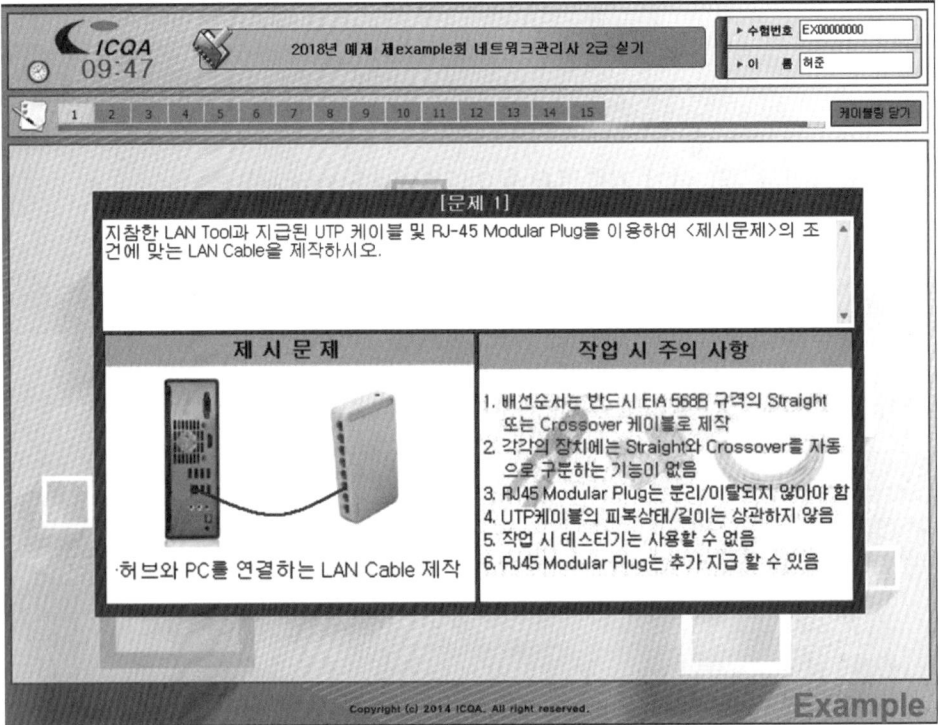

• 문제 풀이

허브와 PC 연결 → 다이렉트 케이블 제작

☞ 90% 이상이 다이렉트 케이블 제작

☞ 채점 시 주요 포인트 2가지 : 케이블 배선 순서가 맞는지 여부, 양쪽 끝부분을 당겼을 때 빠지지 않는지 여부

☞ 다이렉트 케이블 제작은 왼쪽과 오른쪽의 UTP케이블 배선이 동일

① 서로 다른 장비를 연결할 때 사용

→ (예 컴퓨터-스위치, 스위치-라우터 등)

② 양끝단 RJ-45 커넥터에 연결하는 케이블의 순서가 동일

→ (EIA/TIA 568-B : 주황띠-주황-녹색띠-파랑-파랑띠-녹색-갈색띠-갈색)

③ 케이블 규격은 EIA/TIA 568-B

PIN 번호	1	2	3	4	5	6	7	8
568-B	주황띠	주황	녹색띠	파랑	파랑띠	녹색	갈색띠	갈색
568-B	주황띠	주황	녹색띠	파랑	파랑띠	주황	갈색띠	갈색

Direct 케이블 (HUB to PC)

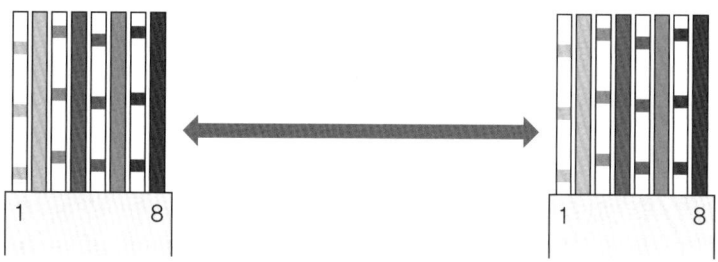

▲ 다이렉트 케이블 배선도

문제2

TCP/IP v4 세팅(작업형)

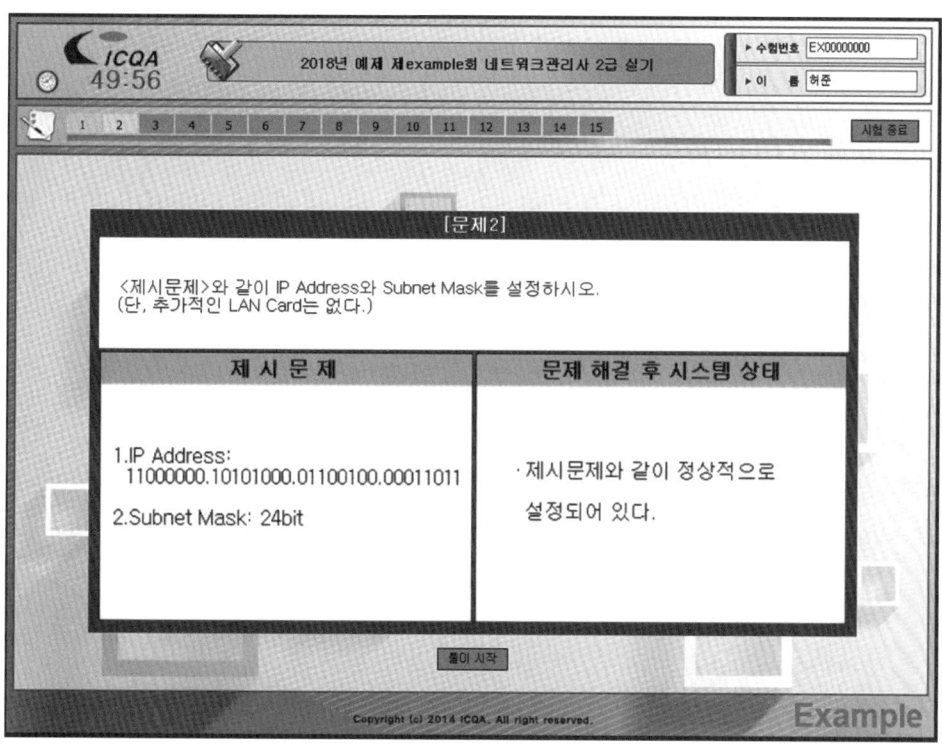

• 문제 풀이

☞ IP Address 2진수를 10진수로 변환

$11000000_{(2)} \rightarrow 1*2^7+1*2^6+0*2^5+0*2^4+0*2^3+0*2^2+0*2^1+0*2^0=128+64=192_{(10)}$

$10101000_{(2)} \rightarrow 1*2^7+0*2^6+1*2^5+0*2^4+1*2^3+0*2^2+0*2^1+0*2^0=128+32+8=168_{(10)}$

$01100100_{(2)} \rightarrow 0*2^7+1*2^6+1*2^5+0*2^4+0*2^3+1*2^2+0*2^1+0*2^0=64+32+4=100_{(10)}$

$00011011_{(2)} \rightarrow 0*2^7+0*2^6+0*2^5+1*2^4+1*2^3+0*2^2+1*2^1+1*2^0=16+8+2+1=27_{(10)}$

→ 192.168.100.27

☞ Subnet Mask 계산

24bit의 의미는 총 32bit 중 왼쪽 앞에서부터 24bit가 1

$11111111.11111111.11111111.00000000_{(2)} \rightarrow 255.255.255.0_{(10)}$

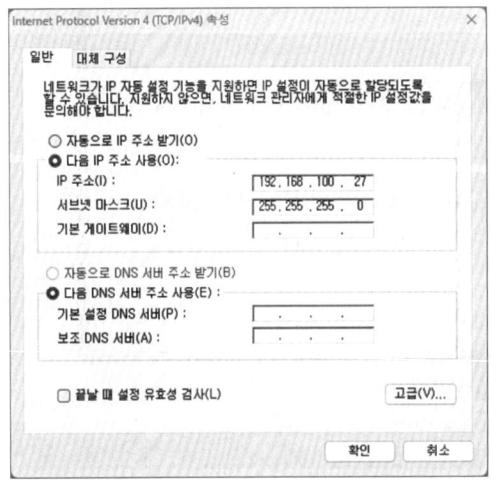

문제3

Web Server 세팅(작업형)

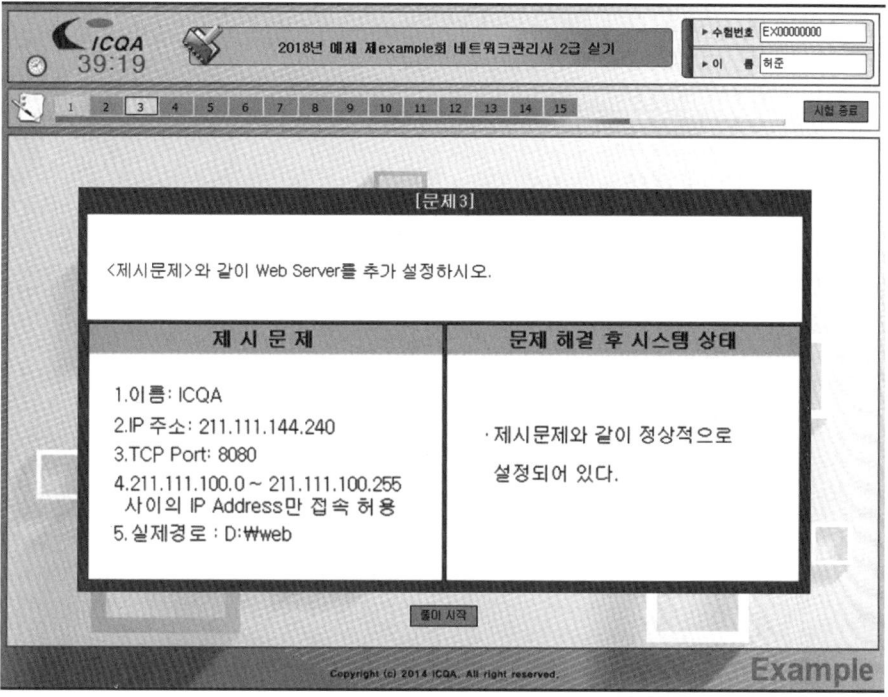

문제 풀이

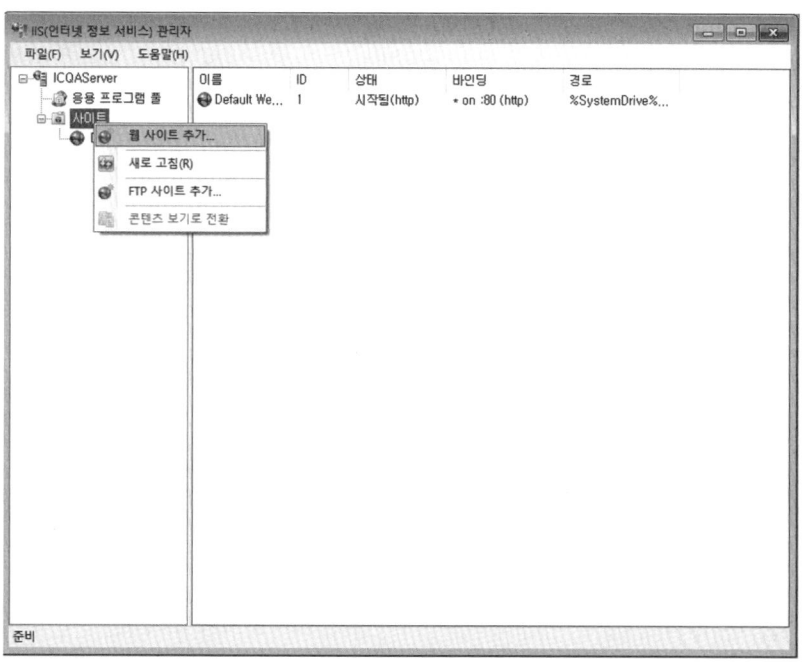

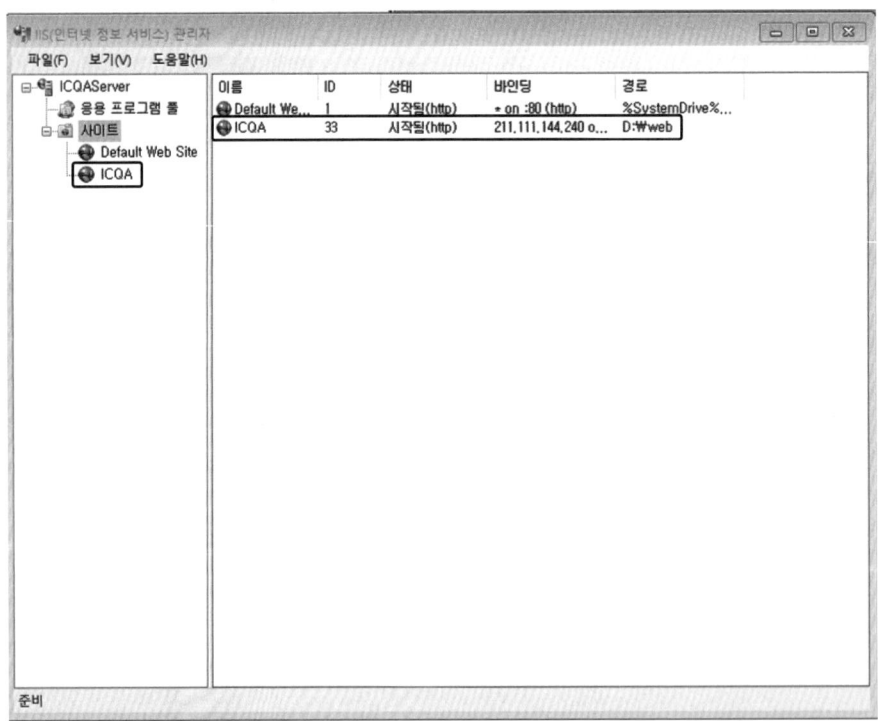

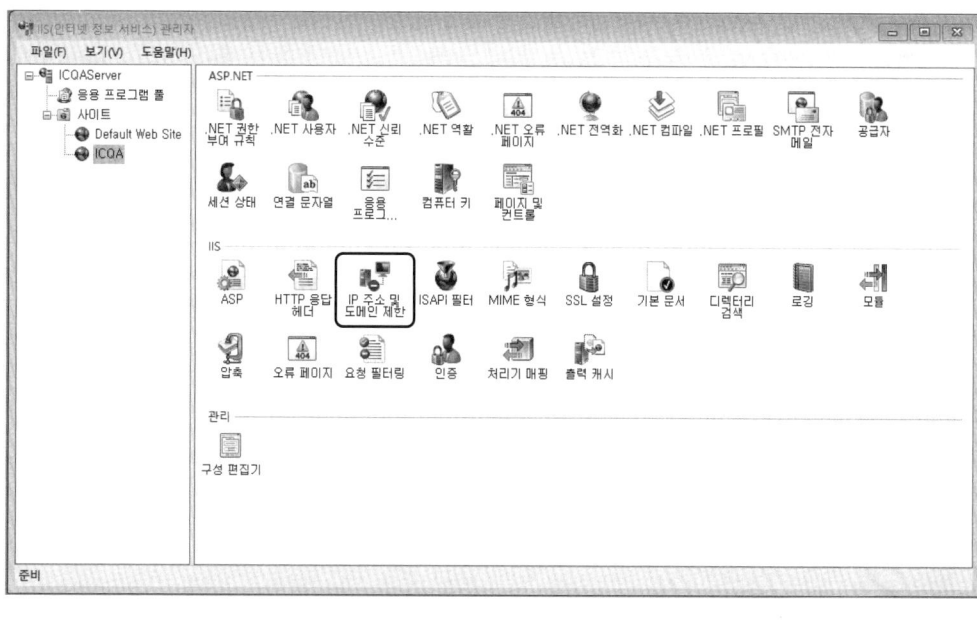

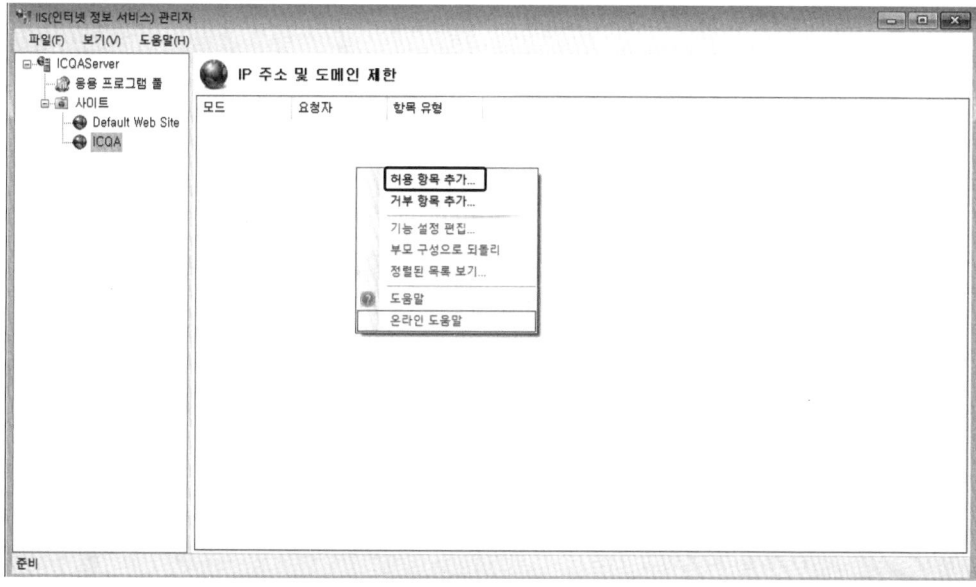

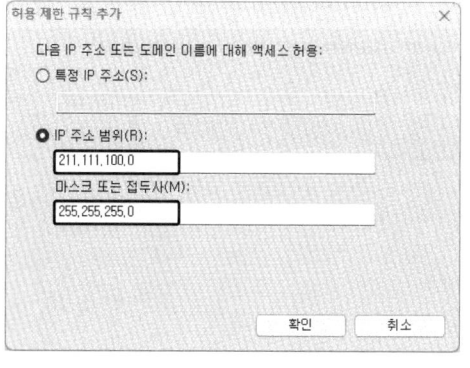

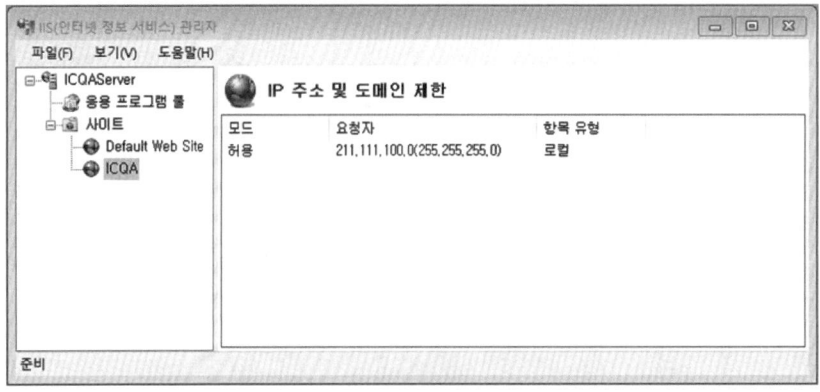

문제4

서비스 설정(작업형)

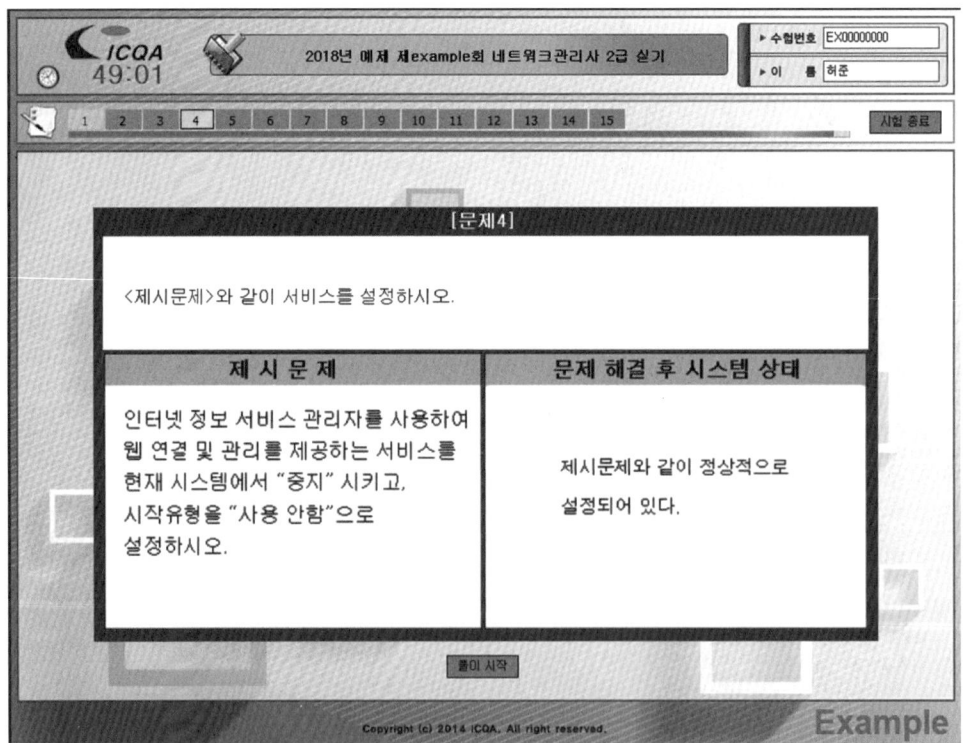

• 문제 풀이

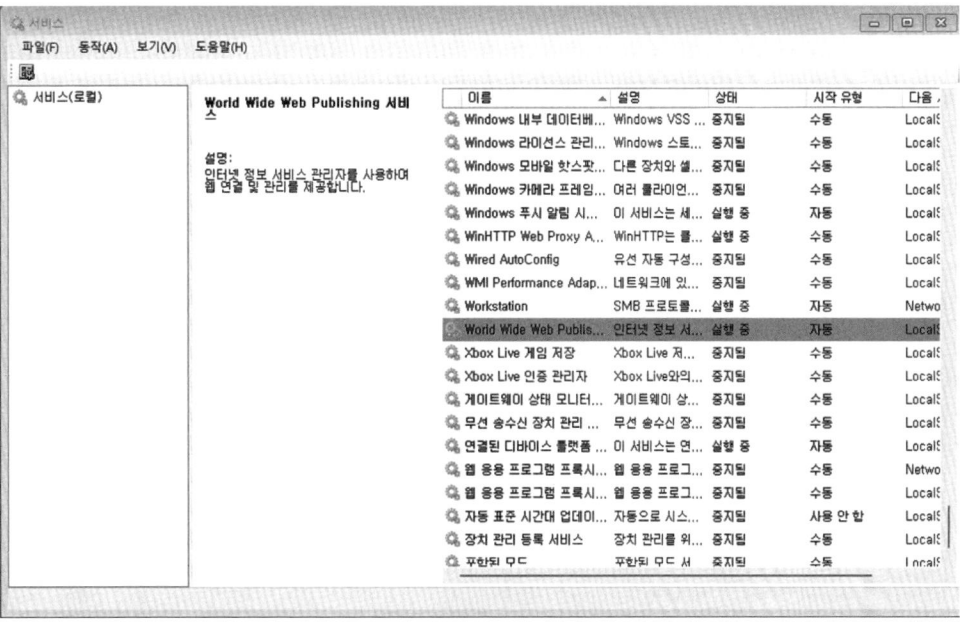

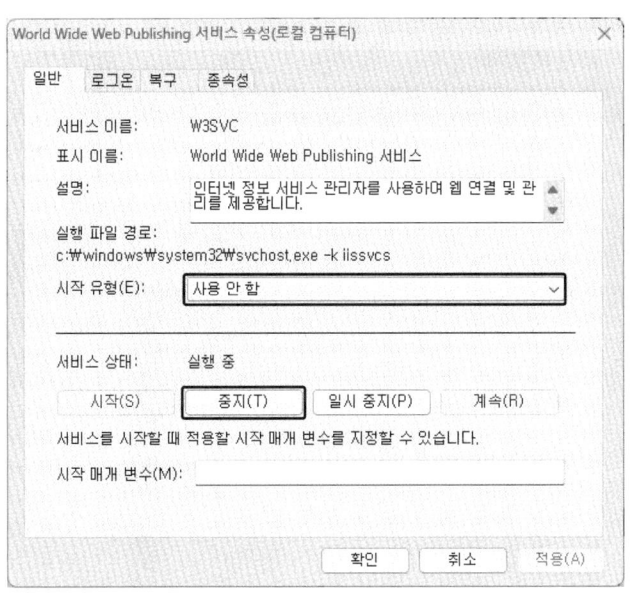

문제5

DHCP 설정(작업형)

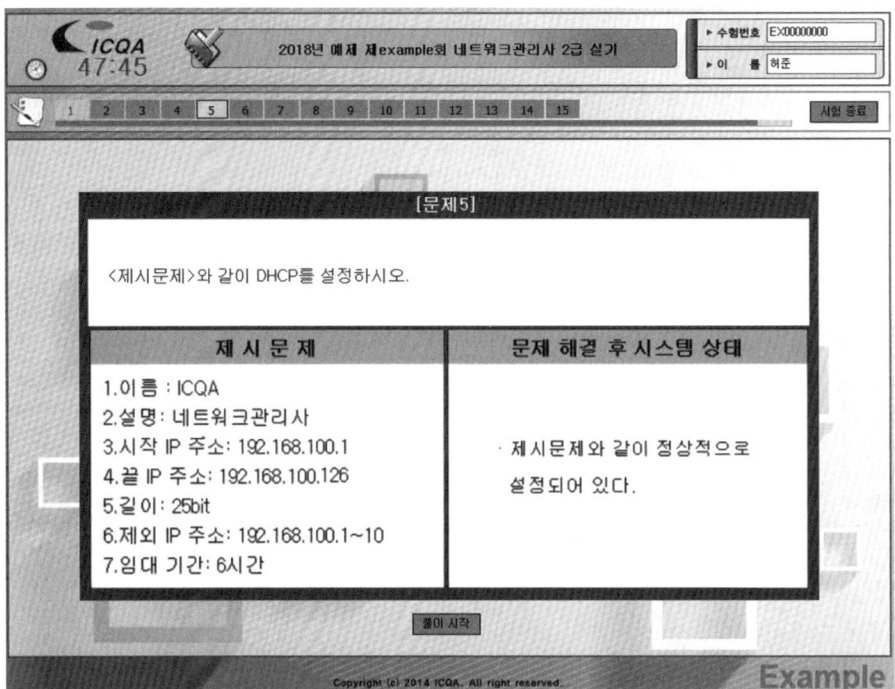

문제 풀이

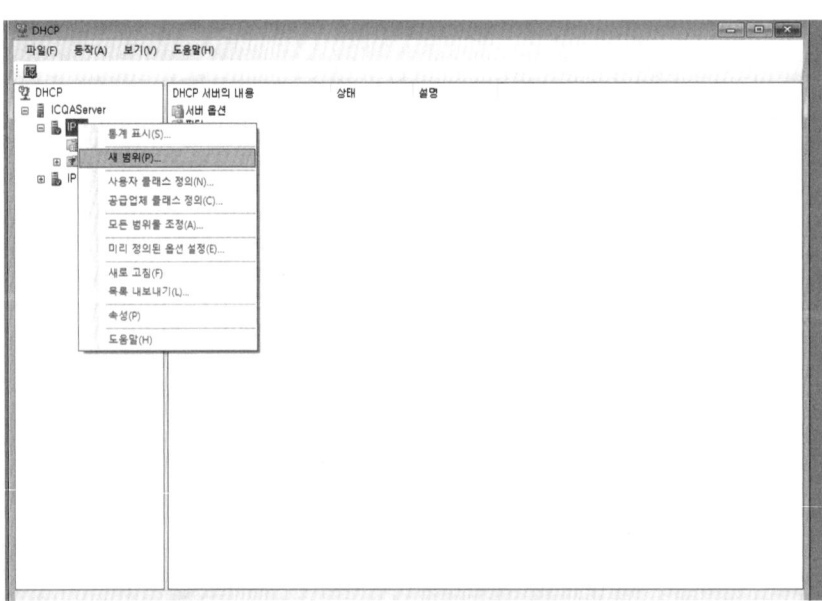

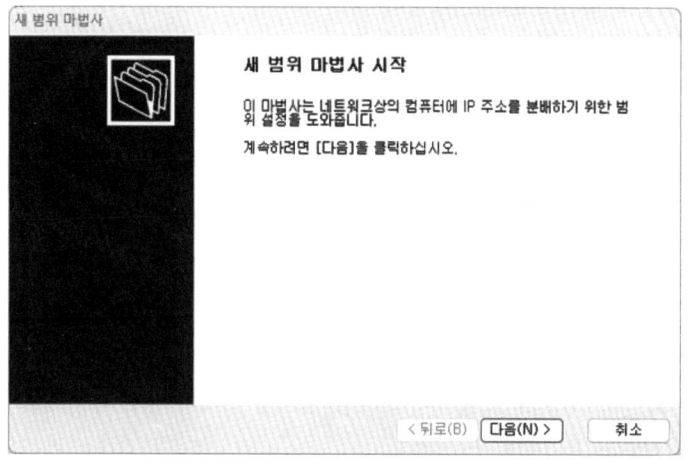

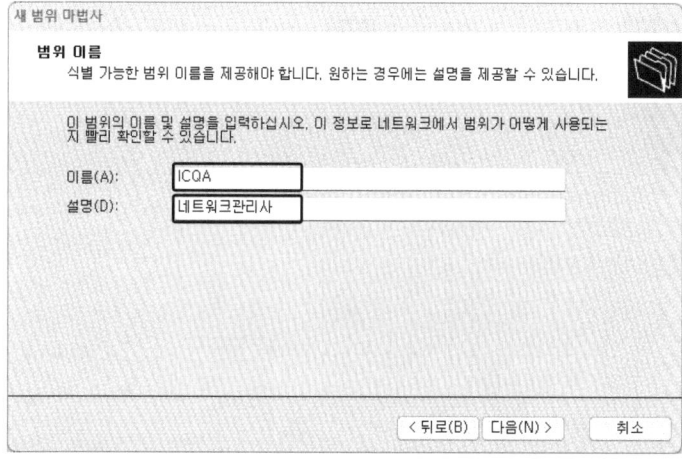

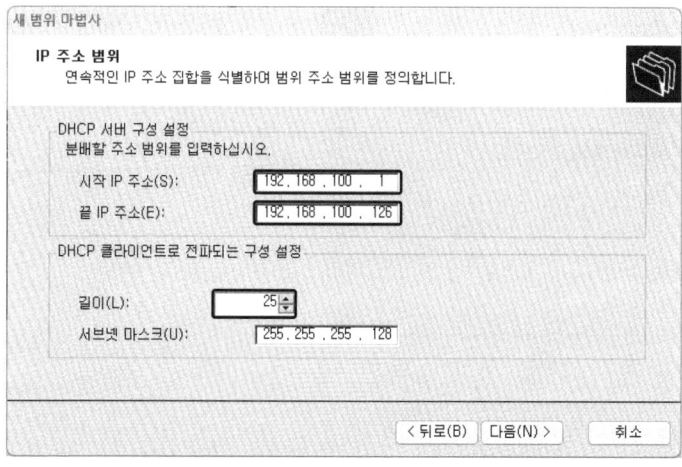

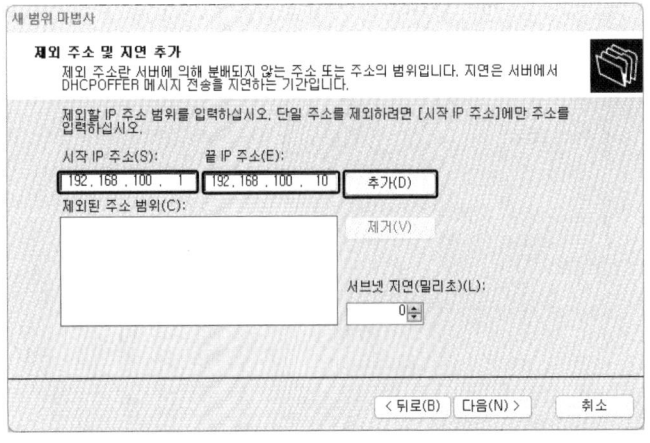

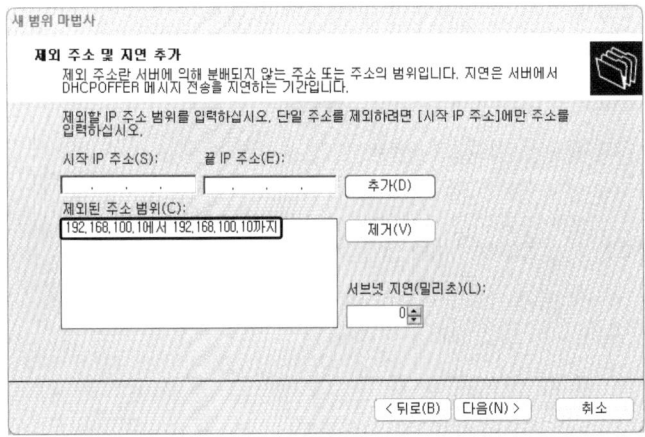

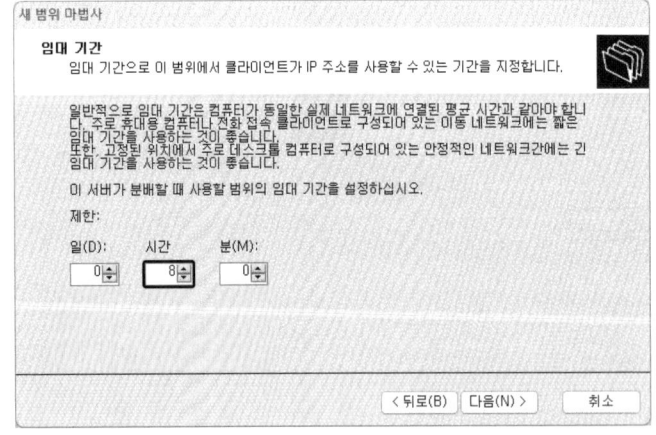

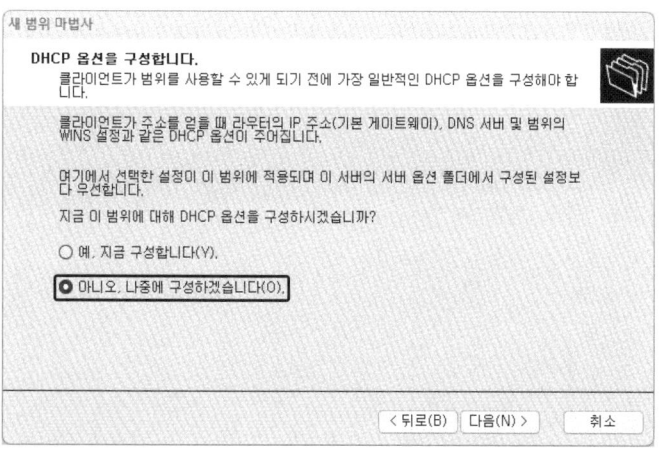

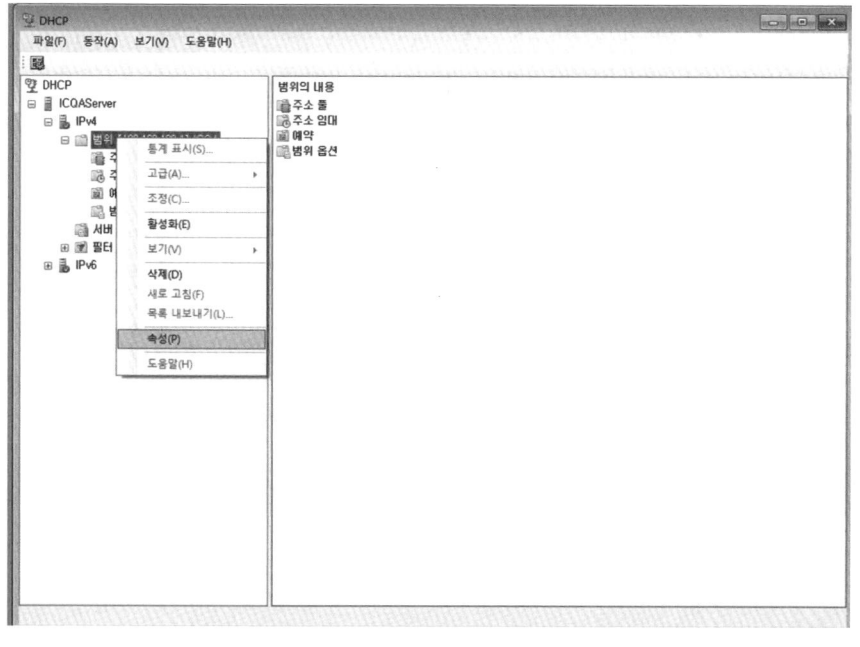

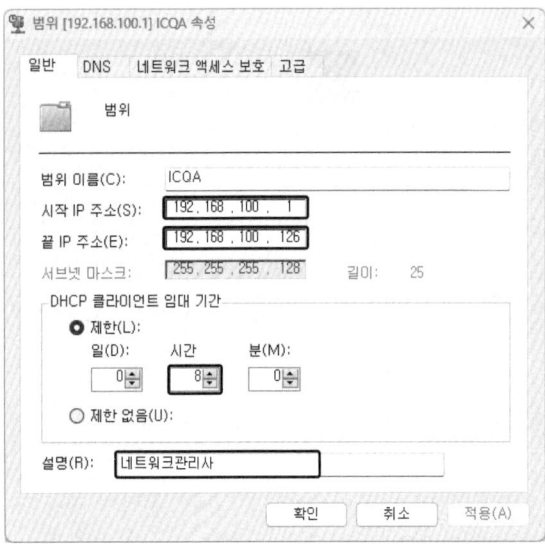

문제6

DNS 설정(작업형)

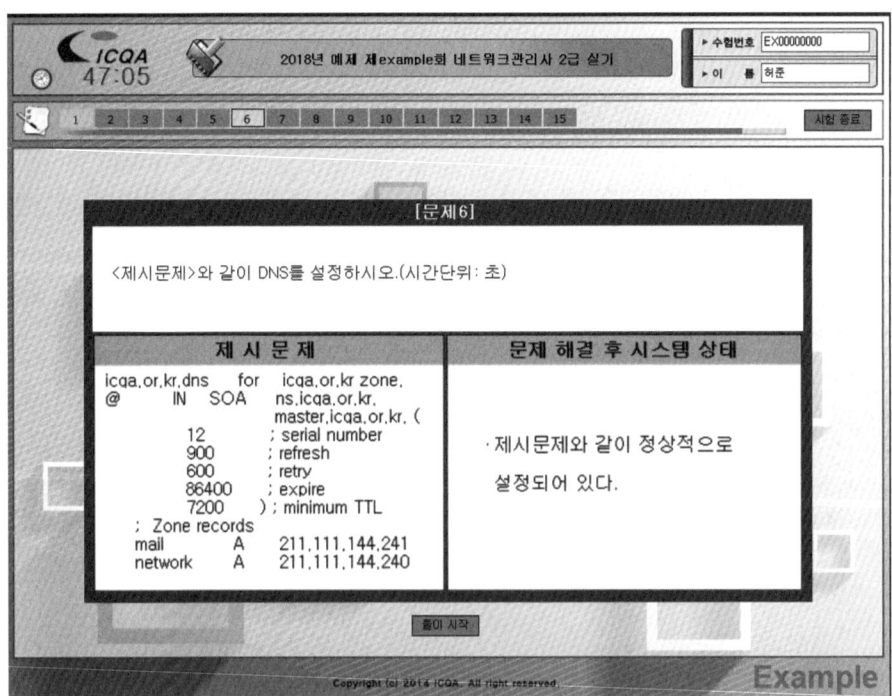

• 문제 풀이

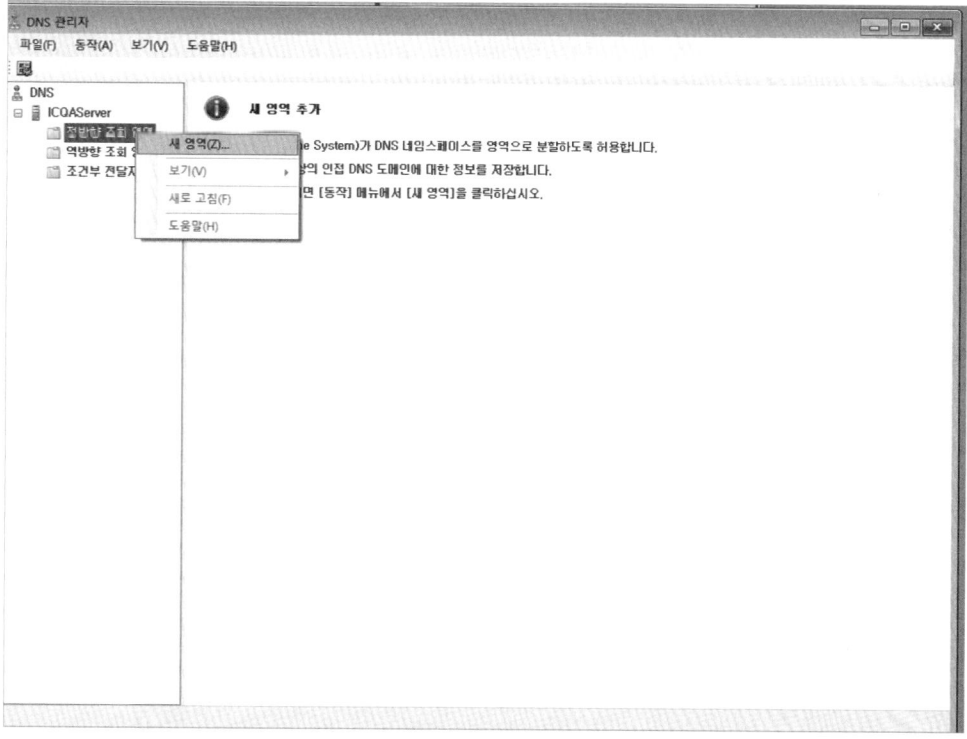

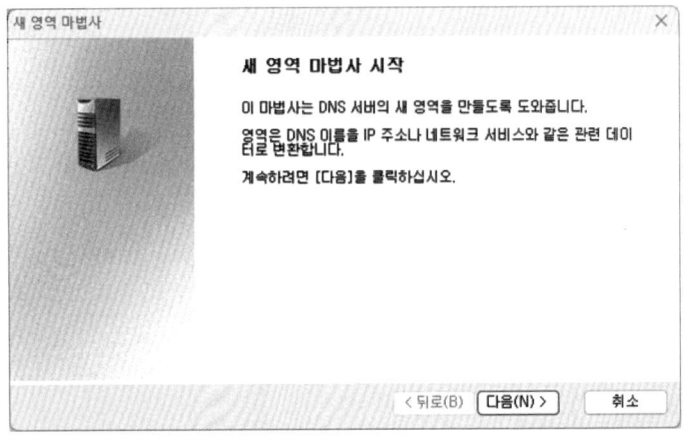

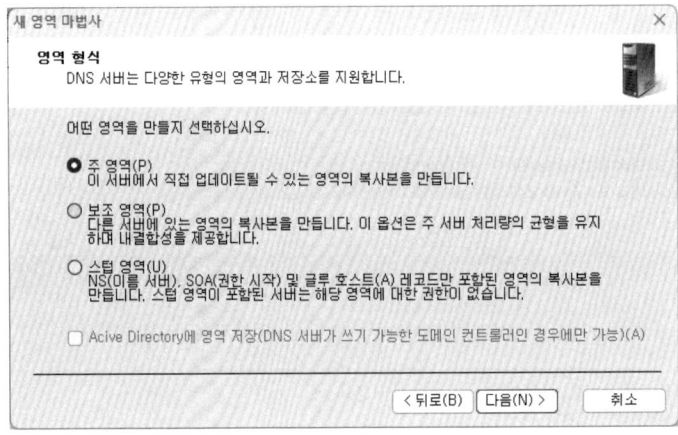

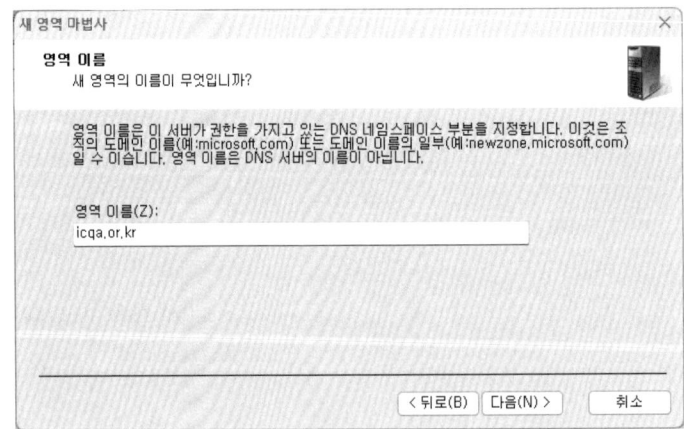

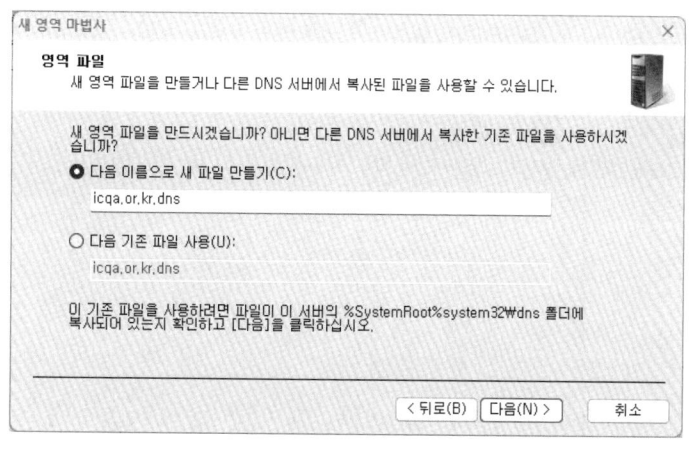

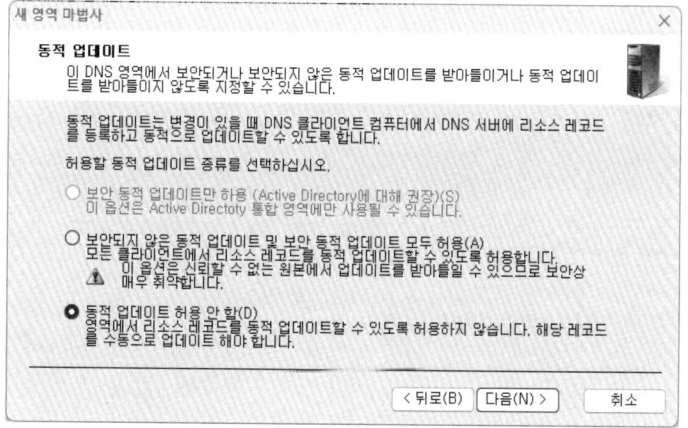

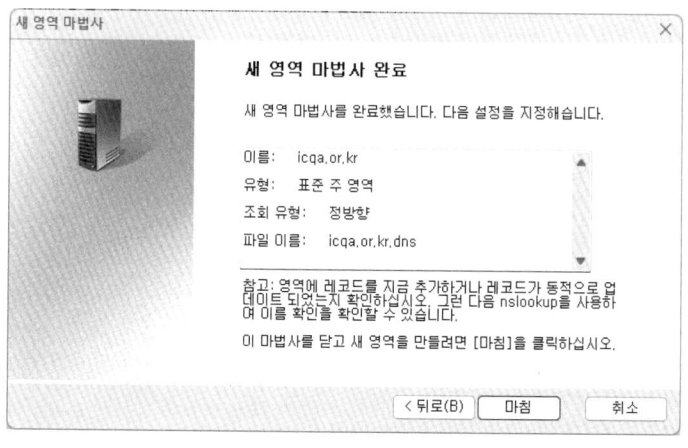

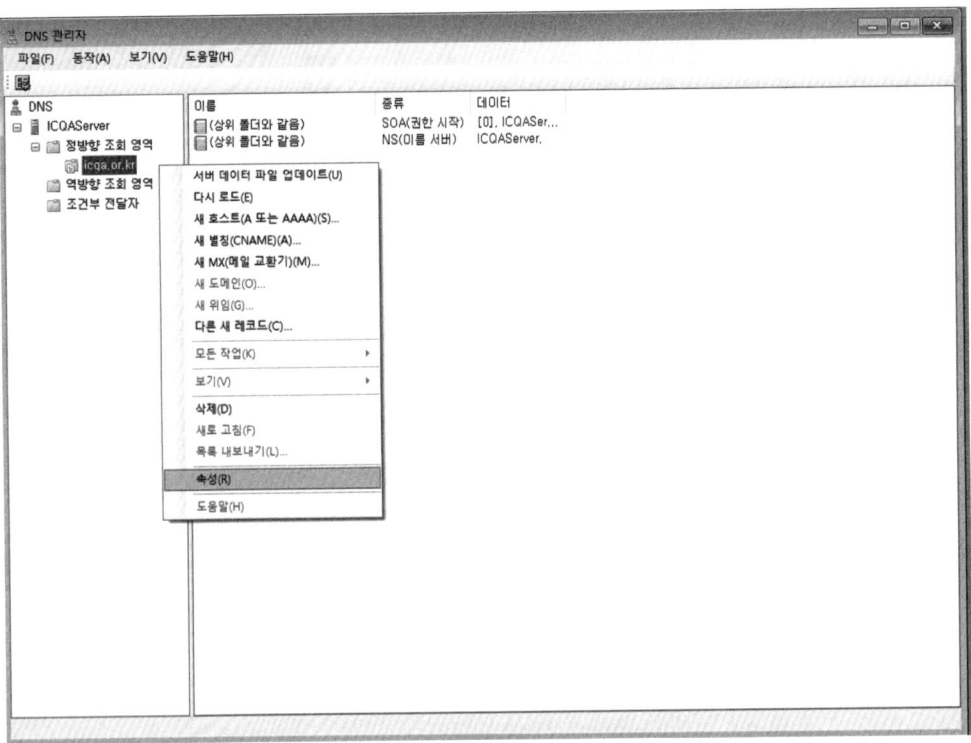

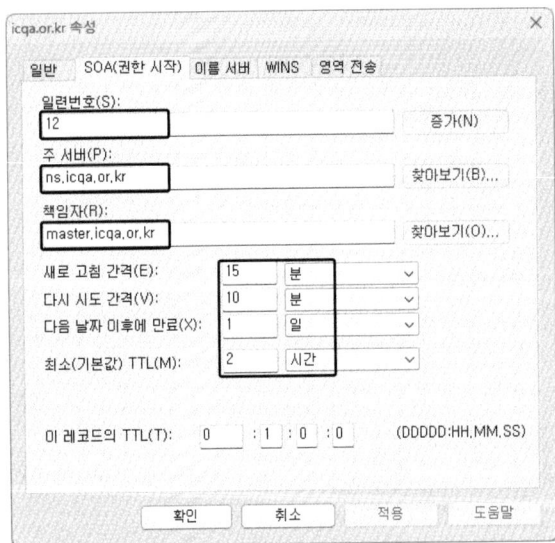

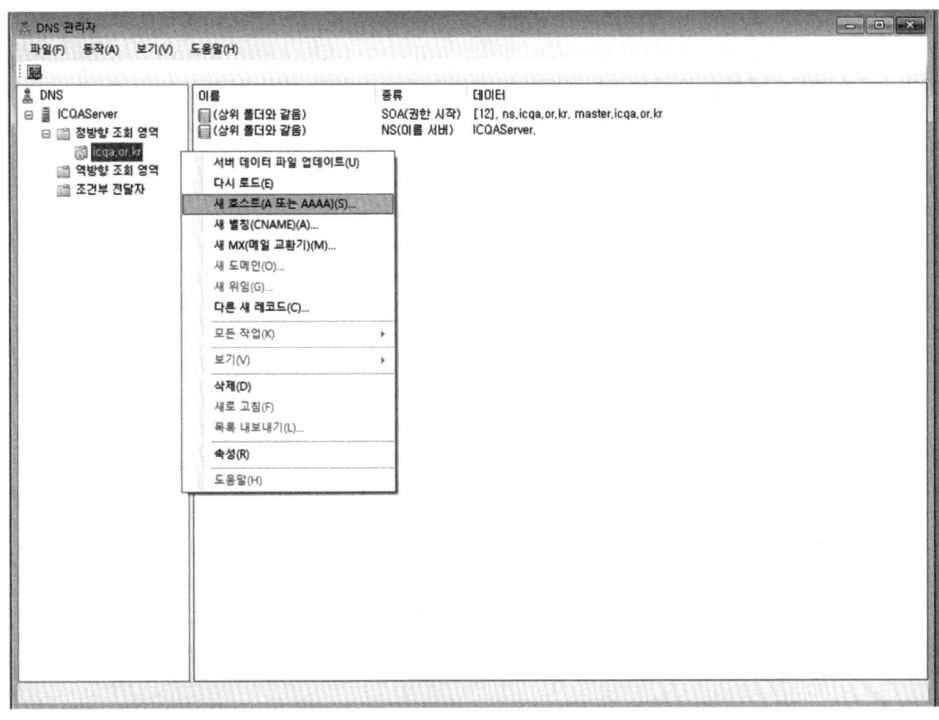

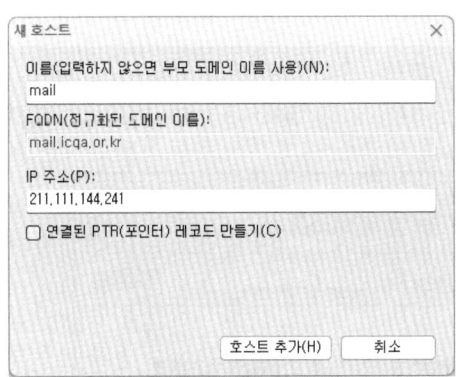

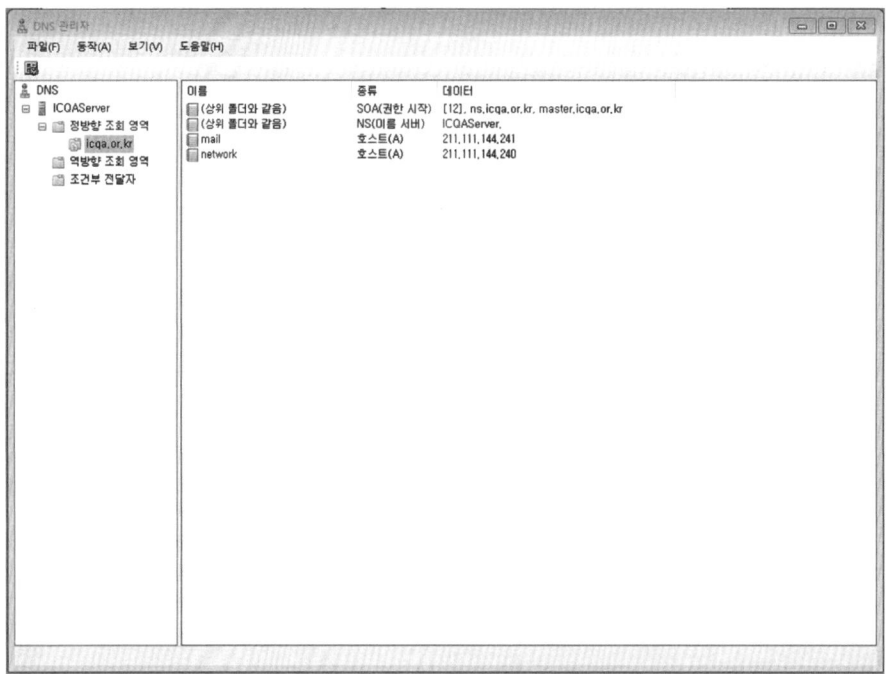

문제7

로컬보안정책 설정(작업형)

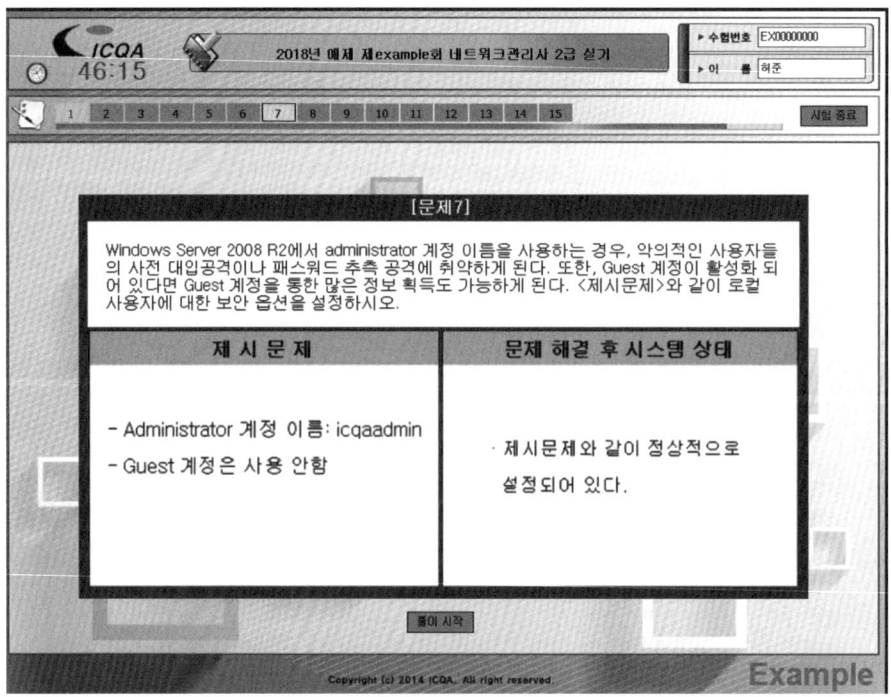

• 문제 풀이

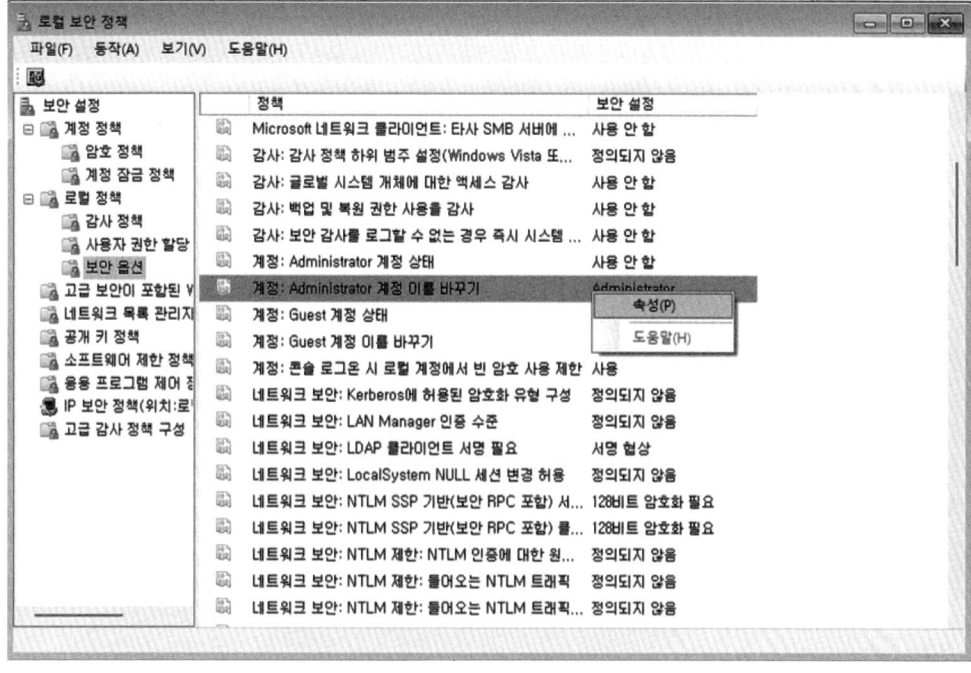

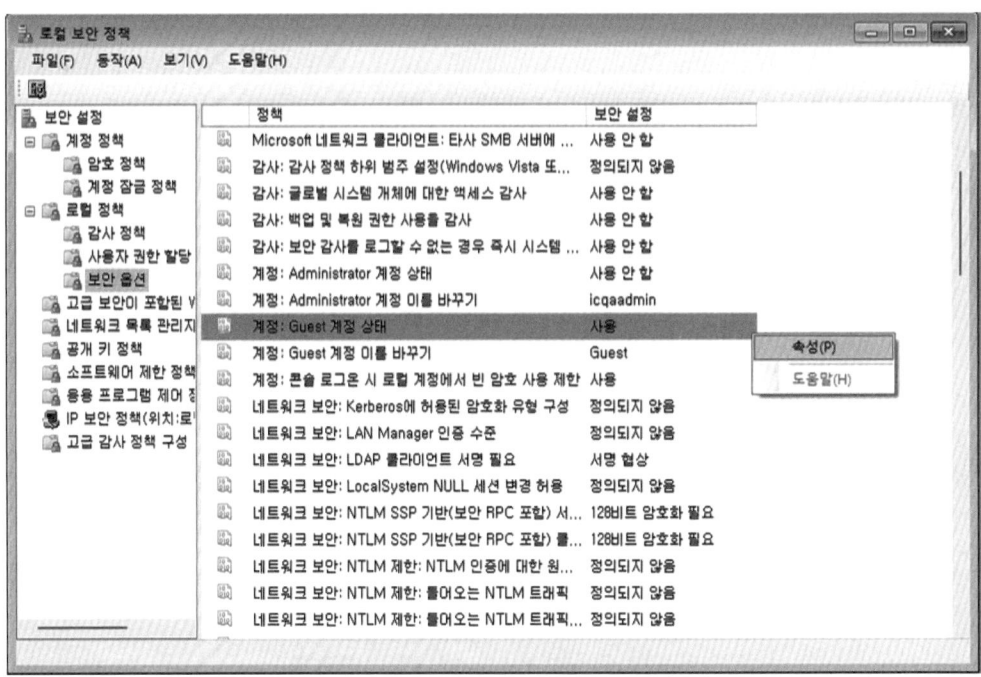

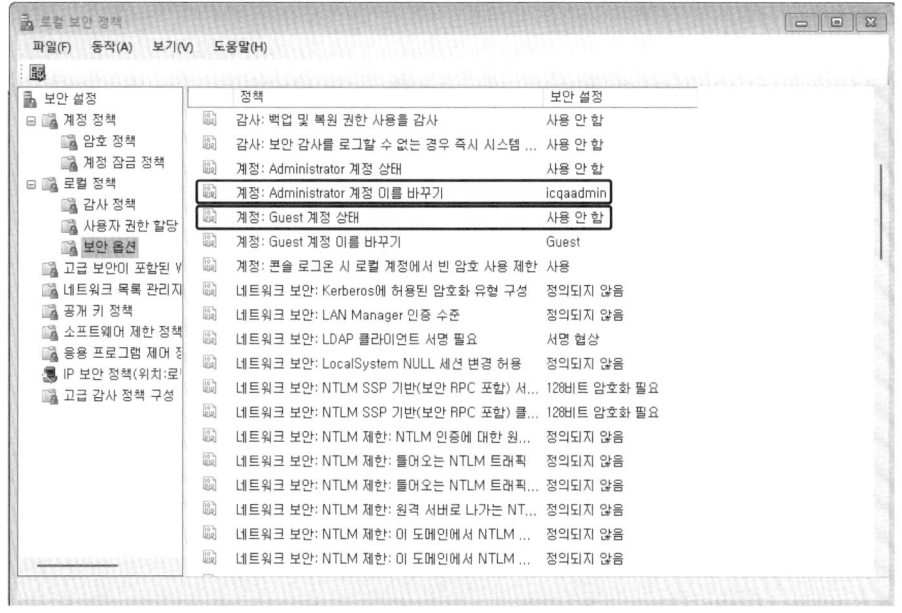

문제 8

FTP 설정(작업형)

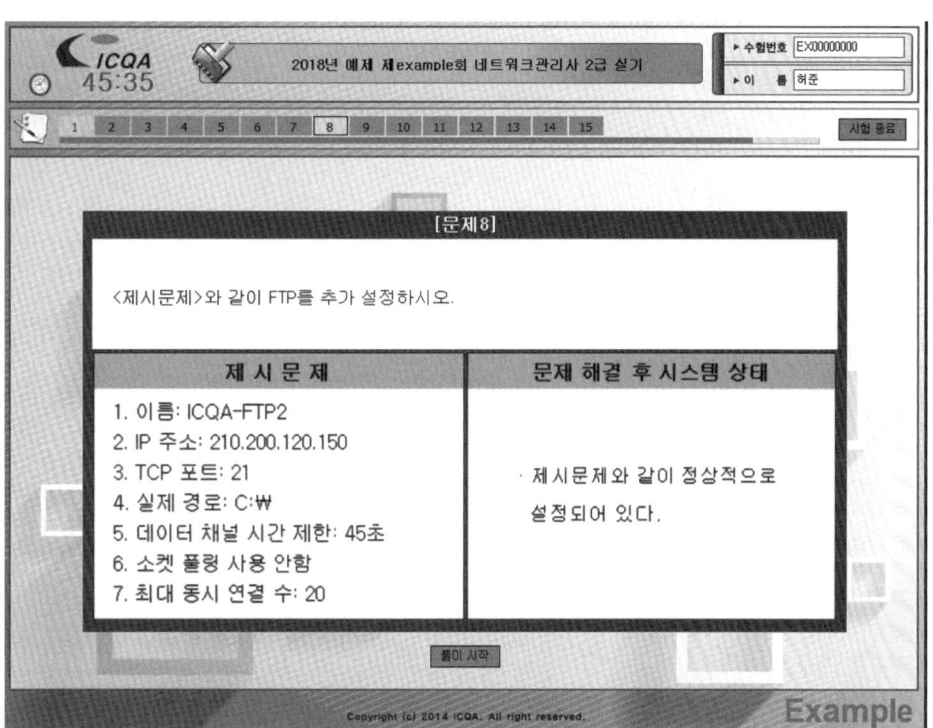

• 문제 풀이

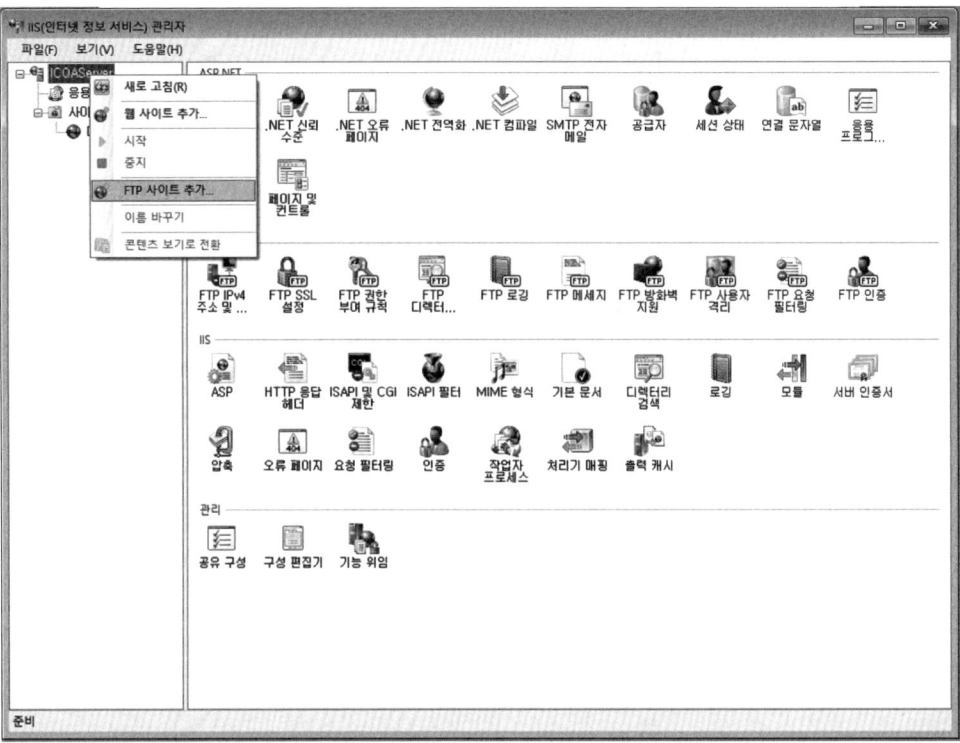

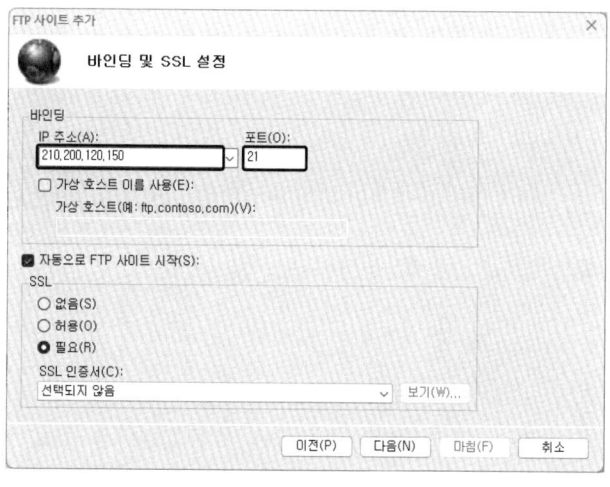

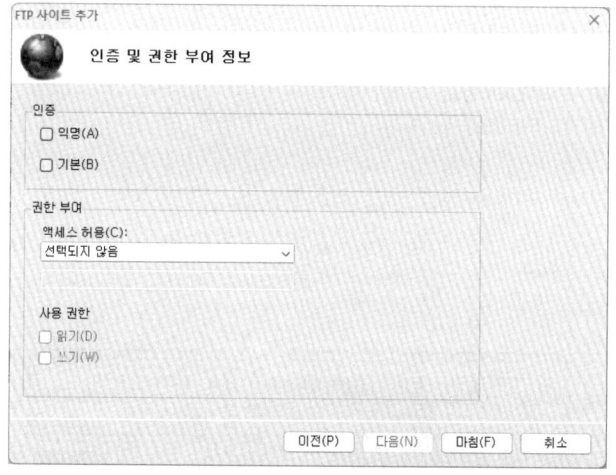

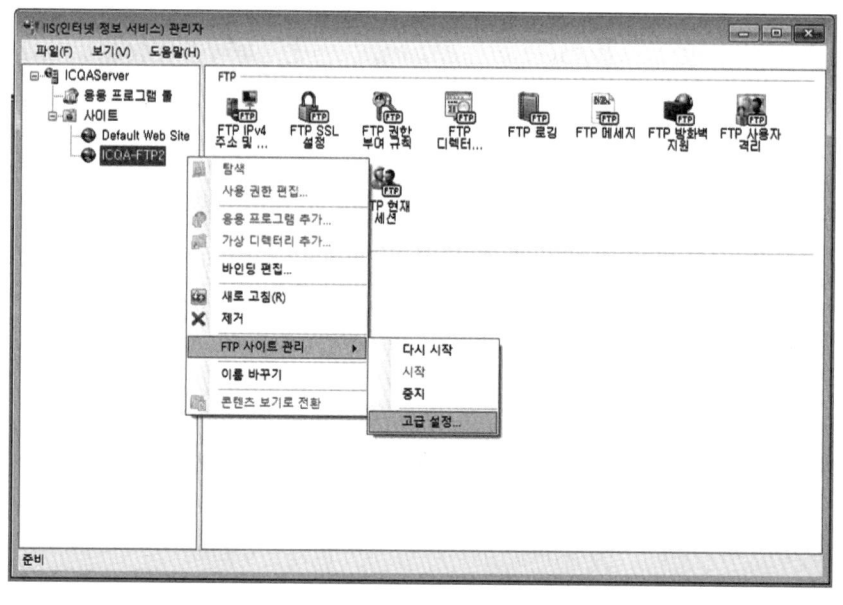

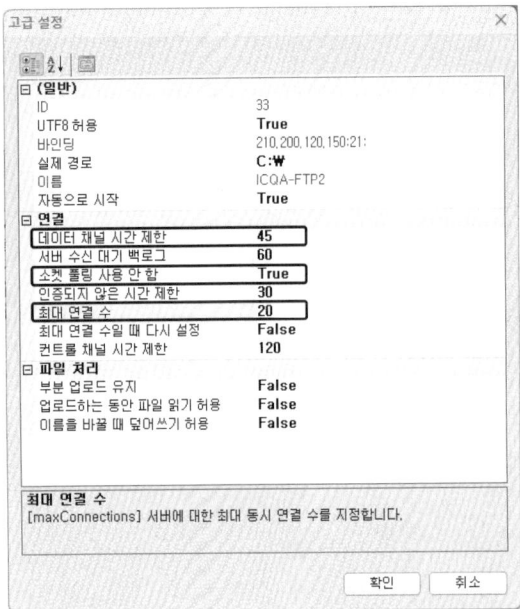

문제9

작업스케쥴러 설정(작업형)

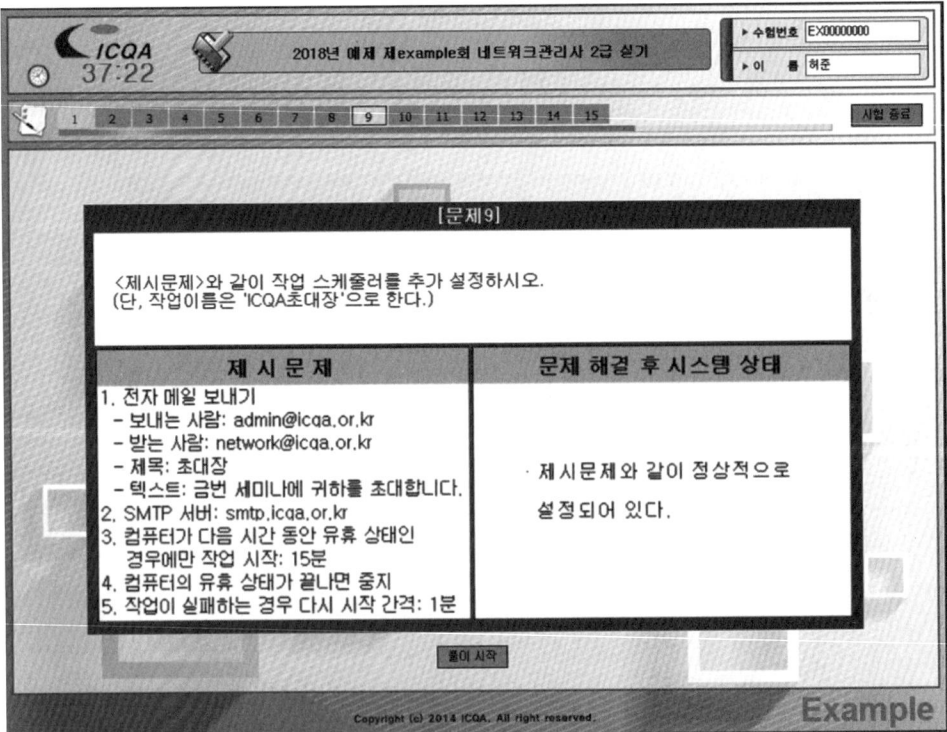

• 문제 풀이

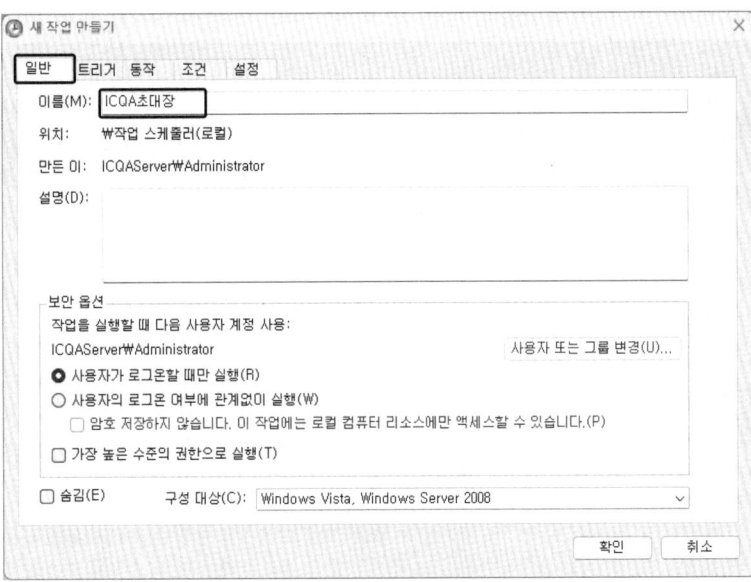

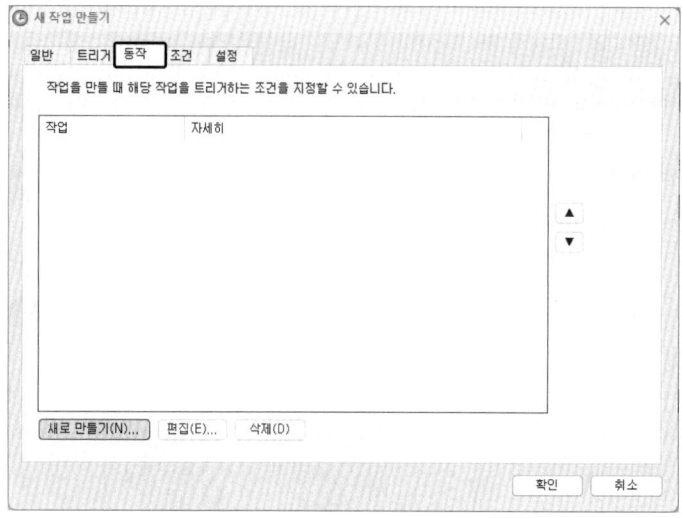

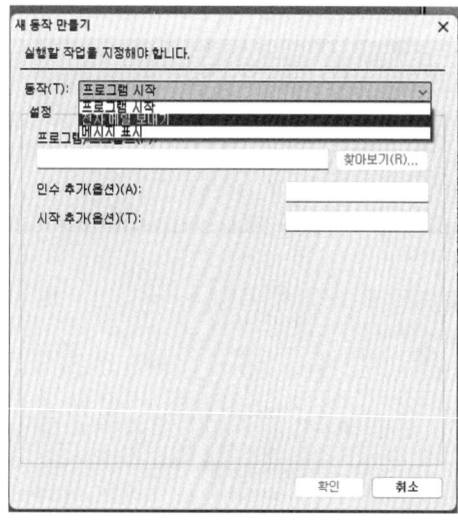

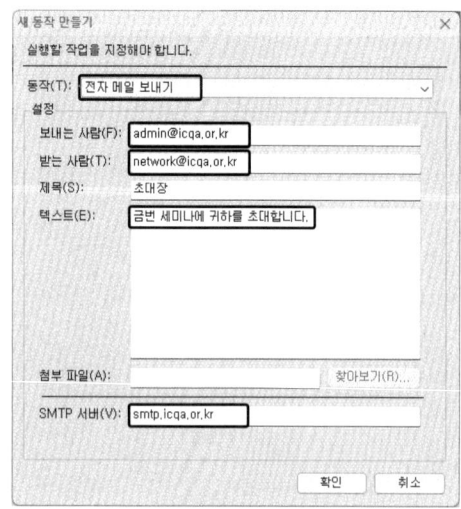

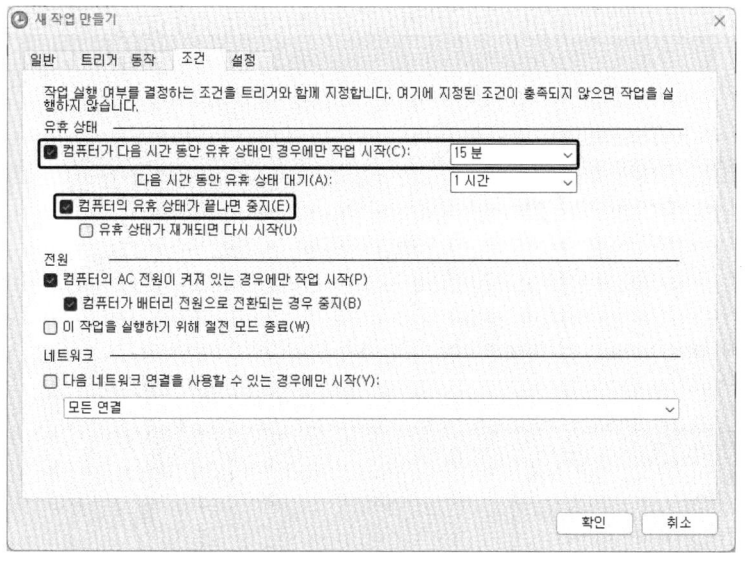

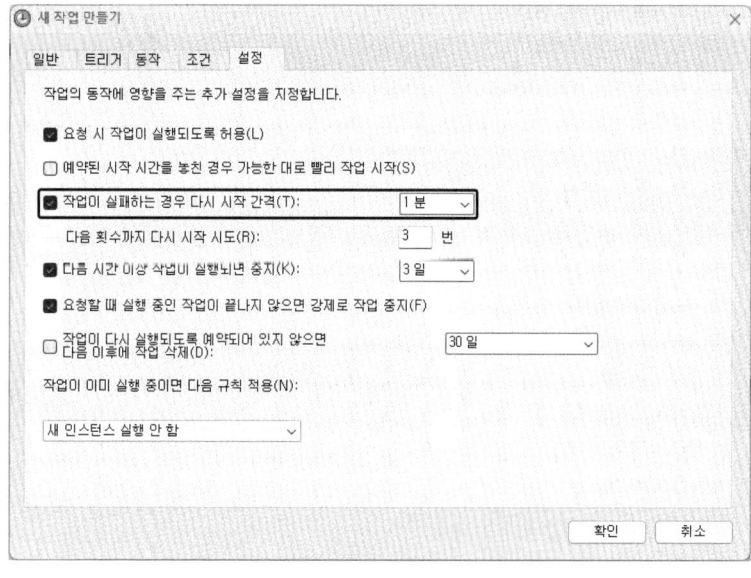

문제10

단답형

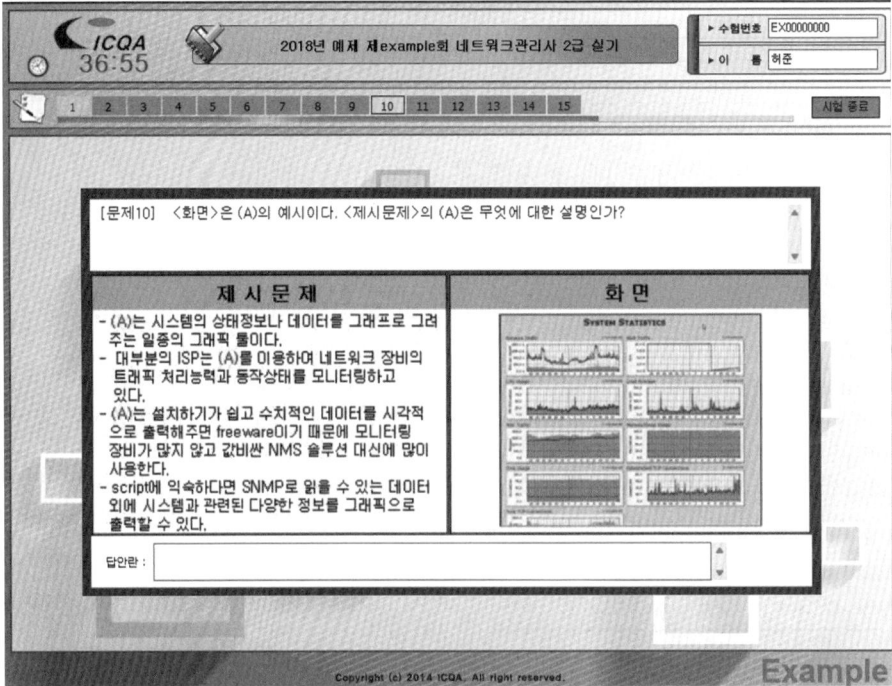

정답

MRTG(Multi Router Traffic Grapher)

문제 풀이

MRTG는 Multi Router Traffic Grapher의 약자입니다. 네트워크 링크의 트래픽 부하를 실시간 그래프로 표시할 수 있는 무료 오픈 소스 네트워크 모니터링 도구입니다. 둘 이상의 장치 사이의 네트워크 링크에서 트래픽 부하를 모니터링하기 위해 개발되었으며, 대역폭 사용량을 측정하고 네트워크 문제 해결을 돕고 시간 경과에 따른 네트워크 트래픽을 그래픽으로 표시하는 데 사용할 수 있습니다. MRTG는 사용자 정의가 가능하며 다양한 장치 및 애플리케이션을 모니터링하도록 구성할 수 있습니다.

문제 11

단답형

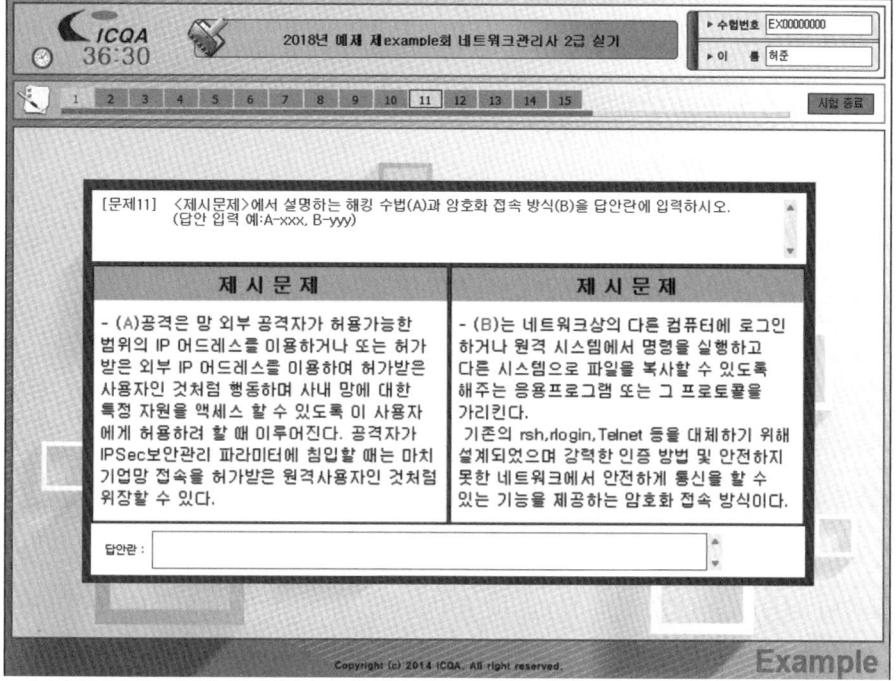

정답

(A) : IP Spoofing, (B) : Secure Shell

문제 풀이

☞ IP 스푸핑은 공격자가 IP 주소를 사용하여 다른 컴퓨터 시스템이나 장치를 사칭하여 자신의 신원을 위장하는 컴퓨터 네트워킹에서 사용되는 기술입니다.

IP 스푸핑의 목표는 종종 방화벽과 같은 보안 메커니즘을 우회하여 시스템에 대한 무단 액세스 권한을 얻거나, 공격자가 네트워크 또는 서버에 트래픽을 플러딩하여 사용할 수 없게 만드는 서비스 거부(DoS) 공격과 같은 다른 유형의 공격을 시작하는 것입니다.

IP 스푸핑을 수행하기 위해 공격자는 가짜 소스 IP 주소가 포함된 패킷을 대상 시스템에 전송하여 패킷이 다른 시스템이나 장치에서 온 것처럼 보이게 만듭니다. 이것은 공격자가 임의의 소스 주소로 IP 패킷을 위조할 수 있도록 하는 특수 소프트웨어 도구를 사용하여 달성할 수 있습니다.

IP 스푸핑 공격을 방지하기 위해 네트워크 관리자는 네트워크에 대한 액세스를 제한할 수 있는 액세스 제어 목록(ACL)과 같은 다양한 기술을 사용하거나 IP 주소가 네트워크에 들어가기 전에 인증을 확인하는 데 사용할 수 있는 BGP(Border Gateway Protocol)와 같은 프로토콜을 사용할 수 있습니다.

☞ SSH(Secure SHell)는 보안되지 않은 네트워크를 통해 컴퓨터 또는 장치에 대한 보안 원격 액세스에 주로 사용되는 네트워크 프로토콜입니다. SSH는 두 장치 간에 교환되는 데이터를 암호화하여 두 장치 간에 보안 연결을 제공합니다.

SSH를 사용하여 원격 컴퓨터에서 명령 실행, 안전하게 파일 전송, 네트워크를 통한 GUI(그래픽 사용자 인터페이스) 전달과 같은 다양한 작업을 수행할 수 있습니다. SSH는 일반적으로 시스템 관리자, 개발자 및 기타 IT 전문가가 원격 서버, 장치 및 기타 네트워크 리소스를 안전하게 관리하는 데 사용합니다.

SSH의 주요 이점 중 하나는 도청, 하이재킹 및 기타 유형의 공격으로부터 보호하는 데 도움이 되는 강력한 암호화 및 인증 메커니즘을 제공한다는 것입니다. 또한 SSH는 시스템에 액세스하려는 사용자 또는 장치의 신원을 확인하는 데 사용할 수 있는 공개 키 인증 및 암호 인증과 같은 다양한 인증 방법을 지원합니다.

전반적으로 SSH는 서버 및 기타 네트워크 리소스에 대한 안전한 원격 액세스를 위한 필수 도구이며 오늘날 엔터프라이즈 및 클라우드 환경에서 널리 사용됩니다.

문제 12

단답형

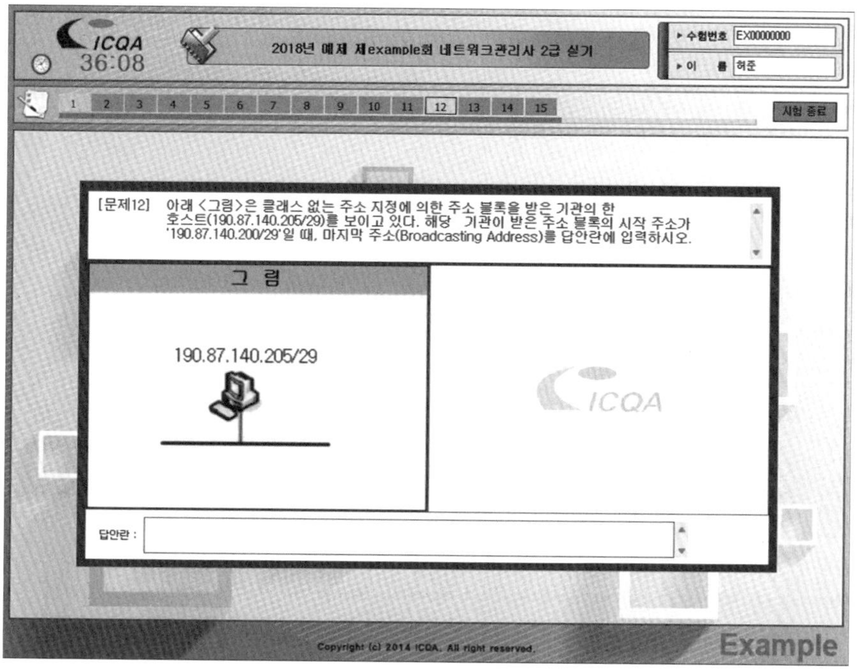

[문제12] 아래 〈그림〉은 클래스 없는 주소 지정에 의한 주소 블록을 받은 기관의 한 호스트(190.87.140.205/29)를 보이고 있다. 해당 기관이 받은 주소 블록의 시작 주소가 '190.87.140.200/29'일 때, 마지막 주소(Broadcasting Address)를 답안란에 입력하시오.

그림: 190.87.140.205/29

- **정답** 190.87.140.207

- **문제 풀이**

☞ "190.87.140.205/29"의 의미는 기관에 존재하는 호스트 중에 하나의 호스트가 가지고 있는 IP 주소이며, 서브넷 마스크는 29비트를 의미합니다.

190.87.140.205를 2진수로 표기하면

1011 1110 . 0101 0111 . 1000 1100 . 1100 1101 이고

서브넷 마스크는

1111 1111 . 1111 1111 . 1111 1111 . 1111 1000 입니다.

따라서, 190.87.140.x 서브넷의 범위는

1011 1110 . 0101 0111 . 1000 1100 . 1100 1000 : 190.87.140.200/29(기관에 존재하는 첫 번째 IP 주소)

~

1011 1110 . 0101 0111 . 1000 1100 . 1100 1111 : 190.87.140.207/29(기관에 존재하는 마지막 IP 주소)입니다.

문제13

단답형

정답

history -c

문제 풀이

☞ Linux에서 history 명령은 터미널 세션에서 사용자의 명령 기록을 표시하는 데 사용됩니다. 이 명령은 현재 터미널 세션에서 실행된 모든 명령의 기록을 유지하며 이전 명령을 검토, 반복 또는 호출하는 데 유용할 수 있습니다.

history 명령은 동작을 수정하는 데 사용할 수 있는 여러 옵션을 허용합니다. 다음은 가장 일반적으로 사용되는 옵션 중 일부입니다.

1. -c: 이 옵션은 저장된 모든 명령을 삭제하여 기록 목록을 지우는 데 사용됩니다.
2. -a: 이 옵션은 히스토리 파일을 덮어쓰지 않고 현재 세션의 명령을 추가하는 데 사용됩니다.

3. -w : 이 옵션은 현재 세션의 명령을 히스토리 파일에 기록하여 기존 명령을 덮어쓰는 데 사용됩니다.
4. -r : 이 옵션은 기록 파일을 읽고 현재 세션의 명령 기록에 내용을 추가하는 데 사용됩니다.
5. -n : 이 옵션은 공백 문자로 시작하는 히스토리 목록에 명령 추가를 건너뛰는 데 사용됩니다.
6. -p : 이 옵션은 지정된 패턴과 일치하는 이전 명령을 표시하는 데 사용됩니다.

문제 14

다지선다형

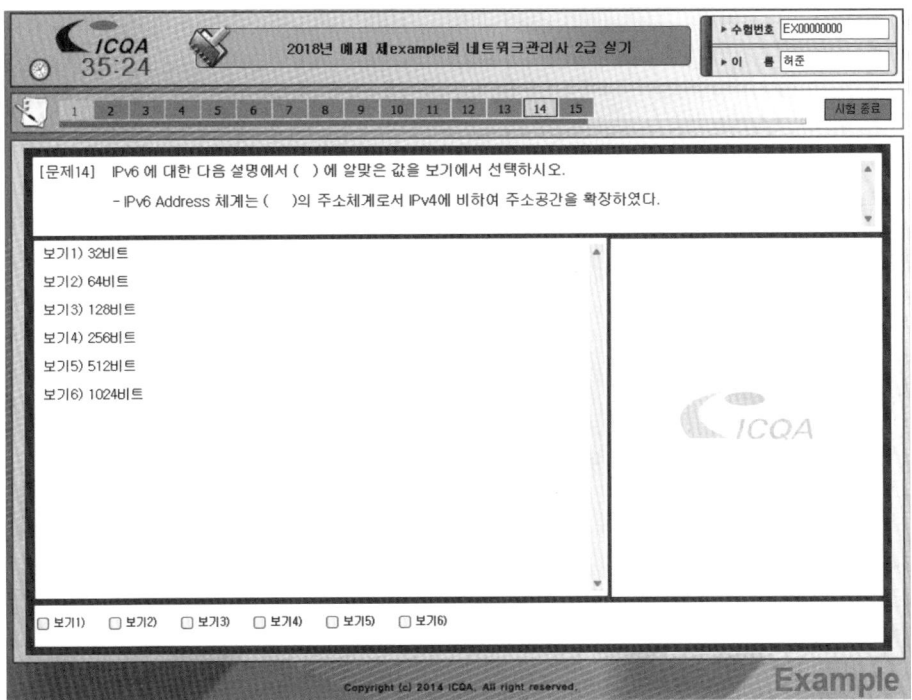

정답

보기 3) 128비트

문제 풀이

☞ IPv4 Address : 32비트, IPv6 : 128비트

문제 15

드래그 앤 드랍형

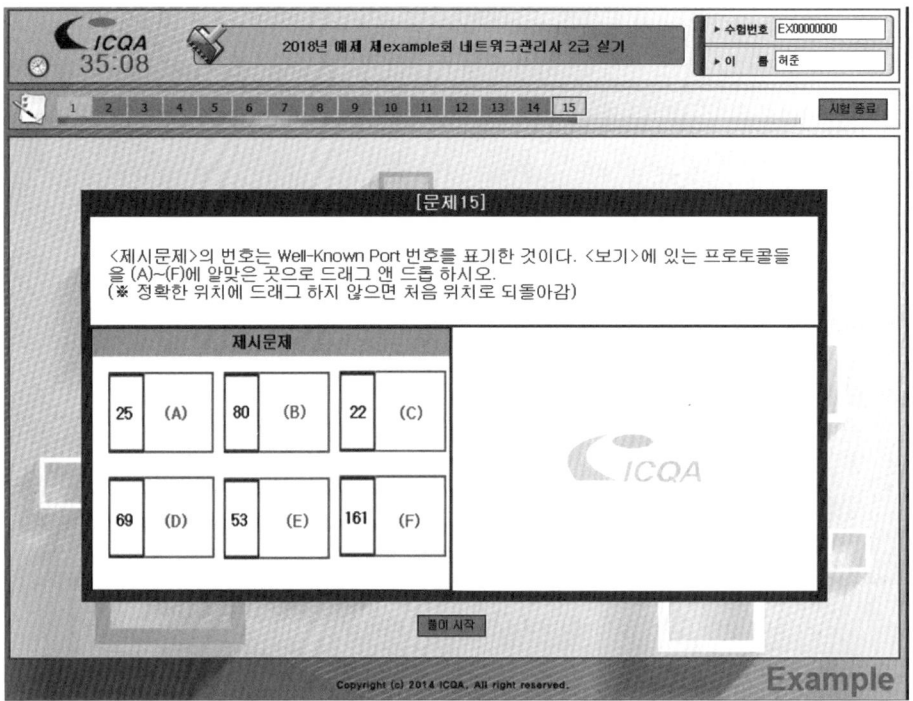

문제 풀이

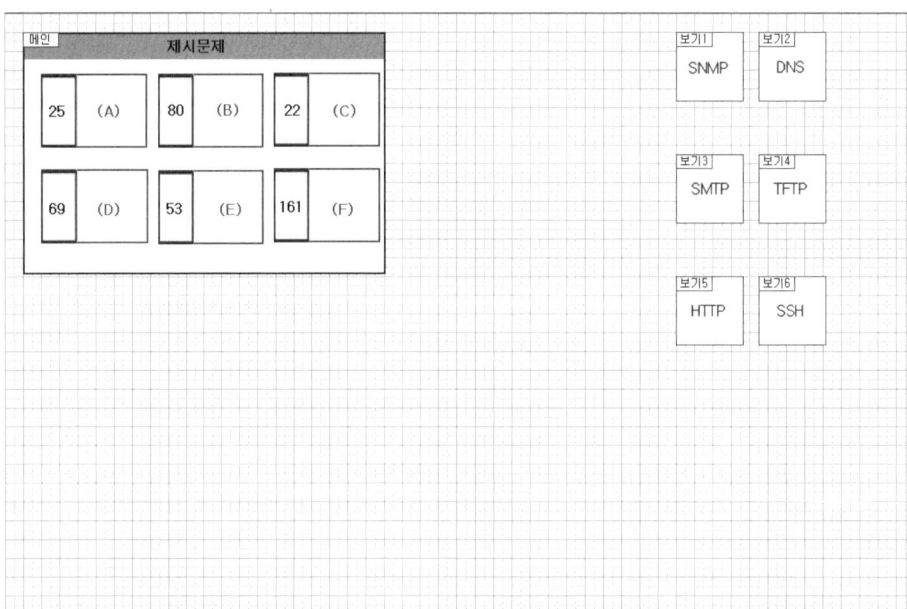

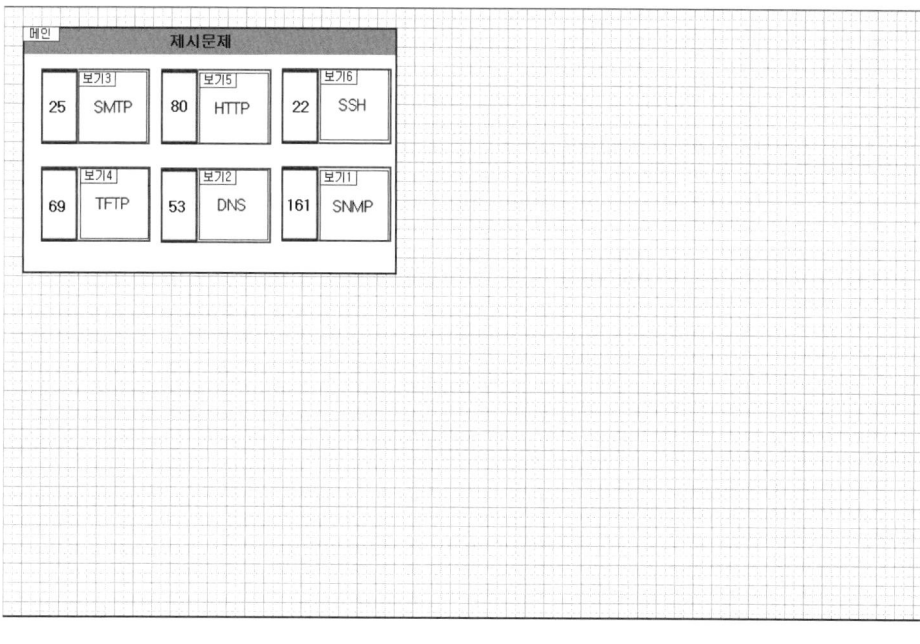

4-2 단답형(4~5문제) 신설

1. IPv6의 주소 크기는 몇 비트인가?

- **정답**: 128비트
- **해설**: IPv6의 주소 길이는 128비트이며, 5개의 클래스로 구분된 IPv4와는 달리 클래스 구분이 없다.

2. 대표적인 링크 상태 라우팅 프로토콜은 무엇인가?

- **정답**: OSPF
- **해설**: OSPF는 링크스테이트(Link State) 방식 라우팅 프로토콜로써, 라우터 자신을 네트워크의 중심에 두고 최단 경로를 도출해 내는 프로토콜이다.

3. ping을 정상적으로 사용할 수 있도록 설정하는 명령어는 무엇인가?

- **정답**: echo 0 〉 /proc/sys/net/icmp_echo_ignore_all
- **해설**: 이 명령어로 ping 요청을 무시하지 않게 설정한다.

4. 리눅스에서 네트워크 인터페이스 정보를 확인하는 명령어는 무엇인가?

- **정답**: ifconfig
- **해설**: ifconfig는 네트워크 인터페이스 정보를 확인하는 데 사용된다.

5. IPSEC에서 인증과 무결성을 제공하는 프로토콜 헤더는 무엇인가?

- **정답**: AH(Authentication Header)
- **해설**: AH는 인증과 무결성을 제공한다.

6. 가상의 터널을 통해 안전한 통신을 제공하는 기술은 무엇인가?

- **정답**: VPN
- **해설**: IPsec 프로토콜 중 하나로, 인증 기능을 제공하여 패킷의 무결성과 보안을 확보한다.

7. TCP/IP의 네트워크 계층에서 사용되는 프로토콜은 무엇인가?

- **정답**: IP, ARP, RARP, ICMP, IGMP
- **해설**: TCP와 UDP는 전송 계층에서 사용된다.

8. IP 주소와 서브넷 마스크를 사용하여 네트워크 ID를 구하는 방법은 무엇인가?

- **정답**: IP 주소와 서브넷 마스크의 비트 연산
- **해설**: IP 주소와 서브넷 마스크를 사용하여 네트워크 ID를 계산한다.

9. 사설 IP를 공인 IP로 변환하는 기술은 무엇인가?

- **정답**: NAT
- **해설**: 내부망(Intranet)에서 사용하는 사설 IP를 라우팅이 가능한 공인 IP로 변환한다.

10. 서로 다른 네트워크 간의 통신을 가능하게 하는 장치는 무엇인가?

- **정답**: 게이트웨이
- **해설**: 게이트웨이는 서로 다른 네트워크 간의 통신을 가능하게 한다.

11. 사설 A클래스 IP 주소 범위는 무엇인가?

- **정답**: 10.0.0.0~10.255.255.255
- **해설**: 사설 A클래스 IP 주소는 이 범위이다.

12. 네트워크 트래픽을 그래프로 표시하는 도구는 무엇인가?

- **정답**: MRTG
- **해설**: 네트워크 링크의 트래픽 부하를 실시간 그래프로 표시할 수 있는 무료 오픈 소스 네트워크 모니터링 도구이다.

13. 네트워크 장비를 관리하고 모니터링하는 프로토콜은 무엇인가?

- **정답**: SNMP
- **해설**: SNMP는 네트워크 장비를 관리한다.

14. 데이터의 신뢰성을 높이고 저장 용량을 확장하는 기술은 무엇인가?

- **정답**: RAID
- **해설**: RAID는 여러 개의 하드디스크를 중복 배열하여 하나의 디스크처럼 보이게 함으로써 하나의 고용량, 고성능 디스크를 대체하는 기술이다.

15. 네트워크 장비에 자동으로 IP 주소를 할당하는 프로토콜은 무엇인가?

- **정답**: DHCP
- **해설**: DHCP는 자동으로 IP 주소를 할당한다.

16. 도메인 이름을 IP 주소로 변환하는 시스템은 무엇인가?

- **정답**: DNS
- **해설**: DNS는 도메인 이름을 IP 주소로 변환한다.

17. 웹 서버와 클라이언트 간의 통신을 위한 프로토콜은 무엇인가?

- **정답**: HTTP
- **해설**: HTTP는 웹 서버와 클라이언트 간의 통신에 사용된다.

18. 파일을 전송하기 위한 프로토콜은 무엇인가?

- **정답**: FTP
- **해설**: FTP는 네트워크에서 서버와 클라이언트 간의 파일(File) 전송(Transfer)을 위한 프로토콜(Protocol)이다.

19. 원격 장비에 접속하여 명령어를 실행하는 프로토콜은 무엇인가?

- **정답**: Telnet
- **해설**: Telnet은 원격 접속에 사용된다.

20. 이메일을 전송하는 프로토콜은 무엇인가?

- **정답**: SMTP
- **해설**: SMTP는 이메일 전송에 사용된다.

21. 이메일을 수신하는 프로토콜은 무엇인가?

- **정답**: POP3
- **해설**: POP3는 이메일 수신에 사용된다.

22. 이메일을 관리하고 접근하는 프로토콜은 무엇인가?

- **정답**: IMAP
- **해설**: IMAP는 이메일 관리에 사용된다.

23. 네트워크 장비 간의 오류 메시지를 전송하는 프로토콜은 무엇인가?

- **정답**: ICMP
- **해설**: ICMP(Internet Control Message Protocol)는 통신상의 오류를 발견하고 처리하는 프로토콜이다.

24. 멀티캐스트 그룹 멤버십을 관리하는 프로토콜은 무엇인가?

- **정답**: IGMP
- **해설**: IGMP는 멀티캐스트 그룹 멤버십을 관리한다.

25. IP 주소를 MAC 주소로 변환하는 프로토콜은 무엇인가?

- **정답**: ARP
- **해설**: ARP는 IP 주소를 MAC 주소로 변환한다.

26. MAC 주소를 IP 주소로 변환하는 프로토콜은 무엇인가?

- **정답**: RARP
- **해설**: RARP는 MAC 주소를 IP 주소로 변환한다.

27. 연결 지향형 전송 프로토콜은 무엇인가?

- **정답**: TCP
- **해설**: 연결지향형 프로토콜로, 송수신자 간의 연결이 확인되면 메시지 송수신을 시작한다.

28. 비연결형 전송 프로토콜은 무엇인가?

- **정답**: UDP
- **해설**: 네트워크 계층의 프로토콜로 비연결성, 비신뢰성을 바탕으로 빠른 속도로 데이터를 전송한다.

29. 리눅스에서 파일 시스템을 검사하는 명령어는 무엇인가?

- **정답**: fsck
- **해설**: fsck는 파일 시스템을 검사한다.

30. 리눅스에서 디스크 사용량을 확인하는 명령어는 무엇인가?

- **정답**: df
- **해설**: df는 디스크 사용량을 확인한다.

31. 리눅스에서 메모리 사용량을 확인하는 명령어는 무엇인가?

- **정답**: free
- **해설**: free는 메모리 사용량을 확인한다.

32. 리눅스에서 프로세스 목록을 확인하는 명령어는 무엇인가?

- **정답**: ps
- **해설**: ps는 프로세스 목록을 확인한다.

33. 리눅스에서 네트워크 인터페이스 정보를 확인하는 명령어는 무엇인가?

- **정답**: ifconfig
- **해설**: ifconfig는 네트워크 인터페이스 정보를 확인한다.

34. 리눅스에서 네트워크 라우팅 테이블을 확인하는 명령어는 무엇인가?

- **정답**: route
- **해설**: route는 네트워크 라우팅 테이블을 확인한다.

35. 리눅스에서 파일을 복사하는 명령어는 무엇인가?

- **정답**: cp
- **해설**: cp는 파일을 복사한다.

36. 리눅스에서 파일을 이동하거나 이름을 변경하는 명령어는 무엇인가?

- **정답**: mv
- **해설**: mv는 파일을 이동하거나 이름을 변경한다.

37. 리눅스에서 파일을 삭제하는 명령어는 무엇인가?

- **정답**: rm
- **해설**: rm은 파일을 삭제한다.

38. 리눅스에서 디렉터리를 생성하는 명령어는 무엇인가?

- **정답**: mkdir
- **해설**: mkdir은 디렉터리를 생성한다.

39. 리눅스에서 디렉터리를 삭제하는 명령어는 무엇인가?

- **정답**: rmdir
- **해설**: rmdir은 디렉터리를 삭제한다.

40. 리눅스에서 파일의 소유자를 변경하는 명령어는 무엇인가?

- **정답**: chown
- **해설**: chown은 파일의 소유자를 변경한다.

41. 리눅스에서 파일의 권한을 변경하는 명령어는 무엇인가?

- **정답**: chmod
- **해설**: chmod는 파일의 권한을 변경한다.

42. 리눅스에서 사용자 계정을 생성하는 명령어는 무엇인가?

- **정답**: useradd
- **해설**: useradd는 사용자 계정을 생성한다.

43. 리눅스에서 사용자 계정을 삭제하는 명령어는 무엇인가?

- **정답**: userdel
- **해설**: userdel은 사용자 계정을 삭제한다.

44. 리눅스에서 그룹을 생성하는 명령어는 무엇인가?

- **정답**: groupadd
- **해설**: groupadd은 그룹을 생성한다.

45. 리눅스에서 그룹을 삭제하는 명령어는 무엇인가?

- **정답**: groupdel
- **해설**: groupdel은 그룹을 삭제한다.

46. 네트워크를 보호하기 위해 사용되는 방화벽의 기능은 무엇인가?

- **정답**: 트래픽 필터링 및 네트워크 보호
- **해설**: 방화벽은 외부의 위험 요소가 내부로 침입하지 않도록 막아주는 역할을 한다.

47. 네트워크에 대한 무단 접근을 방지하기 위한 기술은 무엇인가?

- **정답**: 인증 및 권한 부여
- **해설**: 인증 및 권한 부여는 무단 접근을 방지한다.

48. 데이터의 무결성을 보장하기 위한 기술은 무엇인가?

- **정답**: 암호화 및 디지털 서명
- **해설**: 암호화 및 디지털 서명은 데이터의 무결성을 보장한다.

49. 네트워크 공격을 탐지하고 대응하기 위한 시스템은 무엇인가?

- **정답**: IDS/IPS
- **해설**: IDS/IPS는 네트워크 공격을 탐지하고 대응한다.

50. 네트워크 보안 정책을 관리하고 모니터링하는 시스템은 무엇인가?

- **정답**: NMS
- **해설**: NMS(Network Management System)는 SNMP 프로토콜을 이용하여 네트워크 정보를 수집하는 시스템이다.

51. IPv6 주소의 기본 형식은 무엇인가?

- **정답**: 8개의 16진수 그룹
- **해설**: IPv6 주소는 8개의 16진수 그룹으로 구성된다.

52. OSPF 프로토콜의 특징 중 하나는 무엇인가?

- **정답**: 최단 경로를 찾기 위해 Dijkstra 알고리즘 사용
- **해설**: OSPF는 최단 경로를 찾기 위해 Dijkstra 알고리즘을 사용한다.

53. ping 명령어를 사용할 수 있도록 설정하는 이유는 무엇인가?

- **정답**: 네트워크 연결 상태 확인
- **해설**: ping은 네트워크 연결 상태를 확인하는 데 사용된다.

54. ifconfig 명령어의 주요 기능은 무엇인가?

- **정답**: 네트워크 인터페이스 설정 및 정보 확인
- **해설**: ifconfig는 네트워크 인터페이스 설정 및 정보 확인에 사용된다.

55. IPSEC의 AH 헤더는 무엇을 제공하는가?

- **정답**: 인증 및 무결성
- **해설**: AH는 인증과 무결성을 제공한다.

56. VPN의 주요 목적은 무엇인가?

- **정답**: 안전한 통신 터널 제공
- **해설**: 인터넷 연결을 통해 장비에서 VPN 서버로 암호화된 연결을 서비스해 주는 네트워크이다.

57. TCP/IP의 전송 계층에서 사용되는 프로토콜은 무엇인가?

- **정답**: TCP, UDP
- **해설**: TCP와 UDP는 전송 계층에서 사용된다.

58. 서브넷 마스크를 사용하여 네트워크 ID를 구하는 이유는 무엇인가?

- **정답**: 네트워크 주소와 호스트 주소를 구분하기 위해
- **해설**: 서브넷 마스크는 네트워크 주소와 호스트 주소를 구분하는 데 사용된다.

59. NAT의 주요 기능은 무엇인가?

- **정답**: 사설 IP를 공인 IP로 변환
- **해설**: 사설 IP 주소와 공인 IP 주소 간의 변환을 수행하여 네트워크 장치들이 인터넷에 연결될 수 있도록 지원하는 기술이다.

60. 게이트웨이의 역할은 무엇인가?

- **정답**: 서로 다른 네트워크 간의 통신을 가능하게 한다.
- **해설**: 게이트웨이는 서로 다른 네트워크 간의 통신을 가능하게 한다.

61. 사설 B클래스 IP 주소 범위는 무엇인가?

- **정답**: 172.16.0.0~172.31.255.255
- **해설**: 사설 B클래스 IP 주소는 이 범위이다.

62. MRTG의 주요 기능은 무엇인가?

- **정답**: 네트워크 트래픽 모니터링 및 그래프 표시
- **해설**: MRTG는 네트워크 트래픽을 그래프로 표시한다.

63. SNMP의 주요 기능은 무엇인가?

- **정답**: 네트워크 장비 관리 및 모니터링
- **해설**: SNMP는 간단한 네트워크의 장비로부터 데이터를 수집하여 네트워크의 관리를 지원하고 성능을 향상하는 프로토콜이다.

64. RAID 1의 특징은 무엇인가?

- **정답**: 동일한 데이터를 두 개 이상의 디스크에 저장함으로써 데이터 신뢰성을 높인다.
- **해설**: 서로 다른 두 개의 디스크에 동일한 내용을 중복 저장하여 관리하는 기술로, 데이터 복구에 적합하므로 높은 신뢰도가 필요할 경우 사용한다.

65. DHCP의 주요 기능은 무엇인가?

- **정답**: 네트워크 장비에 자동으로 IP 주소 할당
- **해설**: DHCP 서버는 네트워크에 연결된 클라이언트 디바이스들에게 IP 주소를 동적으로 할당, 이를 통해 디바이스들은 중복되지 않는 IP 주소를 자동으로 받아 사용한다.

66. DNS의 주요 기능은 무엇인가?

- **정답**: 도메인 이름을 IP 주소로 변환
- **해설**: DNS는 도메인 이름을 IP 주소로 변환한다.

67. HTTP의 주요 기능은 무엇인가?

- **정답**: 웹 서버와 클라이언트 간의 통신
- **해설**: HTTP는 웹 서버와 클라이언트 간의 통신에 사용된다.

68. FTP의 주요 기능은 무엇인가?

- **정답**: 파일 전송
- **해설**: FTP(File Transfer Protocol)는 클라이언트와 서버 간의 파일 전송을 지원한다.

69. Telnet의 주요 기능은 무엇인가?

- **정답**: 원격 장비에 접속하여 명령어 실행
- **해설**: 사용자가 원격 장치와 통신할 수 있도록 하는 원격 프로토콜로, 텍스트 기반 컴퓨터 프로토콜이므로 GUI(Graphic User Interface, 그래픽 사용자 인터페이스)는 지원하지 않는다.

70. SMTP의 주요 기능은 무엇인가?

- **정답**: 이메일 전송
- **해설**: 인터넷 전자우편 표준 프로토콜로, 이메일 전송에 사용된다.

71. POP3의 주요 기능은 무엇인가?

- **정답**: 이메일 수신
- **해설**: POP3는 이메일 수신에 사용된다.

72. IMAP의 주요 기능은 무엇인가?

- **정답**: 이메일 관리 및 접근
- **해설**: 인터넷 전자우편 표준 프로토콜로, POP3과 마찬가지로 메일을 내려받는 프로토콜이다. POP3과는 달리 서버로부터 메일을 내려받아도 서버에 메일이 그대로 남아있지만, 그만큼 서버 트래픽이 많이 사용된다.

73. ICMP의 주요 기능은 무엇인가?

- **정답**: 네트워크 장비 간의 오류 메시지 전송
- **해설**: ICMP는 오류 메시지를 전송한다.

74. IGMP의 주요 기능은 무엇인가?

- **정답**: 멀티캐스트 그룹 멤버십 관리
- **해설**: IGMP(Internet Group Management Protocol)는 멀티캐스트를 관리하여 그룹에게 메시지를 보내기 위한 목적으로 개발된 프로토콜로, 시작지 호스트에서 여러 목적지 호스트로 데이터를 전송할 때 사용된다.

75. ARP의 주요 기능은 무엇인가?

- **정답**: IP 주소를 MAC 주소로 변환
- **해설**: IP 주소를 하드웨어 주소(MAC 주소)로 변환하는 프로토콜이다.

76. RARP의 주요 기능은 무엇인가?

- **정답**: MAC 주소를 IP 주소로 변환
- **해설**: RARP는 MAC 주소를 IP 주소로 변환하는 프로토콜이며, ARP는 IP 주소를 하드웨어 주소(MAC 주소)로 변환하는 프로토콜이다.

77. TCP의 주요 특징은 무엇인가?

- **정답**: 연결 지향형
- **해설**: TCP는 연결 지향형이다.

78. UDP의 주요 특징은 무엇인가?

- **정답**: 비연결형
- **해설**: 단방향(일방향), 비신뢰성, 비연결형 서비스로, 높은 신뢰도나 제어용 메시지가 필요하지 않은 경우에 사용되는 프로토콜이다.

79. IDS/IPS의 주요 기능은 무엇인가?

- **정답**: 네트워크 공격 탐지 및 대응
- **해설**:
  - IDS(Intrusion Detection System)는 외부로부터의 침입을 탐지하기 위해 네트워크나 시스템에서 로그를 분석하고 감시하는 시스템이다.
  - IPS(Intrusion Prevention System)는 외부로부터의 침입을 탐지하는 것뿐만 아니라 탐지된 침입을 차단하여 시스템을 보호하는 시스템이다.

80. 네트워크 보안 정책을 관리하고 모니터링하는 시스템은 무엇인가?

- **정답**: NMS
- **해설**: NMS는 네트워크 보안 정책을 관리한다.

4-3 라우터 세팅(3문제)

1) 시험 유의 사항

- 감독관 지시에 따라 라우터 시험 실시
- 총 3문항이 출제되며 제한시간(20분) 내에 지시된 사항 수행
- 해당 시험이 맞는지 확인하고, 우측에 본인의 수험번호, 이름이 일치하는지 확인
- 총 3문항에 대해 모든 작업을 마친 후 답안 제출 버튼을 클릭([답안 제출] 버튼을 누른 후에는 다시 문제 풀이를 할 수 없음)
- 시험 중 수시로 우측에 있는 '남은시간'을 확인해야 함

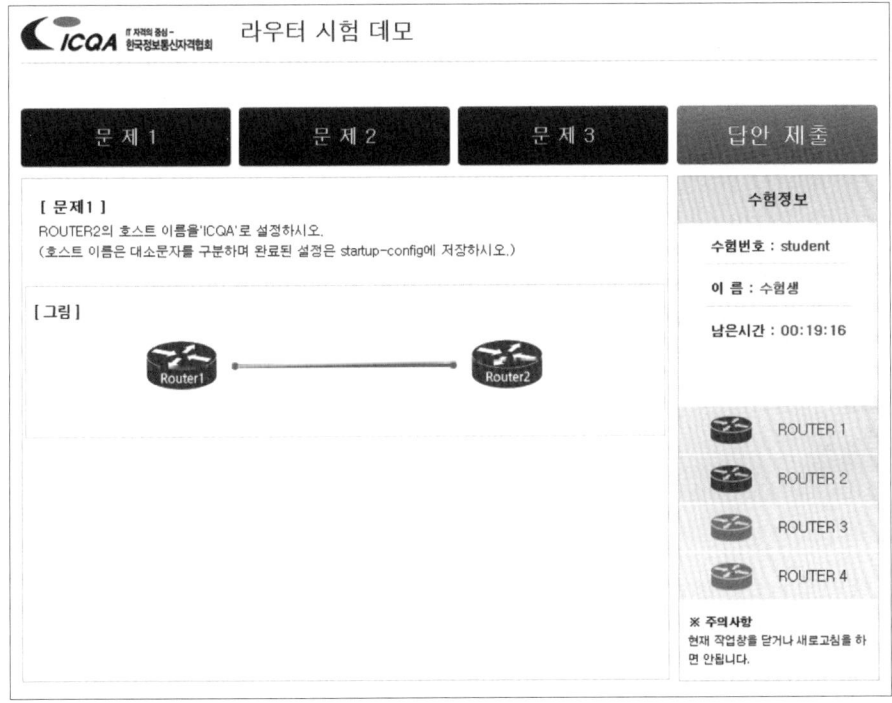

라우터 세팅 프로그램 화면

2) 예상 문제 풀이

문제 1

인터페이스 활성화

제시 문제

ROUTER1의 Serial 2/0 인터페이스를 활성화하고 저장하시오.

문제 풀이

Router> enable
Router# configure terminal
Router(config)# interface serial 2/0
Router(config-if)# no shutdown
Router(config-if)# exit
Router(config)# exit
Router# copy running-config startup-config

문제 2

IP 주소 설정

제시 문제

ROUTER1의 FastEthernet 0/0에 IP 주소 192.168.0.101/24를 설정하고 활성화하시오.

문제 풀이

Router> enable
Router# configure terminal
Router(config)# interface fastethernet 0/0
Router(config-if)# ip address 192.168.0.101 255.255.255.0
Router(config-if)# no shutdown
Router(config-if)# exit
Router(config)# exit
Router# copy running-config startup-config

문제 3

보조 IP 주소 설정

제시 문제

ROUTER1의 Serial 2/0에 첫 번째 IP 주소로 192.168.0.101/24, 두 번째 IP 주소로 192.168.0.102/24를 설정하고 활성화하시오.

문제 풀이

Router> enable

Router# configure terminal

Router(config)# interface serial 2/0

Router(config-if)# ip address 192.168.0.101 255.255.255.0

Router(config-if)# ip address 192.168.0.102 255.255.255.0 secondary

Router(config-if)# no shutdown

Router(config-if)# exit

Router(config)# exit

Router# copy running-config startup-config

문제 4

호스트 이름 설정

제시 문제

ROUTER2의 호스트 이름을 ICQA로 설정하시오.

문제 풀이

Router> enable

Router# configure terminal

Router(config)# hostname ICQA

Router(config)# exit

Router# copy running-config startup-config

문제 5

콘솔 패스워드 설정

제시 문제

ROUTER1에서 콘솔로 접속할 때 비밀번호를 ICQA로 설정하시오.

문제 풀이

Router> enable

Router# configure terminal

Router(config)# line console 0

Router(config-line)# password ICQA

Router(config-line)# exit

Router(config)# exit

Router# copy running-config startup-config

문제 6

Telnet 패스워드 설정

제시 문제

ROUTER1에서 Telnet으로 접속할 때 비밀번호를 ICQA로 설정하시오.

문제 풀이

Router> enable

Router# configure terminal

Router(config)# line vty 0 4

Router(config-line)# password ICQA

Router(config-line)# exit

Router(config)# exit

Router# copy running-config startup-config

문제 7

기본 게이트웨이 설정

제시 문제

ROUTER1의 기본 게이트웨이를 192.168.0.10으로 설정하시오.

문제 풀이

Router> enable

Router# configure terminal

Router(config)# ip default-gateway 192.168.0.10

Router(config)# exit

Router# copy running-config startup-config

문제 8

정적 라우팅 설정

제시 문제

ROUTER1에서 목적지 네트워크 24.48.200.0/24로 가는 경로를 게이트웨이 IP 192.168.0.10으로 설정하시오.

문제 풀이

Router> enable

Router# configure terminal

Router(config)# ip route 24.48.200.0 255.255.255.0 192.168.0.10

Router(config)# exit

Router# copy running-config startup-config

문제 9

인터페이스 설명 설정

제시 문제

ROUTER1의 FastEthernet 0/0에 설명을 ICQA로 설정하시오.

문제 풀이

Router> enable

Router# configure terminal

Router(config)# interface fastethernet 0/0

Router(config-if)# description ICQA

Router(config-if)# exit

Router(config)# exit

Router# copy running-config startup-config

문제 10

DHCP 풀 설정

제시 문제

ROUTER1에서 DHCP 풀 이름을 icqa로 설정하고 네트워크 주소를 192.168.100.0/24로 설정하시오.

문제 풀이

Router> enable

Router# configure terminal

Router(config)# ip dhcp pool icqa

Router(dhcp-config)# network 192.168.100.0 255.255.255.0

Router(dhcp-config)# exit

Router(config)# exit

Router# copy running-config startup-config

문제 11

RIP 라우팅 프로토콜 설정

제시 문제

ROUTER1에서 RIP 라우팅 프로토콜을 활성화하고 네트워크 192.168.0.0으로 설정하시오.

문제 풀이

Router> enable

Router# configure terminal

Router(config)# router rip

Router(config-router)# network 192.168.0.0

Router(config-router)# exit

Router(config)# exit

Router# copy running-config startup-config

문제 12

OSPF 라우팅 프로토콜 설정

제시 문제

ROUTER1에서 OSPF 라우팅 프로토콜을 활성화하고 네트워크 192.168.0.0으로 설정하시오.

문제 풀이

Router> enable

Router# configure terminal

Router(config)# router ospf 1

Router(config-router)# network 192.168.0.0 0.0.255.255 area 0

Router(config-router)# exit

Router(config)# exit

Router# copy running-config startup-config

문제 13

EIGRP 라우팅 프로토콜 설정

제시 문제

ROUTER1에서 EIGRP 라우팅 프로토콜을 활성화하고 네트워크 192.168.0.0으로 설정하시오.

문제 풀이

Router> enable

Router# configure terminal

Router(config)# router eigrp 100

Router(config-router)# network 192.168.0.0

Router(config-router)# exit

Router(config)# exit

Router# copy running-config startup-config

문제 14

라우터 소프트웨어 버전 확인

제시 문제

ROUTER1의 소프트웨어 버전을 확인하시오.

문제 풀이

show version

문제 15

라우팅 테이블 확인

제시 문제

ROUTER1의 라우팅 테이블을 확인하시오.

문제 풀이

show ip route

문제 16

인터페이스 상태 확인

제시 문제

ROUTER1의 인터페이스 상태를 확인하시오.

문제 풀이

show interface

문제 17

SNMP 설정

제시 문제

ROUTER1에서 SNMP 커뮤니티 문자열을 ICQA로 설정하시오.

문제 풀이

Router〉 enable

Router# configure terminal

Router(config)# snmp-server community ICQA ro

Router(config)# exit

Router# copy running-config startup-config

문제 18

Frame Relay 설정

제시 문제

ROUTER1의 Serial 2/0 인터페이스에 Frame Relay를 설정하시오.

문제 풀이

Router> enable

Router# configure terminal

Router(config)# interface serial 2/0

Router(config-if)# encapsulation frame-relay

Router(config-if)# exit

Router(config)# exit

Router# copy running-config startup-config

문제 19

PPP 설정

제시 문제

ROUTER1의 Serial 2/0 인터페이스에 PPP를 설정하시오.

문제 풀이

Router> enable

Router# configure terminal

Router(config)# interface serial 2/0

Router(config-if)# encapsulation ppp

Router(config-if)# exit

Router(config)# exit

Router# copy running-config startup-config

문제 20

HDLC 설정

제시 문제

ROUTER1의 Serial 2/0 인터페이스에 HDLC를 설정하시오.

문제 풀이

Router〉 enable

Router# configure terminal

Router(config)# interface serial 2/0

Router(config-if)# encapsulation hdlc

Router(config-if)# exit

Router(config)# exit

Router# copy running-config startup-config

문제 21

VLAN 설정

제시 문제

ROUTER1에서 VLAN 10을 생성하고 이름을 ICQA로 설정하시오.

문제 풀이

Router〉 enable

Router# configure terminal

Router(config)# vlan 10

Router(config-vlan)# name ICQA

Router(config-vlan)# exit

Router(config)# exit

Router# copy running-config startup-config

문제 22

VTP 설정

제시 문제

ROUTER1에서 VTP 모드를 Server로 설정하시오.

문제 풀이

Router> enable

Router# configure terminal

Router(config)# vtp mode server

Router(config)# exit

Router# copy running-config startup-config

문제 23

NTP 설정

제시 문제

ROUTER1에서 NTP 서버 주소를 192.168.0.10으로 설정하시오.

문제 풀이

Router> enable

Router# configure terminal

Router(config)# ntp server 192.168.0.10

Router(config)# exit

Router# copy running-config startup-config

문제 24

Syslog 설정

제시 문제

ROUTER1에서 Syslog 서버 주소를 192.168.0.10으로 설정하시오.

문제 풀이

Router> enable

Router# configure terminal

Router(config)# logging 192.168.0.10

Router(config)# exit

Router# copy running-config startup-config

문제 25

SSH 설정

제시 문제

ROUTER1에서 SSH를 활성화하고 호스트 이름(ICQA)과 도메인 이름을 설정하시오.

문제 풀이

Router> enable

Router# configure terminal

Router(config)# hostname ICQA

Router(config)# ip domain-name icqa.com

Router(config)# crypto key generate rsa

Router(config)# line vty 0 4

Router(config-line)# transport input ssh

Router(config-line)# exit

Router(config)# exit

Router# copy running-config startup-config

문제 26

ACL 설정

제시 문제

ROUTER1에서 ACL 100을 생성하고 192.168.0.0/24 네트워크에서 오는 트래픽을 허용하시오.

문제 풀이

Router> enable

Router# configure terminal

Router(config)# access-list 100 permit ip 192.168.0.0 0.0.255.255 any

Router(config)# exit

Router# copy running-config startup-config

문제 27

NAT 설정

제시 문제

ROUTER1에서 NAT를 설정하고 192.168.0.0/24 네트워크를 외부 IP 주소로 변환하시오.

문제 풀이

Router> enable

Router# configure terminal

Router(config)# ip nat inside source list 1 interface serial 2/0 overload

Router(config)# access-list 1 permit ip 192.168.0.0 0.0.255.255

Router(config)# interface fastethernet 0/0

Router(config-if)# ip nat inside

Router(config-if)# exit

Router(config)# interface serial 2/0

Router(config-if)# ip nat outside

Router(config-if)# exit

Router(config)# exit

Router# copy running-config startup-config

문제 28

PAT 설정

제시 문제

ROUTER1에서 PAT를 설정하고 192.168.0.0/24 네트워크를 외부 IP 주소로 변환하시오.

문제 풀이

Router> enable

Router# configure terminal

Router(config)# ip nat inside source list 1 interface serial 2/0 overload

Router(config)# access-list 1 permit ip 192.168.0.0 0.0.255.255

Router(config)# interface fastethernet 0/0

Router(config-if)# ip nat inside

Router(config-if)# exit

Router(config)# interface serial 2/0

Router(config-if)# ip nat outside

Router(config-if)# exit

Router(config)# exit

Router# copy running-config startup-config

문제 29

DNS 캐시 설정

제시 문제

ROUTER1에서 DNS 캐시를 활성화하시오.

문제 풀이

Router> enable

Router# configure terminal

Router(config)# ip dns server

Router(config)# exit

Router# copy running-config startup-config

문제 30

라우터 시간 설정

제시 문제

ROUTER1의 시간을 2023년 3월 15일 14시 30분으로 설정하시오.

문제 풀이

Router> enable

Router# configure terminal

Router(config)# clock timezone KST 9

Router(config)# clock summer-time KST recurring

Router(config)# clock set 14:30:00 15 March 2023

Router(config)# exit

Router# copy running-config startup-config

문제 31

라우터 패스워드 암호화

제시 문제

ROUTER1에서 모든 패스워드를 암호화하시오.

문제 풀이

Router> enable

Router# configure terminal

Router(config)# service password-encryption

Router(config)# exit

Router# copy running-config startup-config

문제 32

라우터 보안 설정

제시 문제

ROUTER1에서 Telnet을 비활성화하고 SSH만 사용하도록 설정하시오.

문제 풀이

Router> enable

Router# configure terminal

Router(config)# line vty 0 4

Router(config-line)# transport input ssh

Router(config-line)# exit

Router(config)# exit

Router# copy running-config startup-config

문제 33

라우터 백업 설정

제시 문제

ROUTER1의 설정을 TFTP 서버로 백업하시오.

문제 풀이

Router> enable

Router# copy running-config tftp://192.168.0.10/router-config

문제 34

라우터 복원 설정

제시 문제

ROUTER1의 설정을 TFTP 서버에서 복원하시오.

문제 풀이

Router> enable

Router# copy tftp://192.168.0.10/router-config running-config

문제 35

라우터 인터페이스 MTU 설정

제시 문제

ROUTER1의 FastEthernet 0/0 인터페이스의 MTU를 1500으로 설정하시오.

문제 풀이

Router> enable

Router# configure terminal

Router(config)# interface fastethernet 0/0

Router(config-if)# mtu 1500

Router(config-if)# exit

Router(config)# exit

Router# copy running-config startup-config

문제 36

라우터 인터페이스 밴드위스 설정

제시 문제

ROUTER1의 FastEthernet 0/0 인터페이스의 밴드위스를 100M로 설정하시오.

문제 풀이

Router> enable

Router# configure terminal

Router(config)# interface fastethernet 0/0

Router(config-if)# speed 100

Router(config-if)# duplex full

Router(config-if)# exit

Router(config)# exit

Router# copy running-config startup-config

문제 37

라우터 QoS 설정

제시 문제

ROUTER1에서 QoS를 활성화하고 트래픽을 분류하시오.

문제 풀이

Router> enable

Router# configure terminal

Router(config)# class-map match-any ICQA

Router(config-cmap)# match ip dscp ef

Router(config-cmap)# exit

Router(config)# policy-map ICQA

Router(config-pmap)# class ICQA

Router(config-pmap-c)# priority percent 50
Router(config-pmap-c)# exit
Router(config-pmap)# exit
Router(config)# interface fastethernet 0/0
Router(config-if)# service-policy output ICQA
Router(config-if)# exit
Router(config)# exit
Router# copy running-config startup-config

네/트/워/크/관/리/사

최신 기출문제

2025년 8월부터 Windows Server 2022로 출제기준이 변경되었기에 이전 기출문제도 Windows Server 2022로 수정했습니다.

2급 최신 실기 기출문제 | 2024년 |

[시험 시작화면]

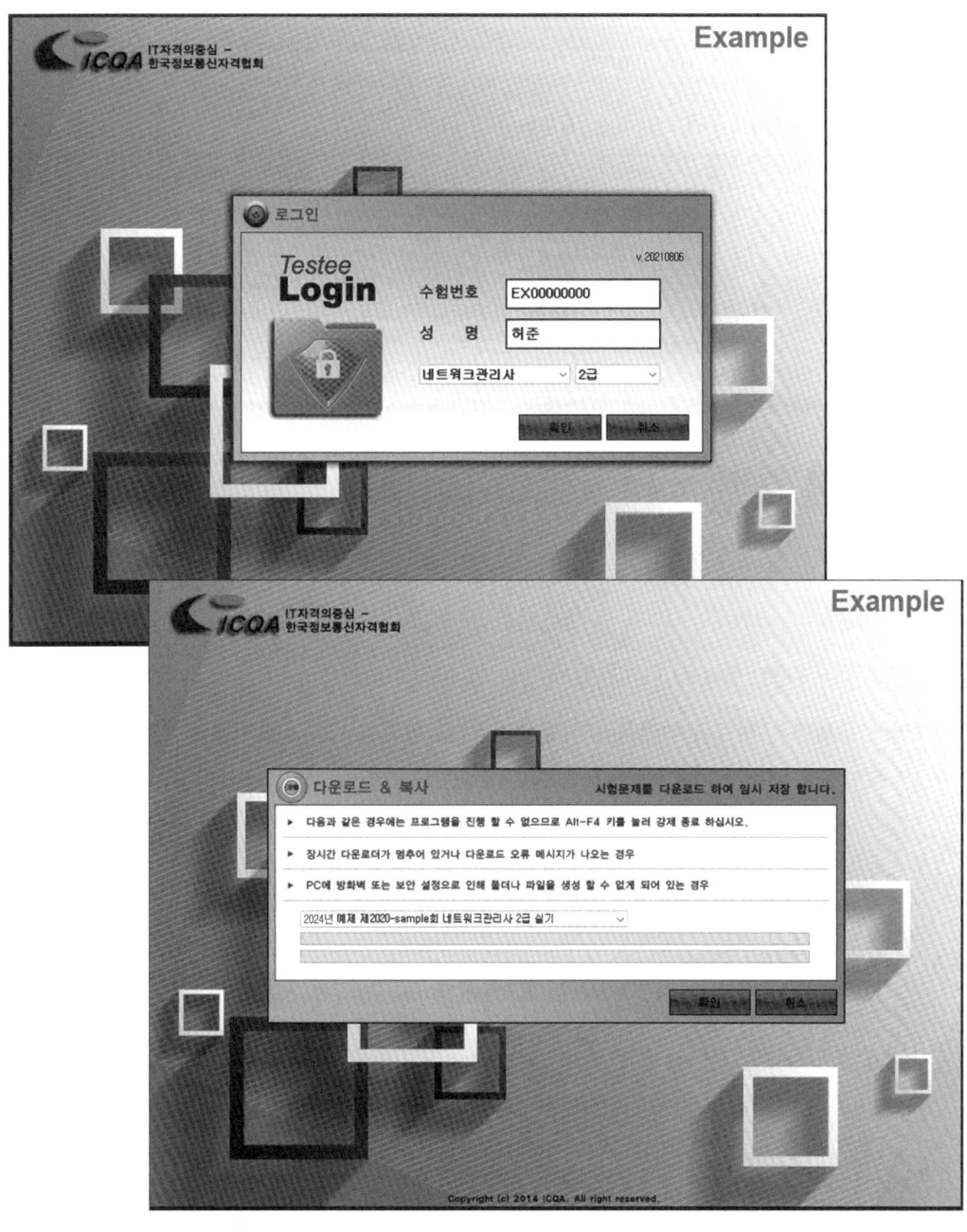

문제1

LAN 케이블 제작

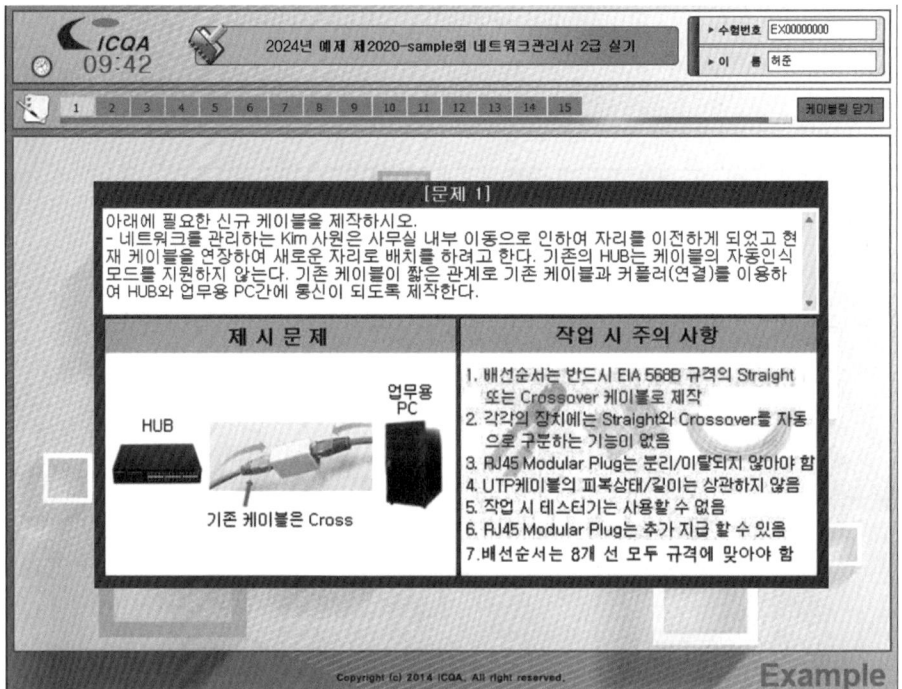

문제 풀이

HUB와 업무용 PC 연결 → 다이렉트 케이블 제작

그러나 문제에서 새로운 케이블을 사용하지 않고 기존의 Cross 케이블을 연장해야 하므로 크로스 케이블 제작

☞ 90% 이상이 다이렉트 케이블 제작

☞ 채점 시 주요 포인트 2가지 : 케이블 배선 순서가 맞는지 여부, 양쪽 끝부분을 당겼을 때 빠지지 않는지 여부

☞ 크로스 케이블 제작은 왼쪽과 오른쪽의 UTP 케이블 배선이 다르다.

① 양끝단 RJ-45 커넥터는 송신단과 수신단을 교차하여 연결한다.

  RJ-45 커넥터의 1번 핀과 다른 쪽 커넥터의 3번 핀을 연결하고, 2번 핀은 다른 쪽 커넥터의 6번 핀에 연결한다.

② 케이블의 한쪽 끝은 EIA/TIA 568-B, 다른 한쪽 끝은 EIA/TIA 568-A로 구성된다.

PIN 번호	1	2	3	4	5	6	7	8
568-B	주황띠	주황	녹색띠	파랑	파랑띠	녹색	갈색띠	갈색
568-A	녹색띠	녹색	주황띠	파랑	파랑띠	주황	갈색띠	갈색

③ 동일 기종 간의 장비 연결 시에 사용한다.

(예) 컴퓨터 - 컴퓨터, 스위치 - 스위치, ※ 예외 컴퓨터-라우터)

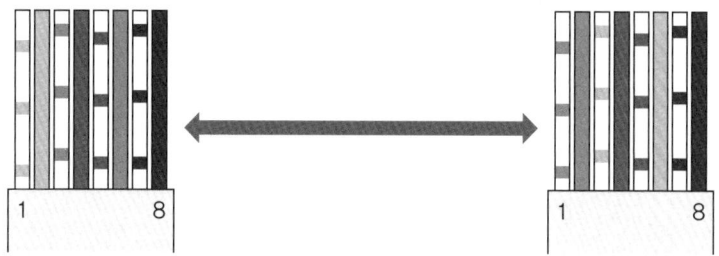

▲ 크로스 케이블 배선도

문제2

TCP/IP v4 세팅(작업형)

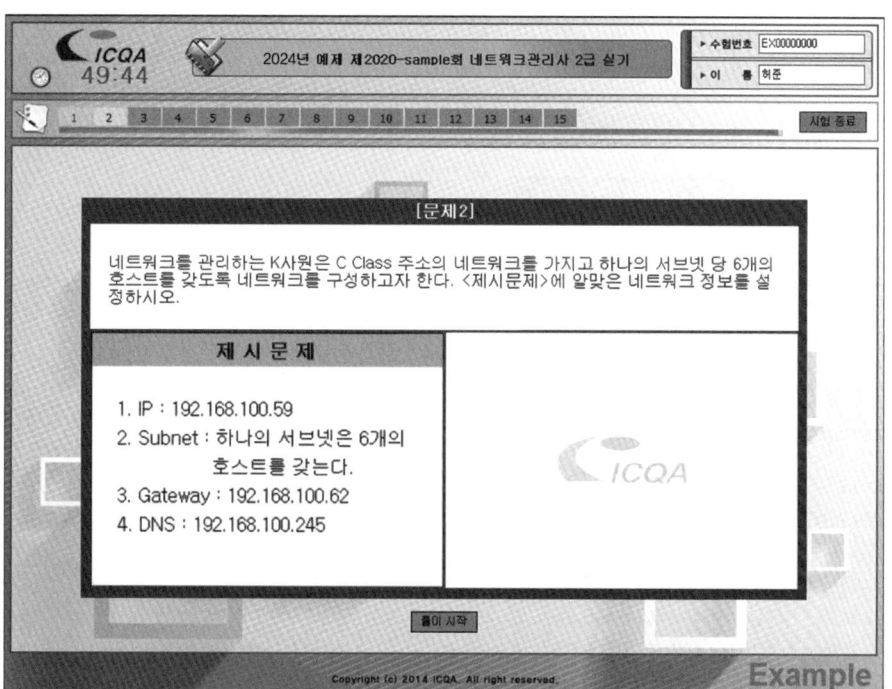

• 문제 풀이

☞ Subnet Mask 계산

- 서브넷은 회사(또는 학교), 호스트는 직원(또는 학생)으로 해석한다.
- 따라서 직원(학생)이 6명인 회사(학교)에 고유 번호를 부여해 준다고 해석한다.
- 문제에서 제시된 IP 주소인 '192.168.100.59'는 C Class에 해당하므로 서브넷 마스크는 '255.255.255.0~255.255.255.255' 사이의 값이다.
- 서브넷 마스크에서 제일 마지막 자리의 값을 찾는다.

서브넷 마스크 마지막 값 (8비트)	0	0	0	0	0	0	0	0
	1	1	1	1	1	1	1	1
각 비트에 대한 값 (10진수)	2^7 (128)	2^6 (64)	2^5 (32)	2^4 (16)	2^3 (8)	2^2 (4)	2^1 (2)	2^0 (1)

	128명	64명	32명	16명	8명	4명	2명	1명
직원(학생)이 6명 이상						4명 + 2명 + 1명 = 7명으로 6명 이상이 됨		
서브넷 마스크의 마지막 값	1	1	1	1	1	000		
	128 + 64 + 32 + 16 + 8 + 0 + 0 + 0 = **248**							

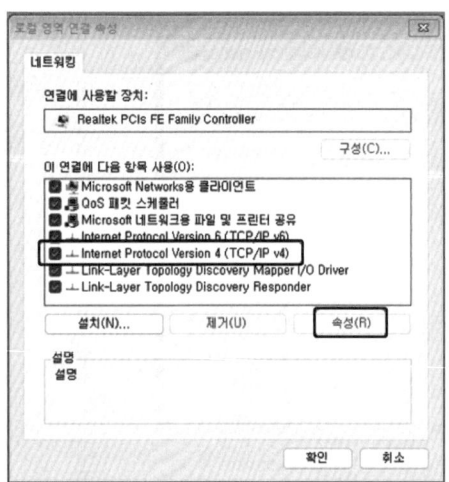

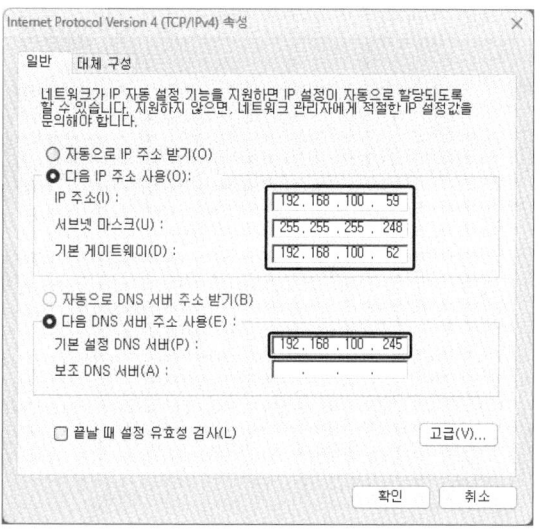

문제3

DHCP 설정(작업형)

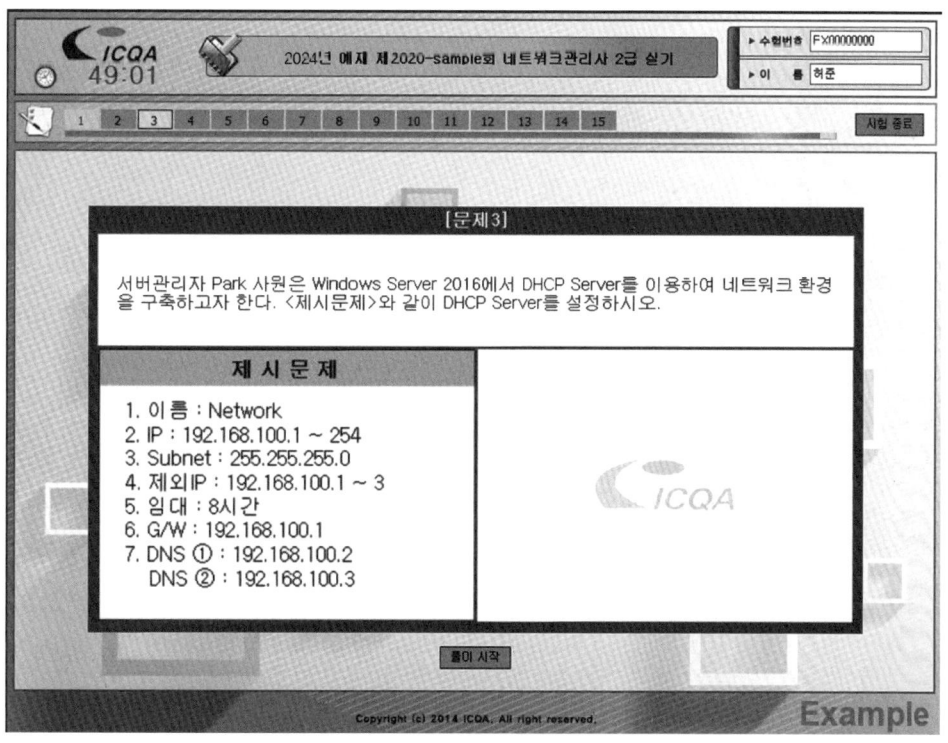

● 문제 풀이

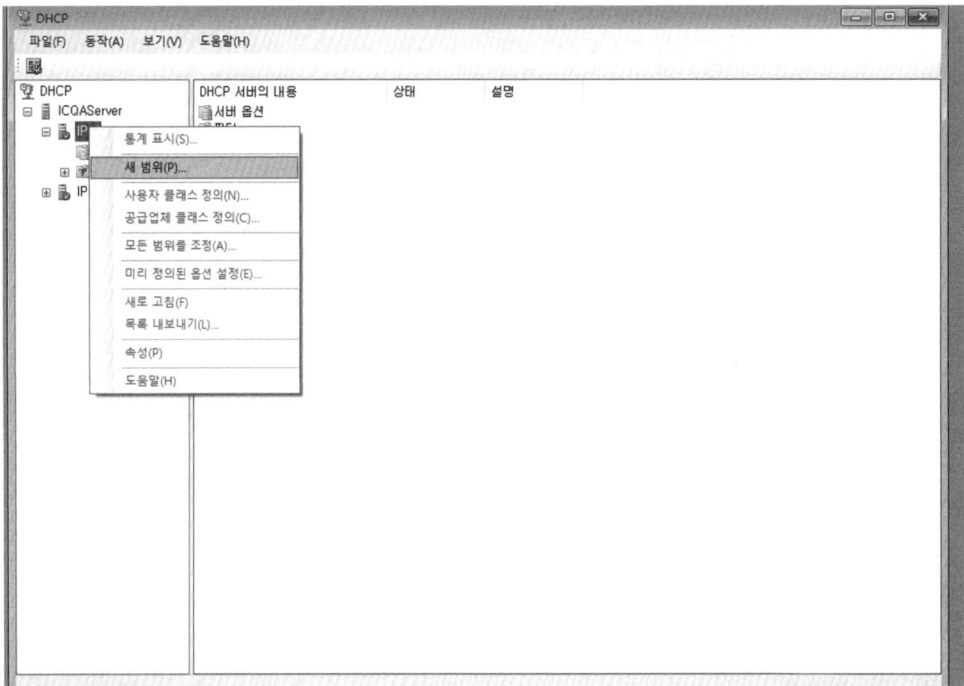

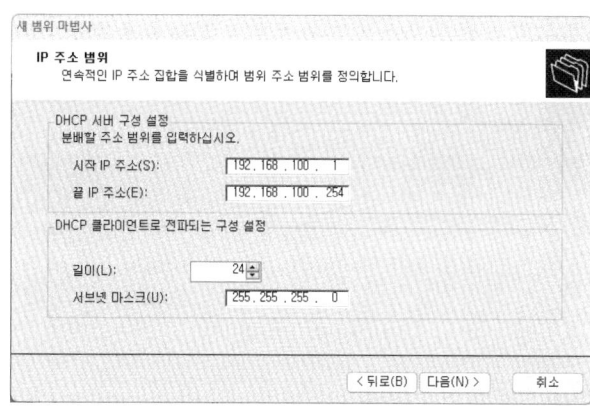

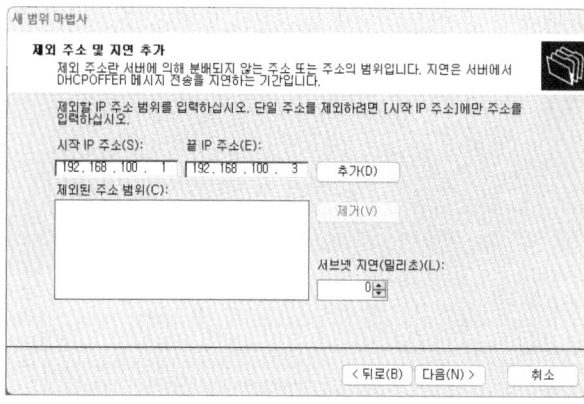

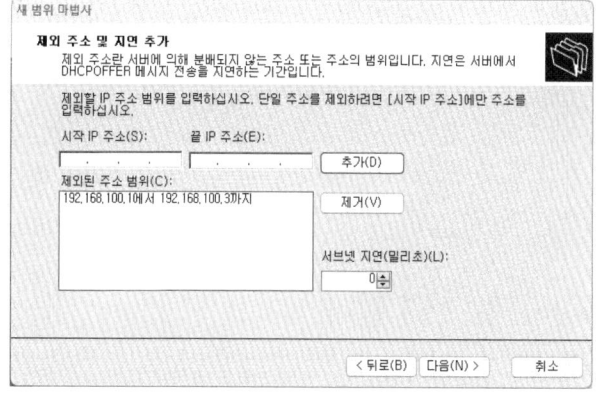

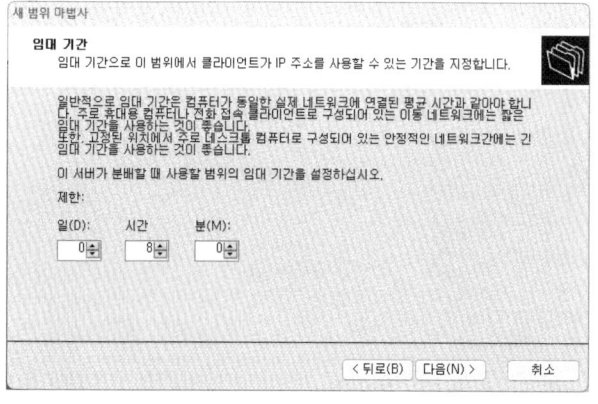

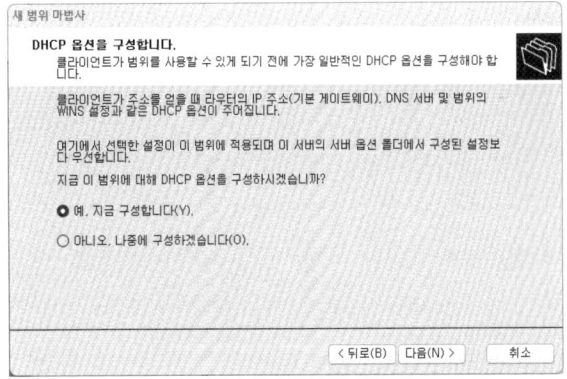

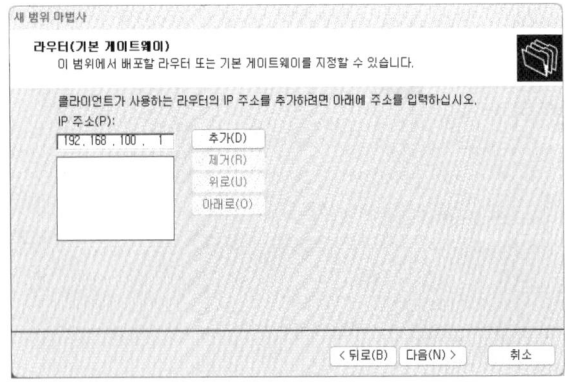

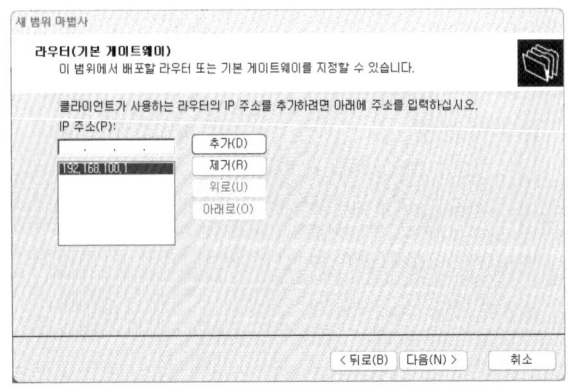

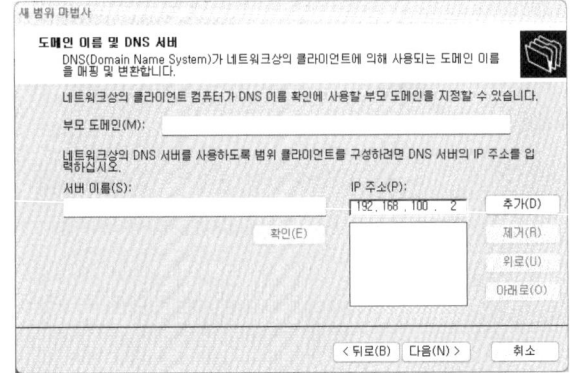

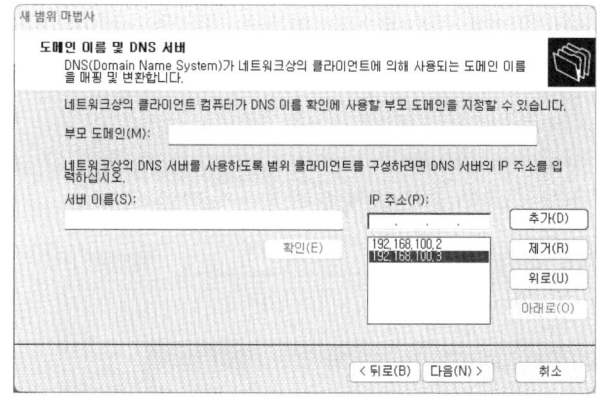

문제4

Web Server 세팅(작업형)

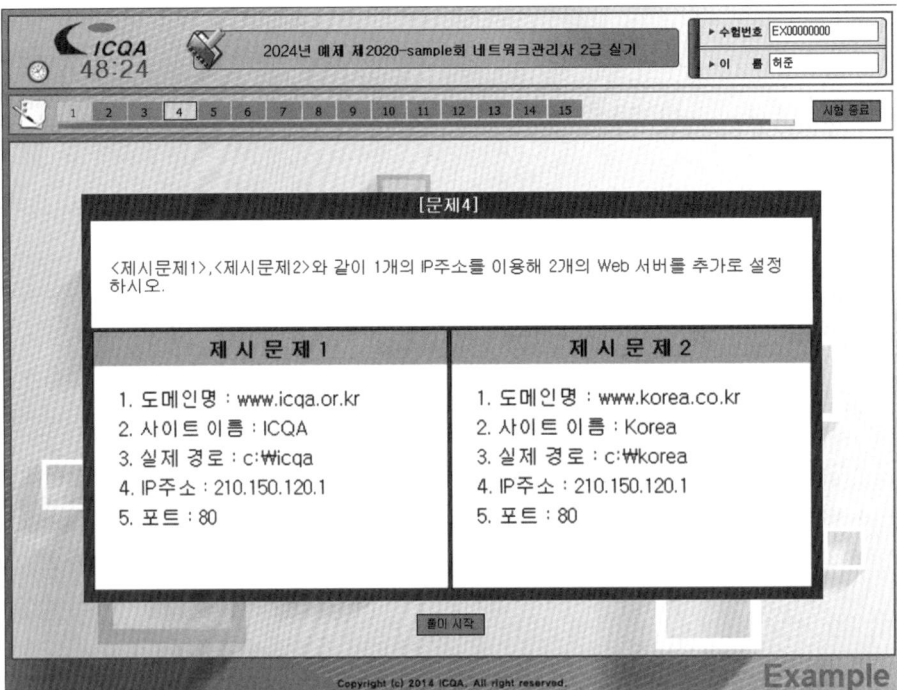

문제 풀이

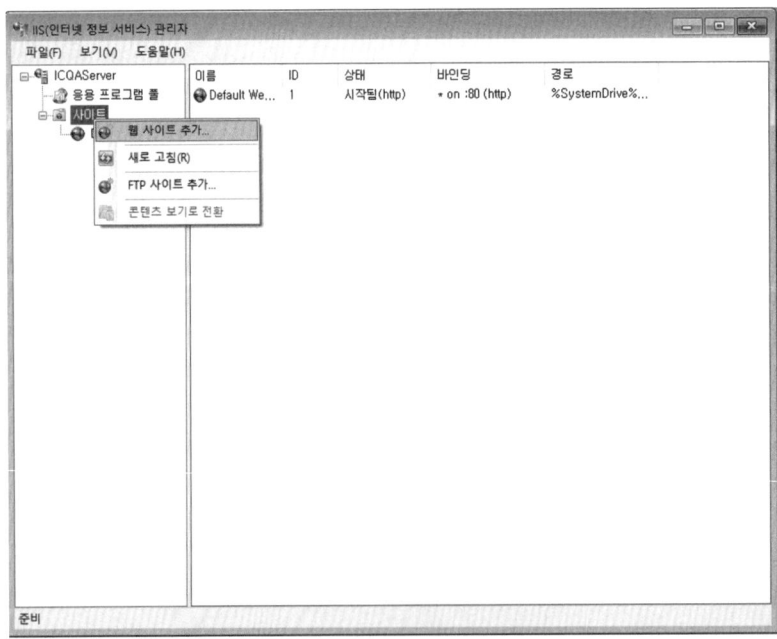

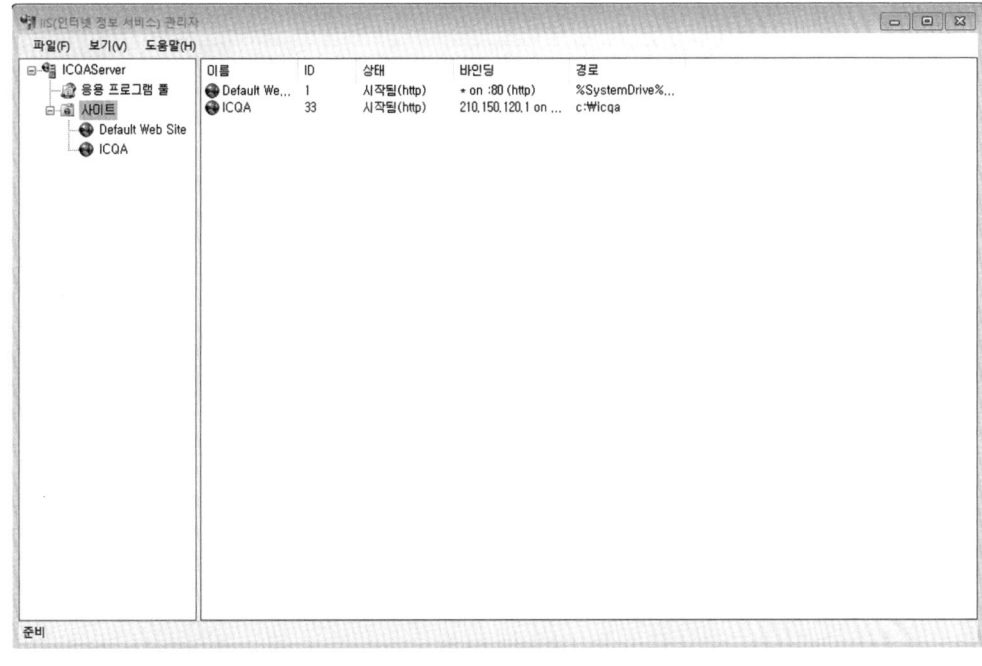

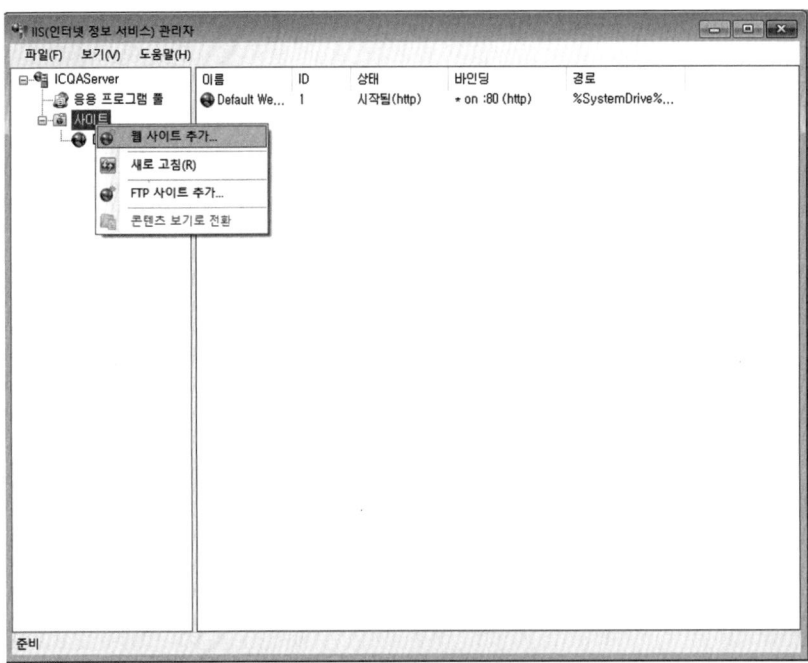

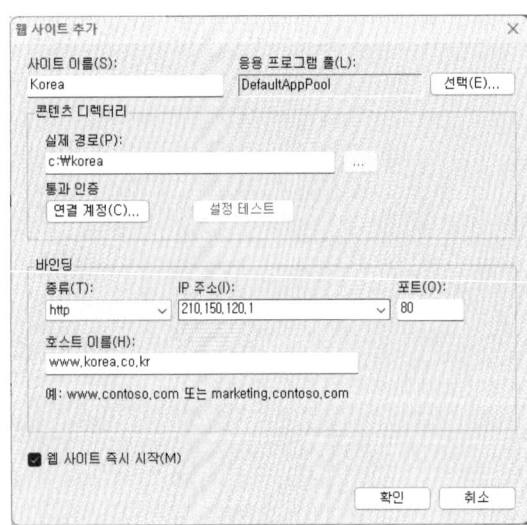

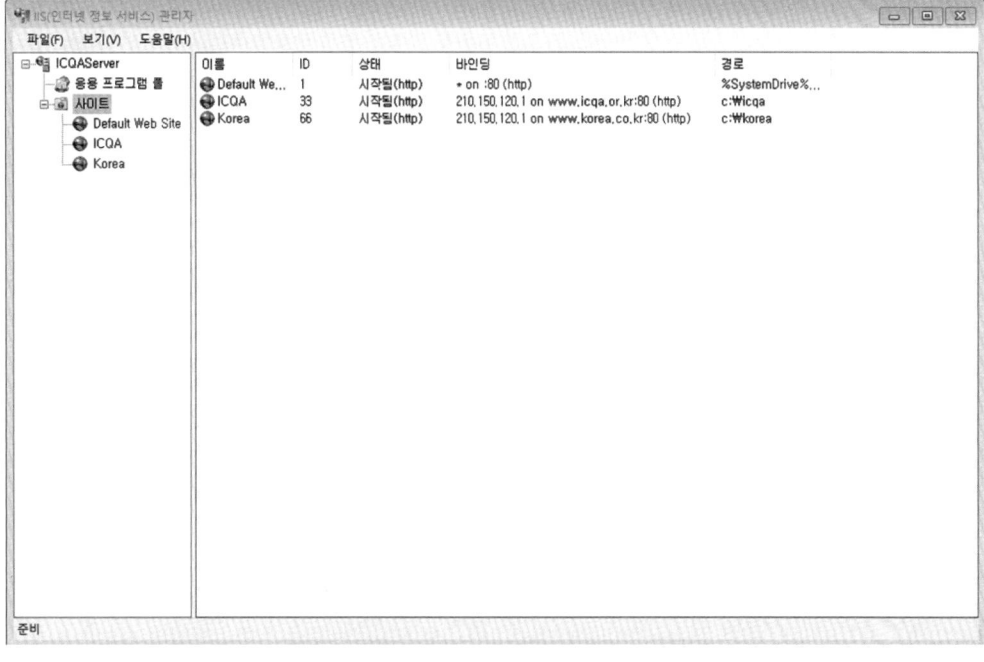

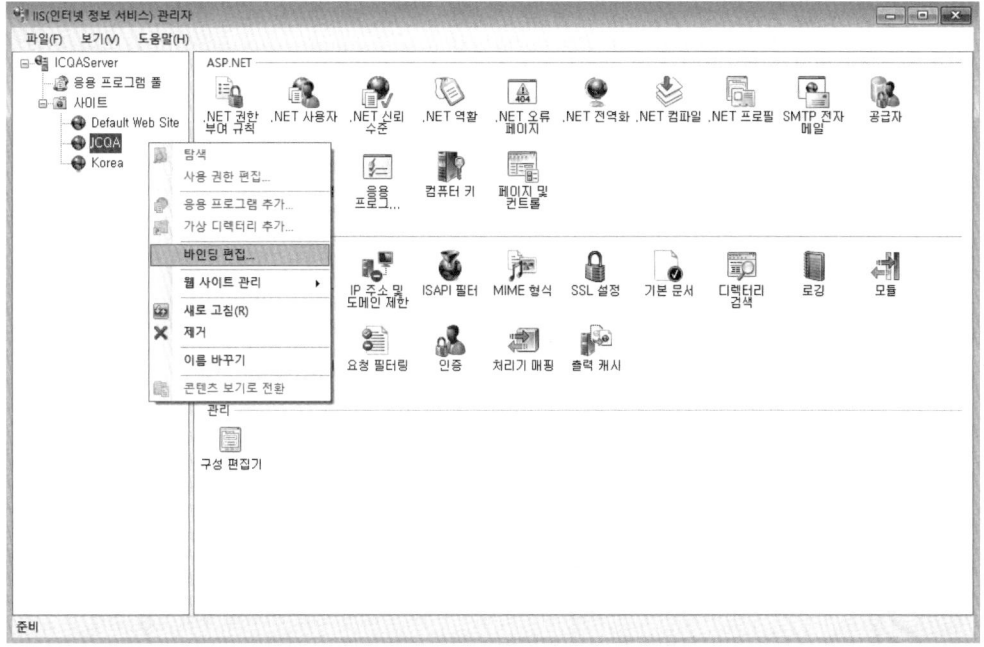

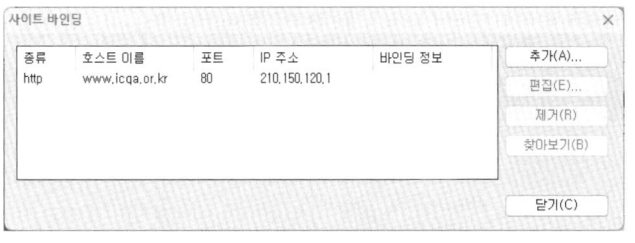

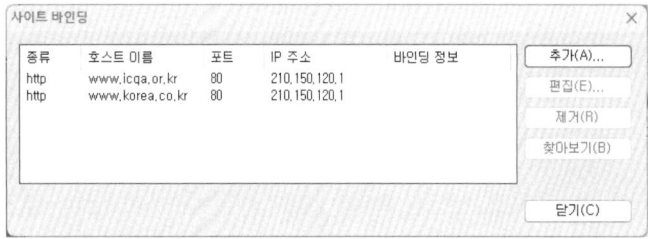

문제5

DNS 설정(작업형)

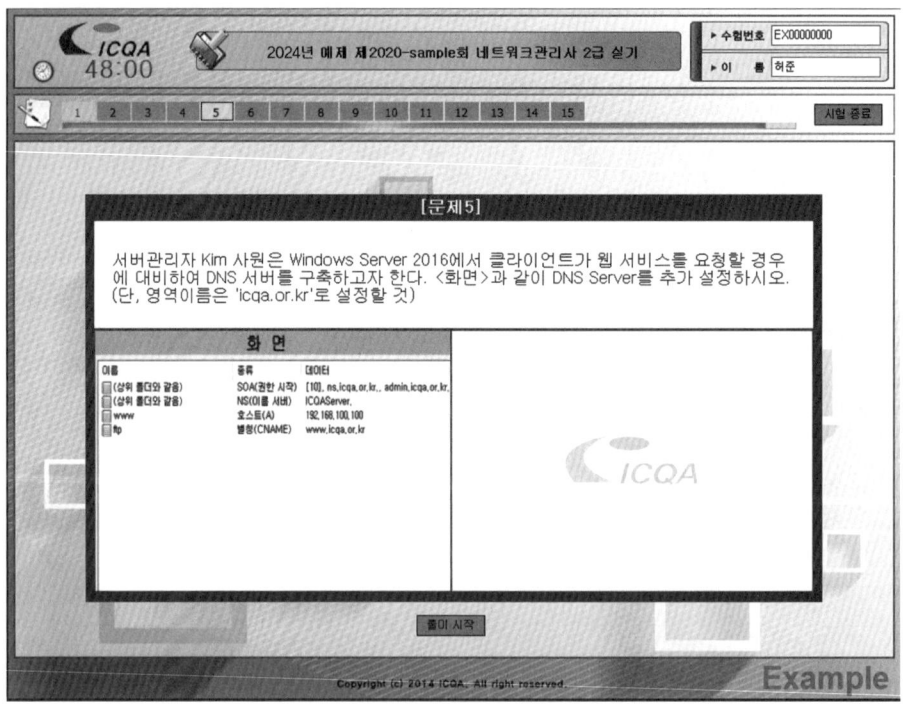

서버관리자 Kim 사원은 Windows Server 2016에서 클라이언트가 웹 서비스를 요청할 경우에 대비하여 DNS 서버를 구축하고자 한다. <화면>과 같이 DNS Server를 추가 설정하시오.
(단, 영역이름은 'icqa.or.kr'로 설정할 것)

• 문제 풀이

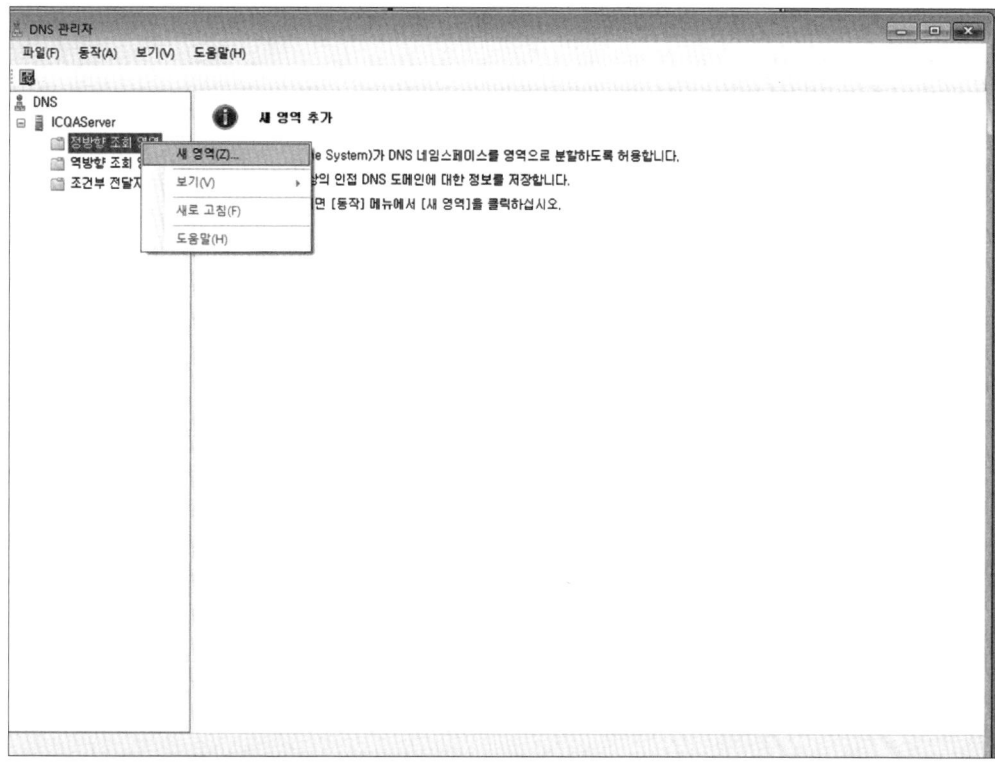

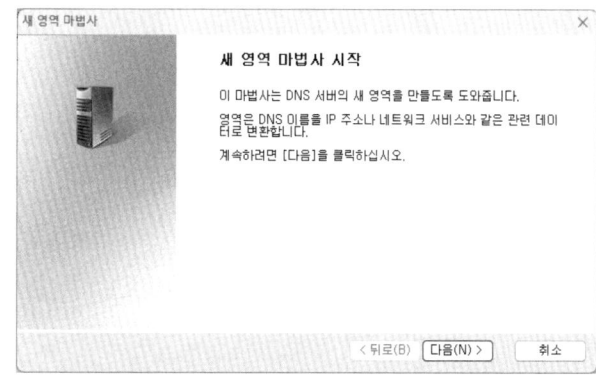

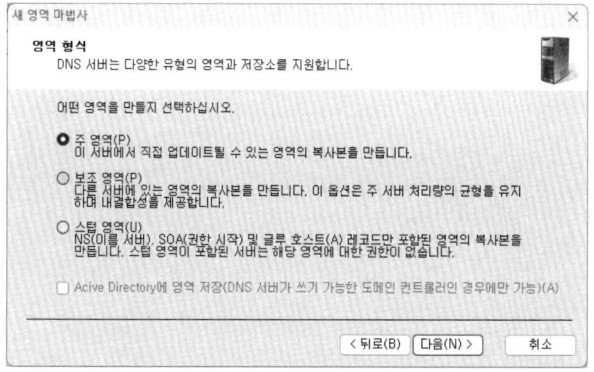

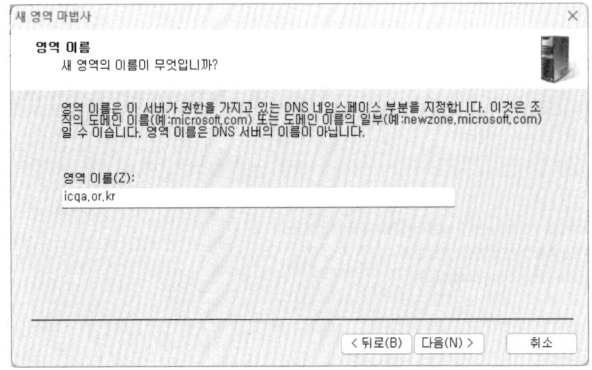

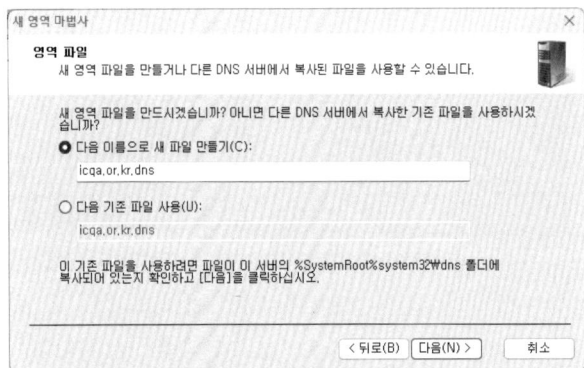

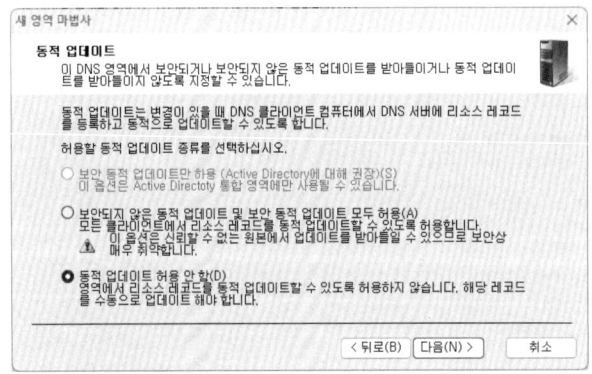

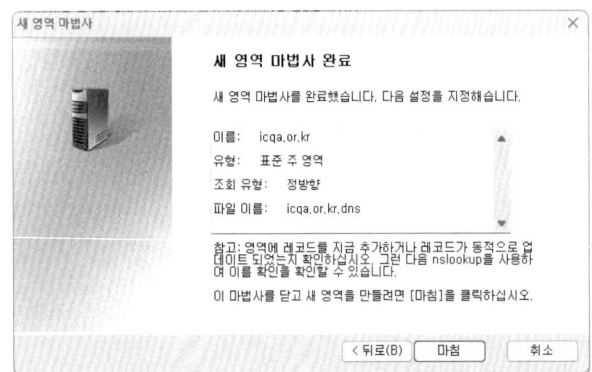

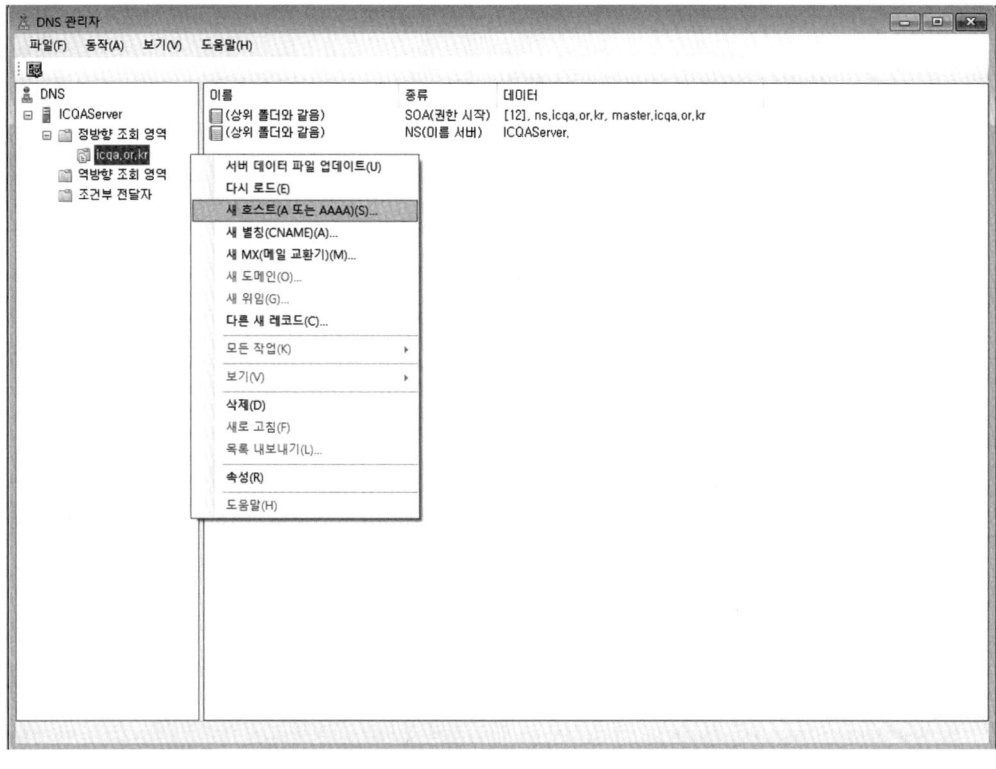

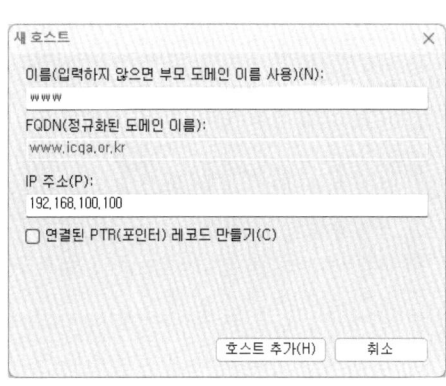

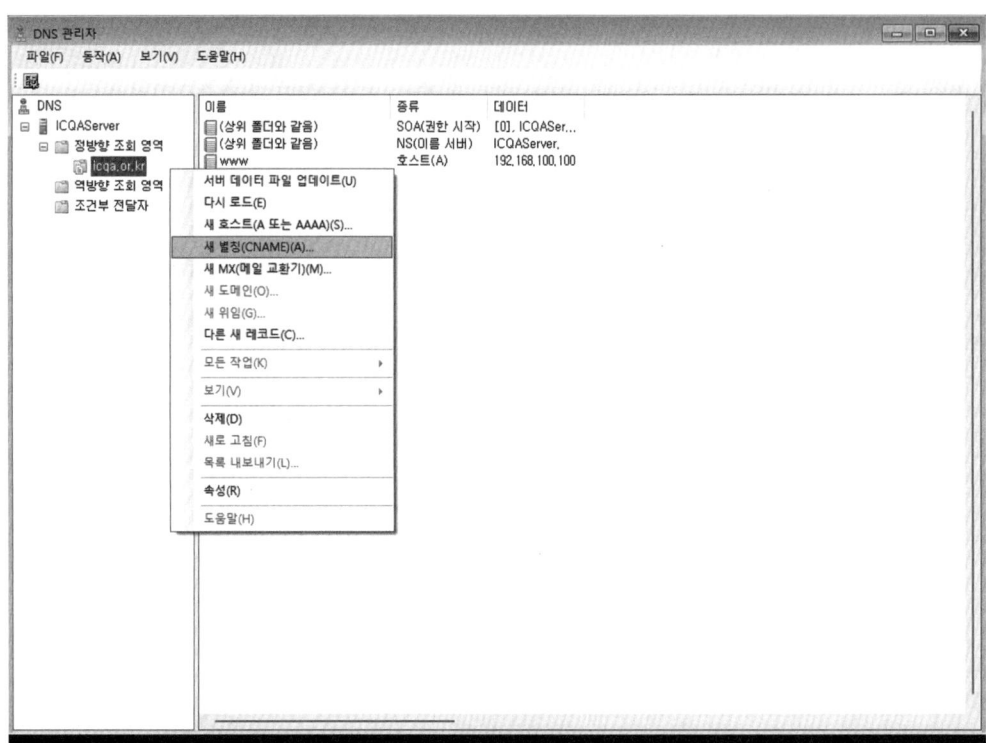

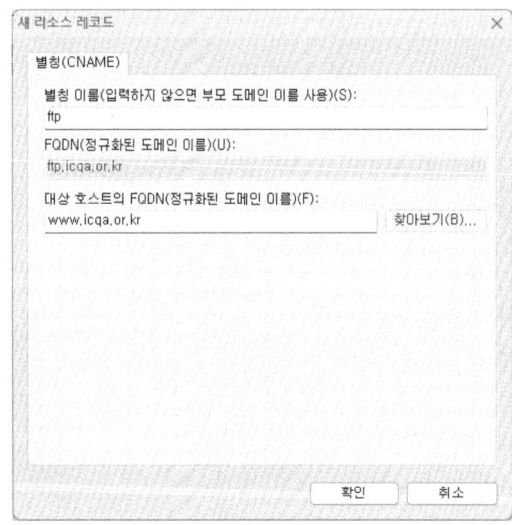

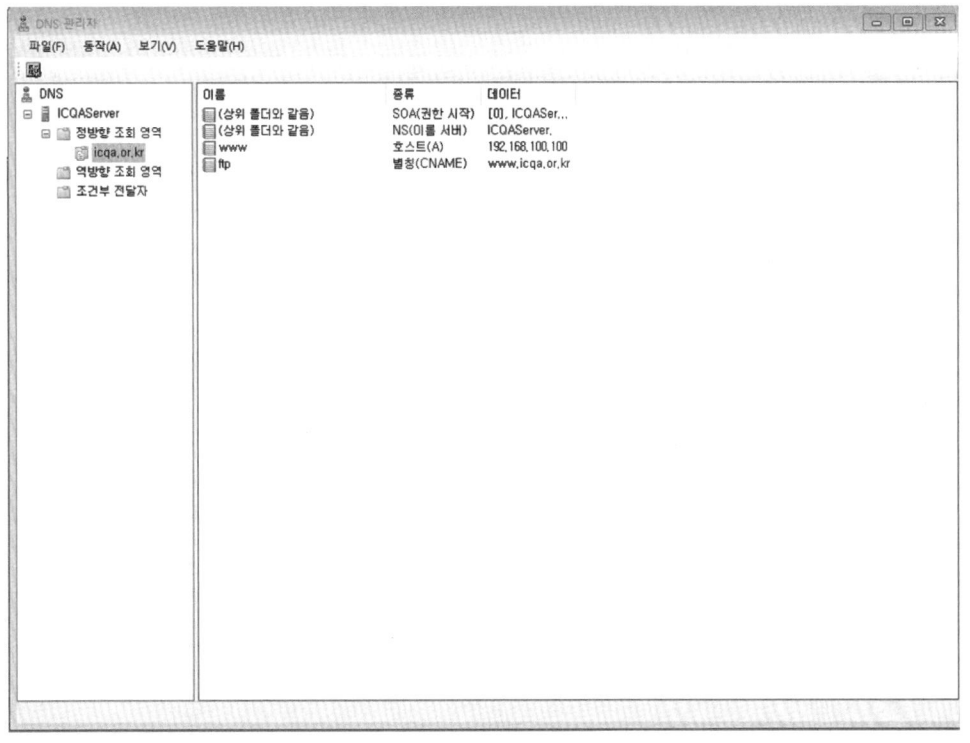

문제 6

FTP 설정 (작업형)

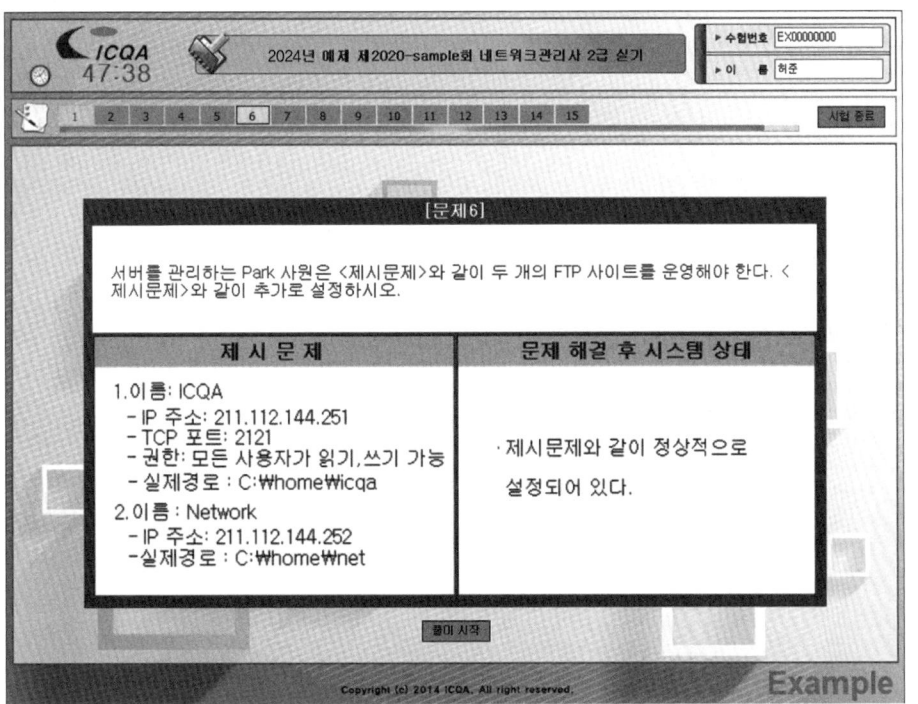

문제 풀이

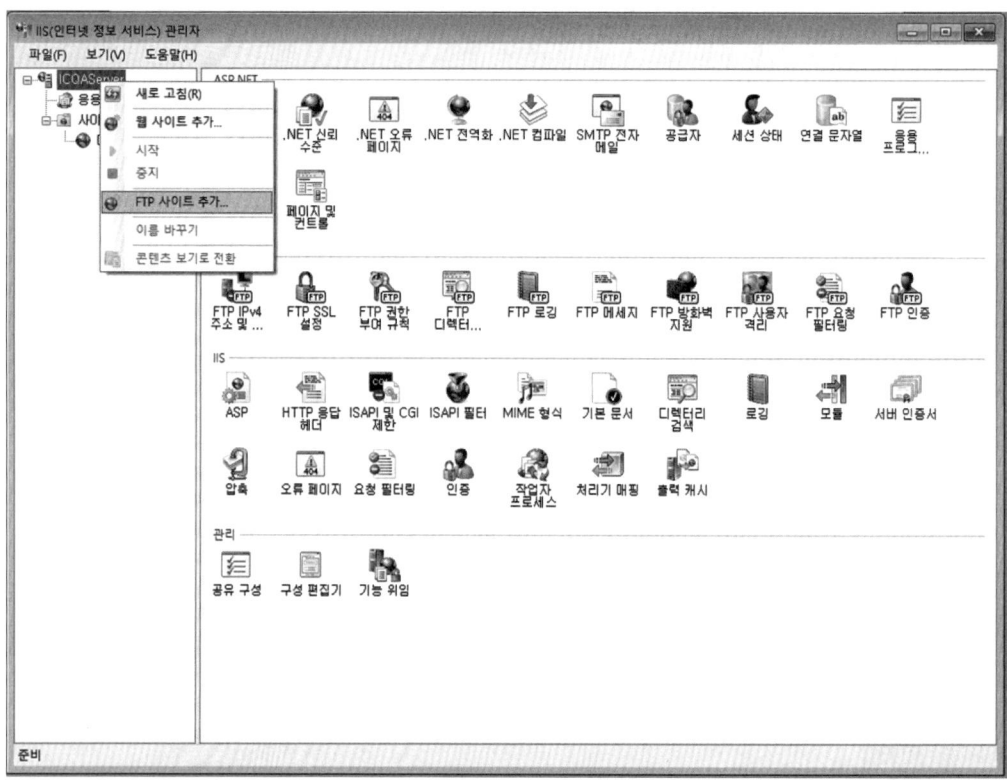

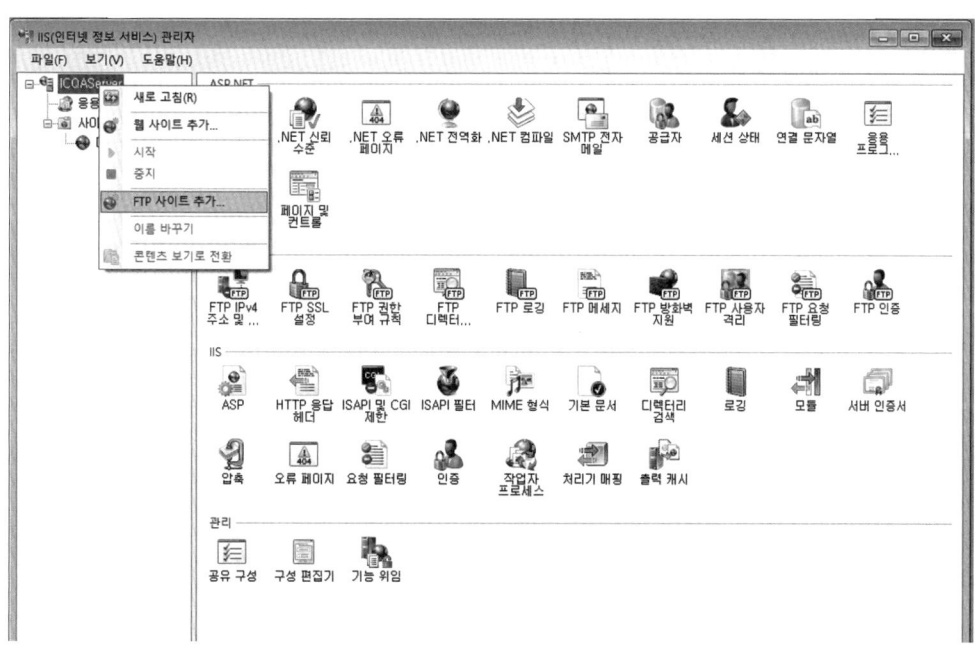

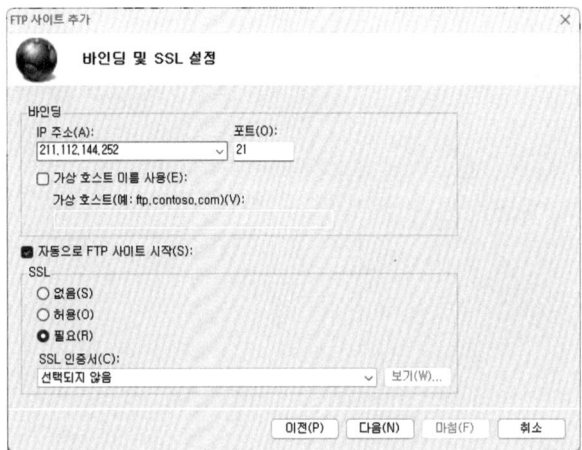

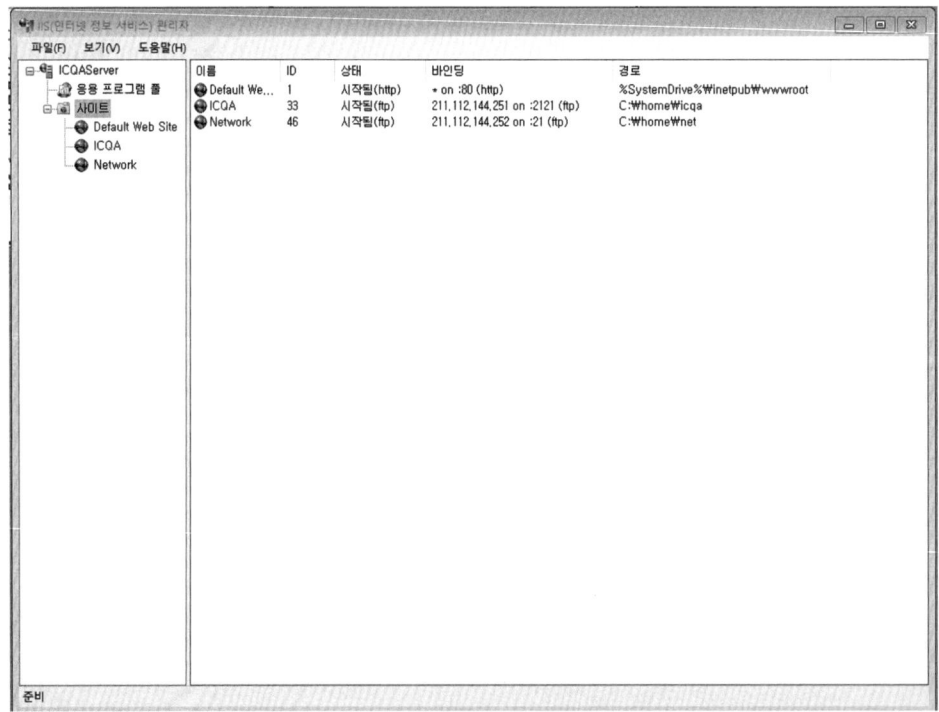

문제 7

로컬보안정책 설정(작업형)

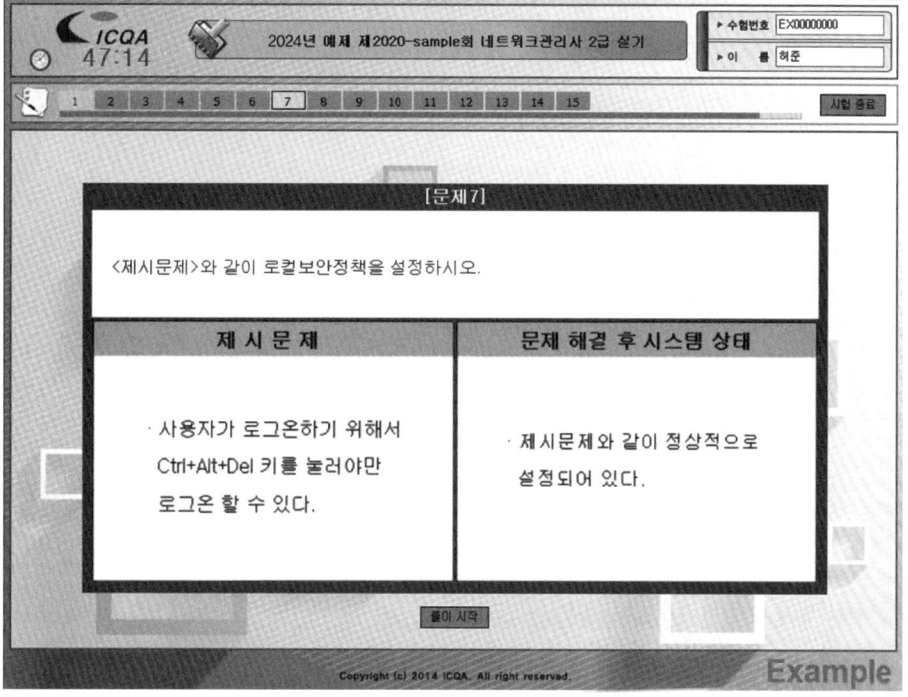

문제 풀이

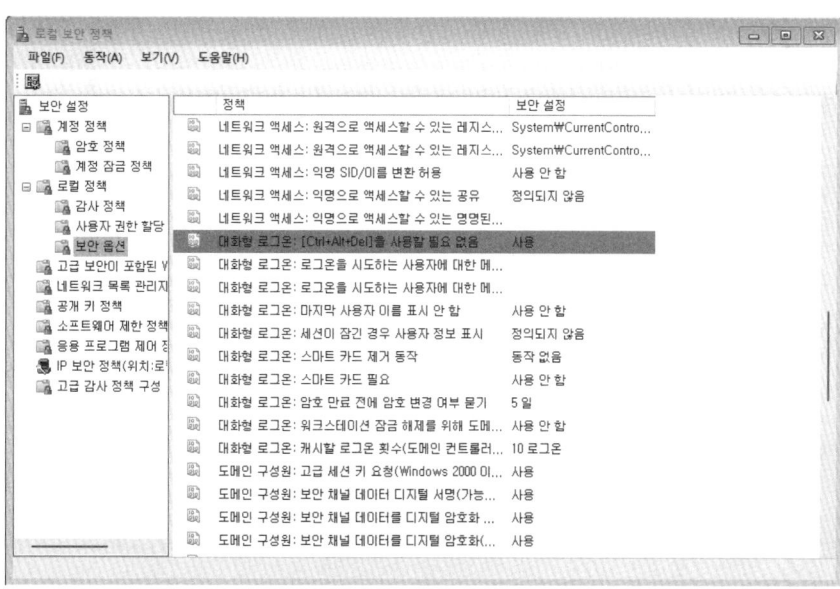

문제8

Hyper-V(가상 컴퓨터) 설정(작업형)

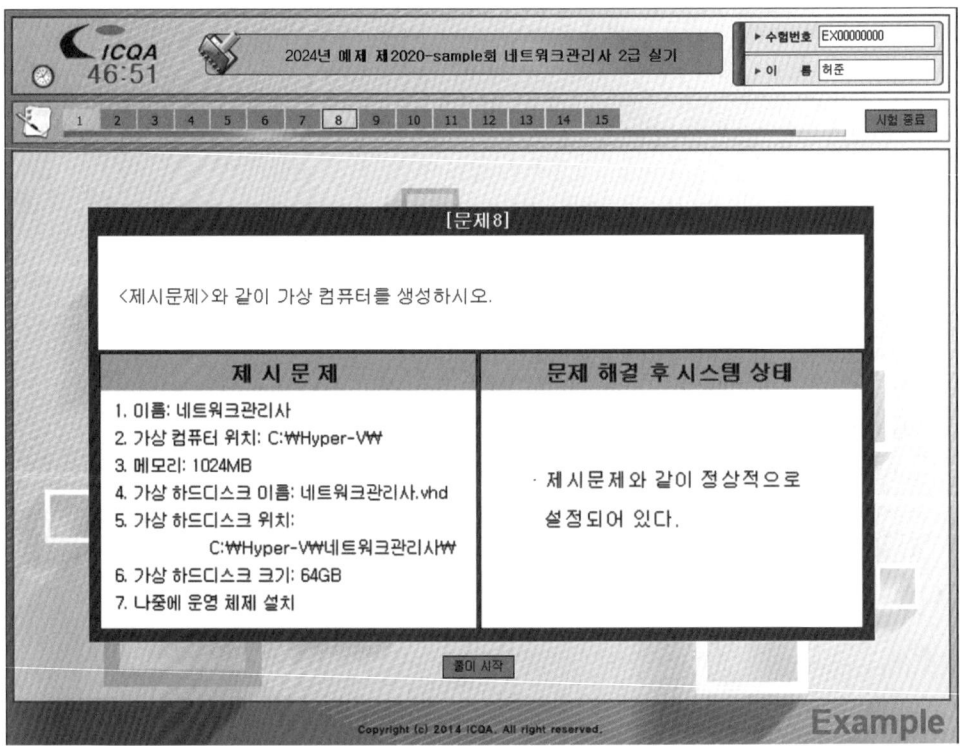

· 문제 풀이

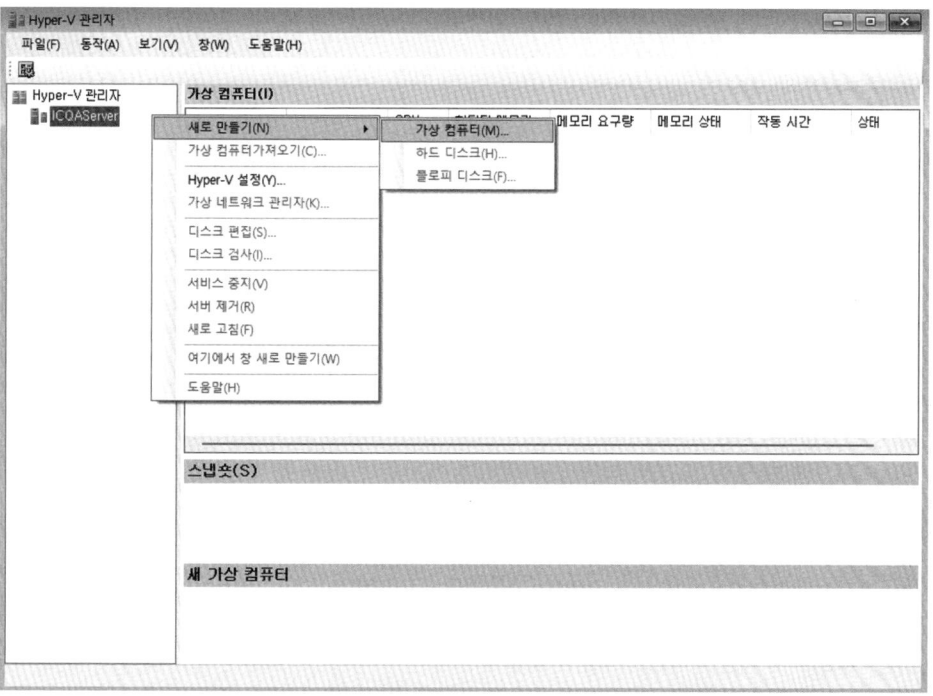

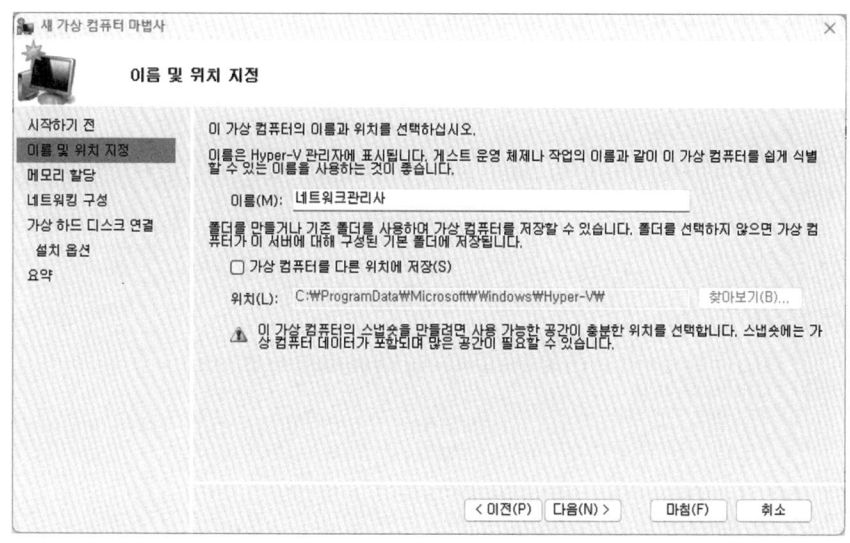

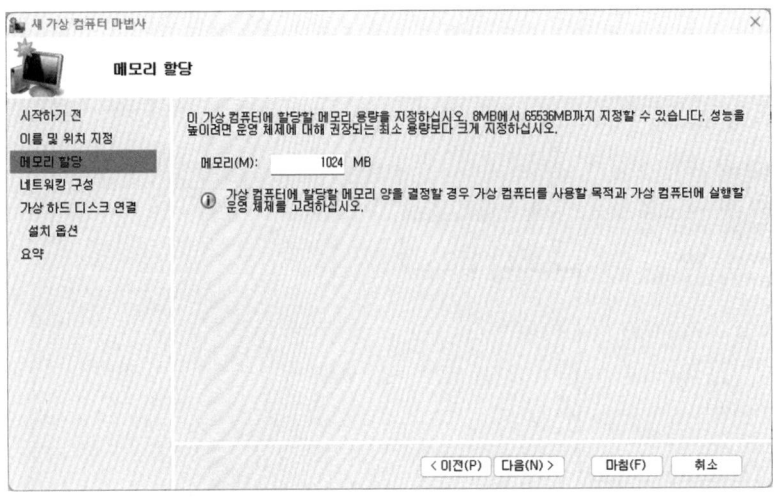

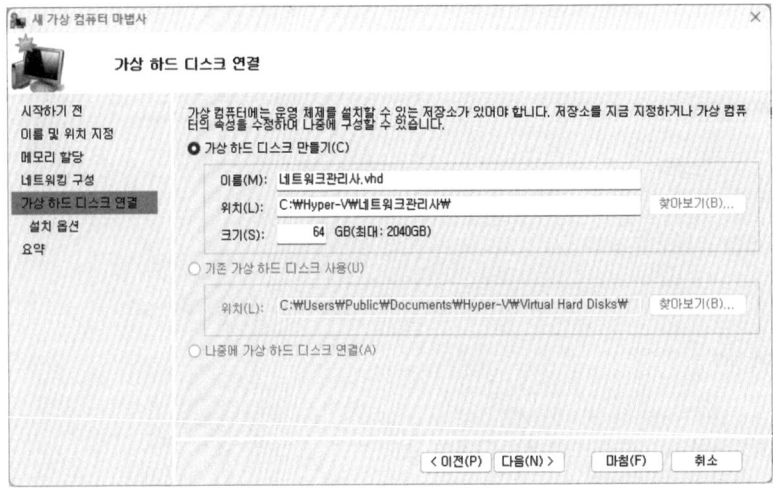

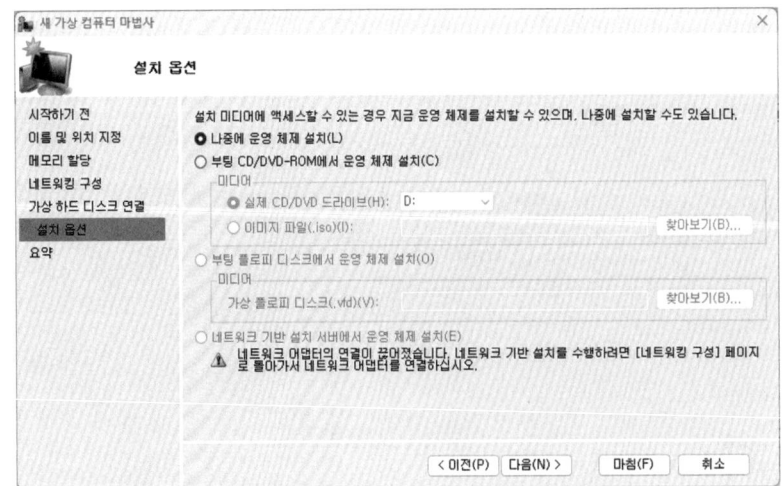

문제9

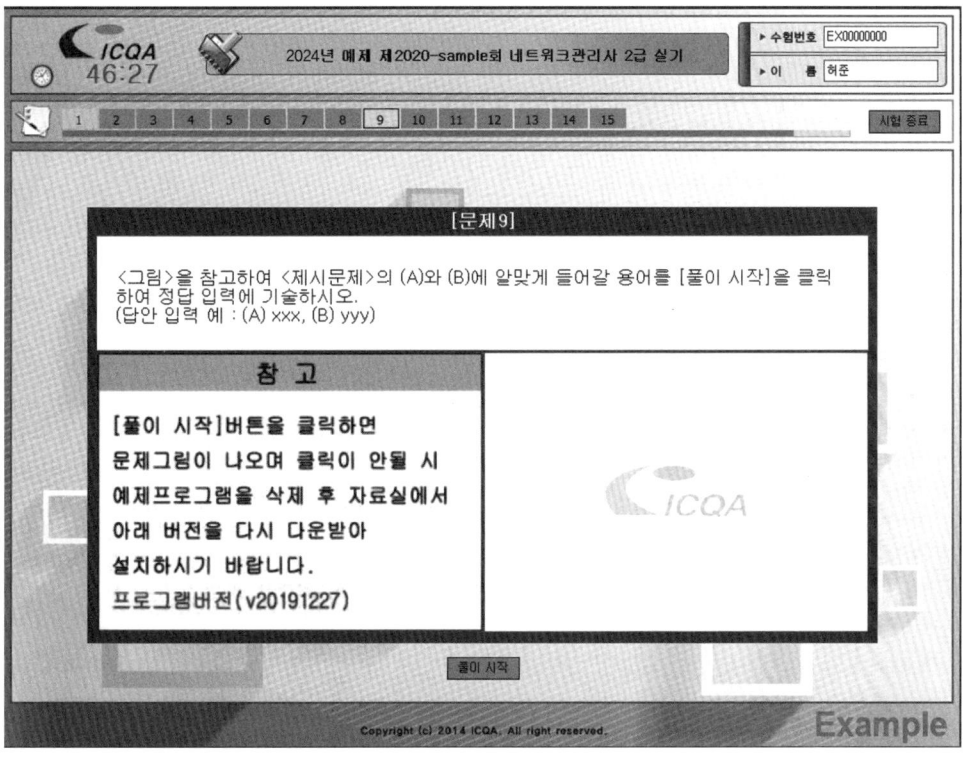

제시 문제

다수의 컴퓨터를 연결하는 네트워크상에서 (A) 허브와 (B) 허브는 컴퓨터들 간에 통신을 분배하는 역할을 담당한다.

(A) 허브는 자신(각각의 포트)에 연결된 컴퓨터의 MAC 주소를 알지 못하여 다음 '그림1'에서와 같이 A에서 B로 신호가 전달될 때, B에게만 전달되는 것이 아니라 (A) 허브에 접속되어 있는 모든 컴퓨터(B, C, D)에게 전달된다.

(B) 허브는 다음 '그림 2'에서와 같이 자신의 내부에 각각의 포트와 컴퓨터들의 MAC 주소를 연결(매핑)한 정보를 Table 형태로 저장하고 있어서, A가 보낸 신호는 B에게만 전달된다.

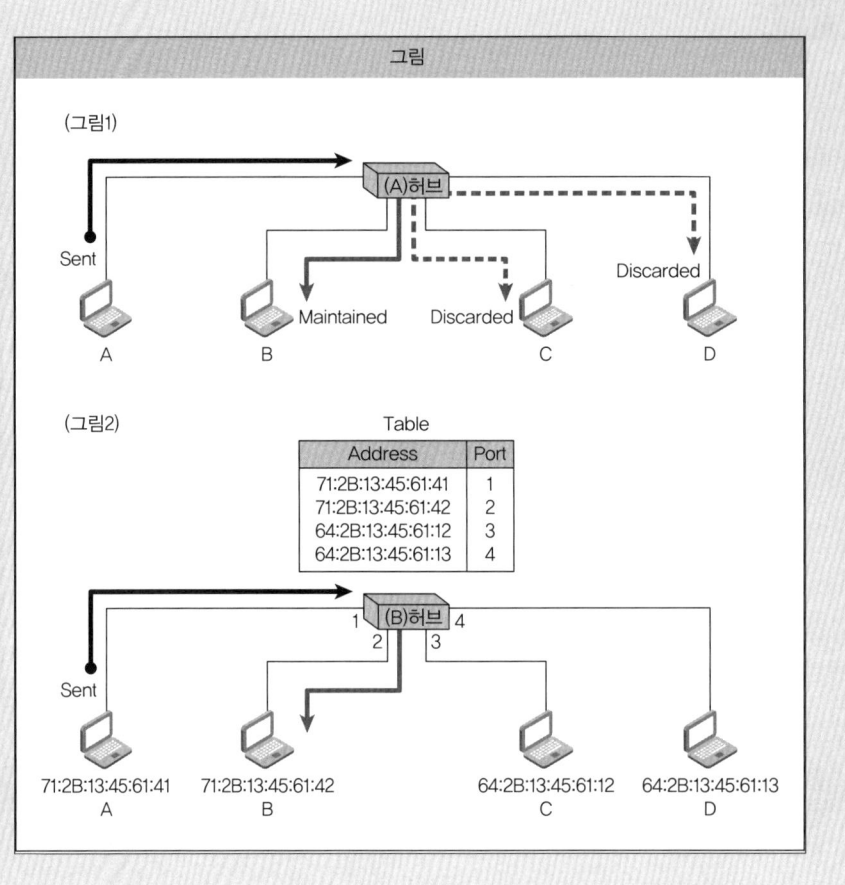

문제 풀이

- (A) 허브 : 1계층 장비(Physical Layer)로 전기적인 신호를 단순히 전달하거나 전기적 신호의 세기를 증폭하여 전달하는 장비(더미 허브, 리피터)
- (B) 허브 : 2계층 장비(Data Link Layer : MAC/LLC)로 데이터에서 MAC 주소를 보고 해당하는 장치로 전달하는 장비(스위치, 스위칭 허브, 브리지)

문제10

단답형 문제

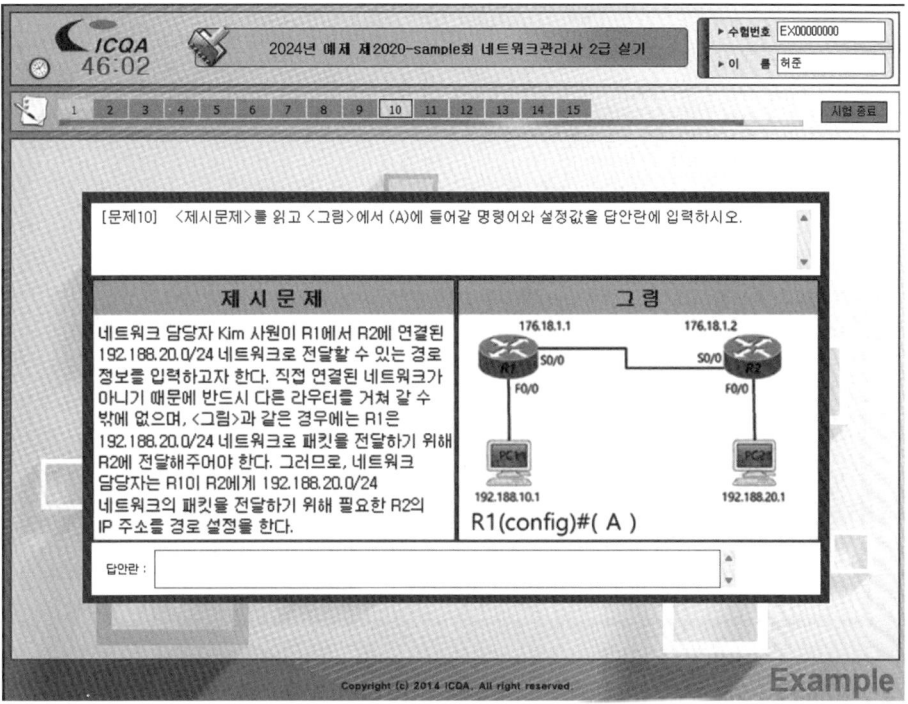

정답

ip route 192.168.20.0 255.255.255.0 176.18.1.2

문제 풀이

라우터 명령어 'ip route'

2개의 라우터 간에 연결을 설정해서 서로 다른 네트워크에 있는 컴퓨터들 간에 통신이 가능하도록 하기 위해 사용되는 명령어

R2 라우터의 네트워크 정보는

IP Address : 192.168.20.0

Subnet Mask : 255.255.255.0

Gateway Address : 176.18.1.2

'ip route [목적지 주소] [서브넷 주소] [경유지 주소]' 형식으로 명령어를 입력

문제 11

단답형 문제

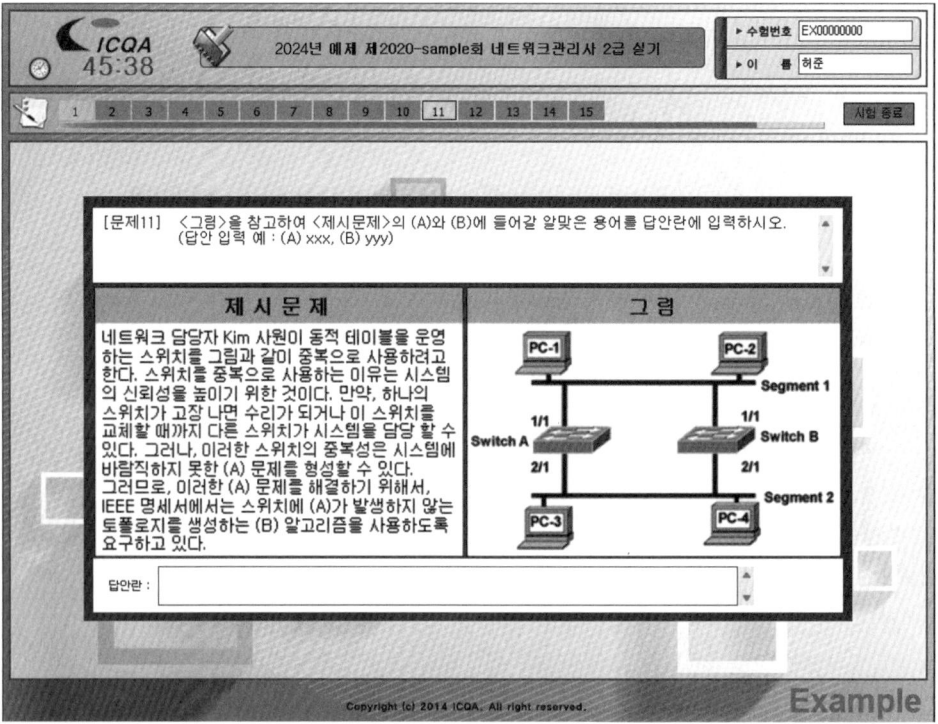

정답

(A) : 루핑(Looping), (B) : STP(Spanning Tree Protocol)

문제 풀이

- 루핑(Looping) : 데이터(패킷)가 목적지에 도달하지 못하고 네트워크 내에서 무한정(시간)으로 지속되는 상태로, 이러한 데이터(패킷)를 좀비 패킷(Zombie Packet)이라고 부르며, 이러한 좀비 패킷이 증가하면 네트워크에 상당한 무리가 발생하게 된다.
- STP(Spanning Tree Protocol) : 스위치를 중복(이중화)하여 설치하는 네트워크에서 발생하는 루핑(Looping) 현상을 방지하기 위한 IEEE 802.1 표준 중 하나인 링크 관리 프로토콜이다.

문제 12

단답형 문제

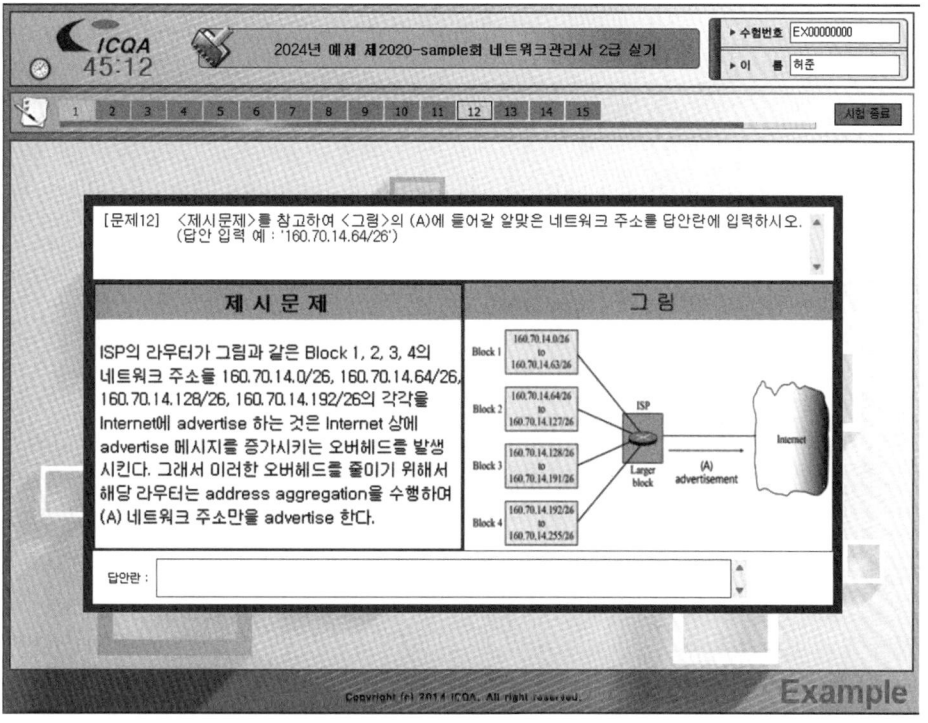

정답

160.70.14.0/24

문제 풀이

160.70.14.0/26, 160.70.14.64/26, 160.70.14.128/26, 160.70.14.192/26 주소에서 160.70.14까지는 공통되는 부분으로 나머지 마지막 자리의 주소는 '0'으로 처리하여 하나의 네트워크를 구성하고, 서브넷 마스크는 IP 주소에서 160.70.14(각각 8비트×3)까지 24비트 값에 의해 구별될 수 있으므로 '24'를 적용한다.

문제 13

단답형 문제

정답

kill

문제 풀이

- kill 명령어

현재 실행 중인 프로세스를 종료하는 명령어로 'kill -9 [종료를 원하는 프로세스의 PID]' 형식으로 실행

'-9' 옵션은 해당 프로세스를 강제로 종료하라는 의미

문제14

다지선다형 문제

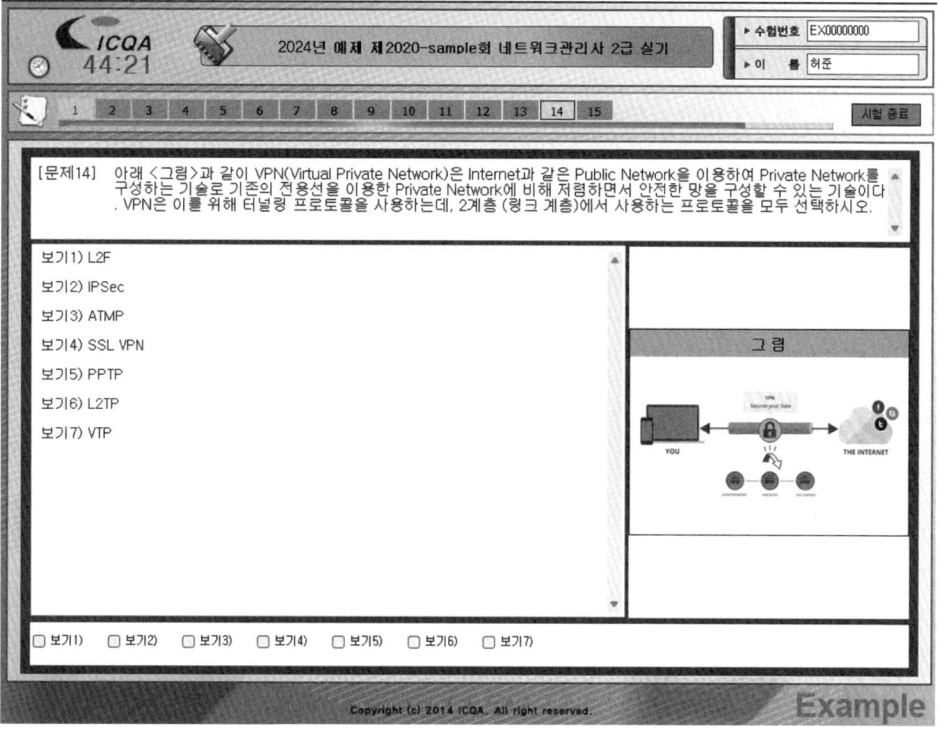

[문제14] 아래 <그림>과 같이 VPN(Virtual Private Network)은 Internet과 같은 Public Network을 이용하여 Private Network를 구성하는 기술로 기존의 전용선을 이용한 Private Network에 비해 저렴하면서 안전한 망을 구성할 수 있는 기술이다. VPN은 이를 위해 터널링 프로토콜을 사용하는데, 2계층 (링크 계층)에서 사용하는 프로토콜을 모두 선택하시오.

보기1) L2F
보기2) IPSec
보기3) ATMP
보기4) SSL VPN
보기5) PPTP
보기6) L2TP
보기7) VTP

정답

①, ⑤, ⑥

문제 풀이

- VPN : 인터넷 연결을 통해 장비에서 VPN 서버로 암호화된 연결을 서비스해 주는 네트워크
- VPN에서 사용되는 프로토콜(L2F : Layer 2 Forwarding(2계층), IPsec : IP Security(3계층), SSL : Secure Socket Layer(2계층), L2TP : Layer 2 Tunneling Protocol(2계층))

문제 15

드래그 앤 드랍형 문제

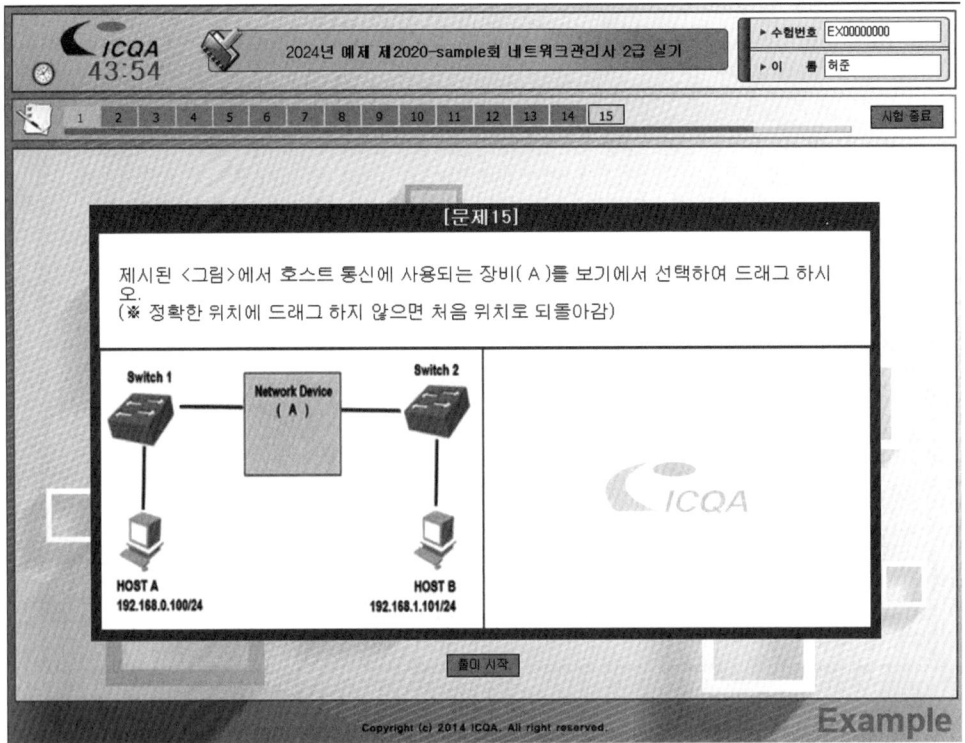

정답

(보기 1) 라우터

• 문제 풀이

서로 다른 망(192.168.0.100/24와 192.168.1.10/24)을 연결해 주는 장비는 라우터

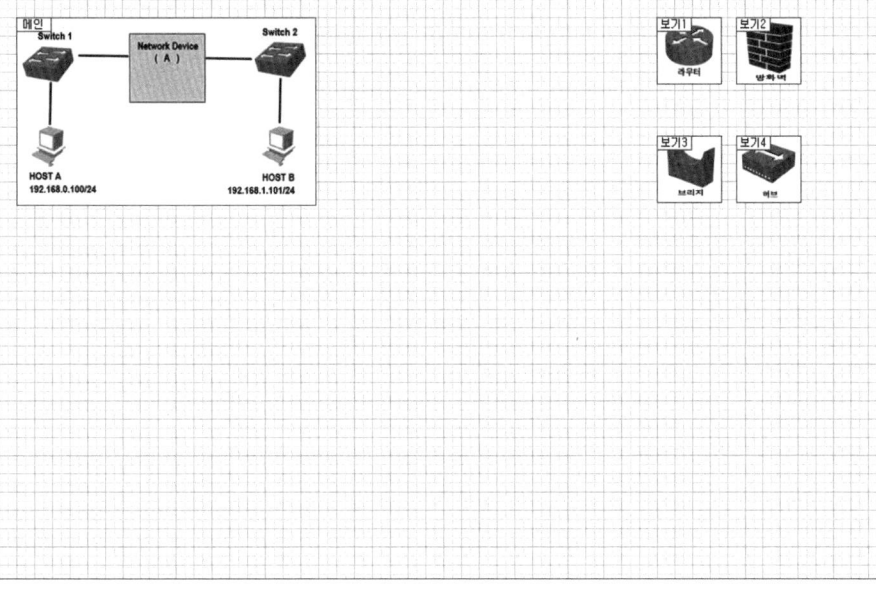

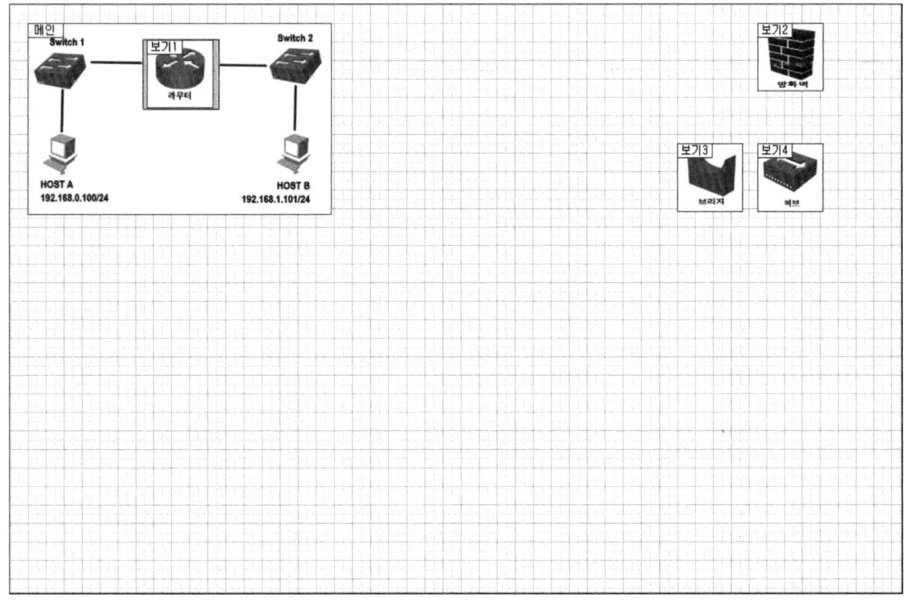

1급 최신기출문제

| 2022년 10월 30일 |

1과목 · TCP/IP

01 IP Address '128.10.2.3'을 바이너리 코드로 변환한 값은?

① 11000000 00001010 00000010 00000011
② 10000000 00001010 00000010 00000011
③ 10000000 10001010 00000010 00000011
④ 10000000 00001010 10000010 00000011

● 해설

$128=2^7$, 2진법 여덟 번째 자리가 1, 나머지는 0
$10=2^3(8)+2^1(2)$, 2진법 네 번째 자리와 둘째 자리가 1, 나머지는 0
$2=2^1$, 2진법 둘째 자리가 1, 나머지는 0
$3=2^1(2)+2^0(1)$, 2진법 둘째 자리와 첫째 자리가 1, 나머지는 0

02 네트워크 ID '210.182.73.0'을 6개의 서브넷으로 나누고, 각 서브넷마다 적어도 30개 이상의 Host ID를 필요로 한다. 적절한 서브넷 마스크 값은?

① 255.255.255.224
② 255.255.255.192
③ 255.255.255.128
④ 255.255.255.0

● 해설

네트워크 ID 210.182.73.0은 C클래스에 해당하는 IP이므로, 전체 호스트 개수는 256개이다.
①의 마지막 자리 $224(11100000)=128(2^7)+64(2^6)+32(2^5)$이므로 총 네트워크의 개수는 8개, 각 네트워크당 호스트의 수는 32개로 조건을 만족한다.
②의 마지막 자리 $192(11000000)=128(2^7)+64(2^6)$이므로 총 네트워크의 개수는 4개, 각 네트워크당 호스트의 수는 64개로 조건을 만족하지 않는다.
③의 마지막 자리 $128(10000000)=128(2^7)$이므로 총 네트워크의 개수는 2개, 각 네트워크당 호스트의 수는 128개로 조건을 만족하지 않는다.
④는 마지막 자리가 0이므로 총 네트워크의 개수는 1개, 각 네트워크당 호스트의 수는 256개인 서브넷팅을 하지 않은 하나의 C클래스 네트워크이며, 조건을 만족하지 않는다.

03 B Class에 대한 설명 중 옳지 않은 것은?

① Network ID는 128.0~191.255이고, Host ID는 0.1~255.254가 된다.
② IP Address가 150.32.25.3인 경우, Network ID는 150.32, Host ID는 25.3이 된다.
③ Multicast 등과 같이 특수한 기능이나 실험을 위해 사용된다.
④ Host ID가 255.255일 때는 메시지가 네트워크 전체로 브로드캐스트 된다.

● 해설

• Multicast 등과 같이 특수한 기능이나 실험을 위해 사용되는 클래스는 D클래스와 E클래스이다.
• D클래스는 '멀티클래스'용으로 사용하며, E클래스는 '연구'용으로 사용한다.

정답 01. ② 02. ① 03. ③

04 IPv6에서 사용되는 전송 방식이 아닌 것은?

① Anycast ② Unicast
③ Multicast ④ Broadcast

● 해설
IPv6에서 사용되는 전송 방식은 Unicast, Anycast, Multicast이다. Broadcast는 IPv4에 속하는 전송 방식이다.

05 IPv6는 몇 비트의 Address 필드를 가지고 있는가?

① 32   ② 64
③ 128 ④ 256

● 해설
- IPv6는 128비트 주소 체계이다. Address가 128bit의 길이로 되어있다는 의미이다.
- IPv4의 주소 체계는 32비트 길이로 구성되어 있다.

06 TCP 헤더 포맷에 대한 설명으로 옳지 않은 것은?

① Checksum은 1의 보수라 불리는 수학적 기법을 사용하여 계산된다.
② Source 포트 32bit 필드는 TCP 연결을 위해 지역 호스트가 사용하는 TCP 포트를 포함한다.
③ Sequence Number 32bit 필드는 세그먼트들이 수신지 호스트에서 재구성되어야 할 순서를 가리킨다.
④ Data Offset 4bit 필드는 32bit 워드에서 TCP 헤더의 크기를 가리킨다.

● 해설
Source 포트는 송신자의 포트 번호를 나타낸다. 영어 단어 Source가 원천, 출처를 의미하는 것과 같이, 네트워크의 도메인에서도 Source 헤더는 포트를 보내는 송신자, 데이터의 출처를 의미한다.

07 IP 헤더 필드들 중 처리량, 전달 지연, 신뢰성, 우선순위 등을 지정해 주는 것은?

Version	IHL (Header Length)	Type of Service (TOS)	Total Length
Identification		IP Flags x D M	Fragment Offset
Time To Live (TTL)	Protocol	Header Checksum	
Source Address			
Destination Address			
IP Option (variable length, optional, not common)			

① IHL(IP Header Length)
② TOS(Type of Service)
③ TTL(Time To Live)
④ Header Checksum

● 해설
- IHL(IP Header Length) : IP 헤더의 길이를 뜻한다.
- TOS(Type of Service) : 처리량, 전달 지연, 신뢰성, 우선순위 등을 지정한다.
- TTL(Time To Live) : 패킷의 지속시간을 나타낸다.
- Header Checksum : 데이터의 문제 여부를 체크한다.

08 UDP 헤더 포맷에 대한 설명으로 옳지 않은 것은?

① Source Port : 데이터를 보내는 송신 측의 응용 프로세스를 식별하기 위한 포트 번호이다.

정답 04. ④ 05. ③ 06. ② 07. ② 08. ③

② Destination Port : 데이터를 받는 수신 측의 응용 프로세스를 식별하기 위한 포트 번호이다.
③ Length : 데이터 길이를 제외한 헤더 길이이다.
④ Checksum : 전송 중에 세그먼트가 손상되지 않았음을 확인할 수 있다.

● 해설

UDP 헤더 포맷 중 Length는 헤더 길이와 데이터 길이를 합친 길이이다. 따라서 데이터 길이를 제외한 헤더 길이라고 한 ③번의 설명은 옳지 않다.

09 ICMP 프로토콜의 기능에 대한 설명 중 옳지 않은 것은?

① 모든 호스트가 성공적으로 통신하기 위해서 각 하드웨어의 물리적인 주소 문제를 해결하기 위해 사용된다.
② 네트워크 구획 내의 모든 라우터의 주소를 결정하기 위해 라우터 갱신 정보 메시지를 보낸다.
③ Ping 명령어를 사용하여 두 호스트 간 연결의 신뢰성을 테스트하기 위한 반향과 회답 메시지를 지원한다.
④ 원래의 데이터그램이 TTL을 초과할 때 시간초과 메시지를 보낸다.

● 해설

①번은 IGMP에 대한 설명이다. ICMP는 두 호스트 간의 연결을 위한 프로토콜이므로 다수 호스트의 물리적인 주소 문제를 해결할 필요가 없다.

10 RARP에 대한 설명 중 올바른 것은?

① 시작지 호스트에서 여러 목적지 호스트로 데이터를 전송할 때 사용된다.
② TCP/IP 프로토콜의 IP에서 접속 없이 데이터의 전송을 수행하는 기능을 규정한다.
③ 하드웨어 주소를 IP Address로 변환하기 위해서 사용한다.
④ IP에서의 오류 제어를 위하여 사용되며, 시작지 호스트의 라우팅 실패를 보고한다.

● 해설

ARP가 IP 주소를 하드웨어 주소(MAC 주소)로 변환하는 프로토콜인 반면, RAPR은 반대로 MAC 주소를 IP 주소로 변환하는 프로토콜이다. ARP와 RARP의 변환 개념은 자주 등장하므로 숙지할 필요가 있다.

11 다음 TCP/IP 프로토콜 가운데 가장 하위 계층에 속하는 것은?

① UDP   ② FTP
③ IP   ④ TCP

● 해설

- OSI 7계층 혹은 TCP/IP 4계층 내에서 각각의 프로토콜이 어느 계층에 속하는지를 아는지 판별하는 문제이다. 응용 계층으로 갈수록 상위 계층이며, 물리 계층으로 갈수록 하위 계층이다.
- FTP는 최상위 계층인 응용 계층의 프로토콜이며, TCP와 UDP는 전송 계층의 프로토콜이다. IP는 전송 계층 바로 아래 계층인 네트워크 계층에서 작동하는 프로토콜이다.

정답 09. ① 10. ③ 11. ③

12 TCP/IP protocols 환경에서 File 전송을 위해 사용하는 FTP protocol에 대한 설명 중 올바르게 설명한 것은?

① 파일 전송 프로토콜로 ASCII 코드를 작성된 파일만 전송하는 데 사용된다.
② 데이터 전송은 21번 포트를 사용하며 연결 제어는 20번 포트를 사용한다.
③ 리눅스 환경에서 사용 가능한 명령들로 ls, pwd, get, put 등이 있다.
④ 서비스에 등록되지 않은 익명의 사용자를 위한 계정은 Everyone이다.

● 해설
- 파일 전송 프로토콜은 맞으나, ASCII 코드로 작성된 파일이 아니어도 전송할 수 있다.
- FTP 데이터 전송은 20번 포트를 사용하며, 연결 제어는 21번 포트를 사용한다.
- Everyone은 서버에 등록된 모든 사용자를 의미한다. 서비스에 등록되지 않은 익명의 사용자를 위한 계정은 Guest이며 제한된 기능에만 접근할 수 있다.

13 다음은 RFC 1918 Private IP address에 대한 설명이다. 올바르게 설명한 것을 고르시오.

① 공인 IP address와 같이 공용망에서 사용될 수 있다.
② 외부 인터넷 연결이 안 된 장치에 할당될 수 있다.
③ 중복 할당되어 충돌된 주소는 제거될 수 있다.
④ 공인 IP address와 함께 KR-NIC에서 할당된다.

● 해설
RFC 1918 Private IP address란 기업이나 조직이 내부 호스트에게 할당하는 사설 주소이다. 외부 인터넷에서는 접속할 수 없는 사설망 내에서 사용되므로 외부 인터넷 연결이 안 된 장치에 할당될 수 있다.
① 사설망에서 사용하는 주소이다.
③ 인터넷과는 독립적으로 운영되는 사설망에서 제공하는 주소이므로 동일한 주소가 중복 할당될 수 있고, 서로 고유하므로 충돌되지 않는다.
④ 기업이나 조직으로부터 내부 호스트에게 할당된다.

14 네트워크 및 서버 관리자 Kim 사원은 장기간 출장 명령을 받은 관계로 회사 내부에 있는 업무용 PC에 원격 데스크톱(Terminal Service)을 설정하려고 한다. 하지만 업무용 PC가 공인 IP가 아니라 IP 공유기 내부에 있는 사설 IP로 사용 중이다. 외부에서 이 업무용 PC에 원격 데스크톱(Terminal Service)을 사용하기 위한 설정에 있어 옳은 것은? [단, IP 공유기에 할당 공인 IP는 210.104.177.55, 업무용 PC에 할당된 사설 IP(공유기 내부)는 192.168.0.22, 업무용 PC는 원격 설정이 되어 있음 (TCP/3389)]

① 방화벽에서 192.168.0.22번으로 tcp/3389번에 대한 접속을 허용한다.
② IP 공유기 내부에 210.104.177.55번에 포트 포워딩을 설정한다.
③ 업무용 PC에 반드시 Windows login password를 설정한다.
④ 업무용 PC에 반드시 CMOS password를 설정한다.

정답 12. ③ 13. ② 14. ③

해설

- 문제가 길고 복잡해 보이지만, 핵심적으로 물어보려는 질문은 업무용 PC가 사설 IP를 사용 중일 때 보안상 어떤 조치를 취해야 하는가이다.
- 사설 IP 주소를 사용 중인 업무용 PC로 원격 데스크톱에 접근하기 위해서는 업무용 PC에 반드시 로그인 비밀번호를 설정해두어 보안을 강화해야 한다.

15 (A) 안에 들어가는 용어 중 올바른 것은?

> 네트워크 관리자 kim 사원은 원격 장비를 설정하기 위하여 Telnet을 통해 접근하였다. 하지만 공용망을 통한 Clear text 기반의 Telnet 접근은 보안에 취약하다는 Lee 대리의 업무 지시를 받았다. 보안성이 우수하며 암호화된 (A) 프로토콜을 활용하여 원격 시스템에 접속하여 제어하고자 한다.

① L2TP ② SSH
③ PPTP ④ SSL

해설

SSH는 Telnet에 비하여 보안성이 뛰어나다. ssh1은 RSA 암호화를 사용하며, ssh2는 RSA 외 더 다양한 키교환 방식을 지원한다. TCP/22번 포트를 사용한다.

16 HTTP의 응답 메시지(Response Message) 내의 상태 라인(Status Line)은 응답 메시지의 상태를 나타낸다. 다음 중 클라이언트가 요청한 메서드에 대해 응답할 때, 요청된 메서드가 성공적으로 수행되었을 경우 보내는 상태 코드는?

① 503 ② 302
③ 100 ④ 200

해설

HTTP의 응답 메시지(Response Message) 내의 상태 라인(Status Line)을 통해 요청 메시지에 대한 수행 상태를 알 수 있다.
- 204(No content) : 요청은 성공했으나 contents가 도착하지 않음
- 302(Found) : 다른 페이지로 이동하지만, 추후 바뀔 수도 있음
- 100(Continue) : 요청한 작업을 수행 중임
- 200(Ok) : 요청한 작업을 성공적으로 수행함

17 전자 메일의 안정적인 전송을 위해 제안된 프로토콜로 RFC 821에 규정되어 있는 메일 전송 프로토콜은?

① POP3 ② IMAP
③ SMTP ④ NNTP

해설

- SMTP(Simple Mail Transfer Protocol) : 전자우편 전송과 관련한 프로토콜로, IMAP와 POP3는 전자우편 수신과 관련한 프로토콜이다.
- NNTP(Network News Transfer Protocol) : 인터넷상 뉴스 서버 간의 뉴스 교환 프로토콜이다.

2과목 · 네트워크 일반

18 전송한 프레임의 순서에 관계없이 단지 손실된 프레임만을 재전송하는 방식은?

① Selective-repeat ARQ
② Stop-and-wait ARQ
③ Go-back-N ARQ
④ Adaptive ARQ

정답 15. ② 16. ④ 17. ③ 18. ①

● 해설

ARQ(Automative Repeat ReQuest)는 여러 방식의 이름을 자세히 보면, 작동 방식을 알 수 있다.
① 손실된 프레임만 선택적(Selective)으로 재전송(repeat)하는 방식
② 프레임을 보낸 뒤 일단 멈추고(Stop) 수신 측 응답을 기다리는(wait) 방식
③ 오류가 발생한 지점으로 돌아가서 (Go-back) 다시 보내는 방식
④ 채널의 상태에 따라 그때그때 적응해서(Adaptive) 보내는 방식

19 다음 설명에 알맞은 프로토콜은?

> - 음성영상 데이터 등과 같은 실시간 정보를 멀티캐스트나 유니캐스트 서비스를 통해서 전송하는 데 적합한 프로토콜이다.
> - QoS(Quality of Service)와 종단 대 종단 데이터 전송을 감시하는 RTCP를 필요로 한다.

① TCP(Transmission Control Protocol)
② SIP(Session Initiation Protocol)
③ RSVP(ReSouece reserVation Protocol)
④ RTP(Real-time Transfer Protocol)

● 해설

지문 안에 답이 있는 형식의 문제이다. '실시간 정보'를 전송하는 프로토콜을 말하고 있기 때문에 ④번의 Real-time(실시간) 전송 프로토콜에 대한 설명인 것을 알 수 있다. RTP(Real-time Transfer Protocol)는 오디오, 비디오 등 대용량 미디어를 전달하기 위해 사용하는 실시간 통신 프로토콜로 UDP 상에서 동작하며, 관리 프로토콜인 RTCP(Real-time Transfer Control Protocol, 실시간 전송 관리 프로토콜)는 전송 통계와 미디어 품질을 모니터링하며 다중스트림을 동기화하여 정상적인 데이터를 가진 미디어를 전송한다.

20 광케이블을 이용하는 통신에서 저손실의 파장대를 이용하여 광 파장이 서로 다른 복수의 광신호를 한 가닥의 광섬유에 다중화 시키는 방식은?

① 코드 분할 다중 방식(CDM)
② 직교 분할 다중 방식(OFDM)
③ 시간 분할 다중 방식(TDM)
④ 파장 분할 다중 방식(WDM)

● 해설

지문 안에 답이 있는 형식의 문제이다. 광(파장)이 서로 다른 복수의 광신호를 다중화시키는 방식을 물어보고 있다. 파장을 분할하는 방식인 파장분할 다중방식을 의미한다.

21 다음의 설명에 해당되는 것은?

> - 전송 속도가 빠름
> - 시분할 방식을 사용함
> - 디지털 신호를 직접 전송함

① Broadband   ② Baseband
③ Multiplexing   ④ Encapsulation

● 해설

베이스밴드(Baseband)란, 통신로에 디지털 신호를 직접 전송하는 것으로 시분할다중화 방식을 사용한다. 전송속도는 빠르나 거리에 따른 신호 저하가 발생하여 소리나 영상 등 아날로그 신호 전송에 어려움이 있다.

정답   19. ④   20. ④   21. ②

22 네트워크 계층에서 데이터의 단위는?

① 트래픽 ② 프레임
③ 세그먼트 ④ 패킷

●해설

네트워크 계층별 데이터 단위는 빈번히 나오는 문제 형식이다.
물리 계층(비트) → 데이터링크 계층(프레임) → 네트워크 계층(패킷) → 전송 계층(세그먼트)

23 다음에서 설명하는 오류검사 방식은?

> 문자 단위로 오류를 검사하는 것으로서, 구성하고 있는 1의 개수가 홀수 개 또는 짝수 개인지에 따라 오류 여부를 검출하고, 만약 오류 비트가 짝수 개 발생하면 오류 사실을 검출하지 못한다.

① 해밍 코드 ② 블록합 검사
③ 순환중복 검사 ④ 패리티 검사

●해설

패리티검사는 전송 데이터마다 비트 개수의 홀/짝 여부로 오류를 확인할 수 있는 패리티 비트(Parity Bit)를 추가하는 판별법이다.

24 디지털 변조로 옳지 않은 것은?

① ASK ② FSK
③ PM ④ QAM

●해설

AM(Amplitude Modulation, 진폭변조), FM(Frequency Modulation, 주파수 변조), PM(Phase Modulation, 위상변조) 등은 아날로그 변조에 해당한다.

25 PCM 방식에서 아날로그 신호의 디지털 신호 생성 과정으로 올바른 것은?

① 아날로그 신호-표본화-부호화-양자화-디지털 신호
② 아날로그 신호-표본화-양자화-부호화-디지털 신호
③ 아날로그 신호-양자화-표본화-부호화-디지털 신호
④ 아날로그 신호-양자화-부호화-표본화-디지털 신호

●해설

PCM 방식에서 아날로그 신호의 디지털 신호 생성 과정은 표본화-양자화-부호화이다.

26 OSI 7 Layer에 Protocol을 연결한 것 중 옳지 않은 것은?

① Application : FTP, SNMP, Telnet
② Transport : TCP, SPX, UDP
③ DataLink : NetBIOS, NetBEUI
④ Network : ARP, DDP, IPX, IP

●해설

NetBIOS 등은 세션 계층(Session Layer)에서 작동하는 프로토콜이다. 데이터링크 계층(DataLink Layer)의 프로토콜로는 Ethernet, HDLC 등이 있다.

27 네트워크 액세스 방법에 속하지 않는 것은?

① CSMA/CA ② CSMA/CD
③ POSIX ④ Token Pass

정답 22. ④ 23. ④ 24. ③ 25. ② 26. ③ 27. ③

● 해설

POSIX(포직스)는 네트워크 접근 방법이 아닌, 유닉스(UNIX) 응용 소프트웨어 개발을 위한 운영체제 인터페이스이다.

3과목 ● NOS

28 Windows Server 2022 Hyper-V에서 특정 시간 지점 이미지를 쉽게 생성할 수 있는 기능으로, 이 특정 시간 지점 이미지를 이용해 VM의 특정 시점 상태로 손쉽게 복구할 수 있다. 이 기능을 무엇이라 하는가?

① Production Checkpoint
② Alternate Credentials Support
③ Integration Service
④ Update Manager

● 해설

윈도우의 시스템 복원 기능과 같이 Windows Server 2022 Hyper-V에서 Production Checkpoint 기능을 이용하면 특정 시점 상태로 시스템을 되돌릴 수 있다.

29 'runlevel 5'로 로그인되어 있는 상태에서 Apache에 소스컴 파일 설치를 하여 '/etc/init.d'의 경로에 httpd 데몬 shell script를 생성하여 정상적인 실행을 확인하였다. 해당 데몬을 재부팅 후에 자동으로 실행되도록 하는 방법으로 알맞은 것은?

① systemctl restart httpd.service
② /etc/init.d/httpd restart
③ chkconfig --list | grep httpd
④ chkconfig --level 5 httpd on

● 해설

위 내용이 실행되기 위해서는 runlevel 5일 때 httpd Apache를 실행시켜야 한다. chkconfig는 run level에 따라 신규 서비스를 등록하고, 등록된 서비스를 조회하는 명령어인데, chkconfig —level [run level] [실행/스크립트파일 이름] on이라는 명령어를 입력하면 [httpd]를 run level [5]로 부팅할 때 httpd Apache 프로세스를 실행하게 된다.

30 네임서버 존(Zone) 파일의 ORIGIN을 의미하는 특수 문자로 Public Domain을 의미하는 문자로 알맞은 것은?

① @   ② .
③ #   ④ $

● 해설

네임서버 존 파일 내의 문자 [@]는 내 서버, $ORIGIN 그 자체를 의미하는 특수문자이다. [@]가 들어가는 자리에 [@] 대신 내 서버 주소를 입력해도 무방하다.

31 Apache 설정 파일인 'httpd.conf'에서 특정 디렉터리에 대한 접근방식을 'All'로 설정하고, 해당 디렉터리에 '.htaccess' 파일을 생성하여 옵션을 변경할 수 있도록 해주는 설정은?

① AllowOverride ② AccessFileName
③ Limit   ④ Indexes

● 해설

AllowOverride는 특정 디렉터리에 대한 방문자들의 접근방식을 설정하는데, 옵션을 All로 설정하면 '.htaccess' 파일의 모든 기능을 사용할 수 있다. '.htaccess'는 접근 권한 설정 파일이다.

정답 28. ① 29. ④ 30. ① 31. ①

32 Linux에서 키보드 실행 중지 [Ctrl+c] 입력 시 보내지는 시그널로 알맞은 것은?

① 1) SIGHUP
② 2) SIGINT
③ 9) SIGKILL
④ 19) SIGSTOP

● 해설

프로그래밍 종료 신호 중 [Ctrl+c] 입력 시 프로세스에는 SIGNIT라는 시그널이 전달된다. 또한 [kill] 명령어를 통해 종료 신호를 보내는 경우 SIGTERM 이라는 시그널이 전달된다.

33 Park 사원은 회사 내 Windows Server 2022의 IIS를 이용해 만든 FTP 서버의 설정을 패시브 모드로 바꾸고 데이터 교환을 위한 포트를 60000~60100번 포트로 변경하고자 한다. 이때 방화벽 Inbound Rules에서 포트를 입력할 때 올바른 형식은?

① 21,60000-60100
② 21,60000:60100
③ 20,60000:60100
④ 20,60000-60100

● 해설

FTP 데이터 전송은 20번 포트를 사용한다. 60000번부터 60100번까지 연속적인 포트 번호를 지정하는 경우 LINUX에서는 [:]을 사용하여 60000:60100으로 입력하며, Windows Server 2022에서는 [-]를 사용하여 60000-60100으로 입력하는 것이 올바른 방법이다.

34 서버 담당자 Park 사원은 Hyper-V 부하와 서비스의 중단 없이 Windows Server 2012 R2 클러스터 노드에서 Windows Server 2022로 운영체제 업그레이드를 진행하려고 한다. 다음 중 작업에 적절한 기능은 무엇인가?

① 롤링 클러스터 업그레이드
② 중첩 가상화
③ gpupdate
④ NanoServer

● 해설

지문 안에 답이 있는 형식의 문제로 업그레이드를 진행하기 위해서는 업그레이드 기능을 사용해야 한다. 롤링 클러스터 업그레이드는 시스템 과부하나 서비스 중단 문제없이 부드럽게 굴러가듯(rolling) 진행되므로 클러스터의 가용성이 보장되는 방식이다.

35 사용자 권한이 1777인 디렉디리에 대한 설명으로 옳지 않은 것은?

① 누구나 접근 가능한 디렉터리이다.
② 누구나 모든 파일을 읽고 쓸 수 있다.
③ 누구나 모든 파일을 수정하고 삭제할 수 있다.
④ 누구나 서브 디렉터리를 생성할 수 있다.

● 해설

1777로 표현되는 디렉터리는 sticky bit이라는 특수 권한을 갖는데, 누구나 접근 가능한 디렉터리로 해당 디렉터리 내부에 누구나 새로운 파일이나 디렉터리를 읽고 쓰고, 수정할 수 있으나, 파일/디렉터리의 삭제는 대상의 소유자(소유권의 User ID)와 관리자만 가능하다.

정답 32. ② 33. ④ 34. ① 35. ③

36 Linux 시스템에서 기본적 명령과 자원을 이용하여 시스템의 사양을 살펴보려고 한다. 연결이 옳지 않은 것은?

① CPU 종류 조사 : cat /proc/cpuinfo
② 메모리 사이즈 조사 : free
③ 디스크 사이즈 조사 : top
④ 네트워크 인터페이스 카드 조사 : ifconfig

● 해설

Linux 시스템에서 디스크 용량을 체크하는 명령어는 df와 du이다. df는 디스크 및 파티션 기준으로 사용량과 비어있는 용량을 알려주며, du는 현재 디렉토리 아래의 모든 용량을 알려준다. top 명령어는 CPU의 메모리 사용률을 확인하는 용도이다.

37 BIND 관련 설정 파일에 대한 설명으로 옳지 않은 것은?

① 'named.conf'는 존(Zone) 파일의 위치, 접근 권한에 대한 설정, 설정할 도메인의 종류와 각 도메인에 대한 설정 파일 등에 대한 정보를 가지고 있다.
② BIND의 설정 파일은 'named.conf' 파일과 존 파일들로 구분된다.
③ 'named.conf' 파일 수정 시 주석은 '//'을 사용하고, 존 파일 수정 시 주석은 '#'을 사용한다.
④ 'named.conf' 파일에 사용하는 도메인을 등록하고 그 도메인에 대한 세부 설정은 존 파일에 수행한다.

● 해설

'named.conf' 파일 수정 시 주석은 '//'을 사용하는 것이 맞다. 존 파일 수정 시 주석은 ';'을 사용한다.

38 SOA 레코드의 설정 값에 대한 설명으로 옳지 않은 것은?

① 주 서버 : 주 영역 서버의 도메인 주소를 입력한다.
② 책임자 : 책임자의 주소 및 전화번호를 입력한다.
③ 최소 TTL : 각 레코드의 기본 Cache 시간을 지정한다.
④ 새로 고침 간격 : 주 서버와 보조 서버 간의 통신이 두절되었을 때 다시 통신할 시간 간격을 설정한다.

● 해설

책임자 : 서버 책임자(관리자)의 메일 주소를 입력한다.

39 'www.microsoft.com'이란 사이트의 IP Address를 획득하려고 할 때 Windows Server에서 'cmd'를 이용한 방법으로 올바른 것은?

① netstat www.microsoft.com
② nslookup www.microsoft.com
③ ipconfig www.microsoft.com
④ telnet www.microsoft.com

● 해설

Windows Server의 명령 프롬프트(cmd.exe)에서 특정 사이트의 IP 주소를 획득하는 명령어는 nslookup이다. 자주 헷갈리는 ipconfig는 현재 컴퓨터의 네트워크 설정값(IP Address, 서브넷 마스크, 게이트웨이 등)을 표시해 준다.

정답 36. ③ 37. ③ 38. ② 39. ②

40 Linux 파티션에 담긴 자료를 윈도우 기반 컴퓨터가 공유하거나, 윈도우 파티션에 담긴 자료를 Linux 기반 컴퓨터가 공유할 수 있도록 제공하는 서비스로 올바른 것은?

① SAMBA　② BIND
③ IRC　④ MySQL

● 해설

SAMBA(삼바)는 리눅스와 다른 기종 간의 파일 시스템이나 프린터를 공유하기 위해 설치하는 서버 및 클라이언트 프로그램이다.

41 Linux의 'vi' 명령어 중 변경된 내용을 저장한 후 종료하고자 할 때 사용해야 할 명령어는?

① :wq　② :q!
③ :e!　④ $

● 해설

vi 편집기는 유닉스/리눅스 시스템에서 널리 사용되고 있는 텍스트 편집기이다. 저장 및 종료와 관련한 주요 명령어에 대한 설명은 다음과 같다.
- w : 저장
- wq : 변경된 내용을 저장한 후 종료
- q : 종료(저장하지 않을 경우 종료되지 않음)
- q! : 강제 종료

42 Linux의 퍼미션(Permission)에 대한 설명 중 옳지 않은 것은?

① 파일의 그룹 소유권을 변경하기 위한 명령은 'chgrp'이다.
② 파일의 접근모드를 변경하기 위한 명령은 'chmod'이다.
③ 모든 사용자에게 모든 권한을 부여하려면 권한을 '666'으로 변경한다.
④ 파일의 소유권을 변경하기 위한 명령은 'chown'이다.

● 해설

- 모든 사용자에게 모든 권한을 부여하려면 chmod 777 파일명으로 변경해야 한다.
- 숫자의 합으로 읽기, 쓰기, 실행에 대한 권한을 나타낼 때, 읽기(r)=4 / 쓰기(w)=2 / 실행(x)=1이며, 숫자 7=4+2+1=r+w+x=읽기, 쓰기, 실행 모든 권한을 부여하는 것을 의미한다.
- 숫자 6=4+2=r+w=읽기, 쓰기 권한만을 부여하는 것을 의미한다.
- 숫자 세 개의 위치는 각각 소유주 권한 / 그룹 권한 / 기타사용자 권한을 나타낸다.

43 Sendmail을 이용하여 메일링 리스트를 구성하려고 할 때 수정할 파일은?

① /etc/access
② /etc/mail/local-host-names
③ /etc/aliases
④ /etc/mail/rejectlist

● 해설

리눅스에서 메일 서버를 관리할 때 /etc/aliases 파일을 이용하면 여러 명의 유저들이 동일한 메일을 함께 받아볼 수 있도록 설정할 수 있다.

44 DNS 레코드 중 IP Address를 도메인 네임으로 역매핑하는 레코드는?

① SOA　② A
③ PTR　④ CNAME

● 해설

PTR 레코드는 Revers DNS(역 DNS)라고도 부르며, 도메인이 아닌 IP에 질의를 하여 도메인 네임을 확인하는 과정이다.

정답　40. ①　41. ①　42. ③　43. ③　44. ③

45 Windows Server 2022의 'netstat' 명령어로 알 수 없는 정보는?

① TCP 접속 프로토콜 정보
② ICMP 송수신 통계
③ UDP 대기용 Open 포트 상태
④ 도메인에 할당된 IP 주소 확인

● 해설

netstat(network statistics)는 사용자 컴퓨터의 네트워크 상태를 알아볼 수 있는 명령어이다. 도메인에 할당된 IP 주소를 확인하는 명령어는 nslookup이다.

4과목 · 네트워크 운용기기

46 CISCO 라우터 상에서 OSPF의 Neighbor의 상태를 확인할 수 있는 명령어로 올바른 것은?

① show ip ospf interface
② show ip ospf database
③ show ip ospf neighbor
④ show ip ospf border-router

● 해설

OSPF(Open Shortest Path First) 알고리즘은 Link-state Routing Procotol에 해당하는 라우팅 프로토콜이다. show ip ospf neighbof 명령어를 통해 각 인터페이스별 이웃(neighbor)들의 상태정보를 확인할 수 있다.

47 VLAN(Virtual LAN)에 대한 설명으로 올바르지 않은 것은?

① VLAN은 하나 이상의 물리적인 LAN에 속하는 지국들을 브로드캐스트 영역으로 그룹화한다.
② VLAN은 물리적 회선이 아닌 소프트웨어에 의해 논리적으로 구성된다.
③ 지국들의 VLAN 구성을 위한 방식은 수동식, 자동식 그리고 반자동식 구성 방법이 있다.
④ VLAN의 물리적인 포트에 의한 VLAN 구성 방식은 4계층의 포트 주소를 사용한다.

● 해설

VLAN은 1~3계층 모두에서 활용할 수 있는데, 물리적인 포트에 의한 VLAN 구성 방식은 1계층 물리계층에서 포트 단위로 구성된다. 2계층 데이터링크 계층에서는 MAC 주소에 의해 구성되며, 3계층 네트워크 계층에서는 IP 주소에 의해 구성된다. 4계층의 주소는 사용하지 않는다.

48 리피터(Repeater)에 대한 설명으로 올바른 것은?

① 콜리젼 도메인(Collision Domain)을 나누어 주는 역할을 한다.
② 필터링과 포워딩 기능을 수행한다.
③ 전송거리 연장을 위한 장비이다.
④ 브로드캐스트 도메인(Broadcast Domain)을 나누어 주는 역할을 한다.

● 해설

리피터는 OSI 7계층 중 물리 계층에서만 사용하는 장비로써 근거리통신망(LAN)의 전송매체 상에 흐르는 신호를 정형, 증폭, 중계하는 것이다. 신호의 세기를 증폭시켜 케이블 최대 길이의 한계를 넘어서 전송거리를 연장시킨다.

정답 45. ④ 46. ③ 47. ④ 48. ③

49 서로 다른 형태의 네트워크를 상호 접속하는 장치로 필요할 경우 프로토콜 변환을 수행하는 장치는?

① Frame Relay Access Device
② Remote Access Server
③ Gateway
④ Switching Hub

● 해설
게이트웨이(Gateway)는 하나의 네트워크에 있는 장치가 다른 네트워크에 있는 장치와 서로 통신을 주고받을 수 있도록 프로토콜 변환을 수행하는 장치이다.

50 내부 도메인 라우팅(Intra-domian Routing 또는 Intra-AS Routing) 프로토콜에 해당되지 않은 것은?

① RIP   ② OFPF
③ IS-IS   ④ BGP

● 해설
BGP(Border Gateway Protocol) 라우팅은 서로 다른 네트워크 간의 라우팅 정보 교환을 위해서 만들어졌으며, 사실상 인터넷 표준 프로토콜이라 볼 수 있다. 서로 다른 도메인 간의 경로 탐색을 위한 프로토콜이므로 동일한 내부 도메인 라우팅 프로토콜에 해당하지 않는다.

5과목 ● 정보보호개론

51 네트워크를 관리하는 Kim은 옆 회사에서 DNS 스푸핑 공격을 당해서 일부 계정이 해킹당했고, 이로 인해 개인정보 유출이 발생하게 되었음을 전해 들었다. Kim의 회사에 DNS 스푸핑 공격을 막기 위해서 보안조치를 회사 전체에 매뉴얼을 작성하여 전 부서에 발송하였다. 매뉴얼에 들어갈 내용이 아닌 것은?

① 전체 서버 및 업무용 PC의 비밀번호를 변경한다.
② 네트워크 트래픽을 지속적으로 감시한다.
③ Hosts 파일 전체를 검사하고 중요 사이트를 미리 기재해둔다.
④ Gateway의 mac address를 동적으로 변환한다.

● 해설
Spoofing의 사전적인 의미는 위장, 패러디다. 보안에서 Spoofing은 타인의 신분으로 위장하여 사용자의 정보를 의도적으로 획득하는 것을 의미한다. DNS 서버의 Mac Address를 변경, 위장하여 스푸핑 공격을 실행하는데, 만약 Mac Address를 정적으로 변환해둔다면 DNS 스푸핑을 방지할 수 있다.

52 Brute Force 공격에 대한 설명으로 올바른 것은?

① 암호문을 풀기 위해 모든 가능한 암호 키 조합을 적용해 보는 시도이다.
② 대량의 트래픽을 유발해 네트워크 대역폭을 점유하는 형태의 공격이다.
③ 네트워크상의 패킷을 가로채 내용을 분석해 정보를 알아내는 행위이다.
④ 공개 소프트웨어를 통해 다른 사람의 컴퓨터에 침입하여 개인정보를 빼내는 행위이다.

정답 49. ③ 50. ④ 51. ④ 52. ①

● 해설

Brute Force 공격이란 무차별적인 대입 공격을 의미하는 것으로, 암호 등을 입력할 때 0000000부터 zzzzzzzz까지 입력 가능한 모든 경우의 수를 하나하나 입력해 보고 찾아내는 방식이다.

53 피싱(Phishing)에 대한 설명으로 옳지 않은 것은?

① 개인 정보(Private Data)와 낚시(Fishing)의 합성어로 해커들이 만든 용어이다.
② 사회 공학적 방법 및 기술적 은닉기법을 이용해서 민감한 개인정보, 금융계정 정보를 절도하는 금융사기 수법이다.
③ 최근에는 DNS 하이재킹 등을 이용하여 사용자를 위장 웹사이트로 유인, 개인 정보를 절도하는 피싱의 진화된 형태의 파밍(Pharming)도 출현하였다.
④ 개인 정보의 획득을 위해 은행과 같은 주요 사이트의 서버를 대상으로 피싱이 이루어지고 있다.

● 해설

피싱은 주로 무방비에 노출된 개인의 정보를 악용하여 노출되지 않은 비밀 정보를 캐내는, 개인 타깃을 대상으로 이루어지는 정보 침해 공격이다.

54 넷스케이프 사에서 전자상거래 등의 보안을 위해 개발한 암호화 프로토콜로, 서버와 클라이언트 간 인증 방식으로 RSA 방식과 X.509를 사용하고, 실제 암호화된 정보는 새로운 암호화 소켓 채널을 통해 전송하는 방식은?

① S-HTTP(Secure Hypertext Transfer Protocol)
② SET(Secure Electronic Transaction)
③ SSL(Secure Sockets Layer)
④ SSH(Secure Shell)

● 해설

SSL(Secure Sockets Layer)은 넷스케이프 사가 개발한 웹브라우저(클라이언트)와 서버 간의 안전한 데이터 통신을 위한 보안 프로토콜이다.

55 다음 전자우편 보안 기술의 종류에 해당하는 것은?

- 전자우편을 입수하더라도 그 내용을 알아볼 수 없으며, 해시 함수를 이용하여 내용의 변경 여부를 알 수 있다.
- 송신자의 신원을 확인함으로써 그 메시지가 전달 도중에 변경되지 않았음을 확인할 수 있도록 해주는 암호화된 전자서명을 보내는 데에도 사용될 수 있다.

① PEM(Privacy Enhanced Mail)
② S/MIME(Secure Multi-Purpose Internet Mail Extensions)
③ PGP(Pretty Good Privacy)
④ SMTP

● 해설

PGP(Pretty Good Privacy)에 관한 설명이다. 메시지의 내용을 암호화하여 보내고, 매칭되는 키가 있어야만 메일 내용을 확인할 수 있기 때문에 높은 비밀성과 무결성을 확보할 수 있다.

56 다음은 '/etc/passwd' 파일의 내용과 '/etc/group' 파일의 내용 일부이다. 이에 대한 설명으로 적절한 것은?

```
/etc/passwd
john:x:200:100:John Kim:/home/john:/bin/bash

/etc/group
Administrator:x:100:
Developer:x:102:john,peter
```

① john의 그룹 ID는 200이다.
② john은 Developer 그룹을 주그룹으로 갖는다.
③ peter는 john과 함께 Developer Group에 속한다.
④ peter와 john은 모든 파일들에 대해서 같은 권한을 갖는다.

● 해설

· /etc/passwd는 로컬 사용자에 대한 정보를 저장하는 파일이다.
 [사용자의 이름 : 사용자의 비밀번호 : 사용자 계정의 UID번호 : 사용자 계정의 기본 그룹 GID번호 : 사용자 이름 : 사용자의 홈 디렉터리 : 사용자의 기본 셸 프로그램]
· /etc/group은 로컬 그룹에 대한 정보를 저장하는 파일이다.
 [그룹 이름 : 그룹 암호 : 그룹 GID 번호 : 그룹 사용자 리스트]
① john의 그룹 ID는 100이다.
② john의 그룹 ID에 해당하는 100은 Administrator를 나타낸다.
④ peter는 Developer 계정에만 속하고, John은 상위 그룹인 Administrator 그룹에도 속하므로 둘의 권한은 다르다.
③ 파일의 마지막 줄을 통해 john과 peter가 모두 Developer 그룹에 속한다는 것을 알 수 있다.

57 서로 다른 메시지가 같은 해시값이 되지 않도록 하는 해시 함수의 성질은?

① 충돌 저항성
② 비트 길이
③ 키 길이
④ 엔트로피(Entropy)

● 해설

충돌 저항성은 안전한 해시 함수의 기본 요건이다. 같은 해시값(=동일한 출력, 충돌)을 갖는 서로 다른 두 개의 메시지를 찾기가 계산적으로 어려워야 한다는 뜻이다.

58 회사의 사설 네트워크와 외부의 공중 네트워크 사이에 중립 지역으로 삽입된 소형 네트워크를 의미하는 용어는?

① DMZ
② Proxy
③ Session
④ Packet

● 해설

DMZ는 본래 군사경계선의 비무장지대(DeMilitarized Zone)를 의미하나, 네트워크 용어적으로는 회사의 사설 네트워크와 외부의 공용 네트워크 사이의 중립지대 역할로써 사용되는 소형 네트워크를 의미한다.

정답 56. ③ 57. ① 58. ①

59 정보 보안 기능에 대한 용어 설명이 옳지 않은 것은?

① 접근 통제 : 비인가자가 컴퓨터 시스템에 액세스하지 못하도록 하는 것
② 인증 : 전문 발신자와 수신자를 정확히 식별하고 제삼자가 위장하여 통신에 간여할 수 없도록 하는 것
③ 부인 방지 : 데이터에 불법적으로 접근하는 것을 막기 위한 것
④ 무결성 : 인가자 이외는 전문을 변경할 수 없게 하는 것

● 해설

부인 방지는 무결성의 연장선 상에 있는 것으로, 데이터 통신 후 송신자는 데이터를 송신했는지, 수신자는 데이터를 수신했는지 증명하여 상대편 서명자의 동의하에 인증할 수 있게 함으로써 정보 수신자나 송신자가 정보 내용에 대하여 부인하는 것을 방지하는 것이다.

60 암호화 기법 중 공개키 암호 기법에 해당하는 것은?

① RSA ② RC4
③ IDEA ④ DES

● 해설

RSA 암호 기법은 현재 SSL/TLS에서 가장 일반적으로 사용되는 공개키 암호화 알고리즘이다. 우리나라를 포함한 전 세계 대부분 나라에서 인터넷 뱅킹에 RSA 암호 기법을 사용한다.

정답 59. ③ 60. ①

1급 최신기출문제

| 2023년 4월 9일 |

1과목 TCP/IP

01 ICMP(type 11 ,code 0)는 무엇을 의미하는가?

① Source Quench, 목적지 호스트에 해당 UDP 포트가 열려있지 않은 경우이다.
② Time Exceed, IP 패킷이 최종 목적지에 도달하기 전에 TTL 값이 0이 되어 해당 패킷이 폐기되었음을 알리는 메시지이다.
③ Unknown Type, 라우팅 경로가 잘못되어 새로운 경로를 이전 경유지 또는 호스트에게 알려주는 메시지이다.
④ Destination Unreachable, 해당 목적지에 도달할 수 없음을 의미한다.

● 해설

ICMP Type 유형에 대한 문항이다. Type 11은 Time Exceed, 시간 초과에 대한 타입 유형이며, 그 중 code 0은 TTL 전송시간이 초과하였음을 알려주는 코드 유형이다.
나머지 선택지에 대한 설명은 다음과 같다. ① Type 4(출발지 억제), ③ Type 3, code 6(목적지 네트워크 알 수 없음), ④ Type 3(목적지 도달 불가)

02 다음 내용은 tcpdump 명령어를 이용하여 캡처한 패킷의 출력내용이다. 출력물에 대한 설명으로 옳은 것은?

```
tcpdump: listening on eth0, link-
type EN10MB(Ethernet), capture
size 96 bytes
21:02:17.571149 IP(tos 0x0, ttl
128, id 11086, offset 0, flags
[DF], proto: TCP(6), length: 52)
192.168.1.1.60798 > 192.168.1.3.http:
S, cksum 0xd543(correct),
4165546079:4165546079(0) win
65535
1 packets captured
2 packets received by filter
0 packets dropped by kernel
```

① Protocol ID는 UDP(6)이다.
② 출발지는 192.168.1.1이며, 웹 서버이다.
③ 목적지는 192.168.1.3이며, 웹 클라이언트이다.
④ Checksum 결과는 올바르다.

● 해설

tcpdump는 패킷들의 헤더들을 출력해 주는 프로그램이다. 원하는 조건의 명령어를 입력하면 해당하는 패킷 로그를 출력하여 확인할 수 있다. Checksum의 결과는 6번째 줄 cksum 0xd543(correct)을 통해 알 수 있다. checksum 결과가 올바르지 않다면 괄호 안은 correct가 아닌 incorrect라고 출력될 것이다.

정답 01. ② 02. ④

03 Wireshark와 관련된 설명으로 옳지 않은 것은?

① 특정 NIC에서 주고받는 네트워크 트래픽을 실시간으로 분석할 수 있다.
② 네트워크 트래픽의 원시 데이터(hex code)까지는 분석할 수 없는 한계가 있다.
③ 디스플레이 필터 기능을 활용해 사용자가 원하는 패킷만 출력하여 분석할 수 있다.
④ OSI 각 계층별로 패킷 데이터를 정리하여 정보를 출력한다.

● 해설

Wireshark는 패킷 분석 프로그램이다. 앞선 2번 문제의 tcpdump를 활용하여 출력한 패킷을 Wireshark를 통해서도 분석할 수 있다. Wireshark 내의 기본 기능을 활용하여 원시 데이터 파일(hex dump)을 읽고, 분석할 수 있으므로 원시 데이터까지는 분석할 수 없다는 ②의 설명은 옳지 않다.

04 네트워크 관리자 Kim 사원이 사용할 수 있는 가장 적합한 정책은?

> 네트워크 관리자 Kim 사원은 회사 내 네트워크 환경에 이중화된 경로를 구성하였다. 이때 다중 경로 중 Metric 값을 조정하여 특정 경로의 부하를 분산시키고자 한다.

① passive interface(패시브 인터페이스)
② redistribute(재분배)
③ access-list(액세스 리스트)
④ offset-list(오프셋 리스트)

● 해설

Kim 사원은 Metric 값을 조정하여 특정 경로의 부하를 분산시키고자 한다. 이때, 부하를 분산시키려면 Metric 값을 증가시켜야 한다. offset-list(오프셋 리스트)는 Metric을 증가시키므로 Kim 사원이 사용할 수 있는 최적의 정책이다.
① passive interface(패시브 인터페이스)는 특정 인터페이스로 송신하는 정보를 막는다.
② redistribute(재분배)는 접속된 네트워크를 재분배하는 정책이다.
③ access-list(액세스 리스트)는 특정 네트워크에 접근 가능한 대상을 정해둔 목록으로, 주로 보안 목적으로 사용한다.

05 다음에서 RARP에 관한 설명으로 옳지 않은 것은?

① Local Disk가 없는 시스템이 ROM에 의존하여 부팅할 경우 자신의 IP Address를 알아내는 데 이용되는 프로토콜이다.
② RARP는 계층 3에 해당하는 프로토콜로써 RARP 서버는 동일한 (서브)네트워크에 있어야만 이용이 가능하다.
③ RARP 메시지 형식은 ARP 메시지 형식과 동일하다.
④ IPv6에서 RARP는 ARP와 함께 ICMPv6로 통합되었다.

● 해설

RARP는 MAC 주소를 IP 주소로 변환하는 프로토콜이며, ARP는 IP 주소를 하드웨어 주소(MAC 주소)로 변환하는 프로토콜이다. ①, ②, ③은 모두 RARP에 관한 올바른 설명이다.
ICMPv6는 ICMP의 IPv6 버전으로, IPv4의 ICMP 기능과 ARP, ICMP 기능을 통합하였다. RARP는 ICMPv6로 통합되지 않았다.

정답 03. ② 04. ④ 05. ④

06 인터넷 프로토콜 중에서 OSI 계층 구조상 동일한 계층에 속하지 않는 것은?

① IP
② RARP
③ ICMP
④ UDP

● 해설

① IP, ② RARP, ③ ICMP는 모두 네트워크 계층의 프로토콜이다. 네트워크 계층은 송신자와 수신자 호스트 간의 경로를 설정하여 목적지까지 정보를 전달하는 역할을 한다. ④ UDP는 전송 계층의 프로토콜로, 전송 계층은 송신자와 수신자 프로세스 간의 논리적 연결을 담당하고 오류를 검출한다.

07 다음은 TCP 연결에 있어서 세 방향 핸드셰이킹을 나타낸 그림이다. '가~라'에 들어갈 번호로 옳지 않은 것은? (단, 서버로부터의 초기 시퀀스번호는 '323998684'이다.)

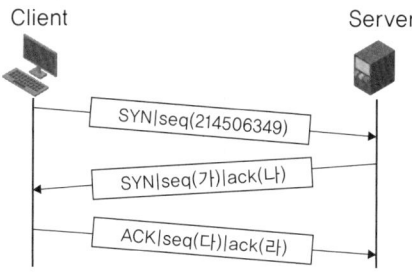

① (가) - 323998684
② (나) - 214506350
③ (다) - 214506351
④ (라) - 323998683

● 해설

TCP/IP를 통한 3방향 핸드셰이킹은 초기 시퀀스 번호로부터 1씩 증가하며 서버로 전송된다. 클라이언트가 처음 보낸 시퀀스 번호는 그림에 나와 있듯 214506349이며, 이 정보는 서버가 응답하고 다시 클라이언트가 확인함에 따라 1씩 증가한다.
(나)21456350, (다)21456351. 서버가 처음 보내는 시퀀스 번호(가)는 323998684이며, 이 또한 클라이언트가 확인함에 따라 1씩 증가해야 하므로, (라)에 들어갈 번호는 323998684+1=323998685이다.

08 TCP 헤더의 설명으로 올바른 것은?

① RST 플래그: 데이터가 제대로 전송된 것을 알려준다.
② Window Size: 현재 상태의 최대 버퍼 크기를 말한다.
③ Reserved: 수신된 Sequence Number에 대하여 예상된 다음 옥텟을 명시한다.
④ FIN 플래그: 3-Way handshaking 과정을 제의하는 플래그이다.

● 해설

① RST 플래그: Reset을 의미하며, 세션의 연결을 중단하고 다시 재연결을 설정한다.
③ Reserved: 미래를 위하여 미리 예약된 필드이다.
④ FIN 플래그: 3-Way handshaking을 종료시킬 때 사용되며, 더 이상 전송할 데이터가 없음을 의미한다.

정답 06. ④ 07. ④ 08. ②

09 IP Address에 관한 설명으로 옳지 않은 것은?

① '128.30.1.2'는 B Class에 속한 IP Address이다.
② '200.200.200.0/24'의 IP Address 대역을 필요에 따라 '200.200.200.32/27', '200.200.200.64/26' 등으로 Subnetting 하는 것을 VLSM(Variable Length Subnet Masks)이라 한다.
③ B Class의 Default Subnet Mask 값은 '255.0.0.0'이다.
④ 주어진 IP 대역에 호스트를 나타내는 bit가 'n'이면 가용할 호스트의 수는 '2^n - 2'이다.

● 해설

B Class의 Default Subnet Mask 값은 '255.255.0.0'이며, 이를 비트로 표현하면 1비트, 즉 11111111.11111111.00000000.00000000이다.

10 TCP와 UDP의 차이점에 대한 설명으로 옳지 않은 것은?

① 데이터 전송형태로 TCP는 Connection Oriented 방식이고, UDP는 Connectionless 방식이다.
② TCP가 UDP보다 데이터 전송 속도가 빠르다.
③ TCP가 UDP보다 신뢰성이 높다.
④ TCP가 UDP에 비해 각종 제어를 담당하는 Header 부분이 커진다.

● 해설

TCP는 신뢰성을 주목적으로 하는 프로토콜로, 수신 측의 인증을 필요로 하기 때문에 UDP보다 데이터 전송 속도가 느리다.

11 네트워크 ID가 '203.253.55.0'인 네트워크에서 각 서브넷은 25개 호스트가 필요하고, 가장 많은 서브넷 유지를 원할 때 가장 적절한 서브넷 마스크 값은?

① 255.255.255.240
② 255.255.255.248
③ 255.255.255.224
④ 255.255.255.192

● 해설

적어도 25개 이상의 HOST ID를 필요로 하는 적절한 서브넷 마스크 값을 구하기 위해서는, 25를 포함할 수 있는 적어도 32개 이상의 호스트를 가진 서브넷을 구해야 한다.
① 255.255.255.240은 16개의 호스트를 가진 16개의 서브넷으로 나뉘어져 있다.
② 255.255.255.248은 8개의 호스트를 가진 32개의 서브넷으로 나뉘어져 있다.
③ 255.255.255.224는 32개의 호스트를 가진 8개의 서브넷으로 나뉘어져 있다.
④ 255.255.255.192는 64개의 호스트를 가진 4개의 서브넷으로 나뉘어져 있다.
따라서 25개 이상의 호스트를 가질 수 있는 서브넷은 32개의 호스트를 가질 수 있는 ③번이다.

12 IP에 대한 설명으로 옳지 않은 것은?

① 32bit 주소 체계를 갖는 IPv4의 주소 부족으로 IPv6가 등장했다.
② IPv4에서는 Flow Labeling 기능과 인증, 프라이버시를 제공한다.
③ IPv6에서는 Next Header가 있어서 확장된 헤더를 가리키도록 하고 있다.
④ IPv6에서는 근원지와 목적지 주소할당을 위해 128bit를 가진다.

정답 09. ③ 10. ② 11. ③ 12. ②

● 해설

IPv6에서는 Flow Labeling을 통해 데이터 플로우에 라벨을 할당하여 식별하고 품질 서비스를 제공할 수 있으며, IPv4는 이를 지원하지 않는다. 또한 IPv4 헤더에는 인증 및 프라이버시를 위한 내장된 메커니즘이 없으므로 보안은 추가적인 보안 프로토콜(IPsec 등)이나 상위 계층에서 처리해야 한다.

13 Multicast용으로 사용되는 IP Address는?

① 163.152.71.86
② 128.134.2.51
③ 213.122.1.45
④ 231.159.61.29

● 해설

Multicast용으로 사용되는 IP 주소 범위는 224.0.0.0에서 239.255.255.255까지이므로, 주어진 4개의 주소 중에서 이 범위에 속하는 주소는 ④ 231.159.61.29이다.

14 SNMP에 대한 설명 중 올바른 것은?

① TCP/IP 프로토콜의 IP에서 접속 없이 데이터의 전송을 수행하는 기능을 규정한다.
② 시작지 호스트에서 여러 목적지 호스트로 데이터를 전송할 때 사용된다.
③ IP에서의 오류(Error) 제어를 위하여 사용되며, 시작지 호스트의 라우팅 실패를 보고한다.
④ 네트워크의 장비로부터 데이터를 수집하여 네트워크의 관리를 지원하고 성능을 향상시킨다.

● 해설

SNMP(Simple Network Management Protocol)는 TCP/IP 네트워크에서 네트워크 기기를 모니터링하고 관리하기 위한 프로토콜이다. SNMP는 데이터의 전송을 위한 것이 아니라, 네트워크 장치의 상태 모니터링, 설정 변경, 이벤트 알림 등을 수행하는 데 사용된다. 다중 목적지 데이터 전송을 위한 것이 아니며, IP 오류 제어나 라우팅 실패와는 직접적인 관련이 없다.

15 TFTP에 대한 설명으로 올바른 것은?

① TCP/IP 프로토콜에서 데이터의 전송 서비스를 규정한다.
② 인터넷상에서 전자우편(E-mail)의 전송을 규정한다.
③ UDP 프로토콜을 사용하여 두 호스트 사이에 파일 전송을 가능하게 해 준다.
④ 네트워크의 구성원에 패킷을 보내기 위한 하드웨어 주소를 정한다.

● 해설

TFTP(Tiny/Trivial File Transfer Protocol)는 간단한 파일 전송을 위한 프로토콜로, UDP 프로토콜을 사용하여 파일을 전송한다. TFTP는 파일 전송 기능을 제공하며, 주로 부트스트랩 프로세스나 장치 설정 시에 사용된다. TFTP는 TCP/IP 프로토콜에서 데이터 전송 서비스를 규정하는 것이 아니며, 전자우편 전송이나 하드웨어 주소를 정하는 역할도 관련이 없다.

16 어느 부서 또는 회사의 서브넷에 설정된 서브넷 마스크가 '255.255.255.240'이다. 이때 해당 서브넷에서 연결하여 사용할 수 있는 최대 컴퓨터 대수는?

① 11   ② 12
③ 13   ④ 14

정답 13. ④ 14. ④ 15. ③ 16. ④

● 해설

서브넷 마스크 '255.255.255.240'은 28비트의 호스트 영역을 가지고 있다. 호스트 영역에는 2^4-2(네트워크 주소와 브로드캐스트 주소를 제외한)개의 호스트 주소가 사용 가능하다. 따라서 $2^4-2=14$대의 컴퓨터가 해당 서브넷에 연결하여 사용할 수 있다.

17 라우터가 자신을 네트워크의 중심점으로 간주하여 최단 경로의 트리를 구성하는 방식으로, 사용자에 의한 경로의 지정, 가장 경제적인 경로의 지정, 복수 경로 선정 등의 기능을 제공하는 라우팅 프로토콜은?

① OSPF(Open Shortest Path First)
② IGRP(Interior Gateway Routing Protocol)
③ RIP(Routing Information Protocol)
④ BGP(Border Gateway Protocol)

● 해설

OSPF(Open Shortest Path First)는 라우팅 프로토콜 중 하나로, 자신을 네트워크의 중심점으로 간주하여 최단 경로의 트리를 구성하는 링크 상태 라우팅 프로토콜이다. OSPF는 가장 경제적인 경로의 지정, 사용자에 의한 경로의 지정, 다양한 네트워크 매트릭스를 활용한 경로 선택, 복수 경로 선정 등 다양한 기능을 제공하여 네트워크 효율성을 높이는 데 사용된다.

2과목 › 네트워크 일반

18 다음은 Home Network에 사용되는 기술 중 WPAN(Wireless Personal Area Network)에 대한 설명이다. (A)~(D)에 들어갈 계층을 순서대로 나열한 것은?

네트워크를 관리하는 사원 Kim은 회사 및 집에서 사용할 수 있는 WPAN에 사용되는 기술에 대하여 선별 작업을 하고 있다. 이중 일반적으로 널리 사용되는 IEEE802.15.1을 기반으로 한 블루투스를 적용하여 다양한 장치 간의 연결을 지원하는 데 필요한 기술을 정리 중이다.
다음은 블루투스 프로토콜에서 사용되는 블루투스 디바이스 계층 구조에 대한 설명이다.
(A): 블루투스 프로토콜의 최하위 계층으로 무선 영역의 기술적 특성을 정의한다.
(B): 기저대역의 프로토콜 기능, 미디어 접근 기능, 연결제어 기능 등을 수행한다.
(C): 서로 다른 장치의 링크를 설정하는 역할을 하며, 연결제어 및 구성, 인증, 데이터 암호화, 저전력 모드 관리 기능 등을 수행한다.
(D): (A)의 기저대역 제어기와 (C) 사이의 명령 인터페이스를 제공한다.

① 블루투스 물리계층 – LMP(Link Manager Protocol) – LC(Link Controller) – HCI(Host Controller Interface)
② 블루투스 물리계층 – LC(Link Controller) – LMP(Link Manager Protocol) – HCI(Host Controller Interface)

정답 17. ① 18. ②

③ 블루투스 물리계층 – L2CAP(Logical Link Control & Adaptation Protocol) – LMP(Link Manager Protocol) – HCI(Host Controller Interface)

④ 블루투스 물리계층 – L2CAP (Logical Link Control & Adaptation Protocol) – SDP(Service Discovery Protocol) – HCI(Host Controller Interface)

● 해설

WPAN(Wireless Personal Area Network)은 근거리 소규모 무선 네트워크를 의미하며, 개인적인 장치 간의 연결을 위해 사용된다. 주로 블루투스와 Zigbee와 같은 기술이 활용되어 소형 전자 기기들 사이의 데이터 및 제어 신호를 교환하고 연결한다. 가정에서의 스마트 홈 기기, 휴대전화와 같은 개인용 장치 간의 통신에 활용된다.

19 데이터 통신 품질을 열화시키는 요인이 아닌 것은?

① 신호의 변조 전송에 의한 품질 열화
② 동기신호 이탈에 의한 품질 열화
③ 전송지역에 의한 품질 열화
④ 프레임 손실에 의한 품질 열화

● 해설

동기 신호가 이탈되거나, 전송지역이 멀거나 데이터 통신이 약한 경우, 전송과정에서 프레임이 손실되는 경우 품질이 악화될 수 있다. 신호의 변조는 데이터 통신의 구성요소 중 하나로, 품질을 열화시키는 요인이라고 볼 수 없다.

20 기가비트 이더넷은 약 1Gbps의 전송속도를 지원하는 이더넷으로 기존의 이더넷뿐만 아니라 고속 이더넷과도 호환이 가능하다. 다음 중 기가비트 이더넷에 대한 규격으로 옳은 것은?

① 1000Base-SX
② 1000Base-NX
③ 1000Base-BX
④ 1000Base-AX

● 해설

1000Base-SX는 기가비트 이더넷(Gigabit Ethernet)에 대한 규격 중 하나이다. 이 규격은 광섬유 케이블을 사용하여 데이터를 전송하는 방식을 나타내며, 1기가비트의 데이터 전송 속도를 가지고 있다. 1000Base-SX는 광섬유의 짧은 거리 연결에 주로 사용되며, 멀티모드 광섬유를 사용하여 데이터를 전송한다. 'SX'는 'Short Wavelength'를 의미하며, 짧은 파장의 광선을 사용하여 데이터를 전송하는 것을 나타낸다.

21 LAN의 매체 접근제어 방식인 CSMA/CD 기술에 대한 설명으로 옳은 것은?

① CSMA/CD 방식은 링형 통신망인 이더넷에서 주로 사용한다.
② CSMA/CD 방식은 반송파의 존재 여부와 상관없이 데이터를 전송한다.
③ CSMA/CD 방식은 반송파가 감지되지 않으면 컴퓨터가 전송매체를 사용하지 않는 것으로 판단하여 데이터를 전송한다.
④ CSMA/CD 방식은 통신량이 많아지면 채널 이용률이 높아져서 지연시간을 예측할 수 있다.

정답 19. ① 20. ① 21. ③

● 해설

① CSMA/CD 방식은 버스형 및 스타형 토폴로지를 가진 이더넷에서 사용되며, 링형 통신망에서는 사용되지 않는다.
② CSMA/CD 방식은 데이터 전송 전에 반송파의 존재 여부를 확인하며, 반송파가 감지되면 데이터 전송을 중단한다.
④ CSMA/CD 방식은 통신량이 많아지면 충돌 가능성이 증가하여 CSMA/CD 방식에서의 충돌 지연이 늘어나며, 이로 인해 지연시간을 예측하기 어려워진다.

22 IP 주소 대신 별도의 라벨을 데이터 패킷에 붙여 전송하는 기술은 MPLS(Multi Protocol Label Switching)이다. MPLS를 이용하여 멀티 포인트 L2 서비스를 제공하는 가상 사설 랜 서비스를 무엇이라 하는가?

① VAN
② VLAN
③ VPN
④ VPLS

● 해설

VPLS(Virtual Private LAN Service)는 MPLS를 사용하여 멀티 포인트 L2 연결을 제공하는 가상 사설 랜 서비스로, 여러 지점을 하나의 이더넷 LAN으로 연결한다. 지역 간 투명한 이더넷 연결을 형성하여 다양한 지점을 하나의 네트워크처럼 동작시키며, L2 스위칭을 기반으로 데이터를 이동시켜 안정적인 데이터 공유를 지원한다.

23 다음은 HFC 기술에 대한 설명이다. (A) 및 (B)에 들어갈 장치 및 기술의 이름으로 적합한 것은?

> 네트워크를 관리하는 사원 Kim은 기존 회사 내의 사원용 아파트의 네트워크를 업그레이드하기 위한 기초 조사 중이다. 몇 년 후에 신규 아파트로 이전 할 예정이며, 이 신규 아파트에는 광랜 설치까지 설계 시에 반영되어 있어서 따로 신경을 쓸 일은 없지만, 이전하기 전까지 기존 아파트에 가설된 ADSL급 네트워크의 성능으로 최근 활용성이 많아진 재택근무에 지장이 많이 발생하고 있다.
> 이에 최소 비용으로 최대한의 효율을 낼 수 있는 신규 네트워크로, 기존에 설치된 CATV망을 이용하여 HFC 방식의 네트워크를 구축하기 위한 기획서를 작성 중이다. HFC(Hybrid Fiber Coax) 방식은 광케이블과 동축케이블을 함께 사용하는 광 및 동축 혼합망으로서, 헤드엔드/분배허브(Head End/Distribution Hub)에서부터 Optical Node라고 하는 (A)까지는 광섬유를 이용하여 WDM 방식으로 전송하며, (A)에서부터 각 가입자까지는 동축케이블을 이용하여 (B)의 방식으로 다중화하여 전송하는 방식으로 기존의 방송 채널에 데이터 전송용 채널을 효율적으로 추가할 수 있다.

① (A): RF Amplifiers, (B): TDM(Time Division Multiplexing)
② (A): SO(System Operator), (B): TDM(Time Division Multiplexing)
③ (A): ONU(Optical Network Terminal), (B): FDM(Frequency Division Multiplexing)
④ (A): TBA(Trunk Bridge Amplifier), (B): FDM(Frequency Division Multiplexing)

● 해설

• ONU(Optical Network Terminal)는 광통신 네트워크에서 종단 사용자와 광섬유 네트워크를 연

결하는 장치로, 광신호를 전기 신호로 변환하여 사용자의 데이터 및 음성 통신을 처리한다. 주로 광대역 접근 네트워크(FTTH; Fiber to the Home)에서 사용되며, 사용자의 가정이나 사무실에 설치되어 광섬유 인터넷 서비스를 제공한다.
- FDM(Frequency Division Multiplexing)은 다수의 다른 주파수 대역을 사용하여 여러 개의 신호를 동시에 전송하는 기술로, 주파수를 구분하여 여러 신호를 겹쳐 보내며 각 신호는 고유한 주파수 대역을 할당받아 충돌 없이 전송된다. 이는 통신 매체의 대역폭을 효과적으로 활용하여 다양한 신호를 병렬로 전송하는 데 사용되며, 라디오, 텔레비전, 통신 등 다양한 분야에서 활용된다.

24 다음은 무선 네트워크에 관한 내용이다. 해당 내용에 대하여 잘못 서술된 항목은 무엇인가?

> 네트워크를 담당하는 팀장 Han은 회사에 구축된 기존 IEEE 802.11n을 보다 빠른 속도를 지원하는 최신 기술로 재구축하고자 한다. 아래의 보기는 관련 회의 중에 나온 내용이다.

① IEEE 802.11은 숨겨진 노드 문제를 해결하기 위해서 CSMA/CA 방식의 MAC Sub Layer를 사용한다. 이는 DCF(분산조정기능, Distributed Coordination Function)와 PCF(포인트 조정 기능, Point Coordination Function)로 구성되어 있으며, DCF는 ACK 프레임으로 충돌 여부를 확인한다.

② Wifi-5라고 하는 IEEE 802.11ad는 VR 환경을 지원하기 위하여 60GHz의 대역에서도 동작하는 표준으로 흔히 기가급 와이파이라고 한다.

③ Wifi-6은 IEEE 802.11ax로 IEEE 802.11ac의 후속 버전으로 무선 LAN 네트워크의 효율성 향상을 목적으로 한다. MU-MIMO, OFDM 등의 기술을 적용해 10Gbps의 전송 속도를 지원한다.

④ IEEE 802.11ac는 IEEE 802.11n을 기반으로 5GHz 대역폭에서 80/160MHz의 광대역 채널을 지원하고 256-QAM과 MU-MIMO 기술을 추가하여 3Gbps 이상의 속도로 무선 네트워크를 구성할 수 있다.

● 해설

②에서 Wifi-5와 IEEE 802.11ad의 역할 및 목적이 혼동되어 설명되었다. 'Wifi-5'는 'IEEE 802.11ac'를 의미하며, 5GHz 대역에서 동작하는 고속 와이파이를 나타낸다. IEEE 802.11ad는 60GHz 대역에서 동작하며, 고용량 데이터 전송을 위한 표준이다.

25 정보를 실어 나르는 기본 단위를 계층별로 표시하였다. 옳지 않은 것은?

① 계층 1: X.25
② 계층 2: 프레임(Frame)
③ 계층 3: 패킷(Packet)
④ 계층 4: 세그먼트(Segment)

● 해설

계층 1(물리계층, Physical Layer)에서의 정보 단위는 0과 1로 이루어진 비트스트림(Bit Stream) 혹은 데이터 비트(Data Bit)이다.

정답 24. ② 25. ①

26 베이스밴드(Baseband) 시스템보다 브로드밴드(Broadband) 시스템이 더 많은 데이터를 전송할 수 있는 이유는?

① 여러 개의 주파수로 여러 개의 채널에 접근할 수 있기 때문
② 양방향 신호 흐름을 지원할 수 있기 때문
③ 서버에 데이터를 저장하였다가 한 번에 데이터를 전송할 수 있기 때문
④ 한 번에 한 개의 신호 또는 한 개의 채널을 전송할 수 있기 때문

● 해설

베이스밴드 시스템은 하나의 주파수로 작동하는 반면, 브로드밴드 시스템은 여러 개의 주파수를 사용해서 작동한다. 브로드밴드는 한 번에 여러 정보를 보내낼 수 있도록 여러 개의 길을 가지고 있어 더 많은 데이터를 동시에 전송할 수 있다.

27 홈오토메이션, 산업용기기 자동화, 물류 및 환경 모니터링 등 무선 네트워킹에서 10~20M 내외의 근거리 통신시장과 최근 주목받고 있는 유비쿼터스 컴퓨팅를 위한 기술로서, 저 비용, 저 전력의 저속 데이터 전송의 특징과 하나의 무선 네트워크에 255대의 기기 연결이 가능한 이 기술은?

① Bluetooth   ② 무선 LAN
③ Zigbee   ④ WiBro

● 해설

Zigbee는 작은 규모의 무선 네트워크를 위해 설계된 기술로, 저전력으로 동작하며 간단한 장치들 사이에서 데이터를 주고받을 수 있게 한다. 주로 스마트 홈 기기와 센서 네트워크에서 사용되며, 저전력과 짧은 전송 거리로 배터리 수명을 연장하고 간단한 제어와 모니터링을 제공한다.

3과목 ▸ NOS

28 서버 담당자 Park 사원은 다양한 방법으로 그룹 정책 개체에 관한 정보를 표시하고자 'gpresult' 명령을 사용하고자 한다. 이 명령은 클라이언트 컴퓨터나 서버에 적용되며, 적용할 정책을 결정할 때 특히 유용하며, 특정 정책이 적용되지 않은 이유를 알아내려 할 때 더욱 유용하다. 다음 중 'gpresult' 명령의 옵션에 대한 설명으로 올바르지 않은 것은?

① /s: 자세한 정책 정보를 표시한다.
② /u: 명령을 실행할 사용자 컨텍스트를 지정한다.
③ /p: 제공된 사용자 컨텍스트에 대한 암호를 지정한다.
④ /scope: 사용자 또는 컴퓨터 설정이 표시될 것인지 지정한다.

● 해설

① /s: 특정 원격 시스템에서 그룹 정책 결과를 조회하는 옵션으로, /s 옵션 뒤에 원격 시스템의 이름이나 IP 주소를 지정하여 해당 시스템의 그룹 정책 결과를 확인할 수 있다.
② /u: 원격 시스템에서 실행되는 gpresult 명령의 사용자 정보를 지정하는 옵션으로, 관리자 권한을 가진 사용자로 로그인하여 그룹 정책 결과를 조회하는 경우에 사용한다.
③ /p: /u 옵션과 함께 사용되며, 관리자 권한 사용자의 암호를 지정하는 데 사용된다.
④ /scope: 그룹 정책 결과의 범위를 설정하는 옵션으로, 사용자 또는 컴퓨터의 결과 중 어느 것을 조회할지 지정한다. /scope 다음에 "user" 또는 "computer"를 입력하여 해당 범위의 결과를 조회할 수 있다.
자세한 정책 정보를 표시하는 옵션은 /v이다.

정답 26. ① 27. ③ 28. ①

29 서버 관리자 Kim 사원이 웹서버(Linux)의 버전 정보를 최소 노출하고자 확인한 결과 [화면1]과 같은 정보를 보여 주었다. 이에 Apache 서버의 httpd.conf 파일을 수정하여 [화면2] 정보의 수준으로 조정하였다. ServerTokens의 설정값은?

```
HTTP/1.1 200 OK
Date: Sun, 17 Oct 2021 02:40:41 GMT
Server: Apache/2.4.6 (CentOS) OpenSSL/1.0.2k-fips PHP/5.4.16
X-Powered-By: PHP/5.4.16
Content-Length: 132
Keep-Alive: timeout=6, max=111
Connection: Keep-Alive
Content-Type: text/html; charset=UTF-8
```
[화면1] : 변경 전

```
HTTP/1.1 200 OK
Date: Sun, 17 Oct 2021 02:43:33 GMT
Server: Apache
X-Powered-By: PHP/5.4.16
Content-Length: 132
Keep-Alive: timeout=6, max=111
Connection: Keep-Alive
Content-Type: text/html; charset=UTF-8
```
[화면2] : 변경 후

① ServerTokens Min
② ServerTokens Prod
③ ServerTokens Full
④ ServerTokens OS

● 해설

ServerTokens 설정은 웹 서버의 응답 헤더에 포함되는 정보를 제어하는 데 사용된다. 설정값을 변경하면 표시되는 정보가 달라지며, 설정값에 따른 결과는 다음과 같다.
- ServerTokens Full: Apache/2.4.6 (CentOS) OpenSSL/1.0.2k-fips PHP/5.4.16
- ServerTokens Prod: Apache
- ServerTokens Major: Apache/2
- ServerTokens Minor: Apache/2.4
- ServerTokens Min: Apache/2.4.6

따라서 Server:Apache/2.4.6 (CentOS) OpenSSL/1.0.2k-fips PHP/5.4.16에서 Server:Apache로 변경하면 ServerTokens 설정값은 Prod로 변경된 것이다.

30 (A)에 들어갈 명령어로 옳은 것은?

Linux FTP 서버에서 실시간으로 파일 업로드 및 다운로드 로그를 확인하기 위해 '(A)/var/log/xferlog' 명령어를 입력하였다.

① vi -q
② tail -f
③ logging -i
④ history -100

● 해설

Linux에서 FTP 서버의 파일 업로드 및 다운로드 로그를 실시간으로 확인하기 위해 사용하는 명령어는 tail과 grep을 함께 사용하는 것이 일반적이다. /var/log/xferlog는 FTP 서버 로그 파일의 경로를 나타내며, tail -f는 로그 파일의 내용을 실시간으로 보여주는 역할을 한다. grep 명령은 UPLOAD 또는 DOWNLOAD와 같은 키워드를 필터링하여 해당 동작을 하는 로그만 출력한다.

31 Linux에서 '/tmp/test.txt' 파일의 I-node 값을 확인할 수 있는 명령어로 옳은 것은?

① inode /tmp/test.txt
② stat /tmp/test.txt
③ ls -l /tmp/test.txt
④ vi /tmp/test.txt

● 해설

stat 명령어는 파일의 상세한 정보를 출력하는 명령어이다. 입력한 파일에 대한 여러 정보 중에서 I-node 번호, 파일 크기, 수정 시간, 생성 시간 등을 확인할 수 있다.

정답 29. ② 30. ② 31. ②

32 Linux BIND 서버 운영 시, 'named.conf' 설정 파일 중 하위 도메인에 대한 검색 가능 여부를 지정하는 옵션 항목은?

① acl
② recursion
③ allow-transfer
④ allow-query

●해설
① acl(Access Control List): 여러 호스트를 하나의 명칭으로 지정할 때 사용한다.
③ allow-transfer: secondary_servers ACL에 포함된 IP 주소 및 대역으로부터의 zone 전송을 허용한다.
④ allow-query: trusted_clients ACL(액세스 제어 목록)에 포함된 IP 주소 및 대역으로부터의 질의를 허용한다.

33 서버 관리자 Lee 사원은 Linux 서버의 사용자 관리를 위해 사용자 정보를 다양한 명령어로 조회하려고 한다. 사용자 정보를 조회하는 명령어에 대한 설명으로 올바른 것은?

① 'w'는 시스템에 등록된 모든 사용자에 대한 정보를 출력한다.
② 'id'는 시스템에 로그인한 모든 사용자에 대한 정보를 출력한다.
③ 'users'는 시스템에 등록된 모든 사용자의 아이디 정보를 출력한다.
④ 'lslogins'는 계정과 로그 파일을 참고하여 전체 사용자의 정보를 출력한다.

●해설
① 'w' 명령어: 'w' 명령어는 현재 로그인한 사용자의 목록과 각 사용자의 작업 및 로드 평균을 보여주는 명령어로, 모든 등록된 사용자에 대한 정보를 보여주지 않는다.
② 'id' 명령어: 'id' 명령어는 특정 사용자 또는 현재 사용자에 대한 정보를 출력하며, 시스템에 로그인한 모든 사용자에 대한 정보를 출력하지 않는다.
③ 'users' 명령어: 'users' 명령어는 현재 로그인한 사용자의 아이디 목록을 보여주는 명령어로, 시스템에 등록된 모든 사용자의 정보를 출력하지 않는다.

34 서버 담당자 Yang 사원은 Windows Server 2022의 감사 정책을 통해 사용자의 작업이나 시스템의 활동을 추적하고 감시하고자 한다. 감사의 종류에 대한 설명으로 올바른 것은?

① 계정 로그온 이벤트 감사는 사용자가 일반 계정으로 도메인 제어기에 접속하는 경우에 발생한다.
② 개체 액세스 감사는 파일, 폴더, 프린터 등의 개체에 접근하거나 속성을 변경하는 경우에 발생한다.
③ 권한 사용 감사는 시스템의 재시작, 종료, 보안 로그 삭제 등의 동작이 수행될 때 발생한다.
④ 시스템 이벤트 감사는 권한 설정을 변경할 때나 관리자 권한이 필요한 작업을 수행할 때 발생한다.

●해설
① 계정 로그온 이벤트 감사는 사용자가 시스템에 로그인하거나 로그아웃할 때 발생한다.
③ 권한 사용 감사는 파일 및 폴더의 권한이 변경되는 경우에 발생하며, 시스템의 재시작, 종료 등과는 관련이 없다.
④ 시스템 이벤트 감사는 운영 체제 설정 및 시스템 구성 변경과 같은 시스템 레벨의 작업을 감사한다.

정답 32. ② 33. ④ 34. ②

35 서버 관리자 Tae 사원은 명령어를 사용하여 Active Directory와 관련한 관리 도구를 사용하려고 한다. Active Directory 관리 도구를 실행하기 위한 명령어의 설명이 올바른 것은?

① 'dsa.msc'는 Active Directory 관리센터에 대한 명령어다.
② 'dsac.msc'는 Active Directory 접근제어에 대한 명령어다.
③ 'domain.msc'는 Active Directory 도메인 주소에 대한 명령어다.
④ 'dsssite.msc'는 Active Directory 사이트와 서비스에 대한 명령어다.

● 해설
① 'dsa.msc' 명령어: Active Directory Users and Computers, 사용자 관리
② 'dsac.msc' 명령어: 존재하지 않는 명령어이며, 유사한 'dsac.exe'는 Active Directory 관리센터 관련 명령어
③ 'domain.msc' 명령어: Active Directory Domains and Trusts 도메인과 보안 관리

36 웹서버 관리자인 Kim 대리는 아파치를 이용하여 웹 서버를 구축하였다. 아파치 웹 서버의 기본 설정 파일인 'httpd.conf' 파일의 항목에 대한 설명이 옳지 않은 것은?

① ServerTokens: 웹 서버 헤더에 제공되는 정보의 수준을 지정한다.
② ServerAdmin: 웹 서버에 문제 발생 시 보낼 관리자의 이메일 주소를 지정한다.
③ DocumentRoot: 웹 문서가 위치하는 디렉터리를 지정한다.
④ AccessFileName: 웹 서버의 에러로그 기록파일을 지정한다.

● 해설
AccessFileName은 웹 서버의 에러로그 기록파일을 지정하는 것이 아니라 .htaccess 파일의 이름을 지정하는 것이다. .htaccess 파일은 웹 서버의 디렉터리 레벨에서 설정을 변경할 수 있게 해준다.

37 서버 관리자 KIM 사원은 웹서버의 설정 파일인 'httpd.conf'를 관리자 계정을 가진 사용자일지라도 파일의 내용 및 이름을 변경하거나 삭제가 불가능하도록 해당 파일의 속성을 확인하고, 적절한 속성을 설정하고자 한다. 이를 위한 명령어와 옵션으로 올바른 것은?

① ls -al, chmod 744
② lsattr -a, chmod 744
③ ls -al, chattr +I
④ lsattr -a, chattr +i

● 해설
• 'lsattr -a' 명령어는 파일의 속성을 확인하는 데 사용되며, 'chattr +i' 명령어는 파일을 변경 불가능한 속성으로 설정하는 데 사용된다. 이로써 관리자 계정을 가진 사용자도 해당 파일의 내용 및 이름을 변경하거나 삭제할 수 없게 된다.
• 'ls -al' 명령어는 디렉터리 내의 파일 목록을 자세하게 확인하는 데 사용되며, 'chmod 744'는 파일 권한을 변경하는 데 사용되며, 파일의 속성을 변경하는 것은 아니다.
• 'chattr +i' 명령어는 파일의 변경 가능한 속성 중에서 'immutable' 속성을 설정하는 데 사용되며, 이는 파일 내용의 변경 및 삭제를 방지한다.

정답 35. ④ 36. ④ 37. ④

38 서버 담당자 Kim 대리는 Windows Server 2022를 사용하여 보안 설정을 하려고 한다. 로컬 그룹 정책 편집기(로컬 컴퓨터 정책)로 보안 설정을 할 수 있는 항목으로 옳지 않은 것은?

① 공개 키 정책
② 정책 기반 QoS
③ 고급 감사 정책 구성
④ 소프트웨어 제한 정책

● 해설
① 공개 키 정책: 인증서 및 공개 키 인프라를 관리하는 데 사용되며, 인증서 및 공개 키의 기반 구조를 설정하고 관리한다.
② 정책 기반 QoS: 로컬 그룹 정책 편집기에서 제어할 수 있는 보안 설정과는 관련이 없다. QoS(품질 서비스) 설정은 네트워크 트래픽 관리와 관련이 있다.
③ 고급 감사 정책 구성: 시스템 및 개체에 대한 감사 추적을 설정하고 관리하는 데 사용되며, 보안 이벤트 및 로그를 관리한다.
④ 소프트웨어 제한 정책: 이는 실행 가능한 파일의 실행을 제한하거나 허용하는 정책을 설정하며, 악성 소프트웨어로부터 시스템을 보호하는 데 사용된다.

39 네트워크 어댑터가 자신에게 오는 패킷뿐만 아니라 네트워크를 통과하는 모든 패킷을 받아들이는 네트워크 설정 모드는?

① Promiscuous 모드
② Quick 모드
③ Standard 모드
④ Thorough 모드

● 해설
Promiscuous 모드는 네트워크 어댑터가 자신의 MAC 주소에 상관없이 네트워크를 통과하는 모든 패킷을 수신하는 모드이다. 이 모드는 일반적으로 패킷 스니핑 및 네트워크 분석을 위해 사용되며, 네트워크상에서 전체 패킷을 감시하고 분석할 수 있게 해준다. promiscuous 모드를 활성화하면 시스템은 자신이 수신 대상인 패킷 외에도 다른 호스트 간의 통신을 감지하고 분석할 수 있다.

40 Linux에서 네임서버의 동작 확인 및 운영 관리를 위하여 널리 사용되는 명령어는?

① nslookup
② netstat
③ ping
④ traceroute

● 해설
'nslookup'은 네트워크에서 도메인 이름과 IP 주소를 변환하고 DNS(Domain Name System) 서버의 정보를 조회하는 명령어이다. 이를 통해 사용자는 도메인 이름을 IP 주소로 변환하거나, 반대로 IP 주소를 도메인 이름으로 변환하여 네트워크의 호스트 및 서버 정보를 확인할 수 있다.

41 다음 설명에 해당하는 프로세스는?

- 백그라운드로 실행한다.
- 고유한 기능에 해당하는 이벤트가 발생하면 동작한다.
- 서비스를 제공한 다음 대기 상태로 돌아간다.
- 시스템 서비스를 지원하는 프로세스이다.
- 서버의 역할을 수행하거나 그 기능을 도와준다.

① shell   ② kernel
③ program   ④ deamon

정답 38. ② 39. ① 40. ① 41. ④

● 해설

Deamon(데몬)에 관한 설명이다. 사용자가 직접 제어하지 않아도 백그라운드에서 돌면서 필요시 동작하고 서비스 제공이 끝나면 다시 대기상태로 돌아가 이벤트가 발생하기를 기다리는 프로그램을 말한다.

42 tar로 묶인 'mt.tar'를 풀어내는 명령은?

① tar -tvf mt.tar
② tar -cvf mt.tar
③ tar -cvvf mt.tar
④ tar -xvf mt.tar

● 해설

- 'tar': 파일 아카이브를 생성하거나 해제하는 명령어
- '-x': 압축을 해제하고 파일을 추출하는 옵션
- '-v': 실행 중에 처리되는 파일들을 자세히 출력하는 옵션
- '-f': 추출할 파일 아카이브의 이름을 지정하는 옵션

따라서 'tar -xvf mt.tar' 명령어는 'mt.tar' 파일을 압축 해제하고 그 안에 있는 파일들을 추출하는 것을 의미한다.

43 Linux 시스템에서 '-rwxr-xr-x'와 같은 퍼미션을 나타내는 숫자는?

① 755
② 777
③ 766
④ 764

● 해설

리눅스 시스템상에서 파일의 사용자는 소유주, 그룹, 기타 사용자로 구분되는데, 한 파일에 대한 사용자별 권한도 이러한 숫자의 조합 혹은 알파벳의 조합으로 나타낼 수 있다.
지문의 '-rwxr-xr-x'는 앞자리부터 세 자리씩 끊어 살펴보면 rwx r-x r-x이며, 이를 숫자로 변환하면

- 소유주 권한=r+w+x=4+2+1=7
- 그룹 권한=r+x=4+1=5
- 기타 사용자 권한=r+x=4+1=5이므로 755로도 나타낼 수 있다.

44 Linux 명령어에 대한 설명 중 옳지 않은 것은?

① ls: cd와 비슷한 명령어로 디렉터리를 변경할 때 사용한다.
② cp: 파일을 다른 이름으로 또는 다른 디렉터리로 복사할 때 사용한다.
③ mv: 파일을 다른 파일로 변경 또는 다른 디렉터리로 옮길 때 사용한다.
④ rm: 파일을 삭제할 때 사용한다.

● 해설

ls는 폴더 안에 속해있는 하위 폴더와 파일 리스트를 보여주는 명령어이다.

45 Linux에서 기본적으로 생성되는 디렉터리로 옳지 않은 것은?

① /etc
② /root
③ /grep
④ /home

● 해설

/grep은 Linux에서 기본적으로 생성되는 디렉터리가 아니다. /grep은 텍스트 파일 상의 단어를 검색할 때 사용하는 명령어이다.
/grep 명령어의 다양한 옵션
 -i: 대소문자 구분 없음
 -l: 라인은 출력하지 않고 파일 이름만 출력
 -n: 라인 앞에 번호(number)를 추가
 -v: 해당 단어를 포함하지 않는 라인만 출력
 -c: 해당 단어를 포함하는 라인의 개수(count)를 출력

정답 42. ④ 43. ① 44. ① 45. ③

4과목 · 네트워크 운용기기

46 네트워크 스위치 다수의 포트를 하나의 포트로 사용하여 대역폭을 늘릴 수 있고 여러 포트를 하나로 사용하기에 STP로 Blocking되지 않고 포트를 전부 사용할 수 있는 기술은?

① 이더 채널(Ether Channel)
② 가상 랜(Virtual Local Area Network)
③ POE(Power Over Ethernet)
④ 게이트웨이(Gateway)

● 해설

위 내용에 해당하는 기술은 ① 이더 채널(Ether Channel)이다.
이더 채널은 다수의 네트워크 링크를 하나의 논리적 연결로 결합하여 대역폭을 늘릴 수 있다. 이더 채널은 STP(Blocked)에 영향을 받지 않고 모든 포트를 활용하여 데이터 전송을 지원한다.

47 네트워크 계층에서 IP패킷 단위로 인증 및 암호화해 전송을 가능하게 하며, 인터넷이라는 공중망을 이용하는 구간에 논리적 가상으로 전용망 구성을 가능하게 하는 터널링을 위해 많이 사용되는 터널링 프로토콜인 IPSec VPN이 제공하지 않는 기능을 고르시오.

① 루프(Loop) 방지
② 인증 및 암호화
③ 장비 간의 사용할 암호 알고리즘 및 키에 대하여 합의
④ 데이터 발신지 인증

● 해설

선택지 중에서 IPSec VPN이 제공하지 않는 기능은 ① 루프(Loop) 방지이다. IPSec VPN은 데이터 보안 및 인증을 위한 기능을 주로 제공하지만, 루프 방지 기능은 주로 다른 네트워크 계층의 프로토콜이나 장비에서 관리된다.

48 아래 그림과 같이 Router1에서 라우팅 테이블을 확인한 결과, 최하단 라우팅 테이블과 같이 인접한 Router2에서 라우팅 테이블을 공유받았다. 해당 라우팅 정보를 주기 위한 Router2에서의 configure로 알맞은 것은?

```
Router1#show ip route
Gateway of last resort is 100.100.100.2 to network 0.0.0.0

     100.0.0.0/8 is variably subnetted, 2 subnets, 2 masks
C       100.100.100.0/24 is directly connected, Serial0/0/0
L       100.100.100.1/32 is directly connected, Serial0/0/0
     192.168.10.0/24 is variably subnetted, 2 subnets, 2 masks
C       192.168.10.0/24 is directly connected, FastEthernet0/0
L       192.168.10.1/32 is directly connected, FastEthernet0/0
O*E2 0.0.0.0/0 [110/1] via 100.100.100.2, 00:01:56, Serial0/0/0
```

① Router2(config-if)# ip helper-address 100.100.100.2
② Router2(config)# router rip
③ Router2(config-router)# network 100.100.100.0 0.0.0.255 area 0
④ Router2(config-router)# default-information originate

● 해설

주어진 라우팅 정보를 주기 위해 알맞은 설정은 ④ Router2(config-router)# default-information originate이다. 이 명령은 Router2에서 외부로 향하는 기본 경로를 OSPF 프로세스에게 알리도록 설정하는 것이다.

정답 46. ① 47. ① 48. ④

49 다음의 (A)에 들어갈 알맞은 용어는 무엇인가?

> (A)는 원격지에 있는 사용자를 WAN을 통해 내부의 LAN으로 연결시켜 주는 기능을 수행한다. (A)는 중대형과 소형으로 구분한다. 소형 (A)는 그 기능 범위에 따라 터미널 서버 또는 커뮤니케이션 서버라고도 하는데, 예를 들어, 개인 PC에서 모뎀을 사용하여 '전화 접속 네트워킹'으로 인터넷 ISP의 망에 접속해서, 인터넷을 이용하는 환경에서 ISP 측에서 가입자의 전화접속을 받아주는 장비이다. 반면에, 중대형 (A)는 전용회선을 이용한 PPP 접속, 프레임 릴레이, X.25, ISDN BRI, ATM, DS-3 및 PSTN 등 장비에 따라 다소 차이는 있으나 다양한 WAN 인터페이스를 제공한다.

① WAS(Web Application Server)
② DNS(Domain Name System)
③ RAS(Remote Access Server)
④ NAT(Network Address Translation)

● 해설
RAS는 원격지에 있는 사용자를 WAN을 통해 내부의 LAN으로 연결시켜 주는 기능을 수행하는 서버이다. 중대형과 소형으로 구분되며, 소형 RAS는 터미널 서버 또는 커뮤니케이션 서버로 불리기도 한다.
① WAS(Web Application Server): 웹 애플리케이션을 실행하는 서버로, 클라이언트 요청에 따라 동적으로 웹 페이지를 생성한다.
② DNS(Domain Name System): 도메인 이름을 IP 주소로 변환하거나, IP 주소를 도메인 이름으로 변환하는 시스템이다.
④ NAT(Network Address Translation): 사설 IP 주소와 공인 IP 주소 간의 변환을 수행하여 네트워크 장치들이 인터넷에 연결될 수 있도록 지원하는 기술이다.

50 라우터(Router)는 OSI 7 Layer 중 어느 계층에서 동작하는가?

① Physical Layer
② DataLink Layer
③ Network Layer
④ TCP/IP Layer

● 해설
라우터는 IP 주소를 기반으로 패킷을 전달하며, 네트워크 간 라우팅을 수행하는 역할을 하기 때문에 Network Layer에서 동작한다.

5과목 ▶ 정보보호개론

51 (A) 안에 들어가는 용어 중 옳은 것은?

> (A)은/는 지리적 제약 없이 전 세계 사용자에게 빠르고 안전하게 콘텐츠를 전송할 수 있는 콘텐츠 전송 기술이다. (A)은/는 서버와 사용자 사이의 물리적인 거리를 줄여 콘텐츠 로딩에 소요되는 시간을 최소화한다. (A)은/는 각 지역에 캐시 서버(PoP; Points of Presence)를 분산 배치해, 근접한 사용자의 요청에 원본 서버가 아닌 캐시 서버가 콘텐츠를 전달한다.

① CDN   ② SVN
③ VPN   ④ WDM

● 해설
(A)에 해당하는 용어는 ① CDN(Content Delivery Network)이다. CDN은 콘텐츠 전송 기술로, 전 세계 사용자에게 빠르고 안전하게 콘텐츠를 전송할 수 있도록 서버와 사용자 사이의 물리적 거리를 줄여주는 역할을 한다. 지역별로 캐시 서버를 배치하여 콘텐츠 로딩 속도를 최적화하는 기술이다.

정답 49. ③ 50. ③ 51. ①

52 네트워크를 경유하는 네트워크 스위치나 라우터의 포워딩 플레인에 접근 권한을 제공하는 통신 프로토콜은?

① TCP ② UDP
③ OpenFlow ④ TLS

●해설

OpenFlow는 네트워크 스위치와 컨트롤러 간의 통신을 위한 프로토콜로, 네트워크 장비의 동작을 중앙에서 관리하고 프로그래밍할 수 있게 해주는 역할을 한다.

53 다음 지문이 설명하는 것은 무엇인가?

> 네트워크에 필요로 하는 주요 기능(L4, 방화벽 등)을 고가의 전용 장비 대신 고성능의 범용서버에 가상화시키는 기술로, 기술이 발전함에 따라 범용서버의 성능과 안정성이 향상되면서 비용 절감의 일환으로 대두되고 있다.

① NGFW(Next Generation FireWall)
② NFV(Network Function Virtualization)
③ SAN(Storage Area Network)
④ WAF(Web Application FireWall)

●해설

지문이 설명하는 것은 ② NFV(Network Function Virtualization)이다. NFV는 네트워크에 필요한 주요 기능을 전용 장비가 아닌 고성능의 범용 서버에 가상화시키는 기술로, 범용 서버의 성능과 안정성 향상으로 비용 절감을 목표로 하는 기술이다.
① NGFW(Next Generation FireWall): 차세대 방화벽을 나타내며, 기존 방화벽의 기능을 확장하여 보안 기능을 향상시킨 방화벽이다.
③ SAN(Storage Area Network): 저장장치를 네트워크로 연결하여 중앙 집중식 스토리지를 구축하는 기술로, 데이터 저장과 관리를 위한 네트워크 구성이다.
④ WAF(Web Application FireWall): 웹 애플리케이션을 보호하기 위한 방화벽으로, 웹 애플리케이션에 대한 공격을 탐지하고 차단한다.

54 다음 지문이 설명하는 것은 무엇인가?

> 필 치머만이 독자적으로 개발한 암호화 이메일로 세션키 암호화를 위해 IDEA 알고리즘을 이용하였고, 사용자 인증을 위한 전자 서명에는 RSA 알고리즘을 이용하였다.

① PGP(Pretty Good Privacy)
② PPP(Point to Point Protocol)
③ AH(Authentication Header)
④ IKE(Internet Key Exchange)

●해설

PGP는 필 치머만이 개발한 암호화 이메일 시스템으로, 세션키 암호화에 IDEA 알고리즘을 사용하고 사용자 인증을 위해 RSA 알고리즘을 이용한다.
② PPP(Point to Point Protocol): 포인트 투 포인트 연결에서 시리얼 라인을 통해 데이터를 전송하기 위한 프로토콜로, 인터넷 연결 등에서 사용한다.
③ AH(Authentication Header): IPsec 프로토콜 중 하나로, 인증 기능을 제공하여 패킷의 무결성과 보안을 확보한다.
④ IKE(Internet Key Exchange): IPsec 터널의 키 교환을 위한 프로토콜로, 보안 연결을 설정하고 키를 교환하는 과정을 자동화한다.

정답 52. ③ 53. ② 54. ①

55 (A) 안에 들어가는 용어 중 옳은 것은?

보안관리자 Kim 대리는 회사의 중요한 데이터를 인가된 사용자에게만 제공하고, 인가되지 않은 사용자에게 데이터가 제공되지 않도록 하기 위해 보안 솔루션을 도입하고자 한다. (A)을/를 도입함으로써 매체, 통신 인터페이스 제어를 통해 사용자 수준에서 회사의 데이터가 외부로 유출되는 것을 예방할 수 있을 것으로 기대한다.

① PMS(Patch Management System)
② DLP(Data Loss Prevention)
③ IDS(Intrusion Detection System)
④ IPS(Intrusion Prevention System)

● 해설

① PMS(Patch Management System): 시스템과 소프트웨어의 보안 패치를 관리하고 배포하는 시스템이다.
③ IDS(Intrusion Detection System): 외부로부터의 침입을 탐지하기 위해 네트워크나 시스템에서 로그를 분석하고 감시하는 시스템이다.
④ IPS(Intrusion Prevention System): 외부로부터의 침입을 탐지하는 것뿐만 아니라 탐지된 침입을 차단하여 시스템을 보호하는 시스템이다.

56 블록 암호 알고리즘이 아닌 것은?

① DES
② Blowfish
③ AES(Rijndael)
④ RC4

● 해설

RC4는 스트림 암호 알고리즘으로, 블록 암호 알고리즘이 아니다.

57 다음 중 VPN의 장점이 아닌 것은?

① 터널링과 보안 프로토콜을 통한 데이터의 기밀 유지 가능
② 공중망을 이용하여 저렴한 비용으로 전용망과 같은 효과
③ signature를 기반으로 한 공격 탐지
④ 공중망을 통한 연결을 전용망처럼 이용하는 가설사설망

● 해설

VPN은 가상 사설망을 구축하여 데이터 기밀성 및 보안을 제공하고, 공중망을 이용하여 전용망과 비슷한 효과를 얻을 수 있다.
signature를 기반으로 한 공격 탐지는 침입 탐지 시스템(IDS; Intrusion Detection System)에서 사용되는 접근 방식이다. 이 방식은 미리 정의된 악성 패턴 또는 시그니처를 기반으로 네트워크 및 시스템상에서 악의적인 활동을 탐지한다. 이를 통해 이미 알려진 공격 패턴을 식별하여 보안 이벤트를 탐지하고 대응할 수 있다.

58 MitM(Man in the Middle) 공격의 종류가 아닌 것은?

① ARP Spoofing
② DDos
③ DNS Spoofing
④ Sniffing

● 해설

DDos는 Distributed Denial of Service의 약자로, 대규모의 다수의 시스템이나 네트워크를 동시에 공격하여 대상 시스템의 가용성을 감소시키거나 마비시키는 공격을 의미한다. 반면, ARP Spoofing, DNS Spoofing, Sniffing은 모두 MitM 공격의 다양한 형태 중 하나이다.

정답 55. ② 56. ④ 57. ③ 58. ②

59 무차별 대입 공격이라 하며 주어진 경우의 수를 모두 대입하여 암호를 크랙하는 기법은?

① Reflective XSS
② Brute-Force Attack
③ Dictionary Attack
④ SQL injection

● 해설

무차별 대입 공격을 나타내는 Brute-Force Attack은 주어진 경우의 수를 모두 대입하여 암호를 크랙한다.
① Reflective XSS: 웹 애플리케이션에서 발생하는 크로스 사이트 스크립팅 공격의 한 형태로, 악성 스크립트가 사용자 브라우저에서 실행되도록 함으로써 공격자가 사용자 정보를 탈취할 수 있다.
③ Dictionary Attack: 미리 준비한 사전(단어 목록)을 사용하여 암호나 인증 정보를 무차별적으로 시도하는 공격으로, 약한 암호를 찾는 데 사용될 수 있다.
④ SQL Injection: 웹 애플리케이션에서 발생하는 공격으로, 악성 SQL 쿼리를 삽입하여 데이터베이스에 접근하거나 조작하는 공격이다.

60 다음에서 설명하는 기술은?

> 웹 애플리케이션 개발/운영 환경에서 공격자가 실행 가능한 언어로 작성된 공격 프로그램을 업로드한 후 원격으로 해당 파일에 접근하여 실행시키는 것

① SQL injection
② 파일 업로드 공격
③ 파일 다운로드 공격
④ 드라이브 다운로드

● 해설

① SQL injection: 데이터베이스 쿼리에 악성 SQL 코드를 삽입하여 데이터베이스를 조작하는 공격 방법이다.
③ 파일 다운로드 공격: 웹 애플리케이션에서 악성 파일을 다운로드하여 사용자 시스템에 악영향을 미치는 공격이다.
④ 드라이브 다운로드: 사용자의 컴퓨터에 악성 파일을 다운로드하거나 실행할 수 있도록 유도하는 공격이다.

정답 59. ② 60. ②

최신기출문제

| 2024년 4월 21일 |

1과목 ▶ TCP/IP

01 IPv6 address 표기 방법에 대한 설명 중 알맞은 것은?

① FEC0::/10은 IPv6 브로드캐스트 주소로 사용된다.
② FE80::/10은 링크 로컬 유니캐스트 주소로 사용된다.
③ 2001::1/127은 IPv6 주소에서 Loopback 주소로 사용된다.
④ FF00::/8는 IPv6 주소에서 애니캐스트 주소로 사용된다.

●해설

① IPv6는 유니캐스트, 애니캐스트, 멀티캐스트로 나뉘며, IPv4에 있던 브로드캐스트는 없다.
③ Loopback 주소란 네트워크 카드를 테스트하는 목적으로 배정된 로컬호스트 주소로, 가장 첫 주소를 할당하기 때문에 보기의 적합한 Loopback 주소는 2001::1/128이다.
④ FF00::/8은 IPv6 주소에서 멀티캐스트 주소로 사용된다.

02 다음 내용에 해당하는 기술에서 사용되는 올바른 프로토콜을 고르시오.

> 회사 내 홈페이지를 관리하는 서버 관리자 Kim 사원은 클라이언트와 웹서버 간에 데이터를 안전하게 전달하는 인증 암호화 기능을 사용하여 기존 Http 서비스를 Https 서비스로 전환한다.

① SSTP
② MIME
③ SSH
④ SSL

●해설

SSL(Secure Sockets Layer): 웹서버와 클라이언트 간의 통신을 안전하게 보호하기 위한 프로토콜로, HTTPS는 HTTP 프로토콜을 사용하는 웹서버와 클라이언트 간의 통신에 SSL을 적용하여 보안을 강화한 것이다. 비슷한 개념으로 TLS(Transport Layer Security) 등이 있다.

03 네트워크 관리자 Kim 사원은 네트워크 환경의 안정성을 점검하기 위하여 네트워크 분석기를 통하여 ARP request packet을 캡처, 분석하였다. 다음 그림의 내용을 참조할 때, ARP 필드 내용의 Target MAC address (A)는 무엇을 의미하는 주소인가?

```
∨ Address Resolution Protocol (request)
    Hardware type: Ethernet (1)
    Protocol type: IPv4 (0x0800)
    Hardware size: 6
    Protocol size: 4
    Opcode: request (1)
    Sender MAC address: Giga-Byt_82:a9:f1 (74:d4:35:82:a9:f1)
    Sender IP address: 192.168.0.6
    Target MAC address: 00:00:00_00:00:00 (00:00:00:00:00:00)   ( A )
    Target IP address: 192.168.0.200
```

① 목적지 호스트에 대한 로컬 브로드캐스트 주소를 의미한다.
② 목적지 호스트 주소를 알지 못한다는 의미이다.
③ ARP reply를 위한 더미(dummy) 값을 의미한다.
④ Subnet 상에 있는 특정 호스트를 의미한다.

정답 01. ② 02. ④ 03. ②

해설

Target MAC address가 "00:00:00:00:00:00"으로 쓰여 있다면, 이는 ARP 요청이 브로드캐스트로 전송되었음을 나타낸 것이다. 목적지 호스트 주소를 알지 못하여 특정한 대상을 지정하지 않고, 네트워크상의 모든 호스트에게 전달되었다는 의미이다. 이럴 경우, 네트워크상의 모든 호스트가 ARP 요청을 수신하고 자신의 IP 주소와 매칭되는 MAC 주소를 확인하여 응답한다.

04 네트워크 및 서버 관리자 Kim 사원은 장기간 출장 명령을 받은 관계로, 회사 내부에 있는 업무용 PC에 원격데스크톱(Terminal Service)을 설정하려고 한다. 하지만 업무용 PC가 공인 IP가 아니라 IP 공유기 내부에 있는 사설 IP로 사용 중이다. 외부에서 이 업무용 PC에 원격데스크톱(Terminal Service)을 사용하기 위한 설정에 있어 옳은 것은? [단, IP 공유기에 할당된 공인 IP는 210.104.177.55, 업무용 PC에 할당된 사설 IP(공유기 내부)는 192.168.0.22, 업무용 PC는 원격 설정이 되어 있음 (TCP/3389)]

① 방화벽에서 192.168.0.22번으로 tcp/3389번에 대한 접속을 허용한다.
② IP 공유기 내부에 210.104.177.55번에 포트 포워딩을 설정한다.
③ 업무용 PC에 반드시 Windows login password를 설정한다.
④ 업무용 PC에 반드시 CMOS password를 설정한다.

해설

IP 공유기 내부에 할당된 공인 IP인 210.104.177.55번에 포트 포워딩을 설정하면 외부에서 공인 IP 주소를 통해 업무용 PC의 사설 IP 주소로 접속할 수 있게 된다.

05 특정 호스트로부터 들어오는 패킷의 헤더를 출력해 주는 Tcpdump에서 사용하는 명령 중 'tcpdump port 21' 기본 사용 명령의 의미는?

① FTP 데이터 전송 정보를 출력한다.
② 21번 포트로 들어오는 패킷을 보여준다.
③ 21번 포트를 사용하는 패킷을 출력한다.
④ 송신되는 21포트 정보를 출력한다.

해설

tcpdump 명령어에서 "port"는 특정 포트 번호로 들어오거나, 특정 포트 번호로부터 나가는 모든 패킷을 필터링하는 데 사용된다. 따라서 "port 21"은 FTP의 데이터 전송에 사용되는 제어 연결 포트인 21번 포트를 사용하는 모든 패킷을 모니터링하는 명령어이다.

06 Wireshark에서 아래와 같은 결과값을 출력할 수 있는 display filter 값으로 옳지 않은 것은?

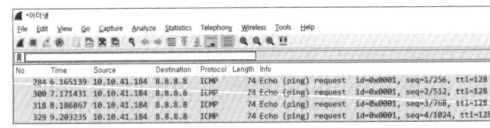

① ping==8.8.8.8
② ip.dst==8.8.8.8
③ icmp && ip.src==10.10.41.184
④ ip.src==10.10.41.184 && ip.dst==8.8.8.8

해설

① ping==8.8.8.8: Wireshark에서 'ping'은 존재하지 않는 필터이므로 올바른 결과를 출력할 수 없다.
② ip.dst==8.8.8.8: 목적지 IP 주소가 8.8.8.8인 패킷을 필터링하는 명령어로, 이미지에서 모든

정답 04. ③ 05. ② 06. ①

패킷의 목적지 IP 주소가 8.8.8.8로 표시되어 있기 때문에 올바르게 적용되었다.
③ icmp && ip.src==10.10.41.184 : ICMP 프로토콜을 사용하고 출발지 IP 주소가 10.10.41.184인 패킷을 필터링하는 명령어로, 이미지에서 모든 패킷은 ICMP 프로토콜을 사용하고, 출발지 IP 주소가 10.10.41.184로 표시되어 있으므로 올바르게 적용되었다.
④ ip.src==10.10.41.184 && ip.dst==8.8.8.8 : 출발지 IP 주소가 10.10.41.184이고, 목적지 IP 주소가 8.8.8.8인 패킷을 필터링하는 명령어로, 이미지에서 모든 패킷은 출발지 IP 주소가 10.10.41.184이고, 목적지 IP 주소가 8.8.8.8로 표시되어 있으므로 올바르게 적용되었다.

07 TCP 프로토콜의 데이터 전송에 관한 설명으로 올바른 것은?

① DNS(Domain Name System), VOIP, 온라인게임 등에 쓰인다.
② 데이터 전송 과정에서 흐름 제어를 지원하려고 슬라이딩 윈도우 기법을 사용한다.
③ 부정 응답 기능인 NAK를 사용해 프레임 변형 오류를 해결한다.
④ 단순한 요청 응답구조가 필요한 경우 사용되며 속도가 빠르다.

● 해설
① TCP는 신뢰성이 중요한 경우에 사용되며, DNS, VOIP, 온라인게임 등은 주로 UDP를 사용한다.
③ TCP는 ACK를 사용하며, NAK는 사용하지 않는다.
④ TCP는 복잡한 연결 설정과 흐름 제어를 사용하므로 UDP에 비해 속도가 느리다.

08 다음 중 (A), (B) 안에 맞는 용어로 옳은 것은?

① (A) 리전,   (B) 가용영역
② (A) 가용영역, (B) 리전
③ (A) VPC,   (B) Subnet
④ (A) Subnet,   (B) VPC

● 해설
리전(Region)은 클라우드 서비스 제공자의 데이터 센터 클러스터링 물리적 위치를 의미하고, 가용영역(Availability Zone)은 리전 내 논리적 데이터 센터 그룹을 의미한다.

09 다음 ICMP 오류메시지에 대한 설명으로 옳지 않은 것은?

① 오류 보고 메시지인 DESTINATION UNREACHABL은 수신 호스트가 존재하지 않거나, 존재해도 필요한 프로토콜이나 포트 번호 등이 없이 수신 호스트에 접근이 불가능한 경우에 발생한다.
② TIME EXCEEDED는 패킷의 TTL 필드 값이 0이 되어 패킷이 버려진 경우에 주로 발생한다.
③ 오류 보고 메시지에서 첫 줄의 4바이트는 질의 메시지와 동일한 구조를 보이지만, 이어지는 메시지의 내용은 서로 다르다.
④ 오류가 발생한 IP 패킷의 일부, 즉 헤더와 추가적인 8바이트의 정보가 ICMP 메시지로 수신 호스트에 전달된다.

● 해설
ICMP의 오류메시지는 수신 호스트가 아닌 발신 호스트로 전송된다.

정답 07. ②   08. ①   09. ④

10 DHCP 프로토콜에 대한 설명으로 옳지 않은 것은?

① DHCP 서버는 네트워크에 연결된 클라이언트 디바이스들에게 IP 주소를 동적으로 할당, 이를 통해 디바이스들은 중복되지 않는 IP 주소를 자동으로 받아 사용한다.
② 서브넷 마스크, 기본 게이트웨이, DNS 서버 등의 구성 정보를 제공한다.
③ 클라이언트는 TCP 프로토콜을 사용한다.
④ DHCP 서버와 클라이언트 간의 통신에 사용되는 포트 67번으로 DHCP 패킷을 네트워크로 브로드캐스트한다.

● 해설
DHCP는 UDP 프로토콜을 사용한다.

11 RARP에 관한 설명으로 옳지 않은 것은?

① RARP 요청 패킷은 브로드캐스트 되고, RARP 응답 패킷은 유니캐스트 방식으로 전달된다.
② RARP 패킷의 형식은 ARP 패킷의 형식과 동일하지만, 들어가는 값이 다르다.
③ RARP는 물리 주소를 알고 있을 때 대응하는 논리 주소를 알아내기 위한 프로토콜이다.
④ RARP 메시지는 IP 데이터그램의 형태로 캡슐화되어 전송된다.

● 해설
RARP 메시지는 IP 데이터그램이 아닌 이더넷 프레임에 캡슐화된다.

12 다음 중 TCP 헤더 옵션의 종류로 옳지 않은 것은?

① MSS
② Timestamp
③ Window Scale Factor
④ RTT

● 해설
TCP 주요 헤더 옵션

옵션	Type Number	설명
MSS (Maximum Segment Size)	2	송신 측에서 수신 측에 전송할 수 있는 최대 세그먼트 크기를 지정한다. 네트워크 경로상의 최대 전송 단위(MTU)를 기반으로 설정된다.
Window Scale	3	TCP 창 크기를 확장하기 위해 사용된다. 기본적으로 16비트(0~65535)의 창 크기를 최대 32비트까지 확장할 수 있다.
Timestamp	8	RTT(왕복 시간)를 계산하고 오래된 패킷의 재전송을 방지하기 위해 사용된다.

13 IPv6에 대한 설명으로 옳지 않은 것은?

① 확장된 헤더에 선택 사항들을 기술할 수 있다.
② 브로드캐스트를 새로 도입하였다.
③ 특정한 흐름에 속해 있는 패킷들을 인식할 수 있다.
④ 패킷의 출처 인증, 데이터 무결성의 보장 및 비밀의 보장 등을 위한 메커니즘을 지정할 수 있다.

정답 10. ③ 11. ④ 12. ④ 13. ②

● 해설

IPv6는 브로드캐스트를 지원하지 않으며, 멀티캐스트와 애니캐스트를 사용한다.

14 TFTP에 대한 설명으로 올바른 것은?

① TCP/IP 프로토콜에서 데이터의 전송 서비스를 규정한다.
② 인터넷상에서 전자우편(E-mail)의 전송을 규정한다.
③ UDP 프로토콜을 사용하여 두 호스트 사이에 파일 전송을 가능하게 해준다.
④ 네트워크의 구성원에 패킷을 보내기 위한 하드웨어 주소를 정한다.

● 해설

TFTP는 UDP를 사용하여 간단한 파일 전송을 가능하게 하는 프로토콜로, 주로 네트워크 부팅과 설정 파일 전송에 사용된다.
① TCP에 대한 설명이다.
② SMTP에 대한 설명이다.
④ ARP에 대한 설명이다.

15 RIP에 대한 설명으로 옳지 않은 것은?

① 독립적인 네트워크 내에서 라우팅 정보 관리를 위해 광범위하게 사용된 프로토콜이다.
② 자신이 속해 있는 네트워크에 30초마다 라우팅 정보를 브로드캐스팅(Broadcasting) 한다.
③ 네트워크 거리를 결정하는 방법으로 홉의 총계를 사용한다.
④ 대규모 네트워크에서 최적의 해결 방안이다.

● 해설

- RIP는 홉 수를 기준으로 최단 경로를 찾는 거리 벡터 라우팅 프로토콜로, 30초마다 전체 라우팅 테이블을 브로드캐스트하여 네트워크 상태를 업데이트한다.
- RIP는 홉 수 제한(15홉)으로 인해 대규모 네트워크에서는 비효율적이다.

16 멀티캐스트 라우터에서 멀티캐스트 그룹을 유지할 수 있도록 메시지를 관리하는 프로토콜은?

① ARP   ② ICMP
③ IGMP ④ FTP

● 해설

① ARP: 주소 해석 프로토콜이다.
② ICMP: 인터넷 제어 메시지 프로토콜이다.
④ FTP: 파일 전송 프로토콜이다.

17 네트워크 ID '210.182.73.0'을 몇 개의 서브넷으로 나누고, 각 서브넷은 적어도 40개 이상의 Host ID를 필요로 한다. 적절한 서브넷 마스크 값은?

① 255.255.255.192
② 255.255.255.224
③ 255.255.255.240
④ 255.255.255.248

● 해설

적어도 40개 이상의 HOST ID를 필요로 하는 적절한 서브넷 마스크 값을 구하기 위해서는 40을 포함할 수 있는 적어도 64개 이상의 호스트를 가진 서브넷을 구해야 한다.
① 255.255.255.192는 64개의 호스트를 가진 4개의 서브넷으로 나뉘어져 있다.
② 255.255.255.224는 32개의 호스트를 가진 8개

정답 14. ③ 15. ④ 16. ③ 17. ①

의 서브넷으로 나뉘어져 있다.
③ 255.255.255.240은 16개의 호스트를 가진 16개의 서브넷으로 나뉘어져 있다.
④ 255.255.255.248은 8개의 호스트를 가진 32개의 서브넷으로 나뉘어져 있다.

● 해설

Private IP 할당 확인: 일반적으로 Private Zone에 위치한 서버에는 Private IP를 사용함으로써 외부로부터의 직접적인 접근을 막을 수 있기 때문에 보안상 유리하다.

2과목 • 네트워크 일반

18 클라우드 구축 시 보안성 향상을 위하여 점검하여야 할 보안 활동에 대한 설명으로 옳지 않은 것은?

① 패스워드가 단순하게 설정되어 있는 경우 비인가자에 의한 Brute-force, Dictionary attack 공격이 발생할 수 있으므로, 해당 공격을 예방하기 위해 패스워드의 복잡성 설정이 되어 있는지 점검한다.
② Access Key 유출 시 비인가자가 기간 제한 없이 리소스를 등록, 수정, 조회할 수 있으므로 주기적으로 Key에 대해 관리(변경 주기에 따라 교체)한다.
③ 특정 Subnet에 서비스 침해 사고가 발생되었을 때, 각 Subnet 간 접근통제로 2차 피해 예방을 위해 서비스 목적에 따라 Subnet이 분리되어야 한다.
④ Private Zone에 위치한 서버에 Private IP가 할당된 경우, 해당 IP로 침해 위협이 발생될 가능성이 있으며 Private Zone에 위치한 서버에 Private IP가 할당되지 않도록 주기적으로 확인한다.

19 클라우드 담당자 Kim 사원은 클라우드 환경에서 서버 부하 분산 방식에 대해 고려하고 있다. 다음에서 설명하는 서버 부하 분산 방식은?

> 서버 커넥션 수, 응답 상황 등에 관계없이 균등하게 순차적으로 요청을 할당하는 방식

① Round Robin
② Least Connection
③ IP Hash
④ Random Choice

● 해설

② Least Connection: 현재 연결이 가장 적은 서버에 요청을 할당하는 방식이다.
③ IP Hash: 클라이언트 IP 주소를 해시하여 특정 서버에 요청을 할당하는 방식이다.
④ Random Choice: 무작위로 서버를 선택하여 요청을 할당하는 방식이다.

20 OSI 7 Layer 중에서 응용프로그램이 네트워크 자원을 사용할 수 있는 통로를 제공해 주는 역할을 담당하는 Layer는?

① Application Layer
② Session Layer
③ Transport Layer
④ Presentation Layer

정답 18. ④ 19. ① 20. ①

● 해설

② Session Layer: 세션 관리와 동기화를 담당한다.
③ Transport Layer: 데이터 전송의 신뢰성과 흐름 제어를 담당한다.
④ Presentation Layer: 데이터 형식 변환과 암호화를 담당한다.

21 클라우드 네트워크 보안 담당자 Kim 부장은 제로 트러스트(Zero Trust)를 적용하여 보안 구성을 하라는 지시를 받았다. 제로 트러스트에 대한 설명으로 옳지 않은 것은?

① 'Never Trust, Always Verify'를 구현하기 위해 보호해야 할 모든 데이터와 컴퓨팅 서비스를 자원(resour-cee)으로 분리·보호하고, 각 자원에 접속 요구마다 인증하는 원리이다.
② 경계 기반 보안모델로서 네트워크 내부 접속 요구(사용자, 기기 등)는 어느 정도 신뢰할 수 있다는 가정에서 시작한다.
③ 전통적인 경계 기반 보안(Perimeter Security)으로는 업무 환경의 변화와 진화하는 사이버 위협에 효과적으로 대응하기 어려워 '제로 트러스트(Zero Trust)' 개념이 등장했다.
④ 보호해야 할 모든 데이터와 컴퓨팅 서비스를 각각의 자원(Resource)으로 분리·보호한다.

● 해설

제로 트러스트(Zero Trust)
• 제로 트러스트는 "절대 신뢰하지 말고 항상 검증하라"는 원칙을 기반으로 하는 보안 모델로, 내부와 외부 네트워크 모두를 신뢰할 수 없다고 가정하며, 모든 사용자, 기기, 애플리케이션, 트랜잭션에 대해 지속적으로 인증, 인가, 검증을 수행한다.
• 제로 트러스트는 최소 권한 원칙을 적용하여 사용자가 필요한 자원에만 접근하도록 제한하고, 동적이고 세밀한 정책을 통해 위협을 차단한다.
• 네트워크 경계의 내부와 외부를 구분하지 않고, 모든 접속을 의심하고 검증하는 보안 접근 방식을 제공한다.

22 여러 개의 타임 슬롯(Time Slot)으로 하나의 프레임이 구성되며, 각 타임 슬롯에 채널을 할당하여 다중화하는 것은?

① TDMA ② CDMA
③ FDMA ④ CSMA

● 해설

② CDMA(Code Division Multiple Access): 각 사용자에게 고유한 코드 패턴을 부여하여 다중화하는 방식이다.
③ FDMA(Frequency Division Multiple Access): 주파수 대역을 여러 개로 나누어 각 채널에 할당하여 다중화하는 방식이다.
④ CSMA(Carrier Sense Multiple Access): 채널 사용 상태를 감지하고 데이터 전송을 제어하는 방식이다.

23 물리 계층의 역할이 아닌 것은?

① 전송매체를 통해서 시스템들을 물리적으로 연결한다.
② 자신에게 온 비트들이 순서대로 전송될 수 있도록 한다.
③ 전송, 형식 및 운영에서의 에러를 검색한다.
④ 물리적 연결과 동작으로 물리적 링크를 제어한다.

● 해설

③은 데이터링크 계층의 역할이다.

정답 21. ② 22. ① 23. ③

24 Gigabit Ethernet에 대한 설명에 해당하는 것은?

① MAC 계층에서는 토큰 링 프로토콜을 사용한다.
② Gigabit Ethernet에서는 Fast Ethernet의 10배 대역폭을 지원하기 위해 동일한 슬롯 크기를 유지하면서 케이블 거리가 10m 정도로 짧아진다.
③ Gigabit Ethernet에서는 슬롯의 크기를 512바이트로 확장하여 전송 속도를 증가시킨다.
④ 현재의 Ethernet과의 호환이 어렵고, 연결 설정형 방식이다.

● 해설

① 이더넷에서는 토큰 링 프로토콜을 사용하지 않는다.
② 슬롯 크기 변경 없이 케이블 거리가 짧아지는 것이 아니다.
④ Gigabit Ethernet은 기존 이더넷과 호환되며, 연결 설정형 방식이 아니다.

25 OSI 7 Layer의 각 Layer 별 Data 형태로서 적당하지 않은 것은?

① Transport Layer – Segment
② Network Layer – Packet
③ Datalink Layer – Fragment
④ Physical Layer – bit

● 해설

전송 계층별 데이터 단위
• 물리 계층(Physical Layer) – 비트(bit)
• 데이터링크 계층(Datalink Layer) – 프레임(Frame)
• 네트워크 계층(Network Layer) – 패킷(Packet)
• 전송 계층(Transport Layer) – 세그먼트(Segment)

26 ARQ 중 에러가 발생한 블록 이후의 모든 블록을 재전송하는 방식은?

① Go-Back-N ARQ
② Stop-and-Wait ARQ
③ Selective ARQ
④ Adaptive ARQ

● 해설

에러가 발생한 블록 이후의 모든 블록을 재전송하는 방식은 Go-Back-N ARQ로, 수신 측에서 오류 발생(NAK)을 알리면 오류가 발생한 시점으로 돌아가(Go-Back) 해당 시점 이후의 모든 블록을 재전송한다.

27 다음 설명에 알맞은 프로토콜은?

• 음성영상 데이터 등과 같은 실시간 정보를 멀티캐스트나 유니캐스트 서비스를 통해서 전송하는 데 적합한 프로토콜이다.
• QoS(Quality of Service)와 종단 대 종단 데이터 전송을 감시하는 RTCP를 필요로 한다.

① TCP(Transmission Control Protocol)
② SIP(Session Initiation Protocol)
③ RSVP(ReSouece reserVation Protocol)
④ RTP(Real-time Transfer Protocol)

● 해설

RTP(Real-time Transport Protocol)는 음성, 비디오와 같은 실시간 데이터를 네트워크상에서 전송하기 위해 설계된 프로토콜로, 데이터 전송의 시퀀싱, 타임스탬프, 페이로드 형식 식별 등을 제공하여 스트리밍 미디어의 품질을 보장하며, 주로 VoIP, 비디오 회의, 스트리밍 서비스에 사용된다.

정답 24. ③ 25. ③ 26. ① 27. ④

3과목 · NOS

28 서버 담당자 Park 사원은 Windows Server 2022에서 Active Directory를 구축하여 관리의 편리성을 위해 그룹을 나누어 관리하고자 한다. 다음의 제시된 조건에 해당하는 그룹은?

> 이 구성원은 다른 도메인의 사용자 계정이 될 수 있으나 도메인 로컬 그룹이 접근할 수 있는 자원은 자신이 소속된 도메인에 제한된다.

① Global Group
② Domain Local Group
③ Universal Group
④ Organizational Unit

● 해설
① Global Group: 같은 도메인 내의 사용자 계정을 그룹으로 묶어 관리하는 그룹이다.
③ Universal Group: 여러 도메인에서 사용 가능한 그룹이다.
④ Organizational Unit: Active Directory 내의 컨테이너로, 그룹과는 다르다.

29 Windows Server 2022 Hyper-V에서 특정 시간 지점 이미지를 쉽게 생성할 수 있는 기능으로, 이 특정 시간 지점 이미지를 이용해 VM의 특정 시점 상태로 손쉽게 복구할 수 있다. 이 기능을 무엇이라 하는가?

① Production Checkpoint
② Alternate Credentials Support
③ Integration Service
④ Update Manager

● 해설
② Alternate Credentials Support: 대체 자격 증명을 지원하는 기능이다.
③ Integration Service: VM과 호스트 간의 통합 서비스를 제공하는 기능이다.
④ Update Manager: 시스템 업데이트를 관리하는 기능이다.

30 Linux에서 파일의 접근 권한 변경 시 사용되는 명령어는?

① umount   ② greb
③ ifconfig   ④ chmod

● 해설
① umount: 파일 시스템을 언마운트 하는 명령어이다.
② greb: 존재하지 않는 명령어, 유사한 철자의 grep은 파일 내용 검색 명령어이다.
③ ifconfig: 네트워크 인터페이스를 설정하는 명령어이다.

31 Linux에서 DNS를 설치하기 위한 'named.zone' 파일의 SOA 레코드에 대한 설명으로 옳지 않은 것은?

① Serial: 타 네임서버가 이 정보를 유지하는 최소 유효기간
② Refresh: Primary 네임서버의 Zone 데이터베이스 수정 여부를 검사하는 주기
③ Retry: Secondary 네임서버에서 Primary 네임서버로 접속이 안 될 때 재시도를 요청하는 주기
④ Expire: Primary 네임서버 정보의 신임 기간

정답 28. ② 29. ① 30. ④ 31. ①

● 해설

SOA 레코드에서 Serial은 SOA의 시리얼넘버(일련 번호)를 의미한다.

32 Linux에서 사용되는 애플리케이션 및 환경 설정에 필요한 설정 파일들과 'passwd' 파일을 포함하고 있는 디렉터리는?

① /bin
② /home
③ /etc
④ /root

● 해설

/etc에는 각종 시스템 설정 파일과 명령어들이 들어 있다.
- passwd(패스워드) 파일은 /etc/shadow에 저장한다.
- group: 그룹 정의 파일
- printcap: 프린터 목록 파일
- fstab: 파일 시스템 테이블

33 Linux 시스템에서 '-rwxr-xr-x'와 같은 퍼미션을 나타내는 숫자는?

① 755
② 777
③ 766
④ 764

● 해설

알파벳 rwx는 각각 read(읽기), write(쓰기), execution(실행)을 나타내며, 각 숫자의 합으로 읽기, 쓰기, 실행에 대한 권한을 나타낸다.
r=4 / w=2 / x=1이며, 따라서
7=4+2+1=r+w+x=읽기, 쓰기, 실행 권한 모두 보유
6=4+2=r+w=읽기, 쓰기 권한 보유
5=4+1=r+x=읽기, 실행 권한 보유
4=4=r=읽기 권한 보유
3=r+x=쓰기, 실행 권한 보유
2=2=w=쓰기 권한 보유
1=1=x=실행 권한 보유
이는 숫자로도 나타낼 수 있으며, rwx 각 세 자리의 알파벳으로도 나타낼 수 있는데, 예를 들어, 7=rwx, 6=rw-, 3=-wx 등으로 표현할 수 있다.
리눅스 시스템상에서 파일의 사용자는 소유주, 그룹, 기타 사용자로 구분되는데, 한 파일에 대한 사용자별 권한도 이러한 숫자의 조합 혹은 알파벳의 조합으로 나타낼 수 있다.
지문의 '-rwxr-xr-x'는 앞자리부터 세 자리씩 끊어 살펴보면 rwx r-x r-x이며, 이를 숫자로 변환하면
소유주 권한=r+w+x=4+2+1=7
그룹 권한=r+x=4+1=5
기타 사용자 권한=r+x=4+1=5이므로
755로도 나타낼 수 있다.

34 'www.icqa.or.kr'이란 사이트의 IP Address를 획득하려고 할 때 Windows Server에서 'cmd'를 이용한 방법으로 올바른 것은?

① netstat www.icqa.or.kr
② nslookup www.icqa.or.kr
③ ipconfig www.icqa.or.kr
④ telnet www.icqa.or.kr

● 해설

Windows Server의 명령 프롬프트(cmd.exe)에서 특정 사이트의 IP 주소를 획득하는 명령어는 nslookup이다. 자주 헷갈리는 ipconfig는 현재 컴퓨터의 네트워크 설정값(IP Address, 서브넷마스크, 게이트웨이 등)을 표시한다.

정답 32. ③ 33. ① 34. ②

35 아파치 서버의 설정 파일인 'httpd.conf'의 항목에 대한 설명으로 옳지 않은 것은?

① KeepAlive On: HTTP에 대한 접속을 끊지 않고 유지한다.
② StartServers 5: 웹서버가 시작할 때 다섯 번째 서버를 실행시킨다.
③ MaxClients 150: 한 번에 접근 가능한 클라이언트의 개수는 150개이다.
④ Port 80: 웹서버의 접속 포트 번호는 80번이다.

● 해설
- KeepAlive: 하나의 TCP 연결에서 여러 HTTP 요청을 처리할 수 있도록 연결을 유지할지 여부를 설정.
- StartServers: Apache 서버가 시작될 때 생성할 서버 프로세스의 개수를 설정.
- MaxClients: 동시에 처리할 수 있는 최대 클라이언트 수를 설정.
- Port: Apache 서버가 수신할 포트 번호를 지정.

36 DNS 레코드 중 IP Address를 도메인 네임으로 역매핑하는 레코드는?

① SOA   ② A
③ PTR   ④ CNAME

● 해설
PTR 레코드는 Revers DNS(역 DNS)라고도 부르며, 도메인이 아닌 IP에 질의를 하여 도메인 네임을 확인하는 과정이다.
① SOA: 시작 권한을 나타내는 레코드로, 역매핑과는 관련 없다.
② A: 도메인 네임을 IP 주소로 매핑하는 레코드이다.
④ CNAME: 도메인 네임 별칭을 설정하는 레코드이다.

37 Linux 서버 관리자인 Han 과장은 iptables를 이용하여 패킷을 필터링하는 방화벽으로 사용하고 있다. iptables 규칙의 설정 파라미터인 커맨드(Command)에 대한 설명으로 옳지 않은 것은?

① iptables -A: 패킷 필터링 규칙을 설명하는 데 사용한다.
② iptables -D: 패킷 필터링 규칙을 삭제하는 데 사용한다.
③ iptables -L: 패킷 필터링 규칙을 표시하는 데 사용한다.
④ iptables -F: 패킷 필터링 규칙을 삭제하는 데 사용한다.

● 해설
- iptables는 리눅스 시스템에서 방화벽 설정을 관리하기 위한 명령어이며, 주로 네트워크 트래픽을 필터링하고 제어하는 데 사용된다.
- 'iptables -A'는 새로운 규칙을 지정한 체인의 끝에 추가(Append)하는 데 사용한다.

38 다음 중 Windows Server 2022 [로컬 보안 정책]의 [계정 정책] 중 '계정 잠금 정책' 항목에서 설정할 수 없는 것은?

① 계정 잠금 기간
② 계정 잠금 임계값
③ 계정 암호 길이
④ 계정 잠금 수 초기화 시간

● 해설
계정 암호 길이는 계정 잠금 정책이 아닌 암호 정책에 해당한다.

정답 35. ② 36. ③ 37. ① 38. ③

39 시스템 담당자인 Lee 사원은 현재 디렉터리 아래에서 최근 1주일 이내에 수정된 파일들을 검색하고, 해당하는 파일들을 자세히 보고자 한다. 이를 위한 명령어와 옵션으로 올바른 것은?

① find . -mtime +7 -exec ls -al { } \;
② find . -mtime -7 -exec ls -al { } \;
③ find . -atime +7 -exec ls -al { } \;
④ find . -atime -7 -exec ls -al { } \;

● 해설

- mtime: modification time을 의미(파일을 수정한 시간)
- atime: access time을 의미 (접근시간)
- +7: 7일 초과(=8일 이내) 기간
- -7: 7일 포함(=일주일 이내) 기간

① find . -mtime +7 -exec ls -al { } :: 7일보다 긴 범위의 수정 파일을 검색한다.
③ find . -atime +7 -exec ls -al { } :: 7일보다 긴 범위 안에 접근된 파일을 검색한다.
④ find . -atime -7 -exec ls -al { } :: 최근 1주일 이내에 접근된 파일을 검색한다.

40 Linux에서 프로세스의 상태를 확인하고자 할 때 사용하는 명령어는?

① ps   ② w
③ at   ④ cron

● 해설

ps는 프로세스가 유효한지 여부를 확인할 수 있는 명령어이다.

41 서버 담당자 Jang 사원은 Windows 서버에 디스크 용량을 증설하던 도중 Windows Server 2022에서 다음과 같은 화면을 보게 되었다. Jang 사원이 추가한 디스크를 사용하기 위해서 수행해야 할 작업 중 적절하지 않은 것은?

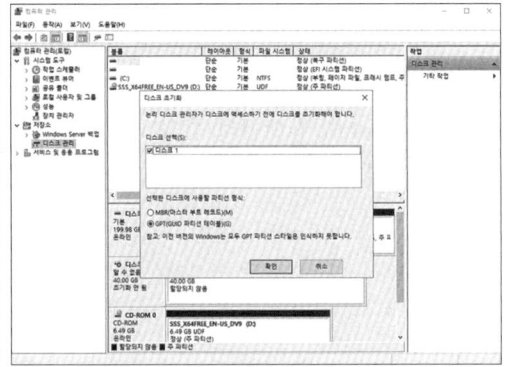

① 디스크 초기화
② 스팬 볼륨 추가
③ 드라이브 문자 할당
④ 디스크 포맷

● 해설

이미지에서는 디스크 관리 도구를 사용하여 새로운 디스크를 초기화하는 화면을 보여주고 있는데, 새로운 디스크를 사용할 준비가 되기 전에, 다음과 같은 단계를 거쳐야 한다.

- 디스크 초기화: 새 디스크를 사용할 수 있도록 준비하는 첫 번째 단계로, 기본적으로 수행해야 한다.
- 디스크 포맷: 디스크를 초기화한 후, 파일 시스템을 할당하기 위해 디스크를 포맷해야 한다. 데이터를 저장할 수 있도록 디스크를 준비하는 단계이다.
- 드라이브 문자 할당: 포맷이 완료되면, 디스크를 탐색기에서 사용할 수 있도록 드라이브 문자를 할당해야 한다. 이를 통해 사용자나 응용프로그램이 디스크를 인식할 수 있다.
- 스팬 볼륨 추가: 스팬 볼륨은 여러 개의 물리적

정답 39. ② 40. ① 41. ②

디스크를 하나의 논리적 볼륨으로 결합하는 기능으로, 필수적인 단계는 아니며, 기본적으로 단일 디스크를 사용할 때는 불필요하다.

42 Linux 시스템에서 현재 디렉터리의 하위 디렉터리인 'temp'를 포함하고, 모든 하위 디렉터리와 파일을 재귀적으로 강제 삭제하는 명령어로 올바른 것은?

① rm -rf ./temp
② rm -r ./temp
③ rm -f ./temp
④ rm ./temp

● 해설

rm은 remove의 줄임말로 파일이나 디렉터리를 삭제하는 명령어이며 옵션은 다음과 같다.
-r: 하위 디렉터리 삭제
-f: 강제 삭제
-i: 물어본 후 삭제
따라서, 하위 디렉터리를 강제로 삭제하는 옵션은 -rf이다.

② rm -r ./temp: 'temp' 디렉터리와 그 하위의 모든 파일과 디렉터리를 재귀적으로 삭제하지만, 강제 삭제는 아니다.
③ rm -f ./temp: 'temp' 파일을 강제 삭제한다. 디렉터리와 하위 파일/디렉터리를 삭제하지 않는다.
④ rm ./temp: 'temp' 파일을 삭제한다. 디렉터리와 하위 파일/디렉터리를 삭제하지 않는다.

43 다음은 명령어 프롬프트 창에서 Windows Server 2022에서 FTP 서비스의 상태를 조회한 결과이다. 옳지 않은 것은?

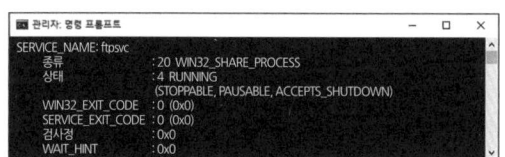

① FTP 서비스를 중지하고 다시 상태를 조회하면 출력되는 결과가 다르다.
② 현재 FTP 서비스는 실행 중이다.
③ 현재 실행되고 있는 FTP 서비스는 중지할 수 있다..
④ 'net query ftpsvc'로 FTP 서비스의 상태를 조회할 수 있다.

● 해설

① 현재 상태가 RUNNING(실행 중)으로 표시되고 있는데, 서비스를 중지하면 상태가 STOPPED(중지됨)로 변경될 것이므로 출력되는 결과는 다르게 나올 것이다.
② 상태가 RUNNING으로 표시되고 있으므로, FTP 서비스가 실행 중이다.
③ RUNNING 상태인 서비스는 중지할 수 있다. 출력 정보에 "STOPPABLE, PAUSABLE, ACCEPTS_SHUTDOWN"이 포함되어 있으므로 서비스를 중지할 수 있다.
④ FTP 서비스의 상태를 조회하는 정확한 명령어는 'sc query ftpsvc'이다.

44 서버 담당자 Park 사원은 Linux 서버를 업그레이드하기 위하여 시스템을 종료하고자 한다. 다음 명령어 중 다른 하나는?

① poweroff -p
② halt -p
③ shutdown -c
④ init 0

● 해설

suntdown -c는 시스템 종료를 취소(cancel)하는 명령어로 시스템을 종료하지 않지만, 나머지 3개의 선택지는 모두 시스템을 종료하고 전원을 끄는 명령어이다.

정답 42.① 43.④ 44.③

45 서버 담당자 Park 사원은 Windows Server 2022에서 기존의 폴더 또는 파일을 안전한 장소로 보관하기 위해 백업 기능을 사용하고자 한다. Windows Server 2022는 자체적으로 백업 기능을 제공해 주기 때문에 별도의 외부 소프트웨어를 설치하지 않아도 백업 기능을 사용할 수 있다. 다음 중 Windows Server 백업을 실행하는 방법으로 올바르지 않은 것은?

① [시작]-[실행]-wbadmin.msc 명령을 실행
② [제어판]-[시스템 및 보안]-[관리도구]-[Windows Server 백업]
③ [컴퓨터 관리]-[저장소]-[Windows Server 백업]
④ [시작]-[실행]-diskpart 명령을 실행

● 해설
diskpart는 디스크 파티션을 관리하는 명령어로, Windows Server 백업과 관련이 없다.

4과목 · 네트워크 운용기기

46 내부 도메인 라우팅(Intra-domian Routing 또는 Intra-AS Routing) 프로토콜에 해당하지 않은 것은?

① RIP   ② OFPF
③ IS-IS   ④ BGP

● 해설
① RIP: 내부 도메인 라우팅 프로토콜로, 소규모 네트워크에서 사용된다.
② OSPF: 내부 도메인 라우팅 프로토콜로, 링크 상태 라우팅을 사용한다.
③ IS-IS: 내부 도메인 라우팅 프로토콜로, OSPF와 유사하다.
④ BGP: 외부 도메인 라우팅 프로토콜로, AS(자율 시스템) 간의 라우팅을 담당한다.

47 LAN 카드의 MAC Address에 실제로 사용하는 비트 수는?

① 16bit   ② 32bit
③ 48bit   ④ 64bit

● 해설
LAN 카드의 MAC Address는 48비트이다.

48 라우터 NVRAM에서 RAM으로 Configuration File을 Copy 하는 명령어는?

① copy flash start
② copy running-config startup-config
③ copy startup-config running-config
④ erase startup-config

● 해설
NVRAM(Non-Volatile Random Access Memory)은 전원을 끈 상태에서도 정보가 사라지지 않는 비휘발성 램(Startup-configuration)이고, RAM(Random Access Memory)은 전원이 켜진 후 작동하는, 현재 구성(running configuration) 램이다.
① copy flash start: 플래시 메모리에서 시작 구성 파일로 복사하는 명령어이다.
② copy running-config startup-config: 현재 실행 중인 구성 파일을 시작 구성 파일로 복사하는 명령어이다.
④ erase startup-config: 시작 구성 파일을 삭제하는 명령어이다.

정답 45. ④ 46. ④ 47. ③ 48. ③

49 라우팅 프로토콜에서 사용하는 최적의 라우팅 정보는 라우팅 테이블에 기록되어 있는데, 이를 매트릭스(Metrics)라고 한다. 다음 중 매트릭스의 종류에 해당하지 않는 것은?

① 대역폭(Bandwidth)
② 링크(Link) 수
③ 지연(Delay)
④ 코스트(Cost)

● 해설

① 대역폭(Bandwidth): 매트릭스의 한 종류로, 네트워크 대역폭을 기준으로 라우팅을 결정한다.
③ 지연(Delay): 네트워크 지연 시간을 기준으로 라우팅을 결정한다.
④ 코스트(Cost): 관리자가 설정한 비용을 기준으로 라우팅을 결정한다.

50 RAID 시스템 중 4개의 디스크 중에서 2대 연속으로 오류가 나도 액세스가 가능하도록 패리티를 구성한 방식은?

① RAID 0 　② RAID 1
③ RAID 5 　④ RAID 6

● 해설

① RAID 0: 데이터 스트라이핑(Striping) 방식으로 여러 디스크에 데이터를 분산 저장한다. 데이터 보호를 제공하지 않는다.
② RAID 1: 데이터 미러링(Mirroring) 방식으로 동일한 데이터를 두 개의 디스크에 복사하여 저장한다.
③ RAID 5: 데이터와 패리티(Parity) 정보를 블록 단위로 분산 저장한다. 최소 3개의 디스크가 필요하다.
④ RAID 6: RAID 5와 유사하지만, 이중 패리티(dual parity)를 사용하여 두 개의 디스크 고장에도 데이터 복구가 가능하다. 최소 4개의 디스크가 필요하다.

5과목 · 정보보호개론

51 다음 중 웹 방화벽(WAF)의 설명으로 옳지 않은 것은?

① Forward Proxy로 동작한다.
② SSL Offloading을 지원한다.
③ OWASP 10에 포함된 공격을 방어할 수 있다.
④ HTTP, HTTPS에 대한 공격을 방어하는 정보보호 시스템이다.

● 해설

- 웹 방화벽(WAF; Web Application Firewall)은 웹 애플리케이션을 보호하기 위해 HTTP/HTTPS 트래픽을 모니터링하고 필터링하는 보안 시스템으로, 주로 SQL 인젝션, XSS 등의 웹 공격을 방어하며, OWASP Top 10 위협으로부터 애플리케이션을 보호한다.
- WAF는 일반적으로 Reverse Proxy로 동작한다.

52 다음 중 Linux '/etc/passwd' 파일에 있는 필드로 옳지 않은 것은?

① 계정명
② 사용자 홈디렉터리
③ 사용자 Shell
④ 접속 차단 일수

● 해설

접속 차단 일수는 /etc/passwd 파일에 있는 필드가 아니다.

53 다음 중 Linux에서 로그인 실패 로그를 확인하는 명령어는?

① last 　② lastlog
③ lastb 　④ lastcomm

정답 49. ② 50. ④ 51. ① 52. ④ 53. ③

● 해설

① last: 최근 로그인한 사용자 정보를 표시한다.
② lastlog: 모든 사용자의 마지막 로그인 정보를 표시한다.
④ lastcomm: 최근 실행된 명령어를 표시한다.

54 nmap 포트 스캔을 이용하여 UDP 포트 스캔 시 서비스 포트가 Close 되어 있을 경우 회신하는 것은?

① RST
② RST+ACK
③ ICMP unreachable
④ 응답 없음

● 해설

① RST: TCP 연결이 리셋될 때 회신한다.
② RST+ACK: TCP 연결이 리셋될 때 회신한다.
③ ICMP unreachable: UDP 포트가 닫혀 있으면 ICMP Destination Unreachable 메시지가 회신한다.
④ 응답 없음: UDP 포트가 열려 있을 때 응답이 없을 수 있다.

55 서로 다른 메시지가 같은 해시값이 되지 않도록 하는 해시 함수의 성질은?

① 충돌 저항성
② 비트 길이
③ 키 길이
④ 엔트로피(entropy)

● 해설

② 비트 길이: 해시값의 길이를 나타내는 개념이다.
③ 키 길이: 암호화 키의 길이를 나타내는 개념이다.
④ 엔트로피(entropy): 시스템의 무질서도를 나타내는 개념이다.

56 다음에서 설명하는 키 교환 알고리즘은?

> 1976년 미국 스탠퍼드 대학의 연구원이 개발한 것으로 공개키는 하나의 정수와 한 개의 소수로 통신 직전에 통신 상대방과 공유하도록 해두고, 다른 비밀키 전용의 숫자를 통신 상대방 양쪽에서 각각 전송하여 이들과 공개키의 수치를 사용하여 공통 암호키용 수치를 산출한다. 유한체에서의 이산대수의 어려운 점을 이용한 것이다.

① Diffie-Hellman
② 3-DES
③ AES(Rijndael)
④ Seed

● 해설

② 3-DES: 트리플 데이터 암호 표준이다.
③ AES(Rijndael): 고급 암호화 표준이다.
④ Seed: 한국의 대칭키 암호화 알고리즘이다.

57 다음 중 무선네트워크 보안기술과 암호 알고리즘이 잘 짝지어진 것은?

① WEP: AES
② WPA: RC4
③ WPA2: DES
④ WPA3: SEED

● 해설

① WEP: AES: WEP는 RC4를 사용한다.
③ WPA2: DES: WPA2는 AES를 사용한다.
④ WPA3: SEED: WPA3은 AES-GCMP를 사용한다.

정답 54. ③ 55. ① 56. ① 57. ②

58 다음 중 사용자별 환경설정/프로파일 정보를 담고 있는 Windows Registry는?

① HKCU (HKEY_CURRENT_USER)
② HKLM (HKEY_LOCAL_MACHINE HKLM)
③ HKU (HKEY_USERS)
④ HKCC (HKEY_CURRENT_CON-FIG)

● 해설

① HKCU (HKEY_CURRENT_USER): 현재 로그인한 사용자의 환경설정 및 프로파일 정보를 담고 있다. 사용자가 로그인할 때마다 이 키는 현재 사용자의 설정을 반영하도록 업데이트된다.
② HKLM (HKEY_LOCAL_MACHINE): 로컬 컴퓨터의 시스템 전체 설정을 담고 있으며, 하드웨어 설정 및 소프트웨어 설정을 포함한다.
③ HKU (HKEY_USERS): 시스템에 있는 모든 사용자 계정의 환경설정 및 프로파일 정보를 담고 있으며, 각 사용자의 프로파일 정보는 HKCU를 통해 액세스된다.
④ HKCC (HKEY_CURRENT_CONFIG): 현재 하드웨어 구성 프로파일 정보를 담고 있다.

59 다음 중 윈도우 크기(window size)를 작게 조작하여 HTTP 응답 수신 속도를 지연시킴으로써 웹서버의 연결 자원을 고갈시키는 DDoS 공격 기법은?

① RUDY Attack
② Slowloris Attack
③ Slow read Attack
④ Small Window Attack

● 해설

① RUDY Attack: HTTP 요청 헤더를 느리게 전송하여 서버 자원을 고갈시키는 공격이다.
② Slowloris Attack: HTTP 요청을 분할하여 천천히 전송하여 서버 자원을 고갈시키는 공격이다.
④ Small Window Attack: 존재하지 않는 공격 기법이다.

60 정보보호 제품의 보안성을 평가기관에서 평가하고, 이에 대한 결과를 인증기관에서 인증하는 국제 표준제도는?

① GS인증
② CC인증
③ K4인증
④ KS인증

● 해설

① GS인증: 소프트웨어 제품의 품질을 평가하는 인증이다.
③ K4인증: 한국의 정보보호 제품 인증제도이다.
④ KS인증: 한국의 산업 표준 인증제도이다.

정답 58. ③ 59. ③ 60. ②

최신기출문제

| 2025년 4월 20일 |

1과목 · TCP/IP

01 프로토콜 분석에서 사용되는 도구 중 사용 용도와 기능이 다른 하나는?

① WinPcap ② Tcpdump
③ Wireshake ④ Pktbuilder

● 해설

- WinPcap : 패킷 캡처를 위한 라이브러리로, 네트워크 트래픽을 캡처하고 필터링할 수 있도록 지원한다. Tcpdump나 Wireshark와 같은 도구에서 사용된다.
- Tcpdump : 명령행 기반의 패킷 캡처 도구로, 네트워크 인터페이스를 통해 실시간으로 트래픽을 분석하고 필터링이 가능하다.
- Wireshark : GUI 기반의 강력한 프로토콜 분석 도구로, 패킷을 캡처하고 다양한 프로토콜에 대해 상세 분석이 가능하다.
- Pktbuilder : 패킷 생성 도구로, 임의의 패킷을 만들어서 네트워크 테스트나 공격 시뮬레이션 등에 사용된다. 프로토콜 분석보다는 패킷 생성 및 테스트에 주로 사용되므로, 용도와 기능이 다른 도구이다.

02 TCP/IP 프로토콜에 대한 설명 중 IP의 특징으로 올바른 것은?

① 계층적 주소(Hierarchical Addressing Scheme)를 사용하여 경로 결정을 수행한다.
② 데이터의 에러 검출 기능을 포함하고 있다.
③ Connetionless 서비스를 제공하지 않는다.
④ UDP Datagram에 대해서 꼭 단편화 작업을 수행해야 한다.

● 해설

- IP 헤더에는 헤더 오류 검출(Header Checksum) 기능은 있지만, 데이터(payload)에 대한 오류 검출 기능은 없다. 데이터 오류 검출은 TCP, UDP 등 상위 계층 프로토콜에서 처리한다.
- IP는 비연결형(Connectionless) 서비스를 제공한다. 즉, 패킷 단위로 독립적으로 전송하며, 연결 설정 과정이 없다.
- 단편화(Fragmentation)는 패킷 크기가 전송 경로의 MTU(Maximum Transmission Unit)를 초과할 때만 필요하다. 모든 UDP 데이터그램이 단편화되어야 하는 것은 아니다.

03 다음 중 무선 LAN(Wi-Fi) 표준 기술과 사용하는 변조 방식의 연결로 옳지 않은 것은?

① IEEE 802.11n(Wi-Fi 4) : OFDM
② IEEE 802.11ac(Wi-Fi 5) : OFDM
③ IEEE 802.11ax(Wi-Fi 6) : OFDMA
④ IEEE 802.11be(Wi-Fi 7) : DSSS

● 해설

Wi-Fi 7(IEEE 802.11be)는 OFDMA 및 4096-QAM 등의 고급 변조 방식을 사용한다. DSSS(Direct Sequence Spread Spectrum)는 초창기 Wi-Fi 표준(예: 802.11b)에서 사용한, 오래된 변조 방식으로 Wi-Fi 7에서는 사용되지 않는다.

정답 01. ④ 02. ① 03. ④

04 네트워크 ID '210.182.73.0'을 6개의 서브넷으로 나누고, 각 서브넷마다 적어도 30개 이상의 Host ID를 필요로 한다. 적절한 서브넷 마스크 값은?

① 255.255.255.224
② 255.255.255.192
③ 255.255.255.128
④ 255.255.255.0

● 해설

네트워크 ID 210.182.73.0은 C클래스에 해당하는 IP이므로, 전체 호스트 개수는 256개이다.
① 의 마지막 자리 224(11100000)=128(2^7)+64(2^6)+32(2^5)이므로 총 네트워크의 개수는 8개, 각 네트워크당 호스트의 수는 32개로 조건을 만족한다.
② 의 마지막 자리 192(11000000)=128(2^7)+64(2^6)이므로 총 네트워크의 개수는 4개, 각 네트워크당 호스트의 수는 64개로 조건을 만족하지 않는다.
③ 의 마지막 자리 128(10000000)=128(2^7)이므로 총 네트워크의 개수는 2개, 각 네트워크당 호스트의 수는 128개로 조건을 만족하지 않는다.
④ 는 마지막 자리가 0이므로 총 네트워크의 개수는 1개, 각 네트워크당 호스트의 수는 256개인 서브넷팅을 하지 않은 하나의 C클래스 네트워크이며, 조건을 만족하지 않는다.

05 IPv6의 특징 중 옳지 않은 것은?

① 브로드캐스트가 가능하다.
② 128bit의 주소 길이를 갖는다.
③ 16bit씩 8부분으로 16진수로 표시한다.
④ IPSec을 기본적으로 지원한다.

● 해설

IPv6에서는 브로드캐스트(모든 호스트로 보내는 방식)를 지원하지 않는다. 대신 멀티캐스트(Multicast)와 애니캐스트(Anycast)를 사용하여 효율적인 패킷 전달을 구현한다.

06 TCP 세션의 성립에 대한 설명으로 옳지 않은 것은?

① 세션 성립은 TCP Three-Way Handshake 응답 확인 방식이라 한다.
② 실제 순서번호는 송신 호스트에서 임의로 선택된다.
③ 세션 성립을 원하는 컴퓨터가 ACK 플래그를 '0'으로 설정하는 TCP 패킷을 보낸다.
④ 송신 호스트는 데이터가 성공적으로 수신된 것을 확인하기까지는 복사본을 유지한다.

● 해설

① TCP 세션은 Three-Way Handshake(3단계 핸드셰이크)를 통해 성립된다. SYN, SYN-ACK, ACK 패킷을 주고받는 방식으로 연결을 설정한다.
② TCP 연결 시 초기 순서번호(Initial Sequence Number, ISN)는 송신 측에서 임의(난수 기반)로 선택된다. 이는 보안을 위해서도 중요한 요소이다.
③ 세션 성립을 시작할 때, 클라이언트는 SYN 플래그를 1로 설정한 패킷을 전송한다.
④ TCP는 신뢰성 있는 전송을 보장하기 위해 전송한 데이터의 복사본을 유지하며, 수신 측으로부터 ACK(확인 응답)를 받을 때까지 데이터를 재전송할 준비를 한다.

07 TCP/IP 계층 중 다른 계층에서 동작하는 프로토콜은?

① IP
② ICMP
③ UDP
④ IGMP

● 해설

UDP만 전송 계층에서 동작하고 나머지(IP, ICMP, IGMP)는 모두 네트워크 계층에서 동작한다.

정답 04. ① 05. ① 06. ③ 07. ③

08 IP 프로토콜의 헤더 체크섬(Checksum)에 대한 설명 중 올바른 것은?

① 체크섬 필드를 '0'으로 하여 계산한다.
② 네트워크에서 존재하는 시간을 나타낸다.
③ 데이터 그램의 총길이를 나타낸다.
④ IP 헤더에 대해서만 포함되며 데이터 필드를 포함한다.

● 해설
① IP 헤더의 체크섬(Checksum)은 헤더의 오류 검출을 위한 필드이다. 체크섬 계산 시 체크섬 필드 자체는 0으로 설정한 후 계산한다. 계산 결과는 체크섬 필드에 기록된다.
② TTL(Time To Live)에 대한 설명이다.
③ Total Length 필드에 대한 설명이다.
④ 데이터 필드를 포함하지 않는다.

09 ICMP의 메시지 유형으로 옳지 않은 것은?

① Destination Unreachable
② Time Exceeded
③ Echo Reply
④ Echo Research

● 해설
① ICMP 메시지 유형 중 하나로, 목적지에 도달할 수 없을 때(예: 경로 없음, 포트 없음 등) 송신자에게 알리는 메시지이다. 올바른 ICMP 메시지 유형이다.
② 패킷의 TTL(Time To Live)이 0이 되어 더 이상 전달할 수 없을 때 송신자에게 보내는 ICMP 메시지이다. 주로 트레이스(Traceroute) 명령에서 사용된다. 올바른 ICMP 메시지 유형이다.
③ ICMP Echo Request에 대한 응답 메시지로, Ping 명령에서 사용된다. 올바른 ICMP 메시지 유형이다.
④ 존재하지 않는 ICMP 메시지 유형이다.

10 IGMP에 대한 설명 중 올바른 것은?

① 호스트가 멀티캐스트 그룹에 가입하거나 데이터를 수신하기 위해 라우터와 통신할 때 사용된다.
② 호스트가 자신에게 할당된 IP 주소를 브로드캐스트로 요청할 때 사용하는 프로토콜이다.
③ 두 지점 간 전송의 신뢰성과 흐름 제어를 보장하기 위해 3-way 핸드셰이크를 사용하는 프로토콜이다.
④ IP 패킷의 경로상 오류 발생 시 오류 메시지를 생성하여 송신자에게 알리는 프로토콜이다.

● 해설
① IGMP(Internet Group Management Protocol)는 IPv4 네트워크에서 호스트가 멀티캐스트 그룹에 가입(join)하거나 탈퇴(leave)할 때, 그리고 그룹 멤버십 정보를 라우터에 알릴 때 사용되는 프로토콜이다. 멀티캐스트 데이터 수신을 위해 반드시 필요하다.
② ARP(Address Resolution Protocol)에 대한 설명이다.
③ TCP(Transmission Control Protocol)의 동작 설명이다.
④ ICMP(Internet Control Message Protocol)에 대한 설명이다.

11 UDP에 대한 설명 중 옳지 않은 것은?

① 가상선로 개념이 없는 비연결형 프로토콜이다.
② TCP보다 전송속도가 느리다.
③ 각 사용자는 16비트의 포트번호를 할당받는다.
④ 데이터 전송이 블록 단위이다.

정답 08. ① 09. ④ 10. ① 11. ②

● 해설

① UDP(User Datagram Protocol)는 비연결형(connectionless) 프로토콜로, 가상회선(virtual circuit) 개념이 없다. 데이터그램 단위로 전송하며, 연결 설정 과정이 없으므로 옳은 설명이다.
② UDP는 TCP보다 일반적으로 전송속도가 빠르다. 이유는 연결 설정(3-way handshake), 흐름 제어, 오류 제어 등의 오버헤드가 없기 때문이다. TCP는 신뢰성을 보장하지만 그만큼 처리할 작업이 많아 상대적으로 느리다. 따라서 이 설명은 옳지 않다.
③ UDP 역시 16비트 포트번호(0~65535)를 사용한다. 이는 TCP와 동일하므로 옳은 설명이다.
④ UDP는 패킷(블록, 데이터그램) 단위로 데이터를 전송한다.

12 RARP에 대한 설명 중 올바른 것은?

① 시작지 호스트에서 여러 목적지 호스트로 데이터를 전송할 때 사용된다.
② TCP/IP 프로토콜의 IP에서 접속 없이 데이터의 전송을 수행하는 기능을 규정한다.
③ 하드웨어 주소를 IP Address로 변환하기 위해서 사용한다.
④ IP에서의 오류제어를 위하여 사용되며, 시작지 호스트의 라우팅 실패를 보고한다.

● 해설

① 멀티캐스트(Multicast) 또는 브로드캐스트(Broadcast)에 대한 설명이다.
② UDP(User Datagram Protocol)에 대한 설명이다.
③ RARP는 Reverse Address Resolution Protocol로, MAC 주소(하드웨어 주소)로부터 IP 주소를 알아내기 위해 사용되는 프로토콜이다. 예를 들어, 디스크 없는 단말(무정장치, diskless workstation)이 부팅 시 자신의 IP 주소를 알기 위해 사용하였으므로 올바른 설명이다.
④ ICMP(Internet Control Message Protocol)의 기능 설명이다.

13 IP Address 중 Class가 다른 주소는?

① 191.235.47.35
② 128.128.105.4
③ 169.146.58.5
④ 195.204.26.34

● 해설

IP 클래스 구분 기준(첫 옥텟 기준)

클래스	시작 범위	끝 범위
Class A	1.0.0.0	126.255.255.255
Class B	128.0.0.0	191.255.255.255
Class C	192.0.0.0	223.255.255.255

① 191.235.47.35
→ 첫 옥텟 191 → Class B
② 128.128.105.4
→ 첫 옥텟 128 → Class B
③ 169.146.58.5
→ 첫 옥텟 169 → Class B
④ 195.204.26.34
→ 첫 옥텟 195 → Class C

14 라우터가 자신을 네트워크의 중심점으로 간주하여 최단 경로의 트리를 구성하는 방식으로, 사용자에 의한 경로의 지정, 가장 경제적인 경로의 지정, 복수경로 선정 등의 기능을 제공하는 라우팅 프로토콜은?

① OSPF(Open Shortest Path First)
② IGRP(Interior Gateway Routing Protocol)
③ RIP(Routing Information Protocol)
④ BGP(Border Gateway Protocol)

● 해설

① 링크 상태 기반 라우팅 프로토콜(Link-State Routing Protocol)이다. 라우터가 자신을 네트

워크의 중심점으로 간주하여 전체 네트워크 맵을 구성하고, Dijkstra 알고리즘을 사용해 최단 경로 트리(Shortest Path Tree, SPT)를 만든다. 또한 가장 경제적인 경로, 복수 경로(ECMP: Equal Cost Multi-Path) 등을 지원한다.
② 거리 벡터(Distance Vector) 라우팅 프로토콜로, Cisco 독자 규격이다. 라우터가 네트워크 전체 구조를 알지 못하며, 인접 라우터로부터 정보만 받아 처리한다. 최단 경로 트리를 구성하지 않는다.
③ 거리 벡터(Distance Vector) 기반이다. 최단 홉 수(hop count) 기준으로 경로를 결정하며, 최단 경로 트리 구성 기능은 없다. 단순한 프로토콜로 복수 경로나 경제적 경로 지정 기능이 부족하다.
④ 경로 벡터(Path Vector) 프로토콜로, AS(Autonomous System) 간 라우팅에 사용된다. 내부 라우팅 최단 경로 트리 구성과는 목적이 다르며, OSPF 같은 내부 라우팅 프로토콜이 아니다.

15 (A)에 해당되는 용어는?

> 클라이언트는 'icqa.or.kr' 웹 사이트에 접근하려고 한다. 시스템 내 저장되어 있는 DNS 캐시 정보를 확인 후 Entry 성보가 없는 경우 DNS 서버에 해당 도메인에 대한 IP address를 질의하는 (A) 쿼리를 보내게 된다.

① 재귀　　② 반복
③ 선택　　④ 동적

● 해설

- 클라이언트(웹 브라우저 등)가 icqa.or.kr에 접근하려고 할 때, 먼저 로컬 DNS 캐시에 해당 도메인의 IP 주소가 있는지 확인한다. 캐시에 정보가 없으면 클라이언트는 지정된 DNS 서버(일반적으로 로컬 DNS 서버, ISP DNS 서버 등)에 IP 주소를 요청하는 쿼리를 보낸다. 이때 클라이언트는 "최종 IP 주소를 반드시 알려달라"고 요청하는데, 이 방식이 바로 재귀(Recursive) 쿼리이다. 즉, DNS 서버는 직접 IP 주소를 찾아서 응답해야 하며, 필요한 경우 다른 DNS 서버들을 대신 조회한다.

- 클라이언트는 중간 단계 결과를 받지 않고 최종 결과(IP 주소)만 받는다.
- 반복(Iterative) 쿼리와 헷갈리기 쉬운데, 반복쿼리는 DNS 서버들이 다른 DNS 서버에 단계적으로 질의할 때 사용한다.

16 DNS 레코드 중 도메인의 메일 서버를 식별하기 위해 사용되는 레코드는?

① NS 레코드　　② Host 레코드
③ Point 레코드　　④ MX 레코드

● 해설

① 해당 도메인을 관리하는 DNS 서버의 주소(Name Server)를 지정하는 레코드이다. 메일 서버와는 관련이 없다.
② 도메인 이름을 IPv4 주소(A 레코드) 또는 IPv6 주소(AAAA 레코드)로 매핑하는 레코드이다. 웹 서버 IP를 지정할 때 사용한다. 메일 서버 정보와는 관련이 없다.
③ 정식 명칭이 아니다.
④ 해당 도메인으로 수신되는 이메일을 처리할 메일 서버의 호스트명을 지정하는 레코드이다. 메일 서버 식별에 정확히 사용된다.

17 TCP/IP 환경에서 사용하는 도구인 'Netstat' 명령에서 TCP 및 UDP 프로토콜에 대한 통계를 확인할 때, 올바른 명령은?

① Netstat -e　　② Netstat -s
③ Netstat -o　　④ Netstat -r

● 해설

① 이더넷(Ethernet) 통계를 출력한다. 전송 및 수신된 바이트 수 등을 확인할 수 있으나, TCP 및 UDP 프로토콜별 통계는 아니다.
② 프로토콜별 통계를 보여준다. TCP, UDP, ICMP, IP 등 각각의 프로토콜에 대해 전송·수신 패킷 수, 오류 등을 확인할 수 있다.
③ 각 네트워크 연결에 대한 프로세스 ID(PID)를 출

정답　15. ①　16. ④　17. ②

력한다. 프로토콜 통계와는 관련이 없다.
④ 라우팅 테이블 정보를 출력한다. 네트워크 경로 정보는 확인할 수 있으나, TCP 및 UDP 프로토콜 통계와는 관련이 없다.

2과목 • 네트워크 일반

18 다음은 SDN(Software Defined Network)에 대한 설명이다. (A)와 (B)에 들어갈 용어는 무엇인가?

> SDN은 개방형 API(오픈플로우)를 통해 네트워크의 트래픽 전달 동작을 소프트웨어 기반 컨트롤러에서 제어/관리하는 접근방식이다. SDN은 트래픽 경로를 지정하는 (A)과 트래픽 전송을 수행하는 (B)으로 분리되어 있다.

① (A) 제어 기능, (B) 데이터 기능
② (A) 데이터 기능, (B) 제어 기능
③ (A) 라우팅 기능, (B) 포워딩 기능
④ (A) 포워딩 기능, (B) 라우팅 기능

● 해설

- SDN(Software-Defined Networking)은 기존 네트워크 장비에서 하드웨어적으로 고정되어 있던 기능을 분리해서 소프트웨어로 유연하게 제어할 수 있도록 하는 구조이다. 여기서 핵심은 네트워크 기능을 제어하는 부분과 실제 데이터를 전달하는 부분을 분리하는 것이다.
- (A) 제어 기능 : 네트워크의 트래픽 경로(라우팅, 정책 등)를 결정하고 제어하는 기능을 담당한다. SDN에서는 중앙집중식 소프트웨어 기반 컨트롤러가 이 역할을 수행한다.
- (B) 데이터 기능 : 실제 패킷(데이터 트래픽)을 전송하는 역할을 한다. 일반적으로 스위치, 라우터의 하드웨어가 이 기능을 수행한다.

19 다음은 Home Network에 사용되는 기술 중 WPAN(Wireless Personal Area Network)에 대한 설명이다. (A), (B), (C) 안에 들어갈 표준을 순서대로 나열한 것은?

> 네트워크 관리 담당자인 KIM 사원은 회사 소속 직원들이 거주하는 아파트의 홈 네트워크 시스템을 통합하기 위해 다양한 관련 기술 표준을 조사하고 있다. 사용할 수 있는 기술은 기존의 WIRELESS LAN 이외에 WPAN으로 통칭하는 기술이 있으며, 이는 크게 블루투스, 고속 WPAN 및 저속 WPAN으로 분류할 수 있다. (A)는 WPAN/블루투스를 (B)는 고속 WPAN에 대한 표준이며, (C)는 저속 WPAN에 대한 표준이다.

① 802.11.1 - 802.11.3 - 802.11.4
② 802.11a - 802.11b - 802.11c
③ 802.15.1 - 802.15.3 - 802.15.4
④ 802.16.1 - 802.16.3 - 802.16.4

● 해설

- (A) IEEE 802.15.1 : WPAN 중에서 블루투스 기술에 대한 표준이다. 블루투스는 근거리(약 10m 이내) 무선 통신을 위한 WPAN 기술로, 음성, 데이터 통신 등에 사용된다.
- (B) IEEE 802.15.3 : 고속 WPAN(High Rate WPAN)에 대한 표준이다. 고속 멀티미디어 데이터 전송을 목표로 개발된 기술로, 블루레이, HD 영상 스트리밍 등에 활용 가능하다.
- (C) IEEE 802.15.4 : 저속 WPAN(Low Rate WPAN)에 대한 표준이다. 저전력, 저속 데이터 전송에 적합하며 ZigBee, 6LoWPAN, Thread 등 다양한 IoT 응용에서 사용된다.

정답 18. ① 19. ③

20 다음 중 클라우드 컴퓨팅에서 제공하는 GSLB(Global Server Load Balancing)의 특징 중 가장 거리가 먼 것은?

① 트래픽 분산
② 서비스 서버 상태 체크
③ 응답 성능 향상
④ 서비스 컨텐츠 캐싱

● 해설

① GSLB는 전 세계 여러 서버에 걸쳐 트래픽을 분산시켜 사용자에게 가장 적절한 서버로 연결한다.
② GSLB는 서버 상태(헬스 체크)를 주기적으로 확인하여 장애가 발생한 서버로 트래픽을 보내지 않도록 한다.
③ GSLB는 지리적으로 가까운 서버나 응답 속도가 빠른 서버를 선택하여 사용자에게 연결하므로 응답 성능이 향상된다.
④ 서비스 콘텐츠 캐싱은 일반적으로 CDN(Content Delivery Network)의 주요 기능이다. GSLB는 트래픽을 분산시키는 기술이지, 콘텐츠 자체를 캐싱해서 전달하는 기술은 아니다.

21 다음 중 클라우드 컴퓨팅 환경에서 보안 관리 서비스를 On-Demand 형태로 제공하는 것은?

① SaaS   ② SECaaS
③ DevSecOps   ④ PaaS

● 해설

① 응용 소프트웨어를 서비스 형태로 제공하는 모델이다. 예를 들어 이메일, CRM, 협업 도구 등 사용자가 직접 설치하지 않고 웹을 통해 사용하는 소프트웨어이다. 보안 관리 서비스 전용 모델은 아니다.
② 보안(Security) 기능을 On-Demand 형태로 제공하는 클라우드 서비스 모델이다. 예를 들어 방화벽, 침입 탐지 시스템, 안티바이러스, DDoS 방어, 데이터 암호화 등 보안 관련 기능을 서비스 형태로 제공한다.
③ 소프트웨어 개발(Dev), 보안(Sec), 운영(Ops)을 통합한 개발 및 운영 문화이다. 클라우드 서비스 형태라기보다는 개발 및 운영 프로세스 개선 전략이다.
④ 애플리케이션 개발 플랫폼(운영체제, 미들웨어, 데이터베이스 등)을 서비스로 제공한다. 개발자가 애플리케이션을 쉽게 배포하고 운영할 수 있도록 지원하지만, 보안 서비스 On-Demand 제공과는 직접적인 관련이 없다.

22 (A)에 들어갈 용어로 가장 적절한 것은?

> (A)은/는 소스IP 변환이 주목적이다. 퍼블릭 유형과 프라이빗 유형이 있으며 퍼블릭 유형은 프라이빗 IP만 소유한 서비스가 인터넷 접속이 필요할 때 사용하고, 프라이빗 유형은 인터넷 접속과 관계없이 소스 주소 변환의 목적으로만 사용한다.

① 인터넷 게이트웨이
② NAT 게이트웨이
③ 로드밸런싱
④ VPC 피어링

● 해설

- NAT는 네트워크 주소 변환 기술로, 주로 소스 IP 주소 변환을 목적으로 사용된다. 내부 프라이빗 IP 주소를 퍼블릭 IP 주소로 변환하거나 그 반대로 변환하는 기능을 제공한다.
- 퍼블릭 NAT : 프라이빗 IP 주소만 보유한 내부 서비스가 인터넷으로 접속할 때 사용된다. 일반적인 가정이나 기업 네트워크에서 많이 사용된다.
- 프라이빗 NAT : 인터넷 접속과 관계없이 내부 네트워크 간의 주소 변환에 사용된다. 보안 목적이나 네트워크 통합 시 사용된다.

정답 20. ④ 21. ② 22. ②

23 클라우드 네트워크 관리 기술은 일반적으로 ISO/ITU-T 기준에 따라 구성 관리, 성능 관리, 계정 관리, 장애 관리, 보안 관리 등으로 나뉘며, 각각의 기능이 명확히 정의되어 있다. 다음 중 각 관리 영역의 설명으로 부적절한 것은?

① 구성 관리는 네트워크 구성에 관한 정보를 수집하고 이러한 정보를 바탕으로 장치의 구성을 업데이트하여 최신 정보를 유지하고 보고서를 작성하는 기능을 담당한다.
② 성능 관리는 통계 정보를 수집하고, 시스템 상태 이력 기록을 유지·검사하며, 시스템 성능을 측정하고, 지연 시간과 대역폭 사용률, 패킷 처리율 등을 단계별 또는 시간별로 관리한다.
③ 계정 관리는 개방 시스템에서 일어나는 활동에 따라 소비하는 자원에 관한 모든 정보를 관리하고, 자원 사용량과 관련이 있는 네트워크 데이터를 수집하는 것을 말한다.
④ 보안 관리는 네트워크 장치 설정 및 변경, 가입 변경 시 구성 정보 변경, 네트워크 장치 구성 정보의 버전 관리, 네트워크 관리 체계 소프트웨어의 백업 등이 해당한다.

● 해설
① 구성 관리는 네트워크 구성 정보를 수집하고 이를 바탕으로 장치 구성을 업데이트하며 최신 상태를 유지하고 보고서를 작성하는 기능이다.
② 성능 관리는 네트워크 성능 관련 통계 정보 수집, 시스템 상태 이력 관리, 지연 시간, 대역폭 사용률, 패킷 처리율 등을 측정하고 관리하는 기능이다.
③ 계정 관리는 주로 자원 사용량에 관한 정보를 관리한다. 과금, 사용량 추적 등을 위한 데이터 수집과 관리가 포함된다.
④ 보안 관리는 네트워크의 무단 접근 방지, 사용자 인증, 데이터 암호화, 접근 권한 제어, 보안 로그 관리 등이 중심이 되어야 한다. 설명에 있는 '네트워크 장치 설정 변경', '버전 관리', '소프트웨어 백업' 등은 구성 관리 영역에 더 가깝다.

24 OSI에서 표준 모델로 정한 컴퓨터 상호 간 연결을 위한 계층 구조 중, 통신을 위한 물리적 전송로의 설정, 유지 및 해제를 담당하는 계층은?

① Physical Layer
② Data Link Layer
③ Network Layer
④ Session Layer

● 해설
① Physical Layer : 물리 계층은 전기적, 기계적, 기능적 특성을 규정하여 실제 데이터 비트를 물리적인 매체(케이블, 전파 등)를 통해 전송하는 역할을 한다. 전송로의 설정, 유지, 해제를 직접 담당하지는 않는다.
② Data Link Layer : 데이터 링크 계층은 통신을 위한 물리적 전송로의 설정, 유지, 해제를 담당한다. 또한 오류 검출 및 흐름 제어 등의 기능도 수행한다.
③ Network Layer : 네트워크 계층은 패킷을 목적지까지 전달하기 위한 경로 선택(라우팅)을 담당한다. 물리적 전송로 관리와는 관계가 없다.
④ Session Layer : 세션 계층은 응용 프로세스 간의 논리적 연결(세션)을 설정, 유지, 종료하는 기능을 제공한다. 물리적 전송로의 설정과는 관련이 없다.

25 CRC(Cyclic Redundancy Checking) 에러 검출 방법에 대한 설명으로 옳지 않은 것은?

① 프레임이 수신되면 수신기는 같은 제수(Generator)를 사용하여 나눗셈의 나머지를 검사한다.
② CRC 비트를 만들기 위해 논리합 연산을 수행한다.
③ 전체 블록 검사를 위해 메시지는 하나의 긴 이진수로 간주한다.
④ 메시지를 특정한 이진 소수에 의해 나눈 후 나머지를 송신 프레임에 첨부하여 전송한다.

● 해설

CRC 연산은 XOR(배타적 논리합) 연산을 사용하며, 일반적인 논리합(OR) 연산은 사용하지 않는다.

26 광케이블을 이용하는 통신에서 저손실의 파장대를 이용하여 광 파장이 서로 다른 복수의 광신호를 한 가닥의 광섬유에 다중화시키는 방식은?

① 코드 분할 다중 방식(CDM)
② 직교 분할 다중 방식(OFDM)
③ 시간 분할 다중 방식(TDM)
④ 파장 분할 다중 방식(WDM)

● 해설

- 코드 분할 다중 방식(CDM) : CDM은 각 사용자에게 고유한 코드 시퀀스를 할당하여 동시에 같은 주파수 대역에서 데이터를 전송하는 방식이다. 주로 무선 통신에 사용되며 광통신에서 파장 다중화와는 관계없다.
- 직교 분할 다중 방식(OFDM) : OFDM은 서로 직교하는 다수의 부반송파에 데이터를 나누어 전송하는 방식으로, 주로 무선 LAN, 4G/5G 이동통신 등에 사용된다. 광섬유 파장 다중화와는 관계없다.
- 시간 분할 다중 방식(TDM) : TDM은 시간을 여러 슬롯으로 나누어 각 사용자나 채널에 순차적으로 할당하는 방식이다. 시간축 기반 다중화이며 파장 기반 다중화와는 다르다.
- 파장 분할 다중 방식(WDM) : WDM(Wavelength Division Multiplexing)은 서로 다른 파장의 광신호를 하나의 광섬유에 다중화하여 전송하는 방식이다. 광통신에서 저손실 파장대(예: 1550nm 대역)를 사용하여 효율적으로 대역폭을 확장할 수 있다.

27 오류 검출 방식인 ARQ 방식 중에서 일정한 크기 단위로 연속해서 프레임을 전송하고, 수신 측에 오류가 발견된 프레임에 대하여 재전송 요청이 있을 경우 잘못된 프레임만을 다시 전송하는 방법은?

① Stop-and-Wait ARQ
② Go-back-N ARQ
③ Selective repeat ARQ
④ Adaptive ARQ

● 해설

- Stop-and-Wait ARQ : 프레임 하나를 전송한 후, 수신 측의 확인 응답(ACK)을 받을 때까지 대기하는 방식이다. 연속해서 여러 프레임을 전송하지 않으며, 효율이 낮다.
- Go-back-N ARQ : 일정한 크기의 윈도우(슬라이딩 윈도우)를 사용하여 여러 프레임을 연속 전송할 수 있다. 하지만 오류가 발생하면 오류가 발생한 프레임 이후의 모든 프레임을 다시 전송해야 한다. 문제에서 요구한 "잘못된 프레임만 다시 전송"과는 다르다.
- Selective-repeat ARQ : 역시 윈도우 기반으로 여러 프레임을 연속 전송한다. 오류가 발생한 프레임만 선택적으로 재전송하며, 정상적으로 수신된 프레임은 다시 전송하지 않는다.
- Adaptive ARQ : 전송 환경에 따라 오류 제어 방식을 적응적으로 변경하는 기법이다.

정답 25. ② 26. ④ 27. ③

3과목 ▶ NOS

28 SOA 레코드의 설정값에 대한 설명으로 옳지 않은 것은?

① 주 서버 : 주 영역 서버의 도메인 주소를 입력한다.
② 책임자 : 책임자의 주소 및 전화번호를 입력한다.
③ 최소 TTL : 각 레코드의 기본 Cache 시간을 지정한다.
④ 새로 고침 간격 : 주 서버와 보조 서버 간의 통신이 두절 되었을 때 다시 통신할 시간 간격을 설정한다.

● 해설

- 주 서버 : SOA(Start of Authority) 레코드에는 주 서버(Primary Name Server)의 도메인 이름을 명시한다.
- 책임자 : 책임자 정보는 이메일 주소 형식으로 입력한다. 예를 들어 hostmaster.example.com. 처럼 작성하며, 전화번호는 입력하지 않는다. 또한 이메일 주소에 포함되는 첫 번째 점(.)은 @ 기호로 해석된다. 전화번호를 입력하는 것은 잘못된 설명이다.
- 최소 TTL : SOA 레코드에서 지정하는 최소 TTL(Time To Live)은 DNS 레코드의 기본 캐시 유지 시간을 의미한다.
- 새로 고침 간격 : SOA 레코드에서 새로 고침(Refresh) 간격은 보조 서버가 주 서버로부터 영역 정보를 갱신(Zone Transfer)할 시간 간격을 의미한다. 통신이 두절되었을 때만이 아니라 정상적인 갱신 주기로 설정하는 값이다.

29 다음 설명에 해당하는 프로세스는?

- 백그라운드로 실행한다.
- 고유한 기능에 해당하는 이벤트가 발생하면 동작한다.
- 서비스를 제공한 다음 대기 상태로 돌아간다.
- 시스템 서비스를 지원하는 프로세스이다.
- 서버의 역할을 수행하거나 그 기능을 도와준다.

① shell ② kernel
③ program ④ deamon

● 해설

데몬(deamon) 프로세스
- 백그라운드에서 실행된다.
- 특정 이벤트(트리거)가 발생하면 동작하며, 작업을 처리한 후 다시 대기 상태로 돌아간다.
- 시스템에서 서비스를 제공하거나 서버 기능을 지원하는 프로세스이다. 예를 들어, 웹 서버의 httpd, 프린트 서비스의 cupsd, 메일 서비스의 postfix 등이 데몬 프로세스이다.

30 클라우드 기반 시스템과 연동된 Active Directory 환경에서, 기존 사용자 계정 정보를 질의하고 로그인 여부와는 별개로 속성 정보나 그룹 정보에 접근하는 데 사용되는 프로토콜은?

① SAML ② Kerberos
③ OAuth2 ④ LDAP

● 해설

- SAML(Security Assertion Markup Language)은 싱글사인온(SSO) 등에 사용되는 인증용 프로토콜이다. 사용자 속성이나 그룹 정보를 질의하는 일반적인 디렉터리 접근 프로토콜은 아니다.
- Kerberos는 네트워크상에서 안전한 인증(Au-

thentication)을 제공하는 프로토콜이다. 주로 로그인 여부 확인(인증)용이며, 디렉터리에서 속성이나 그룹 정보를 질의하는 용도로 사용되지는 않는다.
- OAuth2는 제3자 애플리케이션에 리소스 접근 권한(Authorization)을 위임하기 위한 프로토콜이다. Active Directory의 사용자 속성이나 그룹 정보를 질의하는 기본 프로토콜이 아니다.
- LDAP(Lightweight Directory Access Protocol)는 디렉터리 서비스에 접근하여 사용자 계정, 속성, 그룹 정보 등을 질의하거나 수정하는 데 사용하는 표준 프로토콜이다. Active Directory도 LDAP를 지원한다.

31 Linux 시스템에서 'chmod 644 index.html'이라는 명령어를 사용하였을 때, 'index.html' 파일에 변화되는 내용으로 옳은 것은?

① 소유자의 권한은 읽기, 쓰기가 가능하며, 그룹과 그 외의 사용자 권한은 읽기만 가능하다.
② 소유자의 권한은 읽기, 쓰기, 실행이 가능하며, 그룹과 그 외의 사용자 권한은 읽기만 가능하다.
③ 소유자의 권한은 쓰기만 가능하며, 그룹과 그 외의 사용자 권한은 읽기, 쓰기가 가능하다.
④ 소유자의 권한은 읽기만 가능하며, 그룹과 그 외의 사용자 권한은 읽기, 쓰기, 실행이 가능하다.

● 해설

chmod 644 index.html은 index.html에 대한 소유자/소유자 그룹/기타 사용자의 권한이 각각 6(r,w 읽고 쓰기) 4(r 읽기) 4(r 읽기)라는 뜻이다.

32 서버 관리자 Kim 사원이 웹서버(Linux)의 버전 정보를 최소 노출하고자 확인한 결과 [화면1]과 같은 정보를 보여 주었다. 이에 Apache 서버의 httpd.conf 파일을 수정하여 [화면2] 정보의 수준으로 조정하였다. ServerTokens의 설정값은?

```
HTTP/1.1 200 OK
Date: Sun, 17 Oct 2021 02:40:41 GMT
Server: Apache/2.4.6 (CentOS) OpenSSL/1.0.2k-fips PHP/5.4.16
X-Powered-By: PHP/5.4.16
Content-Length: 132
Keep-Alive: timeout=6, max=111
Connection: Keep-Alive
Content-Type: text/html; charset=UTF-8
```
[화면 1] : 변경 전

```
HTTP/1.1 200 OK
Date: Sun, 17 Oct 2021 02:43:33 GMT
Server: Apache
X-Powered-By: PHP/5.4.16
Content-Length: 132
Keep-Alive: timeout=6, max=111
Connection: Keep-Alive
Content-Type: text/html; charset=UTF-8
```
[화면 2] : 변경 후

① ServerTokens Min
② ServerTokens Prod
③ ServerTokens Full
④ ServerTokens OS

● 해설

변경 전에는 Server: Apache/2.4.6 (CentOS)와 같이 Apache 버전 및 OS 정보까지 노출되고 있었다. 변경 후에는 Server: Apache로만 출력되고 있으며, 버전 정보나 OS 정보가 표시되지 않고 최소한으로 출력되고 있다.
이는 Apache의 httpd.conf 설정 파일에서 ServerTokens 지시어의 설정에 의해 제어된다.
ServerTokens 설정값 설명:
- ServerTokens Full → 상세 정보 (버전, OS 등) 표시
- ServerTokens Prod (Production) → 'Server: Apache'처럼 최소한 정보만 표시
- ServerTokens Major → 메이저 버전까지만 표시
- ServerTokens Min / Minor, Minimal 등 단계별 설정 가능

정답 31. ① 32. ②

현재 화면2처럼 Server: Apache만 표시되는 것은 ServerTokens Prod 설정일 때 나타나는 결과이다.

33 Windows Server 2022의 'netstat' 명령어로 알 수 없는 정보는?

① TCP 접속 프로토콜 정보
② ICMP 송수신 통계
③ UDP 대기용 Open 포트 상태
④ 도메인에 할당된 IP주소 확인

● 해설

① netstat 명령어는 현재 열려 있는 TCP 연결 상태(ESTABLISHED, LISTENING 등)를 확인할 수 있다.
② netstat -s 옵션을 사용하면 ICMP를 포함한 프로토콜별 통계 정보를 확인할 수 있다.
③ netstat -a 또는 netstat -an 옵션을 사용하면 UDP의 현재 대기 중인 포트 상태를 확인할 수 있다.
④ netstat 명령어는 네트워크 연결 상태 및 포트 상태를 확인하는 명령어이지, 특정 도메인명(예: www.example.com)에 대한 IP 주소를 확인하는 기능은 제공하지 않는다. 일반적으로 nslookup, dig, host 등의 명령어를 사용해야 한다. netstat로는 알 수 없다.

34 Windows Server 2022에서 PowerShell을 이용하여 네트워크 어댑터의 IP 주소, 서브넷 마스크, 게이트웨이 등의 정보를 확인하고자 한다. 다음 중 이러한 정보를 가장 명확하게 확인할 수 있는 PowerShell 명령어는?

① Get-NetTCPConnection
② Get-NetIPAddress
③ Resolve-DnsName
④ Test-Connection

● 해설

- Get-NetTCPConnection : 현재 시스템에서 열려 있는 TCP 연결 상태(로컬/원격 주소, 포트 등)를 확인하는 명령어이다. IP 주소 구성 정보(서브넷 마스크, 게이트웨이 등)는 확인할 수 없다.
- Get-NetIPAddress : 네트워크 어댑터에 할당된 IP 주소 정보를 출력하는 명령어이다. IP 주소, 서브넷 프리픽스 길이(서브넷 마스크), 인터페이스 정보 등을 확인할 수 있어 문제에서 요구하는 정보에 가장 적합하다.
- Resolve-DnsName : DNS 이름을 IP 주소로 해석(쿼리)하는 명령어이다. 로컬 네트워크 어댑터의 IP 구성 정보와는 관련이 없다.
- Test-Connection : 네트워크 연결 테스트(핑 테스트)를 수행하는 명령어이다. 네트워크 어댑터의 구성 정보를 직접 출력하지는 않는다.

35 사용자 권한이 1777인 디렉터리에 대한 설명으로 옳지 않은 것은?

① 누구나 접근 가능한 디렉터리이다.
② 누구나 모든 파일을 읽고 쓸 수 있다.
③ 누구나 모든 파일을 수정하고 삭제할 수 있다.
④ 누구나 서브 디렉터리를 생성할 수 있다.

● 해설

① 권한이 1777인 경우 퍼미션은 rwxrwxrwt 이며, '777'은 모든 사용자(소유자, 그룹, 기타 사용자)가 읽기, 쓰기, 실행 가능하다는 의미이다. 따라서 누구나 접근 가능하다.
② 디렉터리 자체에는 777 권한이 있으므로 디렉터리 안에 새 파일을 만들고 읽고 쓸 수 있다. 개별 파일의 권한에 따라 제한이 있을 수 있지만, 디렉터리 자체의 설명으로는 맞는 설명이다.
③ 여기서 중요한 것은 sticky bit (t)가 설정되어 있다는 점이다. 1777에서 앞의 '1'은 sticky bit를 의미한다. sticky bit가 설정된 디렉터리에서는 해당 파일의 소유자나 루트(root) 사용자만 해당

정답 32. ④ 33. ④ 34. ② 35. ③

파일을 삭제하거나 이름을 변경할 수 있다. 즉, 누구나 모든 파일을 삭제하거나 수정할 수는 없다.
④ 777 권한이므로 디렉터리에 대해 쓰기 권한이 있으며, 새로운 파일이나 디렉터리를 생성할 수 있다.

36 Linux 시스템의 부팅 시 빠르게 지나간 부팅 메시지를 확인하는 방법으로 옳지 않은 것은?

① journalctl 명령어로 확인한다.
② 부팅 직후 [Shift+Pgup], [Shift+Pgdn] 키를 사용한다.
③ 로그인 과정을 거친 후에 history 명령어를 실행한다.
④ 로그인 과정을 거친 후에 /var/log/messages 파일을 참고한다.

● 해설

history 명령어는 사용자가 입력한 명령어 기록을 확인하는 명령어이며, 부팅 메시지 확인과는 관계가 없다.

37 Linux 시스템을 관리하는 Han 과장은 로그 파일을 통해 시스템의 다양한 상태를 점검하고 있다. 웹 서버에 접속하는 클라이언트의 접속상황을 저장하는 로그 파일의 이름으로 올바른 것은?

① /var/log/messages
② /var/log/secure
③ /var/log/httpd/access_log
④ /var/log/httpd/error_log

● 해설

- /var/log/messages : 시스템의 일반적인 커널 및 서비스 메시지가 기록된다. 웹 서버 접속 로그는 포함되지 않는다.
- /var/log/secure : 인증 관련 로그(예: ssh 로그인 시도, su 명령 사용 등)가 기록된다. 웹 서버 접속 로그는 포함되지 않는다.
- /var/log/httpd/access_log : 웹 서버(Apache)의 클라이언트 접속 상황(요청한 URL, 접속 시간, 클라이언트 IP 등)이 기록되는 로그 파일이다.
- /var/log/httpd/error_log : 웹 서버의 오류 메시지(예: 페이지 오류, 서버 내부 오류 등)가 기록되는 로그 파일이다. 접속 상황이 아닌 오류 상황을 기록한다.

38 서버 관리자 Scott 사원은 Windows Server 2022 운영체제를 기반으로 데이터베이스를 운영하고 있다. 데이터 저장장치의 분실에 의해 개인정보가 누출되지 않도록 BitLocker 기술을 활용하고자 한다. BitLocker 기술에 대한 설명으로 옳지 않은 것은?

① BitLocker 기능을 사용하기 위해서는 TPM이 장착된 메인보드를 반드시 사용해야 한다.
② 고정 데이터, 운영 체제, 이동식 데이터 드라이브에 대한 암호화 수준을 개별적으로 구성 가능하다.
③ 볼륨 또는 디스크를 통째로 잠그는 기능으로, 파일이나 폴더 단위로 암호화하는 EFS에 비해 기능이 강력하다.
④ 드라이브 잠금 해제를 위한 암호를 분실한 경우, 48자리의 복구키를 이용하여 잠금을 해제할 수 있다.

정답 36. ③ 37. ③ 38. ①

● 해설

TPM(Trusted Platform Module)이 있으면 Bit-Locker 보안을 더 강화할 수 있지만, TPM이 없어도 BitLocker를 사용할 수 있는 방법(예: USB 키 사용, 그룹 정책 설정 등)이 제공된다. 따라서 반드시 TPM이 있어야만 BitLocker를 사용할 수 있는 것은 아니다.

39 서버 담당자 Park 대리는 Windows Server 2022를 이용하여 자동으로 보안 템플릿을 만들어 시스템에 적용하고 분석하는데 SecEdit.exe 도구를 사용하고자 한다. SecEdit.exe 도구를 사용하여 시스템에 적용할 보안 영역에 대한 설명으로 옳지 않은 것은?

① SECURITYPOLICY : 시스템에 대한 로컬 정책 및 도메인 정책
② GROUP_MGMT : 보안 템플릿에 지정된 관리 그룹
③ USER_RIGHTS : 사용자 로그온 권한 및 사용 권한 부여
④ SERVICES : 정의된 모든 서비스

● 해설

Windows Server 2022의 SecEdit.exe 명령어에서 지원하는 Security Area(보안 영역) 항목
- SECURITYPOLICY → Local Policies(예: 감사 정책, 계정 정책, Kerberos 정책 등)
- USER_RIGHTS → User Rights Assignment(사용자 권한 부여)
- REGKEYS → Registry Keys(레지스트리 키 보안 설정)
- FILESTORE → File System(파일/폴더 보안 설정)
- SERVICES → System Services(템플릿에 명시된 서비스에 한정됨)
- GROUP_MGMT → 지원하지 않음(SecEdit.exe에서는 GROUP_MGMT라는 영역이 없음)

즉, GROUP_MGMT라는 영역은 SecEdit.exe에서 지원하는 공식 영역이 아니다.
GROUP_MGMT는 GPMC(그룹 정책 관리 콘솔)나 다른 관리 도구에서 사용하는 용어이지, SecEdit.exe에서 적용하는 보안 영역 항목에는 포함되지 않는다.

40 서버 담당자 Kang 사원은 Windows Server 2022의 이벤트 뷰어를 통해 감사 정책에 따른 로그 정보를 확인하여 서버의 상태를 지속적으로 체크하고 있다. 하드웨어 이벤트와 관련한 항목으로 올바른 것은?

① 사용자 지정 보기
② 보안 로그
③ 응용 프로그램 및 서비스 로그
④ 구독

● 해설

응용 프로그램 및 서비스 로그 아래에는 Microsoft, Windows, HardwareEvents 등과 관련된 로그가 포함된다. 하드웨어 이벤트(예: 드라이버 오류, 디바이스 오류 등)가 이 영역에 기록된다. 문제에서 요구한 하드웨어 이벤트 관련 항목에 해당하므로 정답이다.

41 Windows Server 2022 파일 서버를 운영 중인 관리자 Park 사원은 사용자에게 기본 접근 권한을 부여하려고 한다. 다음 중 NTFS 기본 권한 항목에 해당하지 않는 것은?

① Read
② Write
③ List folder contents
④ Wirte & Execute

● 해설

나머지 항목들은 전부 NTFS의 기본 권한에 포함되며, 'Write & Execute'라는 항목은 존재하지 않는다. NTFS 기본 권한 항목 중 정확한 이름은 'Read & Execute'이다.

42 'runlevel 5'로 로그인 되어 있는 상태에서 Apache에 소스컴파일 설치를 하여 '/etc/init.d'의 경로에 httpd 데몬 shell script를 생성하여 정상적인 실행을 확인하였다. 해당 데몬을 재부팅 후에 자동 실행되도록 설정하는 명령어는?

① systemctl restart httpd.service
② /etc/init.d/httpd restart
③ chkconfig --list | grep httpd
④ chkconfig --level 5 httpd on

● 해설

① systemd 환경에서 httpd 서비스를 즉시 재시작하는 명령어이다.
② 기존 SysVinit 방식의 서비스 스크립트를 사용하여 httpd를 즉시 재시작하는 명령어이다.
③ chkconfig 명령어로 현재 httpd 서비스의 runlevel별 설정 상태를 조회하는 명령어이다.
④ chkconfig 명령어로 runlevel 5(그래픽 모드)에서 httpd 서비스가 부팅 시 자동 실행되도록 활성화하는 명령어이다. 문제에서 요구한 조건(재부팅 후 자동 실행 설정)에 부합하므로 정답이다.

43 서버 담당자 Park 사원은 Windows Server 2022에서 공인 인증기관(CA)에 인증서를 요청하기 위해, 실행 중인 IIS(인터넷 정보 서비스)를 통해 CSR(Certificate Signing Request)을 생성하려고 한다. 이 작업을 수행하기 위해 IIS 관리자에서 선택해야 하는 항목으로 가장 적절한 것은?

① HTTP 응답 헤더
② MIME 형식
③ 기본 문서
④ 서버 인증서

● 해설

• HTTP 응답 헤더 : 웹 서버가 클라이언트로 보내는 HTTP 응답 메시지에 포함될 헤더를 설정하는 항목이다. 인증서 요청(CSR) 생성과는 관련이 없다.
• MIME 형식 : 서버에서 제공하는 콘텐츠의 유형(파일 형식)을 정의하는 항목이다. 인증서 요청과는 무관하다.
• 기본 문서 : 클라이언트가 디렉터리 경로에 접속했을 때 자동으로 표시할 기본 파일(예: index.html, default.aspx 등)을 지정하는 항목이다.
• 서버 인증서 : IIS 관리자에서 CSR(Certificate Signing Request)을 생성하거나, 인증서를 설치 및 관리하는 기능이 포함된 항목이다. CSR 생성은 이 메뉴에서 진행한다.

44 다음은 Linux에서 사용자 계정을 생성하는 명령어이다. 이 명령어에 대한 설명 중 잘못된 것은?

adduser -u 550 -g 13 -d /home/test -s /bin/sh -f 40 fast

① 사용자 계정은 test이다.
② 홈 디렉터리로는 '/home/test'를 사용한다.
③ 셸은 본셸을 사용한다.
④ 40일마다 패스워드를 변경하도록 설정한다.

● 해설

-f 40은 패스워드가 만료된 후 계정이 비활성화되기까지의 기간을 뜻한다.
패스워드 변경 주기를 지정하려면 -M(Maximum Days) 옵션을 사용해야 한다. 즉, 40일마다 변경하라는 설정이 아니다.

정답 42. ④ 43. ④ 44. ④

45 Windows와 UNIX는 다른 로그 체계를 갖추고 있다. Windows는 이벤트(event)라고 불리는 중앙 집중화된 형태로 로그를 수집하여 저장한다. Windows 이벤트 뷰어에 표시되는 항목과 설명이 잘못 설명되어 있는 것은?

① 컴퓨터 : 관련 로그를 발생시킨 시스템
② 원본, 범주 : 로그와 관계있는 영역
③ 사용자 : 관련 로그를 발생시킨 사용자
④ 날짜 및 시간 : 파일 생성 시간

● 해설

날짜 및 시간 항목은 이벤트가 발생한 시간을 나타내고, 파일 생성 시간과는 관계없다. 파일 생성 시간은 파일 시스템에서 따로 관리되는 정보이다.

4과목 ▪ 네트워크 운용기기

46 라우터(Router)와 L3 스위치의 특징을 비교한 내용 중 바르게 설명한 것은?

① 모든 L3스위치는 NAT(Network Address Translation)기능을 제공한다.
② L3스위치 및 라우터의 패킷전송구조는 하드웨어 기반이다.
③ 라우터는 WAN구간 연동을 위한 인터페이스 제공이 어렵다.
④ 라우터는 L3 스위치보다 다양한 WAN 연동용 인터페이스(Ethernet, 광 링크, 고속 시리얼 등)를 제공한다.

● 해설

① L3 스위치의 주요 기능은 고속 L3 레이어 스위칭(라우팅)이며, 모든 L3 스위치가 NAT 기능을 기본으로 제공하지는 않는다. 일부 고급형 모델만 지원하는 경우도 있다.
② L3 스위치는 일반적으로 ASIC 기반의 하드웨어 처리(하드웨어 포워딩)를 통해 고속 처리를 한다. 라우터는 전통적으로 소프트웨어 기반 처리(소프트웨어 포워딩)가 기본이며, 고성능 모델에서는 하드웨어 가속(CEF 등)을 사용한다.
③ 오히려 라우터는 WAN 구간 연동(프레임 릴레이, 고속 시리얼, 광 링크 등)에 강점을 가진 장비이다.

47 네트워크 스위치 다수의 포트를 하나의 포트로 사용하여 대역폭을 늘릴 수 있고 여러 포트를 하나로 사용하기에 STP로 Blocking되지 않고 포트를 전부 사용할 수 있는 기술은?

① 이더 채널(Ether Channel)
② 가상랜(Virtual Local Area Network)
③ POE(Power Over Ethernet)
④ 게이트웨이(Gateway)

● 해설

① 여러 개의 스위치 포트를 하나의 논리적 포트로 묶어서 대역폭을 증가시키는 기술이다. 스패닝 트리 프로토콜(STP) 관점에서는 하나의 논리 링크로 인식되기 때문에 포트가 Blocking 되지 않고 모두 사용 가능하다.
② VLAN은 네트워크상에서 논리적으로 구분된 브로드캐스트 도메인을 만드는 기술이다. 대역폭 증가 기술이 아니며, 포트를 묶는 기술과는 다르다.
③ 이더넷 케이블을 통해 전력을 공급하는 기술이다. 포트 대역폭 증가와는 관계가 없다.
④ 서로 다른 네트워크(예: LAN과 WAN)를 연결하는 장비 또는 기능이다.

정답 45. ④　46. ④　47. ①

48 서로 다른 형태의 네트워크를 상호 접속하는 장치로 필요할 경우 프로토콜 변환을 수행하는 장치는?

① Frame Relay Access Device
② Remote Access Server
③ Gateway
④ Switching Hub

● 해설
① 프레임 릴레이 네트워크에 단말 장비를 접속하기 위한 장치이다. 주로 프레임 릴레이 전용 네트워크에서 사용된다.
② 원격 접속 사용자가 네트워크에 접속할 수 있도록 해주는 서버이다. VPN이나 다이얼업 접속용으로 많이 사용된다.
③ 서로 다른 네트워크 간의 접속을 지원하며 필요 시 프로토콜 변환 기능까지 수행할 수 있다. 예를 들어 IP → IPX, 이메일 프로토콜 변환(SMTP ↔ X.400) 등 다양한 계층에서 동작할 수 있다.
④ 일반적인 레이어 2 스위치(허브)로서 프레임을 포트 간 전송하는 역할을 한다.

49 RAID의 기능 중에서 Hot Swap의 기능을 올바르게 설명한 것은?

① 전원이 꺼진 상태에서 디스크를 백업하는 기능이다.
② 전원이 꺼진 상태에서 디스크를 교체하는 기능이다.
③ 전원이 켜진 상태에서 데이터를 여분의 디스크에 백업하는 기능이다.
④ 전원이 켜진 상태에서 디스크를 교체하는 기능이다.

● 해설
Hot Swap(핫스왑)은 시스템 전원이 켜진 상태에서도 디스크를 안전하게 제거하고 교체할 수 있는 기능이다.

50 라우팅 프로토콜은 목적지까지의 최적 경로를 결정하기 위해 다양한 메트릭(Metric) 값을 사용한다. 다음 중 메트릭으로 사용되지 않는 항목은?

① 회선의 최대 전송속도(Bandwidth)
② 라우터의 종류(Vendor)
③ 목적지까지의 홉 수(Hop Count)
④ 회선 사용량(Load)

● 해설
① 많은 라우팅 프로토콜(예: OSPF, EIGRP 등)에서 Bandwidth를 메트릭으로 사용한다. 대역폭이 높은 경로를 선호하도록 경로 선택 시 반영된다.
② 라우터의 제조사(Vendor)는 라우팅 경로 계산과는 무관하다. 어떤 제조사의 라우터인지 여부는 메트릭으로 사용되지 않는다.
③ RIP 등의 라우팅 프로토콜에서는 Hop Count(홉 수)를 메트릭으로 사용하여 경로를 계산한다.
④ EIGRP 등의 라우팅 프로토콜에서는 회선 사용량(Load)도 메트릭에 반영될 수 있다.

5과목 · 정보보호개론

51 다음 지문이 설명하는 제도는?

> 클라우드 서비스 제공자가 제공하는 서비스에 대해 '클라우드컴퓨팅법' 제23조 제2항에 따라 정보보호 기준의 준수 여부를 인증기관이 평가·인증하여 이용자들이 안심하고 클라우드컴퓨팅 서비스를 이용할 수 있도록 지원하는 제도

① CASP
② K-ISMS
③ ISO27001
④ BS7799

정답 48. ③ 49. ④ 50. ② 51. ①

● 해설

Cloud Security Assurance Program(클라우드 서비스 보안 인증, CASP)은 클라우드컴퓨팅법 제23조 제2항에 근거하여, 클라우드 서비스 제공자가 정보보호 기준을 준수하는지를 공식 인증기관이 평가·인증하는 제도이다.

52 PAM(Pluggable Authentication Modules) 설정 파일 중 제어 플래그에 대한 설명으로 옳은 것은?

① required: 모듈 인자로 지정한 설정 파일에서 모든 행을 읽어온다.
② requisite: 해당 모듈은 인증을 계속하기 위해 반드시 성공해야 한다.
③ include: 모듈 인자로 지정한 설정 파일에서 모든 행을 읽어온다.
④ sufficient: 이 모듈의 결과는 무시된다. 만약 이 모듈이 성공하고 앞선 required 모듈 중 실패가 없으면 인증 성공을 리턴한다.

● 해설

① required는 해당 모듈이 반드시 성공해야 인증 성공이지만, 설명은 include의 설명이다.
② 실패 시 즉시 중단하는 특징이 누락되었다.
③ include는 PAM 설정에서 control 플래그 자리에서 쓰이며, 해당 파일을 include 해서 모든 행을 읽어오는 기능으로, PAM 공식 문서에서도 control 플래그와 같이 사용된다.
④ sufficient는 성공 시 조건부 성공 처리를 하는 플래그이다.

53 지문과 같이 rsyslog 필터를 구성하고자 한다. 지문에 맞게 필터를 올바르게 작성한 것은?

> cron에서 info와 debug를 제외한 모든 로그 메시지를 선택한다.

① cron.!info,!debug
② info.!cron,!debug
③ debug.!info,!cron
④ info.!debug,!cron

● 해설

- rsyslog 필터 형식: facility.priority 또는 facility.!priority로 구성 가능
- facility → 어떤 서비스/프로그램의 로그인지(여기서는 cron)
- priority → 로그의 중요도 수준 (info, debug 등)
rsyslog 설정에서 사용하는 느낌표(!)는 '제외(negation)' 또는 'not'의 의미이므로, info와 debug를 제외하기 위해서는 cron.!info,!debug와 같이 구성하면 된다.

54 보안 담당자 Kim은 SSL 3.0 기반의 암호화 통신 환경에서 CBC 모드의 패딩 처리 방식 취약점을 악용한 공격으로 사용자의 세션 쿠키 등 민감 정보가 유출될 수 있음을 확인하였다. 다음 중 이러한 패딩 오라클(Padding Oracle) 공격에 사용되는 SSL 3.0의 대표적인 취약점 이름은?

① POODLE 취약점
② Heartbleed 취약점
③ Bicycle 취약점
④ FREAK 취약점

정답 52. ③ 53. ① 54. ①

● 해설

② OpenSSL의 Heartbeat 확장 기능의 취약점으로, 메모리 덤프를 통해 민감 정보를 유출한다.
③ 존재하지 않는다.
④ SSL/TLS에서 강제로 낮은 수준의(취약한) 암호화 키(Export Grade)를 사용하도록 다운그레이드시키는 취약점이다.

55 (A) 안에 들어가는 용어 중 옳은 것은?

> 보안관리자 Kim 대리는 회사의 중요한 데이터를 인가된 사용자에게만 제공하고, 인가되지 않은 사용자에게 데이터가 제공되지 않도록 하기 위해 보안 솔루션을 도입하고자 한다. (A)을/를 도입함으로써 매체, 통신 인터페이스 제어를 통해 사용자 수준에서 회사의 데이터가 외부로 유출되는 것을 예방할 수 있을 것으로 기대한다.

① PMS(Patch Management System)
② DLP(Data Loss Prevention)
③ IDS(Intrusion Detection System)
④ IPS(Intrusion Prevention System)

● 해설

DLP 주요 기능
- 저장된 데이터(At Rest), 전송 중인 데이터(In Transit), 사용 중인 데이터(In Use)에 대한 보호
- 매체 제어(USB 차단/허용)
- 이메일/웹/클라우드 업로드 차단
- 프린터, 화면 캡처 방지
- 사용자 행위 감시 및 정책 기반 제어

56 침해사고 유형에 대한 설명으로 옳지 않은 것은?

① botnet : 스팸메일이나 악성코드 등을 전파하도록 하고 해커가 마음대로 제어할 수 있는 좀비 PC들로 구성된 네트워크를 말한다.
② Trojan horse : 정상 기능의 프로그램으로 가장하여 프로그램 내에 숨어있는 코드로, 의도하지 않은 기능을 수행하는 프로그램 또는 실행코드
③ 이메일 스캠 : 불특정 다수에게 메일을 발송해 위장된 홈페이지로 접속하도록 한 뒤 이용자들의 금융정보 등을 빼내는 신종 사기 수법
④ APT : 지능적 지속 위협 공격으로, 지능적이고 지속적으로 위협을 가해 피해를 주는 공격을 의미한다.

● 해설

① botnet(봇넷)은 좀비 PC로 구성된 네트워크이며, DDoS, 스팸메일 발송, 악성코드 전파 등에 사용된다. 침해사고 유형으로 인정된다.
② 트로이 목마는 정상 프로그램으로 위장하여 설치되고 내부에서 의도치 않은 악성 기능을 수행한다. 대표적인 침해사고 유형 중 하나다.
③ '이메일 스캠'이라는 용어는 사회공학적 사기 수법(스팸, 피싱, 스피어피싱 등)으로, 정식 침해사고 유형 분류(NIST, KISA, ISO 기준)에 해당하지는 않는다. 일반적으로 피싱(Phishing) 또는 스피어 피싱(Spear Phishing)으로 구분한다.
④ APT(Advanced Persistent Threat)는 매우 흔한 침해사고 유형이다. 지능적, 지속적 공격으로 표적 시스템에 장기적으로 침투해 정보를 탈취하거나 시스템을 교란한다.

정답 55. ② 56. ③

57 MitM(Man in the Middle) 공격의 종류가 아닌 것은?

① ARP Spoofing
② Distributed Denial of Service
③ DNS Spoofing
④ Sniffing

● 해설
DDoS는 대규모 서비스 거부 공격으로서 대량의 트래픽을 유발해 서비스 마비를 일으킨다. MitM(중간자 공격)이 아닌, 서비스 가용성 공격이다.

58 Session Hijacking이라는 웹 해킹 기법과 비슷하나, 사용자의 권한을 탈취하는 공격이 아니라 사용자가 확인한 패킷의 내용만을 훔쳐보는 기법은?

① Spoofing
② Side jacking
③ Sniffing
④ Strip attack

● 해설
세션 하이재킹(Session Hijacking)과 유사하지만, 세션 탈취까지는 하지 않고, 사용자의 세션 패킷(주로 쿠키 등)을 훔쳐보는(passive) 기법이다. 주로 암호화되지 않은 세션에서 세션 쿠키만 가로채서 훔쳐보는 것이 목적이다.

59 다음은 방화벽의 구성 요소 중 무엇을 설명하는 것인가?

- 보호된 네트워크에서 유일하게 외부의 공격에 노출된 컴퓨터 시스템을 말한다.
- 네트워크 보안상 가장 중요한 위치를 차지하므로 관리자에 의해 철저하게 감시되며 불법적인 침입 의도를 가지고 접속한 모든 시스템의 기록들에 대해서 주기적인 검사가 이루어져야 한다.
- 클라우드 환경에서는 외부에서 내부 VPC 또는 가상 네트워크로 SSH 접속을 중계하는 서버(Jump Host)로 활용된다.

① 방어선 네트워크(Perimeter Network)
② 베스천 호스트(Bastion Host)
③ 스크리닝 라우터(Screening Router)
④ DMZ(Demilitarized Zone)

● 해설
① 네트워크 경계 구간(외부와 내부 네트워크 사이)에 위치한 네트워크 구간을 지칭한다.
② 보호된 네트워크에서 외부에 노출되는 서버이다. 가장 보안에 신경 써서 운영해야 하며 관리자가 철저하게 감시한다. 클라우드 환경에서는 Jump Host(중계 서버)로도 많이 사용한다.
③ 패킷 필터링 기능이 있는 라우터로, 라우터 장비 자체이다.
④ DMZ는 네트워크 구간(영역)을 의미하며, 그 안에 여러 서버가 위치할 수 있다.

정답 57. ② 58. ② 59. ②

60 다음 지문과 같은 특성을 갖는 전자우편 보안 기술은?

> 보안 담당자 Kim은 전자우편의 기밀성과 무결성을 동시에 보장할 수 있는 보안 기술을 도입하고자 한다. 해당 기술은 전자우편을 입수하더라도 내용을 해독할 수 없게 암호화하고, 해시 함수를 이용해 무결성을 확인하며, 송신자의 개인키 기반 전자서명을 통해 신원을 검증한다. 또한, 인증기관(CA) 대신 웹 오브 트러스트(Web of Trust) 기반으로 키를 관리하며, 개인 사용자 중심으로 활용되는 특징이 있다.

① PEM(Privacy Enhanced Mail)
② S/MIME(Secure Multi-Purpose Internet Mail Extensions)
③ PGP(Pretty Good Privacy)
④ SMTP(Simple Mail Transfer Protocol)

● 해설

전자우편의 기밀성(암호화), 무결성(해시), 인증(전자서명)을 모두 제공한다. 또한 웹 오브 트러스트(Web of Trust)를 기반으로 키를 관리하는 구조이며, 개인 사용자 중심으로 활용된다.

정답 60. ③

2회 최신기출문제

| 2021년 5월 30일 |

1과목 TCP/IP

01 IPv4의 IP Address 할당에 대한 설명으로 옳지 않은 것은?

① 모든 Network ID와 Host ID의 비트가 '1'이 되어서는 안 된다.
② Class B는 최상위 2비트를 '10'으로 설정한다.
③ Class A는 최상위 3비트를 '110'으로 설정한다.
④ '127.x.x.x' 형태의 IP Address는 Loopback 주소를 나타내는 특수 Address로 할당하여 사용하지 않는다.

● 해설
Class A는 최상위 1비트를 '0'으로 설정한다. 최상위 3비트를 '110'으로 설정하는 것은 Class C이다.

02 TCP/IP에서 데이터링크 층의 데이터 단위는?

① 메시지   ② 세그먼트
③ 데이터그램 ④ 프레임

● 해설
데이터링크 층의 데이터 단위는 '프레임'이다.
물리 계층(비트)→데이터링크 계층(프레임)→네트워크 계층(패킷)→전송 계층(세그먼트)

03 TCP가 제공하는 기능으로 옳지 않은 것은?

① 종단 간 흐름 제어를 위해 동적 윈도우(Dynamic Sliding Window) 방식을 사용한다.
② 한 번에 많은 데이터의 전송에 유리하기 때문에 화상 통신과 같은 실시간 통신에 사용된다.
③ 송수신되는 데이터의 에러를 제어함으로써 신뢰성 있는 데이터 전송을 보장한다.
④ Three Way Handshaking 과정을 통해 데이터를 주고받는다.

● 해설
한 번에 많은 데이터에 전송에 유리한 방식은 UDP이다.

04 UDP 헤더 구조에 대한 설명으로 옳지 않은 것은?

① Source Port – 송신 측 응용 프로세스 포트 번호 필드
② Destination Port – 선택적 필드로 사용하지 않을 때는 Zero로 채워지는 필드
③ Checksum – 오류 검사를 위한 필드
④ Length – UDP 헤더와 데이터 부분을 포함한 데이터 그램의 길이를 나타내는 필드

정답 01. ③ 02. ④ 03. ② 04. ②

● 해설

Destination Port : 수신 측 응용프로세스를 구분하기 위한 포트 넘버

05 RARP에 대한 설명 중 올바른 것은?

① TCP/IP 프로토콜에서 데이터의 전송 서비스를 규정한다.
② TCP/IP 프로토콜의 IP에서 접속 없이 데이터의 전송을 수행하는 기능을 규정한다.
③ 하드웨어 주소를 IP Address로 변환하기 위해서 사용한다.
④ IP에서의 오류(Error) 제어를 위하여 사용되며, 시작지 호스트의 라우팅 실패를 보고한다.

● 해설

ARP가 IP 주소를 하드웨어 주소(MAC 주소)로 변환하는 프로토콜인 반면, RAPR은 반대로 MAC 주소를 IP 주소로 변환하는 프로토콜이다.

06 인터넷 그룹 관리 프로토콜로 컴퓨터가 멀티캐스트 그룹을 인근의 라우터들에게 알리는 수단을 제공하는 인터넷 프로토콜은?

① ICMP   ② IGMP
③ EGP   ④ IGP

● 해설

IGMP(Internet Group Management Protocol)는 멀티캐스트를 관리하여 그룹에게 메시지를 보내기 위한 목적으로 개발된 프로토콜이다.

07 다음 출력물에 대한 설명으로 옳지 않은 것은?

```
C:₩> ping www.icqa.or.kr
Ping www.icqa.or.kr [210.103.175.224]
32바이트 데이터 사용:
210.103.175.224의 응답: 바이트=32 시간=3ms TTL=55
210.103.175.224의 응답: 바이트=32 시간=2ms TTL=55
210.103.175.224의 응답: 바이트=32 시간=3ms TTL=55
210.103.175.224의 응답: 바이트=32 시간=3ms TTL=55
210.103.175.224에 대한 Ping 통계:
패킷: 보냄=4, 받음=4, 손실=0 (0% 손실), 왕복 시간(밀리초):
최소=2ms, 최대=3ms, 평균=2ms
```

① ping 명령어를 이용하여 목적지(www.icqa.or.kr)와 정상적으로 통신되었음을 확인하였다.
② ping 명령어를 이용하여 요청하고 응답받은 데이터의 사이즈는 32바이트이다.
③ ping 명령어를 이용하여 요청하고 응답받은 시간은 평균 2ms이다.
④ 패킷의 살아 있는 시간(TTL, Time to Live)은 55초이다.

● 해설

TTL은 초 단위가 아닌, 패킷이 거치는 장치의 대수(홉수) 단위이다.

정답 05. ③ 06. ② 07. ④

08 서버를 관리하는 Kim 사원은 회사 지침으로 기존 홈페이지를 http 방식에서 https 방식으로 변경하라고 지시가 내려져서 https의 특징에 대하여 알아보고 있는 중이다. 다음 보기 중에서 https의 특징으로 옳은 것은?

① 기존 http보다 암호화된 SSL/TLS를 전달한다.
② tcp/80번 포트를 사용한다.
③ udp/443번 포트를 사용한다.
④ 인증이 필요하지 않아 사용하기가 간편하다.

● 해설
인터넷 표준 보안 프로토콜인 SSL(Secure Sockets Layer)이 적용되면 http가 https로 변경된다.

09 네트워크와 서버를 관리하는 Kim 사원은 인터넷이 느려졌다는 민원을 받았다. 이를 해결하기 위해서 해당 ISP 주소 쪽으로 명령어(A)를 입력하였더니 다소 지연이 있었음을 발견하였다. 이 사항을 확인하기 위해서 (A)에 들어가야 할 명령어는? (단, 윈도우 계열의 명령프롬프트(cmd)에서 실행하였다.)

① nslookup   ② tracert
③ ping   ④ traceroute

● 해설
지문에서는 각기 다른 IP 주소와 시간 정보가 반복적으로 보여지고 있는데, 이는 특정 주소까지 도달하기 위한 경로와 소요 시간을 알 수 있는 tracert 명령어의 결과이다.
Linux에서 IP 패킷이 목적지에 도착하기 위해 방문하는 게이트웨이의 순서 정보를 제공하는 명령어는 traceroute이다. 같은 역할을 하는 Windows Server 명령어는 tracert이다.

10 DNS에 대한 설명으로 옳지 않은 것은?

① 도메인에 대하여 IP Address를 매핑한다.
② IP Address를 도메인 이름으로 변환하는 기능도 있다.
③ IP Address를 효율적으로 관리하기 위한 서비스로 IP Address 및 Subnet Mask, Gateway Address를 자동으로 할당해 준다.
④ 계층적 이름 구조를 갖는 분산형 데이터베이스로 구성되고 클라이언트·서버 모델을 사용한다.

● 해설
IP Address 및 Subnet Mask, Gateway Address를 자동으로 할당해주는 프로토콜은 DNS가 아닌 DHCP이다.

11 TCP 헤더의 플래그 비트로 옳지 않은 것은?

① URG   ② UTC
③ ACK   ④ RST

● 해설
• UTC는 TCP 헤더의 플래그가 아니다.
• TCP 헤더의 플래그비트 종류 - URG, ACK, PSH, RST, SYN, FIN

정답 08. ① 09. ② 10. ③ 11. ②

12 서울본사에 근무하는 Kim은 신규부서에 IP를 할당하려고 L3 스위치에 접속하였는데 IP검색 도중에 허가되지 않은 불법 IP 및 mac address를 발견하여 차단 조치하였다. Kim이 L3 스위치에서 불법 IP를 검색하기 위해서 내린 명령어(A)를 선택하시오. (단, 불법적으로 사용된 IP는 아래의 그림이며 사용된 L3 스위치는 Cisco 3750G이다.)

```
ICQA-L3#
ICQA-L3#sh [A]  include 10.100.95.200
Internet  10.100.95.200          0   00e0.4c68.069c
ICQA-L3#
ICQA-L3#
```

① rarp   ② vlan
③ cdp   ④ arp

● 해설

arp는 IP 주소를 물리 주소로 바꾸어주는 프로토콜로, 불법 IP를 검색할 수 있다.

13 IEEE 802.11 WLAN(무선랜) 접속을 위해 NIC에서 사용하고 있는 다중 접속 프로토콜은?

① ALOHA   ② CDMA
③ CSMA/CD ④ CSMA/CA

● 해설

IEEE 802.11 WLAN(무선랜)은 Wi-Fi로 Wi-Fi에서 사용하는 프로토콜은 CSMA/CA이다.

14 네트워크 및 서버관리자 Kim은 불법적으로 443 포트를 이용하여 52.139.250.253번 IP에서 관리자 Kim의 업무PC에 원격으로 접속시도가 이뤄진 흔적을 발견하게 되었다. 이 사항을 발견하기 위해서 (A)에 들어가야 할 명령어는? (단, 윈도우 계열의 명령 프롬프트(cmd)에서 실행하였다.)

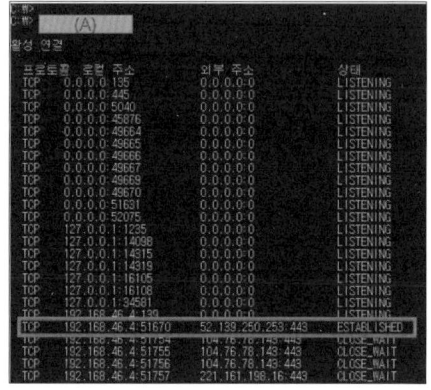

① ping   ② tracert
③ netstat -an ④ nslookup

● 해설

netstat는 네트워크의 문제를 찾아내고 성능을 측정하기 위하여 사용 중인 전송제어 프로토콜, 라우팅 테이블, 네트워크 인터페이스 및 사용 상태 등을 알 수 있다. -an은 -a, -n 옵션을 합친 것으로 컴퓨터와 연결되었거나 연결을 기다리는 목록을 보여준다.

15 전자메일을 전송하거나 수신할 때 사용되는 프로토콜로 옳지 않은 것은?

① SMTP(Simple Mail Transfer Protocol)
② MIME(Multi-purpose Internet Mail Extensions)
③ POP3(Post Office Protocol 3)
④ SNMP(Simple Network Management Protocol)

● 해설

SNMP(Simple Network Management Protocol)는 말 그대로 간단한 규모의 네트워크를 관리하는 프로토콜이다. 네트워크 장비로부터 데이터를 수집하여 네트워크의 관리를 지원하고 성능을 향상시키는 등 네트워크 관리에 관한 기능을 가진다.

정답 12. ④ 13. ④ 14. ③ 15. ④

16 ICMP의 Message Type에 대한 설명으로 옳지 않은 것은?

① 0 – Echo Reply
② 5 – Echo Request
③ 13 – Timestamp Request
④ 17 – Address Mask Request

● 해설
5 – Redirect(경로 변경)

17 C Class인 네트워크의 서브넷 마스크가 '255.255.255.192'라면 둘 수 있는 서브넷의 개수는?

① 2   ② 4
③ 192   ④ 1024

● 해설
255.255.255.192는 마지막 자리 192(11000000) = 128(2^7) + 64(2^6)이므로 4개의 호스트를 가진 4개의 서브넷으로 나누어져 있다.

2과목 네트워크 일반

18 전송을 받는 개체에서 발송지로부터 오는 데이터의 양이나 속도를 제한하는 프로토콜의 기능을 나타내는 용어는?

① 에러 제어   ② 순서 제어
③ 흐름 제어   ④ 접속 제어

● 해설
데이터 전송량과 전송 속도=데이터 흐름(Flow), 흐름 제어(Flow Control)

19 다음 (A) 안에 들어가는 용어 중 옳은 것은?

> (A)은/는 인터넷을 이용하여 고비용의 사설망을 대체하는 효과를 얻기 위한 기술이다. 인터넷망과 같은 공중망을 사용하여 둘 이상의 네트워크를 안전하게 연결하기 위하여 가상의 터널을 만들고, 암호화된 데이터를 전송할 수 있도록 구성된 네트워크라고 정의할 수 있으며 공중망 상에서 구축되는 논리적인 전용망이라고 할 수 있다.

① VLAN
② NAT
③ VPN
④ Public Network

● 해설
가상 사설망(VPN; Virtual Private Network)에 관한 설명이다.

20 OSI 7 Layer의 전송 계층에서 동작하는 프로토콜들만으로 구성된 것은?

① ICMP, NetBEUI
② IP, TCP
③ TCP, UDP
④ NetBEUI, IP

● 해설
TCP와 UDP는 전송 계층의 프로토콜이다.

정답 16. ② 17. ② 18. ③ 19. ③ 20. ③

21 OSI 7 Layer에서 암호/복호, 인증, 압축 등의 기능이 수행되는 계층은?

① Transport Layer
② Datalink Layer
③ Presentation Layer
④ Application Layer

● 해설
표현 계층(Presentation Layer)에서는 응용 계층의 텍스트, 이미지, 음성 등을 컴퓨터가 이해할 수 있는 코드로 변환하고, 암호화, 복호화, 압축, 인증 등의 기능을 수행한다.

22 ARQ 방식 중 에러가 발생한 블록으로 되돌아가 모든 블록을 재전송하는 것은?

① Go-back-N ARQ
② Selective ARQ
③ Adaptive ARQ
④ Stop-and-Wait ARQ

● 해설
에러가 발생한 블록 이후의 모든 블록을 재전송 하는 방식은 Go-Back-N ARQ이다. 수신 측에서 오류 발생(NAK)을 알리면 오류가 발생한 시점으로 돌아가(Go-Back) 해당 시점 이후의 모든 블록을 재전송한다.

23 아래 내용에서 IPv6의 일반적인 특징만을 나열한 것은?

A. 주소의 길이가 128비트이다.
B. 4개의 클래스로 구분된다.
C. IPv4에 비하여 헤더가 단순하다.
D. IPv4에 비하여 인증 및 보안기능이 강화되었다.
E. 패킷 전송 시 멀티캐스트를 사용한다.
F. 패킷 전송 시 브로드캐스트를 사용한다.

① A, B, C, D   ② A, C, D, E
③ B, C, D, E   ④ B, D, E, F

● 해설
IPv6는 클래스로 구분되지 않으며, 패킷 전송 시 브로드캐스트를 사용하는 것은 IPv4의 특징이다.

24 LAN의 구성형태 중 중앙의 제어점으로부터 모든 기기가 점 대 점(Point to Point) 방식으로 연결된 구성형태는?

① 링형 구성   ② 스타형 구성
③ 버스형 구성 ④ 트리형 구성

● 해설
중앙의 제어점(허브)으로부터 모든 장치들이 허브와 점 대 점 링크로 구성되어 있는 토폴로지는 성형(스타형) 토폴로지이다.

25 다음 설명의 (A)에 들어갈 알맞은 용어는 무엇인가?

- 네트워크를 관리하는 사원 Lee는 WirelessLAN 환경에서 AP가 없는 경우 장치 간의 네트워크를 연결할 수 있는 시스템으로 다음의 기술을 연구 중이다.
- (A)는 무선 액세스 포인트가 없어도 Wi-Fi를 탑재한 장치 간 직접 연결할 수 있도록 하는 와이파이 표준이다. 연결 상태에 따라(Bridge 사용 등) 인터넷 탐색부터 파일 전송에 이르기까지 모든 것에 활용할 수 있으며, 일반

정답 21. ③ 22. ① 23. ② 24. ② 25. ②

적인 와이파이 속도 수준으로 하나 이상의 장치와 동시에 통신(single radio hop communication)할 수 있다. (A) 인증 프로그램은 와이파이 얼라이언스가 개발하고 관리한다. 또한, 기존 무선통신 기술인 블루투스보다 넓은 전송 범위로 100M 이내에 있는 모바일 장치와 프린터, 컴퓨터, 헤드폰 등을 동시에 연결할 수 있으며, 빠른 속도로 전송할 수 있다.

① Software Defined Network
② Wi-Fi Direct
③ WiBro
④ WiMAX

● 해설

Wi-Fi Direct에 대한 설명이다. Wi-Fi Direct는 중간 매개 역할을 하는 WAP이나 라우터, 인터넷 연결이 없어도 두 개의 기기 간의 직접적인 Wi-Fi 연결을 허용한다.

26 다음에 설명하는 기술은 무엇인가?

- 네트워크를 관리하는 사원 Kim은 최근 폭주하는 전송량으로 데이터 센터의 네트워크 대역 요구사항이 한계치에 다다른 현상을 해결하기 위한 기술을 연구 중이다.
- 네트워크의 전송량을 물리적으로 늘리는 것에는 한계가 있어서 새로운 기술을 연구 중에 클라이언트로부터 오는 요청을 효율적으로 처리하기 위하여 데이터와 프로비저닝을 분산하는 방법이 최선이라고 판단하였다. 이 기술은 요청을 처리하기 위한 연산을 데이터 센터로부터 떠나 네트워크 에지 방향으로 옮김으로써 스마트 오브젝트, 휴대

전화, 네트워크 게이트웨이를 이용하여 작업을 수행하고 클라우드를 거쳐 서비스를 제공하는 것이다. 이 기술을 적용하게 되면 응답 시간을 줄이고 전송속도를 높일 수 있다.

① 사물인터넷(IoT)
② 유비쿼터스(Ubiquitous)
③ 에지 컴퓨팅(Edge Computing)
④ 신 클라이언트(Thin client)

● 해설

에지 컴퓨팅에 관한 설명이다. 에지 컴퓨팅은 연산과 데이터 저장을 데이터 원천과 가까운 곳에서 수행하여 연산의 부담을 분산시키는 패러다임으로, 응답 시간을 개선하고 대역폭(bandwidth)을 절감하여 전송 속도를 높일 수 있다.

27 다음은 무선 네트워크에 관한 내용이다. (A) 안에 들어가는 용어 중 옳은 것은?

네트워크를 관리하는 사원 Kim은 최근 회사 내 Wi-Fi 접속에 대하여 접수된 불만 사항을 조사하고 있다. 조사 결과 회사 전체에 Wi-Fi 환경을 지원하기 위하여 설치한 AP들 사이의 공간에서 접속 끊김이 발생하는 현상을 찾아냈다. 이를 해결하기 위하여 (A) 기법이 적용된 장치로 업그레이드를 건의하였다. (A)는 기존의 유선망으로 연결한 AP로 구성된 환경의 단점을 해결하기 위하여 나온 기술로 인터넷/인트라넷에 연결되지 않은 AP가 인터넷/인트라넷에 연결된 AP에 WDS(무선 분산 시스템, Wireless Distribution System)로 연결하여 네트워크를 사용할 수 있는 시스템으로 네트워크 효율성을 극대화할 수 있는 망이다.

정답 26. ③ 27. ①

① WMN(Wireless Mesh Network)
② UWB(Ultra Wide Band)
③ WPAN(Wireless Personal Area Network)
④ CAN(Campus Area Network)

● 해설

WMN에 관한 설명이다. WMN은 망형(mesh) 토폴로지로 구성된 노드들로 이루어진 커뮤니케이션 네트워크이다.
Wireless ad hoc network도 WMN 형태로 이루어진다.

3과목 • NOS

28 Linux에서 사용자에 대한 패스워드의 만료기간 및 시간 정보를 변경하는 명령어는?

① chage ② chgrp
③ chmod ④ usermod

● 해설

- chage : 계정의 패스워드 관리
- chagrp : 파일 혹은 폴더의 소유자 그룹 변경
- chmod : 파일 혹은 폴더의 권한 변경
- usermod : 사용자 계정 관리

29 서버 담당자 Park 사원은 Hyper-V 부하와 서비스의 중단 없이 Windows Server 2012 R2 클러스터 노드에서 Windows Server 2022로 운영체제 업그레이드를 진행하려고 한다. 다음 중 작업에 적절한 기능은 무엇인가?

① 롤링 클러스터 업그레이드
② 중첩 가상화
③ gpupdate
④ NanoServer

● 해설

롤링 클러스터 업그레이드는 윈도우 서버의 운영체제 버전을 업그레이드할 때, Hyper-V 또는 여타 서버 작업을 중지하지 않고 진행할 수 있는 Windows Server 2022의 새로운 기능이다.

30 Linux 시스템의 'ls -l' 명령어에 의한 출력 결과이다. 옳지 않은 것은?

－rwxr-xr-x 1 root root 1369 Aug 8 2012 icqa

① 소유자 UID는 'root'이다.
② 소유자 GID는 'root'이다.
③ 소유자는 모든 권한을 가지며, 그룹 사용자와 기타 사용자는 읽기, 실행 권한만 가능하도록 설정되었다.
④ 'icqa'는 디렉터리를 의미하며 하위 디렉터리의 개수는 한 개이다.

● 해설

'icqa'는 출력된 파일의 이름에 해당한다.

31 다음 중 ( )에 알맞은 것은?

( )은/는 호텔이나 그 외의 공공 접속 장소에서 일반적으로 차단되어 있지 않은 포트를 사용하여 SSL상에서의 VPN 접속을 가능하게 한다. 더욱이 NAP와 통합되어 있고, 기본 IPv6 트래픽을 지원한다. ( )은/는 라우팅 및 원격 액세스로 통합되어 있고, SSL 연결을 통한 단일 IPv6의 사용을 통해 부하를 분산하면서 네트워크 사용량을 최소화한다.

정답 28. ① 29. ① 30. ④ 31. ④

① RADIUS   ② PPTP
③ L2TP   ④ SSTP

해설

SSTP에 관한 설명이다. SSTP(Secure Socket Tunneling Protocol)는 SSL/TLS 채널을 통해 PPP 트래픽을 전송하는 메커니즘을 제공하는 가상 사설 네트워크 터널이다. SSL/TSL은 전송레벨에서 보안을 제공한다.

32 Linux 시스템의 전반적인 상태를 실시간으로 프로세스들을 관리하거나 시스템 사용량을 모니터링할 수 있는 명령어는?

① ps   ② top
③ kill   ④ nice

해설

top는 프로세스 모니터링을 실시간으로 보여주는 명령어이다.

33 DHCP의 장점으로 옳지 않은 것은?

① 클라이언트에게 자동으로 IP Address를 할당해 줄 수 있다.
② IP Address의 관리가 용이하다.
③ 영구적인 IP Address를 필요로 하는 웹 서버에 대해서는 동적인 주소를 제공한다.
④ 사용자들이 자주 바뀌는 학교와 같은 환경에서 특히 유용하다.

해설

DHCP(Dynamic Host Configuration Protocol)는 여러 개의 IP 주소를 저장해두고 컴퓨터가 요청할 때마다 동적(Dynamic)으로 호스트(Host)를 확인(Configuration)하고 IP Address를 할당해주는 프로토콜이다. 고정 IP를 사용하는 경우에는 새 컴퓨터 구성 시 다시 사용하는 IP Address와 충돌을 일으킬 수 있지만 DHCP를 이용하는 경우에는 매번 새로운 IP를 부여하므로 충돌을 일으키지 않는다.

34 Windows Server 2022의 DNS 서버에서 정방향/역방향 조회 영역(Public/Inverse Domain Zone)에 대한 설명으로 올바른 것은?

① 정방향 조회 영역은 도메인 주소를 IP 주소로 변환하는 영역이다.
② 정방향 조회 영역에서 이름은 'x.x.x.in-addr.arpa'의 형식으로 구성되는데, 'x.x.x'는 IP 주소 범위이다.
③ 역방향 조회 영역은 도메인 주소를 IP 주소로 변환하는 영역이다.
④ 역방향 조회 영역은 외부 질의에 대해 어떤 IP 주소를 응답할 것인가를 설정한다.

해설

DNS에서 정방향 조회 영역은 도메인 주소를 IP 주소로 변환하는 것이다. (www.abc.co.kr→240.122.232.223) 역방향 조회 영역은 IP 주소를 도메인 주소로 변환하는 것이다. (240.122.232.223→www.abc.co.kr)

35 Linux 시스템 명령어 중 root만 사용 가능한 명령은?

① chown   ② pwd
③ ls   ④ rm

해설

chown 명령어는 파일이나 디렉터리의 소유자를 변경하는 명령어로, root만 사용 가능하다.

정답 32. ② 33. ③ 34. ① 35. ①

36 Linux 시스템 디렉터리에 대한 설명으로 옳지 않은 것은?

① /bin : 가장 기본적으로 사용하는 명령어가 들어 있다.
② /etc : 각 시스템의 고유한 설정 파일들이 위치한다.
③ /proc : 시스템 운영 중 파일의 크기가 변하는 파일들을 위한 공간이다.
④ /tmp : 임시 파일들을 위한 공간이다.

● 해설
/proc는 가상 파일 시스템으로 동작 중인 프로세스의 상태 정보, 하드웨어 정보, 시스템 정보 등을 확인할 수 있다.

37 웹서버 담당자 Kim은 디렉터리 리스팅 방지, 심볼릭 링크 사용 방지, SSI(Server-Side Includes) 사용 제한, CGI 실행 디렉터리 제한 등의 보안 설정을 진행하려고 한다. Apache 서버의 설정 파일 이름은?

① httpd.conf
② httpd-default.conf
③ httpd-vhosts.conf
④ httpd-mpm.conf

● 해설
httpd.conf는 Apache의 주요 설정 파일이다.

38 Windows Server 2022에서 새로 추가된 기능으로 Hyper-V와 비슷한 기능을 하지만 가볍게 생성하고 운영할 수 있고, 도커(Docker)라는 이름으로 소개되어 Unix/Linux 기반에서 사용해오던 기능은 무엇인가?

① 액티브 디렉터리
② 원격 데스크톱 서비스
③ 컨테이너
④ 분산파일서비스

● 해설
컨테이너에 대한 설명이다. 리눅스 컨테이너와 유사한 기능을 수행하며 호환 가능하다.

39 Windows Server 2022의 DNS관리에서 아래 지문과 같은 DNS 설정 방식은?

> WWW.ICQA.COM 서버는 동시에 수십만 이상의 접속이 있는 사이트이다. 여러 대의 웹 서버를 운영, 웹클라이언트 요청 시 교대로 서비스를 실행한다. ICQA.COM DNS 서버에 IP 주소를 질의하면 설정 순서대로 돌아가면서 IP 주소를 알려준다.

① 라운드 로빈
② 캐시플러그인
③ 캐시서버
④ AzureAutoScaling

● 해설
라운드 로빈 방식은 IP 요청을 여러 개의 레코드로 분산하여 클라이언트가 도메인을 제공하면 IP 주소를 번갈아가며(Round) 제공하는 방식이다.

40 서버담당자 LEE 사원은 회사 전산실에 Windows Server 2022를 구축하고, Hyper-V 가상화 기술을 적용하려고 한다. Hyper-V에 대한 설명으로 옳지 않은 것은?

① 하드웨어 사용률을 높여 물리적인 서버의 운영 및 유지 관리 비용을 줄일 수 있다.

정답 36. ③ 37. ① 38. ③ 39. ① 40. ④

② 서버 작업을 실행하는 데 필요한 하드웨어 양을 줄일 수 있다.
③ 테스트 환경 재현 시간을 줄여 개발 및 테스트 효율성을 향상 시킬 수 있다.
④ 장애 조치 구성에서 필요한 만큼 물리적인 컴퓨터를 사용하므로 서버 가용성이 줄어든다.

● 해설
Hyper-V는 윈도우 서버 가상화(Windows Server Virtualization)라고도 부르며, 실제 물리적인 서버를 여러 대의 가상 서버로 분리하여 컴퓨터의 효율을 극대화하는 기술이다. 서버 가용성은 오히려 늘어난다.

41 서버 담당자가 Windows Server 2022 서버에서 파일 서버 구축에 NTFS와 ReFS 파일시스템을 고려하고 있다. NTFS와 ReFS 파일시스템에 대한 설명으로 옳지 않은 것은?

① NTFS는 퍼미션을 사용할 수 있어서 접근 권한을 사용자별로 설정할 수 있다.
② NTFS는 파일 시스템의 암호화를 지원한다.
③ ReFS는 데이터 오류를 자동으로 확인하고 수정하는 기능이 있다.
④ ReFS는 FAT32의 장점과 호환성을 최대한 유지한다.

● 해설
ReFS는 FAT3 방식과 호환성은 좋지 않다. 하지만 앞으로 하드웨어 사양이 높아지고, 안전과 보안에 대한 중요성이 부각됨에 따라 보다 대중적으로 활용될 것이다.

42 서버 담당자 Park 사원은 Windows Server 2022에서 Active Directory를 구축하여 관리의 편리성을 위해 그룹을 나누어 관리하고자 한다. 다음의 제시된 조건에 해당하는 그룹은 무엇인가?

> 이 구성원은 다른 도메인의 사용자 계정이 될 수 있으나 도메인 로컬 그룹이 접근할 수 있는 자원은 자신이 소속된 도메인에 제한된다.

① Global Group
② Domain Local Group
③ Universal Group
④ Organizational Unit

● 해설
도메인 로컬 그룹에 대한 설명이다.

43 Windows Server 2022의 이벤트 뷰어에 대한 설명으로 옳지 않은 것은?

① '이 이벤트에 작업 연결'은 이벤트 발생 시 특정 작업이 일어나도록 설정하는 것이다.
② '현재 로그 필터링'을 통해 특정 이벤트 로그만을 골라 볼 수 있다.
③ 사용자 지정 보기를 XML로도 작성할 수 있다.
④ '구독'을 통해 관리자는 로컬 시스템의 이벤트에 대한 주기적인 이메일 보고서를 받을 수 있다.

● 해설
이벤트 뷰어에서 구독을 통해 시스템 이벤트 로그를 수집할 수 있으나, 이메일을 통해 전달받지는 않고 시스템 내에서 확인할 수 있다.

정답 41. ④ 42. ② 43. ④

44 Windows Server 2022의 'netstat' 명령 중 라우팅 테이블을 확인할 수 있는 명령 옵션은?

① netstat -a   ② netstat -r
③ netstat -n   ④ netstat -s

● 해설
netstat 명령 중 -r 옵션을 통해 라우팅 테이블을 확인할 수 있다.

45 서버 담당자 Park 사원은 IIS(인터넷 정보 서비스)를 설치한 후, IIS 관리자를 실행하기 위해 명령어를 사용하여 서비스를 실행하고자 한다. 이때 사용할 명령어로 올바른 것은?

① wf.msc   ② msconfig
③ inetmgr.exe   ④ dsac.exe

● 해설
inetmgr.exe는 IIS 어드민 프로그램이다.

4과목 네트워크 운용기기

46 장비 간 거리가 증가하거나 케이블 손실로 인해 감쇠된 신호를 재생시키기 위한 목적으로 사용되는 네트워크 장치는?

① Gateway   ② Router
③ Bridge   ④ Repeater

● 해설
전기신호는 구리선을 통해 전송되며 신호의 크기가 약해진다. 이를 감쇠(Attenuation)라 부르며, 감쇠 현상을 보완하고자 리피터(Repeater)를 사용해 약해진 신호를 다시 증폭시킨다.

47 내부에 코어(Core)와 이를 감싸는 굴절률이 다른 유리나 플라스틱으로 된 외부 클래딩(Cladding)으로 구성된 전송 매체는?

① 이중 나선(Twisted Pair)
② 동축 케이블(Coaxial Cable)
③ 2선식 개방 선로(Two-Wire Open Lines)
④ 광케이블(Optical Cable)

● 해설
광케이블은 유리섬유로 되어 있어 빛의 펄스로 변환된 주파수를 전달한다. 신호 전달 과정에서 전자기파의 간섭을 받지 않으며 신호 손실 없이 아주 먼 거리까지 데이터를 보낼 수 있다.

48 L2 LAN 스위치가 이더넷 프레임을 중계 처리할 때 사용하는 주소는 무엇인가?

① MAC 주소
② IP 주소
③ Post 주소
④ URL 주소

● 해설
이더넷 스위치가 이더넷 프레임의 목적지 주소를 메모리의 MAC 주소와 맞추어 중계 처리한다.

49 RAID의 특징으로 옳지 않은 것은?

① 여러 개의 Disk에 일부 중복된 데이터를 나누어 저장
② read/write 속도를 증가
③ Memory 용량 증가
④ 데이터를 안전하게 백업

● 해설

RAID(Redundant Array of Independent Disks)는 여러 개의 물리적인 디스크를 시스템적으로 하나로 묶어 마치 하나의 디스크처럼 사용할 수 있게 만드는 과정이다. Memory 용량 증가의 목적 및 효과는 없다.

50 OSI 계층의 물리 계층에서 여러 대의 PC를 서로 연결할 때 전기적인 신호를 재생하여 신호 분배의 기능을 담당하는 네트워크 연결 장비는?

① Bridge ② Hub
③ L2 Switch ④ Router

● 해설

허브(Hub)에 관한 설명이다.

정답 50. ②

2회 최신기출문제

| 2022년 8월 21일 |

1과목 TCP/IP

01 IP Header의 내용 중 TTL(Time To Live)의 기능을 설명한 것으로 옳지 않은 것은?

① IP 패킷은 네트워크상에서 영원히 존재할 수 있다.
② 일반적으로 라우터의 한 홉(Hop)을 통과할 때마다 TTL 값이 '1' 씩 감소한다.
③ Ping과 Tracert 유틸리티는 특정 호스트 컴퓨터에 접근을 시도하거나 그 호스트까지의 경로를 추적할 때 TTL 값을 사용한다.
④ IP 패킷이 네트워크상에서 얼마 동안 존재할 수 있는가를 나타낸다.

● 해설
IP 패킷은 네트워크상에서 영원히 존재할 수 없기 때문에 IPv4의 TTL이나 IPv6의 Hop Limit 등을 통해 패킷(데이터그램)의 생존 가능 시간을 설정한다.

02 IP Address '11101011.10001111.11111100.11001111'이 속한 Class는?

① A Class   ② B Class
③ C Class   ④ D Class

● 해설
각 클래스별 사설망 할당 영역은 다음과 같다.
CLASS A : 0.0.0.0~127.255.255.255 → 사설망 : 10.0.0.0~10.255.255.255
CLASS B : 128.0.0.0~191.255.255.255 → 사설망 : 172.16.0.0~172.31.255.255
C:LASS C : 192.0.0.0~223.255.255.255 → 사설망 : 192.168.0.0~192.168.255.255
CLASS D : 224.0.0.0~239.255.255.255
지문의 IP Address 첫째 자리 11101011은 10진수 235이므로 Class D에 해당한다.

03 C Class 네트워크에서 6개의 서브넷이 필요하다고 할 때, 가장 적당한 서브넷 마스크는?

① 255.255.255.0
② 255.255.255.192
③ 255.255.255.224
④ 255.255.255.240

● 해설
①의 마지막 자리가 0이므로 총 네트워크의 개수는 1개, 각 네트워크당 호스트의 수는 256개인 서브넷팅을 하지 않은 하나의 C클래스 네트워크이며, 조건을 만족하지 않는다.
②의 마지막 자리 192(11000000)=128(2^7)+64(2^6)이므로 총 네트워크의 개수는 4개, 각 네트워크당 호스트의 수는 64개로 조건을 만족하지 않는다.
③의 마지막 자리 224(11100000)=128(2^7)+64(2^6)+32(25)이므로 총 네트워크의 개수는 8개, 각 네트워크당 호스트의 수는 32개로 조건을 만족한다.
④는 마지막 자리 240(10000000)=128(2^7)+4(2^6)

정답 01. ① 02. ④ 03. ③

+32(2^5)+16(2^4)이므로 총 네트워크의 개수는 16개, 각 네트워크당 호스트의 수는 16개로 조건을 만족하지 않는다.

04 IPv6 헤더 형식에서 네트워크 내에서 데이터그램의 생존 기간과 관련되는 필드는?

① Version ② Priority
③ Next Header ④ Hop Limit

해설

Ipv6의 Hop Limit는 IPv4의 TTL(Time To Live)과 동일한 기능을 가지는 필드로, 데이터그램의 생존 기간을 나타낸다.

05 IPv4와 비교하였을 때, IPv6 주소 체계의 특징으로 옳지 않은 것은?

① 64비트 주소 체계
② 향상된 서비스 품질 지원
③ 보안 기능의 강화
④ 자동 주소 설정 기능

해설

IPv6는 64비트가 아닌 128비트 주소 체계이다. 선택지에서 나타난 개선점 외에도 플러그 앤 플레이를 지원하고, 모바일 IP 및 웹 캐스팅이 IPv4보다 간단하게 이루어진다는 장점이 있다.

06 NAT(Network Address Translation)에 대한 설명으로 옳지 않은 것은?

① 사설 IP 주소를 공인 IP 주소로 바꿔주는 데 사용하는 통신망의 주소 변환 기술이다.
② NAT를 사용할 경우 내부 사설 IP 주소는 C Class를 사용해야만 정상적인 동작이 가능하다.
③ 외부 침입자가 공격하기 위해서는 사설망의 내부 사설 IP 주소를 알아야 하기 때문에 공격이 어려워지므로 내부 네트워크를 보호할 수 있는 장점이 있다.
④ NAT를 이용하면 한정된 공인 IP 주소를 절약할 수 있다.

해설

NAT(Network Address Translation)는 내부망(Intranet)에서 사용하는 사설 IP 주소를 라우팅이 가능한 공인 IP 주소로 변환하는 방식이다. 내부 사설 IP 주소는 사설 IP 주소로 사용 가능한 범위 내에서 클래스 구분 없이 자유롭게 선택할 수 있다.

07 UDP에 대한 설명으로 옳지 않은 것은?

① 동영상에 있어서는 얼마만큼 데이터가 정확하게 전달되었는지보다 얼마만큼 끊기지 않고 전달되었는지가 중요하기 때문에 동영상 전송에 많이 사용된다.
② OSI 7 계층 모델에서 전송 계층에 속한다.
③ 양방향 전송을 하며, 종단 간의 흐름제어를 위해 Dynamic Sliding Window 방식을 사용한다.
④ TCP와 비교하여 최소한의 오버 헤드를 갖는 작은 헤더를 갖는다.

해설

UDP는 속도를 우선시하는 통신 프로토콜로, 받는 쪽이 데이터를 제대로 받았는지 체크하고 신뢰성을 우선시하는 TCP와는 달리 타이머를 설정하거나 재전송을 하지 않는다. 양방향 전송을 하지 않으며, 송수신 간에 세션 연결이 되지 않아도 빠르게 메시지를 전송한다.

정답 04. ④ 05. ① 06. ② 07. ③

08. OSI 7 Layer에 따라 프로토콜을 분류하였을 때, 다음 보기 중 같은 계층에서 동작하지 않는 것은?

① SMTP
② RARP
③ ICMP
④ IGMP

해설

SMTP는 응용 계층에서 동작하는 프로토콜로, 호스트들 간의 email 전송에 관여하는 프로토콜이다. 나머지 프로토콜들은 모두 네트워크 계층에서 동작한다.

09. 인터넷 전송 방식 중 특정 호스트로부터 같은 네트워크상의 모든 호스트에게 데이터를 전송하는 방식은?

① Unicast
② Broadcast
③ Multicast
④ User Datagram Protoc

해설

Broadcast는 어떤 특정 네트워크에 속한 모든 노드에 대하여 데이터를 송신할 때 (수신을 지시할 때) 사용한다.

10. 네트워크 장비를 관리 감시하기 위한 목적으로 TCP/IP 상에 정의된 응용 계층의 프로토콜로, 네트워크 관리자가 네트워크 성능을 관리하고 네트워크 문제점을 찾아 수정하는 데 도움을 주는 것은?

① SNMP
② CMIP
③ SMTP
④ POP

해설

SNMP(Simple Network Management Protocol)는 말 그대로 간단한 규모의 네트워크를 관리하는 프로토콜이다. 네트워크 장비로부터 데이터를 수집하여 네트워크의 관리를 지원하고 성능을 향상시키는 등 네트워크 관리에 관한 기능을 가진다.

11. IP Address '127.0.0.1'이 의미하는 것은?

① 모든 네트워크를 의미한다.
② 사설 IP Address를 의미한다.
③ 특정한 네트워크의 모든 노드를 의미한다.
④ 루프 백 테스트용이다.

해설

127.0.0.1은 루프백(Loopback) 주소로 지정되어 네트워크 카드를 테스트하는 목적으로 배정된 주소이다. 따라서 어떤 호스트에게도 배정할 수 없다.

12. MAC Address를 IP Address로 변환시켜 주는 Protocol은?

① RARP
② ARP
③ TCP/IP
④ DHCP

해설

ARP가 IP 주소를 하드웨어 주소(MAC 주소)로 변환하는 프로토콜인 반면, RAPR은 반대로 MAC 주소를 IP 주소로 변환하는 프로토콜이다.

13. 호스트의 IP Address가 '201.100.5.68/28'일 때, Network ID로 올바른 것은?

① 201.100.5.32
② 201.100.5.0
③ 201.100.5.64
④ 201.100.5.31

정답 08. ① 09. ② 10. ① 11. ④ 12. ① 13. ③

● 해설

1) 서브넷 마스크=28
2) 서브넷 마스크주소=11111111.11111111.11111111.11110000=255.255.255.240
3) 256−240=16
4) 서브넷 개수=256/16=16개(0~15, 16~31, 32~47, 48~63, 64~79, 80~95, 96~111, 112~127, 128~143, 144~159, 160~...)
5) 네트워크 ID : 68이 다섯 번째 서브넷에 속하므로 해당 서브넷에서 가장 작은 IP가 네트워크 ID가 된다. 201.100.5.64

14 ICMP 메시지가 사용되는 경우에 대한 설명으로 옳지 않은 것은?

① 라우터나 호스트 간의 제어 또는 오류정보를 주고받을 경우
② 호스트나 라우터가 IP 헤더의 문법 오류를 발견한 경우
③ 호스트의 IP가 중복된 경우
④ 라우터가 데이터를 전달할 수 없는 경우

● 해설

ICMP는 네트워크의 상태 오류를 확인하는 프로토콜로, TCP/IP를 이용하여 라우터 단에서 두 호스트 간의 통신을 관리하며 오류를 제어한다. 통신상의 발생 오류를 서로에게 알려주거나, 양단 간의 통신이 가능한지 여부를 확인하며, 네트워크 상황을 진단하고 데이터 전송을 위한 최적 경로를 보내는 곳을 호스트에게 통보하고, 라우터가 데이터를 전달할 수 없는 등 필요시 새로운 통신 경로를 설정하기도 한다.

15 TCP를 사용하는 프로토콜로 옳지 않은 것은?

① FTP   ② TFTP
③ Telnet   ④ SMTP

● 해설

TFTP(Trivial File Transfer Protocol)의 맨 앞자리 Trivial은 '중요하지 않은, 사소한'이라는 뜻을 가지고 있다. 중요하지 않은 파일인데 신뢰성이 중요한 TCP를 통해 3방향 핸드셰이킹까지 할 이유는 없다. TFTP는 속도가 중요한 UDP를 통해 전송한다.

16 프로토콜의 기본적인 기능 중 송신기에서 발생된 정보의 정확한 전송을 위해 사용자 정보의 앞, 뒤 부분에 헤더와 트레일러를 부가하는 과정은?

① 캡슐화(Encapsulation)
② 동기화(Synchronization)
③ 다중화(Multiplexing)
④ 주소 지정(Addressing)

● 해설

캡슐화(Encapsulation) : 네트워크의 각 계층별로 사용할 정보를 관리하기 편하도록 구분해두는 것으로 송신자와 수신자의 주소, 오류 검출 코드, 프로토콜 제어 정보가 포함되어 있는 PCI(보내려는 원 데이터)에 단계별로 헤더(제어정보)를 덧붙여 캡슐처럼 감싸는 것을 의미한다.

17 IGMP(Internet Group Management Protocol)의 특징으로 옳지 않은 것은?

① TTL(Time to Live)이 제공된다.
② 데이터의 유니캐스팅에 적합한 프로토콜이다.
③ 최초의 리포트를 잃어버리면 갱신하지 않고 그대로 진행한다.
④ 비대칭 프로토콜이다.

● 해설

• IGMP는 특정 그룹에게만 메시지를 전송하는 멀티캐스트 전송에서, 데이터를 전송받는 그룹의

정답 14. ③   15. ②   16. ①   17. ②

사용자를 관리하는 프로토콜이다. 1:N 방식으로 특정 멀티캐스트 그룹에 메시지를 전송하며, 메시지 수신 여부를 알려준다.
- 유니캐스팅은 1:1 전송 방식으로 그룹 전송에 적합한 전송방식이 아니다.

2과목 네트워크 일반

18 클라우드 컴퓨팅의 서비스 내용에 따른 분류가 아닌 것은?

① SaaS(Software as a Service)
② PaaS(Platform as a Service)
③ IaaS(Infrastructure as a Service)
④ Public 클라우드

● 해설

클라우드 컴퓨팅은 인터넷을 통해 IT 관련 서비스를 한 번에 이용하는 환경을 뜻하며, 서비스 내용에 따라 ①,②,③과 같이 나뉜다. Public 클라우드는 네이버 클라우드, 구글 클라우드 등 외부 클라우드 사업자가 제공하는 서비스를 통해 클라우드를 운용하는 것으로 클라우드 컴퓨팅과는 의미가 다르다.

19 다음의 (A)에 들어갈 알맞은 용어는 무엇인가?

> (A)은/는 네트워킹에 필요한 모든 유형의 자원을 추상화하고, 소프트웨어 기반이며 자동으로 관리와 제어가 가능케 하는 가상화 기술을 의미한다. 통신 사업자들은 이러한 (A) 기술을 도입하면서 점점 복잡해지는 네트워크의 관리 용이성, 관리 비용 절감, 네트워크 민첩성 등의 장점과 효율성을 얻고자 한다.

① NFV(Network Functions Virtualization)
② WMN(Wireless Mesh Network)
③ VPN(Virtual Private Network)
④ CDN(Content Delivery Network)

● 해설

네트워크 기능 가상화(NFV; Network Function Virtualization)에 대한 설명이다.

20 다음은 네트워크 구축에 필요한 매체에 관한 내용이다. (A) 안에 들어가는 용어 중 옳은 것은?

> 네트워크를 관리하는 사원 Kim은 회사 내부에 구축되어있는 스토리지 에어리어 네트워크(SAN; Storage Area Network)의 성능이 저하되고 있는 현상에 대한 조사업무를 부여받았다. 관련 사항을 조사하는 중 최근 급증한 업무로 인하여 네트워크의 대역폭 부족이 문제임을 알았다. 이를 해결하기 위하여 기존에 설치된 Gigabit Ethernet 장치를 (A)을/를 활용한 10GBASE-SR이나 10GBASE-LRM으로 변경하는 방안에 대해 보고하였다.

① U/UTP CAT.3
② Thin Coaxial Cable
③ U/FTP CAT.5
④ Optical Fiber Cable

● 해설

광섬유(Optic Fiber)는 광케이블을 의미한다. 광케이블은 유리섬유로 되어있어 빛의 펄스로 변환된 주파수를 전달한다. 신호 전달 과정에서 전자기파의 간섭을 받지 않으며 신호 손실 없이 아주 먼 거리까지 데이터를 보낼 수 있다. 대역폭 부족 문제를 해소할 수 있는 방법으로 보기 중 가장 적합하다.

정답 18. ④ 19. ① 20. ④

21 전송효율을 최대로 하기 위해 프레임의 길이를 동적으로 변경시킬 수 있는 ARQ(Automatic Repeat Request) 방식은?

① Adaptive ARQ
② Go back-N ARQ
③ Selective-Repeat ARQ
④ Stop and Wait ARQ

● 해설

전송효율을 최대로 하기 위해 채널의 상태에 따라 그때그때 적응해서(Adaptive) 프레임의 길이를 동적으로 변경시키며 보내는 방식은 Adaptive ARQ 방식이다.

22 다음 (A) 안에 들어가는 용어 중 옳은 것은?

(A)란 단말이 네트워크에 접근하기 전 보안정책 준수 여부를 검사하고 IP 및 MAC address의 인가 여부를 검사하여 네트워크 자원의 이용을 허용하는 방식을 말한다. (A) 네트워크에 연결된 단말의 여러 가지 정보를 수집하고, 수집된 정보를 바탕으로 단말들을 분류하며, 분류한 그룹의 보안 위협 정도에 따라 제어를 수행한다.

① NIC   ② F/W
③ IPS   ④ NAC

● 해설

NAC(Network Access Control, 네트워크 접근관리)는 네트워크로 접근하려는 외부 유저 및 장치를 통제, 제어하는 프로그램이다. 네트워크의 모든 IP 및 MAC 주소를 바탕으로 허락받은 사용자인지 여부를 판단하고, 무결성을 체크하고, 유해 트래픽을 탐지 및 차단한다.

23 Bus Topology의 설명 중 올바른 것은?

① 문제가 발생한 위치를 파악하기가 쉽다.
② 각 스테이션이 중앙스위치에 연결된다.
③ 터미네이터(Terminator)가 시그널의 반사를 방지하기 위해 사용된다.
④ Token Passing 기법을 사용한다.

● 해설

버스 방식은 여러 대의 장비를 하나의 버스 회선을 통해 공유한다. 회선의 양 끝에는 터미네이터(Terminator)를 두어 시그널의 반사를 방지한다.

24 인접한 개방 시스템 사이의 확실한 데이터 전송 및 전송 에러 제어 기능을 갖고 접속된 기기 사이의 통신을 관리하고, 신뢰도가 낮은 전송로를 신뢰도가 높은 전송로로 바꾸는 데 사용되는 계층은?

① 물리 계층(Physical Layer)
② 네트워크 계층(Network Layer)
③ 전송 계층(Transport Layer)
④ 데이터링크 계층(Datalink Layer)

● 해설

데이터링크 계층(Datalink Layer)은 인접한 개방 시스템 사이의 확실한 데이터 전송 및 전송 에러 제어 기능을 갖고 접속된 기기 사이의 통신을 관리하고, 신뢰도가 낮은 전송로를 신뢰도가 높은 전송로로 바꾼다.

정답 21. ① 22. ④ 23. ③ 24. ④

25 다음은 화상회의를 하기 위한 기술에 관한 내용이다. (A) 안에 들어가는 용어 중 옳은 것은?

> 네트워크 관리팀장은 최근 필요성이 증가된 재택근무에 활용할 화상회의 시스템 및 온라인 결재 시스템을 구축하고자 한다. 이때 화상회의 시스템에서 사용할 응용프로그램으로 (A)를 기반으로 하는 제품을 선택하였다. (A)는 IETF에서 정의한 시그널링 프로토콜로 음성 및 화상과 같은 멀티미디어 세션을 제어하기 위한 기능을 수행한다. 멀티미디어 서비스 세션의 생성, 수정, 종료를 제어하는 요구/응답 구조로서 TCP와 UDP에 모두 사용할 수 있으며, 각 사용자를 구분하기 위해 이메일 주소와 비슷한 (A) URL을 사용함으로써 IP 주소에 종속되지 않고 서비스를 받을 수 있다.

① IRC(Internet Relay Chat)
② HEVC/H.265(High Efficiency Video Coding)
③ MIME(Multipurpose Internet Mail Extensions)
④ SIP(Session Initiation Protocol)

● 해설

SIP는 VoIP 또는 멀티미디어 서비스용 신호 프로토콜이다. SIP를 통해 세션을 설정한 후 실제 데이터 전달은 주로 RTP를 활용한다.

26 패킷 교환망의 특징으로 옳지 않은 것은?

① 연결 설정에 따라 가상회선과 데이터그램으로 분류된다.
② 메시지를 보다 짧은 길이의 패킷으로 나누어 전송한다.
③ 망에 유입되는 데이터의 양이 많아질수록 전송속도가 빠르다.
④ 블록킹 현상이 없다.

● 해설

패킷 교환망 방식이란 일정한 크기로 분할된 패킷(Packet)을 다중화를 통해 전송하는 방식으로 복수의 상대방과 통신도 가능하다. 패킷 교환망 과정에서 패킷 손상이 일어날 수도 있으며 망에 유입되는 데이터의 양이 많아지면 전송속도가 느려진다.

27 Multiplexing 방법 중에서 다중화 시 전송할 데이터가 없더라도 타임 슬롯이 할당되어 대역폭의 낭비를 가져오는 다중화 방식은?

① TDM(Time Division Multiplexer)
② STDM(Statistical Time Division Multiplexing)
③ FDM(Frequency Division Multiplex)
④ FDMA(Frequency Division Multiple Access)

● 해설

시분할 다중화기(TDM; Time Division Multiplexing)는 한 전송로의 데이터 전송을 일정한 시간 단위로 나누어 전송한다.

정답 25. ④ 26. ③ 27. ①

3과목 ▶ NOS

28 웹서버 관리자는 아래 지문에서 이야기한 공격에 대응하기 위해 인터넷 정보 서비스 관리자에 설정하지 않아야 하는 것은?

> 문서의 저장 및 열람이 가능하다면 문서의 취약점(백업 파일 및 소스코드, 스크립트 파일 등)을 이용해 악의적인 목적을 갖고 있는 사람들에게 탈취 및 웹서버의 공격이 이루어진다.

① HTTP 응답 헤더
② 디렉터리 검색
③ SSL 설정
④ 인증

●해설

②번을 제외한 나머지 선택지는 모두 보안을 강화하고 해킹 공격에 대응하기 위한 설정 내용들이다. 디렉터리 검색은 보안과는 관련이 먼 개념이다.

29 서버 담당자 LEE 사원은 회사 전산실에 Windows Server 2022를 구축하고, Hyper-V 가상화 기술을 적용하려고 한다. Hyper-V에 대한 설명으로 옳지 않은 것은?

① 하드웨어 사용률을 높여 물리적인 서버의 운영 및 유지 관리 비용을 줄일 수 있다.
② 서버 작업을 실행하는 데 필요한 하드웨어 양을 줄일 수 있다.
③ 테스트 환경 재현 시간을 줄여 개발 및 테스트 효율성을 향상시킬 수 있다.
④ 장애 조치 구성에서 필요한 만큼 물리적인 컴퓨터를 사용하므로 서버 가용성이 줄어든다.

●해설

Hyper-V는 윈도우 서버 가상화(Windows Server Virtualization)라고도 부르며, 실제 물리적인 서버를 여러 대의 가상 서버로 분리하여 컴퓨터의 효율을 극대화하는 기술이다. 서버 가용성은 오히려 늘어난다.

30 Linux 시스템 관리자는 John 사원의 계정인 John의 패스워드 정책을 변경하기 위해 아래 지문과 같이 입력하였다. 10일 전 암호 변경 경고를 위한 명령으로 (   ) 안에 알맞은 옵션은?

> $ sudo chage -m 2 -M 100 (   )
> -I 10 -E 2021-12-25 John

① -m 10   ② - L 10
③ - i 10   ④ - W 10

●해설

-m 2 : 암호 변경 후 최소 2일 사용(minimum)
-M 100 : 암호 변경 후 최대 100일 사용(Maximum)
-I 10 : 로그인 차단 10일(Inactive)
-E 2021-12-25 : 로그인 사용 금지일(Expire)
-W 10 : 암호 변경 10일 전부터 경고(Warning)

31 Linux 시스템 담당자 Park 사원은 Linux 시스템 운영관리를 위해 시스템이 부팅할 때 생성된 시스템 로그를 살펴보고자 한다. 하드웨어적인 이상 유무나 디스크, 메모리, CPU, 커널 등의 이상 유무를 확인할 수 있는 로그파일은?

정답 28. ② 29. ④ 30. ④ 31. ③

① /var/log/cron
② /var/log/lastlog
③ /var/log/dmesg
④ /var/log/btmp

● 해설
/var/log/dmesg : 리눅스 시스템 부팅 이후 출력된 모든 로그 메시지를 참조할 수 있는 로그파일이다.

32 bind 패키지를 이용하여 네임서버를 구축할 경우 '/var/named/icqa.or.kr.zone'의 내용이다. 설정의 설명으로 옳지 않은 것은?

```
$ORIGIN icqa.or.kr.
$TTL  1D
@ IN SOA  ns.icqa.or.kr. webmaster.icqa.or.kr. (
    2018113000 ; Serial Number
    3H ; Refresh
    10M ; Retry
    1W ; Expire
    1D ) ; Minimum TTL
 IN NS  ns
 IN MX 10 mail
ns IN A  192.168.100.1
mail IN A  192.168.100.2
www IN A  192.168.100.3
```

① ZONE 파일의 영역명은 'icqa.or.kr'이다.
② 관리자의 E-Mail 주소는 'webmaster.icqa.or.kr'이다.
③ 메일 서버는 10번째 우선순위를 가지며 값이 높을수록 우선순위가 높다.
④ 'www'의 FQDN은 'www.icqa.or.kr'이다.

● 해설
MX 뒤에 오는 숫자는 우선순위를 의미하는 것이 맞다. 단, 2순위보다 1순위가 높은 것처럼 값이 낮을수록 우선순위가 높다.

33 'netstat' 명령어에 사용하는 옵션 설명에 대해 옳지 않은 것은?

① -r : 라우팅 테이블을 표시한다.
② -p : PID와 사용 중인 프로그램명을 출력한다.
③ -t : 연결된 이후에 시간을 표시한다.
④ -y : 모든 연결에 대한 TCP 연결 템플릿을 표시한다.

● 해설
'netstat'는 연결된 모든 네트워크 시스템의 시스템 정보를 확인하는 명령어로, 활성화된 포트와 진행 중인 서비스 프로세스를 출력한다. -t는 tcp 프로토콜을 출력하는 명령어 옵션이다.

34 다음과 같이 파일의 원래 권한은 유지한 채로 모든 사용자들에게 쓰기 가능한 권한을 추가 부여할 때, 결과가 다른 명령어는 무엇인가?

```
-rw-r--r-- 1 root root 190 5월 19 16:40 file
```

① chmod 666 file
② chmod a+w file
③ chmod ugo+w file
④ chmod go=w file

● 해설
파일의 원래 권한은 u=rw, g=r, o=r의 권한만을 보유
①명령어는 모든 사용자가 읽기r(4), 쓰기w(2) 가능 = 모든 사용자 rw
②명령어는 모두(a)에게 +w(쓰기 권한 추가) = 모든 사용자 rw
③명령어는 ugo에게 +w(원래 권한에 더하여 쓰기 권한 추가) = 모든 사용자 rw

정답 32. ③ 33. ③ 34. ④

④명령어는 go에게 =w(원래 권한은 무시하고 쓰기 권한 지정)=u=rw, go=w
따라서, 결과가 다른 명령어는 ④이다.

35 서버 담당자 Park 사원은 데이터를 안전하게 보호하는 일을 하기 위해 BitLocker 기능을 사용하고자 한다. BitLocker를 사용하기 위해서 메인보드와 BIOS에서 지원해야 하는 기능은 무엇인가?

① FSRM   ② NTLM
③ TPM   ④ Heartbeat

● 해설

TPM(Trusted Platform Module)은 보안 암호화 프로세서인 BitLocker 등을 사용하기 위해서 국제 표준으로 정한 지원 기능이다.

36 Windows Server 2022 DHCP 서버의 주요 역할의 설명으로 맞는 것은?

① 동적 콘텐츠의 HTTP 압축을 구성하는 인프라를 제공한다.
② TCP/IP 네트워크에 대한 이름을 확인한다.
③ IP 자원의 효율적인 관리 및 IP를 자동 할당한다.
④ 사설 IP 주소를 공인 IP 주소로 변환해 준다.

● 해설

DHCP(Dynamic Host Configuration Protocol)는 IP 자원의 효율적인 관리를 위하여 여러 개의 IP 주소를 저장해두고 컴퓨터가 요청할 때마다 동적(Dynamic)으로 호스트(Host)를 확인(Configuration)하고 IP Address를 할당해 주는 프로토콜이다.

37 TCP 3Way-HandShaking 과정 중 클라이언트가 보낸 연결 요청에서 패킷을 수신한 서버는 LISTEN 상태에서 무슨 상태로 변경되는가?

① SYN_SENT   ② SYN_RECEIVED
③ ESTABLISHED ④ CLOSE

● 해설

TCP 3-Way HandShaking에서 클라이언트가 보낸 연결 요청에서 패킷을 수신한 서버는 '듣고 있으니(LISTEN) 메시지 보내주세요'에서 '메시지를 받았습니다(SYN_RECEIVED)'로 상태가 변화한다.

38 Windows Server 2022의 이벤트 뷰어에서 로그온, 파일, 관리자가 사용한 감사 이벤트 등을 포함해서 모든 감사된 이벤트를 보여주는 로그는?

① 응용프로그램 로그
② 보안 로그
③ 설치 로그
④ 시스템 로그

● 해설

이벤트 뷰어에서 Windows 로그를 확장하면 결과창에서 개별 보안 이벤트가 나열된다. 해당 이벤트를 클릭하면 자세한 내용을 확인할 수 있다.

39 Linux 시스템에 새로운 사용자를 등록하려고 한다. 유저 이름은 'network'로 하고, 'icqa'라는 그룹에 편입시키는 명령은?

① useradd -g icqa network
② useradd network
③ userdel -g icqa network
④ userdel network

● 해설

useradd는 리눅스에서 새로운 사용자를 생성하는 명령어이고, -g는 그룹을 지정하는 옵션이다. useradd [옵션][사용자 이름]으로 명령어를 실행하므로 ①이 정답이다.

40 윈도우 서버에서 FTP(File Transfer Protocol)를 구축 운영하기 위해 먼저 설치되어 있어야 하는 서버는 무엇인가?

① Active Directory
② 도메인 네임 시스템(Domain Name System)
③ 인터넷 정보 서비스(Internet Information Services)
④ 데이터베이스 서버

● 해설

Windows Server에서 FTP 서버를 비롯한 다양한 인터넷 프로토콜을 사용하기 위해서는 IIS(Internet Information Services, 인터넷 정보 서비스) 내에서 설정해야 한다.

41 Windows Server 2022의 윈도우 서버 백업 실행 방법은?

① diskmgmt.msc
② wbadmin.msc
③ hdwwiz.cpl
④ fsmgmt.msc

● 해설

Windows Server 2022의 윈도우 서버 백업을 실행하는 방법은 윈도우 서버 관리자에서 windows server 백업기능을 설치하고, 실행 창에서 wbadmin.msc를 입력하여 실행하는 것이다.

42 Linux의 vi(Visual Interface) 명령어 중 문자 하나를 삭제할 때 사용하는 명령어는?

① dd
② x
③ D
④ dw

● 해설

- dd : 커서가 위치한 행 삭제
- x : 커서가 위치한 문자 삭제
- D : 커서 오른쪽 행 삭제
- dw : 커서가 위치한 한 단어 삭제

43 Linux에서 현재 사용 디렉터리 위치에 상관없이 자신의 HOME Directory로 이동하는 명령은?

① cd HOME
② cd /
③ cd ../HOME
④ cd~

● 해설

- cd HOME : HOME 디렉터리로 이동
- cd / : 가장 상위(root) 디렉터리로 이동
- cd ../HOME : 현재에서 한 단계 상위 디렉터리로 이동
- cd~ : 현재 로그인된 사용자의 홈 디렉터리로 이동
사용자가 위치한 디렉터리와 상관없이 사용자의 홈 디렉터리로 이동하는 명령은 cd~이다.

44 Linux 시스템에서 일반적으로 사용자 암호 정보를 가지는 디렉터리는?

① /etc
② /sbin
③ /home
④ /lib

● 해설

리눅스 시스템에서 사용자 암호는 암호화되어 /etc/shadow 파일에 저장되어 있다.

정답 40. ③ 41. ② 42. ② 43. ④ 44. ①

45 Linux에서 'ifconfig' 명령어를 설치하여 네트워크 인터페이스 카드를 동작시키려고 한다. 명령어에 대한 사용이 올바른 것은?

① ifconfig 192.168.2.4 down
② ifconfig eth0 192.168.2.4 up
③ ifconfig -up eth0 192.168.2.4
④ ifconfig up eth0 192.168.2.4

● 해설

지문에 적합한 명령어는 ifconfig [네트워크 인터페이스 이름] up이다.
- eth0 : 네트워크 인터페이스들의 이름, 장치명 파일
- up : 네트워크 인터페이스를 동작시키는 명령어
- down : 네트워크 인터페이스 동작을 멈추는 명령어

4과목 ● 네트워크 운용기기

46 OSI 참조 모델의 물리 계층에서 작동하는 네트워크 장치는?

① L3 Switch
② Bridge
③ Router
④ Repeater

● 해설

- 리피터는 물리 계층의 장치이다.
- 브리지와 스위치 등은 데이터링크 계층의 장비이다.
- 라우터는 네트워크 계층의 장비이다.

47 한 대의 스위치에서 네트워크를 나누어 마치 여러 대의 스위치처럼 사용할 수 있게 하고, 하나의 포트에 여러 개의 네트워크 정보를 전송할 수 있게 해주는 기능은?

① 스패닝 트리 프로토콜
② 가상 랜(Virtual LAN)
③ TFTP 프로토콜
④ 가상 사설망(VPN)

● 해설

가상 랜 기술은 한 대의 스위치를 마치 여러 대의 스위치처럼 사용할 수 있게 하고, 하나의 포트에 여러 개의 네트워크 정보를 전송할 수 있게 해주는 기능이다.

48 아래 지문은 라우팅의 Distance Vector 방식을 설명한 것이다. 이에 해당하지 않는 프로토콜은 무엇인가?

> 네트워크 변화 발생 시 해당 정보를 인접한 라우터에 정기적으로 전달하고, 인접 라우터에서는 라우팅 테이블에 정보를 갱신한다. 최단 경로를 구하는 벨만 포드 알고리즘(Bellman-Ford algorithm)을 기반으로 한다.

① IGRP   ② RIP
③ BGP   ④ OSPF

● 해설

최소 경로 홉수를 기반으로 경로를 설정하는 RIP와는 달리, 홉 수와 회선의 상태 변화에 따른 신속한 대응이 가능하고 사용자에 의한 경로 지정, 복수 경로 선정, 가장 경제적인 경로의 지정 등 추가적인 기능도 제공한다. OSPF(Open Shortest Path First)는 IP 라우팅 프로토콜의 한 종류로 규모가 크고 복잡한 네트워크에서 사용할 수 있도록 RIP의

최대 경로 홉수 한계를 개선한 라우팅 프로토콜이다. 벨만 포드 알고리즘이 아닌 링크스테이트 알고리즘을 이용한다.

49 RAID의 구성에서 미러링모드 구성이라고도 하며, 디스크에 있는 모든 데이터는 동시에 다른 디스크에도 백업되어 하나의 디스크가 손상되어도 다른 디스크의 데이터를 사용할 수 있게 한 RAID 구성은?

① RAID 0　② RAID 1
③ RAID 2　④ RAID 3

● 해설

RAID는 여러 개의 하드디스크를 중복 배열하여 하나의 디스크처럼 보이게 함으로써 하나의 고용량, 고성능 디스크를 대체하는 기술이다. RAID 1은 미러링 방식을 사용한 RAID이다.

50 게이트웨이(Gateway)에 대한 설명으로 옳지 않은 것은?

① OSI 참조 모델에서 전송 계층만 연결하는 네트워크 장비이다.
② 두 개의 완전히 다른 네트워크 사이의 데이터 형식을 변환하는 장치이다.
③ 데이터 변환의 기능을 가지고 있어 네트워크 내의 병목 현상을 일으키는 지점이 될 수 있다.
④ 프로토콜이 다른 네트워크 환경들을 연결할 수 있는 기능을 제공한다.

● 해설

게이트웨이(Gateway)는 서로 다른 통신 프로토콜을 사용한 네트워크 간의 연결 통로이다. 전송 계층뿐만 아니라 세션 계층, 표현 계층, 응용 계층 등 포괄적 범위의 네트워크를 연결한다.

정답　49. ②　50. ①

2급 최신기출문제
| 2023년 8월 20일 |

1과목 ▶ TCP/IP

01 다음 설명하는 내용에 가장 적합한 기술을 고르시오.

> 네트워크관리사 Kim 사원은 망 분리를 위해 방화벽과 백본 스위치 중간에 새로운 장비의 도입을 고려한다. IP address의 고갈 문제를 해결하고, 보안 목적으로 사용하고자 한다.

① SSL
② NAT
③ VPN
④ IDS

● 해설

NAT는 사설 IP 주소를 공인 IP 주소로 변환하여 네트워크 내부의 여러 장치가 하나의 공인 IP 주소로 인터넷에 접속할 수 있도록 하는 기술이다.
① SSL(Secure Sockets Layer): 암호화된 통신을 제공하는 프로토콜로, 웹 사이트와 사용자 간의 보안 연결을 제공한다.
③ VPN(Virtual Private Network): 데이터 통신을 위해 공중망을 사용하면서도 개인 네트워크처럼 보안된 연결을 구축하는 기술이다.
④ IDS(Intrusion Detection System): 네트워크 또는 시스템 내부에서 비정상적인 활동을 감지하고 경고하는 시스템으로, 보안 위협 탐지에 사용된다.

02 다음은 라우터의 경로 결정 시 routing table을 참조하여 패킷을 전달하는 과정에 대한 설명이다. 올바른 것은?

> 패킷의 목적지 주소와 라우팅 테이블의 entry 중 prefix mask 길이를 고려하여 해당 패킷을 forwarding 한다.

① Administrative distance(관리거리)
② Longest match rule(롱기스트 매치 룰)
③ Next-hop address(넥스트홉 주소)
④ Metric(메트릭)

● 해설

① Administrative distance(관리거리): 경로 선택 우선순위를 결정하는 값으로, 낮은 값일수록 우선권이 높다.
③ Next-hop address(넥스트홉 주소): 패킷이 다음으로 전달되어야 하는 목적지 주소를 가리키는 주소이다.
④ Metric(메트릭): 경로 선택 시 경로의 품질을 나타내는 값으로, 낮은 메트릭 값일수록 우선권이 높다.

정답 01. ② 02. ②

03 (A) 안에 들어가는 용어 중 옳은 것은?

> 클라이언트 – 서버 시스템에서 터미널(단말장치)에서 서버와 통신하기 위하여 LAN 환경 내 Diskless 시스템이 (A)를 이용하여 자신의 물리적 주소에 대한 IP 주소를 획득하기 위해 사용되었다.

① ARP
② Proxy ARP
③ Inverse ARP
④ Reverse ARP

● 해설

① ARP(Address Resolution Protocol): 물리적 MAC 주소와 IP 주소 간의 매핑을 제공하는 프로토콜이다.
② Proxy ARP: 다른 네트워크 인터페이스의 ARP 요청에 대해 응답하는 방식으로 동작한다.
③ Inverse ARP: 물리적 주소를 IP 주소로 변환하는 반대 개념의 프로토콜로, 특히 프레임 릴레이에서 사용된다.

04 OSI 7 layer 참조 모델에서 사용되는 Protocols 중 TCP와 UDP port를 함께 사용하는 프로토콜은?

① SMTP ② FTP
③ DNS   ④ Telnet

● 해설

DNS는 OSI 7 Layer 참조 모델에서 응용 계층(Application Layer)에 속하며, TCP와 UDP 포트를 함께 사용한다. DNS는 도메인 이름과 IP 주소 간의 매핑을 제공하고, 인터넷에서 호스트명을 IP 주소로 변환하기 위해 사용되는 프로토콜이다.

① SMTP(Simple Mail Transfer Protocol): 이메일을 전송하는 데 사용되는 프로토콜로, 메일 서버 간의 메일 전송을 담당한다.
② FTP(File Transfer Protocol): 파일을 전송하기 위해 사용되는 프로토콜로, 클라이언트와 서버 간의 파일 전송을 지원한다.
④ Telnet: 원격 컴퓨터에 접속하여 명령을 실행하거나 작업을 수행하기 위해 사용되는 프로토콜로, 텍스트 기반으로 컴퓨터를 원격 조작할 수 있다.

05 TCP/IP protocol stack에서 사용되는 SNMP 프로토콜의 기능으로 올바른 것은?

① 대규모 환경의 망 관리 기능
② 네트워크 장비의 에러 보고 기능
③ 네트워크 장비의 관리 및 감시 기능
④ 호스트 간에 연결성 점검과 네트워크 혼잡 제어 기능

● 해설

SNMP는 간단한 네트워크의 장비로부터 데이터를 수집하여 네트워크의 관리를 지원하고 성능을 향상하는 프로토콜이다. 간단한 네트워크에 최적화된 관리 프로토콜이므로 대규모 환경의 망을 관리할 수는 없으며, 에러를 보고하는 기능도 없다. 호스트 간의 연결성 점검과 네트워크 혼잡 제어 기능은 ICMP의 주된 기능이다.

06 HTTP 상태코드에 대한 설명으로 올바른 것은?

① 100번대: 성공, 메소드 지시대로 요청을 성공적으로 수행
② 200번대: 정보 제공, 요청 계속 또는 사용 프로토콜 변경 지시
③ 300번대: 리다이렉션, 요청 수행 완료를 위해서 추가적인 작업 필요
④ 400번대: 서버 에러, 클라이언트 요청은 유효하나 서버 자체의 문제 발생

정답 03. ④ 04. ③ 05. ③ 06. ③

● 해설

① 100번대: 정보, 서버에서 클라이언트에게 요청 처리 상황을 알려줄 때 사용
② 200번대: 성공, 요청이 성공적으로 처리되었을 때 사용
④ 400번대: 클라이언트 오류, 클라이언트 요청이 잘못되었거나 서버가 요청을 처리할 수 없을 때 사용
+ 500번대: 서버 오류, 서버에서 요청을 처리하지 못할 때 사용

07 ICMP의 Message Type에 대한 설명으로 옳지 않은 것은?

① 0 – Echo Reply
② 5 – Echo Request
③ 13 – Timestamp Request
④ 17 – Address Mask Request

● 해설

ICMP의 Message Type 중에서 5번은 Echo Request가 아닌, Redirect이다. Echo Request는 Message Type 8로 정의되어 있다. 5번 Redirect는 다른 경로로 패킷을 보내라는 목적으로 사용되며, 네트워크 경로 조정에 쓰인다.

08 CSMA/CD의 특징으로 옳지 않은 것은?

① 충돌 도메인이 작을수록 좋다.
② 충돌이 발생하면 임의의 시간 동안 대기하므로 지연 시간을 예측하기 어렵다.
③ 네트워크상의 컴퓨터들이 데이터 전송을 개시하기 위해서는 반드시 '토큰'이라는 권한을 가지고 있어야 한다.
④ 컴퓨터들은 케이블의 데이터 흐름 유무를 감시하기 위해 특정 신호를 주기적으로 보낸다.

● 해설

CSMA/CD(Carrier Sense Multiple Access with Collision Detection)는 이더넷에서 사용되는 프로토콜로, 네트워크 충돌을 감지하고 처리하는 방식을 말한다. '토큰'은 CSMA/CD와는 관련이 없는 개념으로, 이더넷에서는 토큰 릴레이 방식이 아닌 CSMA/CD 방식을 사용한다.

09 OSPF 프로토콜이 최단 경로 탐색에 사용하는 기본 알고리즘은?

① Bellman-Ford 알고리즘
② Dijkstra 알고리즘
③ 거리 벡터 라우팅 알고리즘
④ Floyd-Warshall 알고리즘

● 해설

OSPF(Open Shortest Path First) 프로토콜은 최단 경로 탐색을 위해 Dijkstra 알고리즘을 사용한다. Dijkstra 알고리즘은 네트워크 그래프에서 시작 노드부터 다른 모든 노드까지의 최단 경로를 찾는 알고리즘으로, OSPF의 동작 원리 중 하나이다.
① Bellman-Ford 알고리즘: 최단 경로 탐색 알고리즘이나 OSPF보다 계산량이 많고 느리다.
③ 거리 벡터 라우팅 알고리즘: 노드가 주기적으로 정보를 교환하여 최단 경로를 결정하는 방식이다.
④ Floyd-Warshall 알고리즘: 모든 노드 쌍 간의 최단 경로를 찾는 알고리즘으로 OSPF와 관련 없다.

10 멀티캐스트(Multicast)에 사용되는 IP Class는?

① A Class
② B Class
③ C Class
④ D Class

● 해설

멀티캐스트는 하나의 데이터를 여러 대의 컴퓨터에 동시에 전송하는 통신 방식으로, 특정 그룹에 속한

정답 07. ② 08. ③ 09. ② 10. ④

호스트들이 멀티캐스트 그룹 주소를 사용하여 데이터를 수신한다. 멀티캐스트는 D클래스 범위의 주소를 사용하며, D 클래스 IP 주소 범위는 224.0.0.0에서 239.255.255.255까지이다.

11 프로토콜의 기본적인 기능 중, 송신기에서 발생된 정보의 정확한 전송을 위해 사용자 정보의 앞, 뒷부분에 헤더와 트레일러를 부가하는 과정은?

① 캡슐화(Encapsulation)
② 동기화(Synchronization)
③ 다중화(Multiplexing)
④ 주소 지정(Addressing)

● 해설

프로토콜의 기본적인 기능 중, 송신기에서 발생된 정보를 정확하게 전송하기 위해 사용자 정보의 앞과 뒤에 헤더와 트레일러를 추가하는 과정을 캡슐화(Encapsulation)라고 한다. 이 과정은 데이터를 프로토콜 스택을 통해 보내기 위해 필요한 구조를 생성하는 단계이다.
② 동기화(Synchronization): 시스템이나 프로세스 간의 시간을 조정하여 데이터를 동시에 전송하거나 처리하는 과정이다.
③ 다중화(Multiplexing): 여러 개의 데이터 스트림을 하나의 통신 매체를 통해 동시에 전송하는 기술이다.
④ 주소 지정(Addressing): 데이터 패킷이나 프레임을 수신자에게 전달하기 위해 목적지 주소를 지정하는 과정이다.

12 TCP 3-Way Handshaking 연결 수립 절차의 1,2,3단계 중 3단계에서 사용되는 TCP 제어 Flag는 무엇인가?

① SYN   ② RST
③ SYN, ACK   ④ ACK

● 해설

TCP 3-Way Handshaking 연결 수립 절차의 3단계에서 사용되는 TCP 제어 플래그는 ④ ACK(Acknowledgment)이다. 이 단계에서 수신 측이 송신 측의 SYN 요청에 대한 확인 응답을 보내면서 연결이 완료된다.

13 TCP/IP에서 Broadcast의 의미는?

① 메시지를 한 호스트에서 다른 한 호스트로 전송하는 것
② 메시지를 한 호스트에서 망상의 특정 그룹 호스트들로 전송하는 것
③ 메시지를 한 호스트에서 망상의 모든 호스트로 전송하는 것
④ 메시지를 한 호스트에서 가장 가까이 있는 특정 그룹 호스트들로 전송하는 것

● 해설

브로드캐스팅은 특정 네트워크에 속한 모든 노드에 대하여 데이터 수신을 지시할 때(데이터를 송신할 때) 사용한다.

14 서브넷 마스크에 대한 설명으로 옳지 않은 것은?

① A Class는 기본 서브넷 마스크로 '255.0.0.0'을 이용한다.
② B Class에서 두 개의 네트워크로 나누고자 한다면, 실제 서브넷 마스크는 '255.255.128.0'이 된다.
③ C Class는 기본 서브넷 마스크로 '255.255.255.0'을 이용한다.
④ C Class에서 다섯 개의 네트워크로 나누고자 한다면, 실제 서브넷 마스크는 '255.255.224.0'이 된다.

정답 11. ① 12. ④ 13. ③ 14. ④

해설

C 클래스 IP 주소를 다섯 개의 네트워크로 나누려면 적어도 8개의 서브넷이 필요하므로, 이때 올바른 서브넷 마스크는 '255.255.224.0'이다.

15 IGMP(Internet Group Management Protocol)에 대한 설명으로 올바른 것은?

① OSI 모델 중 4계층 프로토콜이다.
② 비대칭 프로토콜로써 TTL(Time to Live)을 제공하지 않는다.
③ 로컬 네트워크상의 멀티캐스팅 그룹 제어를 수행하기 위한 프로토콜이다.
④ 데이터의 유니캐스팅에 적합한 프로토콜이다.

해설

IGMP(Internet Group Management Protocol)은 그룹 단위로 통신하기 위한 관리 규약이다.
① IGMP는 4계층이 아닌 3계층 프로토콜이다.
② IGMP는 TTL을 제공한다.
④ IGMP는 멀티캐스트 그룹 관리를 위한 프로토콜이며 유니캐스트에는 사용되지 않는다.

16 IP(Internet protocol)에 대한 특징을 설명하였다. 올바른 것을 고르시오.

① 호스트 간 패킷 전달의 신뢰성을 보장한다.
② 손실된 패킷의 재전송을 요청할 수 있다.
③ 호스트 간에 패킷 교환에서 흐름제어를 할 수 있다.
④ MUT 값보다 큰 Datagram은 단편화(Fragmentation) 작업을 수행할 수 있다.

해설

① IP 프로토콜은 호스트 간 패킷 전달의 신뢰성을 보장하지 않는다. 상위 계층에서 이를 담당하거나, TCP와 같은 신뢰성 있는 프로토콜을 사용해야 한다.
② IP 프로토콜은 손실된 패킷의 재전송을 요청할 수 있는 기능을 제공하지 않는다.
③ IP 프로토콜은 흐름 제어를 수행하지 않는다. 이러한 역할은 주로 전송 계층의 프로토콜인 TCP에서 담당한다.

17 호스트의 IP Address가 '201.100.5.68/28'일 때, Network ID로 올바른 것은?

① 201.100.5.32 ② 201.100.5.0
③ 201.100.5.64 ④ 201.100.5.31

해설

주어진 IP 주소: 201.100.5.68 | 서브넷 마스크: /28(255.255.255.240)
서브넷 마스크의 28비트 중에서 1인 비트의 위치까지가 네트워크 부분이 되며, 나머지 비트는 호스트 부분이다.
- 201.100.5.68을 2진수로 나타내면 11001001.01100100.00000101.01000100
- 서브넷 마스크를 2진수로 나타내면 11111111.11111111.11111111.11110000

네트워크 부분은 IP 주소와 서브넷 마스크의 AND 연산 결과이다.
- 11001001.01100100.00000101.01000100(IP 주소)
- 11111111.11111111.11111111.11110000(서브넷 마스크)
- 11001001.01100100.00000101.01000000(네트워크 부분)

네트워크 부분을 10진수로 변환하면
③ 201.100.5.64

정답 15. ③ 16. ④ 17. ③

2과목 • 네트워크 일반

18 다음은 무선 네트워크에 관한 내용이다. (A) 안에 들어가는 용어 중 옳은 것은?

> 네트워크를 관리하는 사원 Kim은 최근 회사 내 Wifi 접속에 대하여 접수된 불만 사항을 조사하고 있다. 조사 결과 회사 전체에 Wifi 환경을 지원하기 위하여 설치한 AP들 사이의 공간에서 접속 끊김이 발생하는 현상을 찾아냈다. 이를 해결하기 위하여 (A) 기법이 적용된 장치로 업그레이드를 건의하였다. (A)는 기존의 유선망 연결 AP로 구성된 환경의 단점을 해결하기 위하여 나온 기술이다. 인터넷/인트라넷에 연결되지 않은 AP가 인터넷/인트라넷에 연결된 AP에 WDS(무선 분산 시스템, Wireless Distribution System)로 연결하여 네트워크를 사용할 수 있는 시스템으로서 네트워크 효율성을 극대화할 수 있는 망이다.

① WMN(Wireless Mesh Network)
② UWB(Ultra Wide Band)
③ WPAN(Wireless Personal Area Network)
④ CAN(Campus Area Network)

● 해설

② UWB(Ultra Wide Band): 초광대역 기술로, 고속 데이터 전송을 위한 무선 통신 기술이다.
③ WPAN(Wireless Personal Area Network): 개인 영역의 무선 네트워크를 나타내며, 주로 짧은 거리에서 작은 규모의 장치 간 연결에 사용된다.
④ CAN(Campus Area Network): 캠퍼스 내의 네트워크를 연결하는 네트워크 구성으로, 지리적으로 근접한 건물이나 지역을 연결하는 데 사용된다.

19 다음은 네트워크 구축에 필요한 매체에 관한 내용이다. (A) 안에 들어가는 용어 중 옳은 것은?

> 네트워크를 관리하는 사원 Kim은 회사 내부에 구축되어 있는 스토리지 에어리어 네트워크(SAN; Storage Area Network)의 성능이 저하되고 있는 현상에 대한 조사업무를 부여받았다. 관련 사항을 조사하는 중 최근 급증한 업무로 인하여 네트워크의 대역폭 부족이 문제임을 알았다. 이를 해결하기 위하여 기존에 설치된 Gigabit Ethernet 장치를 (A)을/를 활용한 10GBASE-SR이나 10GBASE-LRM으로 변경하는 방안에 대해 보고하였다.

① U/UTP CAT.3
② Thin Coaxial Cable
③ U/FTP CAT.5
④ Optical Fiber Cable

● 해설

스토리지 에어리어 네트워크(SAN)의 대역폭 부족 문제를 해결하려면 고속 대역폭을 지원하는 매체가 필요하다. 10GBASE-SR 및 10GBASE-LRM과 같은 고속 네트워크 연결에는 광섬유 케이블이 주로 사용된다.
① U/UTP CAT.3: UTP 케이블
② Thin Coaxial Cable: 얇은 코아시알 케이블(이더넷 네트워크에서 사용되지 않는 종류)
③ U/FTP CAT.5: U/FTP 유형의 CAT.5 케이블(UTP 특성을 가진 U/FTP 케이블)

정답 18. ① 19. ④

20 다음의 (A)에 들어갈 알맞은 용어는 무엇인가?

> (A)은/는 네트워킹에 필요한 모든 유형의 자원을 추상화하고, 소프트웨어 기반이며 자동으로 관리와 제어가 가능케 하는 가상화 기술을 의미한다. 통신 사업자들은 이러한 (A) 기술을 도입하면서 점점 복잡해지는 네트워크의 관리 용이성, 관리 비용 절감, 네트워크 민첩성 등의 장점과 효율성을 얻고자 한다.

① NFV(Network Functions Virtualization)
② WMN(Wireless Mesh Network)
③ VPN(Virtual Private Network)
④ CDN(Content Delivery Network)

● 해설

네트워킹에 필요한 모든 유형의 자원을 추상화하고, 소프트웨어 기반이며 자동으로 관리와 제이가 가능케 하는 가상화 기술을 의미하는 NFV(Network Functions Virtualization)에 대한 설명이다. NFV는 통신 사업자들이 복잡해지는 네트워크를 관리하고 유지하는 데 효율성과 유연성을 제공한다.
② WMN(Wireless Mesh Network): 무선 메시 네트워크 기술, 무선 장치들이 서로 연결된 네트워크를 형성하는 기술이다.
③ VPN(Virtual Private Network): 가상 사설망을 구성하는 기술로, 보안된 통신을 위해 사용된다.
④ CDN(Content Delivery Network): 콘텐츠 전송 네트워크로, 콘텐츠를 빠르게 전달하기 위한 기술이다.

21 (A) 안에 맞는 용어로 옳은 것은?

> K라는 회사에서 인터넷 전용회선의 대역폭을 효율적으로 제어하지 못하여 업무 마비까지 이르게 되는 현상이 발생하였다. 이에 네트워크 담당자 Park 사원은 (A)를 도입하여 회사의 IP 및 프로토콜(TCP/UDP)이 이 장비를 반드시 통과하게 만들어서 인터넷 전용회선의 대역폭을 회사의 이벤트에 알맞도록 조정할 수 있게 되었다.
> 예) 평소에는 전용회선 1G의 대역폭 중에 웹(500M), FTP(200M), 멀티미디어(300M)로 사용하다가 화상회의를 해야 하는 경우에는 웹(350M), FTP(250M), 멀티미디어(400M)로 대역폭을 조정하여 사용하고 있다. 화상회의의 원활한 진행을 위하여 멀티미디어의 사용 대역폭을 300M에서 400M로 증설하여 화상회의를 진행시킨 후 화상회의가 종료되는 시점에 인터넷 대역폭을 원래대로 원상복구 시킨다.

① QoS(Quality of Service)
② F/W(Fire Wall)
③ IPS(Intrusion Prevention System)
④ IDS(Intrusion Detection System)

● 해설

회사의 IP 및 프로토콜(TCP/UDP)이 이 장비를 반드시 통과하게 만들어서 인터넷 전용회선의 대역폭을 회사의 이벤트에 알맞도록 조정할 수 있게 하는 QoS(Quality of Service)는 네트워크에서 특정 종류의 트래픽에 대해 우선순위를 부여하거나 대역폭을 할당하여 서비스 품질을 보장하는 기술이다.
② F/W(Firewall): 방화벽으로, 네트워크 보안을 위해 사용되는 장치나 소프트웨어이다.
③ IPS(Intrusion Prevention System): 침입 방지 시스템으로, 악성 행위를 감지하고 차단한다.

정답 20. ① 21. ①

④ IDS(Intrusion Detection System): 침입 탐지 시스템으로, 네트워크 내부에서의 악성 행위를 감지한다.

22 아래 내용에서 IPv6의 일반적인 특징만을 나열한 것은?

> A. 주소의 길이가 128비트이다.
> B. 4개의 클래스로 구분된다.
> C. IPv4에 비하여 헤더가 단순하다.
> D. IPv4에 비하여 인증 및 보안 기능이 강화되었다.
> E. 패킷 전송 시 멀티캐스트를 사용한다.
> F. 패킷 전송 시 브로드캐스트를 사용한다.

① A, B, C, D
② A, C, D, E
③ B, C, D, E
④ B, D, E, F

● 해설

B. IPv6는 4개의 클래스로 구분되지 않는다. IPv4의 클래스 기반 주소 체계가 IPv6에서는 사용되지 않는 대신 IPv6는 주소 할당 방식이 전혀 다르며, 주소 공간의 효율적인 사용을 위해 설계되었다.
F. IPv6에서는 브로드캐스트가 사용되지 않는다. IPv4에서는 네트워크 내의 모든 호스트에게 패킷을 전송하기 위하여 브로드캐스트를 사용하지만, IPv6에서는 브로드캐스트 대신 멀티캐스트와 애니캐스트 등의 기술이 사용된다.

23 LAN의 구성 형태 중 중앙의 제어점으로부터 모든 기기가 점 대 점(Point to Point) 방식으로 연결된 구성 형태는?

① 링형 구성
② 스타형 구성
③ 버스형 구성
④ 트리형 구성

● 해설

스타형 구성은 중앙의 제어점(허브 또는 스위치)으로부터 모든 기기가 점 대 점(Point to Point) 방식으로 연결된 구성 형태이다.
① 링형 구성: 기기들이 환형으로 연결된다.
③ 버스형 구성: 모든 기기가 하나의 중앙선(버스)에 연결된다.
④ 트리형 구성: 중앙 제어점에서 여러 개의 분기된 선이 뻗어나가는 구성 형태이다.

24 OSI 7 Layer에서 암호/복호, 인증, 압축 등의 기능이 수행되는 계층은?

① Transport Layer
② Datalink Layer
③ Presentation Layer
④ Application Layer

● 해설

Presentation Layer는 OSI 7 Layer 모델에서 암호화, 복호화, 인증, 압축 등의 기능이 수행되는 계층이다. 데이터의 형식 변환, 암호화 및 복호화, 압축 및 해제, 인증 등의 작업을 처리하여 상위 계층에 처리 가능한 데이터로 제공한다.
① Transport Layer: 데이터 전송과 관련된 기능을 처리한다.
② Datalink Layer: 물리적인 매체를 통해 데이터를 안정적으로 전송하기 위한 기능을 처리한다.
④ Application Layer: 최종 사용자와 직접 상호작용하는 응용 프로그램과 관련된 기능을 처리한다.

25 VPN(Virtual Private Network)의 구현 기술 중 인터넷 네트워크상에서 두 호스트 지점 간에 외부의 영향을 받지 않고 가상 경로를 설정해 주는 것은?

① Tunneling
② Authentication
③ Encryption
④ Access Control

정답 22. ② 23. ② 24. ③ 25. ①

● 해설

Tunneling은 실제 데이터를 암호화하거나 캡슐화하여 보호하고, 외부의 간섭을 최소화하는 데 사용되는 기술이다.
② Authentication: 사용자 인증 기술로, 사용자의 신원을 확인하여 접근 권한을 부여하는 과정이다.
③ Encryption: 데이터 암호화 기술로, 데이터를 안전하게 전송하기 위해 사용한다.
④ Access Control: 접근 제어 기술로, 시스템에 접근하는 권한을 제어하는 메커니즘을 나타낸다.

26 파장분할다중화방식(WDM)의 특징으로 옳은 것은?

① 선로의 증설 없이 회선의 증설이 어렵다.
② 광증폭기를 사용해 무중계 장거리 전송이 가능하다.
③ 광학적인 방법에 의해 신호를 시간축에서 다중화하는 방식이다.
④ 각각의 채널은 같은 전송 형식, 전송 속도, 프로토콜 형식을 가진다.

● 해설

파장분할다중화방식(WDM)은 광 파장을 이용하여 다수의 채널로 다중화하는 기술로, 광증폭기를 사용하여 무중계 장거리 전송이 가능하다.
① 선로의 증설 없이도 회선의 증설이 가능하다.
③ 이 설명은 시분할다중화(TDM; Time Division Multiplexing)와 관련된 것이다.
④ 각각의 채널은 각각 독립적인 전송 형식, 전송속도 및 프로토콜 형식을 갖는다.

27 IEEE 802 표준과 전송방식이 옳지 않은 것은?

① IEEE 802.2 - Wireless LAN
② IEEE 802.3 - CSMA/CD
③ IEEE 802.4 - Token Bus
④ IEEE 802.5 - Token Ring

● 해설

IEEE 802.2는 Logical Link Control(LLC) 서브 레이어를 다루는 표준이며, 유선 및 무선 네트워크에서 사용될 수 있다. 따라서 'Wireless LAN'은 IEEE 802.2와 관련이 없다.

3과목 · NOS

28 FTP는 원격 서버에 파일을 주고받을 때 사용하는 프로토콜이다. FTP는 2가지 Mode로 구분되는데, 서버에서 따로 포트 대역을 설정해 주고 서버는 임의로 지정된 데이터 포트 정보를 클라이언트에 보내 클라이언트에서 해당 포트로 접속하는 방식은 무엇인가?

① Active Mode
② Passive Mode
③ Privileges Mode
④ Proxy Mode

● 해설

FTP의 2가지 Mode는 각각 Active Mode, Passive Mode이다. 기본적인 동작 방식은 Active Mode이며, Active Mode의 단점을 해결하기 위해 Passive Mode를 사용한다. Active Mode는 서버가 능동적으로 클라이언트에 접속하는 방식이며, Passive Mode는 서버가 수동적으로 기다리고, 클라이언트가 지정된 포트로 접속하는 방식이다.

정답 26. ② 27. ① 28. ②

29 서버 관리자 Kim 사원이 리눅스 서버(하드웨어)의 HDD 증설을 위해 서버를 종료하기로 하였다. 이에 리눅스 서버를 종료하기 위한 명령어가 아닌 것은?

① shutdown -h now
② poweroff
③ init 6
④ halt

● 해설

'init 6' 명령은 리눅스 시스템을 재부팅하는 명령어이므로 서버를 종료하기 위한 명령어가 아니다. 나머지 선택지들은 모두 리눅스 서버를 종료하는 명령어이다.
① shutdown -h now: 즉시 시스템 종료
② poweroff: 시스템 종료 후 전원 off
④ halt: 시스템 종료

30 서버 관리자 Kim 사원은 DNS 서버를 구축하고자 'yum'을 이용하여 bind를 설치하였으나 설치되지 않았다. 이에 ping을 이용하여 외부 네트워크 상태 여부를 확인하였으나 정상이었다. 이에 DNS 서버 주소가 잘못되어 있을 것으로 판단하여 'cat/etc/(A)' 내용을 확인하고 수정하였다. (A)에 해당하는 파일 이름은 무엇인가?

```
[root@localhost icqa]# cat /etc/( A )
# Generated by NetworkManager
search localdomain
nameserver 127.0.0.1
```

① resolv.conf   ② networks
③ protocols   ④ services

● 해설

DNS 서버 설정 정보는 주로 '/etc/resolv.conf' 파일에 저장된다. 이 파일은 시스템의 DNS 설정 정보를 포함하며, nameserver 라인에 DNS 서버의 주소가 지정된다. 따라서 주어진 상황에서 (A)에 해당하는 파일 이름은 'resolv.conf'이다.

31 Windows Server 2022의 DNS관리에서 아래 지문과 같은 DNS 설정 방식은?

> 'www.icqa.com' 서버는 동시에 수십만 이상의 접속이 있는 사이트이다. 여러 대의 웹 서버를 운영, 웹 클라이언트 요청 시 교대로 서비스를 실행한다. 'icqa.com' DNS 서버에 IP 주소를 질의하면 설정 순서대로 돌아가면서 IP 주소를 알려준다.

① Round Robin
② Cache Plugin
③ Cache Server
④ Azure AutoScaling

● 해설

Round Robin은 여러 대의 웹 서버가 있는 경우, DNS 서버에서 요청을 받을 때마다 IP 주소를 순서대로 반환하여 교대로 서버에 연결되게 하는 방식이다. 이를 통해 로드 밸런싱 효과를 얻을 수 있다.

32 'netstat' 명령어에 사용하는 옵션 설명에 대해 옳지 않은 것은?

① -r: 라우팅 테이블을 표시한다.
② -p: PID와 사용 중인 프로그램명을 출력한다.
③ -t: 연결된 이후에 시간을 표시한다.
④ -y: 모든 연결에 대한 TCP 연결 템플릿을 표시한다.

정답 29. ③ 30. ① 31. ① 32. ③

● 해설

-t는 TCP 프로토콜 정보를 출력하는 옵션이다.

33 다음과 같이 파일의 원래 권한은 유지한 채로 모든 사용자에게 쓰기 가능한 권한을 추가 부여할 때, 결과가 다른 명령어는 무엇인가?

> rw-r--r-- 1 root root 190 5월 19 16:40 file

① chmod 666 file
② chmod a+w file
③ chmod ugo+w file
④ chmod go=w file

● 해설

주어진 파일의 원래 권한은 'rw-r--r--'이다. 모든 사용자에게 쓰기 가능한 권한을 추가 부여하려면 'chmod go+w file' 명령어를 사용해야 한다. 그러나 ④번인 'chmod go=w file' 명령어는 다른 명령어와 달리 읽기 및 실행 권한까지 모두 없애게 된다. 따라서 ④번 명령어는 다른 명령어들과 결과가 다르다.

34 Linux 시스템에서 기존에 설정된 'crontab'을 삭제하려고 할 때 올바른 명령어는?

① crontab -u   ② crontab -e
③ crontab -l   ④ crontab -r

● 해설

기존에 설정된 crontab을 삭제하려면 'crontab -r' 명령어를 사용한다.
① crontab -u: 특정 사용자의 crontab을 관리하기 위한 옵션이다.

② crontab -e: crontab을 편집하기 위한 옵션이다.
③ crontab -l: 현재 사용자의 crontab 내용을 확인하기 위한 옵션이다.

35 다음의 내용이 설명하고 있는 Linux 시스템 디렉터리는?

> - 시스템을 운영하면서 생기는 각종 임시 파일(시스템 로그, 스풀, 전자메일)을 저장하는 디렉터리
> - 크기가 계속 변하는 파일들을 저장하는 디렉터리

① /home   ② /usr
③ /var   ④ /tmp

● 해설

/var: 시스템을 운영하면서 생기는 각종 임시 파일(시스템 로그, 스풀, 전자메일)을 저장하는 디렉터리로, 크기가 계속 변하는 파일들을 저장하는 디렉터리이다.
① /home: 사용자의 홈 디렉터리가 위치하는 디렉터리이다.
② /usr: 시스템 소프트웨어와 사용자 프로그램이 설치되는 디렉터리이다.
④ /tmp: 임시 파일들을 저장하는 디렉터리이다.

36 Linux 시스템에서 사용되고 있는 메모리양과 사용 가능한 메모리양, 공유 메모리와 가상 메모리에 대한 정보를 볼 수 있는 명령어는?

① mem   ② free
③ du   ④ cat

정답 33. ④   34. ④   35. ③   36. ②

> 해설

free 명령어를 사용하면 Linux 시스템에서 사용 중인 메모리양과 사용 가능한 메모리양, 공유 메모리와 가상 메모리 등에 대한 정보를 볼 수 있다.
① mem: 존재하지 않는 명령어이다.
③ du: 디스크 사용량을 확인하는 명령어이다.
④ cat: 파일의 내용을 출력하는 명령어이다.

37 다음 중 Linux의 명령어 해석기는?

① Shell
② Kernel
③ Utility Program
④ Hierarchical File System

> 해설

Linux의 명령어 해석기인 'Shell'은 사용자와 운영 체제 사이의 인터페이스 역할을 하며, 사용자가 명령어를 입력하면 이를 해석하고 실행하는 역할을 한다.
② Kernel: 컴퓨터 운영 체제의 핵심 부분으로, 하드웨어와 소프트웨어 간의 통신을 관리한다.
③ Utility Program: 유틸리티 프로그램은 시스템 유지 관리 및 운영을 위한 보조 프로그램을 의미한다.
④ Hierarchical File System: 파일 시스템의 구조를 설명하는 개념이며, 여기서 언급된 것은 Linux의 파일 시스템 구조를 지칭하는 용어이다.

38 Linux에서 DNS의 SOA(Start Of Authority) 레코드에 대한 설명으로 옳지 않은 것은?

① Zone 파일은 항상 SOA로 시작한다.
② 해당 Zone에 대한 네임서버를 유지하기 위한 기본적인 자료가 저장된다.
③ Refresh는 주 서버와 보조 서버의 동기 주기를 설정한다.
④ TTL 값이 길면 DNS의 부하가 늘어난다.

> 해설

TTL(Time to Live) 값이 길면 DNS 서버가 쿼리에 대한 결과를 오랫동안 캐시에 유지하므로, DNS 서버에 반복적인 쿼리가 줄어들게 되어 부하가 줄어들게 된다.

39 Windows Server 2022의 DNS Server 역할에서 지원하는 '역방향 조회'에 대한 설명으로 옳은 것은?

① 클라이언트가 정규화된 도메인 이름을 제공하면 IP 주소를 반환하는 것
② 클라이언트가 IP 주소를 제공하면 도메인을 반환하는 것
③ 클라이언트가 도메인을 제공하면 라운드로빈 방식으로 IP를 반환하는 것
④ 클라이언트가 도메인을 제공하면 하위 도메인을 반환하는 것

> 해설

Windows Server 2022의 DNS Server 역할에서 '역방향 조회'는 클라이언트가 IP 주소를 제공하면 해당 IP 주소에 대한 도메인 이름을 반환하는 기능을 의미한다. 이는 역방향 DNS 조회라고도 불리며, 주로 IP 주소를 도메인 이름으로 변환하여 식별하고자 할 때 사용된다.

40 Linux Apache 웹서버에 사용자가 접속 후, 80초간 사용자가 요청이 없을 경우 세션을 종료시키도록 'httpd.conf' 파일에서 설정하는 옵션값은?

① Exec-timeout 80
② Listen 80
③ KeepAliveTimeout 80
④ NameVirtualHost 80

정답 37. ① 38. ④ 39. ② 40. ③

● 해설

Linux Apache 웹서버에서 사용자가 접속 후, 일정 시간 동안 요청이 없을 경우 세션을 종료시키는 옵션은 KeepAliveTimeout이다. 이 옵션을 사용하여 세션을 유지하는 시간을 설정할 수 있다. 위의 옵션 값인 80은 사용자의 요청이 없을 때 80초 후에 세션을 종료시키겠다는 의미이다.

41 서버 관리자 Park 사원은 Linux 서버를 관리하면서 특정 조건에 맞는 파일 및 디렉터리를 검색하기 위해 'find' 명령어를 사용하려고 한다. 'find' 명령어의 주요 옵션에 대한 설명으로 올바른 것은?

① '-name'은 지정한 사용자 이름에 해당하는 파일이나 디렉터리를 찾는다.
② '-type'은 지정한 디렉터리 종류에 해당하는 디렉터리 유형을 찾는다.
③ '-perm'은 지정한 소유자의 권한만을 고려하여 파일이나 디렉터리를 찾는다.
④ '-exec'은 찾은 파일에 대한 삭제 등의 추가적인 명령을 실행할 수 있다.

● 해설

find 명령어의 주요 옵션 중에서 -exec는 찾은 파일에 대해 추가적인 명령을 실행할 수 있게 해주는 옵션이다. 찾은 파일을 대상으로 원하는 작업을 수행할 때 유용하게 사용된다.
① '-name' 옵션은 파일 이름을 기반으로 검색할 때 사용되며, 지정한 이름과 정확히 일치하는 파일이나 디렉터리를 찾는다.
② '-type' 옵션은 파일의 종류를 지정하여 검색할 때 사용되며, 디렉터리인지, 파일인지 등을 지정할 수 있다.
③ '-perm' 옵션은 파일의 권한을 기반으로 검색할 때 사용되며, 지정한 권한과 정확히 일치하는 파일이나 디렉터리를 찾는다.

42 서버 담당자 Seo 사원은 Windows Server 2022의 이벤트 뷰어를 통해 서버의 상태를 점검하려고 한다. Windows 로그에 해당하는 항목으로 올바른 것은?

① 하드웨어 이벤트
② 인터넷 익스플로러
③ 윈도우즈 파워셸
④ 응용 프로그램

● 해설

이벤트 뷰어의 '응용 프로그램' 로그에는 다양한 애플리케이션과 관련된 이벤트가 기록된다. 서버의 상태를 점검하고 문제를 파악하기 위해 이벤트 뷰어의 '응용 프로그램' 로그를 확인하는 것은 일반적인 관리 작업 중 하나이다.

43 서버 담당자 Park 사원은 Windows Server 2022의 장애를 대비하여 인증서 키를 백업해 놓았다. 이 인증서 키를 실행 창에서 명령어를 통해 복원시키고자 하는데 인증서 관리자를 호출할 수 있는 명령어는 무엇인가?

① eventvwr.msc
② compmgmt.msc
③ secpol.msc
④ certmgr.msc

● 해설

Windows Server 2022에서 인증서를 관리하고 복원하려면 실행 창에서 'certmgr.msc' 명령어를 실행하여 인증서 관리자를 호출할 수 있다.
① eventvwr.msc: 이벤트 뷰어를 실행하는 명령어로, 시스템 로그 및 이벤트를 확인할 수 있는 도구이다.
② compmgmt.msc: 컴퓨터 관리 도구를 실행하는 명령어로, 시스템 구성 및 관리를 위한 다양한 기능을 제공한다.

정답 41. ④ 42. ④ 43. ④

③ secpol.msc: 로컬 보안 정책을 편집하는 명령어로, 시스템의 보안 설정을 관리할 수 있는 도구이다.

44 Linux 운영체제에서 하드웨어 메모리가 가득 차게 되면 논리적인 메모리 저장공간 역할을 수행하게 되는 파티션의 이름은?

① SWAP ② FAT32
③ RAID ④ LVM

● 해설

Linux 운영체제에서 하드웨어 메모리가 가득 차게 되면 논리적인 메모리 저장공간으로 'SWAP'이라는 파티션을 사용하여 가상 메모리를 확보한다. 하드웨어 메모리 부족 상황에서도 시스템의 안정성을 유지하기 위한 기능이다.

45 서버 담당자 Park 사원은 Windows Server 2022에서 다음 조건에 맞는 서비스를 구축하고자 한다. 이에 알맞은 것은?

> 인터넷에 다중 접속하는 기술로서, 이를 통하여 차세대 인터넷의 다양한 요구를 충족시킬 수 있으며, 단일 인터넷 연결만으로는 제공하기 어려운 요구 사항인 오류 예방, 로드 분산 등을 효율적으로 제공할 수 있다.

① Multihoming
② DirectAccess
③ VPN
④ Hyper-V

● 해설

② DirectAccess: 원격 사용자 및 클라이언트가 내부 네트워크에 접속할 때 VPN 연결 없이도 자동으로 안전한 연결을 설정하는 기술이다.

③ VPN: 인터넷을 통해 원격 지점과의 안전한 통신을 제공하는 기술로, 데이터 암호화와 터널링을 통해 보안을 유지한다.
④ Hyper-V: Microsoft의 가상화 플랫폼으로, 하이퍼바이저 기술을 통해 하나의 서버에서 여러 개의 가상 머신을 운영할 수 있게 한다.

4과목 · 네트워크 운용기기

46 게이트웨이(Gateway)의 역할로 올바른 것은?

① 전혀 다른 프로토콜을 채용한 네트워크 간의 인터페이스이다.
② 트위스트 페어 케이블 사용 시 이용되는 네트워크 케이블 집선 장치이다.
③ 케이블의 중계점에서 신호를 전기적으로 증폭한다.
④ 피지컬 어드레스의 캐시 테이블을 갖는다.

● 해설

② 트위스트 페어 케이블 사용 시 이용되는 네트워크 케이블 집선 장치는 허브(Hub)이다. 허브는 여러 기기 간의 통신을 간접적으로 처리하는 네트워크 장치이다.
③ 케이블의 중계점에서 신호를 전기적으로 증폭하는 역할을 하는 것은 리피터(Repeater)이다. 리피터는 네트워크 신호의 감쇠를 보상하기 위해 사용된다.
④ 피지컬 어드레스의 캐시 테이블을 갖는 역할은 스위치(Switch)에 해당한다. 스위치는 이더넷 프레임을 전달하면서 피지컬 어드레스를 관리하는 기능을 수행한다.

정답 44. ① 45. ① 46. ①

47 L2 LAN 스위치가 이더넷 프레임을 중계 처리할 때 사용하는 주소는 무엇인가?

① MAC 주소　② IP 주소
③ Post 주소　④ URL 주소

● 해설

L2 LAN 스위치는 이더넷 프레임을 중계할 때 MAC 주소를 사용하여 목적지 디바이스를 식별하고 전달한다.

48 RAID는 Redundant Array of Independent Disk 혹은 Redundant Array of Inexpensive Disk의 약자로, 말 그대로 여러 개의 디스크를 묶어 하나의 디스크처럼 사용하는 기술이다. 그러면 다음에서 RAID Level 0(영)의 설명으로 옳지 않은 것은?

① 최소 2개의 디스크에 데이터를 동시에 분산 저장한다.
② 디스크에 데이터를 분산 저장하기 때문에 처리속도가 향상된다.
③ 스트라이핑(Striping)이라고도 부르는 방식이다.
④ 2개의 디스크 중 하나만 손상되면 전체 데이터 복구가 가능하다.

● 해설

RAID 0은 스트라이핑(Striping) 방식을 사용하여 데이터를 여러 개의 디스크에 분산 저장한다. 이는 처리속도 향상을 가져오지만, 디스크 중 하나만 손상되어도 전체 데이터의 복구가 불가능하며 해당 디스크에 저장된 모든 데이터가 손실될 수 있다는 우려가 있다. 따라서 RAID 0은 데이터의 고속 처리와 성능을 위한 용도로 사용되며, 데이터의 안정성과 복원력을 강조하는 목적에는 적합하지 않다.

49 신뢰하지 않는 외부 네트워크와 신뢰하는 내부 네트워크 사이를 지나는 패킷을 미리 정한 규칙에 따라 차단하거나 보내주는 기능을 하는 하드웨어나 소프트웨어를 방화벽(Firewall)이라고 한다. 다음 중 방화벽의 주요 기능이 아닌 것은?

① 통과시킬 접근과 거부할 접근에 따라 허용 또는 차단을 수행한다.
② 허용 또는 차단된 접근에 대한 기록을 유지한다.
③ 메시지 인증, 사용자 인증, 클라이언트 인증 등으로 인증을 수행한다.
④ 한 방화벽에서 다른 방화벽으로 데이터를 복호화해서 보낸다.

● 해설

데이터를 복호화해서 보내는 것은 방화벽의 주요 역할이 아니다. 방화벽은 주로 통과시킬 접근과 거부할 접근을 관리하고, 허용 또는 차단된 접근에 대한 기록을 유지하며, 메시지 인증, 사용자 인증, 클라이언트 인증 등으로 인증을 수행한다. 데이터의 보호와 보안을 강화하여 외부와 내부 사이의 통신을 제어하는 것이 주요 기능이다.

50 기업에서 근무하는 네트워크 담당자 Kim 대리는 하나의 물리적인 네트워크 스위치를 영업부, 인사부, 구매부, 기술부 등 각 부서별로 여러 네트워크로 구분하여 사용할 수 있도록 하고자 하며, 부서별로 분리된 네트워크는 3계층 장비를 통해서만 통신이 되도록 하고자 한다. 이 기술 방식은?

① VPN(Virtual Private Network)
② VLAN(Virtual Local Area Network)
③ VCN(Virtual Cloud Network)
④ IPS(Intrusion Prevention System)

정답　47. ①　48. ④　49. ④　50. ②

해설

VLAN은 가상 로컬 영역 네트워크(Virtual Local Area Network)의 약자로, 물리적인 네트워크 스위치를 논리적으로 여러 개의 가상 네트워크로 분리하는 기술이다. 이를 통해 각 부서나 그룹별로 네트워크를 분리하고, 분리된 네트워크는 라우터와 같은 3계층 장비를 통해 통신할 수 있도록 구성할 수 있다. VLAN은 네트워크 관리와 보안 향상을 위해 사용되며, 물리적인 배치에 구애받지 않고 논리적인 분리를 가능하게 한다.

2급 최신기출문제

| 2024년 5월 19일 |

1과목 · TCP/IP

01 네트워크 계층에서 IP(Internet Protocol)는 핵심 프로토콜이다. 단편화 작업 중 분할되는 Data를 구별하기 위한 것은?

① DF Flag
② Type of Service
③ Offset
④ TTL

● 해설

② Type of Service(ToS): 패킷의 우선순위와 서비스 품질을 지정하며 네트워크 트래픽을 구별하고 최적의 경로를 선택하는 데 사용한다.
③ Offset: 기준점으로부터 몇 번째로 시작하는 데이터인지 설명하는 단위로, 첫 번째 데이터그램의 Offset은 0이다.
④ TTL(Time to Live): 패킷이 생존 시간을 지정하여 루프 방지와 네트워크 자원 낭비를 줄이는 데 사용한다.

02 TLS를 통해 Application 계층 데이터를 암호화하여 보호해 주고, 기본 포트가 443으로 지정된 프로토콜은?

① HTTPS
② HTTP
③ FTP
④ SSH

● 해설

② HTTP: 암호화되지 않은 프로토콜로, 기본 포트=80이다.
③ FTP: 파일 전송 프로토콜로, 기본 포트=21, 암호화되지 않는다.
④ SSH: 보안 셸 프로토콜로, 기본 포트는=22, 원격 접속을 암호화한다.

03 IGMP(Internet Group Management Protocol)에 대한 설명으로 올바른 것은?

① OSI 모델 중 4계층 프로토콜이다.
② 비대칭 프로토콜로서 TTL(Time to Live)을 제공하지 않는다.
③ 로컬 네트워크상의 멀티캐스팅 그룹 제어를 수행하기 위한 프로토콜이다.
④ 데이터의 유니캐스팅에 적합한 프로토콜이다.

● 해설

① IGMP는 네트워크 계층(3계층) 프로토콜이다.
② IGMP는 TTL을 사용하며, 비대칭 프로토콜이 아니다.
④ IGMP는 멀티캐스트 트래픽을 관리하는 프로토콜로, 유니캐스팅에는 적합하지 않다.

04 TCP 헤더의 플래그 비트로 옳지 않은 것은?

① URG
② UTC
③ ACK
④ RST

● 해설

① URG: 긴급 포인터 필드가 유효함을 나타내는 플래그 비트이다.
③ ACK: 확인 응답 번호 필드가 유효함을 나타내는 플래그 비트이다.
④ RST: 연결을 재설정하기 위한 플래그 비트이다.

정답 01. ① 02. ① 03. ③ 04. ②

05 네트워크 주소가 '192.168.100.128'이며, 서브넷 마스크가 '255.255.255.192'인 네트워크가 있다. 이 네트워크에서 사용 가능한 마지막 IP 주소는?

① 192.168.100.129
② 192.168.100.190
③ 192.168.100.191
④ 192.168.100.255

● 해설

1단계: 서브넷 계산
조건
네트워크 주소: 192.168.100.128/서브넷 마스크: 255.255.255.192
서브넷 마스크를 2진수로 표현: 11111111.11111111.11111111.11000000 ← /26 서브넷 마스크 의미.
네트워크 주소의 범위 계산
네트워크 주소: 192.168.100.128
브로드캐스트 주소: 192.168.100.191 (네트워크 주소 + 2⁶-1, 여기서 2⁶은 호스트 비트의 개수)
2단계: 사용 가능한 IP 주소 범위 도출
첫 번째 호스트 주소: 192.168.100.129~마지막 호스트 주소: 192.168.100.190
따라서, 사용 가능한 마지막 IP 주소는 192.168.100.190이다.

06 높은 신뢰도나 제어용 메시지를 필요로 하지 않고, 비연결형 서비스에 사용되는 프로토콜은?

① UDP   ② TCP
③ ARP   ④ ICMP

● 해설

UDP(User Datagram Protocol)는 단방향(일방향), 비신뢰성, 비연결형 서비스로, 높은 신뢰도나 제어용 메시지가 필요하지 않은 경우에 사용되는 프로토콜이다. 데이터 전송 시 연결 설정 없이 빠르게 전송 가능하다.

07 SNMP의 설명으로 옳지 않은 것은?

① SNMP는 주기적으로 폴링(Polling)하여 네트워크 상태 정보를 수집하고 분석하는 기능을 제공한다.
② 네트워크 확장을 용이하게 해준다.
③ SNMP는 일반적으로 TCP 세션을 이용한다.
④ 폴링으로 인해 네트워크 트래픽이 많이 발생할 수 있는 단점이 있다.

● 해설

SNMP는 일반적으로 UDP를 사용한다. UDP 포트 161을 통해 통신하며, TCP는 사용되지 않는다.

08 ICMP의 Message Type에 대한 설명으로 옳지 않은 것은?

① 0 - Echo Reply
② 5 - Echo Request
③ 13 - Timestamp Request
④ 17 - Address Mask Request

● 해설

① 0 - Echo Reply: Ping 명령어에 대한 응답 메시지로 사용된다.
② 5 - Echo Request: ICMP 메시지 타입 5는 'Redirect' 메시지를 의미한다. Echo Request는 타입 8이다.
③ 13 - Timestamp Request: 네트워크의 지연 시간을 측정하기 위한 타임스탬프 요청 메시지로 사용된다.
④ 17 - Address Mask Request: 호스트가 서브넷 마스크를 요청하는 메시지로 사용된다.

정답 05. ② 06. ① 07. ③ 08. ②

09 TCP를 사용하는 프로토콜로 옳지 않은 것은?

① FTP
② TFTP
③ Telnet
④ SMTP

● 해설

TFTP(Trivial File Transfer Protocol)는 간단한 파일 전송 프로토콜로, UDP를 사용하여 최소한의 오버헤드로 파일을 전송한다. 주로 작은 파일이나 부팅 파일 전송에 사용하며, 기본 포트는 69이다.

10 OSPF 프로토콜이 최단 경로 탐색에 사용하는 기본 알고리즘은?

① Bellman-Ford 알고리즘
② Dijkstra 알고리즘
③ 거리 벡터 라우팅 알고리즘
④ Floyd-Warshall 알고리즘

● 해설

Dijkstra 알고리즘은 링크 상태 라우팅 프로토콜인 OSPF에서 최단 경로를 탐색하는 데 사용되는 알고리즘이다. 각 노드에서 다른 모든 노드로의 최단 경로를 계산하는 데 효율적이며, OSPF는 이를 기반으로 최적의 경로를 결정한다.

11 IP의 체크섬(Checksum)에 대한 설명으로 올바른 것은?

① IP Header의 완전성을 검사한다.
② IP Header와 데이터의 완전성을 검사한다.
③ 데이터의 완전성을 검사한다.
④ TCP 계층에서만 체크섬 계산 및 검증 서비스가 제공된다.

● 해설

IP 체크섬은 IP 헤더의 오류를 검출하기 위해 사용되며, IP 헤더의 완전성을 검사한다. IP 헤더 필드의 값을 이용해 체크섬 값을 계산하고, 수신 측에서 재계산하여 오류를 검출한다.

12 네트워크를 관리하는 Lee 사원은 사내에서 잦은 IP 충돌로 인하여 장애 신고를 많이 받고 있어 기존 IP 정책을 DHCP로 변경하려고 한다. 다음 중 DHCP를 적용해야 하는 장비로 가장 적합한 것은?

① 웹서버
② Access point
③ 교육장용 PC
④ 네트워크 프린터

● 해설

교육장용 PC는 수시로 변경되거나 이동될 수 있는 장비로, DHCP를 통해 IP 주소를 자동으로 할당받는 것이 편리하기 때문에 DHCP 적용에 가장 적합하다.

13 다음 중에서 IPv6의 특징이 아닌 것은?

① 128bit로 구성된다.
② Broadcast를 사용한다.
③ 모바일 IP, IPsec 프로토콜 사용이 가능하다.
④ IP가 1234::12FB:3:89A0:034C처럼 표시된다.

● 해설

IPv6에서는 Broadcast가 사용되지 않는다. 대신, Anycast와 Multicast를 사용하여 데이터 패킷을 특정 그룹이나 가장 가까운 노드에 전달한다.

정답   09. ②   10. ②   11. ①   12. ③   13. ②

14 TCP/IP 프로토콜 계층 모델 중 응용 계층에 해당하며, 원격장치의 설정 및 네트워크 사용을 감시 관리하기 위해 사용하는 프로토콜은?

① SMTP ② SNMP
③ FTP   ④ HTTP

● 해설

① SMTP(Simple Mail Transfer Protocol): 이메일 전송을 위한 프로토콜로, 이메일 서버 간의 메시지 전송을 처리한다.
③ FTP(File Transfer Protocol): 파일 전송을 위한 프로토콜로, 클라이언트와 서버 간의 파일 전송을 처리한다.
④ HTTP(HyperText Transfer Protocol): 웹 브라우저와 웹서버 간에 데이터를 주고받기 위한 프로토콜로, 주로 웹 페이지의 전송에 사용된다.

15 다음 (A) 안에 들어가는 용어 중 옳은 것은?

> 네트워크 관리자 Kim은 라우터 및 스위치 장비의 시간 동기화를 위하여 (A) 프로토콜을 사용하려고 한다. (A) 프로토콜은 포트 123을 대상으로 작동한다.

① SNMP(Simple Network Management Protocol)
② SNTP(Simple Network Time Protocol)
③ SMTP(Simple Mail Transfer Protocol)
④ HTTP(HyperText Transfer Protocol)

● 해설

SNTP(Simple Network Time Protocol): 네트워크 장치의 시간 동기화를 위해 사용되는 프로토콜로, 포트 123을 사용하여 작동한다. NTP의 단순화된 버전으로, 시간 동기화에 적합하다. 선택지에 "시간"을 의미하는 Time이 들어있는 것에서 시간과 관련된 프로토콜임을 유추할 수 있다.

16 다음 지문에 따른 프로토콜과 포트가 올바르게 연결된 것은?

> 메일 관리자 Son은 전자우편을 전송하기 위하여 인터넷 전자우편 표준 프로토콜을 사용하고자 한다.

① Telnet(Telecommunication network) – 23번
② SMTP(Simple Mail Transfer Protocol) – 25번
③ SSH(Secure Shell) – 22번
④ FTP(File Transfer Protocol) – 21번

● 해설

① Telnet(Telecommunication network) – 23번: 원격 로그인 서비스를 제공하는 프로토콜이다.
③ SSH(Secure Shell) – 22번: 원격 로그인 및 보안 데이터 전송을 위한 프로토콜이다.
④ FTP(File Transfer Protocol) – 21번: 파일 전송을 위한 프로토콜이다.

17 다음 (A) 안에 들어가는 용어 중 옳은 것은?

> 서버 관리자 Kim 사원은 DNS 서버가 없고 인터넷이 없는 환경에서 그룹웨어를 운영하고 있다. 그룹웨어 주소를 치고 그룹웨어를 접속하고 싶을 경우 (A) 파일을 수정하여 로컬 DNS를 설정할 수 있다.

① /etc/deny   ② /etc/hosts
③ /etc/allow ④ /etc/services

● 해설

• /etc/hosts: 호스트 이름과 IP 주소를 매핑하는 파일로, 로컬 DNS 역할을 할 수 있다. 그룹웨어 주소를 이 파일에 추가하여 DNS 서버 없이도 특정 호스트 이름을 IP 주소로 해석할 수 있다.

정답 14. ② 15. ② 16. ② 17. ②

- ①,③번은 접근 제어를 위해 특정 호스트나 네트워크를 저장하여 차단하거나 허용하는 데 사용되는 파일이고, ④번은 네트워크 서비스와 해당 포트 번호를 매핑하는 파일이다.

2과목 ▶ 네트워크 일반

18 네트워크의 구성(Topology)에서 성형(Star)에 관한 설명으로 옳지 않은 것은?

① point-to-point 방식으로 회선을 연결한다.
② 단말장치의 추가와 제거가 쉽다.
③ 하나의 단말장치가 고장 나면 전체 통신망에 영향을 줄 수 있다.
④ 각 단말장치는 중앙 컴퓨터를 통하여 데이터를 교환한다.

● 해설

성형 토폴로지에서는 하나의 단말장치가 고장 나더라도 다른 단말장치들은 계속해서 정상적으로 통신할 수 있다. 단말장치의 고장이 전체 네트워크에 영향을 주지는 않지만, 중앙 허브 또는 스위치가 고장 나면 전체 네트워크에 영향을 줄 수 있다.

19 100BASE-T라고도 불리는 이더넷의 고속 버전으로서 100Mbps의 전송속도를 지원하는 근거리통신망의 표준은?

① Ethernet
② Gigabit Ethernet
③ 10Giga Ethernet
④ Fast Ethernet

● 해설

① Ethernet: 일반적으로 10Mbps 전송속도를 지원하는 초기 이더넷 표준을 의미한다.
② Gigabit Ethernet: 1Gbps(1,000Mbps) 전송속도를 지원하는 이더넷의 고속 버전이다.
③ 10Giga Ethernet: 10Gbps(10,000Mbps) 전송속도를 지원하는 이더넷의 향상된 고속 버전이다.

20 다음에서 설명하는 전송 방식은?

> LAN의 매체 접근 제어방식 중 버스구조에서 사용하고, 데이터를 전송하려면 채널이 사용 중인지 검사한 후 채널이 사용 중이지 않으면 모든 노드가 채널을 사용할 수 있으며, 동시에 데이터 전송이 이루어지면 충돌이 일어나고 데이터는 폐기되며 일정 시간 대기 후 다시 전송한다.

① Token Ring
② Token Bus
③ CSMA/CD
④ Slotted Ring

● 해설

① Token Ring: 토큰을 순환시켜 네트워크 접근을 제어하는 방식으로 충돌이 발생하지 않고, 버스구조에서 사용되지 않는다.
② Token Bus: 토큰을 사용하여 네트워크 접근을 제어하는 방식으로 버스구조에서 사용되지만, 충돌이 발생하지 않는다.
④ Slotted Ring: 네트워크상의 슬롯을 순환시켜 접근을 제어하는 방식으로 충돌이 발생하지 않고, 버스구조에서 사용되지 않는다.

정답 18. ③ 19. ④ 20. ③

21 패킷 교환망의 특징으로 옳지 않은 것은?

① 연결 설정에 따라 가상회선과 데이터그램으로 분류된다.
② 메시지를 보다 짧은 길이의 패킷으로 나누어 전송한다.
③ 망에 유입되는 데이터의 양이 많아질 수록 전송속도가 빠르다.
④ 블록킹 현상이 없다.

● 해설

데이터의 양이 많아질수록 네트워크 혼잡이 발생하여 전송 속도가 느려지는 것이 일반적이다.

22 VPN(Virtual Private Network)의 구현 기술 중 인터넷 네트워크상에서 두 호스트 지점 간에 외부의 영향을 받지 않고 가상 경로를 설정해 주는 것은?

① Tunneling
② Authentication
③ Encryption
④ Access Control

● 해설

Tunneling : VPN(Virtual Private Network)에서 인터넷 네트워크상의 두 호스트 지점 간에 가상 경로(터널)를 설정하여 외부의 영향을 받지 않고 안전하게 데이터를 전송하는 기술이다. 터널링은 데이터를 캡슐화하여 전송하고, 수신 측에서 이를 해제하여 원본 데이터를 전달한다. 가상경로인 터널(Tunnel)을 만들어 주는 작업(Tunnelling)이다.

23 데이터 흐름 제어(Flow Control)와 관련 없는 것은?

① Stop and Wait
② XON/XOFF
③ Loop/Echo
④ Sliding Window

● 해설

Loop/Echo : 통신 회선의 테스트나 디버깅을 위해 사용하는 방법으로, 송신한 데이터를 다시 수신하여 확인하는 방식이다. 데이터 흐름 제어와는 직접적인 관련이 없다.

24 OSI 참조 모델의 계층별 기능에 대한 설명으로 적절하지 않은 것은?

① Session Layer : 통신시스템 간의 상호대화를 허용하여 프로세스 간의 통신을 허용하고 동기화한다.
② Presentation Layer : 서로 다른 컴퓨터에 의해 다양한 형식으로 표현된 정보를 송·수신하기 위해 표준형식으로 변환한다.
③ Transport Layer : 통신망의 양단에서 시스템 간에 전체 메시지가 올바른 순서로 도착하는 것을 보장한다.
④ DataLink Layer : 응용프로그램의 인터페이스와 통신을 실행하기 위한 응용 기능을 제공한다.

● 해설

데이터 링크 계층은 물리적 네트워크 간의 데이터 전송을 담당하며, 프레임의 전송, 오류 검출 및 수정, 흐름 제어 등을 수행한다. 응용프로그램의 인터페이스와 통신을 실행하기 위한 기능은 제공하지 않으므로 적절하지 않은 설명이다.

정답 21. ③ 22. ① 23. ③ 24. ④

25 NFV(Network Function Virtualization)에 대한 설명으로 옳지 않은 것은?

① 소프트웨어가 아닌 하드웨어로 제어되는 네트워킹 기술로서, 네트워크를 마치 컴퓨터처럼 구성하거나 조작하는 네트워킹 기술이다.
② NFVs(Network Function Virtualization Functions)는 SW로 개발된 네트워크 기능들의 집합이다.
③ NFVI(Network Function Virtualization Infrastructure)는 물리적 H/W 자원, 가상화 지원기능 및 VNF(Virtualized Network Functions) 실행 지원기능 등을 제공한다.
④ 가상화 기술 기반으로 통신망 운용에 필요한 다양한 네트워크 장비 내 여러 기능들을 분리시켜 S/W로 제어 및 관리 가능하도록 하는 네트워크 가상화 기술이다.

● 해설
NFV는 네트워크 기능을 소프트웨어로 구현하여 가상화된 환경에서 실행하는 기술이다. 하드웨어로 제어되는 것이 아니므로 틀린 설명이다.

26 무선네트워크 담당자 Oh 사원은 사내 일정 범위 내의 사용자들이 어느 곳에서든지 어떠한 물리적인 연결 없이도 네트워크에 접속이 가능하도록 무선 랜(LAN) 네트워크를 구성하라는 지시를 받았다. IEEE 802.11 무선랜(LAN) 기술 표준의 설명으로 옳지 않은 것은?

① IEEE 802.11a 기술 표준은 OFDM이라는 방식을 이용하여 최소 6Mbps에서 최대 54Mbps까지 데이터 전송이 가능하다.
② IEEE 802.11b 기술 표준은 기존 2.4GHz 대역을 사용하는 무선 LAN의 낮은 전송률(1Mbps와 2Mbps의 전송률)을 보완한 규격이다.
③ IEEE 802.11g 기술 표준은 2.4GHz 대역(IEEE 802.11b에서 사용하는 대역)에서 OFDM 방식을 사용하여 기존의 IEEE 802.11b와 공존할 수 있으면서 IEEE 802.11a의 높은 전송률이 가능하다.
④ IEEE의 802.11ac 기술 표준은 802.11n을 기반으로 60GHz의 밀리미터파 스펙트럼에서 동작하는 802.11 네트워크에 대한 새로운 물리계층을 정의한다.

● 해설
802.11ac는 5GHz 대역에서 동작하며, 60GHz 대역에서 동작하는 것은 802.11ad 표준이므로 틀린 설명이다.

27 현장에서 발생한 데이터를 원거리의 데이터 센터로 보내는 대신 데이터 발생 지점 주변에서 선별적으로 분석, 활용 가능한 컴퓨팅 아키텍처는?

① 포그 컴퓨팅(Fog Computing)
② 그리드 컴퓨팅(Grid Computing)
③ 병렬 컴퓨팅(Parallel Computing)
④ 직렬 컴퓨팅(Serial Computing)

● 해설

② 그리드 컴퓨팅(Grid Computing): 여러 컴퓨터를 연결하여 대규모 연산을 처리하는 아키텍처로, 분산 컴퓨팅 환경을 제공하지만, 데이터 발생 지점에서의 실시간 분석은 아니다.
③ 병렬 컴퓨팅(Parallel Computing): 여러 프로세서를 사용하여 동시에 연산을 수행하는 방식이다. 데이터 처리 속도를 높일 수 있지만, 데이터 발생 지점에서의 분석과는 관련이 없다.
④ 직렬 컴퓨팅(Serial Computing): 하나의 프로세서가 연산을 순차적으로 수행하는 방식이다. 데이터 발생 지점에서의 실시간 분석과는 관련이 없다.

3과목 · NOS

28 서버 관리자 Kim씨는 서버에 대한 상태를 확인하기 위해 '/etc/check.sh' 스크립트를 작성하였다. 해당 스크립트를 매주 월요일 오전 10시에 실행시키려고 할 때, crontab 파일 설정으로 알맞은 것은?

① 10 0 * * 1 /etc/check.sh
② 0 10 * * 1 /etc/check.sh
③ 10 0 * * 0 /etc/check.sh
④ 0 10 * * 0 /etc/check.sh

● 해설

이 문제에서는 스크립트 앞 숫자만 확인하면 되는데, 분-시간-일-월-요일, 총 5개의 숫자 필드가 있고, 그 중 * 처리된 3번째, 4번째 필드를 제외한 나머지 필드가 맞는지만 확인하면 된다.
*을 입력하면 반복 설정이 가능하고, 요일 필드에서 일요일은 0 또는 7로 표시하며, 일:0, 월:1, 화:2, 수:3, 목:4, 금:5, 토:6이다.
① 10 0 * * 1 /etc/check.sh: 매주 월요일 오전 12시 10분에 실행된다.
③ 10 0 * * 0 /etc/check.sh: 매주 일요일 오전 12시 10분에 실행된다.
④ 0 10 * * 0 /etc/check.sh: 매주 일요일 오전 10시에 실행된다.

29 서버 관리자 Kim 사원은 DNS 서버를 구축하고자 'yum'을 이용하여 bind를 설치하였으나 설치가 되지 않았다. 이에 'ping'을 이용하여 외부 네트워크 상태 여부를 확인하였으나 정상이었다. 이에 DNS 서버 주소가 잘못되어 있을 것으로 판단하여 'cat /etc/(A)' 내용을 확인하고 수정하였다. (A)에 해당하는 파일 이름은?

```
[root@localhost icqa]# cat /etc/( A )
# Generated by NetworkManager
search localdomain
nameserver 127.0.0.1
```

① resolv.conf
② networks
③ protocols
④ services

● 해설

① resolv.conf: DNS 서버 주소를 설정하는 파일로, 외부 네트워크와의 통신에 필요한 DNS 서버 정보를 포함한다.

② networks: 네트워크의 이름과 주소를 매핑하는 파일이다.
③ protocols: 네트워크 프로토콜 번호와 이름을 매핑하는 파일이다.
④ services: 네트워크 서비스와 해당 포트 번호를 매핑하는 파일이다.

30 Linux 디렉터리에 대한 소유자와 소유그룹을 변경할 수 있는 명령어는?

① chmod
② chown
③ useradd
④ chage

● 해설

① chmod: 파일 및 디렉터리의 권한을 변경하는 명령어이다.
③ useradd: 새로운 사용자를 추가하는 명령어이다.
④ chage: 사용자의 비밀번호 만료 기간을 설정하는 명령어이다.

31 Linux Apache 웹서버에 사용자가 접속 후 80초간 사용자의 요청이 없을 경우, 세션을 종료시키도록 'httpd.conf' 파일에서 설정하는 옵션값은?

① Exec-timeout 80
② Listen 80
③ KeepAliveTimeout 80
④ NameVirtualHost 80

● 해설

① Exec-timeout 80: Apache 설정 옵션이 아니다.
② Listen 80: Apache가 대기할 포트를 설정하는 옵션으로, 세션 타임아웃과는 관련이 없다.
④ NameVirtualHost 80: 가상 호스트 설정을 위한 옵션으로, 세션 타임아웃과는 관련이 없다.

32 Linux에서 열려 있는 port 정보를 확인하는 명령어로 옳은 것은?

① ps
② pstree
③ getenforce
④ netstat

● 해설

① ps: 프로세스 상태를 확인하는 명령어이다.
② pstree: 프로세스 트리를 확인하는 명령어이다.
③ getenforce: SELinux의 현재 모드를 확인하는 명령어이다.

33 Windows Server 2022의 그룹 계정에 대한 설명이다. 옳지 않은 것은?

① Administrators 그룹은 모든 권한을 가지는 그룹으로써 일반사용자를 이 그룹에 소속시키면 Administrator와 동일한 권한을 갖는다.
② Backup Operators 그룹은 파일을 백업하고 복구할 수 있는 권한을 갖는다.
③ Guests 그룹은 로그인할 때 임시 프로필을 만들고 로그아웃하면 삭제되고, 기본적으로는 사용하지 않도록 설정하는 그룹이다.
④ Users 그룹은 사용자 계정을 생성하면 기본적으로 소속되는 그룹으로 시스템 수준의 변경 권한을 갖는다.

● 해설

Users 그룹은 기본적으로 제한된 권한을 가지며, 시스템 수준의 변경 권한은 없다.

정답 30. ② 31. ③ 32. ④ 33. ④

34 서버 담당자 Park 사원은 Active Directory를 구성하여 다음과 같은 설정을 하고자 한다. 도메인을 두 개 이상 포함하는 대부분의 조직에서 사용자가 다른 도메인에 있는 공유 리소스에 액세스할 수 있어야 하며, 이 액세스를 제어하려면 한 도메인의 사용자를 인증하고 다른 도메인의 리소스를 사용할 수 있는 권한을 부여해야 한다. 서로 다른 도메인의 클라이언트와 서버 간에 인증 및 권한 부여 기능을 제공하기 위해 두 도메인 간에 설정해야 하는 것은?

① 도메인 ② 트리
③ 포리스트 ④ 트러스트

● 해설

① 도메인: Active Directory의 기본 단위로, 각 도메인은 개별적인 보안 경계를 가진다.
② 트리: 도메인 간의 계층 구조로, 상위 도메인과 하위 도메인 간의 관계를 정의한다.
③ 포리스트: 트리들의 모음으로, 여러 도메인을 포함할 수 있다.

35 Linux의 VI 편집기를 이용하여 파일의 내용을 수정할 때, 다음 내용을 만족하는 치환명령문은?

- 10행부터 20행까지 내용 중 'old' 문자열을 'new' 문자열로 수정한다.
- 각 행에 'old' 문자열이 여러 개가 있어도 전부 수정한다.

① :10,20s/old/new
② :10,20s/old/new/g
③ :10,20r/old/new
④ :10,20r/old/new/a

● 해설

① :10,20s/old/new: 10행부터 20행까지 각 행에서 첫 번째 'old' 문자열을 'new'로 변경한다. 모든 'old' 문자열을 변경하지는 않는다.
③,④번은 잘못된 명령어이다.

36 다음과 같이 파일의 원래 권한은 유지한 채로 모든 사용자들에게 쓰기 가능한 권한을 추가 부여할 때, 결과가 다른 명령어는?

```
-rw-r--r-- 1 root root 190 5월 19 16:40 file
```

① chmod 666 file
② chmod a+w file
③ chmod ugo+w file
④ chmod go=w file

● 해설

주어진 파일의 원래 권한은 "rw-r--r--"인데 기존 파일의 권한은 유지한 채로 모든 사용자에게 쓰기 가능한 권한을 추가 부여하려면 "chmod go+w file" 명령어를 사용해야 한다.
① 파일 권한을 rw-rw-rw-로 변경하여 모든 사용자에게 읽기 및 쓰기 권한을 부여한다.
②,③번은 모든 사용자에게 쓰기 권한을 추가 부여한다.
④ "chmod go=w file" 명령어는 다른 명령어와 달리 읽기와 실행 권한까지 모두 없애게 되므로 다른 명령어들과 결과가 다르다.

정답 34. ④ 35. ② 36. ④

37 Linux의 가상 파일 시스템으로 동작 중인 프로세스의 상태 정보, 하드웨어 정보, 시스템 정보 등을 확인할 수 있는 디렉터리로 올바른 것은?

① /boot
② /etc
③ /proc
④ /lib

● 해설
① /boot: 부팅 관련 파일이 저장되는 디렉터리이다.
② /etc: 시스템 설정 파일이 저장되는 디렉터리이다.
④ /lib: 공유 라이브러리 파일이 저장되는 디렉터리이다.

38 네트워크를 관리하는 Kim 사원은 네트워크 연결을 구축하거나 문제를 해결할 때 패킷이 출발지에서 목적지까지 가는 경로를 살펴볼 수 있도록 네트워크 명령어를 사용하고자 한다. 이 명령은 'tracert'에서 수행하는 동일한 정보를 보여주면서 홉과 다른 세부 정보 사이의 시간에 관한 정보를 출력이 끝날 때까지 저장한다. Kim 사원이 사용할 명령어는?

① ping
② nslookup
③ pathping
④ nbtstat

● 해설
① ping: 네트워크 연결 상태를 확인하는 명령어로, 패킷의 경로를 살펴볼 수 없다.
② nslookup: 도메인 이름 서버 정보를 조회하는 명령어로, 패킷의 경로를 살펴볼 수 없다.
③ pathping: 패킷의 경로를 추적하고 각 홉에서의 응답 시간과 패킷 손실률을 보여주는 명령어로, tracert와 유사한 기능을 제공한다.
④ nbtstat: NetBIOS 이름 테이블과 세션 상태를 확인하는 명령어로, 패킷의 경로를 살펴볼 수 없다.

39 Linux 시스템에서 특정 서비스를 제공하는 Daemon이 살아있는지 확인할 때 사용하는 명령어는?

① daemon
② fsck
③ men
④ ps

● 해설
① daemon: 존재하지 않는 명령어이다.
② fsck: 파일 시스템의 무결성을 검사하고 복구하는 명령어로, Daemon 상태 확인과는 관련이 없다.
③ men: 존재하지 않는 명령어이다.

40 아래 지문의 내용은 Linux의 BIND 시스템 운영을 위한 '/etc/named.conf'의 option 지시자의 내용이다. 다음 중 옳지 않은 것은?

```
options {
listen-on port 53 { any; };
listen-on-v6 port 53 { ::1; }
dirctory '/var/named';
dump-file '/var/named/data/cache_dump.db';
statistics-file '/var/named/data/named_stats.txt';
memstatistics-file '/var/named/data/named_mem_stats.txt';
recursing-file '/var/named/data/named.recursing';
secroots-file '/var/named/data/named.secroots';
allow-query { any; };
masterfile-format text;
};
```

① 외부에서 오는 query에 대한 IP 대역을 모두 허용한다.
② 유효성 검사 시 오류가 발생하지 않는다.
③ 53번 포트에 대해서 외부 접근을 허용한다.
④ slave에서 zone 파일이 동기화될 때 text 형태로 변환한다.

정답 37. ③ 38. ③ 39. ④ 40. ②

● 해설

① allow-query { any; }; 설정이 있어 외부에서 오는 모든 쿼리를 허용한다.
② 유효성 검사는 옵션 내용에 포함되어 있지 않으므로 오류가 발생할 수 있다.
③ listen-on port 53 { any; }; 설정이 있어 53번 포트에 대한 외부 접근을 허용한다.
④ masterfile-format text; 설정이 있어 zone 파일이 text 형태로 변환된다.

41 Linux Shell에서 아래 지문의 요구사항을 만족하는 명령어로 옳은 것은?

- 'ls -al'의 결과를 'output.txt' 파일로 저장한다.
- 단, 파일을 write 또는 overwrite 하며, append는 수행하지 않는다.

① ls -al > output.txt
② ls -al < output.txt
③ ls -al << output.txt
④ ls -al >> output.txt

● 해설

① ls -al > output.txt: 'ls -al'의 결과를 'output.txt' 파일에 덮어쓰기(write/overwrite)한다.
② ls -al < output.txt: 'output.txt' 파일을 입력으로 받아 'ls -al' 명령어를 실행한다.
③ ls -al << output.txt: 여기 문서(heredoc)를 사용하여 입력받아 'ls -al' 명령어를 실행한다.
④ ls -al >> output.txt: 'ls -al'의 결과를 'output.txt' 파일에 추가(append)한다.

42 Linux 시스템에서 Apache 웹서버를 구동 시 Well-known port를 사용할 때의 주의사항으로 옳지 않은 것은?

① Well-known port를 통해 Apache 웹서버를 실행할 시 관리자 권한이 필요하다.
② 일반 사용자 계정에서 Apache 웹서버를 실행할 때, 실행 명령어 앞에 'su'를 추가한다.
③ Well-known port를 변경할 때, 다른 서비스와 충돌되지 않는 번호를 사용하여야 한다.
④ Well-known port는 1부터 1023까지의 숫자를 사용한다.

● 해설

일반 사용자가 관리자 권한 없이 Well-known port를 사용할 수 없다. 실행 명령어 앞에 'sudo'를 추가해야 한다.

43 아래 지문의 ping 명령어의 결과로 옳지 않은 것은?

```
icqa@icqa-PC001:~$ ping -c 3 icqa.or.kr
PING icqa.or.kr (210.103.175.224) 56(84) bytes of data.
64 bytes from 210.103.175.224 (210.103.175.224): icmp_seq=1 ttl=54 time=7.45 ms
64 bytes from 210.103.175.224 (210.103.175.224): icmp_seq=2 ttl=54 time=7.17 ms
64 bytes from 210.103.175.224 (210.103.175.224): icmp_seq=3 ttl=54 time=7.08 ms

--- icqa.or.kr ping statistics ---
3 packets transmitted, 3 received, 0% packet loss, time 2002ms
rtt min/avg/max/mdev = 7.085/7.237/7.450/0.155 ms
```

① ICMP 패킷을 전송한 곳은 icqa.or.kr이다.
② ICMP 패킷을 3번 송신하고 수신하였다.

정답 41. ① 42. ② 43. ④

③ ICMP 패킷이 왕복한 시간 중 가장 짧은 시간은 7.085ms이다.
④ ICMP 패킷이 왕복한 평균 시간은 7.450ms이다.

● 해설
① 이미지에서 ping icqa.or.kr 명령어를 사용한 것을 확인할 수 있으므로 이 설명은 타당하다.
② 결과에 3개의 ICMP 패킷이 송신되고 수신된 것 (3 packets transmitted, 3 received)을 확인할 수 있으므로 이 설명은 타당하다.
③ rtt min/avg/max/mdev=7.085/7.237/7.450/0.155 ms에서 가장 짧은 시간(min)이 7.085ms로 표시되어 있으므로 이 설명은 타당하다.
④ rtt min/avg/max/mdev=7.085/7.237/7.450/0.155 ms에서 평균 시간(avg)은 7.237ms로 표시되어 있으므로, 이 설명은 옳지 않다.

44 보안 담당자 Kim 사원은 내부망의 보안을 위해 외부에서의 접근을 통제하려고 한다. 외부에서의 Telnet 접근을 금지하려고 할 때, 다음 중 알맞은 것은?

① iptables -A OUTPUT -p tcp --dport 23 -j DROP
② iptables -A INPUT -p udp --dport 23 -j DROP
③ iptables -A INPUT -p tcp --dport 23 -j DROP
④ iptables -A INPUT -p tcp --dport 21 -j DROP

● 해설
① 내부에서 외부로 나가는 Telnet 트래픽을 차단하는 명령어로, 외부에서의 접근을 금지하는 것이 아니다.
② UDP 프로토콜을 사용한 Telnet 트래픽을 차단하는 명령어로, Telnet은 TCP 프로토콜을 사용한다.
④ 외부에서 들어오는 FTP 트래픽을 차단하는 명령어로, Telnet과 관련 없다.

45 Linux 로그인 시 다중 사용자 및 GUI 모드를 지원하는 runlevel로 옳은 것은?

① runlevel 0   ② runlevel 3
③ runlevel 5   ④ runlevel 6

● 해설
① runlevel 0: 시스템 종료 상태로, 다중 사용자 및 GUI 모드와 관련 없다.
② runlevel 3: 다중 사용자 모드를 지원하지만, GUI 모드는 지원하지 않는다.
④ runlevel 6: 시스템 재부팅 상태로, 다중 사용자 및 GUI 모드와 관련 없다.

4과목 ● 네트워크 운용기기

46 L2 LAN 스위치가 이더넷 프레임을 중계 처리할 때 사용하는 주소는?

① MAC 주소   ② IP 주소
③ Post 주소   ④ URL 주소

● 해설
① MAC 주소: L2 LAN 스위치는 이더넷 프레임의 출발지 및 목적지 MAC 주소를 사용하여 프레임을 중계 처리한다.
② IP 주소: L3 장비(라우터)가 사용하는 주소로, L2 스위치와 관련 없다.
③ Post 주소: 네트워크 주소가 아니다.
④ URL 주소: 웹 주소로, L2 스위치와 관련 없다.

정답 44. ③   45. ③   46. ①

47 내부 통신에는 사설 IP 주소를 사용하고 외부와의 통신에는 공인 IP 주소를 사용할 수 있도록 하는 기술은?

① ARP ② NAT
③ ICMP ④ DHCP

● 해설

① ARP: IP 주소를 MAC 주소로 변환하는 프로토콜이다.
③ ICMP: 네트워크 상태를 진단하는 프로토콜이다.
④ DHCP: 동적으로 IP 주소를 할당하는 프로토콜이다.

48 아래 지문에 해당하는 RAID 방식은?

> 서버 담당자 Park 사원은 서버의 데이터를 안정적으로 관리하기 위해 RAID 방식을 도입하려고 한다. 2개 이상의 하드디스크가 필요하고, 하드디스크에 동시 저장되며, 속도는 가장 빠르고 Stripping 기능이 있는 방식을 선택하여 데이터를 관리하고자 한다.

① Linear RAID ② RAID 0
③ RAID 1 ④ RAID 5

● 해설

① Linear RAID: 데이터 스트라이핑 없이 단순히 디스크를 연결하는 방식으로, 속도가 빠르지 않다.
② RAID 0: 데이터 스트라이핑을 사용하여 여러 디스크에 데이터를 분산 저장함으로써 속도를 크게 향상시킨다.
③ RAID 1: 데이터 미러링을 사용하여 동일한 데이터를 두 개 이상의 디스크에 저장함으로써 데이터 안전성을 높이지만, 속도가 빠르지 않다.
④ RAID 5: 데이터 스트라이핑과 패리티 정보를 사용하여 데이터 복구 가능성을 제공한다. 속도는 RAID 0보다 느리다.

49 내부에 코어(Core)와 이를 감싸는 굴절률이 다른 유리나 플라스틱으로 된 외부 클래딩(Cladding)으로 구성된 전송 매체는?

① 이중 나선(Twisted Pair)
② 동축 케이블(Coaxial Cable)
③ 2선식 개방 선로(Two-Wire Open Lines)
④ 광케이블(Optical Cable)

● 해설

① 이중 나선(Twisted Pair): 두 가닥의 구리선을 꼬아서 만든 케이블이다.
② 동축 케이블(Coaxial Cable): 내부 도체와 외부 도체 사이에 절연체가 있는 케이블이다.
③ 2선식 개방 선로(Two-Wire Open Lines): 두 개의 구리선을 평행하게 배치한 전송 매체이다.

50 다음 (A) 안에 들어가는 용어 중 옳은 것은?

> (A)는 전원부(어댑터 등)를 따로 설치 또는 연결하지 않고 UTP 케이블을 통해서 데이터와 전원을 동시에 보낼 수 있는 것을 말한다. 표준 전압은 직류 48V이며, 현재 주로 쓰이는 용도로는 AP나 CCTV용 카메라 설치를 위해서 많이 사용되고 있다.

① L2 Switch ② IP 공유기
③ UPS ④ POE Switch

● 해설

① L2 Switch: 데이터 전송을 위한 스위치로, 전원 공급 기능이 없다.
② IP 공유기: 여러 장치가 하나의 공인 IP 주소를 공유하여 인터넷에 접속할 수 있게 하는 장치로, 전원 공급 기능이 없다.
③ UPS: 무정전 전원 공급 장치로, 데이터와 전원을 동시에 공급하지 않는다.

정답 47. ② 48. ② 49. ④ 50. ④

2급 최신기출문제

| 2025년 5월 25일 |

1과목 · TCP/IP

01 프로토콜의 기본적인 기능 중, 송신기에서 발생한 정보의 정확한 전송을 위해 사용자 정보의 앞, 뒷부분에 헤더와 트레일러를 부가하는 과정은?

① 캡슐화(Encapsulation)
② 동기화(Synchronization)
③ 다중화(Multiplexing)
④ 주소 지정(Addressing)

해설

① 송신 측에서 전송할 데이터 앞뒤에 헤더(Header)와 트레일러(Trailer)를 추가하는 과정이다. 이를 통해 프로토콜 제어 정보(주소, 오류 검출 코드 등)를 함께 전송한다.
② 송신 측과 수신 측 간의 타이밍을 맞추는 과정이다.
③ 여러 개의 데이터를 하나의 물리적 채널로 결합하여 전송하는 기술이다.
④ 데이터를 전송할 때 목적지 주소를 지정하는 기능이다.

02 서브넷 마스크에 대한 설명으로 옳지 않은 것은?

① IP Address 체계에서 Network ID와 Host ID로 구분한다.
② 목적지 호스트가 동일한 네트워크상에 있는지 확인한다.
③ Class A는 기본 서브넷 마스크로 '254.0.0.0'을 이용한다.
④ 서브넷 마스크의 Network ID 필드는 이진수 '1'로, Host ID의 필드는 이진수 '0'으로 채운다.

해설

Class A의 기본 서브넷 마스크는 255.0.0.0이다.

03 IGMP(Internet Group Management Protocol)의 특징으로 옳지 않은 것은?

① TTL(Time to Live)이 제공된다.
② 유니캐스트 통신을 위한 프로토콜로 적합하다.
③ IGMPv1에서는 첫 보고 메시지 손실 시 재전송되지 않는다.
④ 호스트와 라우터 간의 비대칭 통신 구조를 가진다.

해설

- IGMP는 특정 그룹에게만 메시지를 전송하는 멀티캐스트 전송에서, 데이터를 전송받는 그룹의 사용자를 관리하는 프로토콜이다. 1:N 방식으로 특정 멀티캐스트 그룹에 메시지를 전송하며, 메시지 수신 여부를 알려준다.
- 유니캐스팅은 1:1 전송 방식으로 그룹 전송에 적합한 전송 방식이 아니다.

정답 01. ① 02. ③ 03. ②

04 C Class인 네트워크의 서브넷 마스크가 '255.255.255.192'라면 둘 수 있는 서브넷의 개수는?

① 2 ② 4
③ 192 ④ 1024

● 해설

C 클래스 주소는 기본적으로 서브넷 마스크가 255.255.255.0이며, 이는 8비트의 호스트 비트를 갖는다.
문제에서 주어진 서브넷 마스크는 255.255.255.192로, 이는 2비트를 서브넷팅에 추가한 것이다.
- 255.255.255.0 → 11111111.11111111.11111111.00000000(기본 C 클래스)
- 255.255.255.192 → 11111111.11111111.11111111.11000000

즉, 서브넷 비트가 2비트 추가되었으므로, 생성 가능한 서브넷 수는: 2^n(n=추가된 서브넷 비트 수)
$2^2=4$

05 TCP를 사용하는 프로토콜로 옳지 않은 것은?

① FTP ② TFTP
③ Telnet ④ SMTP

● 해설

- TCP(Transmission Control Protocol)는 연결 지향적 프로토콜로, 신뢰성 있는 데이터 전송을 제공한다. 반대로, UDP(User Datagram Protocol)는 비연결형이며, 속도는 빠르지만 신뢰성이 낮다.
- TFTP(Trivial File Transfer Protocol)는 간단하고 가벼운 파일 전송용 프로토콜. TCP가 아닌 UDP 기반이다.

06 ICMP의 Message Type에 대한 설명으로 옳지 않은 것은?

① 0 – Echo Reply
② 5 – Echo Request
③ 13 – Timestamp Request
④ 17 – Address Mask Request

● 해설

ICMP(Internet Control Message Protocol)는 네트워크 상태 점검 및 오류 메시지를 전달하기 위한 프로토콜이다. ICMP 메시지는 각각 고유한 Type 번호로 식별되며, 대표적인 것들은 다음과 같다.

Type 번호	설명
0	Echo Reply(핑 응답)
8	Echo Request(핑 요청)
5	Redirect Message(라우팅 변경 권유)
13	Timestamp Request(시간 정보 요청)
14	Timestamp Reply(시간 정보 응답)
17	Address Mask Request(서브넷 마스크 요청)
18	Address Mask Reply(서브넷 마스크 응답)

Echo Request는 Type 8이며, Type 5는 Redirect Message로, 라우터가 최적의 경로를 알려줄 때 사용된다.

07 IPv6에 대한 설명으로 올바른 것은?

① IETF(Internet Engineering Task Force)에서 IP Address 부족에 대한 해결 방안으로 만들었다.
② IPv6보다는 IPv4가 더 다양한 옵션 설정이 가능하다.
③ 주소 유형은 유니캐스트, 멀티캐스트, 브로드캐스트 3가지이다.
④ Broadcasting 기능을 제공한다.

정답 04. ② 05. ② 06. ② 07. ①

● 해설

① IPv6(Internet Protocol version 6)는 IPv4의 주소 부족 문제를 해결하고, 보안 및 QoS 기능 등을 개선하기 위해 설계되었다. IPv6는 128비트 주소 체계를 사용하여, 사실상 무한대에 가까운 주소를 제공한다. IETF 주도로 개발되었으며, IPv4 주소 고갈 문제를 해결하기 위해 설계된 차세대 프로토콜이다.
② IPv6는 확장 헤더(Extension Headers) 구조를 통해 IPv4보다 더 유연하고 다양한 옵션 설정이 가능하다.
③ IPv6는 브로드캐스트를 지원하지 않는다. 주소 유형은 유니캐스트, 멀티캐스트, 애니캐스트이다.
④ IPv6는 네트워크 효율성과 보안을 고려하여 브로드캐스트 기능을 제거했다. 대신 멀티캐스트와 애니캐스트를 사용한다.

08 UDP 패킷의 헤더에 속하지 않는 것은?

① Source Port
② Destination Port
③ Window
④ Checksum

● 해설

UDP(User Datagram Protocol)는 비연결형, 비신뢰성 프로토콜로 TCP보다 간단한 구조를 가진다. UDP 헤더는 고정 8바이트 크기로 다음과 같은 4개의 필드로 구성되어 있다.

필드 이름	설명
Source Port	송신 측 포트번호
Destination Port	수신 측 포트번호
Length	헤어 + 데이터의 전체 길이
Checksum	오류 검출용 체크섬

Window는 TCP에서만 존재하는 필드로, 흐름 제어(윈도우 크기 조절)를 위한 정보이다.

09 다음 중 IP 프로토콜의 역할로 올바른 것은?

① 호스트 간 패킷 전달의 신뢰성을 보장한다.
② 손실된 패킷의 재전송을 요청할 수 있다.
③ 호스트 간에 패킷 교환에서 흐름 제어를 할 수 있다.
④ MTU(Maximum Transmission Unit) 값보다 큰 Datagram은 단편화(Fragmentation)를 수행한다.

● 해설

① IP는 비신뢰성 프로토콜이며, 전달 실패 시 재전송 등의 신뢰성 보장을 하지 않는다.
② IP는 오류 검출만 할 수 있고, 재전송 기능은 없다. 재전송은 TCP의 역할이다.
③ 흐름 제어는 데이터 전송 속도를 조절하는 기능으로, TCP에서 처리한다.
④ IP는 MTU보다 큰 데이터그램을 분할(Fragmentation) 하여 전송하며, 수신 측에서 재조립한다.

10 TCP/IP protocol stack에서 사용하는 Application 중에 연결 제어와 정보 전송용 포트를 구분하여 사용하는 것은?

① DNS   ② SMTP
③ TFTP   ④ FTP

● 해설

FTP는 연결 제어와 정보 전송용 포트를 구분하여 사용하는 대표적인 프로토콜로, 제어용 포트(21)와 데이터 전송용 포트(20)를 구분하여 사용한다.

정답 08. ③ 09. ④ 10. ④

11 다음 중 ARP(Address Resolution Protocol) 캐시 유지 방식에 대한 설명으로 옳지 않은 것은?

① 새로 등록된 주소는 생존 시간(TTL: Time To Live) 값을 가진다.
② 등록된 주소는 일정 시간(예: 1~2분) 동안 사용되지 않으면 ARP 캐시에서 삭제될 수 있다.
③ 일부 TCP/IP 시스템에서는 ARP 캐시에 등록된 주소가 재사용될 경우 TTL 값이 초기값으로 재설정된다.
④ ARP는 ARP 캐시를 사용하더라도, 서버와 통신할 때마다 매번 MAC 주소를 다시 요청해야 한다.

● 해설
① 대부분의 시스템에서 ARP 캐시 항목은 TTL 값을 갖고, 이 시간이 지나면 삭제된다.
② OS에 따라 다르지만, 보통 1~20분 정도 유휴 상태일 경우 캐시에서 제거된다.
③ Windows나 Linux 등의 TCP/IP 스택은 ARP 항목이 다시 사용되면 TTL을 갱신한다.
④ ARP는 캐시에 MAC 주소가 존재할 경우, 재요청 없이 바로 사용한다. MAC 주소를 매번 요청하는 것은 비효율적이며 ARP의 설계 목적에도 부합하지 않는다.

12 다음 중 사설 IP 주소로 옳지 않은 것은?

① 10.100.12.5
② 128.52.10.6
③ 172.25.30.5
④ 192.168.200.128

● 해설
① 10.0.0.0~10.255.255.255는 사설 A 클래스 대역
② 공인 IP 주소로, 사설 범위에 해당하지 않는다.
③ 172.16.0.0~172.31.255.255는 사설 B 클래스 대역
④ 192.168.0.0~192.168.255.255는 사설 C 클래스 대역

13 SMTP(Simple Mail Transfer Protocol)와 POP3(Post Office Protocol version 3)의 차이점에 대한 설명으로 올바른 것은?

① SMTP는 전송 프로토콜로 메일을 송신하는 데 사용되며, POP3는 수신 프로토콜로 메일을 수신하는 데 사용된다.
② SMTP와 POP3는 모두 메일을 실시간 동기화하여 서버에 메일을 보관한다.
③ SMTP는 전자 메일 시스템과 관련이 있지만 POP3는 상관없는 프로토콜이다.
④ 전자 메일은 SMTP, POP3, IMAP 서버를 통해 메일의 송수신이 동시에 처리된다.

● 해설
② POP3는 서버에서 메일을 내려받은 후 삭제하는 방식이며, 실시간 동기화 기능은 없다. 이는 IMAP의 기능이다.
③ POP3 역시 전자 메일 수신에 사용하는 핵심 프로토콜이다.
④ SMTP는 송신, POP3 또는 IMAP는 수신에 사용되며, 하나의 서버가 모든 것을 동시에 처리하지 않는다.

정답 11. ④   12. ②   13. ①

14 다음 중 Ping 유틸리티와 관련이 없는 것은?

① ICMP 메시지를 이용한다.
② Echo Request 메시지를 보내고 해당 컴퓨터로부터 ICMP Echo Reply 메시지를 기다린다.
③ TCP/IP 구성 파라미터를 확인할 수 있다.
④ TCP/IP 연결성을 테스트할 수 있다.

● 해설

Ping은 단순히 연결 상태를 확인할 뿐이며, IP 주소, 서브넷 마스크, 게이트웨이, DNS 등의 TCP/IP 구성 정보를 조회하는 기능은 없다. 이 기능은 ipconfig(Windows) 또는 ifconfig(Linux)와 같은 명령어로 수행한다.

15 TLS 프로토콜을 통해 Application Layer의 Data를 암호화하여 보호하는 프로토콜은?

① SMTP
② FTP
③ Telnet
④ HTTPS

● 해설

TLS(Transport Layer Security)는 전송 계층 보안 프로토콜로, 애플리케이션 계층의 데이터를 암호화하여 기밀성, 무결성, 인증을 제공한다. TLS는 주로 웹 통신(HTTP)을 보호하기 위해 사용되며, 이때 사용되는 프로토콜이 바로 HTTPS이다.

16 다음은 무엇에 관한 설명인가?

A와 B는 같은 네트워크 대역인 192.168.0.0/24에 속하고, C와 D는 192.168.1.0/24에 속한다. 각 라우터는 자신의 인터페이스에 IP 주소를 할당한 후, 이후의 경로 결정은 다른 라우터들이 알아서 처리할 것이라고 가정한다. 따라서 목적지까지의 정확한 경로를 사전에 명확하게 알기는 어렵다. 또한, 네트워크 정보를 갱신하는 주기가 30초로 다소 느려, 네트워크 환경이 변화할 경우 라우팅 루프(무한 루프)가 발생하기 쉽다.

- C와 D: "내 라우팅 테이블을 보니, 목적지가 192.168.1.0/24인 패킷은 너한테 보내라고 되어 있는데?"
- A와 B: "그런데 내 테이블에는 너한테 보내라고 나와 있는데?"

이처럼 라우터들은 네트워크 경로 정보를 서로 공유하며, 최적의 경로를 선택해 패킷을 전달한다.

① OSPF
② RIP
③ EGP
④ BGP

● 해설

설명상의 상황 분석
1. 네트워크 대역
   • A와 B는 192.168.0.0/24 대역에 속함
   • C와 D는 192.168.1.0/24 대역에 속함
2. 라우터가 자신의 인터페이스에만 집중
   • 각 라우터는 직접 연결된 네트워크만 인식하고, 나머지 경로는 다른 라우터로부터 전달받은 정보에 의존한다.
3. 라우팅 정보 주기적 갱신
   • 30초 간격의 갱신 주기는 전형적인 거리 벡터 방식의 프로토콜(RIPv1/RIPv2)에서 보여진다.

정답 14. ③ 15. ④ 16. ②

4. 라우팅 루프 가능성
   - 네트워크 변화 시 빠르게 반영되지 않아, 라우팅 루프 또는 Count-to-Infinity 문제 발생 가능성이 있다.
5. "내가 받은 경로 정보에 따르면 너한테 보내라고 돼 있어."
   - 라우터 간 경로 정보 교환 기반으로 동작하는 거리 벡터 방식의 전형적인 대화 방식이다.

보기 중 ② RIP(Routing Information Protocol)는 대표적인 거리 벡터 라우팅 프로토콜로, 30초 간격으로 라우팅 정보를 주기적으로 브로드캐스트한다. 최대 홉 수는 15로 제한되어 있다.

17 DNS에 대한 설명 중 옳지 않은 것은?

① 다른 호스트에 접근하고자 할 때 기억하기 어려운 IP Address 대신에 좀 더 이해하기 쉬운 계층적인 호스트 이름을 사용할 수 있도록 하는 기반 서비스이자 프로토콜이다.
② 호스트 이름에 대한 분산 데이터베이스이다.
③ 호스트 이름은 단순한 나열이 아닌 논리적 구조를 형성하며, 하나의 도메인으로 그룹화되어 있고, 내부에 하위 도메인을 포함할 수 있다.
④ 호스트 이름은 영문자와 숫자 그리고 '@', '#'과 같은 특수 문자로 구성된다.

● 해설

DNS 호스트 이름에는 영문자, 숫자가 들어갈 수 있으며 하이픈(-) 외의 특수문자 사용이 불가능하다.

2과목 · 네트워크 일반

18 전송효율을 최대로 하기 위해 프레임의 길이를 동적으로 변경시킬 수 있는 ARQ(Automatic Repeat Request) 방식은?

① Adaptive ARQ
② Go back-N ARQ
③ Selective-Repeat ARQ
④ Stop and Wait ARQ

● 해설

- Go-Back-N ARQ : 연속된 프레임 전송 후, 에러 발생 시 해당 프레임 이후 전체 재전송. 고정된 프레임 크기 사용
- Selective-Repeat ARQ : 에러가 발생한 프레임만 선택적으로 재전송. 효율은 높지만, 프레임 길이는 고정
- Stop and Wait ARQ : 한 프레임 전송 후 응답(Ack)을 기다리는 방식. 가장 비효율적이며 프레임 크기 고정

19 Multiplexing 방법 중에서 다중화 시 전송할 데이터가 없더라도 타임 슬롯이 할당되어 대역폭의 낭비를 가져오는 다중화 방식은?

① TDM(Time Division Multiplexer)
② STDM(Statistical Time Division Multiplexer)
③ FDM(Frequency Division Multiplex)
④ FDMA(Frequency Division Multiple Access)

정답 17. ④ 18. ① 19. ①

> ● 해설

다중화(Multiplexing)는 하나의 전송 매체를 여러 사용자가 공유하도록 만드는 기술이다. 그중 TDM은 시간을 나누어 각 사용자에게 고정된 타임 슬롯을 순차적으로 할당하는 방식이다. 해당 시점에 전송할 데이터가 없어도 타임 슬롯은 낭비되어 대역폭의 낭비가 발생한다.

20 컴퓨터 추가 설정이 용이하고, 중앙관리가 가능한 네트워크 토폴로지는?

① Bus ② Star
③ Ring ④ Mesh

> ● 해설

네트워크 토폴로지(Network Topology)는 네트워크에서 노드들이 어떻게 연결되어 있는지를 나타내는 구조이다. Star Topology는 중앙 장치(허브, 스위치 등)를 중심으로 모든 노드가 개별적으로 연결되는 구조로, 관리 및 확장에 매우 유리하다.

21 100BASE-T라고도 불리는 이더넷의 고속 버전으로서 100Mbps의 전송속도를 지원하는 근거리통신망의 표준은?

① Ethernet
② Gigabit Ethernet
③ 10Giga Ethernet
④ Fast Ethernet

> ● 해설

100BASE-T는 IEEE 802.3u 표준에 따른 Fast Ethernet의 한 형태로, 전송속도 100Mbps를 지원하며, Twisted Pair(UTP) 케이블을 통해 동작한다.
- 100 : 전송속도 100Mbps
- BASE : 베이스밴드 방식 사용
- T : Twisted Pair 케이블 사용

22 (A) 안에 들어가는 용어 중 옳은 것은?

> 지능형(스마트)홈 통신에 사용되는(A)은/는 10m 이내의 짧은 거리에 존재하는 컴퓨터와 주변기기, 휴대폰, 가전제품 등을 무선으로 연결하여 이들 기기 간의 통신을 지원함으로써 다양한 응용 서비스를 가능하도록 하는 네트워크 영역을 말하며 UWB, ZigBee, RFID, 블루투스 기술 등이 활용된다.

① WPAN ② LTE-M
③ NB-IoT ④ LAN

> ● 해설

- WPAN(Wireless Personal Area Network) : 무선 개인 영역 네트워크로, 블루투스, ZigBee, UWB 등을 활용해 근거리(수 미터 이내) 기기 간 무선 통신을 지원한다. 스마트홈, 웨어러블 기기 등에서 주로 사용된다.
- LTE-M(LTE for Machine type communication) : IoT 장비를 위한 셀룰러 기반 통신 기술로, 광역 통신에 사용되며, 짧은 거리나 스마트홈 중심의 WPAN과는 목적이 다르다.
- NB-IoT(Narrowband IoT) : 저전력 광역 통신 기술(LPWAN), IoT 센서나 미터기 등에 사용된다. WPAN이 아닌 광역 네트워크에 사용된다.
- LAN(Local Area Network) : 사무실, 건물 단위의 유선/무선 네트워크로, 블루투스나 ZigBee 같은 초근거리 기술은 아니다.

정답 20. ② 21. ④ 22. ①

23 파장분할다중화방식(WDM)의 특징으로 옳은 것은?

① 선로의 증설 없이 회선의 증설이 어렵다.
② 광증폭기를 사용해 무중계 장거리 전송이 가능하다.
③ 광학적인 방법에 의해 신호를 시간축에서 다중화하는 방식이다.
④ 각각의 채널은 같은 전송 형식, 전송 속도, 프로토콜 형식을 가진다.

● 해설
① WDM은 선로를 증설하지 않고도 파장을 추가함으로써 회선 수(채널 수)를 늘릴 수 있다.
② WDM(Wavelength Division Multiplexing, 파장 분할 다중화)은 광섬유 통신에서 하나의 광섬유에 여러 개의 서로 다른 파장(색깔)의 빛을 동시에 실어 보내는 기술로, 파장 단위로 분할하여 채널별 병렬 전송이 가능하며, 광증폭기(EDFA 등)를 활용하여 장거리 전송 시 전자적 중계 없이 증폭할 수 있다.
③ 시간축 다중화는 TDM의 개념이다. WDM은 파장(주파수) 축에서 다중화한다.
④ WDM은 채널마다 다른 전송 속도, 프로토콜을 유연하게 사용할 수 있다.

24 모바일 멀티미디어 데이터의 폭증과 데이터 트래픽의 동적 특성 변화에 효율적으로 대처하기 위해, 구조적 유연성과 개방성을 제공하며 하드웨어가 아닌 소프트웨어로 제어되는 네트워킹 기술은?

① SDS(Software Defined Storage)
② SDN(Software Defined Networking)
③ SNMP(Simple Network Management Protocol)
④ CLI(Command Line Interface)

● 해설
- SDS(Software Defined Storage) : 스토리지 자원을 소프트웨어로 가상화하여 제어하는 기술로, 네트워킹이 아닌 저장 관련 기술이다.
- SDN(Software Defined Networking) : 네트워크 제어 기능을 중앙에서 소프트웨어적으로 분리 및 관리하는 기술로, 트래픽 흐름을 동적으로 제어하여 유연하고 효율적으로 네트워크를 운영할 수 있다.
- SNMP(Simple Network Management Protocol) : 네트워크 장비의 모니터링 및 상태 수집용 프로토콜이며, 네트워크 구조 자체를 제어하지는 않는다.
- CLI(Command Line Interface) : 네트워크 장비 구성 시 사용하는 명령어 기반 인터페이스로, 제어 기술이 아닌 관리 도구이다.

25 다음 중 TCP/IP와 OSI 7 Layer의 비교로서 옳지 않은 것은?

① TCP 프로토콜은 OSI 7 Layer의 전송계층에 해당한다.
② IP 프로토콜은 OSI 7 Layer의 네트워크계층에 해당한다.
③ 파일 전송 프로토콜인 FTP는 OSI 7 Layer의 응용계층에 해당한다.
④ HTTP 프로토콜은 OSI 7 Layer의 표현계층에 해당한다.

● 해설
HTTP는 응용계층(7계층)에 해당하며, 표현계층(6계층)은 암호화, 압축, 인코딩 등 데이터 표현 형식 처리를 담당하는 계층이다.

정답 23. ② 24. ② 25. ④

26 클라우드 컴퓨팅 모델에 대한 설명으로 옳지 않은 것은?

① 통신환경에 따라 서비스에 영향을 받으며, 개별 정보가 물리적으로 어디에 위치하고 있는지 알기 어려운 단점이 있다.
② 공용 클라우드(public cloud)는 아마존 웹 서비스와 같은 외부 서비스 제공자가 관리하며, 인터넷을 통해 접근하기도 하고, 일반적인 공적 업무를 위해 이용된다.
③ 사설 클라우드(private cloud)는 서버, 저장장치, 네트워크 데이터 그리고 응용프로그램 등을 함께 묶어서 회사 내·외부의 모든 이용자들이 공유할 수 있도록 하는 클라우드이다.
④ 하이브리드 클라우드(hybrid cloud)는 공용 클라우드와 사설 클라우드가 혼용되어 있는 서비스로, 사설 클라우드를 구축하여 사용 중인 특정 기업이 클라우드서비스 중의 일부를 공용 클라우드업체로부터 서비스를 제공받으면서, 동시에 사설 클라우드와 연동하여 사용하는 방식이다.

● 해설

사설 클라우드는 특정 조직 내부 사용자만을 위한 전용 클라우드 인프라로, 외부 이용자 공유는 하지 않는다. 보안과 통제성이 중요한 경우 사용된다.

27 MAC(Media Access Control) 방식 중, 네트워크에 연결된 각 노드에게 전송 기회를 순차적으로 부여하여, 모든 노드가 공평하게 데이터를 전송할 수 있도록 하는 방식은?

① CSMA/CD   ② Token Ring
③ CSMA   ④ DQDB

● 해설

MAC(Media Access Control) 방식은 여러 노드가 공유 매체를 사용할 때 누가 언제 전송할지 결정하는 방법이다. 이 중 Token Passing 방식은 링 형태의 네트워크에서 토큰을 순환시키며 전송 기회를 공정하게 순차적으로 분배하는 구조로, 충돌 없이 동작한다.

3과목 · NOS

28 Linux 시스템에서 사용자가 내린 명령어를 Kernel에 전달해 주는 역할을 하는 것은?

① System Program
② Loader
③ Shell
④ Directory

● 해설

Shell은 Linux 시스템에서 사용자가 입력한 명령어를 해석(Parsing)하고 시스템 호출(System Call)을 통해 커널에 전달하는 역할을 한다.

정답 26. ③ 27. ② 28. ③

29 Linux 디렉터리 구성에 대한 설명으로 옳지 않은 것은?

① /tmp – 임시파일이 저장되는 디렉터리
② /boot – 시스템이 부팅될 때 부팅 가능한 커널 이미지 파일을 담고 있는 디렉터리
③ /var – 시스템의 로그 파일과 메일이 저장되는 위치
④ /usr – 사용자 계정이 위치하는 파티션 위치

● 해설

Linux의 디렉터리 구조는 기능별로 명확하게 분리되어 있으며, 각 디렉터리는 고유한 역할을 갖는다. /usr은 시스템 명령어, 라이브러리, 공용 데이터를 포함하는 디렉터리이며, 사용자 계정이 위치하는 파티션 위치는 /home이다.

30 Linux에서 DNS의 SOA(Start Of Authority) 레코드에 대한 설명으로 옳지 않은 것은?

① Zone 파일은 항상 SOA로 시작한다.
② 해당 Zone에 대한 네임서버를 유지하기 위한 기본적인 자료가 저장된다.
③ Refresh는 주 서버와 보조 서버의 동기 주기를 설정한다.
④ TTL 값이 길면 DNS의 부하가 늘어난다.

● 해설

SOA 레코드는 DNS Zone 파일의 시작을 알리는 레코드이며, 해당 Zone에 대한 기본 정보를 포함한다. 여기에는 네임서버 운영, 동기화 주기, 캐시 수명 등을 설정하는 중요한 값들이 포함된다. 주요 필드 중 하나인 TTL(Time To Live)은 클라이언트가 레코드를 캐시에 유지하는 시간인데, TTL 값이 길수록 클라이언트가 캐시를 더 오래 유지하므로, DNS 서버에 쿼리 요청이 줄어 부하가 감소한다.

31 Linux 시스템에서 모든 사용자에게 'sample' 파일의 쓰기 권한을 금지시키고자 할 때 명령어로 올바른 것은?

① chmod a-w sample
② chmod u-w sample
③ chmod g+rw sample
④ chmod a-r sample

● 해설

① Linux에서 chmod 명령어는 파일이나 디렉터리의 권한(읽기, 쓰기, 실행)을 변경할 때 사용된다.
• u : 사용자(owner)
• g : 그룹
• o : 기타(other)
• a : 모두(all = u+g+o)
• + : 권한 추가
• - : 권한 제거

모든 사용자에게서 'sample' 파일의 쓰기 권한을 제거하려면 chmod a-w sample을 사용해야 한다.

32 Linux 시스템에 새로운 사용자를 등록하려고 한다. 유저 이름은 'network'로 하고, 'icqa'라는 기본 그룹에 편입시키는 명령은?

① useradd –g icqa network
② useradd –g network icqa
③ adduser –g network icqa
④ adduser –G icqa network

● 해설

Linux에서 신규 사용자 생성 시 useradd 명령어를 사용하며, –g 옵션은 기본(primary) 그룹을 지정할 때 사용된다. useradd –g icqa network는 사용자 network를 생성하고, 기본 그룹을 icqa로 설정하는 명령어이다.

정답 29. ④ 30. ④ 31. ① 32. ①

33 Linux 시스템에서 사용되고 있는 메모리 양과 사용 가능한 메모리 양, 공유 메모리와 가상 메모리에 대한 정보를 볼 수 있는 명령어는?

① mem   ② free
③ du   ④ cat

● 해설

free는 Linux 시스템에서 메모리 관련 정보를 확인할 때 가장 대표적으로 사용하는 명령어로, 총 메모리 용량, 사용 중인 메모리, 사용 가능한 메모리, 공유 메모리, 버퍼/캐시, 스왑 메모리 등의 정보를 출력한다.

34 Windows Server 2022 DHCP 서버의 주요 역할의 설명으로 맞는 것은?

① 동적 콘텐츠의 HTTP 압축을 구성하는 인프라를 제공한다.
② TCP/IP 네트워크에 대한 이름을 확인한다.
③ IP 자원의 효율적인 관리 및 IP를 자동 할당한다.
④ 사설 IP 주소를 공인 IP 주소로 변환해 준다.

● 해설

- DHCP(Dynamic Host Configuration Protocol)는 클라이언트가 네트워크에 접속할 때 자동으로 IP 주소, 서브넷 마스크, 게이트웨이, DNS 등의 TCP/IP 설정 정보를 할당받도록 하는 프로토콜이다.
- Windows Server 2022에서는 DHCP 서버가 이 기능을 수행하여 IP 주소 관리의 효율성과 자동화를 제공한다.

35 서버 담당자 Park 사원은 Windows Server 2022에서 성능 모니터를 사용하여 서버 성능을 분석하려 한다. 일정 주기로 데이터를 수집하기 위해 성능 모니터를 시작하는 명령어는?

① perfmon   ② msconfig
③ dfrg   ④ secpol

● 해설

- Windows Server 2022에서 성능 데이터를 분석하고 일정 주기로 수집하기 위해 성능 모니터(Performance Monitor)를 사용하며, 명령어는 perfmon이다.
- perfmon을 통해 수행할 수 있는 기능으로는 CPU, 메모리, 디스크, 네트워크 등 시스템 자원 사용률 실시간 확인, 데이터 수집기(Data Collector Set) 설정을 통해 일정 주기로 성능 데이터 저장, 수집된 로그 기반 성능 병목 지점 분석 등이 있다.

36 서버 담당자 Park 사원은 1대의 서버가 아니라 여러 대의 웹 서버를 운영해서, 웹 클라이언트가 서비스를 요청할 경우에 교대로 서비스를 실행하는 방법으로 웹 서버의 부하를 여러 대가 공평하게 나눌 수 있도록 설계하고자 한다. 이에 적절한 서비스 방식은?

① Round Robin
② Heartbeat
③ Failover Cluster
④ Non-Repudiation

● 해설

Round Robin : 부하 분산(Load Balancing) 방식 중 하나로, 클라이언트 요청을 순차적으로 서버에 분배하면 각 서버가 공평하게 요청을 처리하게 되어 서버 간 부하가 균등해진다.

정답 33. ② 34. ③ 35. ① 36. ①

37 서버 담당자 Park 사원은 Windows Server 2022에서 사용할 수 있는 네트워크 스토리지를 구현하고자 한다. 다음 조건에서 설명하는 방식의 네트워크 스토리지로 알맞은 것은?

〈조건〉
- 공통으로 사용되는 저장소를 중앙에서 관리함으로써 각각의 컴퓨터에 저장소를 가지고 있을 때보다 여유 공간의 활용도가 높으며, 대규모 이상의 환경에서 주로 구성되고 있다.
- 일반적으로 파이버 채널 연결을 이용하여 데이터 접근이 빠르며 대용량 블록 기반의 데이터 전송 기능으로 LAN에 독립적인 데이터 백업, 복구에 탁월한 기능이 있다.

① NAS(Network Attached Storage)
② SAN(Storage Area Network)
③ RAID(Redundant Array of Inexpensive Disks)
④ SSD(Solid State Drive)

● 해설
SAN(Storage Area Network)은 블록 기반 스토리지 시스템으로 주로 파이버 채널(Fiber Channel)이나 iSCSI를 사용한다. LAN과 독립적으로 작동하며, 고속 데이터 전송 및 대규모 환경에 적합하다. 특히 백업, 복구, 가상화 환경 대응에 탁월하다.

38 서버 담당자 Park 사원은 Windows Server 2022에서 가상화 운영을 위한 Hyper-V를 운영하고자 한다. 다음 지문 내용 중 (A)에 공통으로 들어갈 내용으로 올바른 것은?

(A)은/는 작은 운영체제를 포함하는 가상화 기술을 의미하며, Hyper-V 가상 컴퓨터는 완전한 OS를 포함하는 독립된 컴퓨터로 간주된다. Hyper-V 가상머신은 상당히 무거운 반면에,(A)은/는 가상 컴퓨터와 거의 비슷한 기능을 하지만 훨씬 가볍게 생성하고 운영할 수 있다.

① Virtual Machine
② Internet Information Services
③ Windows Containers
④ NanoServer

● 해설
Windows Containers는 Windows Server 2022 이후 도입된 경량 가상화 기술이다. 작은 실행 환경, 빠른 배포와 높은 자원 효율 등의 장점으로 인해 가상 머신보다 훨씬 가볍고 빠르다.

39 서버 담당자 Park 사원은 Windows Server 2022에서 사용자 및 그룹을 관리하는 업무를 부여받았다. 다음 중 Windows Server 2022에 해당하는 그룹 계정 중 컴퓨터 자원에 대한 인증 속성을 관리하는 권한을 갖는 그룹은?

① Replicator
② Power Users
③ Backup Operators
④ Access Control Assistance Operators

정답 37. ② 38. ③ 39. ④

> 해설

Access Control Assistance Operators는 원격에서 액세스 제어 설정(Access Control Entries) 관련 작업권한을 부여받은 그룹으로, 해당 기능은 주로 권한 위임, 인증 속성 관리 등에 사용된다.

40 네트워크 담당자 Kim 사원은 Windows Server 2022에서 원격 액세스 서비스를 운용하고자 한다. Windows Server 2022 내에 있는 이 기능은 DirectAccess나 VPN과 달리 원격 컴퓨터를 네트워크에 연결하는 데 사용되지 않는다. 오히려 내부 웹 리소스를 인터넷에 게시하는 데 사용되는 이 기능은?

① WAP(Web Application Proxy)
② PPTP(Point-to-Point Tunneling Protocol)
③ L2TP(Layer 2 Tunneling Protocol)
④ SSTP(Secure Socket Tunneling Protocol)

> 해설

WAP(Web Application Proxy)은 VPN 연결 없이도 외부에서 내부 웹 리소스에 접근할 수 있도록 하는 Windows Server의 기능이다. 내부 웹 애플리케이션을 외부 사용자에게 안전하게 게시하고 VPN 없이도 웹 기반으로 내부 서비스에 접근 가능하도록 해준다.

41 다음 중 Linux 시스템에서 새로운 하드디스크를 추가하고 사용할 수 있도록 설정하는 과정과 관계가 가장 적은 것은?

① fdisk
② mkfs
③ mount
④ cal

> 해설

- fdisk는 디스크 파티션을 생성/삭제/관리하는 명령어이다.
- mkfs는 파티션에 파일 시스템(ext4, xfs 등)을 생성하여 디스크를 사용할 수 있도록 초기화한다.
- mount는 준비된 디스크를 특정 디렉터리에 연결(마운트)하여 실제로 사용할 수 있게 한다.
- cal은 달력(calendar)을 출력하는 단순한 유틸리티로, 디스크 추가나 파일 시스템과는 무관하다.

42 다음 중 Linux의 BIND 설치 및 운영 시 수행해야 할 업무로 적절하지 않은 것은?

① 방화벽에서 UDP의 53번 포트만 열면 된다.
② 방화벽 설정은 'iptables' 명령어를 통해 설정할 수 있다.
③ BIND 설치 여부는 'rpm -qa | grep bind'로 확인할 수 있다.
④ '/etc/named.conf' 파일의 오류를 체크하는 명령어는 'named-check-conf'이다.

> 해설

BIND(Berkeley Internet Name Domain)는 리눅스 시스템에서 가장 널리 사용되는 DNS 서버 소프트웨어이다. DNS는 UDP 53번 포트를 기본으로 사용하지만, TCP 53번 포트도 사용하는데, UDP 53번은 일반적인 DNS 질의(조회) 시 사용하고, TCP 53번은 존 전송(zone transfer), 즉 응답 크기가 큰 경우 사용한다. 따라서 UDP 53번과 TCP 53번을 함께 열어야 정상적인 DNS 서비스가 가능하다.

43 서버 관리자 Lee 사원은 Windows Server 2022에서 DNS 서버를 설치 하던 중 다음과 같은 문제를 발견하였다. Lee 사원이 해당 문제를 해결하기 위한 방법으로 가장 적절하지 않은 것은?

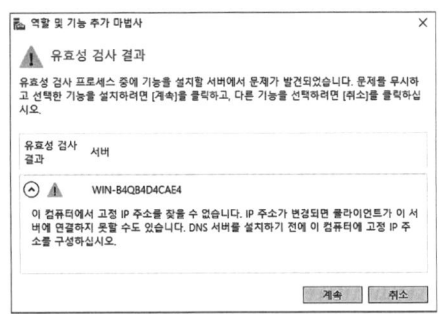

① 명령어 프롬프트 창에서 'ipconfig / renew'를 입력하였다.
② IP 주소의 할당 방식을 고정할당 방식으로 변경한다.
③ 이더넷의 IP 속성에서 '다음 IP 주소 사용'을 선택하고 IP 주소를 입력하였다.
④ 이더넷의 IP 속성에서 '다음 DNS 서버 주소 사용'을 선택하고 DNS 서버 주소를 입력하였다.

● 해설

'ipconfig /renew'는 동적 IP 재할당 명령으로, 고정 IP를 요구하는 DNS 서버 설치 조건과 맞지 않으므로 가장 적절하지 않다.

44 사용자가 웹사이트에 접속했지만, 다음과 같은 메시지가 출력되었다. 이 오류 상황에 해당하는 HTTP 상태 코드는?

> Forbidden
> 이 요청은 서버에 의해 거부되었습니다. 사용자는 이 콘텐츠에 접근할 권한이 없습니다.

① 400   ② 200
③ 403   ④ 203

● 해설

- 400 Bad Request : 클라이언트의 요청이 잘못되었거나 문법 오류가 있을 때 출력되는 메시지
- 200 OK : 요청이 성공적으로 처리되었을 때의 정상 응답 메시지
- 403 Forbidden : HTTP에서 접근이 금지되었을 때 나타나는 메시지
- 203 Non-Authoritative Information : 클라이언트의 요청에 대해 성공적으로 응답은 했지만, 응답의 본문 내용이 프록시나 캐시 서버에 의해 수정되어 원래 원본 서버의 정보가 아님을 나타내는 메시지

45 Linux Apache 웹서버 httpd.conf 설정값 중 Directory Indexing 공격에 취약할 수 있는 옵션은?

① Options FollowSymLinks Indexes
② ServerAdmin : root@localhost
③ DocumentRoot : '/var/www/html'
④ ServerRoot : '/etc/httpd'

● 해설

① Indexes 옵션이 포함되어 있어, 디렉터리에 기본 인덱스 파일이 없을 경우 목록을 자동 표시하는 옵션으로, 이는 Directory Indexing 공격에 매우 취약한 설정이다.

정답 43. ① 44. ③ 45. ①

② 웹 서버 관리자 이메일 설정 옵션으로 공격과는 직접적 관련이 없다.
③ 웹 페이지의 기본 루트 디렉터리 설정 옵션으로, 일반적인 경로이며, 취약점과는 직접적 관련이 없다.
④ Apache 설정 파일들이 위치한 디렉터리로, 설정 경로일 뿐 공격과는 무관하다.

4과목 · 네트워크 운용기기

46 RAID는 Redundant Array of Independent Disk 혹은 Redundant Array of Inexpensive Disk의 약자로, 말 그대로 여러 개의 디스크를 묶어 하나의 디스크처럼 사용하는 기술이다. 그러면 다음에서 RAID Level 0(영)의 설명으로 옳지 않은 것은?

① 최소 2개의 디스크에 데이터를 동시에 분산 저장한다.
② 디스크에 데이터를 분산 저장하기 때문에 처리속도가 향상된다.
③ 스트라이핑(Striping)이라고도 부르는 방식이다.
④ 2개의 디스크 중 하나만 손상돼도 전체 데이터 복구가 가능하다.

● 해설
RAID 0은 복구 기능이 전혀 없으며, 디스크 하나만 손상되어도 전체 데이터가 유실된다.

47 IP Address의 부족과 내부 네트워크 주소의 보안을 위해 사용하는 방법 중 하나로, 내부에서는 사설 IP Address를 사용하고 외부 네트워크로 나가는 주소는 공인 IP Address를 사용하도록 하는 IP Address 변환 방식은?

① DHCP 방식
② IPv6 방식
③ NAT 방식
④ MAC Address 방식

● 해설
① 동적으로 IP 주소를 할당하는 방식이며, IP 주소 변환 기능은 없다.
② IP 주소 부족 문제 해결에는 도움이 되지만, 사설 IP와 공인 IP 간의 변환 기능과는 관련이 없다.
④ 네트워크 인터페이스의 하드웨어 주소이다. 지문과는 무관하다.

48 로드밸런싱(Load Balancing)에 대한 설명으로 옳은 것은?

① 물리적인 망 구성과는 상관없이 가상적으로 구성된 근거리 통신망 기술
② 사용량과 처리량을 증가시키고 지연율을 낮추며 응답시간을 감소시키고 시스템 부하를 피할 수 있게 하는 최적화 기술
③ 가상머신이 실행되고 있는 물리적 컴퓨터로부터 분리된 또 하나의 컴퓨터
④ 웹 브라우저와 서버 간의 통신에서 정보를 암호화하는 기술

정답 46. ④ 47. ③ 48. ②

● 해설

① VLAN(Virtual LAN)에 대한 설명이다.
③ 가상화 또는 하이퍼바이저 개념에 대한 설명이다.
④ HTTPS/TLS(SSL) 등에 대한 설명이다.

49 웹서버를 보호하는 전용 보안장비로 HTTP, HTTPS처럼 웹서버에서 동작하는 웹 프로토콜의 공격을 방어하는 데 사용되는 보안장비는?

① IDS   ② IPS
③ Fire Wall   ④ WAF

● 해설

- IDS(Intrusion Detection System)는 침입 탐지 시스템으로, 공격을 탐지하지만, 차단 기능은 없거나 제한적이다.
- IPS(Intrusion Prevention System)는 침입 차단 시스템으로, 네트워크 기반 공격은 차단 가능하지만, 애플리케이션 계층의 웹 공격에는 특화되어 있지 않다.
- Fire Wall(방화벽)은 IP/포트 기반 필터링을 통해 기본적인 트래픽 제어는 가능하지만, 웹 애플리케이션의 논리적 공격(SQL Injection 등)에는 대응 불가하다.

50 다음 ( )에 해당하는 용어는?

> VLAN이 강력한 이유는 스위치 단독으로 닫혀 있는 게 아니라 복수의 스위치에 걸쳐 광범위한 네트워크로 운용할 수 있기 때문이다. 스위치는 다른 스위치와 연결하기 위한 인터페이스로서 ( ) 인터페이스를 갖추고 있다.

① 포트(Port)
② 트렁크(Trunk)
③ 소켓(Socket)
④ 플러그(Plug)

● 해설

- 포트(Port)는 일반적인 의미로는 맞을 수 있으나, 지문에서 말하는 스위치 간 VLAN 트래픽 전송용 특수 포트를 의미하지는 않는다.
- 소켓(Socket)은 TCP/IP 네트워크 프로그래밍에서 사용되는 개념으로, 스위치나 VLAN과는 무관하다.
- 플러그(Plug)는 물리적인 커넥터 의미에 가깝고, 네트워크 인터페이스 기술과는 무관하다.

정답 49. ④ 50. ②

당신의 꿈을 실현시키는
최고의 맞춤 교육!!

소문난 네트워크 일타강의!

미니 과제로 완성하는
쌩초보 네트워크

이중호 지음 / 4×6배판 / 368쪽 / 30,000원

📖 이 책의 소개

유·무선 네트워크를 통해 언제 어디서나 인터넷과 와이파이(Wi-Fi)로 PC나 스마트폰을 열어 업무를 하거나 콘텐츠를 즐기는 세상이 됨에 따라 네트워크의 중요성은 날로 커지고 있다. 이같이 중요한 네트워크 분야의 전문가로 취업하려는 구직자나 현업에서 네트워크 전문가로 발돋움하려는 직장인이 수강하는 네트워크 강의의 일타강사로 유명한 이중호 강사가 네트워크 입문 교재를 집필했다.

저자는 노련한 네트워크 전문 강사답게 강의에 최적화시켜 이 책을 집필했다. 저자가 가장 자신 있어 하는 네트워크 환경 구성과 설계에 집중하여 각종 도해와 라우팅 테이블로 이론과 기술을 설명하고 실습을 구성했으며 웬만한 네트워크 개론서에 있는 내용은 전부 수록했다. 문제와 솔루션으로 실력을 점진적으로 키워나가도록 한 내용 구성이 가장 큰 특징이다. 작은 미니 과제 17개와 솔루션으로 앞의 내용을 확인하고, 이 과제가 누적된 미니 프로젝트 5개로 더 큰 내용을 이해한 뒤 최종적으로 모든 내용을 한번에 정리하는 종합 프로젝트로 마무리된다.

이 책은 이처럼 네트워크 전문가가 되고자 하는 독학생이나 강의와 함께 네트워크 전문가로 발돋움하려는 강의 수강생 모두에게 필요한 책이다. 네트워크 자격증을 취득한 필기형 인재가 되기보다 실무와 실습에 강한 네트워크 전문가가 되려는 독자에게도 권할 만하다.

쇼핑몰 QR코드 ▶ 다양한 전문서적을 빠르고 신속하게 만나실 수 있습니다.
경기도 파주시 문발로 112번지 파주 출판 문화도시   TEL.031)950-6300   FAX. 031)955-0510

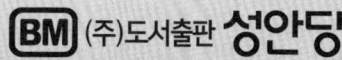

네트워크 엔지니어가 되는 길로 안내합니다!

이중호 강사의 소수의 프로토콜로

비범한 네트워크 구축하기

이중호 지음 / 215×265 / 664쪽 / 30,000원

📖 이 책의 소개

이 책은 총 4부, 12장, 76개의 강의로 이루어져 있다. 1부에서는 랜의 구조, 2부에서는 랜 핵심 프로토콜 동작 원리, 3부에서는 라우팅, 4부에서는 리뷰로 나누어 네트워크에 대한 궁금증을 이론, 문제와 실습, 도해 등을 통해 속 시원히 공부할 수 있도록 꾸며졌다. 특히 강의를 오래 해 온 저자의 노하우대로 자세한 네트워크 도해와 각종 비교 도표, 도식화된 설명이 특징이다.

패킷 트레이서 툴로 정교하게 만들어진 각종 실습과 네트워크 구조 이해, 설계에서 프로토콜별 연관성, 동작 비교 및 컨버전스 타임 최소화, 백그라운드 트래픽 최소화 등 네트워크 최적화 구축 기술을 전수하는 것은 물론, 비용, 가용성, 성능, 보안, 관리 용이성의 5박자의 네트워크 구축이 가능하도록 하는 것을 목표로 하고 있다.

목표가 확실한 만큼 독자들의 성과도 기대되는 이 책은 저자가 이메일을 통해 독자의 컨설턴트가 되는 것을 자처할 뿐 아니라 별도의 유료 동영상 강의를 통해 독자(수강생)를 확실하게 책임지겠다는 패기가 눈에 띈다.

쇼핑몰 QR코드 ▶ 다양한 전문서적을 빠르고 신속하게 만나실 수 있습니다.

경기도 파주시 문발로 112번지 파주 출판 문화도시   TEL.031)950-6300   FAX.031)955-0510

BM (주)도서출판 성안당

당신의 꿈을 실현시키는 최고의 맞춤 교육!!

국내 유일무이한 IPv6 교과서!
GNS3 시뮬레이터를 활용한
IPv6 네트워크의 이해

고득녕, 김종민 지음 / 4×6배판 / 424쪽 / 26,000원

📖 이 책의 소개

국내 유일한 IPv6 네트워크 전문서가 6년 만에 개정증보판으로 출간되었다. 특히 SK브로드밴드, SK텔레콤에서 IPv6 상용화를 경험했던 저자가 그동안의 독자들의 문의사항을 보완하고 실습 내용과 바뀐 부분을 대폭 보완하여 선보였기에 네트워크를 공부하는 독자들에게 가뭄의 단비 같은 소식이 될 것으로 보인다.

인터넷 주소 고갈 문제와 네트워크 단편화 문제를 해결하고 인터넷 확장성과 데이터 보안을 강화하기 위해 제안된 IPv6(Internet Protocol version 6)는 인터넷 프로토콜 스택 중 네트워크 계층의 프로토콜로 버전 6 인터넷 프로토콜로 제정된 차세대 인터넷 프로토콜을 말한다. 기존 인터넷은 IPv4 프로토콜로 제한된 주소 공간 및 국가별로 할당된 주소가 거의 소진되는 등 한계에 달해 이에 대한 대안으로 IPv6가 등장했으며, 지난 2014년 SK텔레콤이 한국인터넷진흥원과 함께 갤럭시 노트4부터 IPv6 상용화에 성공하여 실제 음성과 데이터 통신에 IPv6 통신을 사용 중이다.

쇼핑몰 QR코드 ▶다양한 전문서적을 빠르고 신속하게 만나실 수 있습니다.
경기도 파주시 문발로 112번지 파주 출판 문화도시   TEL.031)950-6300   FAX. 031)955-0510

BM (주)도서출판 성안당

네트워크관리사
1·2급 필기 + 실기

2021. 1. 20.	초 판 1쇄 발행	
2021. 9. 10.	개정증보 1판 1쇄 발행	
2022. 2. 15.	개정증보 1판 2쇄 발행	
2023. 1. 11.	개정증보 2판 1쇄 발행	
2023. 9. 27.	개정증보 3판 1쇄 발행	
2024. 7. 3.	개정증보 4판 1쇄 발행	
2025. 7. 9.	**개정증보 5판 1쇄 발행**	

저자와의
협의하에
검인생략

지은이 | 허준, 선세리
펴낸이 | 이종춘
펴낸곳 | BM (주)도서출판 **성안당**

주소 | 04032 서울시 마포구 양화로 127 첨단빌딩 3층(출판기획 R&D 센터)
     | 10881 경기도 파주시 문발로 112 파주 출판 문화도시(제작 및 물류)
전화 | 02) 3142-0036
     | 031) 950-6300
팩스 | 031) 955-0510
등록 | 1973. 2. 1. 제406-2005-000046호
출판사 홈페이지 | www.cyber.co.kr
ISBN | 978-89-315-8304-5 (13000)
정가 | 30,000원

이 책을 만든 사람들
책임 | 최옥현
진행 | 최창동
본문 디자인 | 인투
표지 디자인 | 박원석
홍보 | 김계향, 임진성, 김주승, 최정민
국제부 | 이선민, 조혜란
마케팅 | 구본철, 차정욱, 오영일, 나진호, 강호묵
마케팅 지원 | 장상범
제작 | 김유석

이 책의 어느 부분도 저작권자나 BM (주)도서출판 **성안당** 발행인의 승인 문서 없이 일부 또는 전부를 사진 복사나 디스크 복사 및 기타 정보 재생 시스템을 비롯하여 현재 알려지거나 향후 발명될 어떤 전기적, 기계적 또는 다른 수단을 통해 복사하거나 재생하거나 이용할 수 없음.

※ 잘못된 책은 바꾸어 드립니다.